普通高校经济及管理学科规划教材——精品课程

市场营销学概论

（第三版）

张雁白　苗泽华　主　编

葛永红　王成敏　副主编

经 济 科 学 出 版 社

图书在版编目（CIP）数据

市场营销学概论/张雁白主编．—3 版．—北京：
经济科学出版社，2015.11（2019.8 重印）
ISBN 978 – 7 – 5141 – 6177 – 9

Ⅰ.①市…　Ⅱ.①张…　Ⅲ.①市场营销学 – 高等
学校 – 教材　Ⅳ.①F713.50

中国版本图书馆 CIP 数据核字（2015）第 247061 号

责任编辑：程晓云
责任校对：徐领弟
版式设计：齐　杰
责任印制：王世伟

市场营销学概论
（第三版）
张雁白　苗泽华　主　编
葛永红　王成敏　副主编
经济科学出版社出版、发行　新华书店经销
社址：北京市海淀区阜成路甲 28 号　邮编：100142
总编部电话：010 – 88191217　发行部电话：010 – 88191522
网址：www. esp. com. cn
电子邮件：esp@ esp. com. cn
天猫网店：经济科学出版社旗舰店
网址：http：//jjkxcbs. tmall. com
北京季蜂印刷有限公司印装
710×1000　16 开　28.25 印张　650000 字
2015 年 11 月第 1 版　2019 年 8 月第 5 次印刷
ISBN 978 – 7 – 5141 – 6177 – 9　定价：49.00 元
（图书出现印装问题，本社负责调换。电话：010 – 88191510）
（版权所有　侵权必究　举报电话：010 – 88191586
电子邮箱：dbts@ esp. com. cn）

前　言

　　21 世纪我们已经进入了营销新时代。各种重大事件、企业并购、安全与环保问题等都在升级，消费者的消费能力逐步提高，消费心理更加成熟，跨国公司在中国的快速发展都使企业面临着前所未有的竞争压力。如果说 20 世纪八九十年代企业可以凭借单一的营销手段取得骄人战绩的话，进入 21 世纪，恐怕就只能凭借整合营销策略和网络营销策略了。如果说 20 世纪末企业还不重视营销战略规划，而只重视营销策略的运用的话，那么，现在的企业则必须首先进行企业战略的制定，进而制定相应的营销战略，按照战略规划的内容部署展开营销工作。因为，当今的社会是一个已经国际化、市场化的社会，是一个更加法制化的社会，企业凭借运气和机会在市场上寻求生存和发展变得越来越难了。也就是说，消费者的消费心理越来越使得企业难以捉摸。没有正确的使命和价值观的企业是不会长久的，没有与时俱进的营销观念的企业也是不能得到发展的。

　　市场营销学是研究企业的经营方略、经营之道，研究企业如何在激烈的市场竞争中求生存、求发展的学问。尤其是，市场营销学倡导的创新精神和创新意识，不断满足消费需求、不断创造顾客价值的营销理念引导着企业的经营实践。市场营销始于需求、终于需求，促进企业营销水平不断提升。

　　市场营销是一种改变人们行为的方略，它在很大程度上影响着人们的生活方式：营销的最终目的是让人们拥有财富、享受生活，经历体验、彰显个性，通过拥有品牌体现所有者对生活的理解，品牌就是生活方式的代言人。

　　市场营销又是一个组织的战略、使命和价值观的直接承担者和传播者，它必须协调组织的使命于整个管理系统，使其为了这个共同的目标而通力合作；市场营销还是一种技能，即计划、执行和控制的技能。

　　市场营销学本身无论是在宏观层面还是在微观层面，无论在战略层面还是在战术层面都在不断地发展和创新之中，既有传统营销，也有现代营销——网络营销、整合营销、关系营销、数据库营销、体验营销、形象营销、品牌营销、文化营销、事件营销，还有未来社会中可能出现的各种营销。同时，营销教学重视运用案例分析和情景教学。

　　本书是在第二版的基础上重新修订而成。这一版教材的突出特点在于：重点突出、削枝强干，通过每章前的引导案例和每章后的案例分析与讨论，深入浅出地阐释市场营销学的基本理论、基本方法与基本策略。全书分成六篇十八章，即：

　　第一篇认识市场营销学，这部分包括三章，分别介绍了市场营销的特点与作用，市场需求的表现类型，市场营销学的产生与发展历程，介绍了市场营销学哲学中的六种观念的产生和演变，并对市场营销组合的演变和创新进行了探讨，还增加了关于市场营销观念新发展的理论与观点。这一部分还讨论了战略计划与市场营销管理的关系。

第二篇分析营销机会，这部分包括四章，首先讨论了进行市场分析的一些相关方法和技术，内容包括市场调研过程，调研方法以及市场预测方法，之后对市场营销微观环境和宏观环境分别进行了分析，并在此基础上专门针对消费者市场和组织市场展开讨论，分析了这两类市场中的购买行为与决策。

第三篇制定市场营销战略，这部分包括四章，主要有 STP 战略、市场竞争战略、新产品开发战略和品牌战略。在 STP 战略中，我们对目标市场营销进行了探讨，介绍了市场细分、目标市场选择和市场定位的方法；市场竞争战略中，对处于不同市场地位的企业的竞争战略做了详细的分析；新产品开发战略中，探讨了新产品开发战略的选择和消费者对新产品扩散的认知过程；品牌战略中，探讨了品牌的含义及其围绕品牌形成的品牌资产、品牌价值评估、品牌保护与管理等相关问题，并分析了各种品牌策略。

第四篇市场营销策略，这部分包括四章，以 4P 组合为脉络展开分析。首先是围绕产品、服务展开，分别讨论了产品组合策略、产品生命周期策略、包装策略以及服务策略。第二个方面我们介绍了价格策略，分别探讨了影响定价的因素、定价方法、定价策略以及企业对价格变动的对策等。在渠道策略中，介绍了分销渠道的类型和功能，分销渠道的作用、分销渠道策略以及中间商分析等。在促销策略中，分析了促销的影响因素和促销策略，包括促销组合、广告、人员推销、销售促进、公共关系、整合营销传播和直复营销。

第五篇市场营销管理，这部分包括二章，介绍了营销组织、营销计划及其执行与控制等问题。

第六篇市场营销理论与实践新发展，这部分是第十八章。主要介绍了网络营销与数据库营销、客户关系管理、体验营销、文化营销、形象营销和品牌营销、事件营销与营销道德等内容。

修订后的第三版，更加突出了以下方面：

（1）系统性。本书全面系统地介绍了市场营销的基本概念、理论和方法。从战略到策略，从宏观到微观，循序渐进，通过学习，达到"柳暗花明又一村、得来也要费工夫"的意境。

（2）科学性。即定性与定量相结合的方法。正确阐述市场营销原理，充分体现市场营销学科的科学性。

（3）实践性。从我国社会实际出发，在充分借鉴国内外市场营销界最新成果的基础上，面对中国企业营销实践的现实，用针对性强的案例引导读者深入思考营销领域中的问题，从而使读者容易掌握理论、消化、吸收和应用营销理论和方法。

（4）前沿性。阐述市场营销的最新理论及其发展。进入 21 世纪以来，市场营销环境发生了深刻变化，信息化社会迅速到来，本书对网络营销与数据库营销、客户关系管理、体验营销等与信息化息息相关的营销方法都一一进行了阐述，以引起读者的关注。

全书共十八章，由张雁白、苗泽华教授任主编，葛永红、王成敏任副主编，并由张雁白总撰定稿。参加本书编写的有张雁白（第一章、第二章、第三章，第十八章的第二节、第三节、第四节、第五节、第六节），苗泽华（第十二章、第十三章，第十八章的第一节、第七节），葛永红（第四章、第八章、第九章、第十章），王成敏（第十五章、第十六章，第十七章的第一节、第二节），陈焕明（第三章的部分内容及案例，第五章、第十七章的第三节、第四节）、倪锐（第六章、第七章、第十一章、第十四章）。

本书有丰富的案例和思考题，适合高等学校工商管理及其相关专业学生学习，也是相关从业人员全面提高营销理论与实务能力的最佳读本。本书的出版得到经济科学出版社的大力支持，在此表示衷心的感谢！

由于作者水平所限，书中若有不当之处，欢迎读者批评指正。

张雁白
石家庄经济学院

目　录

第四篇　市场营销策略

第五篇　市场营销管理

第六篇　市场营销理论与实践新发展

第一篇　认识市场营销学

第一章　市场营销学的产生与发展

【本章要点】

◆ 从企业角度定义的市场概念

◆ 市场需求的基本形态

◆ 市场营销的内涵

◆ 市场营销学的产生与发展

◆ 市场营销的重要性

【专业词汇】市场　购买力　市场需求　潜在需求　充分需求　不规则需求　市场营销　目标市场　交换　交易　价值　竞争

【案例引导】

美国一家鞋业公司派一名推销员到非洲一个国家开展业务，一周后，这个推销员发回电报说："这里的人不穿鞋，没有鞋的市场。"公司不满意他的调查结论，又派了一个营销经理到了那里。两周后，这位经理回电说："这里的人由酋长管理，他们不穿鞋，但是有脚疾。我们可以改变我们鞋的款式以适合当地人的脚型。为了让他们接受我们的鞋，我们得首先说服酋长与我们合作。当地人有跳舞的风俗，我们如果让跳舞的人穿上我们的鞋，其他人看到了，肯定会效仿，从而促进鞋的销售。我们还得在教育他们在穿鞋方面花上一笔钱。但是当地人没有多少钱，我们可以把当地产的一种水果——一种我们没有吃过的甜菠萝，推销给美国的连锁超市，我估计鞋的潜在销量很大。总体算下来，我们的一切费用，包括推销菠萝给超级市场的费用都将得到补偿。同时，还可以赚得垫付款30%的利润。我认为，我们应该马上行动。"

谁是顾客？市场在哪里？企业如何去营销？市场营销等于推销吗？这些问题就是市场营销学所要研究的内容。本章先介绍市场与市场营销，分析市场营销学科的起源与发展及其市场营销职能在公司中地位的演变，然后，介绍市场营销学的核心概念，分析研究市场营销学的现实意义和方法等。

第一节　市场与市场营销

企业的营销活动离不开市场，必须了解市场的概念及其一般特征，并在此基础上从不同角度研究和分析市场，进而研究和分析不同市场的特征，使企业能够针对各类市场的特点，进行有效的市场分析和营销环境的研究，从而制定正确的市场营销战略和策略。

一、市场的内涵和类型

（一）市场的含义

关于市场的概念，最早是指买主和卖主聚集在一起进行交换的场所。经济学家则将市场这一术语表述为卖主和买主的集合。而在市场营销者看来，卖主构成行业，买主则构成市场，如图 1 - 1 所示。

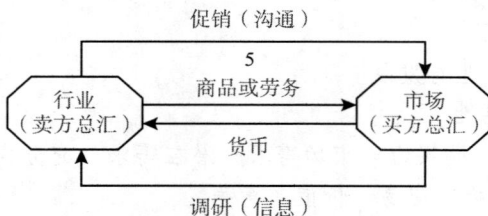

图 1 - 1　简单的市场营销系统

在现代市场经济条件下，企业必须按照市场需求组织生产。因此，所谓市场，就是指某种产品的现实购买者和潜在购买者需求的总和。它是站在卖者（企业）的角度来看待买者一方，即需求一方。用公式表示如下：

市场＝人口＋购买欲望＋购买力

市场包括三个要素，即：有某种需要的人、购买欲望和为满足某种需要的购买能力。

人口是构成市场的基本要素，人口的多少决定市场的大小。

消费者的购买欲望（需求）是指其购买商品或劳务的愿望、动机和要求，是消费者把潜在需求变成现实购买行为的决定因素；

购买力是消费者的货币支付能力，消费者的收入决定购买力的高低。

市场的这三个要素是相互制约、缺一不可的，只有三者结合起来才能构成现实的市场，才能决定市场的规模和容量。例如，一个国家和地区人口众多，但收入很低，购买力有限，则不能构成容量很大的市场；又如，购买力虽然很大，但人口很少，也不能成为很大的市场。但是，如果产品不适合需求，不能满足人们的购买欲望，对销售者来说，仍然不能成为现实的市场。所以，市场是上述三个要素的统一。

（二）市场的主要类型

市场的种类很多，按照不同的划分标准我们可以将市场分为如下几种类型：

1. 按照购买者的需求目的来划分

可分为生产者市场、消费者市场和中间商市场。

生产者市场，是生产者为满足生产活动需要而购买生产资料的市场。它是商品流通的起点，又称为最初产品市场。

消费者市场，是消费者为满足个人或家庭生活消费的需要而购买商品或劳务的市场。它是商品流通的最终环节，又称为最终产品市场。

中间商市场，是中间商获取商品再行转卖以获取利润而形成的市场。它是商品流通的中间环节。

2. 按照商品形态进行划分

可分为一般商品市场、资金市场、技术市场、信息市场、房地产市场、服务市场。

一般商品市场，是指生活消费品和生产资料等有形产品市场。

资金市场，是指货币资金的借贷、有价证券的发行和交易以及外汇与黄金的买卖活动所形成的市场。

技术市场，是指将技术成果作为商品进行交易买卖的市场。

信息市场，是指进行信息商品交换的市场及其所体现的信息生产者、经营者和信息用户之间交换关系的总和。

房地产市场，是进行房地产商品交易的场所及其各种交换关系的总和。

服务市场，是利用一定的场所、设备和工具，以非实物形态提供的劳动服务领域及其各种关系的市场。

3. 按照企业进入或退出市场的难易程度划分

可以分为完全竞争市场、完全垄断市场、寡头垄断市场和垄断竞争市场。

完全竞争市场，也称为充分竞争市场，是指市场价格不受任何单个的卖方或买方干扰的市场。

完全垄断市场，是指整个行业的市场价格完全由一家厂商控制的市场。

寡头垄断市场，是指由少数几家厂商占有某种产品和市场容量的绝大部分或者全部的市场。寡头对市场价格和产量有举足轻重的影响。

垄断竞争市场，是一种既有垄断又有竞争、以竞争为主的市场。这样的市场有着相互竞争的卖者，每个卖者的产品都有自己的特色和差别优势，对价格有影响作用。

寡头垄断市场和垄断竞争市场又称为不充分竞争市场。

4. 按照市场的空间范围划分

可以分为国内市场和国际市场。

国内市场，是指交易者所在国的市场，是一国国内所有市场和交易关系的总和。国内市场又可进一步分为农村市场和城市市场。

国际市场也称为世界市场，它是国与国之间交换关系的总和。国际市场是由各国市场构成的，对于某一国家的交易者而言，他国的国内市场就是国际市场。国际市场是国际经济分工的产物与客观要求。

5. 按照市场的主体地位来划分

可以分为买方市场和卖方市场。

买方市场，是买方处于支配地位，由买方决定的市场。

卖方市场，是卖方处于支配地位，由卖方决定的市场。

综上所述，在现代交换经济中，构成市场的各种要素以各种方式组合在一起，形成若干不同意义上的相对独立的市场，各个相对独立的市场在某种程度上是相互联系、相互制约的，因而形成了功能齐全、联系广泛复杂的现代市场体系，如图 1 - 2 所示。

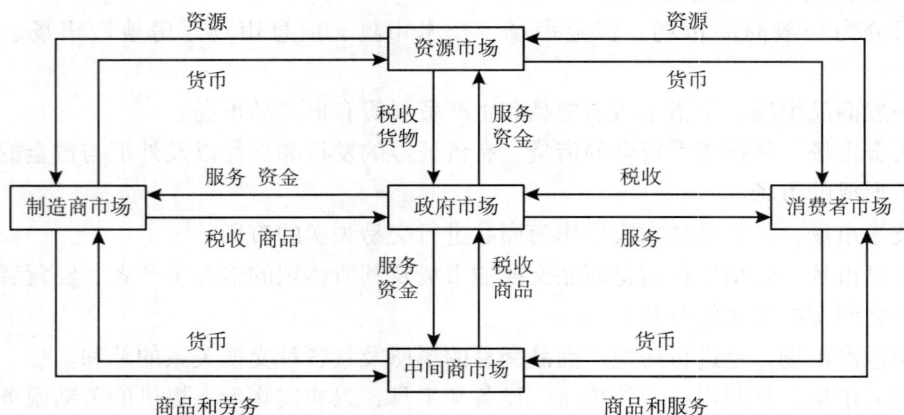

图 1 - 2　现代交换经济中的基本市场结构

6. 按照商品交换的交易形式划分

可以分为现货市场、期货市场、租赁市场、网络市场。

现货市场，是指商品买卖以收取现金和实现实物转移的交易市场。根据交易方式的不同，现货市场还可以分为批发市场、零售市场、拍卖市场和租赁市场。现货市场是商品市场中最普遍和最重要的市场。

期货市场，是指买卖商品或金融工具的期货或期权合约的场所，由交易和结算场所、交易活动当事人及交易对象三部分构成。期货市场买卖的不是商品本身，而是一种远期合同。

租赁市场，是指出租人为满足承租人的生产经营需要而提供设备租赁业务，并由承租人按期缴纳租金的交易市场。

网络市场，也称为虚拟市场、在线交易市场。是以互联网为交易平台，并提供各种商品供消费者在线自由选择的市场。网络市场是实体商品交易在网络上的延伸，是消费者购买模式和支付手段的革命，是为消费者提供更好的交易平台，与消费者进行更有效的沟通，提供更加便利的交易方式，为消费者更节省时间和精神体力以及货币成本的顾客价值导向的市场。

在后面的章节里，本书将重点围绕以消费者需求为目的的消费者市场、产业市场、中间商市场等方面进行分析。

（三）研究市场的意义

上述对于市场的不同分类，使企业明确自身所处的市场状态，以便有针对性的研究市场及其营销环境，开展有效的营销活动，实现企业的经营目标。具体的讲：

（1）市场是企业与消费者联系的舞台，它汇聚了各种影响需求的要素，研究市场就是了解需求，按需生产才能满足需求。

（2）市场是信息传播与获取的通道，各种供求信息、经济资源要素信息等在这里都可以获得与利用，并指导企业更好地把握市场机会，利用机会发展自己。

（3）市场可以指导企业把握需求的发展趋势，从而及时调整企业的生产经营方向、产品生产结构和营销活动的重点。

（4）市场也是决定企业进入或退出某个行业难易的风向标。

本门课程重点研究买方市场，即消费者市场和生产者市场。

二、市场营销概述

（一）市场营销概念的梳理

市场营销的英文是"Marketing"，在 20 世纪 80 年代引入我国。它的定义有上百种，归纳起来，具有代表性的定义有：

（1）美国市场营销协会（American Marketing Association，AMA）1960 年将市场营销定义为："市场营销是引导产品及劳务从生产者到达消费者或使用者手中的一切企业经营活动。"

1985 年，该协会将市场营销又重新定义为："市场营销是关于创意、商品和服务的观念与设计、定价、促销和分销的规划与实践过程，目的是创造符合个人和组织目标的交换的一种过程。"

2004 年，该协会将市场营销重新定义为："市场营销是一种组织职能，是为组织自身及利益相关者而创造、传播、传递客户价值，管理客户关系的一系列过程。"

2013 年美国市场营销协会提出："市场营销是在创造、沟通、传播和交换产品中，为顾客、客户、合作伙伴以及整个社会带来价值的一系列活动、过程和体系。"

（2）英国市场营销协会指出："一个企业如果要生存、发展和盈利，就必须有意识地根据用户和消费者的需要来安排生产。"

（3）菲利普·科特勒教授强调营销的价值导向，"市场营销是个人和集体通过创造产品和价值，并同别人自由交换产品和价值，来获得其所需所欲之物的一种社会和管理过程。"

还有一些学者提出了对市场营销的理解，这里不一一赘述了。

（二）市场营销的含义

从上述的权威定义可以看出，市场营销的含义不是固定不变的，它随着企业市场营销实践的发展而发展。进入 21 世纪以来，科学技术发展突飞猛进，互联网就是科技的结晶并日益改变着人类的生产和生活方式，也改变着企业的经营方式。市场营销是企业经营管理的重要职能和方式，随着互联网的发展、营销渠道扁平化、促销方式多样化和沟通方式个性化的产生，市场营销概念也有所创新。本书认同菲利普·科特勒教授给市场营销下的定义，并使之通俗化理解。

本书作者认为，市场营销（Marketing），就是个人和集体通过创造产品和价值，并同别人自由交换产品和价值，来获得其所需所欲之物的一种社会和管理过程。简而言之，市场营销就是"满足别人并获得利润"。[①] 在这个过程中，交换是核心，满足市场需求是市场营销活动的起点和终结点，获得利润是目的。也可以说，市场营销是有盈利地满足顾客的需求（见图 1－3）。

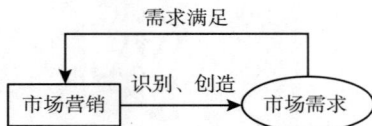

图 1－3　市场营销活动对需求满足的无限循环过程

三、市场营销的特点

市场营销的特点是由"四个理念"和"一个核心"体现的，它们是：

（1）顾客需求。是指企业营销活动的出发点是顾客需求，所有的营销策略都必须以满足顾客需求为目的。

（2）目标市场。是指企业根据市场细分的方法，选择适合自己营销能力的一个或几个细分市场作为本企业的目标市场，并设计相应的营销策略。它是企业应对个性化消费时代的基本理念。

（3）整合营销。市场营销是以多方位、综合性的整体营销组合策略为其运行的

---

① 菲利普·科特勒、凯文·莱恩·凯勒：《营销管理》（第 14 版·全球版），中国人民大学出版社 2012 年版，第 6 页。

手段和方法的有机系统。营销组合策略包括产品、价格、渠道和促销策略。显然，市场营销与推销是两个完全不同的概念。

（4）获利能力。指企业满足目标市场的同时，也应满足企业自己的目标。

（5）市场营销的核心是交换。交换取决于营销者的产品满足顾客需求的程度和对交换过程管理的水平。

四、市场需求的基本形态

市场营销的出发点就是发现需求和满足需求。随着人们消费水平的提高、社会生产力和科技水平的进步，市场需求呈现出多样性、复杂性和易变性的特点。企业必须研究市场需求出现的各种可能形态，并在科学分析企业内外环境的基础上，充分利用市场机会和企业优势资源，积极主动地满足市场需求，取得企业、消费者和社会利益的动态均衡。从整个市场角度看，市场需求可分为八种形态（见图1－4）。

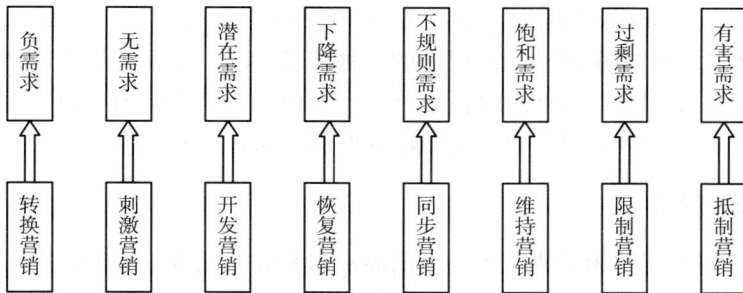

图1－4 营销任务与需求状况

（一）负需求

负需求是指绝大多数人对某个产品感到厌恶，甚至愿意出钱回避它的一种需求状况。在负需求下，市场营销的任务是转换性营销，即分析市场为什么不喜欢这种产品，以及是否可以通过重新设计产品、降低价格和积极促销的市场营销方案，来改变市场的信念和态度，将负需求转变为正需求。

（二）无需求

无需求是指目标市场对产品毫无兴趣或漠不关心的一种需求状况。通常，市场对下列产品无需求：（1）人们一般认为无价值的废旧物品；（2）人们一般认为有价值，但在特定市场无价值的物品；（3）新产品或消费者平常不熟悉的物品等。在无需求情况下，市场营销的任务是刺激营销，即通过大力促销及其他市场营销措施，努力将产品所能提供的利益与人的自然需要和兴趣联系起来。

（三）潜在需求

潜在需求是指相当一部分消费者对某种物品有强烈的需求，而现有的产品或服务又无法使之满足的一种需求状况。在潜在需求情况下，市场营销的任务是开发性营销，即开展市场营销研究和潜在市场范围的测量，进而开发有效的物品和服务来满足这些需求，将潜在需求变为现实需求。

（四）下降需求

下降需求是指市场对一个或几个产品的需求呈下降趋势的一种需求状况。在下降需求情况下，市场营销的任务是恢复性营销，即分析需求衰退的原因，进而开拓新的目标市场，改进产品特色和外观，或采用更有效的沟通手段来重新刺激需求，使老产品开始新的生命周期，并通过创造性的产品再营销来扭转需求下降的趋势。

（五）不规则需求

不规则需求是指某些物品或服务的市场需求在一年不同季节，或一周不同日子，甚至一天的不同时间需求波动幅度很大的一种需求状况。在不规则需求情况下，市场营销的任务是同步营销，即通过灵活定价、大力促销及其他刺激手段来改变需求的时间模式，使物品或服务的市场供给与需求在时间上协调一致。

（六）充分需求

充分需求是指某种物品或服务的目前需求水平和时间等于预期的需求水平和时间的一种需求状况。这是企业最理想的一种需求状况。但是，在动态市场上，消费者偏好会不断变化，竞争也会日益激烈。因此，在充分需求情况下，市场营销的任务是维持营销，即努力保持合理价格，并激励推销人员和经销商大力推销，千方百计维持目前需求水平。

（七）过剩需求

过剩需求是指某种物品或服务的市场需求超过了企业所能供给或所愿供给的水平的一种需求状况。在过剩需求情况下，市场营销的任务是限制性营销，即通过提高价格，合理分销产品，减少服务和促销等措施，暂时或永久地降低市场需求水平，或者是设法降低来自盈利较少或服务需要不大的市场的需求水平。

（八）有害需求

有害需求是指市场对某些有害物品或服务的需求。对于有害需求，市场营销管理的任务是抵制性营销，即劝说喜欢有害产品或服务的消费者放弃这种爱好和需求，大力宣传有害产品或服务的严重危害性，从而抵制有害产品的生产和经营。限制性营销与抵制性营销的区别在于：前者是采取措施减少需求，后者是采取措施消灭需求。

> **小案例**
>
> 　　羽绒服在夏季的需求水平下降，空调却相反，在夏季的需求呈上升趋势；天然气在民用上的需求大于供给；而快速消费品的供给大于需求；城市消费者对家电产品的需求呈下降趋势，农村消费者的需求却呈上升趋势；我国市场对家用小汽车的需求呈上升趋势；大多数消费者对于垃圾等无用的东西的需求是负面的，对于毒品、黄色书刊的需求是抵触的。
>
> 　　上述对各种需求的阐述你理解了吗？对于这些不同的需求如何进行营销？

第二节　市场营销学的产生与发展

一、市场营销学的学科性质和研究对象

　　市场营销学是一门以经济科学、行为科学和现代管理理论为基础，研究以满足消费者需求为中心的企业市场营销活动及其规律性的综合性应用科学。它属于管理学的范畴。

　　经济科学是研究各种稀缺资源在可供选择的各种用途中进行配置，用以满足人们无限欲望的社会科学。

　　行为科学是以分析研究人的个体和群体行为规律的理论和方法。它综合运用人类学、心理学、生理学、社会学、管理学等来研究人的行为发生变化的规律性，以便有效地预测、控制和管理人的行为，激励人生产工作的积极性和创造性。行为科学的内容主要包括两个方面：一是个体行为理论。主要研究人的需要、动机和行为之间的关系。二是团体行为理论。组织行为和领导行为是其研究的重点。

　　现代管理理论是把管理科学、行为科学与电子计算机技术结合起来，注重企业经营战略和决策的管理理论和方法。现代管理的主要特点是：①重视经营战略和经营决策。②强调系统管理的提高和整体效能。③突出以人为中心的管理和开发人力资源。④广泛应用现代科学技术的新成就，主张把数学方法和计算机应用于企业管理，以提高管理效率和经济效益。

> **小贴士**
>
> 　　经济科学提醒我们，市场营销是用有限的资源通过仔细分配来满足竞争的需要；行为科学提醒我们，市场营销学是涉及谁购买、谁组织，因此，必须了解消费者的需求、动机、态度和行为；管理理论提醒我们，如何组织才能更好地管理其营销活动，以便为顾客、社会及自己创造效用。
>
> 　　　　　　　　　　　　　　　　　——菲利浦·科特勒（《市场营销学原理》序言）

二、市场营销学的产生和发展

市场营销学的产生与发展同商品经济的发展、企业经营哲学的演变是密切相关的。

（一）产生的条件

1. 买方市场出现

市场营销学起源于 20 世纪初的美国，但是真正现代意义上的市场营销学的完整体系是在 20 世纪 50 年代以后完善并发展起来的。而这一时期的美国经济状况是市场已经由卖方市场主导转向由买方市场主导，即企业生产什么已经不能由企业做主了，而是由消费者的需求来决定。消费者需要的同时又是企业能生产的产品，才能卖出去，才能使得企业生存发展下去。因此，在买方市场条件下，企业的经营观念、经营方法和手段以及营销策略都必须改变，否则，企业就无法生存。

2. 法制健全

随着商品经济的发展、买方市场的形成，消费者主权意识空前高涨，约束企业经营行为和保护消费者利益的各种法律更加健全，如 20 世纪 60 年代由美国总统肯尼迪倡导制定的《统一产品责任法》、《产品安全法》、《保护消费者利益的特别咨文》、创立消费者"五大权利"等，提出对消费者损害的精神赔偿及惩罚性赔偿问题；英国在 1961 年就颁布出台了《保护消费者法》等法律法规，使得企业明白守法经营、尊重消费者权利、依法营销之必须。

3. 企业间存在激烈的竞争

在买方市场条件下，由于市场上商品的供应量大于需求量，同类产品的生产企业之间就形成了为争夺消费者而激烈的竞争局面。这样，企业必须研究竞争对手，研究竞争战略和消费者偏好及其消费者购买行为模式，研究如何创造产品的差异性特色，以便让消费者更好地接受本企业的商品，使企业处于有利的竞争地位。市场营销从战略和策略方面都给出了答案。

4. 企业以获取最大利润为目标

最大利润的获得是企业在生产适销对路的产品、满足消费者需求的基础上实现的。因此，是一种长期的利润。这与企业树立的市场营销观念是分不开的。

（二）演变与发展过程

市场营销学自 20 世纪初诞生以来，其发展经历了四个阶段。

1. 初创时期（1900～1920 年）

这一时期，各主要资本主义国家经过工业革命，生产力迅速提高，经济迅猛发展，商品需求量亦迅速增多，出现了供不应求的卖方市场，企业产品价值不能实现的问题。与此相适应，市场营销学开始创立。承担大学商科教学的教师们开始进行流通领域的定价、分销和广告问题的研究，并相继开设了相关课程。哈佛大学教授赫杰特齐走访了大企业主，了解他们如何进行市场营销活动，于 1912 年出版了第一本销售学教科书，它是市场营销学作为一门独立学科出现的里程碑。

这一时期市场营销学的研究特点是：

（1）着重推销术和广告术，还没有出现现代市场营销的理论。

（2）研究活动基本上局限于大学的课堂，还没有引起社会和企业界的重视。

（3）市场营销学的理论体系尚未形成。

2. 应用时期（1921～1950 年）

即 20 世纪 20 年代到第二次世界大战结束后的 1950 年。

这一时期随着批发业和零售业的逐渐壮大，广告术和推销术得到了进一步的发展。并且在 1929～1933 年资本主义经济危机之后，面对着经济的大萧条、商品积压严重、销售困难、社会购买力下降等诸多问题，企业开始重视推销和广告技巧的综合运用。学术界开始运用产品研究法、机构研究法和职能研究法研究市场营销问题，陆续提出了一些新概念，在理论体系上注重运用社会学、心理学等非经济的理论来研究消费者行为，并逐步向消费者心理研究和营销的定量化研究发展，传统市场营销学理论体系初步形成。1931 年"美国市场营销协会"成立，宣讲市场营销学，广泛吸收学术界与企业界人士参加，市场营销学开始从大学讲台走向社会。

这一时期市场营销学的研究特点是：

（1）重视推销和广告的技巧的研究。

（2）强调从消费者立场出发，把营销当作整体来考察。

（3）市场营销理论研究开始为社会和企业界所重视。

3. 成熟时期（1950～1980 年）

这一时期的代表人物有范利（Vaile）、格雷特（Grater）、考克斯（Cox）、梅纳德（Maynard）及贝克曼（Beckman）。1952 年，范利、格雷斯和考克斯合做出版了《美国经济中的市场营销》一书。同年，梅纳德和贝克曼在《市场营销学原理》一书中，提出了市场营销的定义，认为它是"影响商品交换或商品所有权转移，以及为商品实体分配服务的一切必要的企业活动"。

霍华德在 1957 年出版的《市场营销管理：分析和决策》一书中，率先提出从营销管理角度论述市场营销理论和应用，从企业环境与营销策略二者关系来研究营销管理问题，强调企业必须适应外部环境。尤金·麦卡锡在 1960 年出版的《基础市场营销学》一书中，对市场营销管理提出了新的见解。他把消费者视为一个特定的群体，即目标市场。

这一时期，市场营销学逐渐从经济学中独立出来，同管理科学、行为科学、心理学、社会心理学等理论相结合，使市场营销学理论更加成熟。

1967 年，美国著名市场营销学教授菲利浦·科特勒（Philip Kotler）出版了《市场营销管理：分析、计划与控制》一书，该著作更全面、系统地发展了现代市场营销理论。他精粹地对营销管理下了定义，并提出市场营销管理过程包括分析市场营销机会，进行营销调研，选择目标市场，制定营销战略和战术，制定、执行及调控市场营销计划。他进一步提出了营销管理的任务是影响需求的水平、时机和构成，指出营销管理的实质是需求管理，提出了市场营销既适用于盈利组织，也适用于非盈利组织，扩大了市场营销学的范围。

乔治·道宁（George S. Downing）于 1971 年出版的《基础市场营销：系统研究法》一书，提出了系统研究法，认为公司就是一个市场营销系统，"企业活动的总体系统，通过订价、促销、分配活动，并通过各种渠道把产品和服务供给现实的和潜在的顾客"。

这一时期市场营销学的研究特点是：

（1）以市场需求为导向的营销观念确立，成为市场营销的核心概念。

（2）市场营销研究对象突破了流通这一传统领域，进入了企业的生产经营管理领域，实现了从传统营销向现代市场营销的过渡。

（3）市场营销成为真正意义上的综合性的边缘学科。

（4）市场营销的观念和策略已不局限在企业中应用，各行各业都采纳和应用营销观念及营销学的策略方法。

4. 发展完善时期（1980 年至今）

20 世纪 80 年代以来市场营销领域出现了大量丰富的新概念，使得市场营销这门学科出现了不断发展和完善的趋势，其应用范围也在不断地扩展。

1985 年，巴巴拉·本德·杰克逊提出了"关系营销"新观点。

1986 年，科特勒提出了"大市场营销"这一概念，提出了企业如何打进被保护市场的问题。

90 年代以来，关于市场营销网络、绿色市场营销、社会责任营销、市场营销决策支持系统、市场营销专家系统等新的理论与实践问题开始引起学术界和企业界的关注。

进入 21 世纪，随着互联网的发展与应用，基于互联网的网络营销得到迅猛发展。

这一时期市场营销学的研究特点是：

（1）呈现出百家争鸣、百花齐放的景象。各种理论不断创新，市场营销论著如云。

（2）以市场导向的客户价值观念和以竞争导向的关系营销观念成为 21 世纪以来的理论热点、实践指南。

（3）营销学逐步建立起以"满足需求"、"顾客满意"为核心内容的框架和体系。

（4）营销学的应用范围扩大到各个领域，不仅在工商企业，而且在事业单位和行政机构得到广泛运用。如文化出版、教育、体育、医药卫生、服务行业、政府机关等各行各业都在运用市场营销观念运营着。

（5）社会市场营销观念得到了政府和企业的高度重视。破坏人类生存环境问题、商品质量问题、包装材料污染问题、食品安全问题、资源浪费问题以及营销道德问题等的增多，在为人类敲响警钟的同时，也是企业必须重视和承担的责任。绿色营销、社会责任营销是营销观念的新发展。

（6）大市场营销观念和全球营销观念正在主导着大型跨国公司的行动。在这一观念指导下的跨国公司体现了其超强的整合资源的能力，并能把整合的全球资源提炼成核心竞争力，更加凸显其竞争优势。

（7）网络营销方兴未艾。拥有数学和计算机能力在网络营销的实战中定会一展身手。

综上所述，第二次世界大战后的60年来，市场营销学界每隔几年就有一批有创见的新概念出现。这些概念推动了市场营销学从策略到战略、从顾客到社会、从外部到内部、从一国到全球的全面系统的发展和深化，显示了市场营销学科旺盛的生命力（见表1－1）。

表1－1　　　　　　　　　　　　市场营销学新概念一览

年代	新概念	提出者
50年代	市场营销组合 产品生命周期 品牌形象 市场细分 市场营销观念 营销审计	尼尔·鲍顿 齐尔·迪安 西德尼·莱维 温德尔·史密斯 约翰·麦克金特立克 艾贝·肖克曼
60年代	"4P"组合 营销近视 生活方式 买方行为理论 扩大营销概念	杰罗姆·麦克锡 西奥多·莱维特 威廉·莱泽 约翰·霍华德 杰克逊·西斯 西德尼·莱维 菲利普·科特勒
70年代	社会营销 低营销 定位 战略营销 服务营销	杰拉尔德·泽尔曼 菲利普·科特勒 西德尼·莱维 菲利普·科特勒 艾尔·李斯，杰克·特劳特 波士顿咨询公司 林恩·休斯塔克
80年代	营销战 大市场营销 内部营销 全球营销 关系营销	雷维·辛格 菲利普·科特勒 克里斯琴·格罗路斯 西德尼·莱维 巴巴拉·本德·杰克逊
90年代	网络营销 差异化营销 绿色营销 整合营销	葛斯·哈泊
21世纪	数据库营销 水平营销	菲利普·科特勒

三、市场营销学的研究层面

（一）宏观市场营销学

宏观市场营销学从社会总体交换层面研究营销问题，即以社会整体利益为目标，研究营销系统的社会功能与效用，并通过这些系统引导产品和服务从生产进入消费，以满足社会需要。

宏观市场营销学强调通过法律规范和政府调控，引导产品和服务从生产者流转到消费者，求得社会生产与社会需要之间的平衡，保证社会整体经济持续、健康发展和保护消费者利益。

（二）微观市场营销学

微观市场营销学从个体（个人和组织）交换层面研究营销问题，即个人和组织为实现其目标，围绕产品或价值的交换而对营销活动进行决策与管理的过程。

本书主要以微观市场营销学研究内容贯穿始终。

四、市场营销职能在企业中的地位

从世界范围的企业管理实践看，市场营销职能（简称营销）在不同的时期，引起了不同行业的重视。一些国际著名公司，如通用电器公司、通用汽车公司、西尔斯公司、宝洁公司等就较早地认识了市场营销的重要性。在美国，最先认识到市场营销重要性的是包装消费品公司，其次是耐用消费品公司，之后是工业设备公司。世界各国的钢铁业、化工业、造纸业等都对市场营销认识得较晚，至今仍有一段距离待其努力。进入 20 世纪 80 年代以来，服务行业尤其是航空业、银行业等逐渐接受了市场营销思想。航空公司开始研究顾客对他们所提供的各项服务的态度，包括时刻表的安排、行李的处理、飞行过程中的服务、态度是否友好、座席是否舒适等。他们很快就抛弃了自己"隶属于航空业"的观念，而代之以"隶属于整个旅游业"的经营思想。那些起初极力拒绝市场营销的银行家们，到头来还是得满腔热情地接受它。保险业和股票经纪业也开始对市场营销感兴趣了。

近 20 年来，市场营销已渗入到世界各国的非营利部门，如学校、医院、警察部门、博物馆、交响乐团等。市场营销在这些行业中已引起了不同程度的兴趣，得到不同程度的采纳。为学生越来越少而烦恼的美国大专院校，也试图将市场营销思想运用学生申请入学程序。为数较多的医院，在其患者越来越少的情况下，也开始认真研究、运用市场营销原理。如美国伊利凡斯顿的一家医院，80 年代初就聘用了世界上第一位医院市场营销副总裁。

促使国内外企业意识到市场营销重要性的主要因素有以下几个方面。

1. 销售额下降

例如，更多的人将注意力转向电视新闻时，报社便马上觉察到报纸发行量的减少。一些发行人员开始意识到：过去，他们对读者为什么读报以及他们想从报纸上得到什么，简直是了解得太少了。于是，这些发行人员开始进行市场调查，并基于调查研究的结果，重新设计出一种时间性强、言语中肯、能引起读者注意的报纸。中国经营报业联合体已邀请市场营销专家协助其研究中国经济发展对报业的影响。

2. 增长缓慢

许多公司达到了其所在行业的增长极限，因此，必须开始转向新市场。他们感受到：要想成功的识别、评价和选择新机会，他们就必须具备更多的市场营销知识。例如，中石化长城高级润滑油公司为了获取新的利润来源，决定打入新的消费市场。这就需要市场营销的专门技术，为此，他们不惜大量投资来学习市场营销。

3. 购买行为的改变

许多公司意识到：消费者欲望的急速改变引起了市场的不稳定。为了保证从购买者身上取得利润，这些公司就不得不采取市场营销导向。

4. 竞争的加剧

一个自鸣得意的公司可能会突然遭到市场营销能力强的竞争对手的打击。因此，各个公司不得不认真学习市场营销以迎接挑战。例如，20 世纪 50 年代末，当宝洁公司打入纸制品市场时，斯格特纸业公司（Scott Paper Company）并没有太留意它。开始，宝洁为了生产卫生纸、面纸和尿布等产品，花费了 13 亿美元用于市场建设。与此同时，斯格特虽然也在营业，但其资金利润率却只有 4.3%，而宝洁则高达 10.3%。

5. 销售成本的提高

一个公司的广告、销售促进、市场营销研究、顾客服务等项成本费用可能会无限制地增加，一旦管理部门觉察到这种现象，就会立即感到：必须改进企业组织管理，严格控制各种市场营销职能。

上述种种原因，迫使企业努力提高市场营销能力。然而，市场营销却很少受到由衷的欢迎。即使在市场营销学的发源地美国，也是如此。一些财务部、生产部的经理往往将市场营销当作是一种小贩沿街叫卖的伎俩，看成是对自己权利、地位的威胁。之所以造成这种现象，是由于有些市场营销人员过分积极，并且总是强调一切成果都应归功于市场营销。

市场营销和其他部门的关系的本质特征如图 1 - 5 所示。最初，市场营销部门与其他部门处于平等地位，市场营销职能与其他职能同等重要（图 1 - 5A）。在需求不足的情况下，高层管理人员主张市场营销职能要比其他部门的职能重要（图 1 - 5B）。更有甚者，那些热心于市场营销的少数人认为，没有顾客也就意味着企业的消亡，所以市场营销应是企业的主要职能。他们将市场营销置于中心位置，而将其他职能当作市场营销的辅助职能（图 1 - 5C）。这种观点激起了其他部门经理的愤怒，他们不甘心充当市场营销部门的配角。一些热心于顾客服务的高层管理人员则主张，公司的中心应当是顾客，而不是市场营销（图1-5D）。故认为，必须采取顾客导向（Customer Orientation），而且所有职能性业务部门必须协同工作，以便更好地为顾客服务，使顾客需要得到满足。最后，一些企业高层管理人员还是认为，市场营销是连接市场需求与企业反应的桥梁、纽带，要想有效地满足顾客需要，就必须将市场营销置于企业的中心地位（图1-5E）。

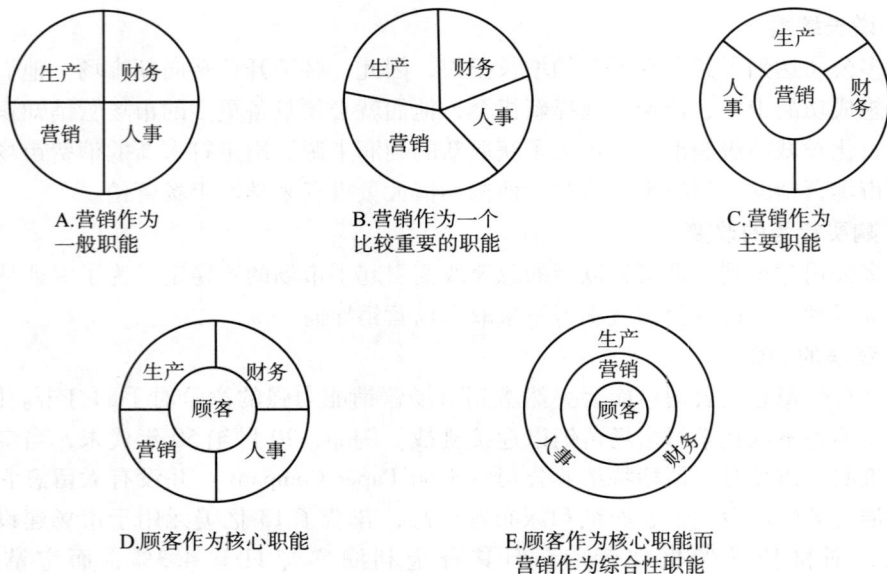

A.营销作为一般职能

B.营销作为一个比较重要的职能

C.营销作为主要职能

D.顾客作为核心职能

E.顾客作为核心职能而营销作为综合性职能

图1-5　市场营销在企业中地位的演变

第三节　市场营销学的核心概念

通过上一节的分析，我们明确了市场营销学是围绕满足顾客需求这一核心来进行营销活动的。而满足顾客需求需要建立一系列相关的核心概念，才能更好地理解顾客需求的满足。同时，一门学科围绕其核心概念，才能使学习它的人更容易理解其内容体系，达到与其他学科相区别的目的。本学科的核心概念包含以下几个因素：需要、欲望和需求，产品和品牌，市场细分、目标市场和市场定位，价值和满意，交换、交易和关系，市场营销者与预期顾客，营销渠道和供应链，竞争，市场营销环境等。我们可以把这些概念分成十组。

一、需要、欲望和需求

需要：指没有得到某些基本满足的感受状态。需要包括五个层次：生理需要、安全需要、社交需要、受人尊重需要、自我发展需要。需要是不能创造的，它们存在于人自身的生理结构和情感之中。

欲望：满足需要的具体指向物。

需求：指针对特定产品的有购买力的欲望。营销者可以创造需求。

二、市场细分、目标市场和市场定位

营销者的首要工作，就是进行市场细分。通过分析消费者的人口统计信息、行为差异信息、心理特征信息、地区差异信息，可以识别出具有不同产品和服务需求的不同消费者群体。

只有在市场细分的前提下，营销者才能判断哪个细分市场存在最大的市场机会，从而选择出要进入的目标市场。

市场定位就是为目标市场提供有特色的商品或服务，并使目标市场认可该商品或服务能够为其带来某种核心利益。格兰仕公司把微波炉定位为老百姓买得起的实用型微波炉。结果，该公司成功占领了全国市场，还打入了国际市场。

三、产品（商品、服务与创意）和品牌

产品：任何可以满足需要和欲望的东西。包括实体商品、服务和创意。

品牌：是一种基于被认可而形成的资产。当今社会认牌消费已经是一种潮流，名牌更是让消费者认可和愿意购买的商品，甚至人们对于名牌商品的包装越来越看重。

四、价值和满意

价值：是产品质量、服务和价格的某种组合，也称为顾客价值三角形。一般认为，价值感知会随着质量和服务水平的提高而提升、随着价格的下降而增加。

满意：反映消费者对产品的实际表现与自己的期望所进行的比较。如果产品的实际表现低于期望，顾客就是不满意的；如果相等，顾客就是满意的；如果超出了期望，顾客就会非常满意。

五、交换和交易

（一）交换发生的条件

交换：指以提供某物作为回报而与他人换取所需产品的行为。

（1）至少要有两方。

（2）每一方都有被对方认为有价值的东西。

（3）每一方都能沟通信息和传送货物。

（4）每一方都可以自由接受或拒绝对方的产品。

（5）每一方都认为与另一方进行交易是适当的或称心如意的。

（二）获得产品的几个途径

自行生产、乞讨、强行取得和交换。可见，交换是公平的，符合现代市场营销观念。

（三）交换和交易比较

交换是一个价值创造过程，通常总使双方变得比交换前更好。交易是交换活动的基本单元。交易是由双方之间的价值交换所构成的。一旦达成协议，我们就说发生了交易行为。

（四）交易和交易营销

一次交易包括 3 个可以度量的实质内容：（1）至少有两个有价值的事物；（2）买卖双方所同意的条件；（3）协议时间和地点。

交易营销的目的是达成顾客交易。在交易营销情况下，除了产品和公司的市场形象之外，公司一般不会采取其他措施与顾客保持长久的关系。

六、关系和关系营销

关系：与关键成员——顾客、供应商、分销商等建立长期的彼此信任的互利的联系。

目的：保持长期的成绩和业务。

关系营销：由公司与所有它的利益攸关者——顾客、员工、供应商、分销商、零售商、广告代理人、大学科学家和其他人等建立长期互惠互利的业务关系。公司与顾客之间的长期关系是关系营销的核心。交易营销使公司获利，而关系营销更重视保持并发展与顾客的长期关系。为了达成顾客购买，公司会向顾客做出各种许诺，以保持顾客关系。保持关系的前提是公司履行诺言。因此，关系营销强调保持老顾客比吸引新顾客重要，强调顾客忠诚度。回头客比率越高，市场营销费用越低。

关系营销的最终结果是建立起公司的最好资产，即一个市场营销网络。

七、市场营销者与预期顾客

市场营销者（Marketer）：寻求交易时积极的一方，一般指公司；另一方称为潜在顾客。

营销者从预期顾客（Prospect）处寻求响应（态度、购买、选票、捐赠）。如果双方都在积极寻求交换，那么，我们把双方都称为市场营销者（见图 1-6）。

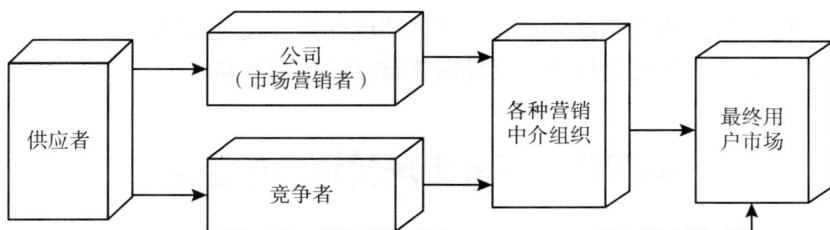

图1-6　市场营销系统的主要行为者

八、营销渠道和供应链

营销者面向目标市场可以建立的营销渠道有三种。第一种是传播渠道。即向目标市场发送信息，也从目标顾客那里获得信息。包括报纸、杂志、广播、电视、电话、传单、信件、海报、光盘和互联网等。企业通过公司网站和其他媒介来传递信息。还有双向沟通渠道的应用，如邮件、博客、微客和免费电话等。第二种是分销渠道。营销者采用直接渠道如网络、邮件、移动电话或者电话进行直销；也可以采用间接渠道，即通过分销商、批发商、零售商以及代理商间接进行销售。第三种是服务渠道。服务渠道包括仓储、运输公司、银行和保险公司等交易机构或个体。营销者对上述三种渠道进行设计组合时会面临一系列挑战和考验。

供应链包括从原材料和零部件的供应到把产成品交付给最终顾客的整个过程。在一条供应链中，原材料供应商、零部件供应商、制造商、批发商、零售商等各类企业只占全部产品价值中很小的一部分。当一家企业收购了另一家企业，向上游或下游扩展时，其在供应链总价值中往往占有更大的比重。

九、竞争

竞争包括所有的现实竞争对手、潜在竞争对手和购买者可能考虑的替代产品。例如咖啡制造商购买咖啡豆来生产速溶咖啡粉，那么可能有几个层次的竞争。该制造商可以从中国的咖啡豆产地购买咖啡豆，同时也可以从越南或巴西等外国咖啡制造商那里购买咖啡豆。当然，为了节约成本，该公司会从云南的中国思茅阿拉比卡星咖啡有限公司采购。显然，如果咖啡制造商只是认为自己的竞争对手是其他的咖啡制造商，那么它就太狭隘了。事实上，从长远的观点看，对咖啡制造商造成最大冲击的，可能是那些替代品的生产厂家。

十、市场营销环境

市场营销环境包括微观环境和宏观环境两大类。微观环境包括生产企业、供应商、分销商、经销商和目标顾客。宏观环境主要包括六类环境因素，分别是人口环境、技术环境、经济环境、自然环境、政治环境和社会文化环境。营销者必须密切关注六类营销环境的发展变化趋势，及时调整自己的营销战略。

第四节　研究市场营销学的意义

一、研究市场营销学的现实意义

市场营销是有营利地满足需求。企业为社会创造和生产物质产品，必须实现产品的价值才能生存下去，而产品价值的实现就是潜在顾客变成现实顾客需求满足的结果。因此，研究市场营销对于企业具有生存下去的意义。不仅如此，企业研究市场营销还是面对与其他企业之间竞争，面对消费观念变化，面对科技迅猛发展、新事物、新产品不断涌现等的各种挑战都具有现实和长远意义。从宏观来说，市场营销能够增进经济成长。具体分析如下：

（一）促进企业发展

（1）市场营销学以满足需要为宗旨，引导企业树立正确的营销观念，面向市场组织生产过程和流通过程，不断从根本上解决企业成长中的关键问题。

（2）市场营销学为企业成长提供了战略管理原则，将企业成长视为与变化的环境保持长期适应关系的过程。

（3）市场营销学为企业成长提供了一整套竞争策略，指引企业创造竞争优势。

（4）市场营销学为企业成长提供了系统的策略方案，企业可以通过市场营销战略、营销组合策略的决策和系统实施，来达到其成长目标。

（5）市场营销学为企业成长提供了组织管理和营销计划执行与控制的方法。

（二）迎接企业面临的营销挑战

企业面临的营销挑战有以下方面：
（1）营销理念创新的挑战。
（2）市场创新的挑战。
（3）产品创新的挑战。
（4）营销方法创新的挑战。

小贴士

过去20年间，中国高科技产品出口额在全球主要贸易市场中的份额已从2000年的6%增长到了目前的37%，成为全球最主要的高科技产品出口国之一。随着越来越多的国家和地区在高科技产品方面加大投入，全球高科技产品的出口额到2030年将增至目前的3倍。预计到2030

年，中国高科技产品出口额在全球主要贸易市场中所占的份额将占一半以上。

2013年，中国旅游业增加值占全球GDP的9.5%，对全球经济增长的贡献达3.1%，创造了1亿多个直接就业岗位。中国旅游业直接就业人数超过1350万人。2013年中国旅游消费近3万亿元人民币，占社会消费品零售总额的比例超过12%，旅游业对住宿业的贡献率超过90%，对民航和铁路客运业的贡献率超过80%。

目前全球老年人口超过1亿的国家只有中国一个。统计显示，2014年年末，我国60岁以上老年人数量2.1亿，占总人口的15.5%；65周岁及以上人口1.4亿人，占总人口的10.1%。2.1亿老年人口数相当于印度尼西亚的总人口数，已超过了巴西、俄罗斯、日本各自的总人口数。中国人民大学社会与人口学院院长翟振武介绍，中国人口老龄化始于1999年，将贯穿整个21世纪。

目前老年人口年均增长约1000万人，2025年达到3亿，2042年老年人口比例将超过30%，到2050年将达到4.3亿人。

（三）增进经济增长

（1）市场营销在促进经济总量增长方面发挥着重要作用。市场营销以满足消费者需求为中心，强调不断开拓新的市场，为市场者、经营者提供不断向新的价值生产领域拓展和产品价值实现的手段，有效地促进经济增长。

（2）市场营销通过营销战略与策略的创新，指导新产品开发经营，降低市场风险，促进新科技成果转化为生产力，充分发挥科技作为第一生产力在经济增长中的作用。

（3）市场营销观念，在扩大内需和进军国际市场，以及吸引外资，解决经济增长中的供求矛盾和资金、技术等方面，开拓了更大的市场空间。

（4）市场营销为第三产业的发展开辟道路。

（5）市场营销强调经营与环境的系统协调，倡导保护环境，绿色营销，对经济的可持续发展起重要作用。

二、市场营销学的研究方法

（一）产品研究法

对产品分门别类的研究方法。其研究结果形成各大类产品的市场营销学，如农产品市场营销学等。

（二）机构研究法

对分销系统的各个环节（机构），如生产者、代理商、批发商、零售商等进行研究的方法。侧重分析研究流通过程的这些环节或层次的市场营销问题。其研究结果形成批发学、零售学等。

（三）职能研究法

研究市场营销的各类职能以及在执行这些职能中所遇到的问题及解决方法。

（四）管理研究法

从管理角度研究市场营销问题，即广泛采用了现代决策论的相关理论，将市场营销决策与管理问题具体化、科学化，对营销学科的发展和企业营销管理水平的提高起了重要作用。

❖　本章小结

（1）企业开展市场营销活动的核心就是保持企业活动与市场需求相协调。而市场需求具有多样性、复杂性的特点，市场需求有八种形态：负需求、无需求、不规则需求、下降需求、潜在需求、充分需求、过剩需求、有害需求。市场营销管理就是对需求的管理，改善或者扭转不利的需求，使需求达到平衡。

（2）对于什么是市场营销，至今仍然有很多说法。我们的表述是：市场营销就是满足别人并获得利润。在这个过程中，交换是核心，满足市场需求是市场营销活动的起点和终结点，获得利润是目的。

（3）市场营销的特点是由"四个理念"和"一个核心"体现的，它们是：顾客需求、目标市场、整合营销、获利能力四个理念；市场营销的核心是交换。

（4）市场营销学的产生经历了初创时期、形成时期、成熟时期和发展完善时期四个阶段。每一个发展阶段的营销活动都有相应的特点。

（5）市场营销学的核心概念是交换以及与其相关的一系列核心概念，这些核心概念包括：需要、欲望和需求，市场细分、目标市场和市场定位，产品和品牌，价值和满意，交换和交易，关系和关系营销，市场营销者与预期顾客，营销渠道和供应链，竞争，市场营销环境。这些核心概念使市场营销学研究的内容和范围涉及多种学科领域和各个利益相关组织与个人。

案例分析

海尔人绝不对市场说"不"

春节前夕，一位王先生来到成都武侯商场，想采购百元左右的礼品送给员工。当他与同行者商讨购买什么礼品最合适时，海尔直销员范丽霞无意中听到了他们的谈话。范丽霞立刻想到海尔吸尘器不正合适吗？于是，她快步向前，带领王先生来到海尔吸尘器展台前，耐心细致地向其推荐海尔吸尘器，由于产品推荐针对性强，价位及产品知名度都非常符合王先生心意。于是，王先生便决定购买31台！

可是，由于武侯商场属于综合型超市，小家电一律不予送货，而且用户当天所带现金不足，商场更不允许不交全款提货，一笔眼见已经到手的订单有可能成为泡影！王先生无奈地提出，过两天再来购买。看着顾客走远了，范丽霞的心里七上八下，为什么要轻言放弃呢？于是，范丽霞快步追赶上顾客，要求王先生留下联系方式，并告诉他：因为我是海尔人，所以我会想尽一切办法让您满意，请您放心！

于是，一件令人感动的事情发生了：范丽霞为了满足用户需求，同时在不违反商场管理制度的前提下，自己掏钱从商场内买下了31台吸尘器，并亲自打的将货送到了王先生手里。当王先生收到货物的时候，感动之情溢于言表，他一再说："真没想到，真没想到，海尔人真的这么优秀！我和我的员工一定要向海尔人学习，你们真的太棒了！"

思考题

1. 如果在商场工作的是你，你会怎么做？
2. 查阅相关资料，了解并说明海尔的市场观念是什么？

复习思考题

1. 针对不同类型的市场公司应如何进行营销？
2. 交易营销和关系营销有何异同？
3. 市场营销学发展的各个历史阶段的研究特点是什么？
4. 说明研究市场营销学的现实意义。

第二章 市场营销哲学的演进

【本章要点】
◆ 市场营销哲学
◆ 市场营销组合
◆ 顾客价值
◆ 顾客满意

【专业词汇】生产观念 产品观念 推销观念 市场营销观念 社会市场营销观念 4P组合 6P 10P 7P 4C组合 4R组合 全球营销 社会责任营销 顾客价值 顾客满意 价值链 价值让渡系统

【案例引导】

杯子外面的世界

如果你手头有个杯子需要卖出，它的成本是1块钱，怎么卖？你能卖多少钱？

仅仅卖一个杯子！也许最多能卖出2元钱。

如果卖的是一种流行款式的杯子呢？9元、10元能卖得动。

你的杯子是著名品牌呢？价格可能达到20元、30元。

有一套精美、高级包装的杯子呢？50元、60元也能卖出去。

如果你卖的是一个名人用过的杯子呢？能卖多少啊？……

杯子外面的世界永远大于杯子里面的世界！

谁是顾客？市场在哪里？企业如何去营销？市场营销等于推销吗？这些问题就是市场营销学所要研究的内容。本章先介绍不同历史时期的市场营销观念，其次，介绍市场营销组合的演变，然后再探讨顾客价值和顾客满意问题。

第一节 市场营销观念的演变

企业的市场营销管理，是在特定的市场营销管理哲学或经营观念指导下进行的。所谓市场营销哲学（或市场经营观念），就是企业在开展市场营销的过程中，在处理企业、顾客和社会三者利益关系方面所持的态度、思想和观念。了解市场经营观念的演变，对于企业更新观念，自觉适应不断变化的新形势，加强市场营销管理，具有十分重要的意义。

　　企业的市场经营观念可归纳为五种，即生产观念、产品观念、推销观念、市场营销观念和社会市场营销观念（见图2－1）。

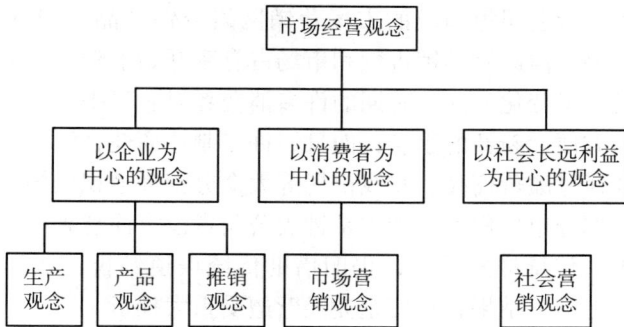

图2－1　营销观念分类

一、以企业为中心的观念

（一）生产观念

　　生产观念是指销售者行为的最古老的观念之一。生产观念认为，消费者喜欢那些可以随处买得到而且价格低廉的产品。企业应致力于提高生产效率和分销效率，扩大生产，降低成本以扩展市场。显然，生产观念是一种重生产、轻营销的商业哲学。

　　生产观念是在卖方市场条件下产生的。在资本主义工业化初期以及第二次世界大战末期和战后一段时期内，由于物资短缺、市场产品供不应求，生产观念在企业经营管理中颇为流行。我国在计划经济旧体制下，由于市场产品短缺，企业不愁其产品没有销路，工商企业在其经营管理中也奉行生产观念，具体表现为：工业企业集中力量发展生产，轻视市场营销，实行以产定销；商业企业集中力量抓货源，工业生产什么就收购什么，工业生产多少就收购多少，也不重视市场营销。

　　除了物资短缺、产品供不应求的情况之外，有些企业在产品成本偏高的条件下，其市场营销管理也受生产观念支配。例如，亨利·福特在20世纪初期曾倾全力于汽车的大规模生产，努力降低成本，使消费者购买得起，借以提高福特汽车的市场占有率。

（二）产品观念

　　产品观念认为，消费者最喜欢高质量、多功能和具有某种特色的产品，企业应致力于生产高值产品，并不断加以改进。它产生于市场产品供不应求的"卖方市场"形势下。最容易滋生产品观念的场合，莫过于当企业发明一项新产品时。此时，企业最容易导致"市场营销近视"，即不适当地把注意力放在产品上，而不是放在市场需要上，在市场营销管理中缺乏远见，只看到自己的产品质量好，看不到市场需求在变化，致使企业经营陷入困境。

例如，美国爱尔琴钟表公司自 1869 年创立到 20 世纪 50 年代，一直被公认为是美国最好的钟表制造商之一。该公司在市场营销管理中强调生产优质产品，并通过由著名珠宝商店、大百货公司等构成的市场营销网络分销产品。1958 年之前，公司销售额始终呈上升趋势。但此后其销售额和市场占有率开始下降。造成这种状况的主要原因是市场形势发生了变化。这一时期的许多消费者对名贵手表已经不感兴趣，而趋于购买那些经济、方便、新颖的手表；而且，许多制造商迎合消费者需要，已经开始生产低档产品，并通过廉价商品、直线市场等大众分销渠道积极推销，从而夺得了爱尔琴钟表公司的大部分市场份额。爱尔琴钟表公司竟没有注意到市场形势的变化，依然迷恋于生产精美的传统样式手表，仍旧借助传统渠道销售，认为自己的产品质量好，顾客必然会找上门。结果，致使企业经营遭受重大挫折。

（三）推销观念

推销观念（或称销售观念）是为许多企业所采用的另一种观念。它认为，消费者通常表现出一种购买惰性或抗衡心理，如果顺其自然的话，消费者一般不会足量购买某一企业的产品。因此，企业必须积极推销和大力促销，以刺激消费者大量购买本企业产品。推销观念在现代市场经济条件下被大量用于推销那些非渴求物品，即购买者一般不会想到去购买的产品或服务。许多企业在产品过剩时，也常常奉行推销观念。

推销观念产生于资本主义国家由"卖方市场"向"买方市场"的过渡阶段。在 1920～1945 年，由于科学技术的进步，科学管理和大规模生产的推广，产品产量迅速增加，逐渐出现了市场产品供过于求，卖主之间竞争激烈的新形势。许多企业家感到：即使有物美价廉的产品，也未必能卖得出去；企业要在日益激烈的市场竞争中求得生存和发展，就必须重视推销工作。

二、以消费者为中心的观念——市场营销观念

市场营销观念是作为对上述诸观念的挑战而出现的一种新型的企业经营哲学。尽管这种思想由来已久，但其核心原则直到 20 世纪 50 年代中期才基本定型。市场营销观念认为：实现企业各项目标的关键，在于正确确定目标市场的需要和欲望，并且比竞争者更有效地传送目标市场所期望的产品或服务，进而比竞争者更有效地满足目标市场的需要和欲望。西奥多·莱维特曾对推销观念和市场营销观念作过深刻的比较，指出：推销观念注重卖方需要；市场营销观念则注意买方需要。推销观念以卖方需要为出发点，考虑如何把产品变成现金；而市场营销观念则考虑如何通过制造、传送产品以及与最终消费产品有关的所有事物，来满足顾客的需要。从本质上说，市场营销

观念是一种以顾客需要和欲望为导向的哲学，是消费者主权论在企业市场营销管理中的体现。

许多优秀的企业都是奉行市场营销观念的。如日本本田汽车公司要在美国推出一种雅阁牌新车。在设计新车前，他们派出工程技术人员专程到洛杉矶地区考察高速公路的情况，实地丈量路长、路宽，采集高速公路的柏油，拍摄进出口道路的设计。回到日本后，他们专修了一条 9 英里长的高速公路，就连路标和告示牌都与美国公路上的一模一样。在设计行李箱时，设计人员意见有分歧，他们就到停车场看了一个下午，看人们如何放取行李。这样一来，意见马上统一起来。结果本田公司的雅阁牌汽车一到美国就倍受欢迎，被称为是全世界都能接受的好车。

这种观念与之前的生产观念、产品观念和推销观念有着很大的不同。市场营销观念是以消费者需求为中心，后三者是以产品为中心（见表 2 - 1）。

表 2 - 1　　　　　　　　　　　市场营销观念和推销观念的区别

项目	推销观念	市场营销观念
出发点不同	企业	目标市场
中心点不同	产品	顾客需求
手段不同	推销和促销	整合营销
目标不同	通过扩大需求 获取利润	通过满足需求 实现利润

市场营销不同于推销。推销以生产者为中心，不考虑顾客的需要和利益，而市场营销以购买者为中心，强调通过满足顾客的需要和欲望来创造企业利益；推销只着眼于产品的流通环节，而市场营销包括市场调研、产品开发、定价、分销、促销、信息反馈、售后服务等一系列活动，即市场营销活动上延到产前调研、下伸至售后服务。

三、以社会长远利益为中心的观念——社会市场营销观念

社会市场营销观念是对市场营销观念的修改和补充。它产生于 20 世纪 70 年代，西方资本主义国家出现能源短缺、通货膨胀、失业增加、环境污染严重、消费者保护运动盛行的背景之下。因为市场营销观念回避了消费者需要、消费者利益和长期社会福利之间隐含着冲突的现实。社会市场营销观念认为，企业的任务是确定各个目标市场的需要、欲望和利益，并以保护或提高消费者和社会福利的方式，比竞争者更有效、更有利地向目标市场提供能够满足其需要、欲望和利益的物品或服务。社会市场营销观念要求市场营销者在制定市场营销政策时，要统筹兼顾三方面的利益，即企业利润、消费者需要的满足和社会利益。

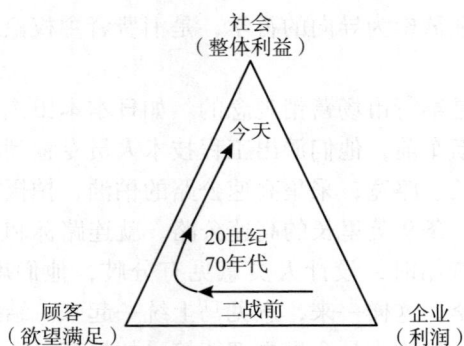

图 2-2　企业营销管理观念的变化趋势

由此可见，社会市场营销观念只是对市场营销观念的补充和修正。

第二节　市场营销组合的演变

一、市场营销组合的含义

市场营销组合，简称"4P"组合、"4P"策略，是指企业用来满足目标市场需要的一整套营销工具。它是以企业为导向的市场营销，就是指在适当的地点，以适当的价格，运用适当的促销方式将适当的产品传递给目标市场上的消费者（见图 2-3）。

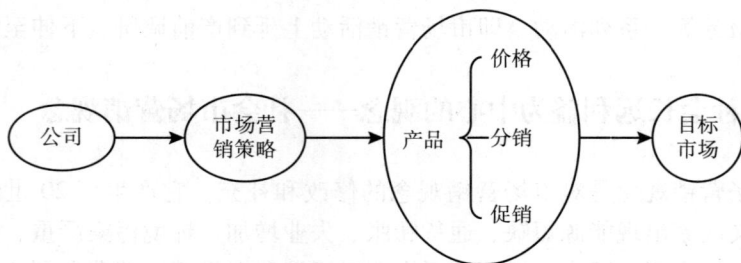

图 2-3　市场营销组合的 4P

上图中产品（Product）、价格（Price）、分销（Place）和促销（Promotion）各自的内容分别包括：

产品——指企业提供给目标市场的产品种类、质量、设计、性能、品牌、包装、规格、服务、保证、退货等的集合。

价格——指企业出售产品所追求的经济回报，内容有价格表、折扣、折让、付款期限、赊销、信贷条件。

分销——也称渠道，代表企业为使其产品进入和达到目标市场，所组织、实施的各种活动，包括途径、环节、场所、仓储和运输等。

促销——是企业利用各种信息载体，与目标市场进行沟通传播活动，包括销售促进、广告、人员推销、公共关系与直销等。

由此可见，"4P"组合是市场营销的基本策略。而推销只是市场营销的一部分内容，不是全部。

> 管理大师彼得·德鲁克认为："可以设想，某些推销工作总是需要的，然而营销的目的就是要使推销成为多余。营销的目的在于深刻的认识和了解顾客，从而使产品或服务完全适合顾客的需要而形成产品自我销售。理想的营销会产生一个已经准备来购买的顾客，剩下的事就是如何便于顾客得到这些产品或服务。"

二、市场营销组合的特点

（一）可控性

如果说市场营销环境是企业不可控制的因素，那么，"4P"组合就是企业可以控制的因素（见图2-4）。为了适应环境，企业必须不断的调整"4P"，以动态适应环境，才能持续的生存和发展。

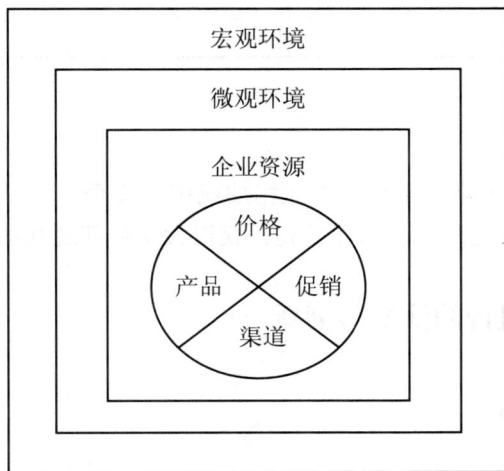

图2-4 市场营销组合及4个基本策略

市场营销管理过程的核心，正是通过艺术地运用其可控制因素，在动态适应市场营销中的不可控制因素的过程中，实现预期的目标。

（二）动态性

"4P"组合不是固定不变的静态组合，而是变化无穷的动态组合，必须能动地对环境和内部条件变化的影响做出相应的反应。比如，在其他因素不变的情况下。企业改变了促销方式或产品价格，都会形成新的、效果不同的市场营销组合。

（三）层次性

"4P"组合中的每一个"P"都是由多个次一级因素构成的，具有明显的层次性（见表2-2）。

表2-2 4个基本策略及内部因素

产品（Product）	价格（Price）	分销（Place）	促销（Promotion）
特性	基本价格	分配渠道	广告
质量	价格水平	区域分布	媒体类型
外观	折扣	中间商类型	文字或图像
附件	支付期限	营业场所	人员推销
品牌名称	信用条件	物流	公共关系
包装	组合价格	储存	营业推广
担保		运输	
产品线		服务标准	
服务			

（四）整体性

"4P"组合及组成因素，不是简单地相加或拼凑集合，而是一个有机的整体。在统一目标的指导下，彼此配合，相互补充，获得大于局部之和的整体效应。

三、市场营销组合的演变与创新

（一）从4P到XP

1. 战术性4P

4P（产品、价格、分销、促销）营销策略自20世纪60年代由杰罗姆·麦卡锡（Jerome McCarthy）提出以来，对企业市场营销理论和实践都产生了深远的影响，并成为公司营销经理们开展市场营销的经典应用方法，被称为战术性4P，即市场营销策略。

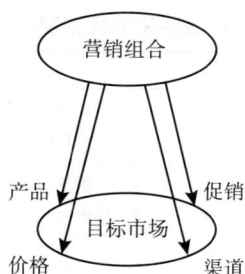

图 2-5　市场营销组合的 4P

2. 战略性 4P

探察（Probing），这里是"探查"市场；分割（Partitioning），把市场分为若干部分；市场优化（Prioritizing），即必须选择那些你能在最大程度上满足其需要的买主；定位（Positioning），即你必须在顾客心目中树立某种形象。这被称为战略性 4P。

3. 6P

指战术性 4P，加上权力和公共关系构成六个 P。这一营销策略也称为大市场营销观念，由菲利普·科特勒教授提出。他强调企业在进行国际市场营销过程中，要与其他国家的政府等权力机构打交道，要开展公共关系与各利益相关者建立良好的关系，进而实施市场营销策略，使企业顺利开展营销活动。

4. 10P

指在 6P（产品、价格、地点、促销、权力和公共关系）的基础上，再加战略性 4P，即市场调查（探查市场）、市场细分（分割）、目标市场选择（市场优化）和市场定位。按照菲利普·科特勒教授的观点，市场营销学的框架体系由战略性 4P 和战术性 4P 构成，即公司应该首先进行市场调研、市场细分、选择目标市场、进行市场定位，然后针对目标市场上的顾客群开展营销活动，实施战术性 4P 策略。

5. 7P

指产品、价格、地点、促销、物证、展示、人 7 个方面的组合，也称为服务营销策略。是服务市场营销学研究的范畴。

（二）4C 组合

4P 是市场营销观念的具体体现，是以企业为基点的经营观念。但是，随着市场竞争的日益激烈，媒介传播速度越来越快，4P 理论受到了越来越多的挑战。于是，罗伯特·劳特伯恩（Robert Lautbern）于 1990 年提出了 4C 理论（见表 2-3）。

表 2 - 3　　　　　　　　　从 4P、4C 到 4R 的营销观念的变革

提出者	营销观念	不同角度的组合			
Jerome MeCarthy	4P	产品 Products	价格 Price	地点 Place	促销 Promotion
Robert Lautbern	4C	顾客 Customer	顾客成本 Customer Cost	便利 Convenience	沟通 Communication
Don. E. Schultz	4R	关联 Relevance	反应 Response	关系 Relationships	回报 Returns

4C（Customer、Cost、Convenience、Communications）理论认为，企业应通过与顾客进行积极有效的双向沟通，建立基于共同利益的新型企业/顾客关系，即以消费者需求为导向，充分考虑消费者所愿意支付的成本，照顾消费者的便利性，与消费者进行沟通。这是消费者越来越居于主导地位的市场对企业的必然要求。4C 理论也称为顾客价值理论。

（三）4R 组合

20 世纪 90 年代，美国的唐·舒尔茨教授（Don. E. Schultz）提出了 4R 理论，阐述了全新的营销要素，包括与顾客建立关联，提高市场反应速度，重视关系营销和营销回报。这一理论强调以竞争为导向，注重关系营销，维护企业与客户之间的长期合作关系。

4P、4C、4R 三者之间是发展、完善的关系。4P 是营销的一个基础框架，4C 是对顾客需求的进一步理解，并且更加强调满足顾客利益和重视顾客价值，进而关注顾客忠诚度的培育，以达到顾客满意。4R 是在 4P、4C 基础上的新发展，是关系营销理论的着眼点。企业要根据自身发展状况和所处的营销环境，把三者结合起来指导营销实践，将会取得更好的效果。

第三节　市场营销观念的创新与发展

一、大市场营销观念

大市场营销（Megamarketing）观念是 20 世纪 80 年代以后市场营销观念的新发展，由菲利普·科特勒教授提出，用 6P（产品、价格、地点、促销、权力和公共关系）表示。其核心内容是强调企业既要适应环境，又要在某些方面影响外部环境。根据系统论的观点，大市场营销观念认为，企业应该是一个开放的组织系统，其经营管理是与外界环境不断交换信息的过程。企业经营既受环境因素的制约和影响，也可

以通过企业的市场营销活动向外界传递信息、提供产品或劳务，来影响外部环境朝着有利于企业的方向发展。尤其是当企业进入国际市场遇到有形或无形的"障碍"、"壁垒"时，运用大市场营销观念这一战略思想就可以解决问题。

二、社会责任营销观念

社会责任营销观念符合市场营销管理哲学的发展趋势，因为社会市场营销观念就包含社会责任营销观念。

社会责任营销有广义和狭义之分。狭义的社会责任营销是指企业对目标市场上的消费者负责，为消费者创造价值，改善消费者的个体和社会生活质量，确保不破坏这个社会空间的品质，并借助新闻舆论影响和广告宣传，美化、提升企业形象和品牌知名度，达到企业、消费者和社会共赢的目的。广义的社会责任营销应是企业以履行一定的社会责任为己任，在产品生产及流通的各环节，从整个社会福利的角度来创造一种美好的生活方式，从而改善和提高社会空间的品质，达到企业和社会共同的长远和谐发展的一种营销理念。可见，社会责任营销不仅仅是企业道德问题。

进入 21 世纪以来，我国出现的一些社会热点问题，如偷税漏税、破坏环境、信用缺失、拖欠工资、矿难频发、重大食（药）品安全事故等，正是从反面说明我国一些企业社会责任缺失，这些企业也由此给消费者留下了难以消除的负面公众形象，严重影响企业的整体营销和品牌形象。当前，经济全球化是一个不争的事实，"中国制造"在世界范围内的影响力越来越大。

SA8000 标准是全球第一个可用于第三方认证的社会责任国际标准，旨在通过有道德的采购活动，改善全球工人的工作条件，最终达到公平，而体现工作条件。SA8000 标准的主要内容包括童工、强迫劳工、安全卫生、结社自由和集体谈判权、歧视、惩罚性措施、工作时间、工资报酬及管理体系 9 个要素。[1]

除以上对企业社会责任的基本理解外，全球范围内的社会责任准则还包括国际劳工组织的"生产守则"、WTO 中的"社会条款"、联合国的"全球协议计划"等。[1]

欧美跨国企业社会责任标准的推行，对一直以简陋工作环境、低廉劳动力成本、甚至以牺牲劳动者健康和安全基本条件为代价，以换取低价竞争优势的一些中国企业而言无疑是致命打击。[1]

面对企业社会责任标准的贸易壁垒，中国企业要做的不是以"中国国情"等理由作为借口，而是更要从深层次上理解"人本主义"、"社会利益"、"企业追求的目标"这些社会责任和社会价值，更好地把握企业社会责任的营销理念，把企业关注社会利益的社会责任营销观念落到实处。在追求经济利益的同时承担相关的社会责任，缩小我国企业与国际先进企业在这方面的差距。[1]

---

[1] 蔡瑞林：《论我国企业的社会责任营销》，中国论文下载中心。

三、全球营销观念

这一观念是 20 世纪 90 年代市场营销观念的新发展，它是指导企业在全球开展市场营销活动的一种全新的营销思想。它将整个世界市场视为一个整体，采取的是全球营销战略。

按照伯尔马特对国际营销战略的分类，企业的国际营销战略分为四类：

E（Ethnocentrism）——本国中心主义。

P（Polycentrism）——多中心主义。

R（Regioncentrism）——地区中心主义。

G（Geocentrism）——全球中心主义。全球中心主义实际上是一种全球营销哲学。

与之相对应，有四种基本的全球营销管理导向，分别是母国中心导向、多国中心导向、区域中心导向和全球中心导向。

遵循全球导向的企业，具备真正意义上的全球视野，在整合全球资源、利用全球市场营销机会、营销战略与策略的综合运用等方面都具有很强的能力和竞争优势。

全球营销观念强调营销效益的国际比较，即按照最优化的原则，通过整合协调全球各地资源，使之内化为企业的核心竞争力。在全球市场上执行一体化与差异性相结合的营销方案，既获得了全球市场的规模经济效益，也适应了各地不同市场的特殊要求。

四、服务营销观念

服务市场营销学是市场营销学的一个分支，市场营销学的基本原理同样适用于服务市场营销学，如环境分析、市场调研、市场细分、目标市场选择、市场定位等。但由于服务本身所特有的属性，使得传统的营销理论不能简单地运用到服务行业，这就要求营销管理人员必须跳出传统的营销理论，发展服务市场营销的理论与工具。

（一）服务的含义

国外对服务管理的研究大体始于 20 世纪 60 年代。我们认为服务是具有无形性特征却可以给人带来某种利益或满足感的可供转让的一种或一系列活动。

绝大多数服务都具有以下四个特征，它们影响到企业营销方案的制定：

1. 无形性

服务与有形产品不同，在被购买之前，是看不见、尝不到、摸不着、听不到和嗅不出的，这使得顾客的购买风险增加。

2. 不可分离性

服务的生产过程与消费过程同时进行，也就是说，服务人员提供服务于顾客时，也正是顾客消费服务的时刻，二者在时间上不可分离。服务的不可分离性使得顾客在不同程度上会参与到服务的生产过程中，他们的行为会对其感知的服务质量产生影响。

3. 异质性

异质性是指服务的构成成分及其质量经常变化，很难统一界定。区别于那些实行机械化和自动化生产的第一产业和第二产业，服务行业是以"人"为中心的产业。

4. 易消失性

由于服务的无形性，生产和消费同时进行，服务产品无法像工业产品那样可以被储存保管，以备将来出售。而且消费者在大多数情况下，也不能将服务携带回家。

（二）服务营销组合

营销组合是营销中一个最基本概念，它是指组织可以控制的、能使顾客满意或顾客沟通的若干因素。传统的营销组合包括4P：产品（Product）、价格（Price）、分销渠道（Place）和促销（Promotion），主要适用于实体产品营销。对于服务来说，还需要增加三个要素（3P）：人（People）、有形展示（Physical Evidence）和过程（Process）。

1. 传统的营销组合

传统的营销组合4P的管理对服务营销的成功非常必要。但是，在将其应用于服务时，需要对4P战略做一些调整。例如，传统的促销被认为是有关销售、广告、推销和公共关系活动的决策。在服务业中，这些因素同样重要，但由于服务是同时生产和消费的，所以服务提供人员（如营业员、售票员）都与服务的"真实瞬间"促销有关，他们在执行运作职能的同时，也担任营销职能，被称为"兼职营销者"。由于服务是一系列的活动，所以，难以计算其"单位成本"，这使得服务产品的定价变得复杂。

2. 服务人员

服务人员包括参与服务提供并因此影响购买者感觉的全体人员，即：企业员工、顾客及处在服务环境中的其他顾客。

所有参与到服务提供过程中的人都对顾客认识服务本身提供了重要线索。他们的着装、个人外表以及态度和行为都会影响顾客对服务的感知，服务提供者或顾客接触人员尤为重要。实际上，对于某些服务，如顾问、咨询服务、教练以及其他基于关系的专业服务，提供者本身就是服务。

在许多服务情景中，顾客本身也能影响服务的提供，从而影响服务质量和他们自己的满意度。例如，一家咨询公司的客户，通过及时提供他所需要的服务信息并将咨询公司提出的建议付诸行动，从而影响他所接受的服务质量。医疗服务的患者对服务提供者指定的健康方案的遵守与否会影响他们所接受的服务质量。

顾客的行为不仅会影响他们自己的服务产出，也会影响到其他顾客。因此，在许多的情景中，顾客或者其他顾客一起接受服务，如观看球赛；或者需要等待接受服务，如排队购票。服务现场其他顾客的行为会影响到正在接受服务的顾客，而顾客的行为也会对服务现场的其他顾客产生影响——强化或减弱其他顾客的体验。

3. 有形展示

服务的有形展示包括能够向顾客提供服务信息的所有有形线索。服务因其无形性而大大的不同于物品，物品以物质形态存在，服务以行为方式存在。顾客看不到服务，但是能看到服务工具、设备、员工、信息资料、其他顾客、价目表等，所有这些有形物都是看不见的服务线索。因为顾客必须在无法真正见到服务的条件下来理解它，而且要在做出购买决定之前知道自己应买什么、为什么买，所以他们一般会对有关服务的线索格外注意。或好或坏，这些有形的线索总传递了一些信息。如果不加管理，这些线索可损害整个市场营销战略，如果管理好，这些线索能增加顾客对有关服务的知识，并增强整个市场营销战略的活力。

有形展示从构成要素进行划分，可分为服务场景、信息沟通和价格三大类。如图2-6所示。

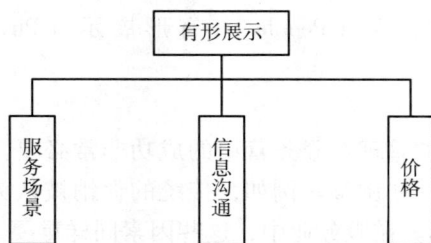

图2-6　按有形展示的构成要素分类有形展示的类型

（1）服务场景。服务场景包括周围因素、设计因素和社交因素。

（2）信息沟通。信息沟通也是服务有形展示的形式之一，这些信息来自企业本身以及其他引人注意的地方，通过多种媒体传播，向顾客展示服务的特征，其内容可见图2-7。从各种各样的评论到广告，从口头传播到企业标记，这些不同形式的信息都传达了有关服务的线索，使服务和信息更具有形性。

4. 服务过程

服务过程即服务的提供和运作系统。服务生产系统的设计需要从将来能够提供一种与竞争对手有所不同的服务概念和战略开始。服务系统包括以下内容：地点、使顾客和工作流程更加有效的设施设计和布局、服务人员的工作程序和工作内容、质量保证措施、顾客参与程度、设备选择等。

服务过程设计对于顾客感知质量具有重要影响。在实践中，服务组织往往对服务提供的最终产出物和服务有形展示做出了规划，却常常忽视了服务过程的系统设计。主要原因是服务产出和有形展示是有形的，而服务过程则是无形的，相对难以衡量。服务人员会在缺乏对顾客了解的基础上定义服务过程。顾客与服务组织的接触是通过服务过程进行的。如果服务过程在设计时存在问题，会造成顾客不满意。在许多情况

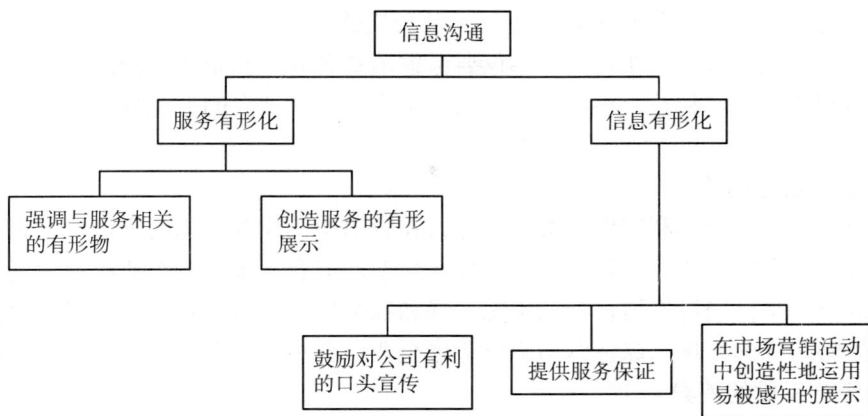

图 2 - 7　信息沟通与服务展示

下，大量的资源被用于补救服务过程的失败、改进服务过程。由此发生的成本是双重的：低劣的设计不仅造成纠错成本，而且使企业不能把时间用于未来的长远战略考虑，从而造成严重的战略和机会成本损失。因此，服务过程的设计对于提供满足顾客需求的服务至关重要。

五、绿色营销观念

20 世纪 90 年代以来，绿色营销风靡全球，使企业营销步入了集企业责任与社会责任为一体的理性化的高级阶段。

（一）绿色营销的概念及其与传统营销的差异

绿色营销是指以促进可持续发展为目标，为实现经济利益、消费者需求和环境利益的统一，市场主体根据科学性和规范性的原则，通过有目的、有计划地开发及同其他市场主体交换产品价值来满足市场需求的一种管理过程。英国威尔斯大学的肯·毕泰教授在其著作《绿色营销——化危机为商机的经营趋势》一书中指出："绿色营销是一种能辨识、预期及符合消费者与社会需求，并且可带来利润及永续经营的管理过程。"这里须强调两个主要观念："首先，企业所服务的对象不仅是顾客，还包括整个社会；其次，市场营销过程的永续性一方面需依赖环境不断地提供市场营销所需资源的能力，另一方面还要求能持续吸收营销所带来的产物。"

绿色营销与传统营销的差异主要有以下几点：

1. 营销观念的升华

绿色营销观是继 20 世纪 50 年代由产品导向转向顾客导向，具有根本性变革的基础上的又一次升华。绿色营销观与传统营销观的差异主要表现在以下几个方面：

（1）绿色营销观是以人类社会的可持续发展为导向的营销观。

（2）绿色营销观更注重社会效益。

（3）绿色营销观更注重企业的责任和社会道德。

绿色营销观要求企业在营销中不仅要考虑消费者利益和企业自身的利益，而且要考虑社会利益和环境利益，将四者利益结合起来，遵循社会的道德规范，实现企业的社会责任。

2. 经营目标的差异

传统营销是以取得利润作为最终目标，在营销中不注意资源的有价性，将生态需要置于人类需求体系之外，往往不惜以破坏生态环境利益来获得企业的最大利润。绿色营销的目标是使经济发展目标同生态发展和社会发展的目标相协调，促进总体可持续发展战略目标的实现。绿色营销不仅考虑企业自身利益，还应考虑全社会的利益。

3. 经营手段的差异

传统营销通过产品、价格、渠道、促销的有机结合来实现自己的营销目标。绿色营销强调营销组合中的"绿色"因素：注重绿色消费需求的调查与引导；注重在生产、消费及废弃物回收过程中降低公害；符合绿色标准的绿色产品的开发和经营；在定价、渠道选择、促销、服务、企业形象树立等营销全过程中都要考虑以保护生态环境为主要内容的绿色因素。

（二）绿色营销的作用与意义

开展绿色营销不仅可以满足消费者对绿色产品的需求，促进企业产品开发与技术创新，树立企业生态形象，而且有利于保护环境，防止资源浪费和环境污染促进经济、生态、社会效益的协调发展。具体地说，包括以下几个方面：

（1）绿色营销是满足消费者绿色商品需求的重要途径。随着人们生活水平的提高，人们对无公害、无损于人身健康的绿色商品的需求日益增长，人们在消费中重视珍惜生命，关注健康与自然，追求高质量的生活方式。绿色商品需求增长是实施绿色营销的拉力，而实施绿色营销又是满足绿色消费需求的重要途径。通过实施绿色营销还可以进一步引导绿色消费，从而促进绿色消费健康发展。

（2）绿色营销拉动绿色产品开发促进企业技术创新。随着绿色营销的兴起与发展，绿色产品开发与产品生态设计受到重视，尤其是欧美各国在研究与开发中，重视资源的再利用技术和污染防治技术等，积极开发节约资源、防止污染、无损害健康的绿色产品。

（3）绿色营销提高了绿色营销效益，促进了企业经济、生态和社会效益的协调发展。绿色营销既可以降低企业的资源消耗与支出，同时又因绿色产品的相对短缺而价格高于一般商品的价格，从而获得较高的收益。实施绿色营销尽管增加了事前污染防治与控制的费用，但大大减少了事后污染治理的费用，而且节约了资源、减少了污染，促进了经济、生态与社会效益的协调发展。

（4）绿色营销提高了企业竞争力，提升了企业形象。随着人们对环境及可持续发展的认识，保护生态环境，促进社会可持续发展已逐渐成为人们的共识。加强绿色产品设计与开发，实施绿色营销，不仅有利于转变企业的经营观念、加快技术创新和产品更新换代、提高企业产品和市场竞争力，而且有利于企业赢得顾客、提高企业在顾客及社会公众心目中的形象。

（三）影响绿色营销的因素

绿色营销的研究架构主要包括以下三大因素：一是影响绿色营销的内部因素；二是影响绿色营销的外部因素；三是影响绿色营销成功的因素。

1. 影响绿色营销的内部因素

影响绿色营销的内部因素亦称8P因素：

（1）产品。产品在生产、使用及丢弃时应具有安全性，企业使用的原材料和包装要有利于环境保护。

（2）价格。产品价格要反映绿色成本，并确定能使消费者接受的绿色价格。

（3）分销。选择具有绿色信誉的分销渠道来分销产品。

（4）促销。采用绿色媒体宣传绿色信息，并对绿色信息的传播进行监测。

（5）提供信息。提供同环保有关并能激发市场营销者重视可持续发展的全新观念的国内外绿色信息。

（6）过程。控制原材料、能源消耗过程以及废弃物的产生和处理过程，以有利于优化环境。

（7）政策。制定及实施鼓励、监测、评估和保护环境的政策。

（8）人员。即企业的营销人员。企业应该培养了解有关环境的议题、认识企业在环保中的表现及在绿色营销中善于宣传的营销人员。

2. 影响绿色营销的外部因素

影响绿色营销的外部因素也称6P因素：

（1）付费顾客。企业要了解消费者对绿色议题的关心程度及对绿色产品的需求程度。

（2）供应商。企业的供应商对绿色主张关心程度如何及对绿色产品的需求状况，直接关系到企业绿色营销的发展。

（3）政府官员。政府官员可通过行政方式对企业经营活动施加压力，可通过立法形式制约企业的绿色营销。

（4）问题。经常了解和掌握企业绿色营销中存在的问题，诸如判断企业或竞争对手的营销活动是否同环境及社会问题有联系。

（5）预测。预测未来环境保护的发展趋势及其对企业绿色营销的影响。

（6）伙伴。加强企业与对环境有重大影响的组织的联系，改善同这些组织的关系。如环保志愿团体、大众传媒、专家及其他有关公众。

3. 影响绿色营销成功的因素

企业绿色营销能否取得成功，其关键在于能否将影响绿色营销的内部因素与影响绿色营销的外部因素有机地结合、协调，从而使企业真正做到：

（1）满足顾客对绿色营销的需求。

（2）产品生产及使用过程安全、对环境有利。

（3）企业绿色营销策略为社会所接受。

（4）企业从可持续发展战略高度来组织市场营销。

六、关系营销观念

（一）关系营销的由来

关系营销观念最早于 1983 年由美国学者白瑞（L. L. Berry）提出，他认为，企业营销的目的，不仅是争取更多的消费者，更重要的是保持现有的消费者。争取一个新顾客比保持一个老顾客的成本要高。也可以说，保持顾客为导向的营销是一种比争取新的顾客为导向的营销管理更为有效的营销活动。1998 年欧洲管理论坛主席克芬斯·思布提出了企业伙伴理论。这一理论为从战略高度认识企业的伙伴关系及关系营销有重要作用。他认为：企业之间建立战略伙伴关系是未来经济社会的一大方向。也就是说，不同的企业可能从长远利益出发建立战略伙伴关系，在产品开发、营销组合等方面建立合作关系，以提高其竞争力和适应力。此外，美国学者杰克逊（B. B. Jackson）（1985 年）、唐布尔（I. F. Turnbull）和韦尔森（D. Welson）（1989 年），以及皮尔恩（J. B. Perrien）（1992 年）等人对关系营销的发展做出了贡献。

长期以来，市场营销建立在交易市场学基础上，它重视一次交易的成功及数量；而关系营销是以关系市场学及战略联盟理论为基础的，其实质是"将企业与客户的长期关系视为企业的资产。"它重视企业之间的联盟，以及企业与客户、供应者、中间商、政府等长期的"合作伙伴"关系。它是识别、建立、维护和巩固企业与客户及其利益人的关系的活动，并通过企业努力，以成熟的交换和必要的承诺方式来维护和发展企业与外部的关系，从而实现共存共荣。弗兰克·索尼堡所提出的企业行为准则就充分体现了战略伙伴与关系营销的价值观。其行为准则主要有：

（1）共存共荣，互利互惠。

（2）互相尊重，和谐一致，富有人情。

（3）诚恳守信，坦诚相待。

（4）合作关系建立在明确的目标基础上。

（5）基于长远机会，致力于长期合作。

（6）深入了解对方的组织、文化背景。

（7）经常沟通，及时消除误会。

（8）共同决策，不强加于人。

（二）关系营销的特征

所谓关系营销，是指把营销活动看成是一个企业与消费者、供应商、分销商、竞争者、政府机构以及其他公众等利益相关者发生互动作用的过程，其核心是建立和发展与这些公众的关系，把建立并发展与利益相关者之间的关系作为企业营销的关键；把正确处理这些关系并保持企业的持续发展作为企业营销的重心。这些关系主要是通过结构纽带和社会纽带而联系、建立、维持和发展的。结构纽带是通过产品及服务链的结构把卖者与买者联结起来的。如前期关系结束后，由于产品、技术、装备、服务等方面的关系，买者继续保持与卖者的关系。社会纽带则是通过个人之间的关系建立起来的卖者与买者之间的联系。关系营销主要通过建立、加强这两种纽带，尤其是结构纽带，建立有效的长期、稳定的顾客群。

从复合系统的角度看，关系营销具有以下本质特征：

（1）信息双向沟通。在复合系统中，企业与利益相关者的信息沟通与交流是经常的，而且是双向的，互通有无的，并通过信息沟通与信息资源的共享来保持企业与利益相关者的关系，其中，企业与消费者的关系是最主要的关系。

（2）战略伙伴协同。从系统多要素的关系来看，企业不仅与消费者、供应者、中间商、社会公众的关系是战略伙伴关系，要从长计议，而且企业与竞争者的关系也是相互支撑、共同促进的关系。另外，企业与自然环境的关系也是共存共荣的关系。

（3）合作共赢。关系营销的基础是交易双方有长期、多次的利益关系，营销活动建立在相互信任、互利互惠的基础之上。合作共赢原则不仅适合企业与消费者的关系，还适合企业与其他利益相关者。

（4）信息反馈与控制。关系营销必须重视其利益相关者的合作愿望与态度，并通过信息反馈，及时了解企业利益相关者及营销环境的变化，并对出现的一切不稳定因素和不利于各利益相关方的消极因素予以及时的纠正。

（三）关系营销与交易营销的区别

关系营销高度重视顾客服务，并长期关注保持顾客，给予顾客充分的承诺，它与顾客持续保持着密切的联系，在质量方面，则认为是质量是所有部门都应该关心的。

而传统的交易营销较少的强调顾客的服务，更多地关注一次性交易，给予顾客有限的承诺，与顾客保持的仅是适度的联系。在质量方面，恰恰认为质量是生产部门所应关心的，而与其他部门无关。

（四）关系营销需要重视的几个关系

从关系市场学的角度看，营销的本质就是在更大的范围内与客户、供应者、中间商、竞争者和社会公众等建立长期、稳定、协调、持续的关系网络，从而获得社会各界的支持，促进企业与外部环境之间的动态平衡。关系营销并不是搞庸俗关系，而是基于企业战略需要，通过正确处理、建立、巩固各种关系，树立良好的企业形象，从根本上赢得客户的信赖，使良好的关系和正常的交易长期保持下去，以保证企业的生存与发展。因此，企业必须重视企业内部的关系、企业与顾客的关系、企业与竞争者的关系、企业与供应商的关系、企业与有关机构、社会公众的关系等如图2-8所示。

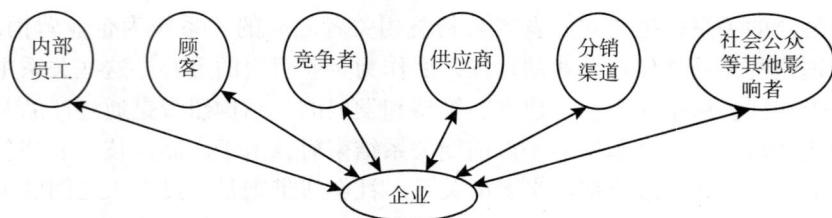

图 2 - 8　企业关系营销的六个方面

1. 企业内部关系

企业内部关系是指企业内部高层人员、各部门人员及员工之间的利益关系。企业高层人员要把员工作为企业生存与发展的根本，并在企业内部建立共存共荣的市场关系链。员工也要正确理解、贯彻高层领导的战略关系营销目标，把共存共荣的关系延伸到企业外部。

2. 企业与顾客的关系

企业与顾客不是简单的一次交易关系，而是长期、稳定的交易或合作关系。企业要以满足顾客利益为奋斗目标，通过播撒"利益、情感、信任、承诺"的种子，获取"共存共荣"的果实。企业要维系与顾客的长期关系，长期的利益与互利互惠的原则是根本、信任是基础、情感是纽带、承诺是保障。关系营销是通过企业维系老顾客吸引新顾客，扩大顾客群，促进共同体的壮大。

3. 企业与竞争者的关系

企业与竞争者不仅存在利益冲突，还是互相依存、互相促进的关系。企业与竞争者要合理定位、扬长避短、和睦相处、加强协作、共同发展。

4. 企业与供应商的关系

企业与供应商的关系决定了它所能获得的资源的数量、质量、交货的可靠性和速度。企业与供应商必须结成紧密的合作网络，及时对消费者市场上出现的需求做出尽快响应，以优质高效的供应来满足消费者的需求。

5. 企业与分销渠道的关系

企业与分销渠道是分工与协作的关系，表现为较强的依赖性、互利性和共生性。企业与分销渠道必须建立战略伙伴关系，维系长期、持续的交易，促进共同发展。

6. 企业与相关机构、社会公众的关系

企业必须处理好企业与政府机构、金融、税务、工商等部门的关系，还要处理好企业与媒体、社会团体、社区之间的关系，建立更大的利益共同体，谋求和谐的发展环境。

七、整合营销观念

（一）整合营销的含义

整合营销观念产生于 20 世纪 90 年代。90 年代以来，随着全球经济一体化，以及新经济的出现，世界经济、政治格局的变化，改变了企业获利方式。另外，随着生活水平的提高，"卖方市场"向"买方市场"的转变，传统的家庭观念正在发生变化，消费需求呈现多样性和个性化。企业利用传统的营销方式推销其产品，已无明显的优势，越来越多的企业已经认识到整合营销的重要性。

菲利普·科特勒认为：企业所有部门为服务于顾客利益工作时，其结果就是整合营销。一般整合营销发生在两个层次：一是不同的营销功能，如销售力量、广告、产品管理、市场研究等，必须共同工作；二是营销部门必须与企业其他部门相协调。整合营销的目的是使营销过程中的各种要素作用力统一而成一个同向的合力，共同为企业最终的营销目标服务。如图整合营销的过程如图2－9所示。

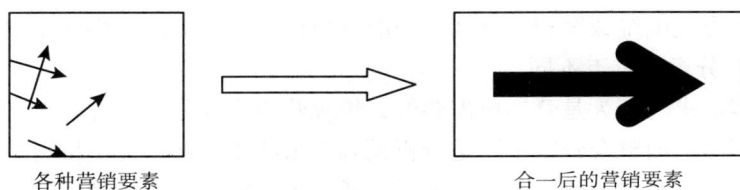

各种营销要素　　　　　　　　　　　合一后的营销要素

图2－9　整合营销

我们认为要正确理解整合营销，还应注意以下三点：

1. 同向性

整合营销的共同目标是企业全方位地服务于顾客利益，企业各部门的目标方向具有一致性。在明确目标的前提下，通过对营销手段、工具及各种相关要素进行整合，使营销各要素的作用力统一方向，形成合力。

2. 整体性

整合营销是以顾客为核心，以营销为中心环节，并从全局出发，整合各要素，在全体员工中建立起全心全意为顾客服务的营销观念，使各部门、人员与营销活动相配合。整合营销还意味着以创造需求引导消费为宗旨，以营销企业品牌、形象、产品、服务为重点，把企业整体推向市场。

3. 全过程性

整合营销也是全过程的营销，它从顾客需求开始，围绕顾客核心利益，进行市场研究，分析并预测消费趋势，制定战略与策略，重视品牌宣传，在企业内部建立"供应者/顾客"链，形成通畅的市场营销网络，降低内部各部门、环节、人员因目标不明确、步调不一致所造成的无益损耗。

（二）整合营销与传统营销的联系与区别

整合营销是在传统市场营销的基础上发展起来的，传统的市场营销注重营销组合策略，整合营销与"组合"的概念一脉相承，但范围更广、内涵更深。主要区别包括：

（1）面向的顾客需求不同

传统营销面向的是同质性高、无显著差异的消费者，并销售大量的制造规范的消费品；而整合营销面向的是差异性较大、个性化明显的消费者。企业为满足消费者的利益，必须以需求为导向，加强营销链条，全面为顾客服务。

（2）营销重点不同

传统营销一般是以企业生产和发展为中心的产品营销，其营销的重点是批量的产品，产品质量是关键；而整合营销是以满足消费者需求为中心的服务营销，品牌与服务是关键。

（3）职能范围不同

传统营销主要是通过营销部门的市场策略及活动来实现；而整合营销则通过整合企业各要素，形成围绕顾客利益开展活动的合力，发挥多部门的协同作用。

（4）顾客分析侧重点不同

分析顾客需求与行为是营销所需要的，传统营销主要分析顾客有没有需求，并提供规范化的产品；而整合营销主要是分析顾客需求的差异性，提供特定品牌的产品及服务给顾客带来的利益。整合营销更重视沟通，了解顾客心理，确定顾客心智网络中的价值。

总之，整合营销改变了把营销活动作为一项职能的观点，而以为顾客的利益服务为目标，整合企业的所有活动，使各部门、各环节、人员协调起来。整合营销强调企业与市场之间的互动关系，重视发现潜在市场和开拓、营造新的市场。整合营销重视企业与消费者之间的交流、对话与沟通，重视营销企业的品牌、形象与服务等。

（三）整合营销中的 4C 与 4R

4C（消费者、成本、便利、沟通）是整合营销的重要内容，强调以消费者为中心，并以此整合企业要素，加强营销组合。

（1）消费者。消费者（Consumer）是指消费者的需要和欲望。企业要以顾客为中心，把顾客的利益置于第一位，以创造顾客，开辟新的市场为本。因此，从顾客利益出发，满足顾客的需求比产品功能更重要。企业不仅仅是卖企业能够制造或想要制造的产品，而是要生产并提供顾客有购买欲望和需求的产品和服务。

（2）成本。成本（Cost）不是企业单方面的生产制造成本，而是指消费者获得满足的成本，也就是说，消费者为了满足自己的欲望和需求愿意付出的成本价格。它主要包括两大部分：一是企业的生产成本，主要是指生产适合消费者需要的产品成本；二是消费者购物成本，主要是指购物的货币支出，以及时间、精力、体力耗费和承担风险的价值。对此，企业的定价模式应是：消费者支持的价格 – 适当的利润 = 成本上限。企业要争取更多的消费者，并在消费者支持的价格限度内增加利润，就必须通过提高效率、加强管理、整合营销各要素等来努力降低成本。

（3）便利。便利（Convenience）是指购买的方便性。与传统营销相比，整合营销更重视服务环节，以便为顾客提供所希望和需要的便利。即：既让顾客购买到满意的产品，又让顾客购买到所需要的便利。如为顾客提供便利的各种邮购、电话订购、网上购物、代购代送等服务方式出现后，消费者可以不通过在商场或超市面对面的交易，而可以坐在家里享受购物的便利。企业要调查分析顾客的类型与偏好，有针对性地设计并推出各种便利方式。

（4）沟通。沟通（Communication）是指与用户沟通。如果企业尝试多种营销策划，并未收到理想的效果，说明消费者存在接受企业产品或服务的障碍。这需要加强企业与顾客的双向沟通，增进相互的理解，注意适销对路，培养忠诚的顾客。

在 4C 的基础上，唐·舒尔茨又进一步提出了 4R 的理论，4R 营销理论是由美国学者唐·舒尔茨在 4C 营销理论的基础上提出的新营销理论。4R 分别指代 Relevance（关联）、Reaction（反应）、Relationship（关系）和 Reward（回报）。该营销理论认为，随着市场的发展，企业需要从更高层次上、以更有效的方式在企业与顾客之间建立起有别于传统的新型的主动性关系。并以此作为 IMC 的基础。4R 更加突出了顾客的核心地位，它使营销的核心由交易变成了关系。

4R 理论的主要思想与观点包括：

（1）与顾客建立关联。在竞争性市场中，顾客具有动态性。顾客忠诚度是变化的，他们会转移到其他企业。要提高顾客的忠诚度，赢得长期而稳定的市场，重要的营销策略是通过某些有效的方式在业务、需求等方面与顾客建立关联，形成一种互助、互求、互需的关系，把顾客与企业联系在一起，这样就大大减少了顾客流失的可能性。特别是企业对企业的营销与消费市场营销完全不同，更需要靠关联、关系来维系。

（2）提高市场反应速度。在今天的相互影响的市场中，对经营者来说最现实的问题不在于如何控制、制定和实施计划，而在于如何站在顾客的角度及时地倾听顾客的希望、渴望和需求，并及时答复和迅速做出反应，满足顾客的需求。目前多数公司多倾向于说给顾客听，而不是听顾客说，反应迟钝，这是不利于市场发展的。

（3）关系营销。在企业与客户的关系发生了本质性变化的市场环境中，抢占市场的关键已转变为与顾客建立长期而稳固的关系，从交易变成责任，从顾客变成拥趸，从管理营销组合变成管理和顾客的互动关系。

（4）回报是营销的源泉。对企业来说，市场营销的真正价值在于其为企业带来短期或长期的收入和利润的能力。一方面，追求回报是营销发展的动力；另一方面，回报是维持市场关系的必要条件。企业要满足客户需求，为客户提供价值，但不能做“仆人”。因此，营销目标必须注重产出，注重企业在营销活动中的回报。一切营销活动都必须以为顾客及股东创造价值为目的。这 5R 分别是 Relevance，与顾客建立的关联；Receptivity，强调顾客感受；Responsive，提高市场反应速度；Recognition，赞赏回报是营销的源泉；Relationship。

第四节　顾客价值和顾客满意

在现代市场营销观念指导下，企业应致力于顾客服务和顾客满意。而为了实现顾客满意，需要从多方面开展工作，并非人们所想象的"只要价格低，则万事大吉"。事实上，消费者在选择卖主时，价格只是考虑因素之一，消费者真正看重的是"顾客价值"。

一、顾客价值的含义

顾客价值也称为顾客让渡价值，是指顾客总价值与顾客总成本之间的差额。顾客总价值是指顾客购买某一产品与服务所期望获得的一组利益，它包括产品价值、服务价值、人员价值和形象价值等。顾客总成本是指顾客为购买某一产品所耗费的时间、精神、体力以及所支付的货币资金等。因此，顾客总成本包括货币成本、时间成本、精神成本和体力成本等。

由于顾客在购买产品时，总希望把有关成本包括货币、时间、精神和体力等降到最低限度，而同时又希望从中获得更多的实际利益，以使自己的需要得到最大限度的满足。因此，顾客在选购产品时，往往从价值与成本两个方面进行比较分析，从中选择出价值最高、成本最低，即顾客价值最大的产品作为优先选购的对象。

企业为在竞争中战胜竞争对手，吸引更多的潜在的顾客，就必须向顾客提供比竞争对手具有更多顾客价值的产品。这样，才能使自己的产品为消费者所注意，进而购买本企业的产品。为此，企业可从两个方面改进自己的工作：一是通过改进产品、服务、人员与形象，提高产品的总价值；二是通过降低生产与销售成本，减少顾客购买产品的时间、精神与体力的耗费，从而降低货币与非货币成本。

二、顾客购买的总价值

使顾客获得更大的让渡价值的途径之一，是增加顾客购买的总价值。顾客总价值由产品价值、服务价值、人员价值和形象价值构成，其中每一项价值因素的变化均对总价值产生影响。

（一）产品价值

产品价值是由产品的功能、特性、品质、品种与式样等所产生的价值。它是顾客需要的中心内容，也是顾客选购产品的首要因素，因而一般情况下，它是决定顾客购买总价值大小的关键和主要因素。产品价值是由顾客需要来决定的，在分析产品价值时应注意：一是在经济发展的不同时期，顾客对产品的需要有不同的要求，构成产品价值的要素以及各种要素的相对重要程度也会有所不同。例如，我国在计划经济体制下，由于产品长期短缺，人们把获得产品看得比产品的特色更为重要，因而顾客购买产品时更看重产品的耐用性、可靠性等性能方面的质量，而对产品的花色、式样、特色等却较少考虑；在市场商品日益丰富、人们生活水平普遍提高的今天，顾客往往更为重视产品的特色质量，如要求功能齐备、质量上乘、式样新颖等。二是在经济发展的同一时期，不同类型的顾客对产品价值也会有不同的要求，在购买行为上显示出极强的个性特点和明显的需求差异性。因此，这就要求企业必须认真分析不同经济发展时期顾客需求的共同特点以及同一发展时期不同类型顾客需求的个性特征，并据此进行产品的开发与设计，增强产品的适应性，从而为顾客创造更大的价值。

（二）服务价值

服务价值是指伴随产品实体的出售，企业向顾客提供的各种附加服务，包括产品介绍、送货、安装、调试、维修、技术培训、产品保证等所产生的价值。服务价值是构成顾客总价值的重要因素之一。在现代市场营销实践中，随着消费者收入水平的提高和消费观念的变化，消费者在选购产品时，不仅注意产品本身价值的高低，而且更加重视产品附加值的大小。特别是在同类产品质量与性能大体相同或类似的情况下，企业向顾客提供的附加服务越完备，产品的附加价值越大，顾客从中获得的实际利益就越大，从而购买的总价值也越大；反之，则越小。因此，在提供优质产品的同时，向消费者提供完善的服务，已成为现代企业市场竞争的新焦点。美国哈佛商业杂志发表的一项研究报告指出："公司只要降低 5% 的顾客流失率，就能增加 25% 的利润，而在吸引顾客再度光顾的众多因素中，首先是服务质量的好坏，其次是产品的本身，最后才是价格。"据美国汽车业的调查，一个满意的顾客会引发 8 笔潜在生意，其中至少有 1 笔成交；一个不满意的顾客会影响 25 个人的购买意愿。争取一位新顾客的成本是保住一位老顾客所支出的 6 倍。有一位名叫吉拉德的德国汽车经销商，每个月要寄出 13000 张卡片，每一位从他那里购买汽车的顾客每月都会收到有关购后情况的询问。这一方法使他生意兴隆。

（三）人员价值

人员价值是指企业员工的经营思想、知识水平、业务能力、工作效益与质量、经营作风、应变能力等所产生的价值。企业员工直接决定着企业自身提供的产品与服务的质量，决定着顾客购买总价值的大小。一个综合素质较高又具有顾客导向经营思想的工作人员，会比知识水平低、业务能力差、经营思想不端正的工作人员为顾客创造更高的价值，从而创造更多的满意的顾客，进而为企业创造市场。人员价值对企业、对顾客的影响作用是巨大的，并且这种作用往往是潜移默化、不易度量的。因此，高度重视对企业人员综合素质与能力的培养，加强对员工日常工作的激励、监督与管理，使其始终保持较高的工作质量与水平就显得至关重要。

（四）形象价值

形象价值是指企业及其产品在社会公众中形成的总体形象所产生的价值。包括企业的产品、技术、质量、包装、商标、工作场所等所构成的有形形象所产生的价值，公司及其员工的职业道德行为、经营行为、服务态度、工作作风等行为形象所产生的价值，以及企业的价值观念、管理哲学等理念形象所产生的价值等。形象价值与产品价值、服务价值、人员价值密切相关，在很大程度上是上述三方面价值综合作用的反映和结果。形象对于企业来说是宝贵的无形资产，良好的形象会对企业的产品产生巨大的支持作用，赋予产品较高的价值，从而给顾客带来精神上和心理上的满足感、信任感，使顾客的需要获得更高层次和更大限度的满足，从而增加顾客购买的总价值。因此，企业应高度重视自身形象的塑造，为企业、进而为顾客带来更大的价值。

三、顾客购买的总成本

使顾客获得更大顾客让渡价值的途径之二，是降低顾客购买的总成本。顾客购买的总成本不仅包括货币成本，而且还包括时间成本、精神成本、体力成本等非货币成本。一般情况下，顾客购买产品时首先要考虑货币成本的大小，因此，货币成本是构成顾客购买的总成本大小的主要和基本因素。在货币成本相同的情况下，顾客在购买时还要考虑所花费的时间、精神、体力等，因此这些支出也是构成顾客购买的总成本的重要因素。这里我们主要考察时间成本和精力成本。

（一）时间成本

在顾客总价值与其他成本一定的情况下，时间成本越小，顾客购买的总成本就越小，从而顾客让渡价值越大。如以服务企业为例，顾客在购买餐馆、旅馆、银行等服务行为所提供的服务时，常常需要等候一段时间才能进入到正式购买或消费阶段，特别是在营业高峰期更是如此。在服务质量相同的情况下，顾客等候购买该项服务的时间越长，所花费的时间成本越大，购买的总成本就会越大。同时，等候时间越长，越容易引起顾客对企业的不满意感，从而中途放弃购买的可能性亦会增大。反之亦然。因此，努力提高工作效率，在保证产品与服务质量的前提下，尽可能减少顾客的时间支出，降低顾客的购买成本，是为顾客创造更大的顾客让渡价值、增强企业产品市场竞争能力的重要途径。

（二）精力成本

精力成本（精神与体力成本）是指顾客购买产品时，在精神、体力方面的耗费与支出。在顾客总价值与其他成本一定的情况下，精神与体力成本越小，顾客为购买产品所支出的总成本就越小，从而顾客的让渡价值就越大。因为消费者购买产品的过程是一个从产生需求、寻找信息、判断选择、决定购买到实施购买，以及购后感受的全过程。在购买过程的各个阶段，均需付出一定的精神与体力。如当消费者对某种产品产生了购买需求后，就需要搜集该产品的有关信息。消费者为搜集信息而付出的精神与体力的多少会因购买情况的复杂程度不同而有所不同。就复杂购买行为而言，消费者一般需要广泛全面地搜集产品信息，因此需要付出较多的精神与体力。对于这类产品，如果企业能够通过多种渠道向潜在顾客提供全面详尽的信息，就可以减少顾客为获取产品情报所花费的精神与体力，从而降低顾客购买的总成本。又如，对于结构性能比较复杂、装卸搬运不太方便的机械类、电器类产品，如果企业能为顾客提供良好的售后服务，如送货上门、安装调试、定期维修、供应零配件等，就会减少顾客为此所耗费的精神和体力，从而减小顾客的精神与体力成本。

四、顾客价值的意义

在现代市场经济条件下，企业树立顾客价值观念，对于加强市场营销管理，提高企业经济效益具有十分重要的意义。

（一）顾客价值的影响因素

顾客价值的多少受顾客总价值与顾客总成本两方面因素的影响。

顾客总价值（TCV）是产品价值（Pd）、服务价值（S）、人员价值（Ps）和形象价值（I）等因素的函数，可表示为：

$$TCV = f(Pd, S, Ps, I)$$

其中任何一项价值因素的变化都会影响顾客总价值。顾客总成本（TCC）是包括货币成本（M）、时间成本（T）、精力成本（E）等因素的函数，即：

$$TCC = f(M, T, E)$$

其中，任何一项成本因素的变化均会影响顾客总成本，由此影响顾客价值的大小。同时，顾客总价值与总成本的各个构成因素的变化及其影响作用不是各自独立的，而是相互作用、相互影响的。某一项价值因素的变化不仅影响其他相关价值因素的增减，进而影响顾客总成本的大小，而且还影响顾客价值的大小；反之亦然。因此，企业在制定各项市场营销决策时，应综合考虑构成顾客总价值与总成本的各项因素之间的这种相互关系，从而用较低的生产与市场营销费用为顾客提供具有更多的顾客价值的产品。

（二）不同顾客群对顾客价值的重视程度

不同顾客群对产品价值的期望与对各项成本的重视程度是不同的。

企业应根据不同顾客群的需求特点，有针对性地设计和增加顾客总价值，降低顾客总成本，以提高产品的实用价值。例如，对于工作繁忙的消费者而言，时间成本是最为重要的因素，企业应尽量缩短消费者从生产需求到具体实施购买，以及产品投入使用和产品维修的时间，最大限度地满足和适应其求速求便的心理要求。总之，企业应根据不同细分市场顾客的不同需要，努力提供实用价值强的产品，这样才能增加其购买的实际利益，减少其购买成本，使顾客的需要获得最大限度的满足。

（三）顾客价值最大化策略

企业为了争取顾客，战胜竞争对手，巩固或提高企业产品的市场占有率，往往采取顾客价值最大化策略。

追求顾客价值最大化的结果却往往会导致成本增加，利润减少。因此，在市场营销实践中，企业应掌握一个合理的度的界线，而不应片面追求顾客价值最大化，以确保实现顾客价值所带来的利益超过因此而增加的成本费用。换言之，企业顾客价值的大小应以能够达到实现企业经营目标的经济效益为原则。

五、顾客满意

所谓顾客满意（Customer Satisfaction），是指顾客对一件产品满足其需要的绩效（Perceived Performance）与期望（Expectations）进行比较所形成的感觉状态。满意水平是绩效与期望差异的函数。

（一）顾客满意水平

顾客的满意水平状态有三种：不满意、满意和很满意。顾客期望的形成基于以往的购买经验、相关群体的影响、企业及竞争者的信息和承诺。有远见的企业把期望的提高与绩效的实施相结合，实现整体顾客满意。

顾客满意既是企业的一种目标，也是企业的一种营销手段。满足顾客需求是有条件的，即需在企业全部资源制约的范围内，并能为其他利益方提供至少可以接受的满意条件。

小贴士

顾客满意的好处

- 较长期地忠诚于公司
- 购买公司更多的新产品和提高购买产品的等级
- 为公司和它的产品说好话
- 忽视竞争品牌和广告，对价格不敏感
- 向公司提出产品或服务建议
- 由于交易惯例化而比用于新顾客的服务成本低

资料来源：菲利普·科特勒：《营销管理》（新千年版），中国人民大学出版社2001年版，第66页。

（二）追踪测量顾客满意的方法

1. 抱怨和建议系统

指通过设置建议箱、意见卡、"顾客热线"免费电话等方式，为顾客的建议、咨询及抱怨提供最大程度的方便，并使企业更迅速采取行动。

2. 顾客满意调查

调查是周期性的，采用对近期顾客进行随机抽样的调查方法，获得顾客满意的一手数据。

衡量顾客满意的方法有：直接询问顾客对产品的满意度，或询问顾客对产品特性的期望和产品的绩效，询问顾客购买、使用产品过程中遇到的问题及他们的建议，询问顾客购买时考虑的因素及权重、企业和竞争者的情况，询问顾客的再购买意向。

3. 幽灵购物法

雇佣人员或企业内部人员作为顾客，体验顾客购物的实际情况，不断改进工作，提高顾客满意度。

4. 流失顾客分析

同停止购买或转向竞争者的顾客进行接触，了解发生这种情况的原因。

六、提高顾客价值和顾客满意度

（一）价值链

一个商品或一项服务，从制造到最终消费一般要经历许多环节。这些环节有些在企业内部，如设计、生产、销售、服务等环节，它被称为企业的价值链；有些延伸到企业外部，如供货环节、销售代理环节、零售环节等，它被称为企业的价值让渡系统。

价值链理论强调通过实施核心业务流程，使各职能部门密切合作，打破部门间阻挠优质顾客服务让渡的高墙，实现企业和顾客利益最大化而非部门利益最大化，创造竞争优势。

企业的核心业务流程有：

（1）新产品实现流程。要求快速、高质量并符合预定成本目标。

（2）存货管理流程。要求以最小成本保证原材料、半成品和成品能充分供给。

（3）订货—汇兑流程。包括接受订货、核准销售、按时送货及收取货款等活动。

（4）顾客服务流程。包括为顾客提供迅捷满意服务的所有活动。

（二）价值让渡系统

企业除了改进其自身的价值链外，还需要同其供应链中的供应商、经销商和最终顾客的价值链相连，形成价值让渡系统，寻求竞争优势。因此，越来越多的企业都正在同供应链中的其他成员合作，共同改进顾客让渡系统的绩效。

由此我们发现：商品的生产是由需求引导的，而非生产所推动；新的竞争已不是单个企业间的竞争，而是系统之间的竞争。为此，随着企业竞争力的不断提高，企业越来越倾向于合作。

营销新观点认为营销是负责"设计和管理一种卓越的价值让渡系统，以占领目标市场"的活动。

（三）维系顾客与关系营销

如今的企业正在竭力同最终顾客形成更牢固的契约和忠诚关系。因为他们面临的市场已发生了变化，顾客选择的余地大大加强，企业若再漫不经心地对待顾客，就会很快失去顾客。

1. 保留顾客的成本

通过企业顾客损失率指标，我们就可知道企业顾客的流失情况。企业应否采取措施保留顾客，将取决于失去顾客带来的损失和保留顾客的成本的情况。具体分析步骤如下：

第一步：测定公司的顾客维系率（再购买率）。

第二步：识别造成顾客损失的原因，并确定应加以改进的方面。制作顾客流失原因频率统计表。

第三步：估算由于不必要的顾客流失，公司的利润损失。例如某运输公司：

公司现有 64000 个客户；

因为劣质服务，今年将损失 3200 个客户（64000 × 0.05）；

平均每个客户流失给企业造成的销售收入损失是 40000 元，企业将损失 128000000 元的销售收入（3200 × 40000）。

企业的边际利润是 10%，则企业将损失 12800000 元（0.1 × 128000000）元的利润。

第四步：测算降低顾客损失率，保留顾客的成本，然后进行决策。若费用小于损失的边际利润，就应采取措施。

2. 维系顾客的必要性

吸引新顾客的成本可能是维系现有顾客成本的 5 倍，故企业应通过持续不断的售后活动，努力维系与现有顾客的关系，毕竟从竞争者手中吸引顾客要付出更多的努力和成本。根据一些学者的研究，企业只要降低 5% 的顾客损失率，就能增加 25% ~ 85% 的利润，但现行的财务系统并不能反映忠诚顾客的价值。

下面的例子将具体说明维系顾客的重要性。

平均推广费用（工资、佣金、费用等）：　　　　　　300 元；

一个潜在顾客转换为现实顾客的平均销售推广数　4；

吸引一个新顾客的成本　　　　　　　　　　　　1200 元；

每位顾客的生命周期价值为：顾客年人均消费　　5000 元；

对企业的平均忠诚时间   2 年；

企业的边际利润   10%；

顾客生命周期价值   1000 元。

维系顾客的方式有：建立高度的转换壁垒（高昂的资金成本、搜寻成本、忠诚顾客折扣的损失等）传递高度的顾客满意。这种提高顾客忠诚度的方法就是所谓"关系市场营销"。

3. 关系营销，增加顾客的满意度

关系营销是通过与顾客、供应商、中间商等利益相关者建立、维持并强化关系，实现有关各方利益最大化目标。

发现正当需求——满足需求并保证顾客满意——营造顾客忠诚，构成了关系营销中的三部曲。

（1）企业与顾客关系建设的五种水平（按与顾客接触的程度分）。

基本型：产品销售后就不再与顾客接触。

被动型：顾客购买产品后，有问题或意见可与公司联系。

负责型：产品售出后，销售人员及时与顾客联系，询问有关情况。

能动型：产品售出后，销售人员不断跟顾客接触，提供改进产品用途的建议或有关新产品的信息。

伙伴型：公司不断的与顾客共同努力，寻求顾客合理开支的方法，或者帮助顾客更好的进行购买。

（2）选择关系市场营销水平（类型）。依据商品或服务的市场特征以及利润率，我们可以建立与顾客之间不同程度的关系营销的水平。

4. 构建关系营销网络、建立顾客忠诚的方法

组织的顾客保留利润的基本逻辑如图 2 - 10 所示。

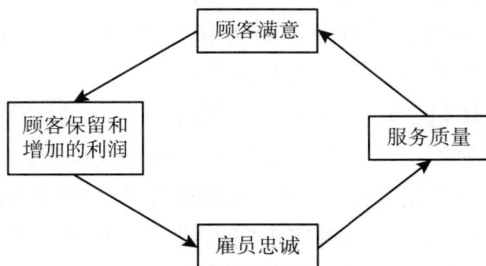

图 2 - 10 组织的顾客保留利润的基本逻辑

学者们提出了导致顾客全面满意的七个因素及其相互间的关系：

欲望和感知绩效生成欲望一致，期望和感知绩效生成期望一致，然后生成属性满意和信息满意，最后导致全面满意（见图 2 - 11）。

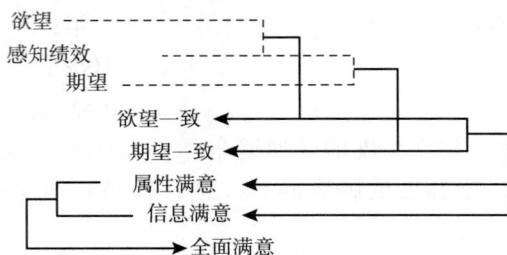

图 2 - 11　导致顾客满意的七个因素

从模式中可以看出，期望和欲望与感知绩效的差异程度是产生满意感的来源。所以，企业可采取下面的方法来取得顾客满意：提供满意的产品和服务；提供附加利益；提供信息通道。

（1）增加顾客财务利益。给经常购买者以价格上的优惠。方法如下：

①频繁市场营销计划。是指对那些频繁购买以及按稳定数量购买的顾客给予奖励的营销活动。第一家采用此方法的企业将获得最多的利益。而当此法被普遍采用时，就只有计划执行有效的企业才能获益。此法有可能削弱企业对高水平顾客服务的重视。

②俱乐部市场营销计划。指企业围绕其产品建立的俱乐部。当顾客购买产品和承诺购买产品，或者缴纳一定费用就成为了俱乐部的成员，享有该俱乐部提供的优惠、服务等。

③制定频繁或俱乐部营销计划的步骤。确定计划的目标→确定目标群体→确定所提供的利益组合→制定有效的沟通战略→制定一个筹资计划→确定实施战略→计划的执行和控制。

（2）增加顾客的社会利益，同时附加财务利益。提供个性化和人格化的服务来增强企业与顾客的关系，即企业把顾客当作委托人对待。

（3）增加结构联系利益，同时附加财务和社会利益。指帮助客户更好地管理其业务来增强与顾客的契约关系，提高顾客价值。

建立关系营销网络还包括建立并维系与供应商、分销商等其他合作伙伴的关系。随着数据技术的发展，为关系营销带来了更为广阔的发展空间，数据库营销就是关系营销的具体化和技术化的营销手段，而以互联网为平台的网络营销所展现的发展领域更为营销活动注入了新的活力，从现实走向虚拟，从网络"线下"走向"线上"，并且建立在诚信基础上的客户关系更加凸显它的重要作用，营销活动在网络市场正在走向与顾客之间的近距离的一对一、定制式、扁平化发展路径。

（四）全面质量营销

全面质量是创造价值和顾客满意的关键，通常会增加盈利。高的质量导致顾客较大的满意，同时也支撑了较高的价格和较低的成本。

质量是一个产品或服务的特色和品质的总和，这些品质特色将影响产品满足所显明的或所隐含的各种需要的能力。区分适用质量和性能质量是很重要的。

通用电气公司董事长小约翰·F·韦尔奇说过："质量是我们维护顾客忠诚最好的保证，是我们对付外国竞争者最有力的武器，是我们保持增长和盈利的唯一途径。"

营销人员在全面质量营销（TQM）中的作用是：识别顾客需求，传递顾客的需求信息，满足顾客的订货要求，为顾客提供指导、培训和技术性帮助，售后保持接触，确保满意能持续，收集顾客对产品和服务方面的改进意见等。

❖ 本章小结

（1）生产观念、产品观念、推销观念、市场营销观念、社会营销观念这五种有代表性的经营观念，是与一定的生产力发展水平、商品供求状况、企业规模等相联系、相适应的；在不同条件下，各有其存在的必然性和合理性。

（2）市场营销观念的提出，是企业经营观念的革命性变革，任何企业都应当力求体现这一具有现代意识的市场经营观的要求。

（3）市场营销组合是现代市场营销理论中的一个重要概念。它是公司为了满足目标顾客群的需要而加以组合的可控制的变量。市场营销组合中所包含的可控制的变量可以概括为四个方面：即产品、价格、地点和促销。

（4）市场营销管理哲学随着企业面对的各种营销环境的变化而得到不断的发展，大市场营销观念、社会责任营销观念、全球营销观念、服务营销观念、绿色营销观念、关系营销观念、整合营销观念以及网络营销观念的演进，体现了处于不同发展阶段的企业所应重视的经营理念，它们都是对市场营销观念的范围的扩大或补充。换句话说，作为一个营利组织或个人，都是处在整个社会这个大系统之中的，必须在解决自身发展需要的同时，满足与之相关的利益相关者的需求和社会发展的要求，以创造一种更加美好的社会生活方式为己任。

（5）顾客价值的实现与顾客满意正相关。企业满足顾客需求的最终目的就是实现顾客价值，达到顾客满意。实现顾客价值的途径有总顾客价值提高，总顾客成本降低，总顾客价值提高的幅度大于总顾客成本降低的幅度等。

（6）实现顾客价值和顾客满意的途径有改进企业的价值链，提高价值让渡系统的绩效，培养忠诚顾客，实施关系营销和全面质量营销。

案例分析

海尔的营销管理变革之道——打造全流程体验电商的新模式

从 1984 年 12 月 26 日开始创立的海尔在张瑞敏的领导下一直在进行着营销管理的变革，从砸冰箱开始树立质量营销观念，到"小小神童洗衣机"、"大地瓜"洗衣机的推出，标志着海尔"创造市场、星级服务"的市场营销观念的成熟运用，并在家电行业树立起了五星级服务标杆，以及"海尔文化激活休克鱼"理念——海尔中国造的扩张发展体现出来的大市场营销观念的实践，这些营销管理理念的演进与实践无一不体现着海尔高层领导者的智慧和海尔人的进取精神。进入 21 世纪以来，海尔继续迈着他们变革的脚步，向互联网进军，向互联网要效益，创造顾客价值，海尔正在打造成在消费者意识中具有网络影响力和话语权的家电业领军企业。下面我们就来看看海尔自2000 年以来是如何发展电商和快速反应的。

"自以为非而不是自以为是"

海尔是一个一直处于紧张状态的公司，它总担心自己落伍，并总在自己真的落伍之前，宣布自己的过去"落伍"了。也就是张瑞敏、周云杰以及众多海尔的高管在各种场合所描述的那样，海尔是一家"自以为非而不是自以为是"的企业。

在"纸糊的冰箱都能卖出去"的时期，海尔砸了冰箱之后，坚持抓产品质量，在消费者对产品的要求开始挑剔之后，它们没有像同期的大多数企业一样倒下。即使在 90 年代初期的家电"逆市"，海尔也保持了 80% 的年增长率。然而，到现在，可以肯定的一点是，90 年代那种掌握在家电厂商手中的话语权，已经不复存在了。因为那些新来的对手，并不在乎你曾经花了多少年在制造冰箱这件事上。

20 世纪 90 年代，中国家电行业依靠的是区域代理这种传统渠道，渠道布局一定程度决定了产品在市场上销售的情况。而大型家电连锁商店如国美、苏宁等崛起，改变了家电企业分销方式，也改变了家电企业在销售中的话语权重。被连锁电器商城挤压利润空间的过程，每一家家电厂商都曾经经历。和它的竞争对手们一样，海尔面对的是来自渠道的挑战。

海尔从 1999 年起自建物流，从 2003 年开始打造日日顺家电连锁，用家电销售渠道和品牌专卖店的方式，抓住了作为制造商的话语权。

互联网为企业打开了天窗，新的竞争对手起点高

当主要的购物空间从实体店铺转移到虚拟的比特海洋，流量代替渠道，成为了商品销售的命脉，原本在大城市购买可能更便宜的冰箱、彩电、洗衣机，如今不论在多么偏远的角落，只要能够联网，消费者看到的价格都是一样的。区别无非是，物流是否能够保证及时送达。零售商再也没有办法把出厂 2000 元的商品卖到 5000 元。

根据中国电子信息产业发展研究院与中国电子报社共同发布的《2014 上半年家电网购分析报告》，2014 年上半年中国主要家电产品线上销量占比已经超过该门类整体销售量的 10%，而 2015 年，中国家电网购市场的零售额占整体家电市场的比例将达到 15%。

而更糟糕的是，那些凭空出现的新的制造商，它们完全无需经历转型的过程。它们从一开始就诞生在重新建构的销售体系里，它们在互联网上诞生、曝光、销售，这当中，已经没有实体店铺什么事了。你可以说它们是"外来者"，也可以说是"搅局者"。它们号称要颠覆掉每一个产业，手机、电视、自行车、插座乃至体重计，没有哪一种产品不是这些新来的人不想重新定义的。用户已经根本不在乎哪些品类属于"白色家电"，或者"黑色家电"，重要的是，智能吗？好用吗？便宜吗？

乐视和小米从一开始就瞄准了 42 英寸以上的高端产品线。传统的厂商还在想着靠每一台电视的销量挣钱，乐视和小米却是以超低价硬件进入了消费者的视线，盈利则是靠着"低价 + 内容"的模式。

乐视原本是创立于 2004 年的一个视频网站，2012 年推出电视盒子产品；接着从 2013 年开始，乐视一年内推出从 40 到 70 英寸不等的 8 款电视设备，硬件最低价从 999 元起，再强制绑定销售内容。而小米从 2011 年开始做智能手机，2012 年推出小米盒子，2013 年 9 月发布第一款电视硬件，前不久，小米发布了 40 英寸版本的小米电视 2。

传统企业更应该注意的是，你不知道下一个小米什么时候会来，而下一个仅售 99 元的产品，打击的会是哪一个产品线。

2014 年 12 月，小米以 12.66 亿元入股美的。美的这些新智能家居产品很可能会带有小米出品的一项特征：稍高于市场的配置标准，价格低于市场均价，并且与智能手机有一定协作能力——虽然所谓的协作可能简单到只是远程开关。小米和美的从互联网公司的角度切入智能家居，与从传统制造业切入智能家居的海尔，究竟谁能获得更多用户，或者说谁能在这场智能家居的"流行"中生存下来，也许并不在于产品究竟够不够好，而在于渠道是否畅通，以及品牌是否能够支撑价格。

以大型家电为优势的海尔比起以小家电为优势的美的，劣势在于，人们可以不时换一换家里的智能小家电，却不会每隔半年换一换家里的冰箱、空调和洗衣机。

乐视、小米、爱奇艺、华为、阿里、猎豹等互联网企业纷纷进入家电企业，试图在这个被传统老大们占据的市场，搅一波浑水。这些企业以接近成本价或者不及成本的价格出售家电产品，进一步削薄了已经被电商削过一次的家电利润。甚至，像乐视这样的公司已经在新品发布会上完全公布了物料成本清单。

小米这种非家电企业出身的公司，才是更可怕的竞争对手。小米从一开始就将用户和销售都放在了网上。一开始，小米只做手机，慢慢地，小米推出了电视、空气净化器、乃至插座、灯泡等智能小家电。相比起沉重的老牌家电企业，小米定价较低，离消费者更近，而在公司管理方式上，刚过了五岁生日的小米显然更年轻。

海尔以及那些已经进入千亿元营收的家电厂商们一样，需要更多的智慧来面对的是全新的"搅局者"们。海尔为渠道所准备的已经非常充分，但是，市场已经不再是那个依靠渠道就能获胜的市场。商场中的消费者隐匿在网络之中，而具体的需求和研发的方式已经完全被改变。你完全不知道那些今天还在做手机的公司，明天会推出哪些和手机毫不相干的新产品。

实施互联网战略，用做品牌的思维来做电商，改造传统的供应链模式

早在 2008 年，海尔电商就开始试水淘宝平台，但当时只是将一些产品放上去，几乎没有运营，处于一种"等单"状态，交互也就无从谈起。随着后来海尔彩电旗舰店、海尔天猫官方旗舰店的开设，以及 2012 年正式与天猫签订战略合作协议，海尔在线上的口碑效应逐渐显露。例如海尔天猫官方旗舰店总计收到用户评价超 10 万条，保持着三项 DSR 评分均领先于同行业 37% 的平均值，特别是发货速度一直领先于行业。

"海尔做法是时时与用户交互，认真分析用户的每一条评论，迅速反应，逐条落实，由此提升与用户交互的效果，并推动产品与流程的改进。"海尔电商天猫经营体长孙胜波称，海尔电商还摸索出一些新的用户交互方式，比如提供一些新品免费试用，曾有一台彩电在天猫上获得了 1.6 万多人的申请。同时，海尔还重视电话回访或入户调研的组合应用，基本上每次调研都能够获得数千份的价值样本。

从交互用户的矩阵来看，海尔品牌电商已经形成了自主经营（海尔商城）、平台型经营（淘系）以及采销型（京东、苏宁、国美等）的全网态势。除了销售海尔产品的常规职能，通过与用户的交互，来倒逼产品、物流和服务已是一种常态战略。

自营的海尔商城更是扮演着交互先锋的角色，例如统帅电器会通过电商平台向用户征集有创意的设计想法或解决方案，一旦发现好点子，海尔会付费买下知识产权。这种众包的方式既可以大规模收集用户的个性化需求，又能构建"产销合一"的新型交互关系。

电商获得的用户行为与交易数据包括：用户的浏览行为、停留时间、跳出率等数据，使得海尔有能力对用户群进行不断的细化，甚至细分到个体用户，"由此可以做精准营销与个性化定制，这是电商能够给母体带来的独特价值"。在未来，电商对企业的战略意义将逐步彰显，即通过用户交互获得大数据能力，以及更敏锐的消费者洞察。在多次投放调优之后，发现超过海尔商城 50% 的访问用户具有一些群体特征，例如他们学历与收入偏高，网购年龄在 2 年之内，多来自三四线城市等，他们的痛点恰恰围绕在物流配送、服务等领域，而这恰恰是海尔的能力强点。

"在海尔集团'交互＋交易＋支付＋大数据'的未来互联网平台体系中，海尔电商是大数据的核心部分，它是大数据的来源，也是大数据的应用主要阵地。"所谓"用互联网的思维做品牌"，最重要的策略就是用互联网的方式交互用户，并基于此构筑自己的消费者洞察、精准营销和大数据能力。海尔电商一直在追问自己三个问题：什么是用户强烈需求的，什么是对手没做或很难做到的，以及海尔做起来有核心竞争优势的。"将三个问题结合起来看，差异化策略也就变得无比清晰，海尔要做全流程最佳体验电商。"大家电的电商格局未定，尚未有一个线上平台可以垄断该市场，这是海尔电商的机会。

从产品端来看，海尔正倾集团之力推动个性化定制的 C2B 模式，以此摆脱仅是线上清仓、价格混战等恶性环境，实现消费者主权时代的需求满足。但大家电的个性化定制并非易事，它既需要供应链在成本与订单量之间的巧妙平衡，又依赖于用户消费习惯的路径养成。2012 年 9 月下旬，海尔首次尝试与淘宝聚划算合作，以团购的方式销售三款定制彩电，4 个小时内 5000 台彩电全部售罄。在此之前的 8 天里，有超过 100 万的淘宝用户进行了网络投票，通过选择电视尺寸、边框、清晰度、能耗、色彩以及接口等 6 个定制模块选项，最终是消费者用鼠标投票选出了三款产品。这是海尔最早试水大规模预售的一次尝试。此后，海尔又进驻天猫的预售平台，在 2013 年 3 月推出了 15 款定制产品，最终售出 16000 多台。但海尔电商天猫经营体长孙胜波并不满意，"如果着眼点只是放在销量上，天猫预售平台就跟聚划算没有太大区别"。于是，在 2013 年双 11 之前，海尔在天猫平台上策划了一场名为"3721"的定制活动。这个名字除了含有"不管 3721 都要做定制"的意味，还具有明确的探索意义，"37"是指从消费者进入预订环节到最终完成货品交付，整个流程要控制在 37 天，而定制产品的生产周期要控制在 21 天。孙胜波希望将着眼点放在销量之外，"我们更关心找到一种能够长期可持续、可盈利的、健康的预售模式"。最终，海尔的这次预售卖出了 1.19 亿元。孙胜波称，通过性价比高的产品吸引眼球、中高端定制产品搂住价位的方式，定制的产品结构逐步稳定，并已经成为一门可持续盈利的生意。这是一次大胆的尝试，也成为天猫"双 11"的一大亮点。

在海尔 30 周年庆的举办日即 2015 年 1 月 8 日，也是海尔效益日，现场并没有刻意去营造庆祝的气氛，相反，它们召开了一场以海尔互联网模式创新为题的研讨会，请来了管理学界的学者与教授，为张瑞敏最新的一场"变革"站台。

会场外的展示区里，陈列着海尔智能烤箱、空气魔方、雷神笔记本、智能酒柜、模块化电视、智能家居套件、3D 打印机、免清洗洗衣机等最近一年里主推的产品，每一个展位都配备了智能手机和显示屏，用来演示这些家电产品配套的 App。

这其中，大部分产品分别属于海尔一个个内部孵化的"小微"公司。到 2014 年 5 月末，海尔在册的员工从 2012 年的 86000 人减少为不到 65000 人。

在海尔三十周年大会的主页上，"这家企业不知道员工数量"赫然列在"你不知道的海尔"的标题之下："这家企业不知道员工数量，它由 2000 多个自主经营体组成，除了在册员工，还有许多是在线的，所以员工多得数不清。"

这家集团公司的组织已经没有了中间管理层，只剩下平台主、小微主和创客三种人

事实上，从数字上来看，海尔在过去一年的表现还不错。轮值总裁周云杰在开场汇报里宣布海尔在 2014 年全球营业额达到 2007 亿元，同比增长 11%，实现利润 150 亿元，同比增长 39%。

2014 年，海尔的线上交易额实现 548 亿元，同比增长 2391%。而这还不到天猫商城"双十一"一天的交易额。家电行业并不是互联网唯一破坏了游戏规则的行业，但是结果已经摆在我们眼前：生态圈已经完全被改变了。

海尔集团董事局主席张瑞敏一直很推崇德鲁克的一句管理箴言："对（企业）经营目的只有一个站得住脚的定义，即创造顾客。"他在今年 8 月份接受《IT 经理世界》专访时称，互联网时代为传统制造企业带来了一个非常大的空间，即可以转型为平台型企业，此时"创造顾客"的关键已转变为"交互用户"。在张瑞敏看来，海尔会分三个阶段与用户进行线上交互：一是创造互联网社区或平台，让用户"自愿来交互"；二是用户之间实现"自动交互"；三是海尔从交互中寻找"自我增值"的机会。

此外，企业还不能缺席包括微博、微信、QQ 空间等社交平台，碎片化的时代已经完全解构了企业与用户交互的传统方式。

海尔电商也是在一番摸索之后，才从一个简单的销售渠道，逐步拓展到承载更多与用户零距离交互的功能。对于海尔电商，还有一个优势较为突出，那就是物流配送及服务能力。截至目前，海尔电商依托日日顺物流服务能够实现全国 2886 个区县的无缝覆盖，支持乡镇村送货上门、送装一体，货到付款城市约到 1200 个区县，1000 多个区县 24 小时限时达。相比其他电商，海尔电商的全国配送覆盖范围最广，货到付款覆盖范围最广，且全部送装一体、免运费。从网络覆盖的深度和广度来看，海尔的优势是别人无法复制的。此外，海尔正推进一项"全流程信息可视化"项目，无论用户从哪一个接触点找到海尔，该用户的订单、物流配送、货品评价等信息，海尔都能够迅速识别，以此提升服务的反馈速度。

至此，从互联网用户交互到定制化产品，再到后端的物流与服务网络整合，海尔正一步步将这些环节深度融合起来，一个打造全流程体验电商的新模式由此浮现。

思考题

1. 查阅相关资料，了解海尔公司的营销观念演变的不同历史阶段及其奉行的原因。
2. 互联网的普及给海尔带来了哪些机遇和挑战？
3. 海尔打造全流程电商模式的目的是什么？

复习思考题

1. 市场营销组合的含义是什么？大市场营销组合是什么意思？
2. 企业市场经营观念的演变分析。
3. 为什么不能把"市场营销"与"推销"混为一谈？
4. 为什么要为顾客创造价值？
5. 营销者可通过哪些途径提高顾客价值？
6. 如何构建关系营销网络？
7. 为什么说关系营销是建立在诚信基础上的以数据库技术为手段、以网络市场为平台的市场营销？
8. 为什么说社会责任不仅仅是企业道德问题？
9. 全球营销视野对于我国企业的重要性是什么？
10. 说明顾客价值的重要性。
11. 顾客满意的实现途径？

第三章　战略规划与营销管理

【本章要点】
◆ 战略规划过程
◆ 公司使命
◆ 公司成长战略
◆ 竞争战略
◆ 营销管理过程

【专业词汇】 战略　战略规划　波士顿咨询公司法　通用电气公司法　公司成长战略　密集发展战略　一体化发展战略　多角化发展战略　竞争战略　成本领先战略差异化战略　目标集中战略　市场营销管理

【案例引导】

出色的战略必将带来企业的成功

比尔·盖茨和保罗·艾伦从小一起长大，共同都对计算机编程很感兴趣，并在这方面体现出非凡的智能，他们共同创造出一个崭新的世界，取得了巨大的成功。如今众所周知的微软公司已经成为一个大型跨国公司，总部位于美国华盛顿州的雷德蒙德，其产品涵盖诸多方面，是计算机行业中的一艘航空母舰。

微软公司成立于1975年4月，发布了第一个真正意义上的产品，用于 Altair 8800的 BASIC 编译程序，从而开始了微软帝国的传奇之旅。当时，比尔·盖茨任公司CEO。不久于1979年将公司总部搬到华盛顿的另一个城市贝尔维尤。

到20世纪80年代中期，微软推出新的 MS－DOS 计算机操作系统，紧跟着就开发出 Windows 操作系统。在微软进入微机操作系统领域之后，又创立了他们自己的UNIX 版本，称之为 Xenix。1981年8月，微软带着自己的软件联合 IBM，开创了 PC机时代，微软公司成了 PC 机操作系统的霸主。在此之后的1983年，微软鼠标进入市场，并成立了微软出版社。遗憾的是，同年，艾伦与比尔完成了他为微软的最后的一件作品：一种新 BASIC 语言，就不得不离开了微软，因为他被诊断出患霍金森综合征。

之后，微软逐步地进入办公软件领域，并以 MICROSOFT OFFICE 独占鳌头。近年来微软的产品开发，进军新市场的业绩历历在目，2001年微软开发出新一代家用游戏主机 Xbox，随后以 Xbox360 占据了游戏主机平台的市场主流。而在电子产品领域 Zune 和 Windows Mobile 称雄天下。

　　微软在市场所取得的这些成就归功于公司一直实行善于变化营销战略，它不断地革新市场策略和战略规划来适应时代的需求。多元化和不断创新是两个很重要的事情，并始终贯穿于微软的营销战略规划之中。微软的营销观念是，成功的营销战略将导致成功营销结果。

　　那么，微软在创造一系列伟大成就的背后，就是始终执行公司独特的营销战略，即致力于创造独特的公司文化，为公司的营销形成一种丰蕴的营销环境。

　　微软集来自世界各地员工的智慧和思考，运用他们的能力和经验来满足全球客户的需求。微软的营销思想就是我们所说的关系营销观念，集所有的智慧、文化、创造性与不同观点于一体，从而致力于形成全体员工的高强革新和创造力。

　　微软的市场战略思想其实也是很简单，就是向市场提供高质量的精良产品必然会带来杰出的营销业绩。而微软的精良产品战略眼光就是微软通过了解不同的文化和社会背景而提供相适应的产品。

　　GD&I（全球多元化与包含多态战略）是微软发展战略规划中的主导战略思路。微软在全世界有不同的公司和营销机构，形成了微软称雄全球的营销布局。

　　微软通过吸收全世界最伟大的创意，来致力于建立自己的人才渠道，无论你出生在什么地方，无论年龄大小，只要能达到微软所要求的技能，都可以成为微软的一员。

　　微软的市场营销战略还体现在许多培训学校和研究学院及研究机构，还有无数的社会团体和机构。另一个更为优秀的战略就是让不同年级的小学生与微软互动接入，以领略微软的相关技术，这样使得微软的应聘者源源不断。

　　微软清楚地认识到，没有员工的不断创新，所谓的多元化是没有意义的。我们从微软的营销战略中可以看到，微软为公司的领导层提供了非常好的文化能力培训和GD&I。这些都为员工提供了最好的战略管理技能的实施，而他们可以用这些技能建立新的关系。为了更好地提高销售效果，微软还建立了 ERGS（员工资源小组）和 ENS（员工网络），这就大大地发展了微软的营销战略，让员工们了解到不同的文化，从而融入到全球市场战略中。

　　在这种不同文化背景的员工自愿互动工作网络中，形成 3 种内在的不同观念的资源。它包括营销运作、产品和市场发展活动，这种组织为员工提供工作规划、网络机会、支持、工作关系、产品输入和团体参与。这些参与包括学术研究、发展会议、团体服务和不同层次庆祝活动。微软的最大优势在于，它拥有来自全球每个员工的聪明和智慧，并一起工作而创造出最佳产品，微软相信它能创造出最佳的软件，他们了解全球不同文化顾客的需求。

　　这些就是微软的市场营销主导战略，从而建立起了巨大的微软产品帝国。集合全球正确的元素，满足不同文化顾客的需求，这就是为什么微软一直处于市场高位并维持这种状态的硬道理。

第一节　战略规划过程

一、战略规划及其特点

"战略"是"战术"的对称，是事关全局性、长远性或者决定性的谋划。战略规划也称为战略计划，是指企业通过对市场环境变化及发展趋势的分析，以及为保证经营战略目标实现，对市场开发方向、开发重点和发展途径等所作的总体谋划。它是企业制定市场营销策略的基本依据，是企业经营战略的决策。

基于上述的分析，我们可以对战略的特点做如下的理解：

（1）战略规划的最大特点是其长远性。战略解决的是企业经营的方向问题，是一个长期的谋划。

（2）战略具有系统性。系统是个整体概念，具有层次之分、主次之分、大小之分。战略是将各项活动计划整合起来，形成综合的整体规划。

（3）经营战略应该是可行的并能为企业取得压倒竞争者的某种优势而指明路径。

（4）战略规划的目的就是指明能够使企业健康发展的方法，帮助企业选择和组织经营业务。

（5）战略具有风险性。由于环境的多变性和复杂性以及企业自身条件的不断变化，使得任何战略都是时间的函数，具有不确定性的特点。

企业成为卓越者的两大法宝。一是企业的全体人员都致力于创造满意的顾客；二是有市场导向的战略规划。市场导向的战略规划是一种管理程序，其任务是发展和保持公司的资源、目标与千变万化的市场机会之间切实可行的适应。战略规划的目标就是形成和重新开拓公司的业务和产品，以期获得目标利润和增长。

战略规划是 20 世纪 70 年代一系列经济震荡波动的产物，其宗旨是在考虑环境和公司资源的基础上，运用能使公司健康发展的方法，帮助公司选择和组织经营业务。

战略规划包括三个重要层次：

（1）公司总体战略规划，是对公司全局的谋划，由最高管理层制定。

（2）公司业务战略规划，是在总体战略规划的指导下，针对各项业务（或产品/品牌），由各个业务单位的管理者制定。

（3）公司职能性战略规划，由公司各职能部门管理者根据上述的总体战略规划和业务战略规划分别制定。其中，市场营销计划是其他职能部门计划的核心。

战略规划有三项重要内容。第一项是把公司的投资业务作为投资组合管理；第二项是考虑业务的市场增长率和公司的定位，估计每项业务的未来利润潜量；第三项是为每项战略制订一个战略方案。

战略规划中，市场营销经理在确定公司任务，分析环境、竞争和业务形势，制定目标和战略，确定产品、市场、分销和质量规划，执行经营战略方面起着主导作用。

二、战略规划过程

（一）确定公司使命

确定公司使命，就是要确定本公司的业务性质，为哪一类顾客服务？是生产电脑还是生产汽车，是经营快速消费品还是经营耐用消费品？每个企业都有特定的使命。通过对这些看似简单的问题的回答，就能明确企业的使命。

公司的使命确定切记不可采具营销近视症，这也就是为什么营销的目的要定义于满足顾客的需求而不是产品的销售。所以，公司使命的意义还在于定义了公司的文化，价值和观念，使命的定义为公司奠定了方向，故而员工、顾客、供应商、投资商和其他股东能够很好地了解这个公司是什么公司，公司的经营方向是什么。同时作为公司的文化激励着公司的员工，一个好的公司使命表述要考虑到所有股东的需求并表明公司不只是关注自身的利润。

使命说明书是许多公司的做法，为了让它们的经理、员工和顾客共同负有使命感。一份优秀的使命说明书将向公司的每个成员明确地阐明有关目标、方向和机会，并引导员工朝着同一个组织目标前进。

确立企业任务的影响因素包括：企业的历史、所有者和管理当局目前的偏好、市场营销环境的变化、企业的资源、企业的优势。

公司任务书是引导全体员工实现目标的纲领性文件，对员工应具有激励性，使员工感到自己工作的重要和有意义。如"使每个人都用得起计算机"。任务书要强调公司的主要政策，即如何对待员工、顾客、供应商、中间商、竞争者和其他重要群体，任务书应明确指出企业的主要竞争领域。包括：行业范围——单一的、相关的和综合的，即产品的界定；产品和应用范围——用户的行业范围，即用户的界定；竞争范围——指公司将要掌握和利用的技术和其他核心竞争力；市场细分范围——公司确定的服务市场或顾客类型；垂直范围——指公司在供应链中的范围；地理范围——指公司经营业务的区域、国家和国家群。

吉姆·柯林斯在其著作《基业长青》一书中指出，惠普、波音、IBM、宝洁、索尼以及迪士尼公司基业长青的原因之一是肩负"利润之上的追求"使命，见表3-1。

表3-1	公司的理念和使命
公司	基业长青公司的使命——以索尼、迪士尼、波音、IBM 和沃尔玛为例
索尼	体验以科技进步、应用与创新造福大众带来的真正快乐
	提升日本文化与国家地位
	做先驱，不追随别人，但是要做不可能的事情
	尊重、鼓励每个人的能力和创造力

公司	基业长青公司的使命——以索尼、迪士尼、波音、IBM 和沃尔玛为例
迪士尼	不容有犬儒主义式的嘲笑态度
	狂热地注意一贯性和细节
	以创造力、梦想与想象力不断追求进步
	狂热地控制与保存迪士尼的"魔力"形象
	"带给千百万人快乐"，并且歌颂、培育、传播"健全的美国价值观"
波音	领导航空工业，永为先驱
	应付重大挑战和风险
	产品安全与品质
	正直与合乎伦理的业务
	"吃饭、呼吸、睡觉念念不忘航空事业"
IBM	给予每个员工充分的考虑
	花很多时间使顾客满意
	坚持到底把事情做好、追求卓越
沃尔玛	"我们存在的目的是提供顾客物有所值的东西"，用比较低的价格和比较多的选择改善他们的生活，其他一切都属次要
	力争上游，对抗凡俗之见
	和员工成为伙伴
	热情、热心，认真工作
	精简经营
	永远追求更高的目标

资料来源：吉姆·柯林斯、杰里·波勒斯：《基业长青》，中信出版社 2007 年版。

由此可见，那些强大的公司会宣布他们的使命和理念，并且会采取很多方法和手段去彻底地对员工灌输其核心理念，并创造出强有力的企业文化。

（二）确立公司战略目标与制定公司战略

公司在完成使命的定义之后，并以使命任务书形式形成公司经营方向。然后就必须确定公司的战略目标，明确公司的经营方向。战略目标一般可以是投资回报率、市场占有率等指标，在公司战略目标确定之后，下一步就是公司的营销战略的制定。

一般地，确立公司战略包括两个步骤：（1）选择一个目标市场；（2）选择最佳的市场营销组合（如 4Ps）来满足这个目标。最后，最具体的是营销战略业务，它更具体地确定公司生产什么产品，并明确：在哪儿做广告？什么时候做广告？选择什么样的销售渠道，等等。总之，战略业务就是以具体的策略来表明如何达到公司的战略，而战略业务在资源上的策略配置就是公司的战略预算。

同时，公司战略的制定必须分析和探索其竞争对手在做什么，在行业中处于什么地位。要很好地了解竞争对手的优势、劣势、目标和营销战略，这在公司战略规划中是很重要的。

（三）规划投资组合

确定公司战略业务单位的目的，是要根据这些战略业务单位的目标，为其配置相应的资源。公司根据业务的潜在利润对其进行分类，从而决定业务的发展方向。分析业务投资组合的主要方法有：

1. 波士顿咨询公司法

这是美国波士顿咨询集团（BCG，Boston Consulting Group）在 20 世纪 70 年代提出的战略业务资源组合配置方法。图 3-1 是典型的业务单位（产品）组合矩阵图。该图根据每种业务单位（产品）的三个特征而组成：（1）该业务单位市场占有率与同行最大竞争对手的市场占有率之比；（2）该业务单位的销售增长率；（3）以销售金额表示的该业务单位对企业的贡献。

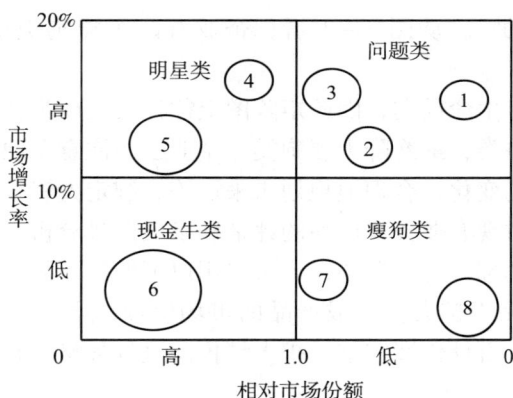

图 3-1　波士顿矩阵法

横轴表示相对市场占有率（对数尺度），即本企业业务单位销售额与最大竞争对手销售额之比。

纵轴表示市场增长率，高增长与低增长的界限类似产品生命周期中成长阶段与成熟阶段的界限。

圆圈大小表示业务单位（产品）贡献的大小。圆圈面积越大，表示销售额越大，从而该业务单位对企业的贡献也愈大。矩阵圆圈数目代表该企业业务单位（产品）数。

该矩阵划分为四个象限，区分点是相对市场占有率为 1.0，而市场增长率为10%。表示图中左下部分业务属于提供资金的业务，右上部分业务属于耗费资金的业务，并且左上部分和右上部分的业务表示所提供资金与所需资金大体一致。

我们将四个象限中的业务单位（产品）分别分析如下：

（1）问题类。这类战略业务单位是高市场增长率和低相对市场占有率的战略业务单位。这类单位需要大量现金，因为企业需要提高其相对市场占有率，使之赶上市场上的"大头"，并且需要增添一些工厂、设备和人员，才能适应迅速增长的市场。从图 3 - 1 看，企业有 3 个问题类单位，这类单位可能过多。

（2）明星类。问题类的战略业务单位如果经营成功，就会转入明星类。这类战略业务单位是高市场增长率和高相对市场占有率的单位。这类单位因为增长迅速，同时要击退竞争对手的进攻，就需要投入大量现金，因而是使用现金较多的单位。当它进入成熟阶段时，就能够成为金奶牛而为企业提供大量资金。

（3）现金牛类。这是矩阵图中左下部分的业务单位，这类单位所提供的资金大于维持其市场占有率所需要的资金，即盈利多，现金收入多，销售增长慢，可以提供资金扶持其他业务单位的增长，或用于企业的其他开支。从图 3 - 1 看，企业只有一个大现金牛，这种财务状况是很脆弱的。

（4）瘦狗类。在矩阵图的右下部分的业务单位。特点是市场占有率低，增长缓慢，本身不能贡献多的资金也不需要多的资金。由于获利性差，市场占有率也低，往往被称为"丢钱的陷阱"。从图 3 - 1 看，企业有两个瘦狗类单位，这种情况非常不妙。

由于一般产品都有生命周期，因此矩阵图上往往会表现为从问题类开始，转向明星类，进而成为现金牛类，最终降为瘦狗类。企业必须注意每项业务或产品变化着的位置，预测未来的市场变化，合理地规划未来矩阵，制定投资发展战略。

综上所述，通过对现有业务或产品的评估和发展前景分析，企业便可以采取措施对原投资组合的不合理部分进行调整，通常采用以下四种不同的目标：

（1）发展。目的在于扩大业务或产品的市场份额，增强其竞争力，有时甚至不惜放弃近期收入，千方百计创造需求，扩大销售。这种战略特别适合于问题类产品和新产品。

（2）维持。目的在于保持产品的市场份额，适合于处在成熟期的金牛类产品和业务。

（3）收获。目的在于追求产品的短期收益，不顾长远影响。企业常用减少研究与发展投资，降低服务和促销费用，提高价格等办法来增加短期投资收益率。这种战略适用于处境不佳的金牛类产品，可以从它身上获得更多的收入。收获也适用于问题类和狗类业务。

（4）放弃。目的在于出售商品或清理业务，不再生产，把资源投向更有利的领域。适用于没前途的狗类和问题类产品业务。

应避免：现金牛业务资金留用的资金过多或过少；给瘦狗的资金过多；问题业务保留过多。

2. 通用电器公司法

通用电器公司模型（General Electric Model）是用"多因素投资组合矩阵"来对企业的战略业务单位加以分类和评价（见图 3 -2）。

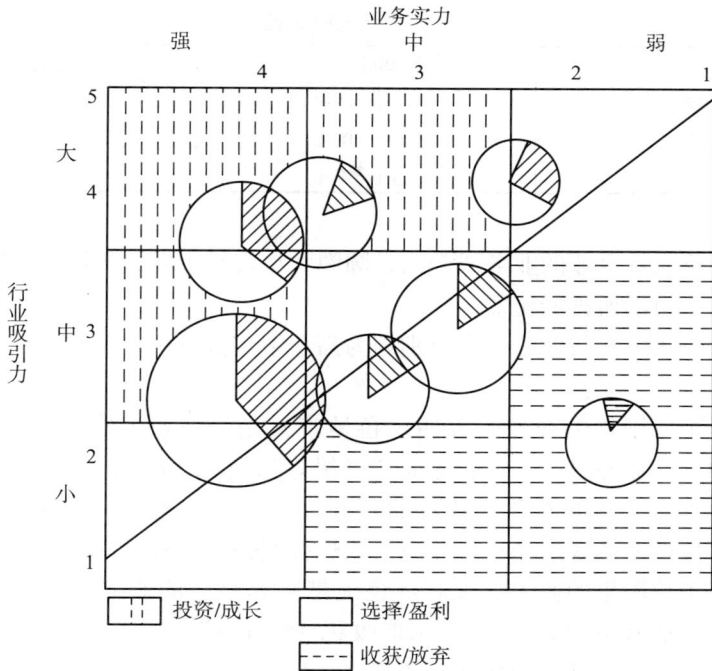

图 3 - 2 "多因素投资组合" 矩阵

以 "行业吸引力" 作为矩阵的纵坐标，将其划分为强、中、弱三个区域。其划分点是以 "满分值" 平均划分的（即如果评价时采用的满分值是 5 分，则以 5 被 3 除的平均数划分，以此类推）。

以 "业务实力" 作为矩阵的横坐标，也以满分值的平均数划分为大、中、小三个区域。

图 3 - 2 矩阵中的 "行业吸引力" 和 "业务实力" 两个变量各自包含了一系列的评定因素。这些因素是企业对相应的经营业务，在决定应采取何种投资战略时必须要综合考虑的。

（1）行业吸引力。包括市场大小、市场年增长率、历史的利润率、竞争强度、技术要素、由通货膨胀引起的脆弱性、能源要求、环境影响以及社会、政治、法律的因素等。

（2）业务实力。指战略业务单位在本行业的竞争能力，包括市场占有率、市场增长率、产品质量、品牌信誉、商业网、促销力、生产能力、生产效率、单位成本、原料供应、研究与开发成绩以及管理人员等。

在评定每项经营业务之前，首先需要确定两个变量中所包含的每一因素的权数，以表明它们的相对重要性。如表 3 - 2 所示。需注意的是，企业所在行业不同，某项经营业务所处的市场情况不同时，构成两个变量的具体因素以及因素所赋予的权数应是不同的。

表 3 - 2　　　　　　　　　　　　　　　主要增长战略类型

密集发展	一体化发展	多角化发展
市场渗透	后向一体化	同心多角化
市场开发	前向一体化	水平多角化
产品开发	横向一体化	集团多角化

图中圆圈仍表示企业的业务或产品，圆圈大小表示市场的规模，圆圈中阴影部分表示企业在这个市场所占的份额。

矩阵中业务实力和行业吸引力分别划为高、中、低三档，形成九个格子，实际分为三个部分。

左上角三个象限里的业务（又叫绿色地带）是企业业务实力最强的经营业务，对位于这个地带的业务或产品，企业应"开绿灯"，宜采取投资/成长的战略。

从左下角到右上角的对角线地带的业务（又叫黄色地带）为中等实力的业务，对位于这个部位的业务或产品，企业应采取选择/盈利战略。

右下角三个象限里的业务（又叫红色地带）是最弱的业务，对处于这个部位的业务或产品，企业必须"开红灯"，采取收获/放弃战略。

对于处于这三个区域内的战略业务单位，公司的目标战略是：

（1）投资/扩展战略。即增加投资，提高市场占有率，适用于绿色区域。

（2）选择/盈利战略。维持现有的良好状态，并进行利益"收割"，适用于中等实力的业务区域。

（3）收获/放弃战略。尽可能减少投资，若目前还有盈利，则要积极收回，适用于红色地带的业务。

（四）规划公司成长战略

公司设计它的营销发展战略可以通过密集发展、一体化发展和多角化发展三种战略。

1. 密集发展战略

这是一种在现有的业务领域内寻找未来发展的各种机会。企业的经营者在寻求新的发展机会时，首先应该考虑现有产品是否还能得到更多的市场份额；然后，它应该考虑是否能为其现有产品开发一些新市场；最后，考虑是否能为其现有的市场发展若干有潜在利益的新产品。密集发展战略有三种类型：

（1）市场渗透。市场渗透是指企业在现有的市场上增加现有产品的市场占有率。市场渗透有三种主要的方法：一是尽力促使现有顾客增加购买。包括增加购买次数，增加购买数量。二是尽力争取竞争者的顾客。三是尽力争取新的顾客。

（2）市场开发。企业尽力为现有的产品寻找新的市场，满足新市场对产品的需要。市场开发有三种主要方法：一是在当地寻找潜在顾客。二是企业可以寻找新的分市场。三是企业可以考虑扩大其市场范围。

（3）产品开发。向现有市场提供新产品或改进的新产品，目的是满足现有市场的不同层次需求。具体的做法有：利用现有技术增加新产品；在现有产品的基础上，增加产品的花色品种；改变产品的外观、造型，或赋予产品新的特色；推出不同档次、不同规格、不同式样的产品。

2. 一体化发展战略

一体化发展战略是指企业为了要增加某项业务的销售和利润，常常可以通过后向一体化、前向一体化或者本行业水平一体化，即企业在其业务领域内，向供和向销领域发展。这样做的好处是可以有效地为企业建立较为稳定的营销环境，使企业能对由供、产、销组成的营销链进行有效的控制（见图3–3）。

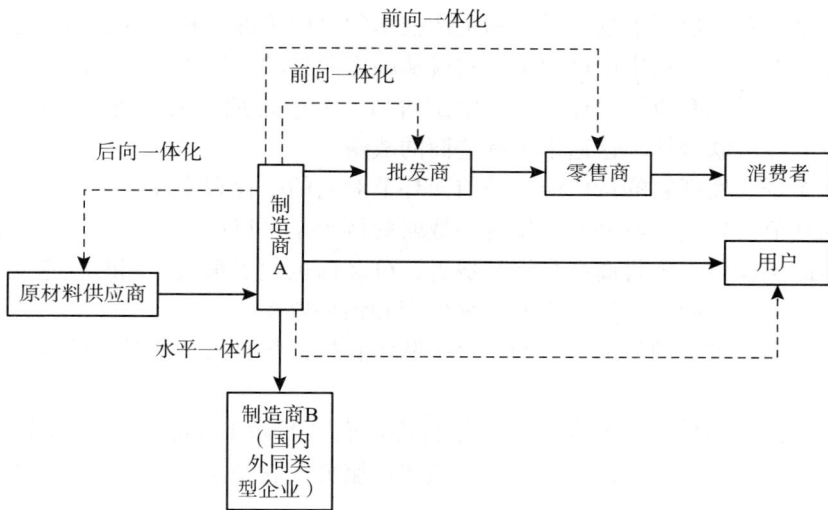

图3–3　一体化发展战略

企业一体化发展战略可分为垂直一体化和水平一体化战略。

（1）垂直一体化是指生产企业兼并或购买供应商（后向一体化）或者零售商（前向一体化）。许多石油企业就是典型的垂直一体化，因为它既有石油开发而且还有石油精炼，以及销售石油产品的加油站及石油气站（零售商）。从而，石油公司拥有完整的供应链。

如果一家鞋零售商购买了制鞋厂，这就是后向一体化的例子。后向一体化是指企业收购或兼并一个或几个原材料供应商，以增加盈利或加强供应系统的控制。这一战略是指企业利用自己在产品上的优势，把原来属于外购的原材料或零件，改为自行生产。在生产过程中，物流从反方向移动。即通过获得供应商的所有权或增强对其控制来求得发展。在供货成本太高或供货方不可靠或不能保证供应时，企业经常采用这种战略。

后向一体化，目的是为了保证物资供应来源，以发展自己的产品。采用这种战略，一般是把原来属于后向的企业合并起来，组成联合企业或总厂，以利于统一规划，保证企业顺利发展。

当企业目前的供货方不可靠、供货成本太高或不能满足企业需要时，尤其适合采用后向一体化。

在电影行业中，如果有一家电影制片公司购买了拥有若干家电影院的娱乐公司，这就是前向一体化，为什么要这样做呢？就是确保所生产的电影片能有比较好的放映市场。如果拍摄出来的电影不能在电影院上映，就是号称世界上最好的电影制片厂也不能赚到钱。

前向一体化，就是企业通过收购或兼并若干商业企业，或者拥有和控制其分销系统，实行产销一体化。这一战略是指获得分销商或零售商的所有权或加强对它们的控制，也就是指企业根据市场的需要和生产技术的可能条件，利用自己的优势，把成品进行深加工的战略。在生产过程中，物流从顺方向移动，称为前向一体化。采用这种战略，是为获得原有成品深加工的高附加价值。一般是把相关的前向企业合并起来，组成统一的经济联合体。这通常是制造商的战略。

当一个企业发现它的价值链上的前面环节对它的生存和发展至关重要时，它就会加强前向环节的控制。典型的实施这一战略的例子是可口可乐公司，当它发现决定可乐销售量的不仅仅是零售商和最终消费者，分装商也起了很大作用时，它就开始不断地收购国内外分装商，并帮助它们提高生产和销售效率。

越来越多的制造商借助互联网和直销队伍直接销售自己的产品，这也是一种前向一体化。

实施前向一体化的一种有效方式是特许经营（Franchising），采用特许经营的形式是授权其他厂商经销自己的产品并提供售后服务，它是用途最广、也是非常有效的前向一体化方式。

（2）水平一体化。即企业收购或兼并若干个竞争者，把几个生产同类产品的企业合并起来，组成联合企业或专业化公司，扩大生产经营规模。合资经营同类产品也属水平一体化。

近年来，工商一体化经营作为一种新的方式被我国企业界广泛采用，出现了工业自销、工商联营、工贸联营等多种经营形式。

3. 多角化发展战略

多角化发展战略，也称为多样化发展战略，是指企业进入目前所未涉足的经营领域和业务范围。如果企业在目前业务范围以外的领域里发现了好的经营机会，就可以采用多角化发展战略，也就是企业采取跨行业的多种经营。

现代化市场上，经常会出现一个公司 A 兼并另一家不是同类行业的公司 B。之所以这样做是因为 A 公司资金很充足而缺乏成长机会，而 B 企业具有成长机会而缺乏资金。有时，一家公司兼并另一家不同行业的公司是因为看中该公司所拥有的技术。例如，一家香烟主导企业（资金很充足，但几乎没有什么可发展的机会）并购了一家需要引入投资来开发新产品的食品企业。

多角化发展战略也有三种类型：

（1）同心多角化。这种战略是指企业利用现有的技术、生产线和营销渠道开发与现有产品和服务相类似的新产品和新的服务项目。如制药厂生产护肤美容品。同心多角化发展有利于发挥企业原有技术优势，风险小，容易成功。

（2）水平多角化。企业研究开发某种能满足现有市场顾客需要的新产品，而所采用的技术与生产现有产品所采取的技术没有必然的联系，如收割机公司面向现有的农民市场开发农药、化肥等化工产品。

（3）综合多角化。也称为跨行业多角化，指企业开发与现有产品、技术和市场毫无关系的新业务，开辟新的经营领域，这样可以减少因某行业不景气带来的威胁，如纺织品行业经营快餐、饮食服务业等。

综上所述，企业寻找新的业务机会，一般应先在现有产品和市场上寻找扩大业务途径，然后考虑与目前业务有关的一体化战略。最后再到目前业务之外的领域中去寻觅适当的机会。

第二节 市场营销管理过程

公司营销管理过程，就是业务经营单位的管理过程。其步骤如图3－4所示。

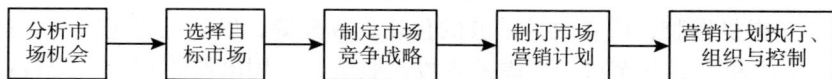

分析市场机会 → 选择目标市场 → 制定市场竞争战略 → 制订市场营销计划 → 营销计划执行、组织与控制

图3－4 公司营销管理过程

一、环境威胁与市场机会分析

在现代市场经济条件下，企业在市场竞争中能否成功，取决于其能否与市场营销环境的发展变化相适应。战略计划过程明确了企业重点经营的业务，而市场营销管理过程则用系统的方法寻找市场机会，进而把市场机会变为有利可图的企业机会。

所谓市场营销管理过程，也就是企业为实现企业任务和目标而发现、分析、选择和利用市场机会的管理过程。更具体地说，市场营销管理过程包括如下步骤：它包括分析营销机会、研究和选择目标市场、制定营销战略、制订营销计划以及执行和控制营销活动（见图3－5）。

1. 广泛搜集市场信息

营销环境分析的目的就是了解并把握营销环境变化发展的趋势，调整营销策略，加强营销控制，适应不可控环境因素的变化，发现、利用市场机会，避开威胁。

威胁水平

	大	小
大 机会水平	风险业务	理想业务
小	困难业务	成熟业务

图 3 – 5　机会/威胁的综合分析与对策

市场营销管理人员可经常通过阅读报纸、参加展销会、研究竞争者的产品、召开献计献策会、调查研究消费者的需要等来寻找、发现或识别未满足的需要和新的市场机会。

2. 借助产品/市场矩阵

一般情况下，单纯的机会与威胁是不存在的，经常是机会与威胁并存的综合环境。根据企业所面对的威胁水平和机会水平不一，企业应该采取不同的营销策略。

市场营销管理人员也可利用产品/市场矩阵（见图 3 – 6）来寻找、发现增长机会。例如，某化妆品公司的市场营销管理人员可以考虑，是否可以采取一些措施，在现有市场上扩大现有产品香波的销售（这是"市场渗透"）；也可以考虑是否可以采取一些措施，在国外市场扩大香波的销售（这是"市场开发"），还可以考虑是否可以向现有市场提供发胶，或者改进香波的包装、成分等，以满足市场需要，扩大销售（这是"产品开发"）；甚至可以考虑是否投入服装、家用电器等行业，跨行业经营多种多样的业务（这是"多角化经营"）。经验证明，这是企业寻找、发现市场机会的一种很有用的方法。

	新产品	现有产品
现有 市场	市场渗透	产品开发
新市场	市场开发	多角化经营

图 3 – 6　产品/市场矩阵

3. SWOT（Strengths Weaknesses Opportunities Treats）分析

（1）基本概念。就是把企业外部环境分析和企业内部资源分析的内容进行综合，进而分析组织的优劣势、面临的机会和威胁的一种分析方法。

（2）具体内容（见图 3 –7）。

图中的优势（Strengths）、劣势（Weaknesses）、机会（Opportunities）和威胁（Treats）四个方面在四个象限中呈现出来，在实际操作中很容易进行分析和应用。

然后，我们可以根据分析的结果再画图展示处于不同象限的企业的战略地位（见图
3-8）。

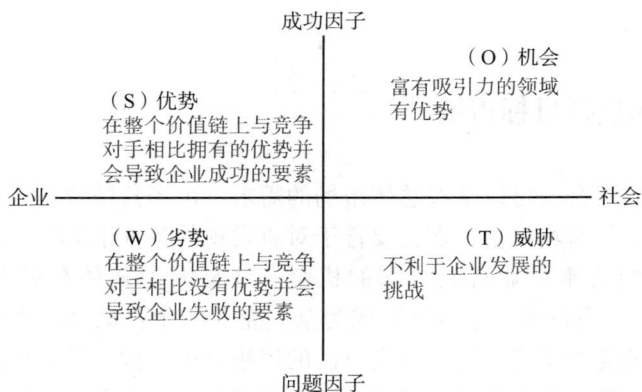

图3-7　SWOT 分析

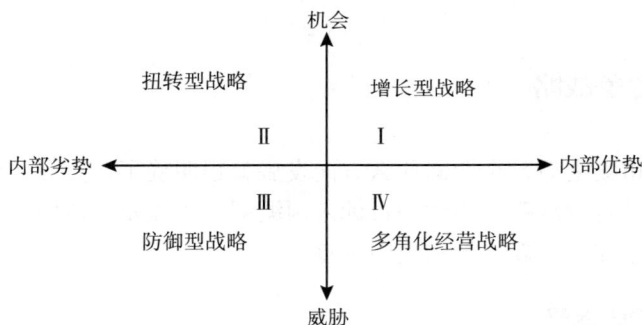

图3-8　战略地位评估矩阵

第Ⅰ象限的企业属于发展机会和自身优势明显的生存状态，这时企业应积极地采用增长型战略发展自己（增长战略的具体运用前面已经讲过）。

第Ⅱ象限的企业属于面对良好发展机遇，自身优势不足的生存状态，可以抓住机会、改进或重组内部资源，采取积极的态度，运用扭转型战略发展自己。

第Ⅲ象限的企业是生存最不利的状态，既面对环境的威胁，又存在内部的不协调，在这种情况下企业应采取积极主动的防御战略，避免不利情况的出现。同时，苦练内功，等待时机来发展自己。

第Ⅳ象限的企业内部优势明显，但环境因素对企业具有不利的影响，这时企业应该向行业以外寻求发展，或者是开拓新市场，或者是创新产品，实行多角化经营战略，避开威胁，发挥优势。比如，在全球金融危机的情况下，我国的外贸出口企业就遇到了前所未有的出口困境，在国家出台相关扶持政策的推动下，大多数出口型企业纷纷做起了内贸生意，而且形势越来越好。又比如，面对环境保护的全球呼声，那些

生产具有对环境污染的产品的企业就面临威胁。那么，如何在这种形势下发展就成为涉污企业的头等大事。那些生产用太阳能电池充电的汽车的企业和生产节能汽车的企业，就是燃油汽车的发展方向，也在节能领域占领了优势，避免了不利的环境因素的影响。

二、研究和选择目标市场

通过分析市场机会，可以掌握总体市场的需求。市场营销管理人员不仅要善于寻找、发现有吸引力的市场机会，而且要善于对所发现的各种市场机会加以评价，决定哪些市场机会能成为本企业有利可图的机会。这是因为某种有吸引力的市场机会（如经营电话设备、快餐等）也许不能成为某些企业的企业机会。为此，营销人员必须研究不同人群的需求特征，从中确定自己的销售目标人群，从而使自己的产品特征与某一目标市场人群的需求特征相适应。把总体市场区分为若干不同需求特征人群的过程叫市场细分，在所有细分市场中选定若干人群作为企业营销目标的做法叫确定目标市场。

三、制定竞争战略

在确定目标市场之后，企业向什么方向发展就很明确了，企业的营销人员就要为进入这一市场设计竞争战略，为达到目标未雨绸缪。迈克尔·波特把竞争战略归纳为三种类型：成本领先、标新立异和集中一点。

（一）成本领先战略

此战略的要点在于企业不是将生产和营销成本降到最低，而是将成本降到低于其他竞争对手，从而以较低的价格赢得竞争者、获取更高的市场占有率，达到薄利多销的目的。

获取低成本优势的途径：提高效率、节约开支，包括：降低采购成本、降低生产成本、降低营销成本、实行成本管理。

成本领先战略的适用范围：（1）市场具有价格弹性；（2）标准产品，产品差异较小；（3）顾客以相同的方式使用产品，价格是竞争的主要因素；（4）购买者选择余地较大。

低成本领先战略的风险：（1）忽视质量；（2）投入的研发费用不足，竞争者模仿；（3）价格大战，行业平均利润率急剧下降。我国的格兰仕微波炉就是这一战略的成功实践者。

小案例

"价格屠夫"——格兰仕

格兰仕以"价格屠夫"著称，它信奉"价格是最高级的竞争手段"，以确保总成本领先的优势，其目标就是消灭散兵游勇。格兰仕规模每上一个台阶，价格就大幅度下降。例如，当规模达到 125 万台时，格兰仕就把出厂价调到规模为 80 万台的企业成本以下；当规模达到 300 万台时，格兰仕就把出厂价调到规模为 200 万台的企业成本以下，使竞争对手缺乏追赶上其规模的机会，创造了在国内微波炉市场占有率 61.43%，国际市场占有率 35% 的奇迹。格兰仕在坚持总成本领先战略的前提下，价格不低则已，要低就低得更多。所以，格兰仕每次下调价格，调价幅度都在 20% 以上，有时甚至达到 40%。格兰仕已经用 9 次价格战封杀竞争对手，占领市场份额。使得一些小规模的厂家被迫退出市场，一些外国品牌也不得不徘徊观望。当然，格兰仕的质量是经得起考验的，经国家权威监督部门多次抽检，格兰仕次次合格。

资料来源：贺炜：《低价革命》，中国纺织出版社 2003 年版。

（二）差异化战略

差异化战略也称为标新立异战略，即企业使产品或服务有别于其他企业，形成自己的特色与优势。在顾客感兴趣的地方形成自己的特色。

该战略的途径：（1）产品质量；（2）产品可靠性；（3）产品创新；（4）产品服务。

适用范围：（1）用户需求多样化；（2）企业有适应顾客差异化的能力；（3）类似的竞争者较少。例如：德国的西门子公司就是推行这种战略的一个代表，它的产品以高质量举世闻名。

风险：（1）可能丧失对企业特色不感兴趣的顾客；（2）差异化的盲目性；（3）差异程度高，成本上升，失去价格优势。

小案例

当全世界都在卖每磅十几到几十美元的咖啡的时候，却有人在卖一磅上百到上千美元的咖啡，这就是麝香猫咖啡（Kopi Luwak），Kopi（印度尼西亚语，咖啡），Luwak 是印度尼西亚人指一种俗称"麝香猫"的树栖野生动物。

这是全世界最贵的咖啡，这种咖啡是来自一种叫麝香猫的动物排泄物（这种动物在印度尼西亚俗称麝香猫），虽然来自臭臭的便便，但喝一口只觉满口甘香，还有一阵难以形容的甘甜。这种野生麝香猫喜欢吃肥美多浆的咖啡果子，但坚硬的硬果核（生豆）无法消化，随粪便排出，清洗干净之后，就成为 Kopi Luwak 咖啡生豆！因此有许多人称它为"猫屎"咖啡。印度尼西亚人发现，经过麝香猫肠胃发酵的咖啡豆，特别浓稠香醇，于是搜集麝香猫的排泄物，筛滤出咖啡豆，冲泡来喝，由于产量稀少，并且发酵过程独特，风味和一般咖啡大异。传统上，咖啡果子是透过水洗或日晒处理法，除去果皮、果肉和羊皮层，最后取出咖啡豆，然而，Luwak 却是利用体内自然发酵法，取出咖啡豆，因此有一股特殊风味。

虽然有些人对这种"粪便"嗤之以鼻，但它却为热爱咖啡的人们所吹捧，形成了咖啡消费中的一个独特消费群体，从而也产生了差异化营销的典型例子，创造了巨大的利润！

资料来源：《纽约时报》2010 年 4 月的文章。

（三）目标集中战略

指企业将经营范围集中于行业内某一有限的细分市场，使企业有限的资源得以充分发挥效力，在局部超过竞争对手，赢得竞争优势。

使用集中化战略的条件：（1）行业内存在不同的细分市场；（2）在相同的细分市场中其他竞争对手不准备实施集中战略；（3）企业资源有限，不允许追求更广泛的市场；（4）在某些方面可能获得竞争优势。

上述三种战略，企业如果专一执行某一种，效果较好，执行得越彻底，获益越大；反之，采取模棱两可的中间战略，效果肯定不佳，因为它企图面面俱到，结果反而面面俱失。

四、制订市场营销计划和营销方案

营销战略的实现，必须有具体的营销计划和营销方案来支持。

营销方案涉及营销费用、营销组合策略和营销资源的分配。营销费用的高低要与营销目标相适应，还要参考竞争对手的费用投入额。

市场营销组合是营销方案中的重要内容，概括为四个基本变量就是产品、价格、地点和促销。这些因素对企业来说都是"可控因素"（Controllable Factors）。就是说，企业根据目标市场的需要，可以决定自己的产品结构、制定产品价格、选择分销渠道（地点）和促销方式等。

对这些市场营销手段的运用和搭配，企业有自主权。但这种自主权是相对的，是不能随心所欲的，因为企业市场营销过程中不但要受本身资源和目标的制约，而且还要受各种微观和宏观环境因素的影响和制约，这些是企业所不可控制的变量，即"不可控因素"（见图 3-9）。因此，市场营销管理人员的任务就是适当安排市场营销组合。使之与不可控制的环境因素相适应，这是企业市场营销能否成功的关键。

在进行营销计划制订的过程中，以顾客为主导的发展型企业需要进行销售预测。任何企业可以进行短期预测（3~12 个月）以及长期预测（1~5 年以及更长时间）。例如，电力供应企业应该对今后 10~20 年的电力需求作一个预测。那么，它就可以用 10 年的时间来建造一座核电站以满足电力需求。即使一个学校也可以做一下预测，那么就可以了解到今后学校将开设什么课程和设置什么样的专业。电力公司如果不做预测，就没有建造新的电厂，那么到时当电力需求上升时，便不得不用限电来对付。我们都遭受过突然断电的糟糕时刻，这就是没有预测带来的后果。预测是很重要的，因为它为生产决策提供有效的依据，来决定员工招聘，机器设备的研制或购买。为销售人员制定销售指标，制定价格策略，以及原材料购进计划等，都需要进行销售预测。

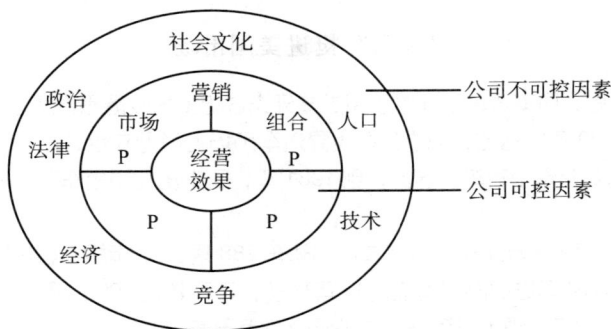

图 3-9　影响企业经营的因素

五、营销计划执行与控制

一项好的营销策划必须转化为行动，否则就毫无意义。因此在策划好营销方案之后应具体地组织实施，并对实施过程进行有效控制，从而最终实现目标。营销过程应有有效的领导，营销组织通常由企业最高领导层的副职领导，负责协调全体营销人员的工作，对各类营销人员进行选择、培训、指导、激励和评价。营销控制则主要指年度计划控制（保证企业在年度计划中所指定的销售、盈利和其他目标的实现），盈利能力控制（对产品、顾客群、渠道和定货量大小的实际盈利率进行测量），战略控制（评估企业的营销战略是否还适合于市场条件）。只有对营销活动作有效的控制，营销策划方案才会最确切地得到实施，营销目标才会最大限度地得到实现。

❖　**本章小结**

在竞争激烈的市场中，公司要立于不败之地，就要根据外部环境的变化制定相应的战略规划，并以其为根据开展公司的生产经营活动。

战略规划具有三个层次：最高层是公司的总体战略规划，其次是业务战略规划，最下层是职能性战略规划。

市场营销计划属于战略规划的第三层次。

公司战略规划包括四项活动：明确公司使命、确定公司的战略业务单位、规划投资组合和制定公司成长战略。

市场营销管理过程就是公司战略业务单位执行业务规划的过程。其包括公司内、外部环境分析，研究和选择目标市场，制定业务的竞争战略，制订计划和方案，计划执行和控制。

公司成长战略包括密集发展战略，一体化发展战略和多角化发展战略。

公司竞争战略包括全面成本领先战略，差异化战略和目标集中战略。

案例分析

"丰田"挺进美国市场

第二次世界大战后，日本汽车工业由于引进国外先进的技术设备和管理方法，加上现代市场营销观念的指导，经过 20 年的努力，把原先在世界汽车市场上尚无立足之地的日本，超过美国成为世界上第一个年产 700 万辆小轿车的国家，到 1981 年，日本出口小轿车就已是德、法、美三国轿车出口之和。

以丰田公司为例：1965 年丰田共向美国出口轿车 288 辆；10 年后，超过它的主要竞争对手德国大众公司，居美国小轿车进口商的首位；80 年代初，年产超过 300 万辆一跃成为世界第 2 位的汽车制造商；1985 年它在美国市场销量，占美国轿车市场的 20%。

丰田汽车挺进美国也并不是一开始就一帆风顺。在传统的"生产什么就销售什么"观念的影响下，丰田公司向美国出口的第一辆轿车简直就是一场灾难，这辆取名为"丰田宝贝儿"的汽车方盒子式的陈旧外型，发动机开起来像载重汽车一样响，内部装饰既粗糙又不舒服，灯光暗得难以通过加利福尼亚州的行车标准，缺陷严重自然无人问津。

"丰田宝贝儿"的流产迫使公司的决策者冷静下来重新考虑进入美国市场的战略和策略，重新做了详细的市场调研和新的战略规划。

首先，丰田公司利用政府、商业企业和美国市场研究公司收集信息，了解美国经销商和消费者的需要，发现未满足或满足不充分的需求。他们发现美国人把汽车作为地位或性别象征的传统观念正在削弱，汽车作为一种交通工具更重视其实用性、舒适性、经济性和便利性。如长途驾驶要求座位舒适和较大的腿部活动空间，易于操作，行车平稳；较低的购置费用、耗油少耐用和维修方便；交通日趋拥挤，要求停靠方便，转弯灵活的小车型。

其次，丰田公司研究竞争对手产品的不足和缺陷，在市场调研中发现底特律汽车制造商骄傲自大，因循守旧、墨守成规，甚至面对竞争者的挑战、政府的警告信号、消费者拒绝购买和库存量直线上升的现状，麻木不仁，继续大批量生产大型豪华车。被忽视的顾客需求和小型车空白市场给丰田轿车以可乘之机。强大的日本国内汽车制造基地，不仅为丰田提供了经验，而且为其海外扩张奠定了物质基础，1965 年，日本在"进攻型战略"指导下，发挥一整套策略体系的合力作用，将日本车打入美国市场。

在市场调研的基础上，丰田公司精确地勾画出一个按人口统计和心理因素划分的目标市场，设计出满足美国顾客需求的美式日制小汽车。花冠车（Corona）以其外形小巧、购买经济、舒适平稳、维修方便的优势敲开了美国市场大门。

面对美国和西欧这些强劲对手，丰田汽车的产品策略是避实就虚，生产高质量、小型化具有便利性可靠性和适用性的小轿车，其目的在于使日本轿车作为一种交通工具为美国广大消费者所接受。

丰田汽车造型优美，内部装修精致典雅，舒适的座椅，柔色的玻璃，发动机的功率和性能比大众公司汽提高了一倍，甚至连汽车扶手长度和腿部活动的空间都是按美国人的身材设计的。

由于适合美国大众消费者的口味，花冠车一进入美国市场，很快就建立起较高的质量信誉，每销售 100 辆中顾客的不满意率从 1969 年的 4.6% 下降到 1973 年的 1.3%。

当丰田汽车在美国站住了脚，他们并未松懈而是迅速追加投资，建立最先进的工厂，培养一流的工程技术员和一线工人，强化科学管理，为大幅度提高劳动生产率和规模经济效益奠定了物质基础。1969 年丰田汽车公司人均年产汽车高达 39 辆，为同期通用汽车公司的 3.42 倍。

日本汽车打入美国市场其目标不在于获取单位产品的高额利润，而在于最迅速地攻入并占领市场。

为了争取潜在的顾客群，制定大大低于竞争对手的价格，花冠车在进入美国市场时售价不到 2000 美元，而后推出的花冠车售价不到 1800 美元。在小轿车技术差距已经消除的 70 年代，同类车型和功能的轿车，丰田车比美国车低 400~1000 美元。低廉的售价，加上质量稳定，性能好和维修费用低，为丰田车树立起物美价廉的良好形象。美国生产商无还手之力，大片的市场份额逐渐被丰田蚕食。

丰田公司促销策略的核心是集中全力直接针对目标市场大量做广告。为了树立丰田汽车的形象，在电视中大做广告使丰田家喻户晓。丰田公司抓住其他厂商没在电视媒体作广告的机会，垄断了小轿车电视广告的播映权。这一时期丰田广告支出大大超出竞争者的水平。丰田汽车广告的内容由专家精心设计，为避免刺激美国的竞争者和引起日美贸易矛盾尖锐化，尽量迎合美国人的喜好，在大力宣传交通工具在美国的重要性同时，提到丰田汽车和种良好的功能和给消费者带来的利益。这种"具有美国精神的进口汽车"广告战，终于使丰田轿车在没有硝烟的商战中大获全胜。

（资料选自兰苓：《现代市场营销学》，首都经贸大学出版社 2003 年版）

讨论题

1. 丰田汽车第一次挺进美国失败的原因是什么？
2. 丰田汽车第二次挺进美国的战略是什么？

复习思考题

1. 什么是营销战略？战略规划的程序如何？
2. 什么是战略业务单位？按照通用电气公司法说明战略业务单位的特征。
3. 试用规划投资组合方法分析一个案例。
4. 公司怎样设计它的成长战略？
5. 怎样应用通用电气公司的模型？
6. 营销者如何理解营销管理过程？
7. 什么是竞争战略？
8. 为什么说市场营销组合是公司可使用的一套有效的营销工具？
9. 市场营销方案包括哪些内容？你如何做一个营销策划方案？

第二篇　分析营销机会

第四章　市场调研与市场预测

【本章要点】

◆ 市场研究是设计、制定营销战略的基础；
◆ 营销调研的基本概念及其作用；
◆ 市场调查的程序；
◆ 实地调查、文案调查、抽样调查等市场调研的方法及其优缺点；
◆ 市场预测的含义与类型；
◆ 市场预测的主要定性方法的应用步骤。

【专业词汇】　市场调研　调查方法　实地调查　文案调查　网络调查　直接访问
电话访问　市场预测　头脑风暴法　德尔菲法

【案例引导】

　　吉列公司创建于 1901 年，其产品因使男人刮胡子变得方便、舒适、安全而大受
欢迎。进入 20 世纪 70 年代，吉列公司的销售额已达 20 亿美元，成为世界著名的跨
国公司。然而吉列公司的领导者并不以此满足，而是想方设法继续拓展市场，争取更
多用户。就在 1974 年，公司提出了面向女士的专用"刮毛刀"。

　　吉列公司先用一年的时间进行了周密的市场调查，发现在美国 30 岁以上的妇女
中，有 65% 的人为保持美好形象，要定期刮除腿毛和腋毛。这些妇女之中，除使用
电动刮胡刀和脱毛剂之外，主要靠购买各种男用刮胡刀来满足此项需要，一年在这方
面的花费高达 7500 万美元。相比之下，美国妇女一年花在眉笔和眼影上的钱仅有
6300 万美元，染发剂 5500 万美元。毫无疑问，这是一个极有潜力的市场。

　　根据市场调查结果，吉列公司精心设计了新产品，它的刀头部分和男用刮胡刀并
无两样，采用一次性使用的双层刀片，但是刀架则选用了色彩鲜艳的塑料，并将握柄

改为弧形以利于妇女使用，握柄上还印压了一朵雏菊图案。这样一来，新产品立即显示了女性的特点。为了使雏菊刮毛刀迅速占领市场，吉列公司选择了"不伤玉腿"作为推销时突出的重点，刊登广告进行刻意宣传。结果，雏菊刮毛刀一炮打响，迅速畅销全球。

"点评"这个案例说明，市场调查研究是经营决策的前提，只有充分认识市场，了解市场需求，对市场做出科学的分析判断，决策才具有针对性，从而拓展市场，使企业兴旺发达。

市场研究就是通过一些方法收集市场活动的历史和现状的事实材料，并借助预测理论与方法，对市场活动的未来发展趋势做出预计，推测市场活动发展变化可能达到的水平和规模，减少对未来市场活动认识的不确定性，为解决问题的方案及方案论证、评价、比较选择提供科学依据。

第一节　市场调研

一、市场营销调研的概念和作用

（一）市场调查的概念

所谓市场调查，就是以科学的方法、客观的态度，明确研究市场营销有关问题所需的信息，有效地收集和分析这些信息，为决策部门制定更加有效的营销战略和策略提供基础性的数据和资料。

（二）市场调查的作用

在市场竞争日益激烈的情况下，拥有市场比拥有一个工厂更为重要。如何分析市场、发现市场和确定市场已成为企业关注的关键问题，因此市场调查被称为企业的"雷达"或"眼睛"，其重要作用主要表现在以下几个方面：

1. 为企业提供市场信息

市场是企业研究的中心，根据市场状况而制定的营销策略决定了企业的经营方向和目标，它的正确与否，直接关系到企业的成功与失败。因此，研究市场，是企业营销的产品和服务适应满足消费者的需要是营销策略中首先解决的问题。

2. 帮助企业开拓市场，开发新产品

任何企业不会在现有的市场上永远保持销售旺势。要想扩大影响，继续盈利，就不能把希望只寄托在一个有限的产品和特定的地区范围内。当一种产品在某个特定市场尚未达到饱和状态时，企业就应该开始着眼于更远的、还未满足的市场。这就需要通过市场调查了解顾客当前的需要和满足的程度，并了解顾客尚不能明确表达出的潜在市场的需要，为企业制定行之有效的市场开发战略提供重要的依据。

3. 有利于企业在竞争中占据有利的地位

知己知彼是每一个企业对付市场竞争的有效方法，要达到在竞争中取胜的目的，就必须掌握对手的经营策略、产品优势、经营力量、诚信手段及未来的发展意图等。通过市场调查了解对手的情况就可在竞争中绕开对手的优势，发挥自己的长处，或发现竞争者的弱点，突出自身的特色以吸引消费者选择本企业的产品。否则，一旦竞争决策失误，经营的失败不仅表现在市场占有率的减少，也意味着竞争对手的进一步强大。

4. 帮助企业打造核心竞争力

随着企业之间竞争的不断加剧，核心竞争力的提出为市场调查活动导入了一个全新的理念。市场是由众多购买者构成的，购买者在某一方面或许多方面各自有不同的特性，这构成了他们不同的需求层次、购买能力、坐落的地理位置、购买偏好、购买习惯等方面的差异。企业面对如此庞大的市场，通过市场调查不仅可以在整体市场中挖掘出企业最具竞争优势、发展潜力的细分市场，而且在一定程度上引导潜在需求以培养和创造新的市场，从而将企业的核心竞争力转换为市场具体的竞争优势。

5. 为企业预测未来市场发展提供基础

每个企业在进行现行营销的同时，还要注重对未来市场的研究，以及不断了解、分析市场未来的发展趋势，从而抓住新的发展契机。而对未来市场的了解就是在市场调查的基础上进行的市场预测，否则市场预测只能是空中楼阁，甚至造成预测失误。

二、市场营销调研的程序

市场调研过程包括四个步骤：确定问题和调查目标，制订调查计划，执行调查计划，解释并报告调查结果（见图4-1）。

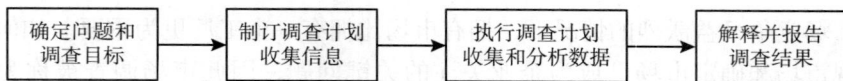

```
┌──────────┐     ┌──────────┐     ┌──────────┐     ┌──────────┐
│确定问题和 │ ──→ │制订调查计划│ ──→ │执行调查计划│ ──→ │解释并报告 │
│调查目标   │     │收集信息   │     │收集和分析数据│    │调查结果   │
└──────────┘     └──────────┘     └──────────┘     └──────────┘
```

图4-1　市场调研过程

1. 确定问题和调查目标

在确定了调查问题的基础上，企业还要确立调查目标。

市场调查可能有三种目标：探索性调查的目标是收集初步信息，确定问题并提出假设；描述性调查的目标是描述产品的市场潜力以及购买顾客的特征和态度等；因果性调查的目标是检验因果关系的假设。例如，一所私立高中的学费上升是否会带来足够抵消损失的入学人数减少。一般是从探索性调查起步，再进行描述性调查和因果性调查。

2. 制订调查计划

市场调查中的第二步是确认哪些信息是必要的，并制订计划去收集信息上报调查管理机构批准。计划要写明数据的来源、调查的具体方法、取得数据的手段、样本计划和所需设备等。

3. 执行调查计划

调查人员实施计划，包括收集、整理和分析信息。数据收集可由公司自己的调查人员进行，也可以由其他公司代办。自己人员进行时，公司对数据的收集过程和数据质量的控制会好一些；请专业公司进行时，工作进行的快，成本也比较低。一般来说，调查过程中数据收集阶段花费最多，也最容易出错。调查人员必须分析所收集的数据，并从中提炼有价值的内容。他们要检查问卷中的数据，看看是否准确和完整，并转化成可用计算机分析的形式。最后，调查人员要把结果做出表格，并计算出均值及其他统计量。

4. 解释并报告调查结果

调查人员需要解释自己的发现，得出结论并向管理部门报告。调查人员不应该用数值和复杂的统计方法难倒管理人员，而应将有用的调查结果摆出来，帮助管理部门决策。

仅仅是调查人员懂得调查结果是不行的，他们可能是调查设计和统计的专家，但市场营销经理们更了解问题以及所要做的决策。许多时候，调查结果可以有许多解释，调查人员和管理人员一起讨论会使问题更清楚。管理人员也需要了解调查计划执行的是否正确，是否做了必要的分析。管理人员看了调查结果以后，可能还会提出其他问题，这些问题可能需要进一步筛选数据后才能找到答案。管理人员最后决定调查结果的使用。调查人员甚至可以将数据直接给市场营销经理，他们自己会进行新的分析并检验这些数据新的关系。

解释调查结果是市场营销过程中的重要一步，如果管理人员听信调查人员的错误解释，再好的调查也没有意义。同样，管理人员也会做出有偏差的解释，他们期待和自己想法一致的调查结果，拒绝与自己想法不一致的调查结果。因此，管理人员和调查人员必须一起讨论调查结果，双方要对调查过程和相应的决策共同负责。

三、市场调查方法

（一）文案调查法

1. 文案调查工作程序

所谓文案调查法，又称间接调查方法，是指通过查阅、阅读、收集历史和现实的各种资料，并经过甄别、统计分析得到的调查者想要得到的各类资料的一种调查方法。当人们对某个市场拟做出某种情况的分析时，若这个市场的资料有限但已有一些可靠的文字资料时，文案调查此时则是一种比较有效的调查方法。当需要更深入地了解和分析这一市场的情况时，就需要进行实地调查。应该说文案调查和实地调查是市场调查中相互依存、相互互补的两种调查方法。而网络调查不仅扩展了文案调查的资料来源渠道，同时也为实地调查提供了更节省、更有效的手段和工具。

文案调查工作应用范围广泛，要想高效而又节省地搜索已公布的数据资料就需要拟订一份计划，以帮助调查人员知道何时何地开始他的文案调查工作。在确定调查计划时，应十分明确整个工作及每一分步工作的工作目标，只有在明确了目标、地点、形式后，每个调查人员才能以最小的投入实现调查的目的。尽管每个调研课题，都有它特殊的一面，但一些基本的工作程序是调查人员必须共同遵守的。调查人员必须在预定期限内完成分派的具体调查项目，固而在确认每项工作程序时应同时有一个时间计划表。

（1）明确所需调查的资料。任何事情当目的越明确时，人们完成工作所需花费的时间、精力、财力就会越少，就能做到事半功倍。在文案调查工作开始前应明确此次调查工作的现实目的和长远目的。现实目的是这次文案调查工作完成后需要提供的资料和解决的问题。长远目的是通过资料的查阅、搜寻、统计、分析，为企业经常性的经营管理活动和方案制订提供基础性资料。

（2）审查与分析现有资料。现有资料是指本公司和其他部门已取得的或已经积累起来的第二手资料。在信息时代，我们的文案资料可能很多，但关键是调查人员如何根据他们的特殊需要对现有的资料做出评价。

现有资料若能满足调查的要求，可节省许多时间、人力和财力。为此应要求公司的人员与公司内部的档案室、资料库和公司外部图书馆、政府机构、各类商会、有关单位、在线数据库保持密切联系。

（3）寻找资料信息来源。从一般线索到特殊线索，是每个调查人员收集情报的必由之路。当着手一个正式调查项目时，调查人员的第一手资料也是向他提供总体市场概况的那类资料，该资料应包括市场基本特征、一般结构、发展趋势和交易情况等。他可能会从报纸或杂志的调查文章开始工作，随着调查工作的深入，资料的选择性和详细程度会越来越细，对于这个问题我们将在以后专门研究。

（4）资料筛选、分析。文案调查所收集的资料种类、格式较多，对其整理分析是一项重要工作。基本要求就是围绕调查的目的和内容，依据事先制定的清单或资料分析计划，选择正确的统计方法和统计指标，必要时制成图表来分析比较，去除虚伪资料。这里需特别注意，我们有时会误信公布了的数据资料而影响文案调查的结果。有经验的文案人员懂得公布的市场信息数字需要用两三种来源做交叉检查。在资料的筛选、分析过程中也可采用一些方法将资料进行处理。

（5）文案调查报告的撰写。在确认数据资料之后，通过分析把这些信息资料综合成一个有意义的整体就是文案调查报告。这是文案调查工作的过程和调查的成果赖以表达的工具。

2. 文案调查方法

方法是人们达到目的的手段和工具。下面介绍几种筛选、分析和收集资料的方法。

（1）文献资料筛选方法。文献资料的筛选方法是指从各类文献资料中分析和筛选出与企业营销活动有关的信息和资料的一种方法。在我国主要从印刷文献资料中筛选。印刷文献一般有图书、杂志、统计年鉴、会议文献、论文文献、论文集、专利文献、政府政策条例文献、内部资料地方志等。采用此法收集资料，主要是根据调查目的和要求有针对性地去查找有关的文献资料。

（2）报刊剪辑分析法。报刊剪辑分析法，是指调查人员平时从各种报刊上所刊登的文章、报告中，分析和收集情报信息的一种方法。市场调查的情报瞬息万变，在日常新闻报道中都有所体现，只要我们用心去观察、收集、分析便可以从各种报刊上获得与企业营销活动有关的资料信息以扩大视野。

（3）情报联络网法。情报联络网法，是指企业在一定范围内设立情报联络网，使资料收集工作可延伸至企业想要涉及的地区。尤其是互联网的普及，可见此种方法成为文案调查的有效方法。企业建立情报网可采用重点地区设立固定情报点，企业派专人或地区销售人员兼职，一般地区与同行业、同部门以及有关的情报资料部门挂钩，定期互通情报，以获得各自所需资料。

3. 文案调查资料来源

文案调查所需资料包括企业的内部资料和外部资料。内部资料主要是企业内部的各种业务、统计、财务及其他有关资料。外部资料主要是指企业外部单位所持有的资料。外部资料在在线数据库出现以前，图书馆及各类情报单位是文案调查的主要资料来源。

（1）内部资料来源。业务资料，包括与企业营销活动有关的各种资料，如发货单。定货合同、发票、销售记录、原材料定货单、销售记录、业务员访问报告、顾客反馈信息等。通过这些资料的了解和分析，可以掌握本企业所生产和经营商品的供应情况，分地区、分用户的需求变化情况。

统计资料，包括各类统计报表，企业生产、销售、库存记录，各类统计资料的分析报告等。企业统计资料是研究企业经营活动数量特征规律的重要依据，也是企业进行预测和决策的基础。

财务资料，包括各种财务报表、会计核算和分析资料、成本资料、销售利润、税金资料等。财务资料反映了企业活劳动和物化劳动的占用和消耗情况及所取得的经济效益，通过这些资料的研究，可以确定企业发展背景，考核企业的经济效益。

其他资料，包括企业积累的各种调查报告、经验总结、各种建议记录等。这些资料都对市场研究有一定的参考价值。

（2）外部资料的来源。外部资料是指各类机构提供的已出版或未出版的资料。这些机构可能是政府也可能是其他非政府机构。他们提供资料有的属于政府的一项告知，有的是为了盈利，还有的是为了增加机构的声誉。作为企业的调查人员要想及时获得有用的资料，一定要熟悉这些机构，熟悉他们所能提供的资料种类。对于企业的生产、营销活动联系密切的机构，更要熟悉该机构的各种人员。良好的人际关系是及时获取有价值资料的必要条件。主要来源有：

①国家统计机关公布的统计资料，包括工业普查资料、统计资料汇编、商业地图等。这些都具有综合性强、辐射面广的特点。

②行业协会发布的行业资料和各种专业信息咨询机构提供的市场信息，这些机构的信息资料系统资料齐全，信息灵敏度高。为了满足各类用户的需要，他们通常还提供资料的代购、咨询、检索和定向服务。不过这些机构的服务大多是有偿的。

③图书馆存档的商业情报，技术发展资料。

④出版单位提供的书籍、文献、报纸杂志、工商企业名录、商业评论、产业研究、市场行情报告、各类分析报道等。

⑤银行的经济调查、商业评论期刊。

⑥研究机构的各种调查报告、研究论文集。

⑦各类专业组织的调查报告、统计数字、分析报告。

⑧国内外各类博览会、展销会、交易会、定货会等促销会议以及专业性、学术性经验交流会议上所发放的文件和资料。

（3）国际互联网、在线数据库。

①公司、各类组织机构、个人创设的推销或宣传他们的产品、服务或观点的网址。

②由对某一主题感兴趣的人们组成的用户群。

在线数据库可用计算机与调制解调器很容易地搜索到，可收取到存放在世界各地服务器上的文章、报告与资料。现在借助国际互联网可以很便捷的进入各种数据库。

（二）实地调查方法

1. 实地调查方法

（1）访问方法。访问方法，是指将所拟调查的事项，以当面、电话或书面的不同形式向被调查者提出询问，以获得所需资料的调查方法。这是一种做常用的市场调查方法，也可以说是一种特殊的人际关系或现代公共关系。因此，调查人员应清楚地认识到，通过调查不仅要收集到调查所期望的资料，而且还要在调查中给调查对象留下良好的印象，树立公司的形象，可能时应将被调查者作为潜在的用户加以说服。

①直接访问法。直接访问法也称为家庭访问法或个人访问法，是指调查者应与单个的被调查者面对面进行交谈收集资料的方法。直接访问法可以采用提前设计好的问卷或提纲依问题顺序提问的"标准访谈"形式；也可采用围绕调查主题进行"自由交谈"的形式。直接访问的程序如表 4 - 1 所示。

表 4 - 1　　　　　　　　　　　直接访问的程序

工作程序	工作内容
培训访问人员	形象、礼仪、访谈技巧
确定访问者	根据调查目的设定样本

续表

工作程序	工作内容
预约	说明理由及条件
访问	标准化式或自由式或交谈
访问结果检验	判定资料真实性，是否需二次访问

直接访问的优点：调查有深度，调查者可以提出许多不宜在人多的场合讨论的问题，深入了解被调查者的状况、意愿或行为。直接性强，灵活性较强，调查者可根据情况灵活掌握提问的顺序，随时解释被调查者提出的问题；准确性强，调查者可充分解释问题，把问题的不同回答程度及答复误差减少到最低，同时可根据被调查者的态度，判别资料的可信程度；拒答率较低，这是直接访问的最大优点。通过直接访问，调查者一般不会拒绝回答问题。遇到拒绝回答是，也可通过访谈技巧得到问题的回答。

直接访问的缺点：一是调查成本高、调查时间长。直接的逐一访谈需要的时间较长，对调查人员的素质要求也较高，最终是调查成本加大，尤其是大规模的、复杂的市场调查更是如此。二是调查的质量容易受到气候、调查时间、被访问者的情绪等其他因素的干扰。

直接访问的使用范围：范围较小而调查项目较复杂的情况；要得到顾客对某个产品的构想或某个广告样本的想法时比较合适；需了解某类问题能否用解释或宣传取得谅解。

②堵截访问法。堵截访问法有称为街头访问法、商场拦截法或留置调查法。它有三种方式：一种是经过培训的调查员在事先选定的若干地区选取访问对象，征得其同意后在现场按问卷进行面访调查；另一种是先租定地点，然后由经过培训的调查人员在事先选定的若干地区选取访问对象，征其同意后带到租定的房间内进行面访调查；第三种往往是与市场营销活动紧密联系的，其面访是在商场这个特定的环境中针对某些顾客群在商场的适当的位置进行拦截，将事先准备好的问题提交给拦截对象，征得其回答。

堵截法的优缺点：堵截访问克服了入户访问的不足；由于访问的地点比较集中，时间短，可节省对每个样本的访问费和交通费等；堵截也避免了入户的困难，同时也便于对访问员的监控；再有调查的答案的正确率高，被调查者有充分的时间来考虑问题，能得到比较正确的答案。其缺点主要是：一是堵截访问法不适用于内容较长、较复杂或不能公开的问题的调查；二是由于调查对象在调查地点出现带有偶然性，这会影响调查的精确度；三是堵截调查法拒访率高，因此在使用时应附有一定的物质奖励。

③电话访问法。电话访问法是指通过电话向被调查者查询有关调查内容和征询市场反应的一种调查方法。

电话访问程序：根据调查目标及范围划分地区。每区确定要调查的样本单位数。

编制电话号码单。按地区分给调查者，调查者一般利用晚上或假期与被调查者通电话，或者采用全自动电话访谈（CAST），使用内置声音回答技术取代调查员的分别通话，但全自动电话访谈无法替代调查者与被调查者之间的交流所获得的资料。

电话访问法的优缺点是：成本低；快速节省时间，对于一些急于收集到的资料而言，采用电话调查法最快；统一性较高；易控制，电话访问员的声调、语气及用字等是否正确，可由控制员纠正。

电话访问的缺点是：问题不能深入，电话访问的时间不能太长，因而调查内容的深度远不及直接访问和堵截访问；调查工具无法综合使用，在电话访问中，有关照片、图表、样品无法显示，会影响调查访问的效果；辨别真实性及记录准确性较差，由于调查体验不在场，对于回答问题的真实性很难做出准确判断。

④计算机辅助电话调查（CATI）。CATI 指在一个中心地点安装 CATI 设备，其软件系统包括 4 个部分：自动拨号系统、问卷设计系统、自动访问管理系统、自动数据录入和简单统计系统。计算机辅助电话调查的特点是：速度快；质量高；效率高；灵活性。

⑤邮寄方法。邮寄方法，也可以说是堵截调查的一种特殊形式，它是指调查人员将印制好的调查问卷或调查表格，通过邮政系统寄给选定的被调查者，由被调查者按要求填写后再寄回来，调查者通过对调查问卷或调查表格的整理分析，得到市场信息。在这里邮递员取代了调查人员，并以邮资的形式取代了访问员的支出。邮寄调查克服了堵截调查率高和问题简单的缺点。但同时也就完全依赖"问卷"与被调查者交流了。显然，邮寄调查设计有较高的要求。

邮寄调查的优点是：调查的区域较广，问卷可以有一定的深度；调查费用低，在没有物质奖励时只需花少量的邮资和印刷费用；回答问题准确，被调查者有充分的时间填写问卷，可以较准确地回答问题；被调查者所受影响小，被调查者可避免受调查者态度、情绪等因素的影响，回答问题更客观；无须对调查人员进行培训和管理。

邮寄调查的缺点是：调查表回收率低；调查时间长；问卷回答可靠性较差，由于无法交流，故不能判断被调查者回答的问题的可靠程度，如被调查者可能误解问题的意思或受他人影响，问卷不是由被调查者本人填写等。

邮寄调查的应用范围较窄，与直接访问和电话访问相比应用面较小。对于时效性要求不高，名单、地址比较清楚，费用比较紧张的调查可考虑使用这种方法。

⑥固定样本调查法。固定样本调查法是指以消费者为调查对象，从中抽取样本，将其固定下来，通过各种方式和手段应与这些调查对象保持稳定的合作关系，经常性地进行邮寄问卷调查。对有些问题可以进行公开反馈式的讨论，由此获得时序性较强和价值较高的资料。

（2）现场观察法。现场观察法是调查人员凭借自己的眼睛或借助摄录像器材，在调查现场直接记录正在发生的市场行为或状况的一种有效的收集资料的方法。其特点是被调查者在不知晓的情况下接受调查的。

现场观察法的类型：

①直接观察法，就是在现场凭借自己的眼睛观察市场行为的方法。具体包括：

顾客观察法。在各种市场中以局外人的方式秘密注意、跟踪和记录顾客的行踪和举动以取得调查资料的方法。顾客调查法常常要求配备各种记数仪器，以减轻调查记数的负担和提高资料的可信度。为了使调查更深入，有时往往辅之以商场中堵截访问的方式。

环境观察法。以普通顾客的身份对调查对象的所有环境因素进行观察以获取调查资料的方法。其任务是观察其购物的环境，如颜色、布局、货架摆放、通道的宽窄、装饰等因素，以分析是否符合此调查对象的实际需要和上级有关部门的要求；了解服务质量，以顾客的身份详细记录下购物或接受服务时所发生的一切情况，然后填写一份仔细拟订的调查表。这种方式对于已由价格竞争为主的硬性竞争渐渐转变为以服务为主的软性竞争的现代企业来说，是实施监督控制及贯彻服务标准的一种有效方法。

②间接观察法，就是通过现场遗留下来的实物或痕迹进行观察以了解或推断过去的市场行为。如国外流行的食品橱观察法，即调查人员通过察看顾客的食品橱，记下顾客所购买的食品品牌、数量和品质，来收集家庭食品的购买和消费资料。这种方法对日常用品的消费调查非常重要。再如通过对家庭丢掉的垃圾等痕迹的调查，也是较为重要的间接调查方法。

采用现场观察法时，为了减少观察误差，应注意以下事项：

为了使观察结果具有代表性，能够反映某类事物的一般情况，应选择那些具有代表性的典型对象，在适当的时间进行观察。

在进行观察时，最好不让被调查者有所察觉，尤其在使用仪器观察时更应注意使用仪器的隐蔽性，以确保被调查事物处于自然状态。

在实际观察时，必须实事求是、客观公正，不得带有主观偏见，更不能歪曲事实真相。

调查人员的记录用纸和观察项目最好有一定的格式，以便尽可能详细地记录调查内容的有关事项。

（3）实验调查方法。访问式和观察式调查一般是在不改变环境下收集资料，而实验式调查方法是指从影响调查问题的许多可变因素中选出一个或两个因素，将它们置于同一条件下进行小规模的实验，然后对实验结果做出分析，确定研究结果是否值得大规模推广，它是研究问题各因素之间因果关系的一种有效手段。它通过对实验对象和环境以及实验过程的有效控制，来得到分辨各因素之间的相互关系及程度，从而为决策提供依据。

实验方法应用范围非常广，如某种环境因素的改变，商品在诸多方面的改变。品种、包装、设计外观、价格、广告、陈列方法等，在判定其改变是否有效果时，都可采用实验的方法。

实验方法的最大特点是把调查对象置于非自然状态下开展市场调查。实验方法的核心问题，是将实验变量或因素的效果从众多因素的作用中分离出来并给予鉴定。

2. 实地调查法的选择

没有一种调查方法在任何情况下都适用。这是因为要受到资料、时间及预算限制，以及应答者性格特征等多种因素的影响。在实地调查方法选择时可参考调查方法的比较评价，在这里我们特别提示的是：所有调查方法都不是相互隔绝的。相反，可以将它们相互配合使用，取长补短，调查人员也可将这些方法通过组合使用创造出新的方法。

（三）网络调查方法

1. 网络调查的特点

网络调查也叫网上调查，是指企业利用互联网了解和掌握市场信息的方式。网络调查与传统调查方式相比，在组织实施、信息采集、信息处理、调查效果等方面具有明显的优势，充分认识这一调查方式的特点，是开展好网络调查的前提。

网络调查的特点有：①组织简单、费用低廉。②调查结果的客观性高。③快速传播与多媒体问卷。④采集信息的质量可靠。⑤没有时空、地域限制。⑥网络调查的周期大大缩短。

2. 网络调查的步骤

（1）选择搜索引擎。在网络上进行市场调查之前要选择方便、适用的搜索引擎，搜索引擎能阅读、分析并储存从该搜索网站数据库中网页上获得的信息。这些信息可以借助于一系列的关键词和其他参数识别，如调查开始和结束的日期。利用搜索引擎，你可以进入有关的主题搜索。每个搜索引擎都有相对的优势。选择哪个搜索引擎，同样根据市场调查的对象和内容而定。那些主要的搜索引擎一般通过键入关键词就可以找到公司和企业的信息。

（2）确定调查对象。网络调查对象分为三类：

①公司产品的消费者。他们可以通过网上购物的方式来访问公司站点。营销人员可以通过互联网来跟踪消费者，了解他们对产品的意见以及建议。这些消费者是公司的宝贵财富，一定要通过消费者留下的电子邮件地址，定期对他们进行回访，还要对他们的购买情况和职业、收入以及其他感兴趣的购买欲望进行分类，以便从中发现潜在的消费需求。

②公司的竞争者。营销人员可以进入互联网上竞争者的站点来查询面向公众的所有信息，例如：年度报告、季度报告、公司决策层个人简历、产品信息、公司简讯以及公开招聘的职位等。通过分析这些信息，营销人员可以准确地把握本公司的优势和劣势，并及时调整营销策略。对竞争对手公开信息中有哪些新创意、新动向、新技术和新意向，企业应进行跟踪观察，以及发现对本企业发展有价值的情报。

③公司的合作者和行业内的中立者。这些公司可能会提供一些极有价值的信息和评估分析报告。特别要注意国内一些有影响的大公司的新动向，以及国外同行的一些大公司的发展动向。此外，还应注意理论界发表的关于行业发展的真知灼见。从一系列网上信息中，进行综合、归纳，以得出对企业有价值的结论。

营销人员在市场调查过程中，应兼顾到这三类对象，但也必须有所侧重。特别是在市场激烈竞争的今天，对竞争的调查显得格外重要，竞争者的一举一动都应引起营销人员的高度重视。互联网为营销人员及时调查市场的情况提供了方便。

（3）查询相关调查对象。在确定了调查对象后，营销人员通过当中邮件向互联网上的个人主页、新闻组和邮箱列表发出相关查询。互联网上的个人主页是非常重要的。营销人员利用搜索引擎对个人站点进行访问，公司产品的消费者和潜在消费者都可以成为调查对象。

（4）确定运用信息服务。营销人员利用互联网进行市场调查的一大优势就是反应迅速。在互联网上，营销人员可以不确定地查看本公司的电子邮件信箱，向个人和公开站点发出查询请求。这样就能及时准确地把握市场动态，制定出相应的营销策略。营销人员在确定调查对象和调查地区后，可以选择相应的站点。

营销人员在选择互联网上的信息服务时，应考虑如下几个因素：①所选择服务提供的信息来自何处？②所提供的信息是否符合调查要求？③信息发布的更新速度如何？④信息是如何传递的？能否直接传送到个人计算机上？⑤在网络上分享信息或者打印信息时有什么特殊的规定？营销人员应从 5 个方面来挑选最方便适用的信息服务。确定适用的信息服务后，营销人员应建立专门的跟踪和处理信息的服务系统，来配合对消费者的调查工作，以便客观地做出决策。

互联网上的信息服务不仅能让营销人员掌握大量调查对象的信息，而且还开辟了公告版，以便访问者提出询问从而获得进一步的信息。由此看来，互联网上的信息服务为营销人员拓展了调查的空间，为调查工作顺利开展提供了一条捷径。

（5）分析市场变化。营销人员从互联网上获取大量信息后，必须对这些信息进行整理和分析，在面对数量巨大的信息和数据时，营销人员可以利用计算机来快速地进行分析。这种分析结果通常是真实可信的。在分析完信息后，营销人员要写一份市场分析报告，反映出市场的动态，以便公司决策者针对公司的情况及时地调整营销策略。

在企业与外部的信息交流中，由于业务发展的要求，企业要具有快速应变的能力。同时，业务的多样性必将导致业务数据形式和结构日益复杂多样，信息处理量日益庞大，复杂的数据类型层出不穷。如何实现这些数据的有效存储和管理，是信息系统进一步发展必须解决的课题。现代企业需要在充分保护现有投资（包括设备、应用和数据）的基础上，迎接挑战，构筑新一代的信息系统。

第二节　市场预测

一、市场预测概述

市场是国民经济的综合反映。市场供需取决于储蓄和消费的比例关系以及财政收支、信贷、基础投资、物资供应、贸易进出口等国民经济各种比例的变化。因此，市场预测的内容必然与整个国民经济的预测密切相关，故而市场预测是经济预测的重要组成部分。在市场经济条件下，市场预测是经济预测的基础和核心内容。为深入准确地理解市场预测的内在含义，必须首先明确什么是预测、什么是经济预测，进而更深入地了解市场预测。

（一）市场预测的含义

预测是人类研究客观事物发展变化的行为，是人类根据客观事物发展变化的内在联系及规律性推测未来不确定事物的认识活动。具体说就是对未来不确定事件的理性表述，是对未来发展变化的趋向以及人类实践活动后果事先所做的估计和预测。预测研究的范围极为广泛，几乎涉及人类社会的各个领域，其中的一项内容就是经济预测。

经济预测是指对未来不确定的经济过程或经济事物的变化趋势做出合乎规律的推测和预见，揭示经济现象错综复杂的内在联系及其发展变化趋势。市场预测可以说是在市场经济条件下经济预测最基本、最主要的内容。

市场预测是指在市场调查的基础上，运用预测理论与方法，对决策者关心的变量变化趋势和未来可能的水平做出估计与测算，为决策提供依据的过程。生产预测是宏观经济管理和微观经济决策的主要职能，是科学组织社会化大生产、有计划指导活动、有效利用市场机制、合理配置资源、提高经济效益的重要手段；是企业按市场经济发展规律，科学制定企业市场营销发展战略和营销计划的客观依据。

（二）市场预测的作用

市场预测同商品经济的发展紧密相关。科学的市场预测是商品经济发展到一定历史阶段的产物。随着商品经济向专业化、社会化、国际化的发展，市场预测的重要作用将日趋明显，其具体表现形式为：

1. 有利于更好地满足消费需求

人们日益增长的物质和文化生活需求集中体现为市场需求。市场需求是不断发展变化的，它通过与需求变化相适应的有效供给（生产）来满足。但是商品的生产需要有一个过程，有一定的时间，若按当时的市场需求组织生产，当产品上市时，市场需求就可能发生了很大的变化，这就要求必须分析和预测需求的变化，以需求来组织生产，最大限度地满足市场需求。

2. 有利于发挥市场的调节作用，合理配置资源

市场调节是市场经济条件下资源配置的一种形式。在价值规律的作用下，某种商品供不应求时，该商品往往会按高于其价值的价格出售，当某种商品供大于求，该商品往往按低于其价值的价格出售。供需之间严重的不平衡和不同形式的竞争格局，必然引起商品价格与价值的分离。通过科学的市场预测，判断市场供需和竞争格局的变动趋势，就可运用经济手段、经济杠杆调节市场供求矛盾，调整产业结构和产业政

策，充分发挥市场调节的积极作用，繁荣社会主义市场经济。同时通过科学的市场预测能使企业自觉、正确地选择和调整经营方向，合理组织人、财、物的比例和流向，减少资源在使用过程中的浪费，促进企业资源最佳结合，保证企业合理的自我发展、自我约束，使市场活而不乱，生产协调发展。

3. 有利于提高企业竞争能力

企业竞争是市场经济的一大特点，而这种竞争随着时代的发展其观念已发生了根本变化。传统的竞争观念认为，一个企业是否具有较强的竞争能力，关键是看企业的技术、人才、资金占有的实力。而现代竞争观念认为，决定企业竞争能力的关键是看企业对信息情报占有的多少和质量的高低。在激烈的市场竞争，谁能占有高质量的信息情报，谁就能在竞争中处于主动地位。如果一个企业技术先进、人才济济，但不能及时开展预测工作获得高质量的信息情报，正确选择经营战略及经营策略，就不能使企业的有利因素充分发挥作用，有时还会造成更大的损失。

4. 有利于改善经营管理，提高企业素质

市场预测是企业在商品经济海洋中航行的"望远镜"和"罗盘"，提高企业素质、增强企业应变力和竞争力的重要途径。企业决策者通过市场预测，可减少决策中的主观性、盲目性和随意性，掌握市场竞争的主动权，提高经营管理水平，克服产品"滞销"、"脱销"、流通受阻等不良状态，提高劳动生产率，降低成本和流通费用，加速资金的周转，使企业获得良好的经济效益。

（三）市场预测的种类

（1）按时间长短分类，生产预测可以分为长期预测、中期预测和短期预测。5年以上的市场预测为长期预测，它可适用于长期趋势分析；一年之内的预测为短期预测，它适用于制订年度、月度和季度计划工作；1~4年为中期预测，它是制订年度计划和修订长期计划的依据。

（2）按预测要求分类。按市场预测要求的质与量的侧重点不同，市场预测可分为定性预测和定量预测。定性预测是指对预测对象目标包括运动在内的机理进行质的分析，据以判断未来质的变化情况，并辅之以量的表述。定量预测是运用一套严密的预测理论和根据这些理论所建立的数学模型，对预测目标运动质的变化规律进行描述，据以预测未来量的变化程度。

（3）按预测主题分类，市场预测可以分为宏观预测和微观预测。宏观预测是从国民经济全局出发，对商品的生产流通总体的发展方向做出的综合性经济预测和市场预测；微观预测是企业从生产经营环境出发，对生产和经营的商品及市场占有率等方面进行的预测。

（4）按预测结果分类。按市场预测结果的条件分类，市场预测可分为条件预测和无条件预测。条件预测是指预测的结果必须以满足一定的条件为前提；无条件预测是指预测结果无须任何先决条件可直接获得。

（5）按预测的目的分类，市场预测可分为单项商品预测、同类商品预测和总量

预测。单项商品预测是指对某一种具体商品或具体品牌商品的市场前景所进行的分析与判断；同类商品预测是指对一类商品的市场需求变化的趋势的预测；总量预测是对消费者在未来的一定时期内，对各种商品需求变动趋势进行总量分析和判断。

（6）按预测的空间层次分类，市场预测可分为国内市场预测和国际市场预测。国内市场预测可分为全国市场、城市市场、农村市场预测；国际市场预测可分为欧美市场、亚洲市场预测等多种类型。

二、市场预测的原则

科学的市场预测不是随心所欲、杂乱无章的，它必须在一定的原则指导下进行。开展科学的市场预测必须遵循下列原则。

（一）连续性原则

连续性原则是指一切客观事物的发展都具有符合规律的连续型。任何事物的发展都与其过去的行为有联系，过去的行为不仅影响事物的现在，而且还会影响事物的未来。市场作为一个经济事物也不例外，市场的发展变化同任何事物一样有它的前因后果和来龙去脉，具有一定历史连贯性。

（二）类推性原则

类推性原则是根据经济结构及其变化的模式和规律推测未来经济发展的变化情况。许多事物相互之间在发展变化上有类似之处，类推的方法既适用于同类事物之间，也适用于不同类事物之间。

（三）关联性原则

关联性原则是指各个事物之间的直接联系或构成一种事物的各种因素之间存在的或大或小的相互联系、相互依存、相互制约的关系。当一种事物或一种因素发生变化时，去分析预测与之相联系、相依存、相制约的另一事物的发展变化趋势。在预测时人们经常使用的一元回归和多元回归模型就是按照这一原则建立起来的。

（四）可控性原则

可控性原则是指对所预测的事物未来发展趋向和过程，在一定程度上是可以控制的。在预测工作中，在影响预测对象发展变化的诸多因素中有些是可控因素，有些是不可控因素，有些因素可直接控制，有些因素可间接控制。利用可控性原则就是要利用可控因素，研究分析不可控因素，尽量避免不可控因素对预测目标产生的干扰。

（五）取样原则

取样原则是指任何一个市场都可通过样本表现出来，研究分析这一样本进而分析整个事物发展变化趋势。在预测工作中，人们所选取的样本越具有代表性、容量大而且全面，越能反映整个事物的实质，所得到的预测结果越能和实际相接近，市场预测结果也越真实。

（六）投入—产出原则

市场预测工作是一项复杂的超前性研究工作，必然要耗费一定的人力、物力、财力和时间。同时市场预测工作又是企业经营管理职能的重要内容，而企业的经营管理工作所依据的一个重要原则就是投入—产出原则，市场预测工作也不例外。按照投入—产出原则进行市场预测，就是要在保持预测工作所需精度的前提下，合理选择制定样本容量，挑选计算方法和工具，正确确定预测模型，以最低的费用和最短的时间，获取最适用的预测结果。切忌过于追求预测目标的精确度，而不顾费用和时间的耗损，破坏投入—产出原则。

三、专家预测在市场预测中的应用

（一）专家会议法

专家会议，又称头脑风暴法，是指邀请有关方面的专家，通过会议的形式，对企业的生产经营或某个产品及发展前景做出评价，并在专家们分析判断的基础上，综合专家们的意见，对该企业产品的市场需求及其发展趋势做出量的预测。其具体步骤如下：

（1）召开会议征询意见。邀请出席会议的专家人数不宜太多，也不能太少，一般以 6~10 人为宜，要包括各个方面的有关专家，都能独立思考，不受一两个权威所左右。会议气氛应充满民主、活泼、舒适感，使人无拘无束，畅所欲言。

（2）会议主持人提出题目，要求大家充分发表意见，提出各种各样的方案。主持人不要谈自己有什么设想、看法或方案，以免影响与会专家的思路。对专家所提出的各种各样的方案和意见，不应持否定态度，应表示热情欢迎。

（3）强调会议上不要批评别人的方案，大家畅谈自己的方案，敞开思路，方案多多益善。

（4）会议结束后，主持人再对各种方案进行比较、评价、归类，最后确定预测方案。

为了使这种会议开得有成效，会前也需要进行一定的调查研究，提供一定的资料，如市场动态资料；不同厂家所生产的同类产品的质量、性能、成本、价格对比资料，以及同类产品的历史销售资料，等等。同时，会前也需要作一些组织准备工作。组织准备工作有两个主要问题：一是如何选择专家，包括确定专家的数目；二是如何让专家充分发表意见。

专家选的是否合适，将决定预测结果的可靠性和全面性。所谓专家，一般是指在某些专业方面积累了丰富的经验、知识，并具有解决该专业问题的能力的人。他们能在不确定的条件下对问题进行估计和预测，提出建议和看法。因此，选什么专家就同所估计的问题的性质有关。例如，要预测企业达到的某种目标的重要意义，有经验的高层管理人员就是专家；为了获得科学技术发展方面的重要情报，则企业内技术工程师就是专家；为了预测市场行情，则有经验的老推销员就是专家，如此等等。但是为了能够使问题研究得更全面、更深入一些，也需要吸收一些"对立面"、"少数派"。

选择专家不仅要看他的经验、知识和能力，还要看他是否善于表达自己的意见。确定专家的数目也很重要，因为对于复杂的问题，需要很多方面的专家参与。专家多一些，可以使问题讨论得更深入一些，意见也反映得更全面一些。但参加的人数太多，组织工作就比较难做，而且归纳意见也比较费事，因此专家数目应适当。专家的数目还取决于问题的复杂性、现有情报的数量以及专家对企业问题的熟悉程度。

如何让专家把意见充分发表出来，是组织工作的关键。在会议上，应让与会者畅所欲言，各抒己见，自由讨论；召集会议的预测者不发表可能影响会议的倾向性观点，只是广泛听取意见。在充分讨论的基础上，综合各个专家的意见，整理出有关企业生产经营或有关新产品的质量、性能、特点、价格、竞争能力和市场需求的质的分析材料，再结合市场行情及其发展变化趋势，确定市场未来需求量的预测。

专家会议预测法，也存在着某些缺点，如参加会议的专家人数有限（一般不超过10人），会影响代表性；易受个别有权威专家的左右，形成意见一面倒；由于与会者的个性和心理状态，如不愿发表与多数人不同的意见，出于自尊心不愿当场修改原来发表过的、即使是根据充分的意见。由此，会议的最后综合意见，并不能完全反映与会专家的全部正确意见。

（二）专家小组法

专家小组法又称德尔菲法（Delphi）。它是20世纪40年代由美国的兰德公司首创和使用的，50年代以后在西方发达国家广泛盛行的一种预测方法。这种方法是按规定的程式，采用背对背的反复函询方式，征询专家小组成员意见，经过几轮的征询与反馈，使各种不同意见趋于一致，经汇总和用数理统计方法进行收敛，得出一个比较统一的预测结果供决策者参考。德尔菲是神话传说中古希腊的一个地方，相传是预言家们活动的场所，而且他们能准确地预卜未来，从而享有盛名。因此，后人用德尔菲比喻高超的预见能力，用它来命名专家小组法。

专家小组法的预测步骤如下。

（1）拟订意见征询表。预测组织者确定预测目标之后，根据预测要求，明确需要向专家调查了解的问题，列出预测意见征询表。征询表的问题要简单明了，数目不宜过多，使回答问题不会占用过多时间。此外，要附上背景材料，供预测时参考。

（2）选择专家。专家选择是否合适是该方法预测成败之关键。选择的专家，一般应从事与预测内容有关的专业工作，精通业务，有丰富的工作经验，有预见性和分析能力，并且具有一定声望。有时还可适当考虑吸收不同专业领域的专家，以便从不同的角度更全面地征询意见。专家人数一般为 10 ~ 20 人左右为宜。

（3）采用匿名方式进行多次反馈函询。即预测组织者通过向各位专家分别邮寄意见征询表，请他们在规定时间内（一周或半月）按征询表上的要求，填上各自意见并寄回。组织者在每次意见返回之后，将各种不同意见进行综合、分类和整理，经过汇总后形成新的意见征询表，然后再分发给各位专家，再次征寻他们的意见。这样，每位专家都可以从新的意见或征询表中了解其他专家的不同意见，并做出分析和判断，将自己的意见（修正或不修正）再次寄回。这样，经过几次反馈以后，各位专家对预测的问题的意见会渐趋一致。

（4）运用数理统计方式进行收敛处理，做出预测结论。通常多用中位数法处理。中位数是指将各专家对预测目标的预测数值按从大到小顺序进行排列，选择居于中间位置的那个数表示数据集中的一种特征数值。当整个数列的数目为奇数时，中位数只有一个；当整个数列的数目为偶数时，中位数则应为数列中间位置两个数的算术平均值。数列上下四分位的数值，表明预测值的置信区间。

专家小组法预测步骤的特点是：（1）匿名性，即每次专家的分析判断是在背靠背情况下进行的；（2）反馈性，即预测结果是在经过几轮征询，专家不断修正其预测意见基础上得出的；（3）统计性，即在轮番征询过程中，每次专家意见都经过统计归纳处理，专家意见逐渐趋于一致，预测值趋于收敛。

专家小组法的主要缺点是：预测过程主要是凭专家主观判断，缺乏一定客观标准，轮番函询时间较长。这种方法多用于缺乏数据资料的长期预测。

四、影响预测效果的原因及模型修正

（一）市场预测的误差及其原因

市场预测对于生产经营的决策者来说，是一件不可缺少的、具有战略性指导意义的研究工作，对克服市场营销决策中的主观随意性和盲目性，减少因市场营销决策失误而造成的经济损失，从品种、质量、数量上生产适销对路的商品，最大限度地满足不同层次、不同要求的市场需要，具有十分重要的战略意义。

市场处在错综复杂的变化之中，由于供给能力与需求结构、人口素质、价值观念、收入与价格水平、经济政策等因素变化的影响，市场预测值往往与市场实际满足结果在品种和数量上出现一定的偏差，这就是市场预测的误差性。市场预测是对未来市场变化趋势的一种推测，它本身就具有极大的不确定性，如未来预测目标作为一种不确定事物，它可能发生，也可能不发生；它可能在预测中发生，也可能提前或错后发生；即使在预测期中发生了，也可能在范围、程度、数量上与预测期中有出入。因此，对市场预测来说，预测结果的准确性是相对的，存在误差是绝对的，其准确性是在合理的误差区间里的准确性；超过合理误差区间的"误差"则是一种不符合实际的错误判断，应予推翻。

市场预测既要充分反映市场实际变化，保证其准确性，又要承认和允许一定程度的误差存在，绝不能因预测误差的存在而否认预测的重要性和实用性，对待市场预测误差的正确态度是分析产生误差的原因，并采取最适当的方法加以修正，努力缩小预测值与市场实际变动在空间、时间和数量上的差距。

影响市场预测效果的原因有许多，既有主观原因，又有客观原因。其中主要的有以下几点：

（1）参加预测人员的数量、代表面。业务素质、实际经验、工作态度、互相配合的情况等直接影响预测效果的准确性。

（2）预测对象的复杂程度、结构变化与市场因素波动（如突发事件、消费者心理变化）等原因，也影响预测效果的准确性。

（3）国家和地方的政策。方针和法规的变化，经济体制改革、国际市场行情、进出口贸易以及社会文化意识潮流，都会造成预测的误差。

（4）预测模型的确定、变量的选取、样本容量的大小、统计资料的真实性和准确性、预测方法的选择、计算过程中的误差等，也是造成市场预测误差的重要原因。

（二）修正误差的要求和标准

市场需求同其他事物一样是一种具有连续性的客观存在，未来的市场是在过去和现在的市场基础上演变和发展起来的，它存在一种内在的、固有的、客观的规律性。市场预测就是依据对市场发展规律的认识程度，判断和推测未来市场变动的特点和趋势。一般地说，市场发展规律发生作用的条件不变，合乎规律的市场现象就会重复发生。然而，市场的内部条件和外部条件不是固定不变的，未来市场的发展也绝不是今日市场的简单重复，这就要求市场预测人员，根据市场条件的变化，即使修正预测误差，为市场营销决策提供真实准确的依据。

做好预测是误差的修正工作，除了选择配备一定数量的懂业务、工作态度好、具有预测经验、构成合理的预测队伍外，还应做好以下工作：首先核实已有的市场信息，并及时掌握近期有关的市场信息资料，建立市场信息档案，从各种所需资料对比中，分析其特性和成因；其次，根据资料的具体情况选择预测方法，在符合预测要求的前提下，力求省事、省时、省力、方便、简单；最后，在真实准确的市场信息与合理预测方法基础上，进行事实求是地预见和推断，保证预测的真实可靠程度。

❖　本章小结

市场调查与预测是企业制定营销战略的基础，是企业保持竞争优势的关键。本章在充分认识市场调查与市场预测战略意义的基础上，分别确定了市场调研和市场预测的原则，分析了市场调查的程序、并重点介绍了实地调查、文案调查、抽样调查等市场调研的主要方法，在市场预测中，以专家会议法和德尔菲法为例介绍了市场预测的方法，并就预测结果的修订进行了简单的介绍。

案例分析

美国关于速溶咖啡的市场调查

　　20 世纪 40 年代，当速溶咖啡这个新产品刚刚投放市场时，厂家相信它会很快取代传统的豆制咖啡而获得成功。因为它的味道和营养成分与豆制咖啡相同而饮用方便，不必再花长时间去煮，也不要再为刷洗煮咖啡的器具而费很大的力气。厂家为了推销速溶咖啡，就在广告上着力宣传它的这些优点。出乎意料的是，购买者寥寥无几。心理学家们对消费者进行了问卷调查，请被试者回答不喜欢速溶咖啡的原因和理由。很多人一致回答是因为不喜欢它的味道，这显然不是真正的原因。为了深入了解消费者拒绝使用速溶咖啡的潜在动机，心理学家们改用了间接的方法对消费者真实的动机进行了调查和研究。他们编制了两种购物单（见表 1 –1），这两种购物单上的项目，除一张上写的是速溶咖啡，另一张上写的是新鲜咖啡这一项不同之外，其他各项均相同。把两种购物单分别发给两组妇女，请她们描写按购物单买东西的家庭主妇是什么样的妇女。结果表明，两组妇女所描写的想象中的两个家庭主妇的形象是截然不同的。看速溶咖啡购货单的那组妇女几乎有一半人说，按这张购货单购物的家庭主妇是个懒惰的、邋遢的、生活没有计划的女人；有 12% 的人把她说成是个挥霍浪费的女人；还有 10% 的人说她不是一位好妻子。另一组妇女则把按新鲜咖啡购货的妇女，描写成勤俭的、讲究生活的、有经验的和喜欢烹调的主妇。这说明，当时的美国妇女有一种带有偏见的自我意识：作为家庭主妇，担负繁重的家务劳动乃是一种天职，而逃避这种劳动则是偷懒的、值得谴责的行为。速溶咖啡的广告强调的正是速溶咖啡省时、省力的特点，因而并没有给人以好的印象，反而被理解为它帮助了懒人。由此可见，速溶咖啡开始时被人们拒绝，并不是由于它的本身，而是由于人们的动机，即都希望作一名勤劳的、称职的家庭主妇，而不愿作被人和自己所谴责的懒惰、失职的主妇。这就是当时人们的一种潜在的购买动机，这也正是速溶咖啡被拒绝的真正原因。谜底揭开之后，厂家对产品的包装作了相应的修改，除去了使人产生消极心理的因素。广告不再宣传又快又方便的特点，而是宣传它具有新鲜咖啡所具有的美味、芳香和质地醇厚等特点；在包装上，使产品密封十分牢固，开启时十分费力，这就在一定程度上打消顾客因用新产品省力而造成的心理压力。结果，速溶咖啡的销路大增，很快成了西方世界最受欢迎的咖啡。

表 4 –2

购物单 1	购物单 2
1 听发酵粉	1 听发酵粉
2 块面包、1 串胡萝卜	2 块面包、1 串胡萝卜
1 磅 ~ Ncafe 速溶咖啡	1 磅新鲜咖啡
1.5 磅碎牛肉	1.5 磅碎牛肉
2 听桃子	2 听桃子
5 磅土豆	5 磅土豆

（徐联沧：《消费者心理学》，北京消费者心理服务中心编）

讨论题

看过这篇文章后，请分析这项调查成功的原因。

复习思考题

1. 市场调查与预测的意义和作用是什么？
2. 市场调查的基本程序是什么？
3. 市场调查的主要方法有哪些？
4. 什么是市场预测的原则
5. 市场预测的内容是什么？
6. 什么是专家会议法？
7. 什么是专家小组法？
8. 如何修订预测误差？

第五章　市场营销环境分析

【本章要点】
◆ 市场营销环境的特点
◆ 面对环境威胁企业应采取的对策
◆ 市场营销微观环境的构成
◆ 市场营销宏观环境的构成

【专业词汇】市场营销环境　营销机会　机会/威胁矩阵　宏观环境　微观环境　恩格尔定律

【案例引导】

TCL 并购法国汤姆逊公司案例

1. 背景

TCL 集团股份有限公司创立于 1981 年，是中国最大的、全球性规模经营的消费类电子企业集团之一，旗下拥有 3 家上市公司：TCL 集团（SZ. 000100）、TCL 多媒体科技（HK. 1070）、TCL 通讯科技（HK. 2618）。目前，TCL 已形成多媒体、通讯、家电和电工四大产业集团，以及房地产与投资业务群，物流与服务业务群。经过近 30 年的发展，TCL 借中国改革开放的东风，秉承敬业奉献、锐意创新的企业精神，从无到有，从小到大，迅速发展成为中国电子信息产业中的佼佼者。1999 年，公司开始了国际化经营的探索，在新兴市场开拓推广自主品牌，在欧美市场并购成熟品牌，成为中国企业国际化进程中的领头羊。

汤姆逊是法国最大的国家企业集团，位居全球第四大的消费类电子生产商。汤姆逊公司创始人埃利胡·汤姆逊是个发明家，1879 年建立了自己的公司，后与爱迪生的通用电气（GE）合并，1988 年并购 GE 的消费电子部门，并把自己的医疗器械业务置换给 GE，从此成为一个专业的视讯产品厂商。同年，汤姆逊在美国收购本土家电品牌 RCA，同时将其彩电技术的 1000 多项专利收入囊中。RCA 品牌在美国家电市场份额巨大，是美国多媒体家电销售冠军。

汤姆逊的业务范围集中在视讯产品系列和数码处理等领域，是一家工业和科技并重的世界级集团，其产品及增值服务系列构成了完整的视听产品价值链。这家有 100 多年历史的公司在过去 6000 多个产品发明中得到了 36000 多项专利权，是世界上拥有专利权最多的公司之一，它还是全球第一台互动电视专利技术的拥有者，在数字电视、解码器、调制解调器、DVD 机、MP3 播放器、电子图书和家用数字网络等方面均处于世界领导地位，在全球视听产品和数码处理方面扮演着重要的角色。全球业界普遍认为，汤姆逊是这样的公司：只要是自己投资的业务，就要做到行业领先。

2004 年 7 月 29 日，TCL 与法国汤姆逊共同出资 4.7 亿欧元，其中 TCL 出资 3.149 亿欧元占 67% 的股份，Thomson 出资 1.551 亿欧元持有另外 33% 的股份，合资组建的全球最大彩电企业 TTE CORPORATION（简称 TTE）在深圳隆重开业。

2. 并购中出现的问题

事前 TCL 请波士顿咨询公司（Boston Consulting Group，BCG）事无巨细地对 Thomson 进行并购可行性分析。问题是，一个习惯以技术跟随者和低成本制造者自居的 TCL 并未领会其并购顾问的忠告。BCG 高级经理米嘉（Holger Michaelis）说："市场的改变会影响到一个交易的成功。所以并购之前，公司必须要有一个明确的战略意图，会分析市场的走势和消费需求的变化，他们不必去并购一家老的公司，一家技术过时的公司。"

2004 年，并购刚刚完成时，TCL 忽视了彩电市场核心技术趋势正由 CRT 向等离子电视和液晶（LED）电视过渡。从 2003 年开始，欧洲彩电市场消费趋势的主流，产品便开始了更新换代。到 2005 年，欧洲市场平板电视已由两年前 30% 的市场份额跃升到 80%。由于合并后新公司 TTE 的主要精力都放在了内部整合上，对市场的转变并未做出及时的察觉，这为 TTE 欧洲的巨亏埋下了隐患。

并购后，直到 2005 年 5 月以后，TTE 欧洲的平板电视才开始大规模投放市场。可到年底，当 TTE 一心想发起冬季攻势的时候，却苦于没有足够低的上游面板供应。而它的主要竞争对手，像三星（Samsung）、LG、飞利浦（Philips）、夏普（Sharp）等都掌控着产业链的上游，拥有自己或合资的面板生产线。严重依赖外部采购的 TTE，在没有多少议价能力面前，占平板电视约 70% 成本的面板就使 TTE 的成本优势化为泡影，中国企业的价格优势便不复存在了。据调研公司 DisplaySearch 的数据，2005 年全球彩电排行榜中，全年平板电视 90 万台产量的 TTE，勉强进入全球前十。而 TCL 多媒体在 2007 年的目标是，TCL2008 年在全球的液晶电视市场中的占比希望从目前的 1.8% 提升 4%，进入全球前八名。在留恋 CRT 时代老大已经没有任何意义了。Thomson 虽然是全球领先的电子生产商，专利许可却是其四个主要业务之一，产品并不在市场上占有领导地位。

在 2006 年 8 月公布的 TCL 上半年年报的时候，就更深刻的明白 TTE 欧洲触雷的原因了。TCL 指出："集团在欧洲遭遇滑铁卢主要是由欧洲彩电市场环境的剧变导致。2005 年下半年开始，以液晶等离子为代表的平板电视开始大幅取代传统 CRT 电视。而 TCL 集团在平板电视方面的核心技术甚少。"Thomson 过时的专利技术，显然与 TCL 收购其来提升自己核心技术意图有些背道而驰。

并购后，TCL 并未掌握 Thomson 在欧洲的销售渠道，而把战略重心都放在了北美，TTE 经过两年三次的重组，以及和沃尔玛、百思买等大客户合作良好及北美市场 CRT 向平板过渡缓慢，TTE 北美业务已经大大改善。当 TCL 稍有喘息，TTE 欧洲在

2005 年却出现巨亏 6000 万欧元，和预期相差太大。

由于 TTE 欧洲的销售渠道是以销售 CRT 见长的欧洲业务模式。落后的产品不能及时适应市场的转变，以及新产品研发上市缓慢，TTE 欧洲的市场就成了"闭路"。而这时，TCL 在国内所擅长的促销战，因资金链吃紧及业务模式不同，在欧洲市场也就发挥不了什么作用。TTE 欧洲的巨亏也就不足为奇了。

直到 2005 年 7 月，TCL 以 1 亿港元接手 Thomson 在欧美 400 多人的销售团队。本打算从生产、研发到销售整个环节都可以更有效地驾驭这个"巨无霸"企业。但是接手后，却发现文化不相容、供应链整合缓慢，研发落后、新品上市缓慢、产品售价没有竞争力，到最后不得不对 TTE 欧洲进行业务重组。

管理问题的突出，在国外直接面临着严峻的挑战。TCL 如何与 Thomson 在并购后发挥协同效应，也因缺少国际化人才，整合效果一般。让国内这帮，在中国擅长"五一"、"十一"打攻坚战，"暑促、寒促"打突击战，不了解海外市场的 TCL 高管团队，一下去管理欧美团队，难度之大可想而知。比如在国外，欧美员工一般不会无薪超时加班的；在决策层面，欧美也是按照自己的方案来；还有在薪酬体制上，中国派去的管理层比欧美一般的员工还低。

3. 并购后的情况

2005 年，因 TCL 集团成立 24 年来首次亏损，还有李东生因承诺的 18 个月扭亏首次失信，整合不力带来的内忧外患让他感受到了前所未有的压力。跨国并购像一根导火索，让 TCL 的主要问题短时间集中暴露出来。李东生比谁都清楚，"这些问题大多并不是国际化带来的，而是一直存在于 TCL 内部"，是大跨步地迈过这些问题而一举跃入国际化竞争造成的。

TCL 对 Thomson 整合的不力，主要体现在，高估了 Thomson 的专利技术，还有就是忽视了专利技术也是有生命周期的，过时的技术所支持的产品终会被市场淘汰；还有在供应链管理上，也因技术落后，产品研发缓慢，新品上市缓慢，售价没有竞争力，更因为缺少国际化的运营人才而雪上加霜，这一切最终归结到对跨国并购的分析不足造成的。

4. 并购的总结

收购失败的原因主要有四个方面：（1）两者在组织文化方面融合的困难；（2）高估收购带来的经济效益；（3）收购代价太大；（4）企业没有认真考察收购对象。其中，最主要的原因是管理者没有在收购前谨慎的选择收购对象。

从更深层次的原因来看，首先，我国还是不完全市场经济，在由计划经济向市场经济转轨过程中，中国企业家积累的经验，能不能照搬到国外市场，这是一大问题。特别是当中国的企业还以产品的功能特色为主打的时候，靠国内市场庞大的内需市场取得成功。国外已经有几十年"以消费者为中心"的经营模式。在海外，不是你生产什么，消费者就买什么；而是消费者喜欢什么、需要什么，企业要生产什么。这样，消费者才接受你。在中国成功的企业中，在海外成功的还很少。

其次，就是公司的国际化人的缺少。TCL 并购后前期做得不太理想，后期经过一系列的努力，效果还是很明显的。有一点还是很明确的，要真是好东西，谁也不会放手的。如果人家做得好，就不会被并购了。本质上还是缺少熟悉国外市场的国际化人才造成的苦果。可在现实中，也面临着"没有大舞台，哪来好演员"的困惑，小公司又吸引不了好人才。有了国际化之后，TCL才吸引了更多的国际化人才。

最后，TCL的跨国并购一味地只想获得，对方的品牌、渠道、技术等，而忽略有所得也相应有所舍。而TCL未来的盈利点，从现在看也有些后劲不足。在西方是夕阳产业的家电业，而TCL却一手扶植，新兴的利润增长点又没有现金支持。得到了什么，失去了什么，事后反思一下，这个比例到底值不值？市场营销活动离不开特定环境的影响，企业必须认识环境，并善于分析和识别由于环境变化而造成的主要机会和威胁，及时采取适当的对策，使经营管理与其营销环境的发展变化相适应，因此，注重对市场营销环境的研究是企业营销活动最基本，最重要的课题。

第一节　市场营销环境概述

一、市场营销环境与相关环境

市场营销环境是指影响企业与目标顾客建立并保持互利关系等营销管理能力的各种因素和动向，可分为宏观市场营销环境和微观市场营销环境（见图5－1）。每个企业都和市场营销环境的某个部分相互影响、相互作用，我们将这部分环境称为相关环境。企业的相关环境总是处于不断变化的状态之中。在一定时期内，经营最为成功的企业，一般是能够适应其相关环境的企业。

如图5－1所示，微观环境指与企业紧密相联，直接影响企业营销能力的各种参与者，包括企业本身、市场营销渠道企业、顾客、竞争者以及社会公众。宏观环境则是指影响营销环境的一系列巨大的社会力量，主要是人口、经济、政治法律、科学技术、社会文化及自然生态等因素。微观环境直接影响与制约企业的营销活动，多半与企业具有或多或少的经济联系，也称直接营销环境，又称作业环境。宏观环境一般以微观环境为媒介去影响和制约企业的营销活动，在特定场合，也可直接影响企业的营销活动。宏观环境被称作间接营销环境。

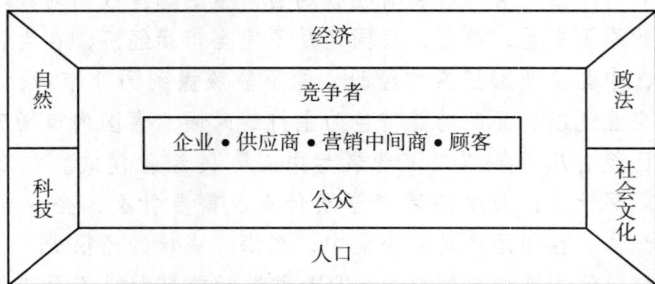

图 5－1　市场营销环境的构成

二、市场营销环境的特点

市场营销环境是一个多因素、多层次而且不断变化的综合体。其特点主要表现为以下几点：

1. 客观性

客观性是市场营销环境的首要特征。企业总是在特定的社会、市场环境中生存、发展，这种环境并不以营销者的意志为转移，它具有强制性与不可控制性。

2. 差异性

市场营销环境的差异性不仅表现在不同企业受不同环境的影响，而且同样一种环境因素对不同企业的影响也不尽相同。

3. 动态性

市场营销环境是处在不断变化的过程中的。比如，19 世纪，西方工商企业仅仅将市场当作销售环境。到 20 世纪 30 年代，他们又把诸如政府、工会、投资者等利害关系者也看作环境。进入 20 世纪 60 年代后，科学技术等环境因素列入市场营销所必须考虑的范畴。20 世纪 80 年代后，世界各国又把对环境保护，生态平衡的因素作为生存环境。

4. 相关性

市场营销环境是一个系统，在这个系统中，各个因素不是孤立的，而是相互依存、相互作用、相互制约的。比如，价格不但受成本、供求关系和竞争者的影响，而且还受到科技进步等因素的影响。因此，要充分注意各因素之间的相互作用。

5. 不可控性

影响营销环境的因素是多方面的，也是复杂的，对于其中的某些因素企业常常很难预测和把控，比如对于一个国家的政治法律制度、人口增长以及一些社会文化习俗等，企业就没有能力改变。另外，各个环境因素之间也经常存在着矛盾关系，例如消费者对家用电器的兴趣与热情可能与客观存在的电力供应的紧张状态相矛盾。此外，企业的行为还必须与政府及各管理部门的要求相符合。

6. 可影响性

可影响性，指企业可以通过对内部环境要素的调整与控制，来对外部环境施加一定的影响，最终促使某些环境要素向预期的方向转化。现代营销学认为，企业经营成败的关键，在于企业能否适应不断变化的市场营销环境。

第二节　市场营销微观环境

市场营销微观环境是指对企业服务其顾客的能力构成直接影响的各种力量，包括企业内部环境及其市场营销渠道企业、市场、竞争者和各种公众，这些都会影响企业为其目标市场服务的能力（见图 5 - 2）。

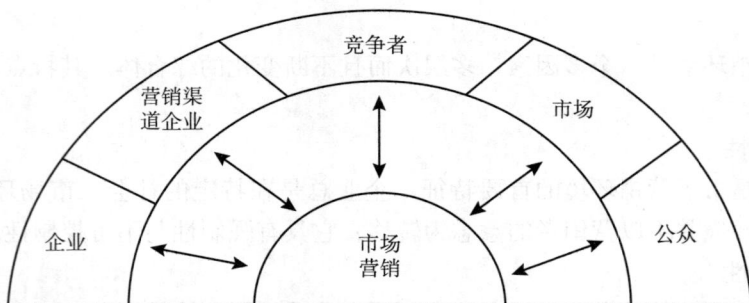

图 5 - 2　市场营销微观环境

一、企业内部环境

企业内部环境包括市场营销管理部门、其他职能部门和最高管理层。企业为实现其目标，必须进行研究与开发、采购、制造、财务、市场营销等业务活动。而市场营销部门一般由市场营销副总裁、销售经理、推销人员、广告经理、营销调研经理、市场营销计划经理、定价专家等组成。市场营销部门在制定决策时，不仅要考虑企业外部环境力量，而且要考虑企业内部环境力量（见图 5 - 3）。

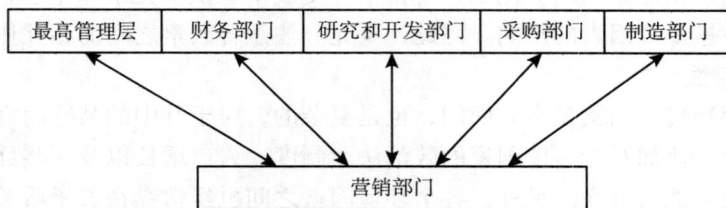

图 5 - 3　企业内部环境

二、市场营销渠道企业

市场营销渠道企业包括：

（1）供应商即向企业供应原材料、部件、能源、劳动力和资金等资源的企业和组织。

（2）商人中间商即从事商品购销活动，并对所经营的商品拥有所有权的中间商，如批发商、零售商等。

（3）代理中间商，即协助买卖成交，推销产品，但对所经营的产品没有所有权的中间商，如经纪人、制造商代表等。

（4）辅助商，即辅助执行中间商的某些职能，为商品交换和物流提供便利，但不直接经营商品的企业或机构，如运输公司、仓储公司、银行、保险公司、广告公司、市场调研公司、市场营销咨询公司等。

在现代市场经济条件下，生产企业一般都通过市场营销中介机构（即代理中间商、商人中间商、辅助商等）来进行市场营销调研、推销产品、储存产品、运输产品等，因为这样分工比较经济。

三、市场

市场营销学是根据购买者及其购买目的进行市场划分的，包括：

（1）消费者市场，即为了个人消费而购买的个人和家庭所构成的市场。

（2）生产者市场，即为了生产、取得利润而购买的个人和企业所构成的市场。

（3）中间商市场，即为了转卖、取得利润而购买的批发商和零售商所构成的市场。

（4）政府市场，即为了履行职责而购买的政府机构所构成的市场。

（5）国际市场，即由国外的消费者、生产者、中间商、政府机构等所构成的市场。

根据购买者及其购买目的把市场划分为（见图 5 - 4）。

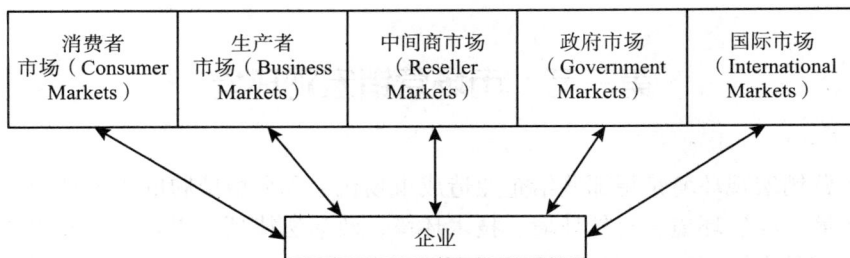

图 5 - 4　市场类型

四、竞争者

市场营销观念表明，企业要想在市场竞争中获得成功，就必须能比竞争者更有效地满足消费者的需要与欲望。因此，企业所要做的并非仅仅迎合目标顾客的需要，而是要通过有效的产品定位，使得企业产品与竞争者产品在顾客心目中形成明显差异，从而取得竞争优势。

"现代营销学之父"菲利普·科特勒把竞争者分为四类：

（1）愿望竞争者，向企业的目标市场提供种类不同的产品以满足不同需要的其他企业。

（2）一般竞争者（也叫类别竞争者），向企业的目标市场提供种类不同的产品但可以满足同一种需要的其他企业。

（3）产品形式竞争者，向企业的目标市场提供种类相同，但规格、型号、款式、包装等有所不同的产品的其他企业。

（4）品牌竞争者，向企业的目标市场提供种类相同，产品形式也基本相同，但品牌不同的产品的其他企业。

五、公众

公众是指对企业实现其市场营销目标构成实际或潜在影响的任何团体，包括：

（1）金融公众，即影响企业取得资金能力的任何集团，如银行、投资公司等。

（2）媒体公众，即报纸、杂志、广播、电视等具有广泛影响的大众媒体。

（3）政府公众，即负责管理企业业务经营活动的有关政府机构。

（4）群众公众，即各种保护消费者权益组织、环境保护组织、少数民族组织等。

（5）地方公众，即企业附近的居民社区、地方官员等。

（6）一般公众。一般公众虽不属于任何一个团体，人员也不确定，但却是人数最为广泛的群体。企业需要知道一般公众对其产品和活动的态度，企业在一般公众中的形象直接影响到他们是否购买本企业的产品。

（7）企业内部公众，如董事会、监事会、经理、职工等。

第三节 市场营销宏观环境

市场营销宏观环境是指那些给企业造成市场机会和环境威胁的主要社会力量，包括人口环境、经济环境、自然环境、技术环境、政治法律环境以及社会文化环境。这些社会力量是企业不可控制的变量（见图5－5）。

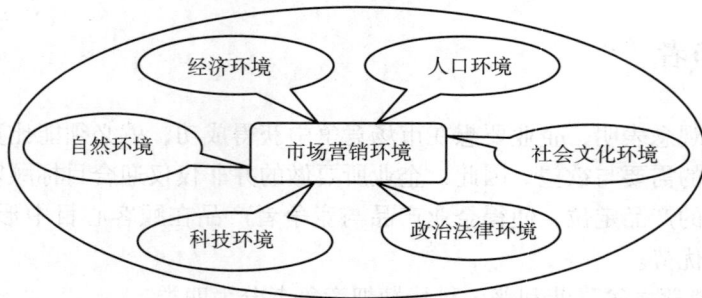

图5－5 市场营销宏观环境

一、人口环境

人口环境（Population Environment）包括人口规模、人口增长、人口结构、人口的地理分布密度等因素。市场营销是围绕市场中心展开的，而市场又是由具有购买欲望和购买力的人组成的。因此，人口环境就成为企业营销首要分析评估的宏观环境因素。企业必须密切注意企业的人口环境方面的动向，因为市场是由那些有购买欲望并且有购买力的人（即潜在购买者）构成的，而且这种人越多，市场的规模就越大。目前全球人口环境方面的主要动向有：

（一）世界人口迅速增长

世界人口迅速增长的主要原因是：随着科学技术进步、生产力发展和人民生活条件改善，世界人民平均寿命大大延长，死亡率大大下降；发展中国家的人口出生率上升，人口迅速增加。世界人口尤其是发展中国家的人口将继续增长，意味着世界人民的需要和世界市场将继续增长。同样，我国市场潜量也是很大的。

对企业营销来说，不仅要通过了解人口现状来了解现有市场规模，更需要关注人口发展的趋势。因为，人口增长与否或速度快慢，直接影响未来市场需求增长与否或变化方向。目前，发展中国家或地区人口增长率平均达 2.1％，其中，撒哈拉以南非洲人口增长率平均高达 3.2％，而发达国家则为 0.6％，有些西欧、北欧国家人口增长率为负。这意味着发展中国家或地区的消费需求会不断增长，市场潜力很大；相反，有些西欧、北欧国家或地区人口出生率下降，则可能会造成这些国家儿童用品消费需求总量的相对减少，对营销儿童用品的企业是一种“环境威胁”，但对另一些行业，如旅游业、交通运输业、餐饮业等行业来说，却是增加了市场机会。

（二）发达国家的人口出生率下降

发达国家人口出生率下降的主要原因是：越来越多的妇女参加工作，避孕知识和技术提高。这种人口动向对儿童食品、儿童用品、儿童服装、儿童玩具等行业是一种环境威胁。另一方面，这种人口动向对某些行业有利。例如，许多年轻夫妇有更多的闲暇时间和收入用于旅游、在外用餐、娱乐，因而给旅游业、旅馆业、体育娱乐业等提供了有吸引力的市场机会，促进了第三产业的发展。

（三）许多国家人口趋于老龄化

许多国家尤其是发达国家的人口死亡率普遍下降，平均寿命延长。这种人口动向，无论对社会还是对企业营销的影响都将是深刻的。由于人口老龄化，一方面市场对摩托车、体育用品等青少年用品的需要日益减少；另一方面，老年人的医疗和保健用品、助听器、眼镜、旅游、娱乐等的市场需要会迅速增加，这样就给经营老年人用品的行业如旅游业、旅馆业、娱乐业提供了市场机会。

小资料

　　人口年龄通常分为六个阶段：学龄前儿童、学龄儿童、青少年、25～40 岁青年人、40～60 岁中年人和 60 岁以上的老年人。不同年龄人群对商品的需求不一样。目前，世界人口呈老龄化上升趋势，发达国家 65 岁以上老人占总人口的比重已达 13% 以上，预计到 2025 年将达到 23.6%。人口的年龄结构发生了极大的变化。2000 年，我国 0～14 岁人口比例 22.89%，15～64 岁人口比例为 75.15%，65 岁及以上的老年人口比例为 6.96%，我国人口已经转变为老年型人口。预计到 2050 年，我国老年人口比例将达 27%，这将意味着在今后 20 年内，世界及我国"银发市场"，诸如保健用品、营养品、老年医疗卫生将会发达起来。

（四）家庭结构发生变化

　　家庭是市场需求的基本单位。不同的家庭结构类型会有不同的购买行为，从而影响企业的市场营销行为。目前，世界上家庭规模普遍呈现由扩大型向核心型转化的趋势，多方位的现代化已使家庭结构开始发生某些变化，其主要特点是：晚婚观念增强、优生少育、高离婚率和职业妇女增多。比如职业妇女增多使得日托服务的需要出现增长势头。欧美国家的家庭规模基本上户均 3 人，亚非拉等发展中国家户均 5 人左右。在我国，"独生子女"的小家庭已经逐步由城市向乡镇普及发展。家庭结构的核心型，必然引起家庭数量的剧增，这对住房、家具、家用电器等需求会有助长作用。

（五）非家庭住户也在迅速增加

　　非家庭住户通常有以下几种：（1）单身成年人住户。包括未婚、分居、丧偶、离婚。这种住户需要较小的公寓房间、较小的食品包装和较便宜的家具、日用品、陈设品等。（2）两人同居者住户。这种住户是暂时同居，需要较便宜的租赁家具和陈设品。（3）集体住户。即若干大学生等住在一起共同生活。在我国，非家庭住户正在迅速增加，企业应注意和考虑这种住户的特殊需要和购买习惯。

（六）许多国家的人口流动性大

　　许多国家的人口流动都具有两个主要特点：一个特点是人口从农村流向城市。这对零售商业结构影响很大。人口集中在城市使得居民需要和城市市场迅速增长和扩大，于是在城市出现繁华商业街。我国从 1979 年改革开放以来，人口的区域流动表现为农村人口向城市或工矿地区流动，内地人口向沿海经济开放地区流动，从而增加了人口流入较多地区的基本需求量，给当地企业带来较多的市场份额和营销机会。另一个特点是人口从城市流向郊区。在发达国家，除了国家之间、地区之间、城市之间的人口流动外，还有一个突出的现象就是城市人口向农村流动。随着城市交通日益拥挤，污染日益严重，同时交通运输大大发展，许多人纷纷从城市迁往郊区，在大城市周围出现了郊区住宅区。于是城市商业中心区的零售业态为了生存和发展，纷纷在郊区购物中心开设分店。

（七）一些国家的人口由多民族构成

世界各国的民族结构有单一的，也有多元的。像日本，几乎所有的人都是属于一个民族，即大和民族。美国人口基本是由过去两个世纪以来的移民构成的，因而是个多民族的国家。而在我国，除了占人口大多数的汉族以外，还有 55 个少数民族，他们在饮食、服饰、居住、婚丧、节日等物质和文化生活各方面各有特点，例如，回族居民不食猪肉，信仰佛教的居民不食荤菜，傣族居民要过泼水节，藏族居民要欢度藏历新年等。这些不同的消费者需求与风俗习惯影响了消费者需求的构成和购买行为。因此，企业营销者要注意民族市场的营销，调查研究这种人口动向，以满足不同民族的消费者有不同的风俗、生活习惯和需要。

二、经济环境

经济环境（Economic Environment）指企业营销活动所面临的外部经济因素，其运行状况及发展趋势会直接或间接地对企业营销活动产生影响，企业必须密切注意其经济环境方面的动向。进行经济环境分析时，要着重分析以下主要经济因素。

（一）消费者收入的变化

消费者收入包括消费者个人工资、红利、租金、退休金、馈赠等收入。消费者的购买力来自消费者收入，所以消费者收入是影响社会购买力、市场规模大小以及消费者支出多少和支出模式的一个重要因素。

消费者并不是将其全部收入都用来购买商品（包括物品和服务）。消费者的购买力只是其收入的一部分。因此，要区别可支配个人收入和可随意支配个人收入。可支配个人收入是指扣除消费者个人缴纳的各种税款和交给政府的非商业性开支后可用于个人消费和储蓄的那部分个人收入。可支配个人收入是影响消费者购买力和消费者支出的决定性因素。可随意支配个人收入是指可支配个人收入减去消费者用于购买生活必需品的固定支出（如房租、保险费、分期付款、抵押借款）所剩下的那部分个人收入。可随意支配个人收入一般都用来购买奢侈品、汽车、大型器具及度假等，所以这种消费者个人收入是影响奢侈品、汽车、旅游等商品销售的主要因素。

进行经济环境分析时，还要区别货币收入和实际收入，因为实际收入会影响实际购买力。企业不仅要分析研究消费者的平均收入，而且要分析研究各个阶层的消费者收入。此外，由于各地区的工资水平、就业情况有所不同，不同地区消费者的收入水平和增长率也有所不同。

（二）消费者支出模式的变化

消费者支出模式主要受消费者收入的影响。随着消费者收入的变化，消费者支出模式就会发生相应变化。这个问题涉及"恩格尔定律"。

德国统计学家恩斯特·恩格尔（Ernest Engel，1821～1896）在 1857 年根据他对英国、法国、德国、比利时许多工人家庭收支预算的调查研究，发现了关于工人家庭收入变化与各方面支出变化之间比例关系的规律性，称为恩格尔定律。后来，恩格尔的追随者们对恩格尔定律的表述加以修改。目前西方经济学对恩格尔定律的表述一般如下：

（1）随着家庭收入增加，用于购买食品的支出占家庭收入的比重（即恩格尔系数）就会下降。

（2）随着家庭收入增加，用于住宅建筑和家务经营的支出占家庭收入的比重大体不变（燃料、照明、冷藏等支出占家庭收入的比重会下降）。

（3）随着家庭收入增加，用于其他方面的支出（如服装、交通、娱乐、卫生保健、教育）和储蓄占家庭收入的比重就会上升。

消费者支出模式除了主要受消费者收入影响外，还受以下两个因素影响：

（1）家庭生命周期的阶段。有孩子与没有孩子的年轻人家庭的支出情况有所不同，处于抚育阶段和孩子独立以后的家庭支出情况也有所不同。

（2）消费者家庭所在地点。所在地点不同的家庭用于住宅建筑、交通、食品等方面的支出情况也有所不同。例如，住在中心城市的消费者和住在农村的消费者相比，前者用于交通方面的支出较少，用于住宅建筑方面的支出较多；后者用于食品方面的支出较多。

（三）消费者储蓄和信贷情况的变化

进行经济环境分析时还应看到，社会购买力、消费者支出不仅直接受消费者收入的影响，而且直接受消费者储蓄和信贷情况的影响。

大多数家庭都有一些"流动资产"，即货币及其他能迅速变成现款的资产，包括银行储蓄存款、债券、股票等。储蓄来源于消费者的货币收入，其最终目的还是为了消费。但是在一定时期内储蓄多少不能不影响消费者的购买力和消费支出。在一定时期内货币收入不变的情况下，如果储蓄增加，购买力和消费支出便减少；反之，如果储蓄减少，购买力和消费支出便增加。

在现代市场经济国家，消费者不仅以其货币收入购买他们需要的商品，而且可用贷款来购买商品。所谓消费者信贷，就是消费者凭借信用先取得商品使用权，然后按期归还贷款。消费者信贷由来已久，目前主要有四种：（1）短期赊销；（2）分期付款购买住宅；（3）分期付款购买昂贵的消费品，如汽车、高档电器、昂贵家具等；（4）信用卡信贷。

（四）社会经济发展水平

企业的市场营销活动还要受到整个国家或地区的经济发展水平的制约。经济发展阶段不同，居民的收入不同，顾客对产品的需求也不一样，从而会在一定程度上影响企业的营销。如在经济发展水平比较高的地区，消费者更注重产品的款式、性能及特色，品质竞争多于价格竞争。而在经济发展水平比较低的地区，消费者往往更注重产品的功能及实用性，价格因素显得比产品质量更为重要。因此，对于不同的经济发展水平的地区，企业应采取不同的市场营销策略。

另外，经济发展阶段，经济体制，地区与行业发展状况，城市化程度都会给企业的营销活动带来一定的影响。

三、自然环境

自然环境（Natural Environment）是指作为生产投入或受营销活动影响的自然资源。一个国家或地区的自然地理环境包括自然资源、地形地貌和气候条件，这些因素都会不同程度的影响企业的营销活动，有时这种影响对企业的生存和发展起决定作用。自然环境（或物质环境）的发展变化也会给企业造成一些环境威胁和市场机会，所以，企业还要分析研究其自然环境方面的动向，避免由自然地理环境带来的威胁，最大限度地利用环境变化可能带来的市场营销机会，就应不断地分析和认识自然地理环境变化的趋势，根据不同的还击功能情况来设计、生产和销售产品。值得关注的自然环境方面的主要动向是：

（一）某些自然资源短缺或即将短缺

地球上三大类自然资源都不同程度地存在着短缺或趋于短缺。

（1）取之不尽、用之不竭的资源，如空气、水等。近几十年来，世界各国尤其是现代化城市用水量增长很快（估计世界用水量每20年增加1倍）；另一方面，世界各地水资源分布不均，而且每年和各个季节的情况各不相同，所以目前世界上许多国家面临缺水。这种情况不仅会影响人民生活，而且对相关企业也是一种环境威胁。

（2）有限但可以更新的资源，如森林、粮食等。我国森林覆盖率低，仅占国土面积的12%；人均森林面积只有1.8亩，大大低于世界人均森林面积13.5亩。我国耕地少，而且由于城市建设事业发展快，耕地迅速减少，近30年间我国耕地平均每年减少810万亩。由于粮食价格低，农民不愿种粮食，转向种植收益较高的其他农作物，这种情况如果长此发展下去，我国的粮食和其他食物（如猪肉等）供应将会成为严重问题。

（3）有限但不能更新的资源，如石油和煤、铀、锡、锌等矿物。近十几年来，由于这类资源供不应求或在一段时期内供不应求，有些国家需要这类资源的企业正面临着或曾面临过威胁，必须寻找代用品。在这种情况下，就需要研究与开发新的资源和原料，这样又给某些企业造成了新的市场机会。

（二）环境污染日益严重

在许多国家，随着工业化和城市化的发展，环境污染程度日益增加，公众对这个问题越来越关心，纷纷指责环境污染的危害性。这种动向对那些造成污染的行业和企业是一种环境威胁，它们在社会舆论的压力和政府的干预下，不得不采取措施控制污染；另一方面，这种动向也给防治污染、保护环境的包装企业及相关产业带来了新的市场机会。

（三）政府对自然资源管理的干预日益加强

随着经济发展和科学进步，许多国家的政府都对自然资源管理加强干预。在2004年3月召开的全国人大、全国政协十届二次会议上，全面、协调、可持续的科学发展观颇为引人关注，最终成为新世纪、新阶段指导中国社会主义各项事业的重大战略思想。所谓可持续发展，就是要促进人与自然的和谐，实现经济发展和人口、资源环境相协调，坚持走生产发展、生活富裕、生态良好的文明发展道路，保证一代接一代的永续发展。中国政府表示，将改变经济增长的方式，改进经济增长的质量，避免资源的过度开发和环境的恶化，同时要在促进社会进步方面加大投入，坚持以人为本，坚持全面、协调、可持续的发展观，摒弃GDP至上的政策目标。同时，中国一些省市开始提倡"绿色GDP"考核的口号，增加了可持续发展等综合考核因素。绿色GDP，就是把资源和环境损失因素（即在现有的GDP中扣除资源的直接经济损失，以及为恢复生态平衡、挽回资源损失而必须支付的经济投资）引入国民经济核算体系。

四、技术环境

技术环境（Technological Environment）可能是目前影响人类命运的最引人注目的因素。科学技术创造了如抗生素、器官移植和笔记本电脑等这样的奇迹，但也带来了像原子弹、神经毒气和半自动武器这样恐怖的东西。它还带来了一些好坏参半的事物，如汽车、电视和信用卡。

每项新技术都会取代一项旧技术。晶体管的出现损害了真空管业，复印技术损害了复写纸业，汽车损害了铁路，光盘损害了唱片行业。数码技术的发展与成熟，让世界胶片行业的老大柯达公司日薄西山，乃至破产。每当旧的行业对抗或忽略新技术时，该行业就会衰落。企业还要密切注意其技术环境的发展变化，了解技术环境和知识经济的发展变化对企业营销管理的影响，以便及时采取适当的对策。

（一）新技术是一种"创造性的毁灭力量"

每一种新技术都会给某些企业造成新的市场机会，因而会产生新的行业，同时还会给某些行业的企业造成环境威胁，使这个旧行业受到冲击甚至被淘汰。例如，激光唱盘技术的出现，无疑会夺走磁带的市场，给磁带制造商以"毁灭性的打击"，同时带来激光唱盘行业的兴起和发展。如果企业高层富于想象力，及时采用新技术，从旧行业转入新行业，就能求得生存和发展。

（二）新技术革命有利于企业改善经营管理

第二次世界大战结束以后，现代科学技术发展迅速，特别是现在，一场以微电子为中心的新技术革命正在蓬勃兴起。电话、传真机、电脑在管理中的普遍运用，不仅加快了企业信息的收集、处理、传递和反馈，而且大大降低了交易费用和管理成本，提高了管理质量和效率。

（三）新技术革命将影响零售商业结构和消费者购物习惯

由于新技术革命迅速发展，传统的商业流通形式及物流管理受到极大的挑战，仓储超市、连锁店、电视购物、电子商务等新型商业形态迅速扩张，从而使企业营销战略及营销组合策略进入一个全面创新的时期。

（四）知识经济带来的机会与挑战

知识经济是以知识（特别是科学技术）的发展、发明、研究和创造为基础，以知识的扩散和应用为经济增长的主要动力，是一种知识密集型、智慧型的新经济。

在人类社会步入知识经济时代后，以数字化、网络化为特征的现代信息技术革命、市场经济体制、现代企业制度及风险投资机制的有机组合，为新知识的发明、创新、应用提供了重要条件，而新知识爆炸性的增长又推动了社会经济爆炸性的扩张，这将给企业营销活动创造出前所未有的发展契机。

五、政治法律环境

政治环境（Political Environment）指企业市场营销活动的外部政治形势。一个国家的政局稳定与否，会给企业营销活动带来重大的影响。如果政局稳定，人民安居乐业，就会给企业造成良好的营销环境。相反，政局不稳，社会矛盾尖锐，秩序混乱，就会影响经济发展和人民的购买力。企业营销管理还要受法律环境的强制和影响。法律环境是那些强制和影响社会上各种组织和个人的法律、政府机构法规和政策。企业必须懂得本国和有关国家的法律和法规，才能做好国内和国际市场营销管理工作，否则就会受到法律制裁。

（一）政治环境

企业市场营销活动的外部政治形势以及国家方针政策的变化对市场营销活动带来的或可能带来的影响是不言而喻的，它像一只无形的手，引导着企业营销活动的方向。一个国家如果政局稳定，人民安居乐业，就必然会为企业营造良好的营销氛围。相反，政局不稳，社会矛盾尖锐，秩序混乱，战争、罢工、政权的恶性更替等政治事件不断，则可能对企业营销活动产生负面影响，尤其是在对外贸易活动中。

政治环境对企业活动的影响主要表现为国家政府所制定的方针政策，如人口政策、货币政策、物价政策、能源政策、财政政策等。我国通过降低银行货币利率来刺激消费的增长、通过增加对烟酒的消费税来抑制人们的消费需求就是政治环境营销企业活动的具体表现。这些方针政策不仅影响到本国企业的营销活动，在国际贸易中，不同的国家也会制定一些相应的方针政策来干预外国企业在本国的营销活动。目前，国际上各国政府采取的政策和干预措施主要有：进口限制、高额税收、价格管制、外汇管制、国有化政策等。

（二）法律环境

近年来，为了健全法制，加强法制，适应经济体制改革和对外开放的需要，我国陆续制定和颁布了一些经济法律和法规，例如《中华人民共和国产品质量法》、《中华人民共和国食品卫生法》、《中华人民共和国商标法》、《中华人民共和国价格法》、《中华人民共和国反不正当竞争法》、《中华人民共和国广告法》、《中华人民共和国消费者权益保护法》、《中华人民共和国专利法》、《中华人民共和国中小企业法》等。

企业必须了解熟知有关的法律条文，遵守这些法律法规，才能保证企业经营的合法性。不仅如此，对于从事国际营销活动的企业，不仅要遵守本国的法律，还要了解和遵守国外的法律制度和有关的国际法规、国际惯例和准则。只有了解掌握了这些国家的有关贸易政策，才能在国际营销中争取主动。

（三）公众利益团体发展情况

公众利益团体是一种压力集团。在美国等发达国家，影响企业市场营销决策的公众利益团体主要是保护消费者利益的群众团体以及保护环境的公众利益团体等。这些公众团体疏通政府官员，给企业施加压力，使消费者利益和社会利益等得到保护。因此，这些国家许多公司都设立法律和公共关系部门来负责研究和处理与这些公众利益团体的关系问题。

世界各国陆续成立了消费者联盟，它们监视企业的活动，发动消费者与企业主的欺骗行为做斗争，给企业施加压力，以保护消费者利益。目前消费者运动已经成为一种强大的社会力量，企业制定营销决策时必须认真考虑这种政治动向。

六、社会文化环境

文化环境（Cultural Environment）包括影响一个社会的基本价值、观念、偏好和行为的风俗习惯和其他因素。社会文化是指一个社会的民族特征、价值观念、生活方式、风俗习惯、伦理道德、教育水平、语言文字、社会结构等的总和。社会文化内容十分广泛，主要由两部分组成：一是全体社会成员所共有的基本核心文化；二是随时间变化和外界因素影响而容易改变的社会次文化或亚文化。不同国家、不同地区的人民，不同的社会与文化，代表着不同的生活方式，对同一产品可能持有不同的态度，直接或间接地影响产品的设计、包装，信息的传递方法，产品被接受的程度，分销和促销措施等。社会文化因素通过影响消费者的思想和行为来影响企业的市场营销活动。因此，企业在从事市场营销活动时，应重视对社会文化的调查研究，并做出适宜的营销决策。

（一）教育水平

教育水平是指消费者受教育的程度。一个国家、一个地区的教育水平与经济发展水平往往是一致的。不同的文化修养表现出不同的审美观，购买商品的选择原则和方式也不同。

（二）语言文字

语言文字是人类交流的工具，它是文化的核心组成部分之一。不同国家、不同民族往往有自己独特的语言文字；即使同一国家，也可能有多种不同的语言文字；即使语言文字相同，表达和交流的方式也可能不同。语言文字的不同对企业的营销活动有巨大的影响。一些企业由于其产品命名与产品销售地区的语言含义等相悖，给企业带来巨大损失。例如，美国百事可乐公司著名的广告"Come alive with Pepsi"被译成德文后是"从坟墓中复活"。美国通用汽车公司的雪芙莱品牌车"神枪手"的英文"NOVA"译成西班牙语成了"跑不动"的意思，结果在使用西班牙语的国家营销受到了很大影响。

（三）价值观念

价值观念是人们对社会生活中各种事物的态度、评价和看法。不同的文化背景下，人们的价值观念差别是很大的，而消费者对商品的需求和购买行为深受其价值观念的影响。如在西方国家中，许多人的价值观念是"能挣会花"，用明天的钱追求今天的享受。因此，分期付款、赊销等形式在西方国家非常通行，人们普遍习惯于借债消费；而中国多数崇尚"节俭"，消费原则是"量入为出"，不习惯于借债消费。当然，价值观除了与传统文化有关，还要受到社会发展程度的影响，但不论怎样，价值观念的影响着消费者的目标选择和购买决策。因此，企业营销活动过程中，如在产品的设计、造型、颜色的选择，广告、推销方式等方面都应充分考虑不同的价值观念的重要影响，采取不同的策略。

（四）宗教信仰

不同的宗教信仰有不同的文化倾向和戒律，从而影响人们认识事物的方式、价值观念和行为准则，影响着人们的消费行为并带来特殊的市场需求，特别是在一些信奉宗教的国家和地区，宗教信仰对市场营销的影响力更大。据统计，全世界信奉基督教的教徒有 10 亿多人，信奉伊斯兰教的教徒有 8 亿人，印度教徒 6 亿人，佛教徒 2.8 亿人，泛灵论者 3 亿人。教徒信教不一样，信仰和禁忌也不一样，这些信仰和禁忌限制了教徒的消费行为，如印度教徒视牛为圣物，不吃牛肉，伊斯兰教忌食猪肉和含酒精的饮料，佛教徒不沾荤腥。企业应充分了解不同地区、不同民族、不同消费者的宗教信仰，提供适合其要求的产品，制定适合其特点的营销策略。

（五）审美观

审美观通常指人们对事物的好坏、美丑、善恶的评价。不同的国家、民族、宗教、阶级要想使企业的营销活动适应市场需求的变化，营销人员必须根据所在地区人们的审美观来制定不同的市场营销策略。

（六）风俗习惯

风俗习惯是人们根据自己的生活内容、生活方式和自然环境，在一定的社会物质生产条件下长期形成，并世代相袭的风尚和由于重复、练习而巩固下来并变成需要的行为方式等的总称。它在饮食、服饰、居住、婚丧、信仰、节日、人际关系等方面，都表现出独特的心理特征、伦理道德、行为方式和生活习惯。不同的国家、不同的民族有不同的风俗习惯，它对消费者的消费偏好、消费模式、消费行为等具有重要的影响。例如，不同的国家、民族，对图案、颜色、数字、动植物等都有不同的使用习惯，像中东地区严禁带六角形的包装；英国忌用大象、山羊作商品装饰图案；中国人以红色表示喜庆，白色表示丧事，而西方人的结婚礼服则用白色，表示爱情的纯洁；伊拉克人视绿色代表伊斯兰教，但视蓝色为不利；日本人在数字上忌用"4"，因在日语发音中，"4"同死相近；我国是个多民族国家，各族人民都有着自己的风俗习惯，如蒙古人喜欢穿蒙袍、住帐篷、饮奶茶、吃牛羊肉、喝烈性酒，朝鲜人喜食狗肉、辣椒，穿色彩鲜艳的衣服，食物上偏重素食，群体感强，男子地位突出。企业应了解和注意不同国家、民族的消费习惯和爱好，做到"入境问俗"。可以说，这是企业做好市场营销尤其是国际营销的重要条件，如果不重视各个国家、各个民族之间文化和风俗习惯的差异，就很可能造成难以挽回的损失。

第四节　市场营销环境分析的意义和过程

一、分析市场营销环境的意义

（1）企业的营销环境对营销管理职能来说是外部因素，但对营销管理的能力，对开展和保持与目标顾客之间的成功交易却有着重大的影响。

（2）营销环境的目的，在于寻求营销机会和避免环境威胁。

（3）营销管理应密切注意市场环境的变化和策略的配合。

（4）企业市场营销环境包含的内容既广泛复杂，同时又表现在因果之间存在着交叉的作用，存在着矛盾的关系。

（5）特别应引起重视的是市场营销环境的动态性和企业营销环境的适应性。

二、市场营销环境分析及对策

通过对企业的宏观、微观环境的研究与分析，在此基础上，还应对企业市场营销环境进行综合分析，以便对营销环境做出总体评价，为营销战略的制定提供可靠的依据。

市场营销环境的综合分析也称为机会和威胁分析，通常分为三个步骤。

（一）环境扫描

所谓环境扫描就是从市场环境中辨别出对企业经营有影响的、反映环境因素变化的某些事件。市场环境是动态变化的，每时每刻都在出现不同的事件，但并不是所有事件的发生都会对企业产生影响，即使对企业产生影响的事件也会由于本身性质而对企业产生影响的程度或迫切性有所不同，需要通过环境扫描对其进行识别。因此，环境扫描是企业进行环境分析的第一步。

环境扫描工作通常由企业的高层领导召集和聘请企业内外熟悉市场环境的管理人员和专家组成分析小组，通过科学系统的调查研究、预测分析，将所有可能影响企业经营的环境因素变化引发的事件一一罗列，然后加以讨论，逐一评审所有列为有关的环境事件的依据是否充分，从中筛选出分析小组一致认定的对企业经营将有不同程度影响的事件。

（二）环境评价

经过环境扫描，甄别出环境中对企业产生影响的各种市场因素后，需要对这些影响因素的影响程度与影响方式进行评价。通过环境对企业的内部能力和素质进行评价，弄清楚企业相对于其他竞争者所处的相对优势和劣势，帮助企业制定竞争战略。

市场环境发展趋势基本上分为两大类：一类是环境威胁；另一类是市场营销机会。

所谓环境威胁，是指环境中一种不利的发展趋势所形成的挑战，如果不采取果断的市场营销行动，这种不利趋势将损害企业的市场地位。企业市场营销经理应善于识别所面临的威胁，并按其严重性和出现的可能性进行分类，之后，为那些严重性大且可能性也大的威胁制订应变计划。

所谓市场营销机会，是指对企业营销管理富有吸引力的而且具有竞争优势的领域或动向。这些机会可以按其吸引力以及每一个机会可能获得成功的概率来加以分类。企业在每一特定机会中成功的概率，取决于其业务实力是否与该行业所需要的成功条件相符合。

假设某烟草公司通过其营销信息系统和营销调研了解到以下足以影响其业务经营

的动向：（1）有些国家政府颁布了法令，规定所有的香烟包装上都必须印上关于吸烟危害健康的严重警告；　（2）有些国家的某些地方政府禁止在公共场所吸烟；（3）许多发达国家吸烟人数下降；（4）这家烟草公司的研究实验室很快就发明用莴苣叶制造无害烟叶的方法；（5）发展中国家的吸烟人数迅速增加。据估计，我国目前有3亿多人吸烟，约占总人口的1/3，青年人中吸烟者所占比例最高。显然，上述（1）～（3）条动向给这家烟草公司造成了环境威胁；（4）、（5）两条动向造成了使公司可能享有差别利益的市场机会。

（三）分析市场营销环境的方法

如上所述，任何企业都面临着若干环境威胁和市场机会。然而，并不是所有的环境威胁都一样大，也不是所有的市场机会都有同样的吸引力。企业的最高管理层可以用"环境威胁矩阵"和"市场机会矩阵"方法来加以分析、评价（见图5－6）。

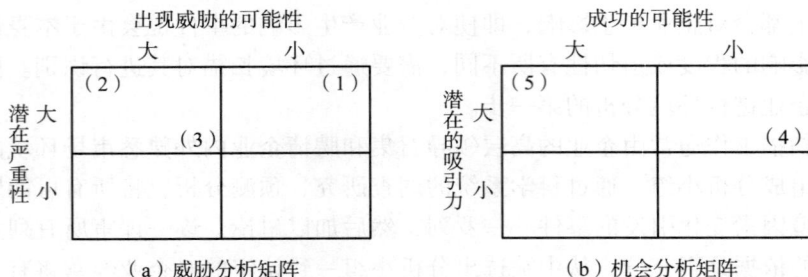

图 5－6　市场营销环境的分析与评价

环境威胁矩阵图的横排代表"出现威胁的可能性"，纵列代表"潜在的严重性"，表示盈利减少程度。上述烟草公司在环境威胁矩阵图上有三个"环境威胁"，即动向（1）、（2）、（3）。其中威胁（2）和威胁（3）潜在严重性大，出现威胁的可能性也大。所以，这两个环境威胁都是主要威胁，公司对这两个主要威胁都应十分重视；威胁（1）的潜在严重性大，但出现的可能性小，所以这个威胁不是主要威胁。

市场机会矩阵图的横排代表"成功的可能性"，纵列代表"潜在的吸引力"，表示潜在盈利能力。上述烟草公司在市场机会矩阵图上有两个"市场机会"，即动向（4）和（5）。其中最好的市场机会是（5）。其潜在吸引力和成功的可能性都大；市场机会（4）的潜在吸引力虽然大，但其成功的可能性小。

用上述方法来分析和评价企业所经营的业务，可能会出现四种不同的结果（见图5－7）。

（1）理想业务，即高机会和低威胁的业务。

（2）风险业务，即高机会和高威胁的业务。

（3）成熟业务，即低机会和低威胁的业务。

（4）困难业务，即低机会和高威胁的业务。

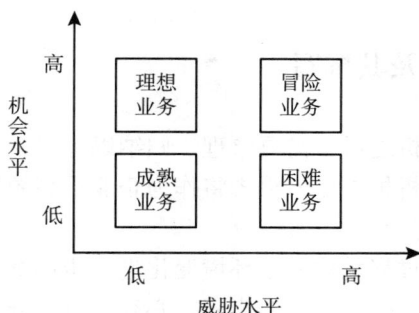

图 5 - 7 机会与威胁综合矩阵

上例中，烟草公司共有两个主要威胁，即（2）和（3），以及一个最好的机会，即（5）。这就是说，该公司的业务属风险业务。

另外，还可以采用"SWOT"分析方法，即把企业内外环境形成的机会（Opportunity）、威胁（Threat）、优势（Strength）和劣势（Weakness）四个方面的情况结合起来，对企业的实力进行全面的分析，以采取有效的措施解决问题，寻找制定适合于本企业实际情况的战略和策略。

三、企业对机会和威胁的反应

对企业所面临的主要威胁和最好的机会，最高管理层应当做出什么反应或可采取何种对策呢?

（一）对机会的反应

最高管理层对企业所面临的市场机会，必须慎重地评价其质量。美国著名市场营销学者西奥多·莱维特（Theodore Levitt）曾告诫企业家们，要小心仔细地评价市场机会。他说："这里可能是一种需要，但是没市场；或者这里可能是一个市场，但是没有顾客；或者这里可能是一顾客，但目前实在不是一个市场。又如，这里对新技术培训是一个市场，但是没有那么多的顾客购买这种产品。那些不懂得这种道理的市场预测者对于某些领域（如闲暇产品、住房建筑等）表面上的机会曾做出惊人的错误估计。"

（二）对威胁的反应

企业对所面临的主要威胁有三种可能选择的对策：
（1）反抗。即试图限制或扭转不利因素的发展。
（2）减轻。即通过调整市场营销组合等来改善环境适应，以减轻环境威胁的严重性。
（3）转移。即决定转移到其他盈利更多的行业或市场。

四、环境分析报告及其撰写

在进行机会与威胁分析之后，需要整理、归纳以上对企业环境进行调查、分析和预测的结果，编写环境分析报告。该报告将作为企业最高领导层构想营销战略方案和进行战略决策的基本依据。

编写环境分析报告的过程是对未来环境变化进一步调查分析，明确问题、深化认识的过程，因而是环境分析的一个重要步骤，必须予以充分的重视。

环境分析报告是环境分析结果的总结和概括，它应能回答战略决策所了解的未来环境问题。

报告的主要内容是：

（1）企业未来将面临什么样的环境。

（2）各个环境因素会如何变化，对企业将造成怎样的影响。

（3）未来环境会使企业有哪些机会和威胁，它们出现的概率是多大。

（4）企业适应未来环境的初步设想和战略课题是什么。

（5）环境分析报告的叙述应力求简明扼要，论证要用事实和数据说明，尽量采用直观醒目的图表。

❖ 本章小结

（1）企业处在复杂的环境中，环境对企业生存和发展有着重要的影响。

（2）市场营销环境发展趋势基本上分为两大类：一类是环境威胁，另一类是营销机会。

（3）市场营销环境是指影响企业营销管理活动及其目标实现的各种因素和动向，可分为宏观营销环境和微观营销环境。微观环境是指对企业服务其顾客的能力构成直接影响的各种力量，包括企业本身及其市场营销渠道企业、市场、竞争者和各种公众，这些都会影响企业为其目标市场服务的能力。微观环境中所有的分子都要受宏观环境中各种力量的影响。

（4）宏观环境是指那些给企业造成市场机会和环境威胁的主要社会力量，包括人口环境、经济环境、自然环境、技术环境、政治和法律环境以及社会和文化环境。这些主要社会力量代表企业不可控制的变量。

案例分析

Carphone Warehouse（CPW）成立于 1989 年，是英国移动电话零售商的领军公司，该公司拥有 1650 个商店，有 11300 名雇员。2013 年销售额达 1300 万英镑。短短 20 年时间，这家企业不仅成为欧洲最大的手机零售连锁企业，而且通过一系列并购，成为全业务通信运营商。在其庞大的店面优势支撑下，客户发展迅猛，在极短的时间内取得了英国固话和宽带市场行业第三的市场地位。十几年前，公司的全部收入都依赖于手机出售业务。如今，公司逐渐改变了业务模式，增了新的服务内容，给客户提供多种选择的第三方或者自有品牌的通信服务，同时提供价格公平的通信附属设备。与其他零售商的不同之处在于，该公司的利润主要产生于与客户持续增进的关系，而不是店面的交易收入。

为了对市场做出决策性定位，有必要对 Carphone Wearhouse 所处的环境进行分析，因为公司的市场环境影响着公司的营销方向，首先是宏观环境，包括政治、技术革新、全球经济、社会行为和法律。这些宏观环境因素一般是公司不可控的，所以公司必须通过宏观环境的状况来调整自己来适应周围的环境。

企业的宏观环境，一般称此为 PESTEL（政治 Political、经济 Economic、社会 Social、技术 Technological、环境 Environmental 和法律 Legal）是企业进行环境分析的主要因素，Carphone Wearhouse 的宏观环境分析如下：

政治

在英国，移动电话行业现在受诸如英国电信监管机构 Ofcom 这样的组织规范和管理，同样也规范和约束了 CPW 公司的运营，这也自然决定了公司的商业模式必须受制于政府所规定的法律框架。

英国政府积极地鼓励移动电话网络的发展，从而刺激 CPW 开发新产品的进程。政府打算计划到 2018 年启动 5G 手机网络，这对 CPW 无疑是一个十分利好的影响。

经济

国家的经济条件控制着国民的消费能力，2008 年的经济危机给 CPW 公司的收益带来了很大的影响，从而使公司的以技术为依托的收益带来了负面的影响。

社会

英国人对智能手机的需求量日益增加，根据市场调研表明，到 2015 年年底 90％以上的英国人将使用智能手机，技术的社会适应性进一步增加公司的经营能力。

技术

在网络和硬件方面的技术先进性直接影响 CPW 的成长。手机的技术快速进步，CPW 必须不断地适应这些变化以保持公司的竞争性。

环境

英国的社团和政府致力于发展绿色商务，这将很大程度上影响全国企业的运营效果。与政府所倡导的相适应，CPW 注重为顾客提供绿色技术产品。

法律

从法律层面，CPW 作为本国的企业一直执行和遵循英国法律。

上述的宏观环境因素，CPW 有必要认真考虑以有效地做出营销策略，公司必须根据宏观环境相关的核心层面来有效地与高效地制定营销策略。

微观环境

企业的微观环境决定着企业的整体竞争状态。微观环境因素对企业的营销有着直接的影响，企业必须适应微观环境条件来维持自己的竞争势态。内部因素，如企业文化、市场定位和品牌都属于企业内部环境因素。同样的，供应商，行业中的竞争对手和消费者也会决定企业的微观环境。SWOT 分析能让企业认识到自己企业的核心优势和主要的劣势，存在于企业的威胁与潜在的机会，使企业将营销策略建立在内部环境因素上。

优势 在英国是知名品牌 有多年经营建立起来的经营信誉 由于 CPW 的经营规模，可以为顾客提供具有竞争力的价格	劣势 移动电话行业的整体评估业绩不佳 公司的主要业务依赖于移动网络协作 销售投诉率占比较大的比例
机会 英国快速发展的移动通信工业 有向欧洲扩展业务的能力 英国政府鼓励技术革新	威胁 在移动电话零售的竞争越来越激烈 主要的移动网络还没跟公司签订新合同

图 5 – 8 SWOT 分析，CPW – UK

根据对企业的环境因素分析和 SWOT 分析，CPW 有必要对企业做出定位策略，才能有效决策企业的整体产品发展过程和影响市场策略。有效的定位是基于各种环境因素，包括上述的宏观和微观环境。图 5 -9 应用波特的一般竞争策略矩阵图对企业做出定位。

市场	总市场	成本领先	差异化
规模	利基市场	聚焦成本	聚焦差异化
		成本	差异化

竞争优势

图 5 -9　波特一般竞争战略

上述矩阵图中是基于公司在市场中的地位来决定市场营销策略，也是对顾客的决策过程。而竞争定位矩阵所显示的四个定位关系，一般来说，就是企业根据公司的条件如何选择相应的策略。针对 CPW 的情况，根据公司的优势和劣势，就是紧随英国的电信市场的变化，考虑到 CPW 在英国移动产品具有竞争性地位的情况，从而选择成本领先策略，辅助于聚焦差异化为顾客提供独特的产品。

讨论题

1. 案例中，影响 Carphone Warehouse 生存与发展的外部因素有哪些？企业是如何应对的？
2. 如果你是 Carphone Warehouse 总裁，针对企业的内外部环境因素的变化，将会有哪些更好的营销策略？

复习思考题

1. 市场营销环境有何特点？市场营销环境对企业的重要性体现在什么地方？
2. 面对市场营销环境所提供的机会和威胁，企业可以采取哪些有针对性的对策？
3. 企业在向目标市场推销产品时，将面临哪些不同类型的竞争？
4. 人口增长对企业营销有什么影响？
5. 随着我国城乡居民人均收入水平的不断提高，企业的营销活动将可能产生怎样的变化？
6. 科学技术的发展对企业营销活动有什么影响？
7. 试举例说明社会文化因素对企业营销活动的影响（房地产行业、汽车行业或你认为有重大影响的其他行业）。
8. 你认为今后 10 年或 20 年，中国居民的生活方式将会有什么变化？这种变化将如何影响你所生活地区的零售业的营销活动？

第六章　消费者购买行为分析

【本章要点】
◆ 消费者市场的含义及特点
◆ 影响消费者购买行为的因素
◆ 消费者购买决策过程的主要参与者
◆ 消费者购买行为的主要类型
◆ 消费者购买决策过程的主要步骤及各阶段营销者应采取的策略

【专业词汇】
消费者市场　社会阶层　相关群体　生活方式　文化　亚文化　社会角色　购买动机　知觉　学习　信念　态度　复杂型购买行为　多变型购买行为　协调型购买行为　习惯型购买行为

【案例引导】

从豆浆到维他奶

"维他奶"是香港家喻户晓的饮料品牌，1940年开始在香港生产，如今生产厂房遍及中国大陆、中国香港、澳洲和美国。

豆浆，在中国已有两千多年的历史。它的形象与可乐、牛奶相比，浑身上下冒着"土气"。但是，现在豆浆在美国、加拿大、澳大利亚等国的超级市场上都能见到，与可乐、七喜、牛奶等国际饮品并列。

豆浆改名维他奶，是香港维他奶国际集团有限公司为了将街坊饮品变成国际饮品，顺应消费者不断变化的价值观和现代人的生活形态，改善其产品形象而特意选择的。"维他"来自拉丁文Vita，英文Vitamin，其意为生命、营养、活力等，而舍"浆"取"奶"，则来自英语soybean milk（豆奶，即豆浆）。70年前，香港人的生活不富裕，缺乏营养。当时生产维他奶，是要为人们提供一种既便宜又有营养的牛奶代用品。自诞生以来，维他奶都是以普通大众的营养饮品出现的，是"廉价饮品"。可是到了20世纪70年代，香港人的生活水平大大提高，营养对一般人来说并不缺乏，人们反而担心营养过多的问题。此时的维他奶需要扭转"穷人的牛奶"的形象。

认识到这个问题以后，维他奶公司尝试把维他奶树立为年轻人的消费品，使它能像其他汽水一样，与年轻人多姿多彩的生活息息相关。这时期的广告便摒除了"解渴、营养、充饥"或"令你更高、更强、更健美"等字眼，创做出深入民心的广告语："维他奶点只汽水咁简单"，再凸显其比汽水饮品更健康。80年代中期，维他奶又推出了一个电视广告，背景为现代化城市，一群年轻人拿着维他奶随着音乐跳舞，这一时期，维他奶是一种"休闲饮品"的形象。进入90年代，维他奶的电视广告《乡情》描写祖父横过铁路路轨为孙儿买维他奶，与朱自清的文学作品《背影》中父亲为儿子买橘子甚为相似，重点突出亲切、温情的一面。2003年，维他奶推出广告语"维他奶至紧要得你开心"，而电视广告则以偷拍的手法，当顾客拿起一包特制的道具维他奶时，便会发出笑声，维他奶为顾客带来欢笑。

对于很多香港人来说，维他奶是成长过程的一个部分，大多数人对维他奶有一种特殊的亲切感和认同感，是香港本土文化的一个符号，是香港饮食文化的代表之一，维他奶对香港人如同可口可乐对美国人一样。由此，维他奶又开始树立"经典饮品"的形象。

资料来源：http://wenku.baidu.com/view/4a5771136c175f0e7cd137d8.html.

成功的营销者是那些能够有效地发展对消费者有价值的产品，并运用富有吸引力和说服力的方法将产品有效地呈现给消费者的企业和个人。购买者行为理论认为，企业在其营销活动中，必须认真研究目标市场中消费者的购买行为规律及特征，准确把握其购买行为，才能制定科学的营销策略，满足市场需要，实现企业的经营目标，使企业在激烈的竞争中立于不败之地。

第一节　消费者市场

一、消费者市场的含义

消费者市场又称最终产品市场、消费品市场或生活资料市场，是指个人或家庭为满足生活需求而购买或租用商品的市场，它是市场体系的基础，是起决定作用的市场。对消费者市场的研究是整个市场研究的基础和核心。对于消费品的生产经营企业而言，深刻认识消费者市场的特点，准确把握消费者购买行为，才有可能科学地确定产品的销售对象，有针对性地确定产品、价格、渠道和促销策略，提高市场营销的效率，在充分满足消费者需要的前提下实现企业的发展目标。

二、消费者市场的特点

（一）分散性

从交易的规模和方式看，消费品市场购买者众多，市场分散，成交次数频繁，但交易数量零星，绝大部分产品和服务都通过中间商销售，以方便消费者购买。因此，面向消费者市场的企业应特别注意分销渠道的选择、设计及管理。

（二）差异性

消费者受到民族传统、宗教信仰、生活方式、经济水平、文化水平、职业、年龄、个性等众多不同因素的影响，这种差异性又体现为消费者需求的多样性。消费者需求的多样性表现在两个方面：一方面表现为消费者的多方面需求。消费者不仅需要吃、穿、用、住，还需要娱乐消遣等。另一方面表现为同一消费者对某一特定消费的多方面需求。

（三）多变性

消费者市场产品的专业技术性不强，同种产品较多，消费者选择余地大，需求多变。自 20 世纪后半叶起，科学技术的迅猛发展，这些新技术应用到消费品生产领域，使新产品层出不穷，加上市场竞争的加剧，导致消费需求愈加多样化。

（四）替代性

消费者市场产品种类繁多，不同产品之间往往可以互相替代，这与组织市场情况差异较大。譬如，近年来各种功能饮料陆续亮相，彼此之间具有很强的替代性，如乐百氏的"脉动"和康师傅的"劲跑"；而饼干与方便面虽是不同种类产品，也可互相替代。因此，消费者经常在替代品之间进行购买选择，导致购买力在不同产品、品牌和企业之间流动。

（五）非专业性

消费者的购买行为具有可诱导性。消费者在决定购买时，生产特征的限制及国家政策和计划对其影响不大，而主要源于他们的自发性和冲动性；同时消费者大多缺乏相应的商品知识和市场知识，其购买行为属非专业性购买，他们对产品的选择往往会受到广告宣传的影响。

（六）层次性

人的需求总是由低层次向高层次逐渐发展和延伸的，即低层次的、最基本的物质需求满足以后，就会产生高层次的精神需求。企业营销者必须发现某产品和品牌所能满足的需求，并围绕这些需要去制定营销组合。

（七）伸缩性

消费需求受消费者收入、生活方式、商品价格和储蓄利率影响较大，在购买数量和品种选择上表现出较大的需求弹性或伸缩性。收入多则增加购买，收入少则减少购买。商品价格高或储蓄利率高的时候减少消费，商品价格低或储蓄利率低的时候增加消费。因此，企业应注意研究引起需求量变化的因素，并根据这些因素的变化调整产品结构和供应结构。

（八）季节性

季节性分为三种情况：一是季节性气候变化引起的季节性消费；二是季节性生产而引起的季节性消费；三是风俗习惯和传统节日引起的季节性消费。因此，企业应认真研究和掌握需求的季节性特点，采取针对性营销策略。

三、消费者市场的购买对象

消费者进入市场，其购买对象是多种多样的。如果以消费者的购买习惯为划分标准，消费者的购买对象一般分为三类，即便利品、选购品、特殊品。

（一）便利品

便利品又称日用品，是指消费者日常生活所需、需重复购买的商品，诸如食品、饮料、肥皂、洗衣粉等。消费者在购买这类商品时。一般不愿花很多的时间比较价格和质量，愿意接受其他代用品，多数选择就近购买。

（二）选购品

选购品是指价格比便利品要贵，消费者购买时愿花较多时间对许多同类产品进行比较之后才决定购买的商品，如服装、家电等。消费者在购买前，对这类商品了解不多，因而在决定购买前总是要对同一类型的产品从价格、款式、质量等方面进行比较。生产经营选购品的企业应将销售网点设在商业网点较多的商业区，同类产品销售点相对集中，以便顾客进行比较和选择。

（三）特殊品

特殊品指消费者对其有特殊偏好并愿意花较多时间和精力去购买的消费品，如汽车、高档家具等。消费者在购买前对这些商品已经具有了一定的认识，偏爱特定的品牌，不愿接受代用品。为此，企业应注意争创名牌产品，扩大本企业产品的知名度。

如按商品的耐用程度和使用频率分类，消费者的购买对象可分为耐用品和非耐用品。非耐用品是指使用次数较少、消费者需经常购买的商品，如食品、化妆品等。生产这类产品的企业，要特别注意销售点的设置，以方便消费者购买。

耐用品指能多次使用、寿命较长的商品，如电视机、电冰箱以及电脑等。消费者购买这类商品时，决策较为慎重。生产这类商品的企业，要注重技术创新，提高产品质量，同时要做好售后服务，满足消费者的购后需求。

第二节　影响消费者购买行为的因素

人们的消费行为、购买决策在很大程度上受到文化、社会、个人和心理等因素的影响，如图 6 - 1 所示。

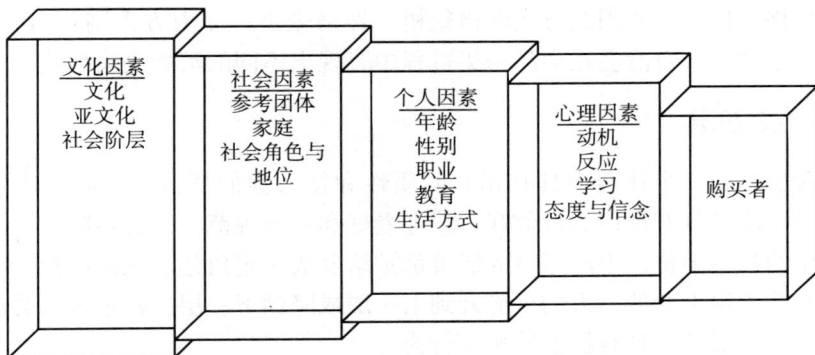

图 6 - 1　消费者购买行为的影响因素

文化因素
文化
亚文化
社会阶层

社会因素
参考团体
家庭
社会角色与地位

个人因素
年龄
性别
职业
教育
生活方式

心理因素
动机
反应
学习
态度与信念

购买者

一、文化因素

（一）文化

文化是区分一个社会群体与另一个社会群体的主要因素，是人们通过学习获得的区别于其他群体行为特征的集合。文化所包含的潜在元素有：价值观、文字、语言、伦理道德、风俗习惯、宗教仪式、法律及产品和服务等。它们是人类欲望和行为最基本的决定因素，对消费者的行为具有最广泛和最深远的影响。文化不仅影响人们对特定商品的购买，还作用于消费者信息搜集和价值判断。

（二）亚文化

亚文化是在较大文化内与其他群体共存的一个群体，其成员具有的共同信仰、特征或经历等，能提供更为具体的认同感，如民族文化、宗教文化、种族文化和区域文化等。对企业开展营销活动而言，最重要的亚文化中包括民族与种族文化，因为许多消费者都强烈认同自己身上所具有的遗传特质，并受到体现这些特质的产品的影响。

（1）民族文化。在漫长的历史发展过程中各个民族形成了自己独特的风俗习惯和文化传统。

（2）宗教文化。各宗教都有自己的教规或戒律，也有自己的偏好和禁忌，分属不同宗教群体的消费者在购买行为和消费习惯上必然会表现出各自的特征。企业应充分了解现实及潜在消费者的宗教信仰，制定适合其特点的营销策略，满足其消费需求。

（3）种族文化。世界上有白种人、黑种人、黄种人、棕种人4个人种，有些国家存在着不同的人种，如美国、瑞士、新加坡和南非。各个种族都有自己独特的生活习惯和文化传统，他们的购买行为各不相同。如向亚裔美国人提供产品时，文化敏感度对营销效果很关键，需要注意不同数字、颜色所代表的不同含义。

（4）区域文化。不同的区域具有不同的地理特征、气候特点，赋予了人们不同的体质和性格。比如，我国北方人体格魁梧，性格豪爽；而南方人则相对身材灵巧，性格细腻。这种差异自然会在商品购买过程中表现出不同的消费决策模式。

（三）社会阶层

社会阶层是指一个社会中具有相对同质性和持久性的群体，它们是按等级排列的，每一阶层成员具有类似的价值观、兴趣爱好和行为规范。社会各阶层具有特定的作用和特定的社会地位，不同等级的成员都被培养成一定角色。在某些社会，社会阶层的界限并非固定不变的，人们可能升到上一层或降到下一层。营销人员关注社会阶层是因为同一阶层的人具有类似的购买行为。

20世纪30年代以来，学者们一直在研究决定社会阶层的因素，研究发现9个因素成为决定社会阶层的重要影响因素（见图6-2）。

消费者往往会把产品的品牌和服务与特定的社会阶层联系起来，许多产品也是针对特定社会阶层而设计的。工薪阶层的消费者通常从实用角度评价商品，而中上阶层则更看重产品的风格和时尚。因此，社会阶层观点可以被应用于市场细分和产品定位。企业在制定产品定位策略时，需要全面了解目标市场的特征，以便在消费者心目中塑造对产品形象的看法，而社会阶层就是其中一个很重要的概念。有研究表明，社会中想成为高级社会阶层的人总比实际处于这一阶层的人多，许多中产阶层都购买对高阶层有吸引力的产品。

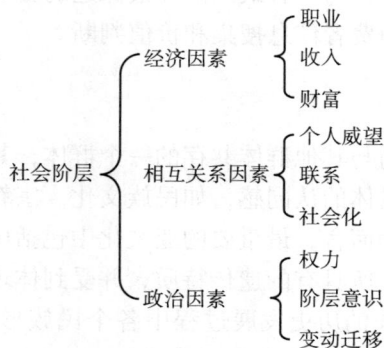

图6-2　社会阶层的影响因素

二、社会因素

人们在做出购买决策时，一般乐于听取所依赖之人的意见以降低购买决策中的潜在风险，并从了解他们的想法和行为中获取慰藉。因此，消费者购买行为也受到诸如相关群体、家庭、社会角色与地位等一系列社会因素的影响。

（一）相关群体

相关群体（即参照群体）指能够直接或间接影响消费者购买行为的个人或集体。相关群体可分为直接相关群体和间接相关群体，如图6-3所示。

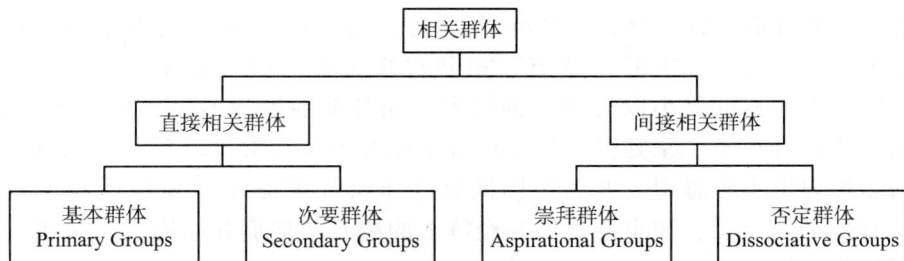

图6-3 相关群体的划分

直接相关群体又称为成员群体，即某人所属的群体或与其有直接关系的群体。成员群体又分为基本群体（首要群体）和次要群体两种。基本群体（首要群体）是指与某人直接、经常接触的一群人，一般都是非正式群体，如家庭成员、亲戚朋友、同事、邻居等。次要群体是对其成员影响并不很经常但一般都较为正式的群体，如宗教组织、职业协会等。间接相关群体是指某人的非成员群体，即此人不属于其中的成员，但又受其影响的一群人。这种相关群体又分为崇拜群体（向往群体）和否定群体（厌恶群体）。崇拜群体（向往群体）是指某人推崇的一些人或希望加入的集团，例如体育明星、影视明星就是其崇拜者的向往群体。否定群体（厌恶群体）是指某人讨厌或反对的一群人。一个人总是不愿意与厌恶群体发生任何联系，在各方面都希望与其保持一定距离，甚至经常反其道而行之。随着信息与网络技术的发展，社会生活中又诞生了一个新的群体——虚拟群体，它主要基于虚拟社区而非地域性社区。网络从时间和空间上根本改变了传统的社会交往和人际沟通的方式，形成了许多独特的观念、准则。

相关群体对消费行为的影响表现在三个方面：一是示范性，即相关群体的消费行为和生活方式影响了消费者的生活方式，进而影响其购买行为；二是仿效性，即影响了消费者的态度和自我概念，从而引起仿效欲望或购买欲望，促成购买行为；三是一致性，即由于仿效而使消费行为趋于一致，影响消费者对产品品牌及商标的选择。相关群体对购买行为的影响程度视产品类别而定。据研究，相关群体对汽车、摩托、服装、香烟、啤酒，食品和药品等产品的购买行为影响较大，对家具、冰箱、杂志等影响较弱，对洗衣粉、收音机等几乎没有影响。

（二）家庭

家庭是指居住在一起，由拥有血缘、婚姻或者领养关系的两个人或更多人组成的群体。家庭是社会的基本单位，也是社会中最重要的消费者购买组织，它强烈地影响着人们的价值观、人生态度和购买行为。一个人在其一生中一般要经历两个家庭。第一个是父母的家庭，在父母的养育下逐渐长大成人，然后又组成自己的家庭，即第二个家庭。当消费者做购买决策时，必然要受到这两个家庭的影响，其中，受原有家庭的影响比较间接，受现有家庭的影响比较直接。

家庭购买决策大致可分为三种类型：一人独自作主；全家参与意见，一人作主；全家共同决定。这里的"全家"虽然包括子女，但主要还是夫妻二人。夫妻二人购买决策权的大小取决于多种因素，如各地的生活习惯、妇女就业状况、双方工资及教育水平、家庭内部的劳动分工以及产品种类等。孩子在家庭购买决策中的影响力也不容忽视，尤其中国的独生子女在家庭中受重视的程度越来越高。随着孩子的成长、知识的增加和经济上的独立，他们在家庭购买决策中的权力逐渐加大。

（三）社会角色与地位

社会角色是指个人在群体、组织及社会中的地位和作用。一个人在其一生中会参加许多群体，如家庭、俱乐部及其他各种组织。每个人在各个群体中的位置可用角色和地位来确定，其地位随着不同阶层和地理区域而变化。社会角色的不同在某种程度上会影响消费者购买行为。

三、个人因素

消费者购买决策也受其个人特性的影响，特别是受其年龄、职业、经济状况、生活方式、个性以及自我观念的影响。

（一）年龄和性别

消费者的年龄和性别会对消费者行为产生明显的影响。消费者的年龄通常是决定其需求的重要因素。人从出生到死亡要经历婴儿期、儿童期、青年期、成年期、中年期和老年期六个阶段，处于不同年龄段的消费者有着不同的需求心理和行为，而产品和服务通常只吸引某个特定年龄段的人群。需要注意的是，现代社会信息扩散范围与影响力惊人，使不同年龄段的人群在信息获取、心态和行为上趋同，年龄界限逐渐模糊难分。因此，营销人员不仅应注意消费者的生理年龄，更应关注其心理年龄。

男性和女性在生理上的先天差别导致了不同的心理和行为，使两性的消费及购买决策过程差异显著。男性消费者购物目的明确，决策比较理性，接受稳重可靠的商品，追求快捷、简单的购物过程；而女性消费者往往购物目的不够明确，通常有更多的计划外购物，喜爱时尚可爱的商品，决策偏于感性，常常乐于货比三家，在商场里流连忘返。不过，随着社会经济的发展，性别间的消费差异正逐步减少，许多企业已经开始研究如何把与性别有关的产品转变为对两性同样适用，从而扩大市场容量。

（二）职业与经济状况

不同职业的消费者扮演着不同的社会角色，承担并履行着各异的责任和义务，有着不同的价值观和行为准则，对商品的需求和兴趣也各不相同。

经济状况的好坏、收入水平的高低对消费者的购买行为有着更为直接的影响，人们的消费心理和购买模式往往随着其经济状况的变化而变化。不同的收入水平，决定了不同的购买能力，决定了需求的不同层次和倾向。

（三）生活方式、个性及自我观念

生活方式是理解消费者行为的通俗概念，它比个性及自我观念更综合，是指人们生活、花费时间和金钱的方式的统称，它反映了人们的个人活动、兴趣和态度。不同生活方式显然有着不同的购买需求。

个性是指个体带倾向性的、比较稳定的、本质的心理特征的总和。个性包括兴趣、爱好、能力、气质、性格等许多心理特征。个性会直接或间接地影响消费者的购买行为，个性在预测消费者的购买行为、品牌的选择、新产品的购买和购买决策等方面具有一定的影响和作用。

自我观念是指人们由于自身特性而进行自我认知的一种方法。不同的人对自己有不同的认识，从而形成自己是属于哪类人的观点。

四、心理因素

消费者购买行为要受动机、知觉、学习以及信念和态度等主要心理因素的影响。

（一）动机

动机是一种驱使人满足需要、达到目的的内在动力，是一种升华到足够强度的需要，它能够及时引导人们去探求满足需要的目标。美国心理学家亚伯拉罕·马斯洛认为，人是有欲望的动物，需要什么取决于已经有了什么，只有尚未被满足的需要才影响人的行为，已满足的需要不再是一种动因。

（二）知觉

处于相同的激励状态和目标情况下的两个人，其行为可能大不一样，这是由于他们对情况的知觉各异。所谓知觉是指感觉器官与大脑对刺激做出解释、分析和整合的创造性过程，它不仅取决于刺激物的特征，而且依赖于刺激物同周围环境的关系以及个人所处的状况。人们之所以对同一刺激物产生不同的知觉，是因为人们要经历三种知觉过程，即选择性注意、选择性曲解和选择性记忆。

（1）选择性注意。人们在日常生活中接受众多的刺激，不可能全部加以注意，而只关注那些自己感兴趣或者对自己有意义的事物和信息。研究表明，人们更多地关注那些与当前需要有关的刺激物、期待的刺激物以及与一般相比有较大差别的刺激物。

（2）选择性曲解。指人们将接收到的信息加以扭曲，使之合乎自己的认识或意愿的倾向。选择性曲解使顾客对信息的理解不一定符合信息的原貌，营销人员对此往往无能为力。

（3）选择性记忆。指人们倾向于保留那些能够支持其态度和信念的信息，而可能忘记所有与自己的信念不一致的信息。

人们对于刺激物的理解是通过感觉进行的。所谓感觉是指通过视、听、嗅、味、触五种感官对刺激物的反应。随着感觉的深入，将感觉到的材料通过大脑进行分析综合，从而得到知觉。

（三）学习

人类行为大多来源于学习。学习是指由于经验而引起的个人行为或行为潜能的持续性改变。学习论者认为，一个人的学习是通过驱动力、刺激物、诱因、反应和强化的相互影响而产生的。

由于市场营销环境不断变化，新产品、新品牌不断涌现，消费者必须经过多方收集有关信息之后，才能做出购买决策，这本身就是一个学习过程。对营销人员来说，可以通过把学习与强烈驱动力联系起来，运用刺激性暗示和不断强化等手段来建立对产品的需求。

（四）信念和态度

通过学习，人们获得了自己的信念和态度，而信念和态度又反过来影响人们的购买行为。所谓信念是指一个人对事物所持有的描述性想法。企业应关注人们头脑中对其产品或服务所持有的信念，即本企业产品和品牌的形象。人们根据自己的信念采取行动，如果一些信念妨碍了购买行为，企业就要运用促销手段去影响或修正这些信念。所谓态度是指一个人对事物或观念长期持有的好与不好的认识上的评价、情感上的感受和行动倾向。态度能使人们对相似的事物产生相当一致的行为。

小案例

多因素决定新车购买

2011 年广州车展，和讯汽车联合数字 100 调查机构进行了街头调查，随着汽车的普及，购车已经成为全民都必须要经历的一个环节。然而到哪里买车、买什么品牌的车、买什么价位的车以及现有的购车优惠政策，都是消费者买车时最关心的问题。

近四成的消费者选择自主品牌。

2011 年，中国汽车市场的竞争达到了前所未有的激烈程度。中国汽车市场的车型产品种类繁多，各种品牌让消费者眼花缭乱。数据显示，38.7% 的消费者比较倾向于购买"自主品牌"；28.9% 的消费者倾向于"德系车型"；另外，表示倾向于"日系车型"的占 22.3%；还有"美系车型"、"韩系车系"分别占到 7.9% 和 1.7%。

21～30 岁的消费者成购车主力。

中国汽车市场发展迅猛，在过去的几年里，中国是唯一保持年增长率在 20% 以上的国家。调查发现，不同年龄段的购买者在购买意向和关注点方面存在差异，21～30 岁的消费者成为主力军占 49.3%；31～40 岁的消费者所占数据为 32.8%；10.2% 是 41～50 岁的消费者所占的比例。

但值得注意的是，41.1% 的消费者表示，在考虑购车时，"安全"是最先考虑的因素。"油耗"占 27.3% 是第二重要因素，一路高涨的油价，使得"经济驾驶"成为热门话题，购买比较省油的汽车再加上维修保养，每月可以为消费者节省 600 元左右；"品牌"和"价格"这两大因素分别占 13.5%、11.2%；最后是"技术"这一因素只占 6.4%。

车市走势难辨，消费者看法不一。

消费者选择在哪里购车呢？数据显示，43.7% 的消费者会选择在 4S 店；55% 的消费者通过"二级经销商"、"大型汽车交易市场"以及"车展现象"决定自己的购买方式。

分析认为，虽然互联网已经成为消费者获取各种信息的渠道，但对于汽车这类专业性强、技术复杂、价格高的商品，消费者在购买时还是比较谨慎，倾向于传统的购买方式。原因是信息来源比较直接，而且可以与销售顾问与营销经理进行沟通，对汽车产品了解更加详细。

数据显示，消费者比较在乎"售后服务水平高的"汽车商家，占 45.7%；20.3% 的消费者认为是"知名度高、口碑好"的商家；27% 的消费者倾向于"实力强，规模大的且交通便利"。

七成消费者认为"限购"不能解决根本问题。

为缓解交通拥堵，保护环境，缓解汽车增长势头，政府日前发布限购令。

数据显示，72.4% 的消费者认为限购政策"不能解决根本问题"，只会导致更多消费者选择中高端车型，自主品牌最"受伤"；14.6% 的消费者认为"难以判断"；另有 11.5% 的消费者表示"从根本上解决了问题"，支持限购政策。

近五成人表示不购车，且不受优惠政策的吸引。

1.6L 以下乘用车购置税优惠政策取消对车市影响几何？数据显示，五成的消费者认为"没有影响，且今年不会购车"，期待明年会有好的优惠政策；31.9% 的消费者表示"没影响，本来原计划今年购车"，虽然国家取消了优惠政策，但调整后消费者只需多付 2000 元左右，不会影响购车者的需求；"促使放弃购车"的消费者只占 12.9%，如果同品牌 1.6L 和 1.8L 价格差异幅度不是很大，消费者从 1.6L 升级到 1.8L 的可能性会增大，因为 1.8L 在性能方面要比 1.6L 高出不少；只有 6.1% 的消费者会"提前购车"。此外，还有 36% 的消费者表示"不会购车"。

资料来源：http://auto. hexun. com/2011 - 11 - 19/135396812. html.

第三节　消费者购买行为类型与决策

市场营销者在分析了影响购买者行为的主要因素之后，还需了解消费者如何做出购买决策，即了解谁做出购买决策，以及购买决策的类型等。

一、参与决策的角色

人们在购买决策过程中可能扮演不同的角色，包括：

（1）发起者，即首先提出或有意向购买某一产品或服务的人。

（2）影响者，即其看法或建议对最终决策具有一定影响的人。

（3）决策者，即对是否买、为何买、如何买、何处买等有关决策做出完全或部分最后决定的人。

（4）购买者，即实际采购人。

（5）使用者，即实际消费或使用产品或服务的人。

消费者的购买行为按照购物目的的不同可分为个人购物和家庭购物两种模式。个人购物是为了个人消费而购买产品，而家庭购物则是为了家庭成员共同使用购买产品。当消费者进行个人购物时，可能同时扮演上述五种角色，而在进行家庭购物时，往往是由家庭成员承担不同的决策参与角色，而且随着购买环境和产品的不同，家庭成员在购买决策过程中的角色往往也会发生变化。

二、消费者购买行为的类型

消费者购买决策随其购买行为类型的不同而变化。较为复杂和花钱多的决策往往凝结着购买者的反复权衡和众多人的参与决策。根据参与者的介入程度和品牌间的差异程度，可将消费者购买行为分为四种类型（见表6-1）。

表6-1　　　　　　　　　　消费者购买行为类型

品牌差异程度 ＼ 购买参与程度	高	低
大	复杂型购买行为	多变型购买行为
小	协调型购买行为	习惯型购买行为

（一）习惯型购买行为

习惯型购买行为是指对于价格低廉、经常购买、品牌差异小的产品，消费者不需要花时间选择，也不需要经过搜集信息、评价产品特点等复杂过程的最简单的购买行为类型。消费者只是被动地接收信息，出于熟悉而购买，也不一定进行购后评价。企业可以用价格优惠、电视广告、独特包装、销售促进等方式鼓励消费者试用、购买和续购其产品。

（二）多变型购买行为

有些商品牌子之间有明显差别，但消费者并不愿在上面多花时间，而是不断变化他们所购商品的牌子，如购买点心之类的商品。对于寻求多样化的购买行为，市场领导者和挑战者的营销策略是不同的。市场领导者力图通过占有货架、避免脱销和提醒购买的广告来鼓励消费者形成习惯性购买行为。而挑战者则以较低的价格、折扣、赠券、免费赠送样品和强调试用新品牌的广告来鼓励消费者改变原习惯性购买行为。

（三）协调型购买行为

有些选购品，品牌之间区别不大，消费者又不经常购买，而购买时有一定的风险性。因为商品本身的差异不明显，虽然消费者对购买行为持谨慎态度，但他们注意力更多地集中在价格是否优惠，购买时间地点是否便利等，一般不花很多时间去收集并评估不同品牌的各种信息，因而购买以后，消费者极易产生不协调或不够满意。针对这种购买行为类型，企业应注意运用价格策略和人员推销策略，选择最佳销售网点，并向消费者提供有关产品评价的充分信息，使其在购买后坚信自己作了正确的决定。

（四）复杂型购买行为

如果商品价格较为昂贵，且现有各品牌、品种和规格之间具有显著差异，消费者又高度参与，则易产生复杂的购买行为。复杂购买行为是指消费者为审慎起见，需要大量的信息收集和全面的产品评估，最终形成对这一产品的信念，并做出购买决策的过程。对于这种购买行为，营销者应制定策略帮助购买者掌握产品知识，运用销售人员和印刷媒体等宣传本品牌的优点，发动商店营业员和购买者的亲友影响最终购买决定，简化购买过程。

三、消费者购买决策过程

在复杂购买行为中，消费者购买决策过程由引起需要、收集信息、评价方案、决定购买、购后感觉和行为五个阶段构成（见图6-4）。

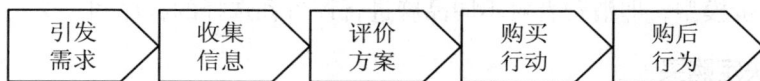

引发需求　→　收集信息　→　评价方案　→　购买行动　→　购后行为

图6-4　消费者购买决策过程

（一）引起需要

消费者的需要往往由两种刺激引起，即内部刺激和外部刺激。营销人员应注意识别引起消费者某种需要和兴趣的环境，并充分注意到两方面的问题：一是注意了解那些与本企业的产品实际上或潜在的、有关联的驱使力；二是消费者对某种产品的需求强度，会随着时间的推移而变动，并且被一些诱因所触发。在此基础上，企业还要善于安排诱因，促使消费者对企业产品产生强烈的需求，并立即采取购买行动。

（二）收集信息

一般来讲，引起的需要不是马上就能满足的，消费者需要寻找某些信息。消费者信息来源主要有个人来源（家庭、朋友、邻居、熟人）、商业来源（广告、推销员、经销商、包装、展览）、公共来源（大众传播媒体、消费者评审组织等）、经验来源（处理、检查和使用产品）等。营销人员应对消费者使用的信息来源认真加以识别，并评价其各自的重要程度，以及询问消费者最初接到品牌信息时有何感觉等。

（三）评价方案

消费者从不同的渠道获取到有关信息后，便对可供选择的品牌进行比较与评价，最后做出购买决定。消费者对产品的判断大都是建立在自觉和理性基础之上的，消费者的评价行为一般要涉及以下几个问题：

（1）产品属性，即产品能够满足消费者需要的特性，如计算机的存储能力、图像显示能力、软件的适用性等。但消费者不一定将产品的所有属性都视为同等重要。营销人员应分析本企业产品应具备哪些属性，以及不同类型的消费者分别对哪些属性感兴趣，以便进行市场细分，对不同需求的消费者提供具有不同属性的产品。

（2）属性权重，即消费者对产品有关属性所赋予的不同的重要性权数。消费者被问及如何考虑某一产品属性时立刻想到的属性，叫作产品的特色属性。但特色属性不一定是最重要的属性。在非特色属性中，有些可能被消费者遗忘，而一旦被提及，消费者就会认识到它的重要性。市场营销人员应更多地关心属性权重，而不是属性特色。

（3）品牌信念，即消费者对某品牌优劣程度的总的看法。由于消费者个人经验、选择性注意、选择性扭曲以及选择性保留的影响，其品牌信念可能与产品的真实属性并不一致。

（4）效用函数，即描述消费者所期望的产品满足感随产品属性的不同而有所变化的函数关系。它与品牌信念的联系是，品牌信念指消费者对某品牌的某一属性已达到何种水平的评价，而效用函数则表明消费者要求该属性达到何种水平他才会接受。

（5）评价模型，即消费者对不同品牌进行评价和选择的程序和方法。

（四）决定购买

评价行为会使消费者对可供选择的品牌形成某种偏好，产生购买意图，进而做出购买决定。但是，在购买意图和决定购买之间，有两种因素会起作用：第一，其他人的态度。如果与消费者关系很密切的人坚决反对购买，消费者就很可能改变购买意向；第二，意外情况。如果出现家庭收入减少，急需在某方面用钱等意外情况，消费者也可能改变购买意向。决定了购买意向的消费者往往还要做出以下一些具体的购买决策：购买哪种品牌、在哪家商店购买、购买量、购买时间、支付方式等。

（五）购后行为

消费者在购买产品后会产生某种程度的满意感和不满意感，进而采取一些使营销人员感兴趣的购后行为。所以，产品在被购买之后，就进入了购后阶段，此时，营销人员的工作并没有结束。购买者对其购买活动的满意感（S）是其产品期望（E）和该产品可觉察性能（P）的函数，即 $S = f(E, P)$。若 $E = P$，则消费者会满意；若 $E > P$，则消费者不满意；若 $E < P$，则消费者会非常满意。消费者根据自己从卖主、朋友以及其他来源所获得的信息来形成产品期望。如果卖主夸大其产品的优点，消费者将会感受到不能证实的期望。这种不能证实的期望会导致消费者的不满意感。E 与 P 之间的差距越大，消费者的不满意感也就越强烈。所以，卖主应使其产品真正体现出其可觉察性能，以便使购买者感到满意。事实上，那些有保留地宣传其产品优点的企业，反倒使消费者产生了高于期望的满意感，并树立起良好的产品形象和企业形象。

消费者对其购买的产品是否满意，将影响到以后的购买行为。如果对产品满意，则在下一次购买中可能继续采购该产品，并向其他人宣传该产品的优点。如果对产品不满意，则会尽量减少不和谐感，因为人类都有一种在自己的意见、知识和价值观之间建立协调性、一致性或和谐性的驱使力。具有不和谐感的消费者可以通过放弃或退货来减少不和谐，也可以通过寻求证实产品价值比其价格高的有关信息来减少不和谐感。营销人员应采取有效措施尽量减少购买者购后不满意的程度，因为过去的品牌选择对于未来品牌偏好起强化作用。

第四节　网络时代消费者购买行为的新趋势

始于 20 世纪 90 年代中期的互联网不仅仅是一项信息技术的创新，更改变了人们的生活方式，推动了社会的转型，也为企业的发展提供了全新的手段和思路。网络时代消费者购买行为在以下几个方面有所改变。

1. 消费者角色的转变

传统的市场营销理论只将消费者当作产品使用者，而网络时代，消费者不仅是消费者，还是生产者。网络可以帮助消费者直接与生产者进行沟通，提出自己的个性化需求，使生产与消费实现统一。此外，传统营销是后验性的，即企业依据消费者对产品使用后的满足程度判断其产品或服务的效果，而网络可以使消费者在产品的生产前或生产中就评估该产品的使用效果。

2. 信息搜集方式

网络的发展使人们能够突破时间空间的限制，随时随地获取信息。比起电视、广播、书籍、报纸杂志等传统媒体，互联网可以随时更快、更好、更完整地将信息传递给消费者，并且消费者可以利用网络与信息传播者进行互动，实现信息传播的双向性。

3. 购物方式

消费者可以利用网络实现家庭购物，满足消费者对购物便利性的需求，提高购物效率。传统的购物要求消费者到售货点完成，这就产生出精力、体力、时间成本。而网络时代消费者足不出户即可实现购物，购物过程轻松简单，通过快递在指定地点收货，节省了精力、体力和时间成本。

小案例

尼尔森：互联网改变汽车消费者

尼尔森联合汽车之家的调查发现，在购买汽车信息渠道上，排名前三位的是4S店、亲戚朋友介绍和专业汽车网站，而信息渠道中最不受关注的三种方式是通过电视，报纸和杂志以及广播。不难看出，这种消费者被动接受的传统传播媒体已经在互联网的覆盖中逐渐被边缘化。汽车与互联网产业的跨界合作，不仅提供给汽车销售商更多机遇，也为消费者创造了快捷便利的最直观的用户体验和消费场景。相比过去，互联网在很大程度上改变了汽车消费者的汽车购买行为。

近八成消费者在三个月内完成购车选择和最终决策

中国的汽车市场是全世界竞争最激烈的市场之一，据统计，共有200多个中外品牌、1500多款车型在此争夺，这提供给了购车族巨大的选择信息，同时增加了购车决策难度。

然而，尼尔森与汽车之家的联合调研显示，77%的受访者从萌生购车想法到成交提车只花不足90天时间，其中甚至有三成消费者在一个月内就买定成交，此现象比5年前缩短了一半以上时间。购车决策时间的加快，并不意味着鲁莽和冲动，而是得益于丰富的互联网信息，使购车族更加理性精明。

同时，消费者又是"善变的"。调查显示，在信息浏览当中，消费者对于意向车型的态度在不断变化，在比较筛选阶段，高达61%的消费者改变了他们原有的车型偏好，即使在购买的最终阶段，这一比例也高达31%。可见，对品牌最初的好感并不能保证最终的购买决定。

超六成消费者更依赖主动的购车信息渠道

购车族在萌生购车意愿到最终购买的一到三月中，对于汽车品牌和型号的选择受不同因素的影响。其中，在横向比较中，主观意识引导下主动接受的信息更能决定消费者对于汽车购买的选择，然而传统被动的广告形式可被看作是15%~30%的市场投入浪费。

根据尼尔森对购买汽车信息渠道的调查，排名前三位的信息渠道为4S店、亲戚朋友介绍和专业汽车网站，占比分别为64%、62%和42%。大多数消费者更乐于接受用户反馈信息，参与市场活动与自己喜爱的品牌进行互动，或者自主浏览垂直性汽车购买网站。

与此同时，信息渠道中最不受关注的三种方式是通过电视（3%），报纸和杂志（2%~3%）以及广播（2%）。不难看出，这种消费者被动接受的传统传播媒体已经在互联网的覆盖中逐渐被边缘化。在微乎其微的3%受到电视广告影响的受访者中，仅有30%的中国受访者能回忆起电视广告的内容，而在他们中间，仅有29%的受访者表示能回忆起品牌，使得最终的整体广告品牌传播效果仅为9%。

其次，纵向比较，调查显示，在不同阶段，品牌制胜的因素不尽相同。消费者最开始的品牌筛选阶段，最重要的因素是安全性（42%），其次是在预算（33%）及青睐品牌（33%）等；但在比较阶段，开始更多关注产品设计（49%），车辆性能（46%）及消费者口碑（37%），而在消费者踏进 4S 店准备进行最终决定时，开始更为关注驾乘舒适性（40%）、口碑（23%）、促销（22%）和油耗（21%）。

尼尔森依靠自身独到的资讯视野和洞察能力，与汽车之家联合调研，证实多元化的媒介习惯和信息渠道偏好可重塑汽车消费者的购买行为。唯有精准营销，在正确的渠道、正确的时间、与正确的消费者，用正确的信息与消费者进行互动与沟通，传达恰如其分的讯息，从而将购买意向最终转化为购买行为。

　　　　　　　　　资料来源：http：//www.cnautonews.com/qchl/kj/201505/t20150515_ 407948.htm.

❖ 本章小结

消费者市场是指所有为了个人消费而购买物品或服务的个人和家庭所构成的市场，它具有分散性、差异性、多变性、替代性、非专业性、层次性、伸缩性和季节性等特点。

消费者市场的购买对象主要是便利品、选购品和特殊品。消费者购买决策在很大程度上受到文化、社会、个人和心理等因素的影响。

人们在购买决策过程中可能扮演不同的角色，包括：发起者、影响者、决策者、购买者和使用者。消费者购买行为包括习惯型、多变型、和谐型、复杂型四种类型。

在复杂购买行为中，消费者购买决策过程由引起需要、收集信息、评价方案、决定购买和买后行为五个阶段构成。

企业营销管理的重点是针对购买决策过程中的不同参与者、消费者购买行为的不同类型以及消费者购买决策过程中的不同阶段，采取不同的市场营销策略。

案例分析

关于多品种盐市场开发的思考

多品种盐是以食盐为载体，按一定比例添加食用强化营养剂和矿物质的食用盐，对于缺少某些矿物质和维生素的特殊人群是有效、安全、方便的补充方式，在许多发达国家，多品种盐已深入到千家万户。美国营养协会提出促进人体健康的营养策略，认为最方便、最有效的途径就是制成强化营养盐；欧洲诸国的低钠盐已相当普及，加锌、加铁、加钙等类型的强化营养盐更是发展迅速；在日本，低钠盐已广泛使用，并成为人们推崇的（三低饮食）新时尚。多品种盐消费顺应了消费者饮食精细化、特色化、多样化、保健化、营养化的大趋势，是一场对传统饮食习惯和饮食观念的大变革，是社会发展的必然结果。

目前，我国多品种盐占食盐总销量的水平还很低，随着生活水平的提高、市场的开放，新型消费观念的引入，人们对盐品种的消费将发生一次重大变革，多品种盐是一种必然的消费趋势。

1. H 牌多品种盐市场销售现状

H 牌多品种盐销售目前有两大明显特点：一是多品种盐市场困难与机遇并存，行业市场前景看好，利润空间诱人，是企业不容置疑的新的经济增长点，但须坚持不懈，扎实营销；二是因为多品种盐是新品种，处于市场培育期，认知度小，相对于普通食盐价格高，消费者不易接受，推介难，产业发展速度较缓慢。造成这种市场低迷原因虽然很多，但究其根本，我们认为营销乏力难辞其咎。

通过问卷调查法、典型调查、实地访问等方法，我们对 H 省 11 个市县的超市、便利店和居民小区等进行了调研：近年来，H 牌多品种盐的开发工作进展尚可（品种不下 15 种），但销售增长还显缓慢。公司如果不尽快改变其落后的营销观念、如果不能让消费者普遍了解多品种盐的功能与用途，如果不能有效调动业务人员的积极性，H 牌多品种盐的市场成长速度就有可能继续缓慢下去。

2. 制约 H 牌多品种盐市场成长的主要因素

（1）盐行业部分员工观念落后。多品种盐的市场营销应该是在营销观念统领下涵盖产品、价格、促销、渠道的全方位的有机整合。多品种盐作为盐产品市场的一种新产品，需根据市场需求特点，在市场细分、产品定位、消费群体锁定、产品卖点提炼、功能传播、产品包装、促销推介、渠道推广等多个方面进行市场导向的有效运作，方能树立多品种盐品牌，实现营销目标。

由于盐行业的专营性和销售领域的单一性，盐业经营员工形成了一定的定式思维，职工严重缺乏竞争意识，思想观念落后，思维方式僵化。目前多品种盐的确已经铺货、上架，但职工基本上是在被动销售，主动寻找客户并进行宣传、推介者甚少。

（2）激励力度不够，业务员和零售商缺乏积极性。目前，多品种盐尚处于市场培育期，公众认可度低、销售慢、利润少，营销难度相对较大。正因为如此，公司急需建立一套系统、规范、成熟的绩效考核制度，运用奖惩机制来有效激活销售人员的积极性。近年来，省公司虽制定了一些奖励政策，但奖励力度不够，激励不到位，效果并不明显。业务人员与零售商积极性不高，已成为制约多品种盐发展的"瓶颈"。

（3）促销宣传力度不够。目前，多品种盐的销售终端还没有专门的销售人员对营养盐进行促销宣传与推介或力度不够，多数消费者对多品种盐一无所知或知之甚少，销售增长始终在较低水平徘徊。

3. 多品种盐消费者购买特点

（1）不关注或无需求状态。市场调查显示：多数消费者对食盐的认识还停留在其调味功能上，在他们的意识中食盐的作用仅此而已，至于营养保健作用等等，还没有纳入他们的词库。因此，多品种盐之于消费者是一个十分陌生的字眼，消费者既不认识也不过问，当然也就谈不上认同。对多品种盐的零概念使得消费者不能形成消费需求，很难产生购买行为。

（2）习惯性购买。目前，消费者在盐产品消费上还处于低度介入阶段，他们认为各品牌之间没有太大差别，对其质量、安全、品种结构、产品功效等并不过分关注，购买随意性很强，品牌意识和品类忠诚意识淡薄，购买行为属于典型的非专家性购买。

（3）无感知性消费。盐在很大程度上是作为生活必需品存在的，即使长期食用，多品种盐的保健作用也很难在食用过程中被感知，所以人们对多品种盐基本是无感知性消费，这对引导购买和培养忠诚顾客十分不利。

（4）价格不敏感或盲目过度敏感。盐作为副食调料类消费品，属典型刚性需求，相比较而言，其性价比是最高的。绝大多数消费者购买食盐属于快速习惯型购买，基本不关注价格；只有部分年长的消费者关注价格和重量，但他们也只是对多品种盐与碘盐进行价格比较，很少考虑多品种盐自身的性价比，只是简单认为多品种盐价格高，不如碘盐实惠。如果让他们拿多品种盐同其他价格昂贵的保健品来进行比较的话，或许结论会截然相反，但由于认识上地局限性，又怎么可能呢？

目前，多品种盐在上海等地的销售份额已占到 14% ~18% 以上，但 H 多品种盐在 H 省仅占 3% 左右，这一方面说明 H 省公司还有很多工作需要迎头赶上，同时也说明，在 H 省多品种盐还有很大的潜在消费市场可供挖掘。

结 束 语

我国多品种盐销售市场还处在认知培育阶段，在京沪等大城市，多种品牌的多品种盐已经开始了无声的竞争，随着竞争的深入，这种硝烟必然会向中小城市乃至农村地区延伸。H 牌多品种盐要想在激烈的市场中站稳脚跟，必须要有长远发展的战略眼光，对目标市场定位明确，集中力量开拓自己的优势市场，并及时将产品、价格、分销和促销等多种策略及组合策略进行战术跟进，才能在强手如林的竞争中取得自己的一席之地。

讨论题

目前，多数消费者对盐产品的消费尚处于低度介入阶段，如果是你，你将采取何种营销策略改变其购买行为，来唤起他们对多品种盐的需求，并促进其购买？

复习思考题

1. 消费者市场有哪些特点？
2. 影响消费者购买行为的因素有哪些？它们分别是怎样影响消费者的购买行为的？
3. 什么是相关群体（参照群体）？相关群体在消费者的购买行为中的作用是什么？
4. 人们在购买决策中可能扮演的角色是什么？对企业进行营销管理的启示有哪些？
5. 消费者购买行为的类型有哪些？分别具有什么特点？在什么样的条件下适用？
6. 简述消费者购买决策过程的主要步骤及各阶段营销者应采取的策略。

第七章 组织市场购买行为

【本章要点】
◆ 组织市场的主要类型
◆ 产业购买者购买行为的类型
◆ 产业购买者的决策过程
◆ 中间商购买行为的类型
◆ 政府采购制度对企业市场营销的影响

【专业词汇】 产业市场 中间商市场 政府市场 采购中心 直接重购 修正重购 供应商营销 价值分析 采购人 政府采购机构 招标代理机构 供应人

【案例引导】

华为与沃达丰的战略合作

华为与沃达丰全球企业业务签署了一项战略联盟谅解备忘录，正式建立新型战略联盟伙伴关系，聚焦欧洲、亚太和非洲企业市场。按照该协议，双方将共同开发一系列企业通信产品和技术服务，服务于全球企业客户。

双方最初将在以下领域展开合作：使用华为固定和移动网络技术开发新产品、挖掘室内网络覆盖解决方案商机、开展新型的 M2M 模块设计，共同开发平安城市、物联网、云计算数据中心等解决方案。

沃达丰集团企业业务（Vodafone Group Enterprise）CEO Nick Jeffery 表示："我们与华为合作开展过多项业务。此次聚焦企业市场是一个重要转型。双方可以抓住机遇，发挥各自专长，迎接企业市场的重大挑战。"

华为企业 BG 总裁阎力大指出："目前，很多企业已经意识到，要想保持竞争力，就必须进行基于创新技术的业务转型，以提升运营效率和绩效。华为与沃达丰在长期合作基础之上建立新的战略联盟，双方联合创新，发挥在 ICT 领域的积累和全球资源的整合优势，帮助企业客户共同应对新产业革命带来的机遇和挑战，推动产业的 ICT 转型。"

华为与沃达丰已经在基础设施建设、终端产品开发和企业技术创新等多个领域有过合作，曾在亚洲开展创新的分支机构使能（Branch Enablement Project）项目，并在南非推出云托管解决方案。此次协议正是在双方深厚的合作基础上签订的。

资料来源：http://net.it168.com/a2015/0617/1737/000001737999.shtml.

企业的营销对象不仅包括广大消费者，也包括生产企业、商业企业、政府机构等各类组织机构，这些机构构成了原材料、零部件、机器设备、供给品和企业服务的庞大市场。为了提高企业产品的市场占有率，扩大产品销售，满足组织市场的需要，企业必须了解组织市场的购买行为特征及其购买决策过程。

第一节 组织市场

组织市场是又称组织机构市场，是以某种组织或团体为购买单位的购买者所构成的市场。即是向企业、社会团体、政府等各类组织机构销售产品和服务的市场。就卖主而言，消费者市场是个人市场，组织市场则是法人市场。近年来又新兴团购（由部分个体消费者自发地组成购买机构）和网络团购市场。

一、组织市场的构成

（一）产业市场

所谓产业市场，又叫生产者市场或组织市场。它是指一切购买产品和服务并将之用于生产其他产品或服务，以供销售、出租或供应给他人的个人和组织。通常由以下产业所组成：农业、林业、水产业、制造业、建筑业、通信业、公用事业、银行业、金融业和保险业、服务业等。

（二）中间商市场

所谓中间商市场，是指那些通过购买商品和服务以转售或出租给他人获取利润为目的的个人和组织。中间商不提供形式效用，而是提供时间效用、地点效用和占有效用。中间商市场由各种批发商和零售商组成。批发商是指购买商品和服务并将之转卖给零售商和其他商人以及产业用户、公共机关用户和商业用户等，但它不把商品大量卖给最终消费者的商业单位。而零售商的主要业务则是把商品或服务直接卖给消费者。

（三）政府市场

所谓政府市场，是指那些为执行政府的主要职能而采购或租用商品的各级政府单位，也就是说，一个国家政府市场上的购买者是该国各级政府的采购机构。由于各国政府通过税收、财政预算等，掌握了相当大一部分国民收入，为了开展日常政务，政府机构要经常采购物资和服务，因而形成了一个很大的市场。确切地讲，政府机构是市场活动的最大买主，占有约20%~30%的份额。

二、组织市场的特点

组织市场购买行为（简称组织购买行为，下同）是指各类正规组织机构确定其对产品和服务的需要，并在可供选择的品牌与供应商之间进行识别、评价和挑选的决策过程。与消费者市场购买行为相比，组织市场购买行为具有以下特点：

（一）派生需求

组织需求是一种派生需求，即组织机构购买产品是为了满足其顾客的需要。显然，皮鞋制造商之所以购买皮革，是因为消费者要到鞋店去买鞋的缘故。

（二）多人决策

购买决策过程的参与者往往不只是一个人，而是由很多人组成。甚至连采购经理也很少独立决策而不受他人影响。

（三）过程复杂

由于购买金额较大，参与者较多，而且产品技术性能较为复杂，所以，组织购买行为过程将持续较长一段时间，几个月甚至几年都有可能。这就使企业难以判断营销努力会给购买者带来的反应。

（四）提供服务

一般来讲，物质产品本身并不能满足组织购买者的全部需求，企业还必须为之提供技术支持、人员培训、及时交货、信贷优惠等条件与服务。

三、产业市场与消费者市场的差异

在组织市场中，产业市场的购买行为与购买决策具有典型的代表意义。在某些方面，产业市场与消费者市场具有相似性，二者都有人为满足某种需要而担当购买者角色，制定购买决策等。然而，产业市场在市场结构与需求、购买单位性质、决策类型与决策过程及其他各方面，又与消费者市场有着明显差异。

（一）购买者的数量较少，购买者的规模较大

在消费者市场上，购买者是消费者个人或家庭，购买者必然为数众多，规模很小。在产业市场上，购买者绝大多数都是企业单位，其数目必然比消费者市场少得多，购买者的规模也必然大得多。而且，由于资本和生产集中，许多行业的产业市场都由少数几家或一家大公司的大买主所垄断。

（二）需求是引申需求

这就是说，产业购买者对产业用品的需求，归根结底是从消费者对消费品的需求引申出来的。

（三）需求缺乏弹性

产业市场对产品和服务的需求总量受价格变动的影响较小，许多业务用品和劳务的总需求很少或不受价格变化的影响。造成这种现象的主要原因是产业市场的需求取决于其生产工艺过程与生产特点，企业在短期内不可能很快变更其生产方式和产品种类。

（四）需求波动大

产业市场上对新增设备、原材料等的需求波动很大。这是因为消费者市场需求的小量波动会引起产业市场需求的巨大波动，这种现象在经济学中称为"加速原理"。在现代市场经济条件下，工厂设备等资本货物的行情波动会加速原料的行情波动。例如，个人购买住房的需求上升 10%，就可能导致房地产投资规模扩大 200%，从而导致房地产开发与建设所需的设备、建筑材料的需求急剧增加，还会导致由此而引起的建筑设计、评估、公证等方面的需求也大幅度增加。

（五）购买者的地理位置相对集中

产业市场的购买者往往集中在某些区域，以至于这些区域的业务用品购买量占据全国市场的很大比重。许多行业，如石油、橡胶、钢铁等显示了相当强的地理区域集中性。生产者的这种地理区域集中有助于降低产品的销售成本。在我国工业客户主要集中在东北、华北、东南沿海一带。

（六）专业人员购买

由于产业用品特别是主要设备的技术性强，企业通常雇用经过训练的、内行的专业人员负责采购工作。企业采购主要设备的工作较复杂，参与决策的人员也比消费者市场多，决策过程更为规范，通常由若干技术专家和最高管理层组成采购委员会领导采购工作。

（七）直接购买

产业购买者往往向生产者直接采购所需产业用品（特别是那些单价高、有高度技术性的机器设备），而不通过中间商采购。

（八）互惠

产业购买者往往这样选择供应商："你买我的产品，我就买你的产品。"互惠有时表现为三角形或多角形。例如，假设有 A、B、C 三家公司，C 是 A 的顾客，A 就可能提出这种互惠条件：如果 B 购买 C 的产品，A 就购买 B 的产品。

（九）租赁

产业购买者往往通过租赁方式取得产业用品，机器设备、车辆、飞机等产业用品单价高，通常用户需要融资才能购买，而且技术设备更新快，因此企业所需要的机器设备等有越来越大的部分不采取完全购买方式，而是通过租赁方式取得。

第二节 产业市场购买行为

产业用品供货企业不仅要了解谁在市场上购买和产业市场的特点，而且要了解谁参与产业购买者的购买决策过程，他们在购买决策过程中充当什么角色、起什么作用，也就是说，要了解其顾客的采购组织。

一、产业购买决策的参与者

各企业采购组织有所不同。小企业只有几个采购人员，大公司有很大的采购部门，由一位副总裁主管。有些公司的采购经理有权决定采购什么规格的产品、由谁供应；有些采购经理只负责把订货单交给供应商。通常，采购经理只对某些次要产业用品有决策权，至于主要设备的采购，采购经理只能按照决策者的意图办事。

在任何一个企业中，除了专职的采购人员之外，还有一些其他人员也参与购买决策过程。所有参与购买决策过程的人员构成采购组织的决策单位，营销学称之为采购中心。企业采购中心通常包括五种成员：

（1）使用者，即具体使用欲购买的某种产业用品的人员。使用者往往是最初提出购买某种产业用品意见的人，他们在计划购买产品的品种、规格中起着重要作用。

（2）影响者，即在企业外部和内部直接或间接影响购买决策的人员。他们通常协助企业的决策者决定购买产品的品种、规格等。企业的技术人员是最主要的影响者。

（3）采购者，即在企业中有组织采购工作（如选择供应商、和供应商谈判等）的正式职权人员。在较复杂的采购工作中，采购者还包括参加谈判的公司高级人员。

（4）决定者，即在企业中有批准购买产品权力的人。在标准品的例行采购中，采购者常常是决定者；而在较复杂的采购中，公司领导人常常是决定者。

（5）信息控制者，即在企业外部和内部能控制市场信息流到决定者、使用者的人员，如企业的购买代理商、技术人员等。

当然，并不是任何企业采购任何产品都必须有上述五种人员参加购买决策过程。企业采购中心规模的大小和成员多少会随着欲采购产品的不同而有所不同。如果一个企业的采购中心的成员较多，供货企业的营销人员就不可能接触所有的成员，而只能接触其中少数几位成员。在此情况下，供货企业的营销人员必须了解谁是主要的决策参与者，以便影响最有影响力的重要人物。

二、产业购买者的行为类型

产业购买者不是只作单一的购买决策，而要作一系列的购买决策。产业购买者所作购买决策的数量、其购买决策结构的复杂性，取决于产业购买者行为类型的复杂性。

产业购买者的行为类型大体有三种。其中，一种极端情况是直接重购，基本上属惯例化采购；另一种极端情况是全新采购，需要做大量的调查研究；二者之间是修正重购，也需要做一定的调查研究。

（一）直接重购

即企业的采购部门根据过去和许多供应商打交道的经验，从供应商名单中选择供货企业，并直接重新订购过去采购的同类产业用品。此时，组织购买者的购买行为是惯例化的。在这种情况下，列入供应商名单的供应商将尽力保持产品质量和服务质量，并采取其他有效措施来提高采购者的满意程度。未列入名单内的供应商要试图提供新产品或开展某种满意的服务，以便使采购者考虑从它们那里购买产品，同时设法先取得一部分订货，以后逐步争取更多的订货份额。

（二）修正重购

即指为了寻求更低的价格、更好的服务及更有利的交易条件，购买方虽打算重复购买同种产品，但想变更产品的规格、数量、价格或其他条款，或重新选择供应商。修正重购会给原供应商带来危机，同时，也会给新供应商带来机会。

（三）全新采购

即企业第一次采购某种产业用品。全新采购的成本费用越高、风险越大，那么需要参与购买决策过程的人数和需要掌握的市场信息就越多。这种行为类型最为复杂。因此，供货企业要派出特殊的推销小组，向顾客提供市场信息，帮助顾客解决疑难问题。

在直接重购情况下，产业购买者要做出的购买决策最少；而在全新采购情况下，产业购买者要做出的购买决策最多，通常要做出以下主要决策，即决定产品规格、价格幅度、交货条件和时间、服务条件、支付条件、订购数量、可接受的供应商和挑选出来的供应商等。

三、影响产业购买者决策的主要因素

产业购买者做购买决策时受一系列因素的影响：

（一）环境因素

是指企业外部环境因素。包括政治法律环境、经济环境、技术环境和竞争环境等。在影响生产者购买行为的诸多因素中，经济环境是主要因素。生产资料购买者受当前经济状况和预期经济状况的严重影响，当经济不景气，或前景不佳时，生产者就会缩减投资，减少采购，压缩原材料的库存。无论买者和卖者都无法控制和改变这些环境，而只能适应和利用它。

（二）组织因素

即企业本身的因素。诸如企业的目标、政策、程序、组织结构、制度等。产业市场营销者应了解并掌握企业的机构设置，购买者企业内部的采购部门在它的企业里处于什么地位，是一般的参谋部门，还是专业职能部门；它们的购买决策权是集中决定还是分散决定；决策的审批程序是如何进行的；企业对采购人员的活动有何约束等情况；在决定购买的过程中，哪些参与最后的决策等。

（三）人际因素

如上所说，企业的采购中心通常包括使用者、影响者、采购者、决定者和信息控制者，这五种成员都参与购买决策过程。这些参与者在企业中的地位、职权、说服力以及他们之间的关系有所不同。这种人事关系也不能不影响产业购买者的购买决策和购买行为。

（四）个人因素

是指每个参与者的个人动机、感受和偏好。产业市场的购买行为虽为理性活动，但参加采购决策的仍然是具体的人，而每个人在做出决定和采取行动时，都不可避免地受其年龄、收入、所受教育、职位和个人特性以及对风险态度的影响，不同的购买者会有不同的购买风格。

四、产业购买者决策过程

供货企业还要了解其顾客的购买过程各个阶段的情况，并采取适当措施，满足顾客在各个阶段的需要，才能使其成为现实的买主。产业购买者购买过程的阶段多少，也取决于产业购买者行为类型的复杂程度。

在直接重购这种最简单的行为类型下，产业购买者购买过程的阶段最少；在修正

重购情况下，购买过程的阶段多一些；而在全新采购这种最复杂的情况下，购买过程的阶段最多，要经过八个阶段。

（一）认识需要

在全新采购和修正重购情况下，购买过程是从企业的某些人员认识到要购买某种产品以满足企业的某种需要开始的。

认识需要是由两种刺激引起的：一是内部刺激，诸如企业决定推出某种新产品，因而需要采购生产这种新产品的新设备和原料等；二是外部刺激，如采购人员看广告或参加展销会等，发现了更物美价廉的产业用品。

（二）确定需要

所谓确定需要，也就是确定所需品种的特征和数量。确定标准品的特征和数量比较简单易行。至于复杂品种，采购人员要和使用者、工程师等共同研究，确定所需品种的特征和数量。供货企业的营销人员在此阶段要帮助采购单位的采购人员确定所需品种的特征和数量。

（三）说明需要

企业的采购组织确定需要以后，要指定专家小组，对所需品种进行价值分析，做出详细的技术说明，作为采购人员取舍的标准。

价值分析是美国通用电气公司采购经理迈尔斯（Miles）1947年发明的。1954年美国国防部开始采用价值分析技术，并改称为价值工程。价值分析中所说的"价值"，是指某种产品的"功能"与这种产品所耗费的资源（即成本或费用）之间的比例关系，也就是经营效益（或经营效果）。其公式为：

$$V(价值) = F/C$$

式中，F（功能）是指产品的用途、效用、作用，也就是产品的使用价值；C为成本或费用。

迈尔斯看到，人们购买某种产品，实际上要购买的是这种产品的功能。价值分析的目的是：耗费最少的资源，生产出或取得最大的功能，以提高经营效益。产业购买者在采购工作中要进行价值分析，调查研究本企业要采购的产品是否具备必要的功能。

（四）物色供应商

在全新采购情况下，采购复杂的、价值高的品种，需要花较多时间物色供应商。供货企业要加强广告宣传，千方百计提高本公司的知名度。

（五）征求建议书

即企业的采购经理邀请合格的供应商提出建议。如果采购复杂的、价值高的品种，采购经理应要求每个潜在的供应商都提交详细的书面建议。采购经理还要从合格的供应商中挑选最合适的供应商，要求它们提出正式的建议书。因此，供货企业的营销人员必须善于提出与众不同的建议书，以引起顾客的信任，争取成交。

（六）选择供应商

（1）选择供应商的传统做法。采购中心根据供应商产品质量、产品价格、信誉、及时交货能力、技术服务等来评价供应商，选择最有吸引力的供应商。采购中心做最后决定以前，也许还要和那些较中意的供应商谈判，争取较低的价格和更好的条件。最后，采购中心选定一个或几个供应商。许多精明的采购经理一般都宁愿有多条供应来源，以免受制于人，而且这样能够对各个供应商进行比较。如向第一位供应商采购所需原料的60%，分别向其他供应商采购所需原料的30%和10%，这样就可以使这三位供应者展开竞争，从而迫使它们利用价格折扣尽量提高自己的供货份额。

（2）供应商营销。事实上，采取多条供应来源的做法虽然能使企业节约成本费用，但却隐藏着很大的风险。比如供货质量参差不齐、主要的供应商因价格竞争过度而破产等。20世纪90年代以来，越来越多的企业已开始倾向于把供应商看作合作伙伴，设法帮助它们提高供货质量、供货及时性，搞好经营管理，开展"供应商营销"。供应商营销主要包括两方面的内容：一是确定严格的资格标准以选择优秀的供应商，这些标准可以包括技术水平、财务状况、创新能力、质量观念等；二是积极争取那些成绩卓著的供应商使其成为自己的合作者，因这种营销活动与产品流动方向是相反的，故也称为"反向营销"。

（七）签订合约

即采购经理开订货单给选定的供应商，在订货单上列举技术说明、需要数量、期望交货期等。现代企业日趋采取"一揽子合同"，而不采取"定期采购交货"。这是因为，如果采购次数较少，每次采购批量较大，库存就会增加；反之，如果采购次数较少，库存就会减少。采购经理通过和某一供应商签订"一揽子合同"，和这个供应商建立长期供货关系，这个供应商承诺当采购经理需要时即按照原来约定的价格条件随时供货。这样，库存就摆在供货企业（卖方）那里，采购单位（买方）如果需要进货，采购经理的电脑就会自动打印出订货单，或者用传真机发送订货单给供应商。因而"一揽子合同"又叫作"无库存采购计划"。

（八）绩效评价

采购经理最后还要向使用者征求意见，了解它们对购进的产品是否满意，检查和评价各个供应商履行合同情况。然后根据这种检查和评价，决定以后是否继续向某个供应商采购产品。

第三节　中间商购买行为

中间商的购买行为与购买决策，同样受到环境因素、组织因素、人际因素和个人因素的影响，产业市场的大部分特征中间商也具备。尽管如此，中间商购买行为与决策仍有一些独特之处。

一、中间商购买行为的主要类型

中间商的购买行为可分为如下三种主要类型。

（一）购买全新品种

即中间商第一次购买某种从未采购过的新品种。在这种购买行为情况下，可根据其市场前景的好坏、买主需求强度、产品获利的可能性等多方面因素，决定是否购买。购买决策过程的主要步骤与产业购买者的大致相同，即也由认识需要、确定需要、说明需要、物色供应商、征求建议、选择供应商、选择订货程序和检查合同履行情况等八个阶段构成。

（二）选择最佳卖主

即中间商对将要购买的品种已经确定，但需考虑选择最佳的供应商，确定从哪家卖主进货。当中间商拟用中间商品牌销售产品时，或由于自身条件限制不能经营所有供应商（而只能是其中一部分供应商）的产品时，就需要从众多的供应商中选择最优者。

（三）寻求更佳条件

即中间商并不想更换供应商，但试图从原有供应商那里获得更为有利的供货条件，如更及时的供货、更合适的价格、更积极的促销合作等。

二、中间商的主要购买决策

中间商的主要购买决策包括配货决策、供应商组合决策和供货条件决策。配货决策是指决定拟经营的花色品种，即中间商的产品组合。供应商组合决策是指决定拟与之从事交换活动的各有关供应商。供货条件决策是指决定具体采购时所要求的价格、交货期、相关服务及其他交易条件。

在以上所有决策中，最基本、最重要的购买决策是配货决策。因为中间商经营的货色会影响到从哪家供应商进货即中间商的供应商组合，影响到中间商的营销组合和顾客组合。中间商的配货策略主要有四种：

（1）独家配货。即中间商决定只经营某一家制造商的产品。

（2）专深配货。即中间商决定经营许多家制造商生产的同类产品的各种型号规格。

（3）广泛配货。即中间商决定经营种类繁多、范围广泛但尚未超出行业界限的产品。

（4）杂乱配货。即中间商决定经营范围广泛且没有关联的多种产品。

第四节　网络时代的组织购买

信息技术的发展使产业购买者利用电子手段采购所需产品和服务成为可能。信息搜寻的便利性使购买者轻易地发现新的供应商，并降低采购成本，减少订货和运货时间，供应商与采购商的营销人员可以共享各种信息，销售产品或服务，提供客户支持，维护与顾客的关系。通过网络的组织购买具有以下优势：

（1）节省买卖双方的交易成本。网络采购减少了传统采购中的与询价、订货等相关的书面手续工作。

（2）减少订货和运输的时间。对信息的快速处理大大提高了跨国企业的订货和运输时间。

（3）提高采购系统的效率。网络技术的运用使大型企业的数据可以集中在一个平台，企业的各部门统一使用该系统，减少重叠。同时，采购工作效率的提高也可以使采购人员有更多的时间用于其他工作。

（4）减少大型与小型供应商之间的竞争差异。网络的应用帮助企业与一些更小的供应商之间进行合作，因为企业之间建立安全且标准的信息联系，使供应商的地理位置及规模不再重要，不需要支付额外的费用。

（5）建立更紧密的供应商与采购商之间的关系。网络的应用可以使供应商与采购商之间的沟通更加通畅，他们可以利用网络充分交流，共同提高竞争力，进而增进二者的关系。

但是，网络也会对企业产生一些不利影响。

首先，当企业利用信息技术降低采购成本的同时，企业会减少员工数量。其次，企业利用信息技术寻找新的更合适的供应商，会降低与原供应商之间的关系。最后，供应商与采购商之间运用网络进行交易存在着安全隐患，许多企业投入巨额资金以提高自身应对黑客的能力。

❖　本章小结

组织市场是由各种组织机构形成的对企业产品和服务需求的总和。

它可分为三种类型，即产业市场、中间商市场和政府市场。企业采购中心通常包括五种成员：使用者、影响者、采购者、决定者和信息控制者。

产业购买者的行为类型大体有三种：直接重购、修正重购和全新采购。

产业购买者做购买决策时受到环境因素、组织因素、人际因素和个人因素影响。

全新采购的购买过程的阶段最多，要经过认识需求、确定需求、说明需求、物色供应商、征求建议、选择供应商、选择订货程序和检查合同履行情况等八个阶段。

中间商的主要购买决策包括配货决策、供应商组合决策和供货条件决策。

政府采购应遵循如下基本原则：公开、公平、公正和效益；勤俭节约；计划。政府采购可以采用招标、竞争性谈判、邀请报价、采购卡、单一来源采购或者其他方式。

案例分析

浪潮，决胜网游市场

浪潮（北京）电子信息产业有限公司（以下简称浪潮北京）是中国第一家专注于高端商用计算领域的 IT 企业，主营产品涵盖全系列 IA 架构服务器、商用 PC、网络存储以及高性能服务器。浪潮北京也是全国最大、最早从事服务器生产与研发的专业厂商。

在信息化迅速发展的今天，国内外厂商的竞争也日趋激烈，浪潮北京能够连续八年蝉联"国产服务器品牌销量第一"，这与公司坚持专注化战略，灵活应对市场的经营策略是密不可分的。其针对网络游戏市场的"A 计划"战役就可见一斑。

互联网的广泛应用，带动了以网络游戏、短信息、视频点播为支撑的电信增值业务，成为服务器领域最重要和最扎眼的新兴市场。特别是网络游戏这个"玩"出来的新世界，创造了一个新的细分市场与市场需求，给产业链上各厂商、运营商、增值服务商以及渠道带来了实实在在的收益。浪潮以敏锐的市场嗅觉，迅速组织市场调研，快速决策并清晰地认识到：首先，在网络游戏这个新兴市场上，没有任何先例可循，这是个很大的市场机遇；第二，目前在该市场上尚缺乏领导性品牌，这就有了先机决胜、快鱼吃慢鱼的机会；第三，该市场用户需求特点与其他行业差异很大，贴近用户需求必将赢得市场；第四，电信增值市场属快速增长的新兴市场，更是切入电信关键应用的跳板，必须着眼于长期市场潜力。

浪潮北京注意到以上信息后，开始实施其"A 计划"，首要目标就是快速切入市场并做中国网络游戏市场第一。为此量身定做网游专用服务器——浪潮英信"游侠"服务器，采用立体推广的方式，迅速确立了浪潮在网游市场意见领袖的品牌地位。

在市场调查中浪潮发现，在网络游戏市场上，用户对服务器、特别是机架式的需求量非常强烈，很在意服务器的体积、性能和价格，塔式服务器产品基本不适用于这个市场。因此，浪潮所制定的产品规划包括以下几点：量身定做专用的游戏服务器平台；产品开发目标要求在通信能力、稳定性等方面有突出的表现；根据用户成本要求定制了多种组合配置，可以根据用户的需求灵活选择，提高性能的同时也降低了采购的成本；在软件产品上，网络游戏服务器用户使用服务器的数量非常巨大，同时还要对于托管在各地的服务器运行状况进行随时监控，因此要研发大规模集群应用条件下方便用户管理的软件系统，为用户提供软硬一体的解决方案；通过这个针对网络游戏客户的系统远程管理软件，结合浪潮的硬件系统，帮助用户实现实时的监控、快速修复故障等功能。

同时，由于网络游戏的服务器用户采购资金是有限的，因此浪潮北京在市场策略上更着眼于长期市场效益。突破与用户之间简单供货的关系，而是建立一种战略合作的关系共同发展。公司积极发展与网络游戏运营商、电信增值服务商的战略联盟，为联盟伙伴免费提供程序开发的测试服务器和技术接口，免费支持合作伙伴进行方案设计、压力测试和软件移植，为合作伙伴提供免费的系统优化。为了保证用户业务运行的效率，由解决方案中心和 Intel 合作共同开发针对网游服务器平台的系列编译程序和优化工具，保证浪潮服务器在与软件配合上的高效。

另外，浪潮北京根据网络游戏行业用户采购需求数量大、时间急的特点，不惜积压资金，并调整生产线、保证满负荷运行生产供货的同时，加强服务器生产环节的专业化、规模化和质检流程，进行相应的产品储备，以更好地满足大规模紧急采购情况下对生产能力和质量的需求。充分的准备使公司在销售时未感到捉襟见肘，满足了用户的需求。

在定价策略上，公司按照目标利润法来确定可供参考的价格空间，同时参考竞争对手的定价，专用服务器最终的定价比小的运营商高，以便能保障质量和服务，同时比国外品牌低 10% 左右，这个价格使用户基本感到满意。

浪潮北京还针对网络游戏 7×24 连续运转的特点，制定了相应的售后服务策略。因为网游服务器如果停机 10 分钟，那其付出的代价要超过购买一组价值几十万的服务器，所以服务的及时性和系统的可靠性非常重要。针对网络游戏市场，公司推出特别的专家服务内容，这个服务措施可以称之为"100＋X"，就是除了要把传统的服务做到完美，还要加上"X"才能够真正让网络游戏用户对于硬件厂商的服务能力要求非常高的要求得到满足，这个"X"不仅包括对传统意义上的售后支持更高的要求，还包括增值的服务内容。

"A 计划"的实施在网游市场上无声无息中为浪潮拿下了前所未有的好成绩。"A 计划"的目标迅速实现了，现在全国已有过半的省级电信正在使用着浪潮服务器，包括像上海盛大、光通这样的顶级网络游戏运营商。截至目前其服务器占有率是 40%，远远超过包括 IBM、HP 等在内的国内外所有服务器厂商，成为这一细分市场的第一名。从而拉开了浪潮服务器市场"反击战"的序幕。能达到这个目标，是因为"A 计划"最能贴近用户的需求。

浪潮的网络游戏市场"A 计划"开创了两个先例：第一，重新定义某个细分市场，并以"集中优势兵力"在细分市场上以绝对优势压倒国内外竞争对手；第二，开创了市场营销主导下绝对低成本运作、占领较高市场份额的先例。

资料来源：http://wenda.chinabaike.com/html/20104/q1570339.html.

讨论题

（1）浪潮的"A 计划"体现了哪些产业营销的特征？

（2）浪潮的"A 计划"还有哪些不足之处？

（3）假设你是浪潮的竞争对手，请为自己的公司提出一套能够与浪潮竞争的营销方案。

复习思考题

1. 什么是组织市场？组织市场的主要类型有哪些？

2. 产业购买决策的参与者主要有哪些？采购中心对营销管理的启示是什么？

3. 什么是供应商营销？其主要内容是什么？

4. 互联网对组织购买的利弊分析。

第三篇 制定市场营销战略

第八章 STP 战略

【本章要点】

◆ 市场细分化的必要性

◆ 市场细分的标准

◆ 目标市场营销战略

◆ 市场定位策略

【专业词汇】 市场细分 市场专业化 产品专业化 产品—市场集中化 选择专业化 市场全面化 目标市场 市场定位 无差异性营销 差异性营销 集中性营销

【案例引导】

由于不少美国啤酒公司都来自欧洲，因此啤酒技师的思想在这些公司占据了统治地位。这些公司只注意产品本身而不注意市场，他们更关心产品的质量，而不太关心顾客从其产品中得到的实际价值。为了宣传啤酒的味道，这些公司在研制和广告方面花费很大，他们强调啤酒花的数量、水的质量、各成分的比例及发酵程序等。这些啤酒公司认为，普通的饮酒者也能像酿酒师一样辨别出各种牌号啤酒的不同味道。实际上，大多数的美国饮酒者并不能区分不同牌号啤酒的差别，人们在选择啤酒时也并非仅仅看中味道。

为了了解消费者购买啤酒的因素，新的米勒酿酒公司调查了美国的啤酒消费者，发现啤酒的最大消费群是男性年轻人，主要是蓝领工人。同时还发现，这些蓝领工人是在酒吧里和同伴一起喝酒，而不是在家里和妻子一起饮用。于是，公司把目标市场瞄向蓝领工人。

在一年时间里，米勒公司的市场占有率从第八位跃居第四位，随后又逐步上升到第二位。

　　市场营销战略构成的基本内容是选择目标市场和制定相应的营销组合。而市场细分化是目标营销、市场定位的前提和基础，在选择目标市场基础上，才能采取相应的市场营销组合，即制定明确的产品策略、价格策略、渠道策略及促销策略，以满足消费需求，实施市场营销战略。

第一节　市场细分

一、市场细分是现代市场营销观念的产物

　　在对市场需求进行测量和预测的基础上，实行市场细分化、目标化和定位，是企业营销战略的核心，是决定营销战略成败的关键。因为为数众多、分布广泛的购买者，由于各种因素的影响，他们都有不同的需要和欲望。对此，任何一个企业即使是大企业，也不可能全面予以满足，不可能为所有的购买者提供有效的服务。因此，每个企业都应该采取三个步骤：一是按照一定的标准对市场进行细化；二是评估选择对本企业最有吸引力的细分部分作为自己为之服务的目标市场，实行目标营销；三是确定自己在市场上的竞争地位，搞好产品的市场定位。

　　市场细分，是 20 世纪 50 年代中期由美国营销学者温德尔·斯密根据企业营销实践，归纳总结出来的一个新概念，此后受到广泛重视和普遍运用。市场细分顺应了第二次世界大战后美国众多产品的市场转化为买方市场这一新的市场形式，是企业营销思想、是新发展，是企业贯彻市场导向这一营销观念的合乎逻辑的产物。过去，在传统的营销思想指导下是没有市场细分化这一概念的。

　　根据西方市场营销学的总结，企业在市场上如何营销，大致经历了三个阶段：一是大量营销（Mass Marketing），即大量生产和销售单一产品，企图以此吸引所有购买者。二是产品多样化营销（Product – Variety Marketing），即生产和销售两种或两种以上不同式样、花色和规格的产品，或是生产经营与竞争者不同的产品。但这种差异化并不是专门针对某类消费者的不同需要而设计，不是在市场细化基础上实现的。三是目标营销（Target Marketing），即在市场细分的基础上，选择一个或几个细分部分作为目标市场，针对目标市场的需要开发产品和制订营销计划。

　　这三种营销方式目前都存在，不过随着我国市场经济的建立和发展，市场竞争的加剧，愈来愈多的企业会转向目标营销。

二、市场细分的必要性

　　我们可以从两方面来分析现代企业为什么必须重视市场细分化和目标营销。

　　（1）消费需求的整体性、复杂性和企业经营内容的单一性之间的矛盾，要求企

业必须实行市场细分化和目标营销。市场是为数众多的消费者（包括工业用户等）所构成的，而不同的消费者受文化因素、社会因素、个人因素和心理因素影响的程度是不同的。同时，不同的消费者也会有不同的购买决策过程，因而消费者需求特点、购买习惯和购买行为等方面必然表现出差异性，而且消费者的需求不仅包含生理上的需要，也包含心理上、精神上的需要。可见，从总体上来说，消费者的需求具有整体和复杂性的特征；另一方面，同社会化大生产相适应，任何现代企业的营销活动只是整个社会分工体系的一部分。也就是说，任何规模巨大的企业也不可能经营消费者所需要的全部产品，而只能经营少数几种，甚至一种产品，因而，企业的经营内容具有相对单一性的特性。这样，企业经营产品的单一性和消费者需求的整体性和复杂性的就形成了一对矛盾，如何解决这一矛盾？显然，任何一个企业都不可能经营所有消费者需要的产品，而只能根据自己的资源经营少数几种（甚至一种）产品去满足一部分消费者的需要，寻找这一部分消费者的过程就是确定目标市场的程，而确定目标市场的前提就是进行市场细分。

（2）实行市场细分和目标营销的背景还在于买方市场的全面形成和卖方竞争的日益激化。在市场经济条件下，有厚利可图的市场愈来愈少了，较弱的竞争者只有依靠市场细分化来发现未满足的需要，捕捉有利的市场营销机会，在激烈的竞争中求生存和发展。这就是市场细分化和目标营销日益受到普遍重视的原因所在。

三、市场细分的作用

实践证明，实行市场细分化和目标营销，可以给企业带来下列好处：

（一）有利于企业分析、发掘新的市场机会

通过市场细分，企业可以有效地分析和了解各个消费者群的需求满足程度和市场上的竞争状况。发现哪类消费者的需求已经满足，哪类满足不够，哪类尚无适销产品去满足；发现哪些细分市场竞争激烈，哪些较少竞争，哪些尚待开发。而满足程度低的市场部分，通常存在着极好的市场机会，结合企业资源状况，从中形成并确立适宜自身发展的目标市场，并以此为出发点设计出相宜的营销战略，就有可能迅速取得市场优势地位，提高企业营销能力。

（二）有利于企业取得良好的经济效益

在市场细分基础上，实现目标营销。企业可以把有限的人力、物力、财力资源集中使用于一个或几个细分市场，扬长避短，有的放矢地开展针对性经营，避免分散力量，从而为获取投入少、产出多的经济效益奠定了基础。

（三）有利于企业掌握市场变化动态，及时调整市场营销策略

市场需求是不断变化的，而在整体市场中，各细分市场的变化情况又是不同的，

如在服装市场中，青年服装的变化比老年服装的变化要快得多，通过市场细分企业就能发现每个细分市场的变化特点，并根据各细分市场的变化情况及时地调整企业的营销策略，使企业有较强的应变能力。

市场细分作为一种策略，蕴含着这样的思路：不是满足于在整体市场上好歹占一席之地，而是追求在较少的细分市场上占有较大的市场份额，这样一种价值取向不仅对大、中型企业开发市场具有重要意义，对小型企业自下而上的发展尤为重要。小企业资金有限、技术薄弱，在整体市场或较大的细分市场上缺乏竞争能力。而通过市场细分则往往能够发现大企业未曾顾及或不愿顾及的某些尚未满足的市场需求，从而能够在这些力所能及的较小或很少的细分市场上推出相应的产品，取得极好的经济效益。一些小企业以见缝插针之长，收拾漏补遗之利，在竞争激烈的市场上也能生意兴隆、兴旺发达，其奥秘就在于此。

四、市场细分的标准

市场是由购买者组成的，而每个购买者都有许多特点，如收入水平、居住地区、购买目的、购买习惯等方面有所不同，这些变数都可用来对市场实行细分。所以市场细分化是一个包含许多变量的多元性过程，而且不同类型的市场有不同的特点，细分的变数也有所不同，本节主要阐述消费者市场和生产者市场的细分。

（一）消费者市场细分的依据

在消费者市场上，影响消费需求呈现差异性的因素（变量），归纳起来有以下几个方面：地理环境因素、人口统计因素、消费心理因素、消费行为因素等。以这些变量为依据来细分市场，就产生出地理细分、人口细分、心理细分、行为细分这四种基本形式。

1. 地理细分

按照消费者所处地理位置、自然环境来细分市场谓"地理细分"。具体包括国家、地区、城市、乡村、城市规模、人口密度、不同的气候带、不同的地形地貌等。地理细分之所以可行，主要由于处于不同地理环境下的消费者，对于同一类产品往往会有不同的需求和偏好；由于各地区自然气候、传统文化、经济发展水平等因素的影响，形成不同的消费习惯和偏好，对营销刺激也有不同反应。因此，有些产品只销少数地区，有些则行销全国各地。但各地区侧重不同。如我国茶叶市场，各地区就有不同的偏好，绿茶主要畅销江南各省，花茶畅销于华北、东北地区，砖茶则主要为某些少数民族地区所喜好。又如饮酒、服装的色彩等，南北地区的消费者由于所处的气候不同，其消费也有所不同，北方人喜欢饮高度酒，而南方人则喜欢低度酒，北方人的服装内衣偏深色而南方人则偏淡色。

地理因素易于辨别和分析，是细分市场时应予首先考虑的重要依据，但是地理因素是一种静态因素，处于同一地理位置的消费者仍然会存在很大的需求差异，因此企业要选择目标市场，还必须同时依据其他因素进一步细分市场。

2. 人口细分

按照人口统计因素来细分市场称为"人口细分"。这方面具体变量很多，包括年龄、性别、职业、收入、教育、家庭人口、家庭生命周期、国籍、民族、宗教、社会阶层等。很明显，这些人口变量与需求差异性之间存在着密切的因果关系。不同年龄组、不同文化水平的消费者，会有不同的生活情趣、消费方式、审美观和产品价值观，因而对同一产品必定会产生不同的消费需求；而经济收入的高低不同，则会影响人们对某一产品在质量、档次等方面的要求差异，如此等等，因此，依据人口变量来细分市场，历来为人们所普遍重视。

（1）年龄。如婴儿、少年、青年、中年、老年。通常，不同年龄的消费者，对商品需求的特征不同。在中国，老年市场应引起营销者的重视，企业应该开发与老年市场相适应的产品，从而提高企业知名度。

（2）性别。性别不同，其需求、购买行为和购买动机上则差异很大，如购买商品时，妇女喜欢反复比较挑选，男士则较干脆利落。

（3）家庭人口及生命周期。家庭户数多少和规模大小，以及家庭在其寿命周期中所处的阶段，对消费品的需求量及需求结构都有影响。

（4）收入。收入是市场细分的主要依据。收入水平不同，决定着不同的消费层次。

（5）职业。消费者的职业不同也会引起消费差异，如工人、农民、军人、知识分子、文艺工作者、干部等，职业不同，其消费结构也不同。

（6）文化程度。文化程度一般可分为初等教育、中等教育、高等教育等。教育程度不同的消费者，在志趣与生活方式、审美观与价值观等方面都会有所不同，从而影响其购买产品的种类、购买行为、购买习惯等。因此，文化程度也是进行市场细分的客观因素。

（7）民族与国籍。中国是一个多民族国家，除了汉族以外，还有 55 个少数民族。各民族的生活习惯、喜庆节日、宗教信仰等方面都有各自的特点和要求，市场细分也要考虑到这一因素。对出口产品，要特别考虑到产品销售地区消费者的要求特点。例如，中国出口到日本的地毯，尺寸不可太大，而出口到欧美等国的地毯尺寸就可适当加大。国籍也是影响国际市场细分的一个主要因素。

3. 心理细分

按照消费者的心理特征细分市场称为"心理细分"。人们常常发现，按照前述依据细分出来的同一群体消费者，对同类产品的喜好态度也往往并不相同。这就是不同心理特征起作用的结果。心理因素十分复杂，包括生活方式、个性、购买动机、价值取向以及对商品供求局势和销售方式的感应程度等变量。

（1）生活方式。在当今世界，许多企业，尤其是服装、化妆品、家具、餐饮、游乐等行业的企业，越来越重视按照人们的生活格调来细分市场，生活方式是指人们对工作、消费、娱乐的特点和倾向性方式，不同的生活方式产生不同的需求偏好。虽然不同生活方式的形成源于物质世界，但直接的成因与人们的主张、个性、兴趣、人生价值取向等心理特征密切相关。把具有共同主张、个性、兴趣、价值取向的消费者集合成群，并联系他们的行为方式，就可以划分出不同生活方式的群体，诸如"传统型"、"新潮型"、"节俭型"、"奢靡型"、"严肃型"、"活泼型"、"乐于社交型"、"爱好家庭生活的人"等消费者群。显然，这种细分方法往往能够显示出不同群体对同种商品在心理要求方面的差异性。美国有的服装公司把妇女分成"朴素型妇女"、"时髦型妇女"、"男子气质妇女"三种类型，分别为她们设计制做出不同款式、颜色和质料的服装，就是按生活方式来细分市场的典型例子。

为进行生活方式细分，企业的管理者可以用下面三个尺度来测量消费者的生活方式，即：①活动。如消费者的工作、业余消遣、休假、购物、体育、款待客人等活动；②兴趣。如消费者对家庭、服装的流行式样、食品、娱乐等的兴趣；③意见。如消费者对自己、社会问题、政治、经济、产品、文化教育、未来等问题的意见。企业管理者可以派出调研人员去访问一些消费者，详细调查消费者的各种活动、兴趣、意见。然后用电脑分析处理调查材料，从而发现活动方式不同的消费者群。

（2）购买动机。这也是心理细分常用的方法。已如前述，购买动机既然是一种引起购买行为的内在推动力，喜、厌、好、恶等心理因素必然会增强或削弱购买动机，从而产生不同的需求偏好和购买行为。在购买动机中普遍或较为普遍存在的心理现象主要有：求实心理、求美心理、求新心理、求信心理、求名心理、求廉心理、安全心理、好胜心理、好奇心理、好癖心理等。所有这些心理因素都可以作为细分市场的参数。企业针对不同购买动机的顾客，在产品中突出能够满足他们某种心理需要的特征或特性，并相应设计不同的营销组合方案，往往能取得良好的营销效果。

4. 行为细分

根据消费者不同的消费行为细分市场称为"行为细分"。消费行为的变量很多，包括购买时机、追求的利益、使用状况、使用频率、忠诚程度、待购阶段和态度等。

（1）购买时机。按照消费者购买或使用产品的时机细分。如旅客乘坐飞机是由商业、旅游、探亲等有关时机引起的。航空公司可根据此细分市场，以便确定以哪一类乘客为主提供服务；家具购买常常由新住宅落成、喜庆和新家庭的诞生、旧式家具的淘汰等机会引起的，家具用具公司可据此细分出不同的市场，以便扩大销售。

（2）追求的利益。消费者购买商品所要寻求的利益往往各有侧重，这也可作为细分市场的依据。如牙膏市场的购买者，有的重视牙膏的防止龋齿功能，有的重视保持牙齿洁白，有的讲究牙膏的香型味道，还有的更重视价格低廉。这些不同的追求形成特定的心理行为的购买群体。牙膏生产企业根据这一标准划分市场，就可以使自己的产品突出某特性，或生产出不同牌号的牙膏，各突出一种特性，以较强的针对性满足不同顾客的利益要求，取得更大的市场份额。

（3）使用状况。许多产品可按使用状况将消费者划分为"从未使用过"、"曾经使用过"、"准备使用（潜在用户）"、"初次使用"、"经常使用"等五种类型，即五个细分市场。一般来说，具有较高市场占有率的企业，往往更重视将潜在用户细分出来，使之成为现实的用户。而小企业则较重视对现有顾客群的开发，力图使自己的产品比竞争者更有吸引力。

（4）使用频率。根据消费者对特定商品的使用次数和数量，可以划出大量使用、中量使用和少量使用几个消费者群。大量用户的人数不一定多，但他们的消费量在消费掉的产品中常占较大或很大的比重。因此，许多企业自然想以大量用户作为自己的目标市场。当然，反其道而行之以取得经营上的成功，也是极有可能的。关键在于对大量、中量、少量用户的消费特点和购买行为要有透彻的了解，不仅要推出适宜的变量产品，在价格、包装、销售渠道、广告宣传等方面也要区别对待，精心安排。

（5）忠诚程度。消费者的忠诚程度包括对企业的忠诚和对产品品牌的忠诚，也可作为细分依据。这里只探讨品牌忠诚度。根据对品牌忠诚度的不同，可将一种产品的消费行为划分为三个群体：①铁杆品牌忠诚者，这类消费者一贯忠诚于某种品牌，任何时候，任何场会都只购买该种牌号的产品。②几种品牌忠诚偏好者。这类消费者的购买总是限于很少几种品牌。③无品牌偏好者。这类消费者对何种品牌无所谓，购买具有很大的随意性。这种划分法会给营销者如下启迪：凡①、②两类品牌忠诚者占较大或很大比重的市场，其他企业很难进入，即使进入也难以提高市场占有率；如果情况相反，则有利于其他企业创立新的品牌，扩大市场占有率，而对非品牌爱好者，企业宜在促销上多下工夫，尽力吸引他们以扩大销售。

（6）待购阶段。消费者对各种产品特别是新产品，总是处于各种不同的待购阶段。例如微波炉，有些人根本不知有此物，有些人已知有此物，有些人知之甚详，有些人有较大兴趣，有些人已产生购买欲望，有些即将购买。企业对处于不同待购阶段的顾客群，要有不同的营销策略，并且要随着待购阶段的进展而随时修改营销方案。

（7）态度。态度是指消费者对某一产品的热心程度。按消费者对产品的态度可将消费分为五种类型：热爱、肯定、冷淡、拒绝和敌意。针对不同的态度，可采取不同的营销对策，如对抱有拒绝和敌意态度者，不必浪费时间来扭转他们的态度；对态度冷淡者则应尽力争取，设法提高他们的兴趣。

（二）生产者市场细分的依据

生产者市场细分一般可以使用与消费者市场相同的标准。但生产者市场受个人心理因素影响较小，用户追求的利益与消费者不同，因而需要补充若干标准。

1. 最终用户的要求

不同的最终用户对产品及其营销有不同的利益要求。如橡胶轮胎公司可根据用户的特殊要求将市场细分为一般工业市场、特殊工业市场和商用买主市场三类。一般工业市场如普通汽车、自行车、拖拉机制造业买主，要求适当的价格、较高的产品质量和服务；特殊工业市场如飞机、高档豪华汽车制造业买主，要求绝对安全和更高质量，价格不是主要考虑因素；商用买主市场则更多要求价格合理和交货及时。

2. 用户规模和购买力大小

许多企业常据客户数量和大小来细分市场，据以采取不同的营销手段。因为大中小客户对企业的重要性不同，所以接待上也要有所区别，大客户通常由主要的业务负责人接待洽谈，一般中小客户则由推销员接待。

3. 用户的地理位置

每个国家地区都在一定程度上受自然资源、气候条件和历史传统等因素的影响，形成具有某些特点的区域，江浙两省的丝绸地区、山西等省的煤炭工业区、东北的重工业区等。因此，生产者市场往往比较集中，根据地理位置细分生产者市场有利于企业选择用户最集中地区作为目标，以节省推销人员往返于市场不同客户之间的时间和费用，更有效地规划运输路线，合理安排运输工具。

上述可见，最终用户的要求、用户规模和购买力大小及用户的地理位置，是生产者市场细分的三种主要形式。同细分消费者市场一样，许多企业也往往根据需要将多种细分变量组合在一起作为细分生产者市场的依据。

第二节　目标市场选择

经过对各细分市场的规模和发展潜力的分析、市场结构吸引力的分析以及对企业目标和资源能力的分析，企业将最终决定选择哪些细分市场作为自己的目标市场。所谓目标市场，就是企业营销活动所要满足的市场，也是企业为实现预期目标而要进入的市场。企业的一切营销活动都是围绕目标市场进行的。选择和确定目标市场，明确企业的具体服务对象，关系到企业任务和目标的落实，也是企业制定营销战略的首要内容和基本出发点。而要正确采取目标市场策略，就必须对作为企业目标市场的细分市场进行评估，其次，是要考虑对目标市场覆盖的策略方式，再者是在选择目标市场策略时还必须注意一系列的影响因素。

一、目标市场的评估

对作为企业目标市场的细分市场进行评估时，主要是要考虑三个方面的问题：一是目标市场的规模和发展潜力；二是准目标市场的吸引力；三是企业的经营目标与资源。

（一）目标市场的规模和发展潜力

企业对未来目标市场进行评估所面临的第一个问题，就是要了解未来的目标市场是否具有适度规模和发展潜力。所谓"适度规模"是个相对的概念，大公司一般都重视销售量大的细分市场，不太关心销售量小的细分市场，甚至尽量避免与这些市场发生联系，认为不值得为之苦心经营。而对小企业来说恰好相反，总是避免进入大的细分市场，因为市场规模过大企业就需投入很多资源用于这个市场的开发，这是小企业力所不及的。同时大公司又有相当强烈的竞争力，小企业所面临的潜力竞争威胁过大。

　　另外，细分市场能否有所发展也是一个重要特征，因为企业都想在目标市场上实现销售额的扩大和利润的增加，但对一个正在发展的细分市场，竞争对手也会想方设法加以抢占，这是企业在选择目标市场时必须加以考虑的。

（二）目标市场的吸引力

　　经过细分后所形成的准目标市场可能具有理想的规模和发展特征，然而从盈利的角度来看，却未必有吸引力，因为这个细分市场内可能存在着激烈的竞争。美国经济学者波特认为：有五种力量影响和决定着市场的内在吸引力。这五种影响力量是：同行业竞争者的威胁、潜在竞争者的威胁、替代产品的威胁、购买者讨价还价的压力、供应商的压力，如图 8－1 所示。

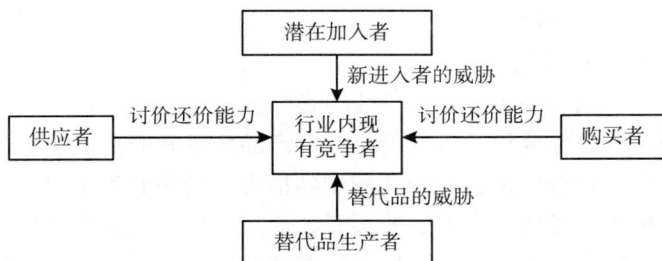

图 8－1　市场上五种竞争力量表现

　　那么，这五种力量是如何产生影响的呢？

1. 细分市场内各行业竞争者的威胁

　　行业内各个企业为加强自己的市场地位就会不可避免地要展开竞争，但不同行业的竞争激烈程度是不同的。一个细分市场内同行业之间的竞争水平主要取决于以下几个因素：（1）企业数量多少及其力量对比。行业内的企业越多，竞争就越激烈。各企业之间的力量对比悬殊，则竞争就会较为缓和。（2）行业所处的发展阶段。一个处于快速增长时期的行业，往往能给行业内的企业提供足够的市场机会和发展空间，因此竞争较为缓和。而当行业处于缓慢增长时期，竞争必然加剧。（3）产品的差异性。产品有明显的差异性，各企业拥有各自相对稳定的用户，竞争就会较为缓和。相反，竞争就会较为激烈。（4）退出障碍。所谓退出障碍，是指企业在退出某个行业时所遇到的困难和要付出的代价。如果一个行业退出障碍大，企业即使经营遇到困难，也会勉强维持，从而导致行业内竞争加剧。退出障碍的形成，取决于以下几个方面：资产损失、退出费用、战略影响、心理因素、政府和社会的限制。

2. 新进入者的威胁

　　如果某个细分市场对潜在竞争者有吸引力，原有企业就会增加新的生产能力和大量资源，并想方设法提高市场占有率，从而使这个细分市场丧失吸引力。关键的问题在于新的竞争者能否轻易地进入这个细分市场。如果新的竞争者进入这个细分市场时会遇到森严的市场壁垒，并且会遭受原有的公司的猛烈反击，他们便很难进入。形成市场壁垒的因素主要有规模经济、消费者的信任、资源供应状况、销售渠道等。

3. 替代产品的威胁

一个行业的替代产品，是指那些与该行业原有产品功能相同或相似，而结构或工作方式有所不同或完全不同的产品。替代品的出现，会对本行业的产品形成价格约束，降低本行业的获利水平。这种约束作用的强弱受两个因素的影响：一是替代产品的价格水平，价格越低，约束作用就越强；二是用户购买替代品的转换成本。很显然，转换成本越低，约束作用就越强。

行业替代品的出现，会对整个行业构成威胁。所以与替代品的竞争，是该行业所有企业的集体行为。而对替代产品的威胁，就企业来说，要注意分析替代品的具体情况，比如替代产品的发展前景如何、提供者的实力如何，以便确定是采取排斥性竞争的策略，还是采取积极引进的策略。

4. 购买者讨价还价的压力

如果某个细分市场中购买者的议价能力很强或正在加强，这个细分市场就会逐渐丧失吸引力。购买者总是要设法压低价格，对产品质量和服务提出更高的要求，并且使竞争者互相争斗，这会使销售商的利润受到损失。销售商为了保护自己，可选择议价能力较弱或转换销售商能力最弱的购买者，而最好的防卫办法是提供顾客无法拒绝的优质产品供应市场。影响购买者讨价还价能力的因素主要有购买者的集中程度、本行业产品的差异性、购买者对本行业的依赖程度、购买者的转换成本、购买者对信息的掌握程度等。

5. 供应者的压力

供应者讨价还价的能力也会对一个行业形成竞争压力。具体表现是以下几种可能性：要求提高供应品的价格、降低供应品的质量、减少紧俏货源的供应量以及延迟供货的时间等。决定供应者压力水平的因素主要有供应者的集中程度、供应品的差异性和可替代性、供应品对本行业的重要性等。

（三）企业的经营目标和资源

某个细分市场具有一定的规模和发展特征，而且市场结构也有一定的吸引力，但公司仍需将自身的目标和资源与其所在的细分市场的情况结合起来加以考虑。有些细分市场尽管本身可能具有很大的吸引力，但是它们不能推动公司有效地完成自己的经营目标，甚至会因为关注这些市场而分散公司的经营实力，使公司无法完成自己的主要目标，对这样的细分市场就不得不放弃。

如果某个细分市场符合公司的目标，公司还必须考虑自己是否具备在这个细分市场必然获胜的资源和技术，如果不具备能够压倒竞争对手的绝对优势，能够形成对自己有利的优势地位，就不应该贸然地进入这个市场。

二、目标市场选择模式

目标市场是企业打算进入的细分市场，或打算满足的具有某一共同需求的顾客群体。企业在选择目标市场时有五种可供选择的市场覆盖模式（见图 8 – 2）。

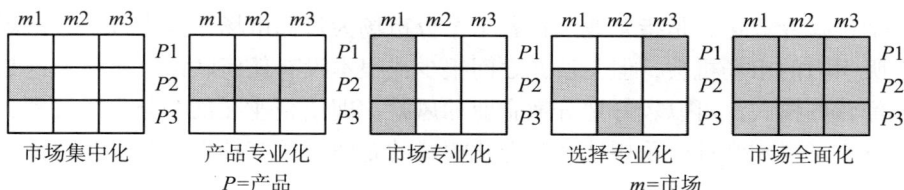

图 8 – 2　选择目标市场的五种形式

（一）市场集中化

所谓市场集中化，是指企业选择一个分市场，实行密集性市场营销。它只生产一种产品，供应一个顾客群体。例如某服装生产企业只生产老年服装。可能企业本来就具备了在该细分市场获胜的必备条件；或者资源有限，只能在一个分市场经营；也许这个分市场没有竞争对手等。这是规模较小的企业常用的战略。大企业采用这种战略，是因为初次进入某个市场，可以把这个分市场作为继续扩大市场的起始点。

单一市场集中模式使企业能够集中力量，因而可能在一个分市场上，占有较大的市场占有率，而不是在较大市场上占有太低的市场份额。由于经营对象单一、集中，企业可能对该市场有较深的了解，取得较高的渗透率。分市场选择恰当的话，可获得较高的投资收益率。但是，这种模式风险较大。由于目标市场范围狭窄，一旦市场情况突然变坏，如顾客偏好发生转移，价格猛跌，或者出现强有力的竞争者等，企业可能陷入困境。所以，许多企业把目标市场划分为多个分市场，采用各种专业化模式，以减少风险。

（二）产品专业化

所谓产品专业化，是指企业生产一种产品，向各类顾客销售。例如，许多冰箱生产厂家同时向家庭、科研单位实验室、饭店餐馆等顾客销售，但并不生产他们需要的其他电器。通过这种模式，不仅可以分散风险，有利于企业发挥生产、技术潜能，而且可以在某个产品领域树立很高的声誉。当然，如果这一领域发展出全新的技术，该产品就会出现滑坡的危险。

（三）市场专业化

所谓市场专业化，是指企业面对一种顾客，生产、经营他们所需的各种产品。这样也可以分散风险，并在这一类顾客中树立良好声誉。例如，许多电器厂家，专门生产各种家用电器，从电冰箱、洗衣机到电视机、录像机和家庭组合音响，应有尽有。市场专业化经营的产品类型众多，能有效地分散经营风险。但是，由于集中于某一类顾客，当这一类顾客一旦购买力下降，或减少在这方面的开支，实行这种战略的企业收益就会下降。

（四）选择专业化

所谓选择专业化，是指企业选择若干个分市场为目标市场，其中每个分市场都能提供有吸引力的市场机会，但是彼此之间很少或根本没有任何联系。实际上这是一种多角化经营的模式，可以较好地分散企业的风险。即使企业在某个分市场失利，也能在其他分市场得到弥补。采用选择专业化模式的企业应具有较强的资源和营销实力。

（五）市场全面化

所谓市场全面化，是指企业生产各种产品或一种产品，满足市场上所有顾客群体的需求，以期覆盖整个市场。实力雄厚的大企业，一般选用这种模式。例如美国通用汽车公司在汽车市场上，可口可乐公司在饮料市场上，国际商用机器公司在计算机市场上，采用的便是这种模式。

三、目标市场营销战略

企业选择的涵盖市场的方式不同，营销战略也就不一样。归纳起来，有三种不同的目标市场战略可供企业抉择：无差异性营销、差异性营销、集中性营销。

（一）无差异性营销

由于各分市场之间对某种产品的需求共性大于个性，企业将各分市场之间的差别忽略不计。推出一种产品，运用一种市场营销组合，试图吸引尽可能多的顾客，为整个市场服务。企业关注的是如何研制顾客普遍需要的产品，而不是生产他们所需要的不同产品，并通过大批量分销和大规模促销，使产品在市场上树立最佳形象。无差异性营销的核心，是针对市场需求中的共同点开展市场营销，舍去其中的不同点。这么做可以减少品种，扩大批量，易于达到规模经济。由于成本的经济性，比单一品种更能降低生产、储存、运输成本，降低促销费用、节省市场调研开支等，不少企业认为这是一种与标准化生产和大批量生产相适应的目标市场战略。

但是，一种产品长期受到所有顾客青睐的事例，在现实中毕竟罕见。除非这个市场上供应极度匮乏。同时，由于采用这种战略的企业，一般都是针对事实上存在的最大的分市场，发展其市场营销组合，一旦同行业中大家都采取这种做法，作为众矢之的的这个领域内就很可能会竞争过度，以至于分市场越大，利润越少。而事实上存在的较小的市场由于被忽视，需求不能得到满足，企业也失去了整个市场。

正是由于以上原因，世界上一些曾经长期实行无差异营销的大企业最终也得改弦易辙，转而实行差异性营销。可口可乐公司就是这样。由于软饮料市场竞争激烈，特别是"百事可乐"异军突起，打破了"可口可乐"独霸市场的局面，终于迫使该公司不得不放弃传统的无差异营销战略。这样的案例在我国具有现实的借鉴意义。

（二）差异性营销

这是一种以市场细分为基础的目标市场战略。差异性营销的特点，是企业承认不同分市场之间的需求个性大于共性，并针对各个分市场的特点，分别设计出不同的市场营销组合。例如，通用汽车公司就针对具有不同收入、目的和个性的消费者，设计和生产不同种类、型号的汽车。

采用差异性营销战略的企业，以多种产品，通过多种渠道，利用多种促销形式，去占领由众多分市场组成的整个市场。由于对各个分市场都给予了应有的关注，这种做法能够增加销售总量。但是，多品种和小批量使企业资源分散于众多的分市场中，产品改进成本、生产成本、管理成本、储存成本及促销成本等，均会增加。所以，许多企业在采用这一战略的过程中，往往适当减少某些市场营销组合，并结合使用反细分策略。

较为雄厚的财力、较强的技术力量和素质较高的营销人员，是实行差异性营销的必要条件。这就使得相当一部分企业，尤其是小企业无力采用此种战略。

（三）集中性营销

集中性营销是在将整体市场分割为若干细分市场后，只选择其中某一细分市场作为目标市场。其指导思想是把企业的人、财、物集中用于某一个或几个小型市场，不求在较多的细分市场上都获得较小的市场份额，而要求在少数较小的市场上得到较大的市场份额。

这种战略人称为"弥隙"战略，即弥补市场空隙的意思，适合资源薄弱的小企业。小企业如果与大企业硬性抗衡，弊多于利，必须学会寻找对自己有利的小生存环境。如果小企业能避开大企业竞争激烈的市场部位，选择一两个能够发挥自己技术、资源优势的小市场，往往容易成功。由于目标集中，可以大大节省营销费用和增加盈利；又由于生产、销售渠道和促销的专业化，也能够更好地满足这部分特定消费者的需求，企业易于取得优越的市场地位。

这一战略的不足是经营者承担风险较大，如果目标市场的需求情况突然发生变化，目标消费者的兴趣突然转移（这种情况多发生于时髦商品）或是市场上出现了更强有力的竞争对手，企业就可能陷入困境。因此，采用这一战略的企业必须密切注意目标市场的动向，并应制订适当的应急措施，以求进可攻、退可守，进退自如。

四、目标市场选择的影响因素

企业在最终决定采用何种目标市场战略之前，应全面考虑以下因素：

（一）企业的资源和能力

企业在人力、物力、财力及信息各方面资源不足、能力有限，如中小企业，无力把整个市场作为目标市场，可采用市场集中化模式，实行密集性市场营销，或考虑产品专业化、市场专业化及选择专业化模式。

（二）产品的同质性

同质性产品本身差别较小，顾客一般不加区分或难以区分，如大米、钢铁、食盐等。同质性产品竞争主要表现在价格或所提供的服务上，该类产品适于采用无差异性营销战略，而对服装、家电、食品等差异性需求产品，可根据企业资源能力，采用差异性营销、市场集中化模式或市场专业化模式。

（三）市场的同质性

市场的同质性是指所有购买者爱好相似，每一时期的购买数量相近，对市场营销刺激的反应也相同。在这种情况下，由于市场的同质性程度较高，企业可采用无差异性营销战略或产品专业化模式；反之，就应选用差异性营销战略、市场集中化模式或市场专业化模式。

（四）产品所处的生命周期阶段

当企业向市场推出新产品时，通常先介绍单一款式，因此可用无差异性营销战略或市场集中化模式。当产品进入成熟期以后，企业应转向差异性营销战略，或选择专业化模式，以开拓新的市场。

（五）竞争对手的目标市场策略

当竞争对手已进入积极的市场细分，实行差异性营销战略或市场专业化模式、选择专业化模式，企业若采用无差异性营销战略或产品专业化模式，必难奏效。此时企业应当用更为有效的市场细分方法，寻找新的机会与突破口，采用差异性营销战略或市场集中化模式、市场专业化模式及选择专业化模式。如果竞争对手较弱，企业也可使用无差异性营销。

一般地，企业选择目标市场战略时应综合考虑上述诸因素，权衡利弊方可做出抉择。目标市场战略应当相对稳定，但当市场形式或企业实力发生重大变化时也要及时转换。对手之间没有完全相同的战略，一个企业也没有一成不变的战略。

小案例

　　在米勒酿酒公司买下米勒啤酒公司以前，作为主要消费力量的蓝领工人几乎没有引起公司的重视。各啤酒公司所做的广告刊登的是一些与蓝领工人生活格格不入的东西。为此，米勒公司抛弃了"香槟"的概念，推出了"米勒好生活"牌啤酒———种适应工人口味的新啤酒。由于不少顾客在钓鱼或打猎时也要喝很多啤酒，米勒公司开始使用听装，并开始向超级市场供货。而且，公司还向全国各地的酒店和保龄球场销售其产品。

　　为了使人们问津"好生活"啤酒，米勒公司设计了一个旨在吸引蓝领工人的广告宣传活动，米勒的广告词对石油、铁路、钢铁等行业的工人的工作大加赞赏，把他们描绘成健康的、干着重要工作的、并为自己是班组的一员而自豪的工人。为了进入目标市场，米勒公司只在电视上做广告，这是蓝领工人们所乐于选择的传播媒介，并集中在他们所喜爱的体育节目时间播出。

第三节　市场定位

　　企业选定了目标市场之后，在该目标市场仍然会面临激烈的竞争。在同一市场上会出现许多相同的产品，企业要使自己的产品获得竞争优势，就要在目标市场上为其产品确定一个适当的市场位置，塑造出本企业产品与众不同的、给人印象鲜明的个性或形象。然后将这种形象有效地传递给顾客，从而完成市场定位。

一、市场定位的含义

　　市场定位，也被称为产品定位或竞争性定位，是根据竞争者现有产品在细分市场上所处的地位和顾客对产品某些属性的重视程度，塑造出本企业产品与众不同的鲜明个性或形象并传递给目标顾客，使该产品在细分市场上占有强有力的竞争位置。也就是说，产品定位是塑造一种产品在细分市场中的位置。产品的特色或个性可以从产品实体上表现出来，如形状、成分、构造、性能等；也可以从消费者心理上反映出来，如豪华、朴素、时髦、典雅等；还可以表现为价格水平、质量水准等。

　　企业在市场定位过程中，要考虑两方面的因素：一方面要了解竞争者的产品的市场地位；另一方面要研究目标顾客对该产品的各种属性的重视程度，然后选定本企业产品的特色和独特形象，来完成产品的市场定位。

二、市场定位的方法

　　市场定位作为一种竞争战略，显示了一种产品或一家企业同类似的产品或企业之间的竞争关系。定位方式不同，竞争态势也不同，下面分析三种主要定位方式。

（一）避强定位

这是一种避开强有力的竞争对手的市场定位。其优点是：能够迅速地在市场上站稳脚跟，并能在消费者或用户心目中迅速树立起一种形象。由于这种定位方式市场风险小，成功率较高，常常为多数企业所采用。美国软饮料市场一度为可口可乐所独霸，人们一谈饮料就是可乐，能脱口叫出的多是"可口可乐"、"百事可乐"等。然而在这样一片浓浓的"可乐"氛围中，"七喜"汽水却独树一帜，以其全新的"非可乐"型面貌出现在消费者面前，一口气掠去了一大片软饮料市场。"七喜"广告词是这样的："饮料有可乐型和非可乐型之分，七喜最能满足你对非可乐型饮料的要求。"这段广告词将饮料分成两种类型，引起了人们极大的兴趣。对那些原来对可乐型饮料并不热衷的消费者来说恰恰满足了他们的需求。生产七喜汽水的厂商在广泛的市场调查基础上，推出了独一无二的非可乐型饮料，可称为是避强定位的典范。

（二）对抗性定位

这是一种与在市场上占据支配地位的、也即最强的竞争对手"对着干"的定位方式。显然，这种定位有时会产生危险，但不少企业认为能够激励自己奋发上进，一旦成功就会取得巨大的市场优势。例如，可口可乐与百事可乐之间持续不断地争斗，"肯德基"与"麦当劳"对着干等。实行对抗性定位，必须知己知彼，尤其应清醒估计自己的实力，不一定试图压垮对方，只要能够平分秋色就是巨大的成功。

（三）重新定位

是对销路有限、市场反应差的产品进行二次定位。这种重新定位旨在摆脱困境，重新获得增长与活力，这种困境可能是企业决策失误引起的，也可能是对手有力反击或出现新的强有力竞争对手而造成的。不过，也有重新定位并非因为已经陷入困境，而是因为产品意外地扩大了销售范围引起的。例如：专门为青年人设计的某种款式的服装在中老年消费者中流行开来，该服饰就会因此而重新定位。

实行市场定位应与产品差异化结合起来。市场定位更多地表现在心理特征方面，它产生的结果是潜在的消费者或用户怎样认识一种产品，对一种产品形成的观念和态度；产品差异化是在类似产品之间造成区别的一种战略，因而，产品差异化是实现市场定位目标的一种手段。

三、市场定位的步骤

市场定位通过识别潜在竞争优势、企业核心竞争优势定位和制定发挥核心竞争优势的战略三个步骤实现。

（一）识别潜在竞争优势

识别潜在竞争优势是市场定位的基础。通常企业的竞争优势表现在两个方面：成本优势和产品差异化优势。成本优势是企业能够以比竞争者低廉的价格销售相同质量的产品，或以相同的价格水平销售更高一级质量水平的产品。产品差异化优势是指产品独具特色的功能和利益与顾客需求相适应的优势，即企业能向市场提供的在质量、功能、品种、规格、外观等方面比竞争者更好的产品。为实现此目标，首先，必须进行规范的市场研究，切实了解目标市场需求特点以及这些需求被满足的程度。这是能够取得竞争优势、实现产品差异化的关键。其次，要研究主要竞争者的优势和劣势，知己知彼，方能战而胜之。可以从三个方面评估竞争者：一是竞争者的业务经营情况，如近三年的销售额、利润率、市场份额、投资收益率等；二是竞争者核心营销能力，主要包括产品质量和服务质量的水平等；三是竞争者的财务能力，包括获利能力、资金周转能力、偿还债务能力等。

（二）企业核心竞争优势定位

核心竞争优势是与主要竞争对手相比，企业在产品开发、服务质量、销售渠道、品牌知名度等方面所具有的可获取明显差别利益的优势。应把企业的全部营销活动加以分类，并将主要环节与竞争者相应环节进行比较分析，以识别和形成核心竞争优势。

（三）制定发挥核心竞争优势的战略

企业在市场营销方面的核心能力与优势，不会自动地在市场上得到充分的表现，必须制定明确的市场战略来加以体现。例如，通过广告传导核心优势战略定位，逐渐形成一种鲜明的市场概念，这种市场概念能否成功，取决于它是否与顾客的需求和追求的利益相吻合。

四、市场定位战略

企业可以采用不同的战略使其为市场提供的产品与竞争者相区别，这些战略大致归纳为如下几个方面：

（一）产品差异化

这里的产品主要是指实体产品。产品差异化主要包括产品质量、产品特色、产品设计等方面的差异化。

1. 产品质量

产品质量是指产品的使用效果、耐用性能、可靠程度等。顾客通常愿意为那些质量较好的产品支付较高的价格。现在的问题是：是否质量越好，价格就可以卖得越高，而企业利润也就越大呢？美国一家机构曾对此作过一项研究，他们发现：产品质量与投资报酬之间存在着高相关度：质量好的产品，其盈利大大高于质量差的或质量一般的产品。但是当质量好到超过一定限度时，顾客便开始减少，企业盈利的增长也开始减缓，所以企业应该掌握这个度。此外，每个产品都必须符合一定的质量标准，而且这个标准要保持稳定。质量还涉及一个产品的合理使用寿命问题。经久耐用，常常意味着高质量。当然，有些时髦产品或一些技术更新比较快的产品，如计算机等，企业强调耐用性的意义就十分有限了。

2. 产品特色

产品特色是产品差异化的一个常用工具。日本企业之所以具有强大的竞争力，其原因之一就在于其特别擅长创造特色。例如，日本企业经常在手表、照相机、汽车、摩托车、计算器、录像机等产品上增添某些新的特色，由此吸引了大量顾客。实践证明，率先推出某些有价值的特色是一个十分有效的竞争途径。企业要识别、选择乃至创造产品新特色，就必须多接触顾客，了解他们喜欢什么，不喜欢什么。如果产品具有某种特色，他们愿付多少钱等。这样，企业便可得到一份有关潜在特色的最新资料，从中选择出若干值得增加的特色，并对其进行成本分析，然后选出那些单位成本投入所产出的消费者认定价值为最大的那些特色。当然，除了成本以外，企业还应考虑其他一些因素，如每种特色有多少顾客重视，介绍一种特色需要多少时间，竞争者是否容易模仿等。

3. 产品式样

产品式样是产品差异化的一个最有效的工具。产品式样是指产品特有的样式、一种对产品的展示方法。衣服、房屋、汽车都有各种式样。譬如，服装有礼服、便服之分。式样和实体是两个概念，式样是指一种风格、产品艺术特色的表达，而实体则是指产品的功能结构。有些企业是以其产品的风格优美著称于世的。如日产公司的跑车、密勒公司的现代家具等。产品式样作为差异化工具的一个最大好处就是不易模仿。这也是越来越多的现代企业追求独特风格的原因所在。

4. 产品设计

产品设计是一个综合性的因素。上述种种差异化都取决于设计。产品设计者将决定该产品应具有哪些特色，性能如何，稳定性如何，是否耐用等。从企业的角度看，好的设计就是容易制造、容易销售出去的产品。而从顾客的角度看，好的设计要求外表美观、操作简单、使用方便、经久耐用等。产品设计者应该全面考虑这些因素。

（二）服务差异化

当实体产品不易与竞争产品相区别时，竞争制胜的关键往往取决于服务。别具一格的良好服务，不仅会给企业带来众多的顾客、广阔的市场和可观的利润，而且对树立企业形象、建立产品信誉都起到了极为重要的作用。

在商品经济发展的初期，服务是处于附属地位的，"服务是产品的延伸"，而同类商品在物理属性方面的同质化程度越来越高、厂商为了维持品牌忠诚度而与消费者的接触愈来愈深条件下，从早期的一年保修、到三年质保、到现在市场上较为流行的终身保修等，服务销售的形式和内容都不断地在向着更趋于完善的层次发展。服务差异化已经成为市场定位的重要手段。

服务差异化主要表现在送货、安装、用户培训、咨询、维修等方面。送货必须准时、安全，这似乎已经成为一个常识。但在实际的商业活动中，真正能坚持准时送货的企业并不多。而购买者往往选择那些在准时送货方面享有良好声誉的供应商。

> **小贴士**
>
> 　　我国海尔集团在服务方面独具特色。该集团在"售前、售中、售后"服务一条龙的"大服务"概念的基础上，进一步将服务分为三个层次：销售型服务、补偿型服务和使用型服务。销售型服务中的"销售服务网络的建设"、补偿型服务中的"帮助用户解决使用过程中出现的故障"，使用型服务中的"使产品最大限度地满足用户需要"，则几乎能够涵盖其服务特色的全部内容，使服务已经不再是产品销售的陪衬，而真正拥有了一块属于自己的舞台。

大型设备的买主常常期望从销售商那里获得良好的安装服务。例如，美国国际商用机器公司就以其独特的安装服务赢得了不少顾客。该公司总是在同一个时间将所有的部件运至目的地，然后一次性安装完毕。而不是坐在那儿，等一个个部件分批运到后再安装。如果用户要求将其从该公司所购的设备由一处运到另一处，该公司不仅会立即照办，如果需要的话，他们还会十分乐意地同时搬迁那些并非该公司生产出售的设备或家具。

除上述以外，企业还可以发现许多其他的差异化服务途径，来增加顾客对其产品的认定价值。例如咨询服务，一些企业认为，帮助它们的顾客提高竞争力，将提高其忠诚度。还有维修，美国卡特匹勒公司宣称，它将为全世界任何地方的用户提供最快最好的服务。由于产品本身在技术方面日趋复杂，其销售则越来越依赖于质量和附带的顾客服务的可获得性，如展销室、送货、维修、使用说明、操作培训、安装指导和保证条件的兑现。正是出于这种考虑，许多公司对服务的重视程度并不亚于对产品制造的重视。

（三）人员差异化

企业可以通过聘用和培养比其竞争对手更为优秀的人员获得竞争优势。大量的实践证明，市场竞争归根结底是人才的竞争。麦克唐纳快餐公司在人才培养方面的声誉更是其他企业无法比拟的。可以这么说，凡是在麦克唐纳公司工作过的人员便获得了进入其他公司的通行证。

一位受过良好训练的人员应具有下面六种特性：

（1）能力。该雇员应具有所需要的各种知识和技术。

（2）谦恭有礼。友好，能尊重人，并善于体谅别人。

（3）诚实。该雇员应该是可以信赖的。

（4）可靠。该雇员应始终如一、准确无误地完成其本职工作。

（5）有责任心。对顾客的要求和困难能迅速做出反应。

（6）善于沟通。该雇员应尽力去了解顾客，并将有关信息准确地传达给顾客。

（四）形象差异化

即使产品实体和服务都与竞争企业十分相似，购买者依然可能接受一种企业或产品形象的差异化。一个最好的例子就是万宝路香烟。大多数香烟的味道都差不多，而且都是通过同样的渠道出售的。万宝路之所以能获得如此大的市场份额（约占全世界香烟市场的30%）就是因为它独特的"西部牛仔"形象。

要为公司或其产品树立一种形象，需要坚持不懈的努力，不能指望一夜之间便在公众脑海中树立起形象，也不能仅仅靠一种宣传媒体。形象的建立必须利用公司所能利用的一切宣传工具，而且要持续不断地宣传。例如，一些驰名全球的大公司为求生存和发展，都制定本企业的口号，以此鼓励全体员工，树立公司形象。这类口号一般都言简意赅、易于记诵，其实也是公司奋斗的一个目标。以下是美国和日本一些大公司提出的口号：

美国 IBM 公司——IBM 就是服务。

美国德尔塔航空公司——亲如一家。

美国波音公司——我们每个人都代表公司。

美国百事可乐公司——胜利是最重要的。

美国电话电报公司——普及的服务。

日本三菱公司——顾客第一。

日本日产公司——品不良在于心不正。

日本本田科研——用眼、用心去创造。

可以通过不同的途径创造性地树立企业独一无二的形象，较为常用的有标志、各种媒体、气氛等。一个醒目的标志常常可以塑造一种突出的形象，令人难以忘怀。例如，麦克唐纳快餐公司的金色拱形"M"标志，就是麦克唐纳快餐公司的象征。无论在世界哪个地方，这一标志已成为不用翻译的快餐文化。人们一见到这个标志，就会想起麦克唐纳舒适、宽敞的店堂，高效的服务和新鲜可口的汉堡包。甚至美国一位大学教授这样说："如果哪一天看不到麦克唐纳餐厅的金色拱顶，会感到这一天难以打发，因为它还象征着安全。"

企业所选定的标志要通过一定的媒体进行宣传。公司可以通过广告、公司使用的文具、公司名片等来传达公司所要树立的形象。企业也可利用在生产场所或提供产品或服务的地方营造某种氛围，来传递企业形象。例如，日中国际轮渡公司的"鉴真"号客轮，服务员坚持"三笑"服务：上船时笑迎旅客使之有亲切感；开船后笑待旅客使之有安全感；靠岸后笑送旅客使之有留恋感。通过"三笑"，使旅客始终处于一种亲切自然、宾至如归的氛围中，"鉴真"号客轮"安全第一、船期第一、文明第一、服务第一"的公司形象深深地印入了旅客的脑海里。企业还可通过许多其他途径来塑造形象，例如赞助某些社会活动。美国国际商用机器公司就以文化事业的赞助者自居，经常出资举办一些交响音乐会或艺术展等，借以向公众传递其良好的企业形象。

如上所述，市场定位就是企业对其市场提供物（包括产品、服务、人员、形象等）的一种构造设计，使其在目标顾客的心目中占有与众不同的、有价值的位置，市场定位策略要求企业决定推出多少特色，如何定位，最后决定如何向目标市场传达公司的定位。有些企业坚持对目标市场只强调一个特色。例如，某家日用品制造公司推出的一种牙膏，一直以防蛀作为特色，并且努力使它位于"第一"。因为顾客往往倾向于"名列第一"的产品，例如"质量最好"、"服务最佳"、"价格最低"、"技术最先进"的产品等。如果企业不断地坚持其中某个位置，并让消费者信服地接受这一定位，企业就可能获得无穷的好处。

也有些企业强调产品的双重特色。如有家办公设备制造企业就强调：准时供货和最佳的安装服务。而有些汽车企业则强调其汽车产品要既安全又耐用。当然还有些企业强调三种、四种特色。如有家牙膏商宣称其牙膏能防虫蛀，气味清香，并能增白，这三个特色显然是顾客都感兴趣的。但是要让顾客相信某种牙膏在这三方面都是第一流的，显然不是一件容易的事情。而且当一个产品特色太多时，反而会失去特色。一般来说，企业在定位时，要警惕下面四种易犯的错误。

（1）放弃定位。认为顾客并不在乎产品的特色。

（2）过度定位。特色太多，反而失去特色。

（3）模糊定位。有时一些企业会不断变换其产品的定位，这样使购买者对其产生模糊不清的印象。

（4）令人怀疑的定位。有时购买者会对企业的一些宣传表示怀疑，认为其宣传"言过其实"。

五、市场定位原则

产品差异化的基础是消费需求的差异化。顾客也是因此而为各种不同的产品或服务所吸引。消费需求是产品差异化的前提，没有前者就没有后者。所以企业不能为差异化而差异化，每一个标新立异的策略都应该有潜在的利益，包括增加顾客的利益，或创造企业的盈利。因此，企业在选择差异化时应该遵循下面几个原则：

（1）重要性。这一差异化应该是顾客认为很重要的，应该使相当数量的买主获得较高价值的利益。

（2）优越性。差异化明显优于通过其他途径而获得同样的利益。

（3）可沟通性。差异化应该是可以沟通的，是买主所能看见的。

（4）不易模仿。差异化应该是竞争者所难以模仿的。

（5）现实性。购买者有能力购买。

（6）盈利性。企业通过差异化从中可获得一定的盈利。

如果不能满足上述原则，则差异化可能会失败。例如，某家旅馆大肆宣传它是世界上最高的饭店，这一特色对于广大旅客来讲，显然不是很重要的。而且事实上，有些旅客害怕住在太高的饭店里。

小案例

为再接再厉，米勒公司又推出了一种新产品——保健啤酒，该公司将它定位为低热量啤酒，命名为"米勒莱特"。该产品面向三个目标市场：年轻男性蓝领工人、老工人和妇女，结果很快就成为市场上的超级明星。

❖ **本章小结**

市场细分是把一个异质的市场划分为若干个细分市场（子市场）的过程。细分市场并不意味着把一个整体市场加以分解，而实际上常是一个聚集而不是分解的过程。市场细分不是对不同产品进行分类，而是对同种产品的需求各异的消费者或用户进行分类。

在多数情况下，市场细分是企业选择目标市场的基础和前提。消费者市场细分有四种基本形式：地理细分、人口细分、心理细分和行为细分。生产者市场则主要依据最终用户、用户规模和地理位置进行细分。这些细分形式可以单独应用，更多的则是两种以上结合在一起应用。

目标市场是企业决定进入并为其服务的特定的市场。多数企业要通过市场细分来选择目标市场，也有的企业以产品的整体市场作为目标市场；无差异营销、差异性营销、集中性营销是三种不同的目标市场选择策略。无差异营销以产品的整体市场为目标市场，差异性营销以若干个细分市场为目标市场，集中性营销只以一个细分市场或几个更小的市场部分为目标市场，这三种策略模式各有利弊，企业进行选择时，应综合考虑各种因素。如：企业资源、产品的同质性、市场的同质性、产品所处的生命周期、竞争对手的目标市场战略等；市场定位是指企业为自己进入目标市场的产品创立鲜明的特色或个性，从而在潜在的消费者和用户之间塑造出一定的形象。避强定位、对抗性定位、重新定位是反映不同竞争心态、显示不同竞争态势的三种定位方式。

案例分析

京城三大老牌烤鸭店差异化营销大比拼

"游故宫、登长城、吃烤鸭、逛秀水"这句话被标注在国内外很多的中国旅行地图上。北京烤鸭的品牌效应可见一斑。"北京烤鸭"的表现也异常活跃：全聚德（002186 行情）刚刚上市时，曾经以连续涨停被誉为"疯狂的鸭子"，后来，传出即将用傻瓜电烤炉代替传统烤制方法，引起业内外一片争论；另外两只"烤鸭"——便宜坊和大董也在经营上各谋其道，而差异化的营销策略让他们在各自的细分市场中表现得游刃有余。

全聚德——传统老字号以工艺制胜

在北京，有点规模的饭店都有烤鸭这道菜，但口味却存在很大差异。在大多数饭店烤鸭只卖到38～58元一套的时候，全聚德的烤鸭一直坚挺精品烤鸭198元一套的价格，其中自有奥秘。

精制的北京烤鸭鸭皮入口即化，鸭肉没有一丝腥味，反而带着淡淡果木香，吃多少都不腻。正宗全聚德饭店的大师傅片鸭子时先片胸口最酥脆的一部分皮（这些皮入口即化，不油不腻），整只鸭子要片够 108 片，每片应该是 1/3 皮、1/3 肥肉和 1/3 瘦肉，让人垂涎欲滴。顾客为了口福，多出点钱又何妨。

在全聚德刚刚上市的 9 个交易日中，疯狂地拉出 8 个涨停板，让人为之疯狂。其间，由北京日报集团和本报共同主办的"2007 北京商业高峰论坛"上，全聚德集团总经理邢颖曾透露，上市融到的 4 亿元资金将全部用于升级全聚德供销链环节。同时，他们研制的电子烤鸭炉将逐渐普及到店面。于是，电子烤鸭炉激起了众多非议。

有专家指出，全聚德烤鸭的手工技艺经过百年传承，是全聚德传统文化的一部分，应该保留下来，如果烤鸭全部都以工业化流水线进行生产，显然其中蕴藏的文化内涵就会大打折扣。

"自动化、标准化是好东西，但并不是每个行业的'圣经'。全聚德之所以能够卖出 198 元一套的高价，也在于这些烤鸭都是手工烹饪的艺术品，而非机器批量生产的工业品。这和现在手工艺品热销一样。"消费者如是说。

某媒体针对全聚德傻瓜烤炉事件进行的调查显示，公众选出老字号之所以能够传承下来的关键依次为：具有独到和成熟的工艺技术（57.3%），有丰富的文化内涵（28.5%），有完整的社会美誉度和认知度（6.3%），有代表性的服务和产品（5.2%），不断采用最新技术（2.7%）。62.8% 的受调查者担心如果改用电子烤炉，烤鸭"将沦为肯德基之流的街头快餐"。

便宜坊——闷炉技术主打营养牌

老字号便宜坊的烤鸭名堂很多，闷炉烤鸭、香酥烤鸭等，值得"吹嘘"的，当属 2007 年中国首席营养专家赵霖教授以第三方联合检测结果为凭证，向社会公布便宜坊蔬香酥专利焖炉烤鸭营养分析成分高于传统烤鸭。便宜坊借蔬香酥专利焖炉烤鸭大打营养牌，取得了营销上的小胜。

相关负责人表示，聘请营养顾问的目的是向客人承诺：便宜坊不但关注顾客的饮食喜好，更关心顾客的健康饮食。蔬香酥专利烤鸭是经过严格的培训和训练才可以制作售卖的专利焖炉烤鸭。

营养专家、解放军总医院营养科研究员、国家卫生部健康教育首席专家赵霖教授发布了"解放军总医院营养科微量元素室"和"国家蔬菜工程技术研究中心"联合对便宜坊创新焖炉烤鸭"蔬香酥"的营养分析结果："蔬香酥烤鸭的工艺使得烤鸭中钾、钙等矿物质元素和锰、铁、铜等微量元素含量显著高于普通烤鸭，而鸭胸肉中的脂肪和热量都显著降低，碳水化合物含量升高，但并不影响烤鸭中的蛋白质含量。综合分析结果表明，蔬香酥烤鸭的烹饪技术在'鼎中之变'的过程中，提高了食物的健康功能。游离氨基酸测定结果表明，影响烤鸭腥味的一些氨基酸成分显著下降，而增加香味、鲜味的氨基酸成分明显升高。"

通过此次营养鉴定，便宜坊为自己的烤鸭贴上了"环保烤鸭"、"健康烤鸭"、"放心烤鸭"、"营养烤鸭"的标签，区别于其他企业产出的烤鸭，拥有了自己品牌的特色。

大董——细分市场面向高端人群

北京大董烤鸭店（原北京烤鸭店）成立于 1985 年 4 月 28 日。2001 年由国营改制，总经理董振祥被朋友们昵称为大董，由此得名。向来以高端定位的大董烤鸭店也是外宾品尝烤鸭的聚点儿之一。

2007 年，北京大董烤鸭店门厅的墙壁上又增添了两块牌匾：一块是国家酒家评审委员会颁发的"五钻"餐厅牌，一块是北京市旅游局颁发的"五星"标志牌，这些标志为烤鸭营销争夺战赢得一席之地。大董烤鸭店的工作人员说，北京大董烤鸭店在北京烤鸭行业中被来京的老外们誉为除去登长城、去三里屯以外必去的一个景点，在很多外国人编辑的北京旅游（000802 行情，股吧）指南书中被重点介绍的一个去处。

北京大董烤鸭店营销大打文化牌，大书文化文章，坚持走着自己的高端路线。落座大董烤鸭店，环视四周，明清皇宫的窗棂演变而来的墙壁，做工经典考究，铜钉镶嵌其中典雅大方。烟色的台裙配上明黄的桌布将中国传统文化中的布艺巧夺天工地演绎出来，又不落俗套，尤其是餐椅上明亮黄色的中国结，成为餐厅中的点睛之笔。

餐厅窗外，竹叶青青，竹枝挺拔，悠然之中，仿佛成为置身于青山绿水之中的竹林雅士，在如此优雅的环境中用餐已不是一个"菜香味美"所能表达的意境，舒适典雅的用餐环境，传统文化的精粹要素与现代的美术巧妙结合构成了大董烤鸭店时尚的人文佳境。

（资料来源：中国管理培训网）

讨论题

通过阅读这篇文章，你从中学到了什么？试加以分析讨论。

复习思考题

1. 市场细分化在企业营销过程中的作用是什么？
2. 市场细分化的依据和程序是什么？
3. 企业怎样选择自己的目标市场和目标市场战略？
4. 什么是产品定位？为什么要进行产品定位？
5. 企业怎样根据实际情况选择自己的发展战略？

第九章　市场竞争战略

【本章要点】
◆ 如何识别竞争者
◆ 分析竞争者的步骤
◆ 市场领导者战略
◆ 市场挑战者战略
◆ 市场追随者战略
◆ 市场利基者战略

【专业词汇】行业集中程度　完全竞争　寡头竞争　寡头垄断　完全垄断　战略群体　情感份额　市场领导者　市场挑战者　市场追随者　市场利基者

【案例引导】

2003 年，上海通用以 14.89 万元的低价推出了"别克凯越"，不少市场分析人士惊愕之余断言——和广州本田新"雅阁"引发中高级轿车降价潮一样，"凯越"将引发新一轮中级轿车的"大洗牌"。

"凯越"在上海车展亮相以后，业内人士曾大胆预测，其 1.6 基本型的售价可能在 15 万元以上，但是出乎所有人的预料，"凯越" 1.6 豪华版的定价仅为 14.98 万元，创出了国产轿车性价比新高。不提"凯越"是一款国际最新款轿车，单看配置，"凯越" 1.6 豪华版带天窗、ABS＋EBD、195 宽胎、真皮座椅、遥控中央门锁和 8 方向可调驾驶座椅等，让 18 万元左右的中级轿车都相形见绌。因此 2003 年 8 月才能上市的"凯越"，订单已经排到了 2004 年 4 月。

起初，新"雅阁"以 25.98 万元的价格将了"别克君威"一军，让上海通用很是被动。这次上海通用使出了同样的狠招，不仅让所有 20 万元以内的中级轿车备感压力，也让一些经济型轿车寒风拂面。如果说新"雅阁"是国产中高级轿车的新标杆，那么"凯越"就是中级轿车的新价位坐标。

"凯越"推出以后，各大汽车制造商纷纷对销售做出了调整。捷达系列的"捷达前卫"、"都市春天"和"城市之星"等车型分别降价 6000～10000 元不等。随后上海大众宣布，从 7 月 24 日起对普通型"桑塔纳"系列产品开始价格调整，全系车型一次性下调 9000 元，基本型更是降价到 10 万元以内。"宝来"、"阳光"、"威驰"、"福美来"和"高尔夫"等直接竞争对手更是处于艰难的境地。

上海通用在此次市场竞争中还留了后手。这次推出的 1.6 车型和 1.8 车型都是豪华版，如果竞争对手在价格上做了调整，上海通用完全可以后续推出舒适性、基本型等多种档次的"凯越"，在价格上处于竞争优势地位。

　　竞争是市场经济的特征之一。竞争产生优胜劣汰的效果，迫使企业不断研究市场，开发新产品，改进技术，更新设备，降低成本，提高经营效率和管理水平。上面的案例可以看出，竞争者的一举一动都对企业的营销活动和效果产生重要影响。企业必须认真研究竞争形势，分析竞争对手的战略和战术，明确自己的市场地位，做到有的放矢，争取在激烈的竞争环境中获得生存和发展的空间。

第一节　竞争者分析

　　企业在参与市场竞争过程中，最重要的是对企业进行定位。只有在特定的定位下，企业独有的能力才能实现最大的价值。可以推断，在制定竞争战略时一个关键的步骤就是对竞争者进行深入的分析。竞争者分析的宗旨在于，对如下内容形成总体判断：第一，每一个竞争者可能采取的战略变革的本质和成功之处，以及对于其他企业发起的战略部署，每个竞争者可能反应的程度；第二，对于产业演变的路径以及更广阔环境可能发生的变化，每一个竞争者可能的反应。

　　竞争者分析涉及诸多要素，因此是一项复杂的系统工程。对竞争者进行分析，首先要明确企业的竞争对手是谁，然后对竞争者的战略、目标、能力和反应等基本方面，最后根据企业的市场地位进行战略选择。

一、识别竞争者

　　企业应有长远的战略眼光，善于识别其在市场上面临的竞争对手。一个企业被其潜在竞争者击败的可能性往往大于现有竞争者。例如，洗衣粉生产者的最大威胁往往不是其他洗衣粉生产者，而是不再需要洗衣粉的洗衣机。同样，胶卷行业现在市场份额的萎缩不是因为胶卷行业企业之间的激励竞争，而是因为不再需要胶卷的摄像机和数码照相机的普及。

　　人们习惯于认为竞争者来自于同行业，其实这仅仅是问题的一个方面。事实上，企业现实和潜在的竞争者范围是及其广泛的。根据产品替代的概念，可以将竞争区分为四个层面：（1）品牌竞争。以相似的价格向顾客提供相似的产品和服务的企业，如"凯越"与"宝来"、"阳光"、"威驰"以及"福来美"和"高尔夫"，这是提供同一档次小汽车的制造商之间的竞争。（2）行业竞争。所有提供同样或同类产品和服务的企业，如"凯越"与"老三样"以及其他提供不同档次小汽车的制造商之间的竞争。（3）形式竞争。所有提供相同、相似功能、用途的产品和服务的企业，如小汽车制造商与摩托车、助力车、自行车甚至卡车制造商之间的竞争。（4）一般竞争。即虽然提供不同产品和服务、满足顾客不同需求，但是与自己争夺同一顾客的企业之间，如"凯越"等小汽车制造商与房地产商之间的竞争等。可见，企业如果不能正确识别自己的竞争者，就会患上"竞争者近视症"。

（一）行业竞争观念与竞争者识别

行业动态首先决定于需求与供给的基本状况。供求影响行业机构，行业结构又影响行业的行为如产品开发、定价和广告战略等，行业的行为决定行业的业绩如行业的效率和成长。其中决定行业结构的主要因素有：

1. 集中程度与产品差别

集中程度指行业里厂商数量的多少，通常用行业中最大企业的销售额或市场占有率来衡量；产品差别是指行业中各个行业的产品可被顾客感觉和认知的不同之处。有的产品不论哪家生产，在顾客眼中基本上是一样的。例如，没有人会认为两个农民生产的同一品种大米混在一起，就成了不同的产品；或者两家钢铁厂生产的钢材，即使型号、规格相同，也会有很大的区别。又有一些产品如汽车、香烟和服装，不同品牌之间会有差别。"桑塔纳"、"富康"和"捷达"，"红塔山"、"云烟"和"万宝路"，"杉杉"、"雅戈尔"和"富绅"，带给顾客的感觉必不一样。产品差别使不同品牌不便直接比较，顾客对它们也往往是萝卜青菜各有所爱。

集中程度和产品差别的相互关系，会形成四种基本类型的市场结构，如图 9 - 1 所示。其中，完全竞争和完全垄断是两个极端，现实生活中较为少见；垄断竞争和寡头垄断介乎两者中间，是大量存在的市场结构。它们是企业决定竞争战略的基本依据之一。

		产品差别	
		无或少	大或多
集中度	众多	完全竞争	垄断竞争
	较少	无产品差别的 寡头垄断	有产品差别的 寡头垄断
	独一	完全垄断	

图 9 - 1　不同市场结构下的竞争程度

（1）完全垄断，也叫纯粹垄断。一个行业只有一家企业，其产品没有其他品牌可以替代。事实上，一个行业完全由一家企业控制的状态很难存在。没有不同品牌的竞争者，企业仍然可能面临其他的"行业"竞争者，以及更多的"形式"和"一般"竞争者。如铁路运输一般属于垄断事业，但是有公路、水路和航空运输与其竞争；电力供应一般也属于垄断事业，但仍有煤气、石油和其他能源与之竞争。如果该行业出现了替代品或紧急的竞争威胁，垄断企业也会改善产品或服务，作为阻挡新竞争者进入的障碍。从理论上说，由于没有不同品牌的竞争，卖主完全控制着市场价格，可以在法律允许的范围随意给产品定价。

（2）寡头垄断。也是竞争和垄断的混合物。与垄断竞争不同的是，寡头垄断的市场只有少数几家大企业，一家经济效益好坏不仅取决于自己的行动，还受制于竞争对手的反应。

寡头垄断有两种形式，一种是无产品差别的寡头垄断或完全寡头垄断。各家企业的产品同质，如铝、水泥、钢铁、糖等原材料产品。这些行业产品多有规定标准，买主只关心型号、规格和价格，不太考虑生产者是哪一家。一家买主降价，会迫使其他几家跟着降价或增加服务，否则可能滞销。各家通知降价，至多吸引一些新顾客，但不能把对方的顾客都拉过来。一家卖主涨价，对手并不随之涨价，顾客就会流失。所以，竞争的主要手段是改进管理、降低成本、增加服务，而价格一般较为稳定。

另一种是有产品差别的寡头垄断，也叫不完全的寡头垄断。这种市场上，各家产品至少在顾客看来是有差别的。买主不仅关心价格，还注重品牌、厂家。每个卖主都希望成为有差别的寡头垄断企业，使顾客相信其产品与别家不同，难以替代。这样，企业对受到顾客喜爱的产品可以制定较高的价格，获取差别利益。竞争的焦点不是价格，而是特色。

（3）垄断竞争。这种市场上，竞争与垄断因素并存。一方面卖主很多，行业主要由众多的中小企业组成，企业进出行业自由；另一方面，产品存在差别，导致了部分垄断的可能。这种产品差别，可以基于某些实质性的因素，如烟丝质量不同、汽车性能不同等；也可以产生于某些心理因素或其他因素，如广告、包装、品牌、服务态度甚至经销网点的地理位置，都可能使买主产生产品不同的感受。这种感觉越强烈，顾客对其所喜欢的品牌依赖性也就越大，被其他同类产品所替代的可能性就越小。卖主涨价，不会失掉全部顾客；对手降价，也不能把顾客都吸引过来。由于产品的需求弹性小，卖主在一定程度上可以控制其产品价格。

（4）完全竞争。竞争不受任何干扰和阻碍，这种市场有四个必备条件：买主与卖主很多，他们中任何一家购买与销售在市场交易总量中，只占很小比例，因而谁也无法左右市场价格；产品同质，即在顾客眼中不同企业的产品没有差别，所以买主对由谁生产、向谁购买并不在意，没有特别的偏好；卖主进出行业自由，不存在任何限制；市场信息通畅，买卖双方均无法凭借对方信息缺乏而抬高或压低价格。

在完全竞争的环境中，卖主只能遵从而无法高于现行的市场价格水平，买卖双方都只能是"价格接受者"而不是"价格决定者"。竞争的焦点是降低成本、增加服务，努力扩大与竞争品牌的差别。

2. 进入与退出障碍

一个行业的厂商数量，受到进入与退出障碍的影响。进入和退出障碍反映企业进入或退出某个行业时，所受到的不同程度的阻力。

一般而言，如果某一行业具有较高利润的吸引力，其他企业通常会设法进入。但是进入一个行业会遇到许多障碍，主要有：缺乏足够的资本，不能实现规模经济，没有专利和许可证，无场地，原材料供应不充分，难以找到愿意合作的分销商，市场信誉不易建立等。其中一些障碍是一个行业本身固有的，另外一些则是先期进入并已垄断市场的企业单独或联合设置的，以维护它们先行进入市场的既得利益。即使企业已经进入某一行业，在向更有吸引力的细分市场流动时也会遇到障碍。各个行业的进入障碍不同，比如进入粉笔制造业十分容易，进入飞机制造业则极其困难。

如果一个行业的利润水平较低甚至亏损，已经进入的企业就会考虑退出，将人力、物力和财力转向更有吸引力的行业。但是退出一个行业也会遇到障碍，主要有：对顾客、债权人或员工的法律、道义上的义务，政府限制，过分专业化或设备陈旧造成资产利用价值低，未发现更有利的市场机会，高度的纵向一体化，感情障碍等。即使不完全退出该行业，仅仅是缩小规模，也会遇到障碍。由于存在退出障碍，许多企业即使已经无利可图，只要能收回可变成本和部分收回固定成本，也会在行业里继续维持。它们的存在降低了行业的平均利润。

从竞争的角度看，对于已在行业的企业，进入障碍高、退出障碍低是最好的。这时新竞争者会因为障碍高而难以进入，失败的对手也能较容易退出，竞争风险小，可以保持相对较高和稳定的收益。反之，进入障碍低，退出障碍高，新竞争者容易进入，形成的生产能力又难以离开行业转移，竞争必须激烈。如果进入与退出障碍都高，虽然该行业的潜在收益较大，风险也大。若进入与退出障碍都较低，行业一般只能保持较低的收益。

3. 成本结构

在不同的行业经营，所需成本及成本结构不同。比如轧钢业所需的成本大，化妆品行业所需成本小；轧钢业所需的制造和原材料成本大，化妆品业所需分销和促销成本大。企业应该把注意力放在最大成本上，在不影响业务发展的前提下减少这些成本。所以，轧钢厂将主要成本用于建立最现代化工厂，要比用于广告有利；化妆品制造商将主要成本用于建立广泛的分销渠道和广告促销，可能比投入生产有利。

4. 纵向一体化

在许多行业，实行前向一体化有利于形成竞争优势。广东一家制品加工企业，发展到一定的规模以后，将其生产必不可少的原纸采购业务分离，成为相对独立的经营单位，既供应自身生产所需又按市场价格出售给其他企业。这一举措不仅可以通过扩大采购数量而降低采购成本，还能在各个细分市场控制价格，尤其是在一定程度上通过原纸供应制约竞争者。无法实现纵向一体化的对手，容易处于劣势。

5. 全球经营

有些行业局限于地方经营，如理发、浴室、影院、歌舞厅等；有些行业则适宜发展全球经营，如飞机制造、电脑、电视机和石油等。在全球性行业从事业务经营，必须开展以全球为基础的竞争，以实现规模经济和赶超先进技术。

（二）市场竞争观念与竞争者识别

除了从行业角度，还可以从市场角度识别竞争者。通过绘制产品/市场竞争形势图，把行业分析和市场分析结合起来。例如，按产品类型和消费者年龄分布，分析美国牙膏市场产品/市场竞争情况可以发现，保洁公司和高露洁公司占据了 9 个细分市场，利弗兄弟公司占据了 2 个细分市场，比彻姆公司和多宝尔公司各占了 2 个细分市场。如图 9 – 2 所示。

顾客细分

产品细分		儿童和青少年	19 ~ 35 岁	36 岁以上
	普通牙膏	高露洁公司 保洁公司	高露洁公司 保洁公司	高露洁公司 保洁公司
	氟化物牙膏	高露洁公司 保洁公司	高露洁公司 保洁公司	高露洁公司 保洁公司
	胶质牙膏	高露洁公司 保洁公司 利弗兄弟公司	高露洁公司 保洁公司 利弗兄弟公司	高露洁公司 保洁公司 利弗兄弟公司
	管状牙膏	比彻姆公司	比彻姆公司	
	吸烟者牙膏		多宝尔公司	多宝尔公司

图 9 – 2　牙膏的产品市场竞争分析

假设比彻姆公司和多宝尔公司也想为 19 ~ 35 岁的消费者提供氟化物牙膏或胶质牙膏，它们就肯定会与已在这些细分市场的保洁、高露洁和利弗兄弟等企业形成直接竞争关系。

二、分析竞争者

（一）分析竞争者的战略和目标

1. 分析竞争者的战略

一个企业最直接的竞争者，首先是同在一个行业、同争一个市场又实施同一战略的其他企业。它们构成了同一个"战略群体"，即在某一特定行业采用相同战略的一群企业。企业之间的战略越是相似，竞争就越是激烈。

在多数行业，竞争者可以区分为几个实施不同战略的群体。他们之间的战略差别，通常表现在目标市场、产品档次、性能、技术水平、价格、销售范围等方面。

区分战略群体，有助于认识以下问题：

（1）不同的战略群体，进入与退出障碍不同。比如某个企业在产品质量、声誉和纵向一体化方面缺乏优势，它要进入高价格、高质量、低成本的战略群体就较为困难，但是进入低价格、中等成本的战略群体则相对较容易。

（2）同一战略群体内竞争最为激烈。因为处于同一战略群体的企业在目标市场、产品类型、质量、功能、价格、渠道和促销等方面几乎没有差别，任何一家企业的竞争战略都会受到其他企业的高度关注并在必要时做出强烈的反应。

（3）不同战略群体之间，存在现实或潜在的竞争。不同战略群体的顾客会有交叉，比如实行不同战略的复读机制造商，都会向学习英语的中学生和大学生销售产品。同时，每个战略群体都试图扩大自己的市场，涉足其他战略群体的领地，在企业实力相当和进入障碍较小的情况下尤其如此。

2. 分析竞争者的目标

企业必须获得利润，不能提高经济效益的竞争时毫无意义的，竞争者一方当然也是如此。但是，每个企业对长期利润和短期利润的重视程度不同，对利润满意水平的看法也不一样。有的企业追求利润的最大化，有的企业追求利润满足，达到预期水平就可以。具体的战略目标多种多样，如获利能力、市场占有率、现金流量、成本降低、技术领先、服务领先等，每个企业有不同的侧重点和目标组合。所以一个企业，包括竞争者，目标是由多种因素决定的，如企业规模、历史、经营管理状况、经济状况等。

了解竞争者的战略、目标及其组合，可以判断它们对不同竞争行为的反应。比如一个实施成本领先战略的企业，对竞争者生产过程中的技术突破会做出强烈的反应，对竞争者增加的广告投入则可能不在意。美国企业多少按最大限度扩大短期利润的模式经营，因为当前的经营绩效决定着股东的满意度和股票的价值；日本企业则主要按最大限度扩大市场占有率的模式经营，由于贷款利率低、资金成本低，所以对利润的要求比较低，在市场渗透方面显示出更大的耐心。

（二）评估竞争者的实力和反应

1. 评估竞争者的优势与劣势

企业不仅要了解竞争者的战略和目标，还要评估他们执行战略和实现目标的实力。这取决于各个竞争者的资源、能力以及由此决定的优势和劣势。可由以下步骤评估竞争者：

（1）收集信息。如竞争者业务上最新的关键数据，主要有销售量、市场份额、心理份额、情感份额、毛利、投资回报率、现金流量、新投资、设备能力利用等。其中"心理份额"是指在回答"举出这个行业中你首先想到的一家企业"这个问题时，提名竞争者的顾客在全部顾客中的比例；"情感份额"是指回答"举出你最喜欢购买其产品的一家企业"这一问题时，提名竞争者的顾客在全部顾客中的比例。收集信息可以查找二手资料，以及对顾客、供应商及中间商调研所得的一手资料。

（2）分析评价。根据资料综合分析竞争者的优势和劣势。假设情况如表 9 - 1 所示。

表 9 - 1　　　　　　　　　　　　　　　　**竞争者优势和劣势分析**

品牌	顾客对竞争者的评价				
	顾客知晓度	产品质量	感情份额	技术服务	企业形象
A	5	5	4	2	3
B	4	4	5	5	5
C	2	3	2	1	2

表中5、4、3、2、1分别表示优秀、良好、中等、较差和差。可见，竞争者A的产品知名度和质量最好，但是技术服务和企业形象较差，导致情感份额下降；竞争者B产品知名度和质量不及A，但是技术服务和企业形象优于A，导致情感份额达到最大。

（3）优胜基准。找出竞争者在管理和营销方面的最好做法作为基准，然后模仿、组合和改进，力争赶超。例如，福特汽车公司的总裁曾指示设计师，根据顾客认为最重要的400个特征组合新汽车，模仿和改进竞争者的最佳特征，如座位、外形、发动机、操作系统等，造出了当时最先进的、最受顾客欢迎的新汽车。

优胜基准的步骤为：确定优胜基准的项目；确定衡量关键绩效的变量；确定最佳级别的竞争者；衡量最佳级别竞争的绩效；衡量企业绩效；制订缩小差距的计划和行动；执行和检测结果。

2. 评估竞争者的反应模式

通过了解竞争者的经营哲学、企业文化、主导信念和决策者的心理状况，可以预测其对各种竞争威胁的本能反应。常见的反应类型有以下几种。

（1）从容型竞争者。它们对某些特定的攻击行为没有迅速或强烈的反应。可能的原因是竞争者认为自己的顾客忠诚度高，不会很快转移购买；认为该行为不会产生大的效果；缺乏做出反应所必需的条件和资金等。

（2）选择型竞争者。它们只对某些类型的攻击做出反应，而对其他的攻击可能无动于衷。比如，对降价行为会针锋相对，对增加广告费用则不做反映。了解竞争者会在哪些方面做出反应，有利于企业选择最为可行的攻击类型。

（3）凶狠型竞争者。它们对所有的攻击行为都会做出迅速而强烈的反应。这么做的竞争者，意在警告其他企业最好不要发动任何攻击。

（4）随机型竞争者。对竞争攻击的反应具有随机性，有无反应和反应强弱无法根据其以往情况加以预测。

第二节　竞争战略决策

一、市场领导者战略

根据不同企业在目标市场的地位，可以分为四种类型，即市场领导者、市场挑战者、市场追随者和市场利基者。市场领导者是一个行业的"领头雁",占有相对最大市场份额。在价格变化、新产品开发、分销渠道覆盖面和促销等方面,对其他企业起着榜样和导向的作用。同时,这一市场地位又常常使一个企业成为行业中的焦点和众矢之的。其他企业或者向它们挑战,或者模仿,或者避免与它们竞争。

市场领导者企业为巩固自己的地位,反击竞争者进攻,保持第一,可从三个方面努力,即扩大整个市场、保卫现有的市场份额和增加市场份额。

(一)扩大整体市场

市场领导者占有的市场份额相对最大,市场总体扩大时受益更多。因此,可以通过开发产品的新用户,或为产品找到新用途,或增加顾客用量,设法扩大整体市场。

1. 开发新用户

(1)转化未使用者,促使从未使用过的潜在顾客接受与购买。比如,航空公司要增加其顾客,可以通过广告比较说明空运与火车、汽车相比有什么优点,吸引习惯于陆地出行的消费者改乘飞机。又如,人们担心电热淋浴器不够安全而不愿购买、使用,企业可大力宣传它的多重安全保护装置,将这一个部分潜在购买者转变为现实购买者。

(2)进入新的细分市场。例如,许多情况下总体市场可以根据潜在购买者、使用者的身份,细分为公务、商务和家用等市场。在我国,电话、电脑和轿车等产品,几乎都是在公务、商务市场日趋饱和之后,大举进入家用市场。

(3)开发新的地理市场,即寻找尚未使用该产品的地区。例如我国,电视机和电脑在城市市场已经较为饱和,可着重发展农村市场;轿车在发达国家已经较为普及,可向发展中国家和不发达国家转移市场。

2. 寻找新用途

通过发现产品的新用途,同样可以扩大销售。例如,许多食品企业在产品包装上印有多种烹制方法,使顾客了解这种产品的所有用法,增加了更多和重复购买的可能性。又如,我国一些地方的农民购买洗衣机,不仅用于洗涤衣物,还用来洗净带泥山芋,海尔为此生产了也能洗净山芋的洗衣机。美国企业阿哈默发现有些顾客把小苏打用作冰箱除臭剂,通过开展大规模的广告活动,成功使得美国1/2的家庭把装有小苏打的开口盒子放进了冰箱。

产品的许多新用途往往是在使用过程中发现的,企业可以及时了解和推广。

3. 增加用量

(1)提高使用频率,设法使顾客更多的使用。比如牙膏厂商说服顾客,由每天刷牙两次改为三次。法国一家生产汽车轮胎的企业,向购买轮胎的顾客广泛介绍法国及欧洲各地风景和旅游名胜,促使顾客周末更积极地前去度假,从而增加了轮胎的使用频率。

(2)增加每次用量。增加每次的使用量。比如生产洗发香波的厂家,向顾客证明每次使用其品牌洗发两遍,比只洗一遍效果更佳。日本一家生产味精的企业,曾将其包装瓶盖上的漏孔略加扩大，使消费者不知不觉中增加了每次的使用量。

（3）增加使用场合。例如电视机厂商可以宣传，在卧室和客厅等不同房间分别摆放电视机的好处，如观看方便、避免家庭成员选择频道的冲突等，宣传这是美好生活的需要，是生活水平提高的表现而不是奢侈或浪费，打破只买一台的习惯和"节俭"思想，使有条件的家庭乐于购买两台以上的电视机。

（二）保卫市场份额

占据市场领导者地位的企业还必须时刻注意保护自己的现有业务。最好的防御是最有效的进攻，不断创新，在新产品开发、成品降低、渠道建设和顾客服务方面成为本行业的先驱，掌握主动，持续增加竞争效益和顾客让渡价值。即使不主动进攻，至少也要加强防御，堵塞漏洞，不给挑战者可乘之机。

市场领导者不可能防守所有的阵地。必须认真探查，哪些阵地应不惜代价严防死守，哪些阵地可以放弃而不会带有太大损失，将资源集中于关键处。防守战略的基本目标，是减少受到攻击的可能性，或将进攻目标引导到威胁较小的区域并设法减弱进攻的强度。

1. 阵地防御

围绕企业目前的主要产品和业务，建立牢固的防线。根据竞争者产品、价格、渠道和促销方面可能采取的进攻战略，制定自己的防御性战略，并在竞争者进攻时坚守原有的产品和业务。

阵地防御是防御的基本形式，是静态的防御。虽然在许多情况下是有效的、必要的，但是单纯依赖这种防御则是一种"营销近视症"。企业更重要的任务是技术更新、新产品开发和扩产业务领域。当年亨利·福特固守 T 型阵地惨遭失败，使得年盈利 10 亿美元的企业险些破产。海尔没有局限赖以起家的冰箱业务，积极开发了空调、彩电、洗衣机、电脑、微波炉、干衣机等系列产品，成为我国电器行业著名品牌。

2. 侧翼防御

市场领导者企业在自己主阵地的侧翼建立辅助阵地，以保卫自己的周边和前沿，并在必要时作为反攻的基地。20 世纪 70 年代，美国各大汽车企业的主要产品是豪华型轿车，并未注意小型省油车这一侧翼产品，受到日本和欧洲厂商的小型省油车攻击而失去大片市场。超级市场在食品和日用品市场占据统治地位，但是在食品方面也受到以快捷、方便为特征的快餐业的蚕食，在日用品方面受到以廉价为特征的折扣商店的攻击。为此，超级市场提供广泛的、货源充足的冷冻食品和速食食品，以抵御快餐业的蚕食；推广廉价的无品牌商品，并在城郊和居民区开设新店，以击退折扣商店的进攻。

3. 以守为攻

企业也可在竞争者尚未构成严重威胁，或向本企业采取进攻行动以前抢先发起攻击，以削弱或挫败竞争对手。

"以守为攻"是一种先发制人的防御，应正确判断何时进攻效果更好，以免贻误时机。有的企业在对手市场份额接近于某一水平而危及自己市场地位时发起进攻，有的在对手退出新产品或重大促销活动前抢先进攻，如推出自己的新产品、宣布新产品的开发计划或开展大张旗鼓的促销活动，压倒竞争者。先发制人的方式多种多样：可以运用游击战，这儿打击一个对手，那儿打击一个对手，使各个对手疲于奔命、忙于招架；可以展开全面进攻，如精工手表有2300个品种，覆盖各个细分市场；也可以持续打价格战，如长虹数次率先降价，使未达到规模经济的竞争者险象环生；还可开展心理战，警告对手将采取某种打击措施，实际上并不一定付诸实施。某著名电器企业得知另外一家正在研制一种新产品，一旦成功将会对本企业造成威胁，就放风本企业正在研制该产品并即将成功，迫使竞争者放弃研制。当然，这种做法只能偶尔为之，不能经常使用。

4. 反击防御

市场领导者受到竞争者攻击以后采取反击，要注意选择时机。可迅速反击，也可延迟反击。如果竞争者的攻击行动并未造成自己的市场份额迅速下降，可延迟反击，弄清竞争者攻击的意图、战略、效果和其薄弱环节以后反击，不打无把握之仗。

反击战略主要有：

（1）正面反击，即与对手采取相同措施，迎击对方的正面进攻。如果对手大幅度降价和大规模促销，市场领导者企业凭借雄厚的资金、实力和卓著的品牌声誉，以牙还牙地采取降价和促销，可以有效遏制对手。

（2）攻击侧翼，即选择对手的薄弱环节加以攻击。某企业的电冰箱业务遇到对手削价损失了市场份额，但是洗衣机质量和价格比竞争者有更多优势，于是洗衣机大幅度降价，使对手忙于应付洗衣机市场而停止对电冰箱市场的进攻。

（3）钳形攻势，即同时实施正面攻击和侧翼攻击。如竞争者的电冰箱削价，市场领导者企业不仅电冰箱降价，洗衣机也降价，同时推出新产品，从多条战线发动进攻。

（4）退却反击。在竞争者进攻时，先从市场退却，避免正面交锋的损失；待竞争者放松进攻或麻痹大意时发动反击收复市场，以较小代价取得较大战果。

（5）围魏救赵。在对方攻击我方主要市场时，攻击对方主要市场，迫使对方撤销进攻回师保卫大本营。如康佳在四川市场发动进攻时，长虹进攻广东市场还以颜色。

5. 机动防御

指市场领导者不仅固守现有的产品和业务，还扩展到一些有潜力的新领域，作为将来防御和进攻的中心。

6. 收缩防御

企业主动从实力较弱的领域撤出，将力量集中于实力较强的领域。当企业无法坚守所有的市场，并由于力量分散而降低资源效益时，可采取这种战略。

优点是在关键领域集中优势力量，增强竞争力。

（三）增加市场份额

许多市场领导者企业喜欢不断扩大市场份额。一般而言，如果单位产品价格不降低且经营成本不增加，利润会随市场份额扩大而提高。但是不可认为市场份额提高就一定增加利润。是否继续增加市场份额，应结合考虑以下因素：

1. 经营成本

许多时候往往有这样的现象，市场份额持续增加而未超出某一限度时，利润会随市场份额而提高；市场份额超过某一限度继续增加，经营成本的增加速度就大于利润的增加速度，利润会随市场份额的提高而降低。主要原因是提高市场份额的费用增加。出现这种情况，则市场份额应保持在该限度以内，不应盲目扩大市场份额。

2. 营销组合

如果采用了错误的营销组合战略，比如过分降低价格，过高支出公关、广告、渠道拓展、销售员和营业员奖励等费用，承诺过多服务项目导致服务费用大增，市场份额的提高会造成利润下降。

3. 法律约束

为了保护竞争、防止垄断，许多国家法律规定，某一企业的市场份额超出一定限度，就要强行分解为若干相互竞争的企业。西方国家的许多著名企业都曾因此而被分解。如果占据市场领导者地位的企业不想被分解，就要在市场份额接近临界点时主动控制。

二、市场挑战者战略

市场挑战者是在行业中占据第二及以后位次，有能力对市场领导者和其他竞争者采取攻击行动，并希望夺取市场领导者地位的企业。

（一）确定战略目标与竞争对手

军事上的"目标原则"主张，每次行动必须指向一个明确规定的、决定性的和可以达到的目标。大多数市场挑战者的目标是增加市场份额和利润，减少对手的市场份额。战略目标与要进攻的对手直接相关。

（1）攻击市场领导者。这一战略风险大，潜在利益也大。当市场领导者在其目标市场的服务较差而令顾客不满，或对某个较大的细分市场未予足够关注的时候，采用这一战略的利益更为显著。例如，施乐公司用干印代替湿印，从3M公司那里夺走了复印机市场；佳能公司开发台式复印机，又从施乐夺取了大片市场。

（2）攻击规模相当，但是经营不佳、资金不足的企业。市场挑战者企业应当仔细调查竞争者是否满足了消费者的需求，是否具有产品创新的能力。如果它们在这些方面存在缺陷，就可作为攻击的对象。

（3）攻击规模较小、经营不善、资金缺乏的企业。例如在我国，许多实力雄厚、管理有方的独资和合资企业一旦进入市场，首先进攻当地资金不足、管理混乱的弱小企业。

（二）有效选择战略

市场挑战者选择战略，应当遵循"密集原则"，把优势兵力集中在关键时刻和地点，有效达到目的。

1. 正面进攻

市场挑战者向对手的强项而不是弱项发起进攻，比如以更好的产品、更低的价格、更大规模的广告攻击对手的拳头产品。

决定正面进攻胜负的"实力原则"，即拥有更多、更优的人、财和物力资源的一方将取得胜利。当进攻者比对手拥有更大实力和持久力时，才宜采取这一战略。

降价是一种有效的正面进攻战略，如果能让顾客相信进攻者的产品与对手相同但是价格更低，更加"物有所值"，进攻就会取得成功。要使降低竞争得以持久并且不伤自身元气，必须大量投资于降低生产成本的研究。

如果防守者具有某些防守优势，比如在市场上有较高声誉、广泛的销售网络、牢固的客户关系等，则实力原则不一定奏效，即资源上略占优势一方不一定取得胜利。军事上，一般对方占有防守优势如高地或防御工事，进攻者必须具有 3∶1 的资源优势，才有把握成功。

2. 侧翼进攻

市场挑战者企业也可寻找和攻击对手的弱点。寻找对手弱点的主要方法，是分析竞争者在各类产品和各个细分市场上的实力和绩效，把对手薄弱或表现不佳或尚未覆盖而又有潜力的产品和市场，作为攻击点和突破口。

（1）分析地理市场，选择对手忽略或绩效较差的产品和区域加以攻击。比如一些大企业易于忽略中小城市和乡村，进攻者可以在那里发展业务。

（2）分析其余各类细分市场，按照收入、年龄、性别、购买动机、产品用途和使用率等因素辨认细分市场并认真研究，选择对手尚未重视或尚未覆盖的细分市场作为目标。

侧翼进攻使各企业的业务更加完整地覆盖各细分市场，进攻者较易收到成效，并且避免了攻守双方争夺同一市场而造成的两败俱伤的局面。

3. 包抄进攻

市场挑战者企业也可在多个领域同时发动进攻，以夺取对手市场。比如向市场提供竞争者所提供的一切产品和服务，并且更加质优价廉，配合大规模促销。

其适用条件是：

（1）通过市场细分未能发现对手忽视或尚未覆盖的细分市场。补缺空档不存在，也就无法采用侧翼进攻。

（2）与对手相比，拥有绝对的资源优势。制订了周密可行的方案，包抄进攻能够摧毁对手的防线和抵抗。

4. 迂回进攻

避开对手的现有业务领域和现有市场，进攻对手尚未涉足的业务领域和市场，壮大自己的实力。这种战略主要做法有：

（1）多角化经营，涉足与对手现有业务无关的产品。

（2）现有产品进入新的地理市场。

（3）利用对手尚未涉足的高新技术制造产品，取代现有产品。

在高新技术领域实现技术突破和飞跃，是最有效的迂回进攻战略，可以避免单纯模仿竞争者的产品和正面进攻的损失。企业应致力开发新一代的技术，时机成熟后向对手进攻，把战场转移到自己占据优势的领域中。

5. 游击进攻

市场挑战者向竞争者的有关"领地"发动小规模、断断续续的进攻，逐渐削弱对手，使自己最终夺取永久性的市场领域。

游击进攻适用于小企业打击大企业。主要做法是在某一局部市场上有选择地降价，开展短促的密集促销，向对方采取相应的法律行动等。游击进攻能有效地骚扰对手、消耗对手、牵制对手、误导对手、瓦解对手的士气、打乱对手的战略部署，而己方不冒太大风险。

游击进攻的适用条件，是对方损耗将不成比例地大于己方。

采用游击进攻，必须在开展少数几次主要进攻还是一连串小规模进攻之间选择。通常认为，一连串的小规模进攻能形成累积性的冲击，效果更好。

三、市场追随者战略

市场追随者是指那些产品、技术、价格、渠道和促销等大多数方面，模仿或跟随市场领导者的企业。并非所有屈居第二之后的企业，都需要向市场领导者挑战。当市场挑战者需要勇气，更需要实力。挑战可能引起激烈的市场竞争，引起行业老大的报复——往往它们所拥有的资源更富有持续的战斗力。因此，除非一个企业具有足够的实力，能以创新、突破发起挑战；否则，追随市场领导者也是一种可行的选择。

市场追随者战略的一个重要特征，是"追随"市场领导者企业，提供类似产品或服务给购买者，尽力维持自己市场份额的温度。在很多情况下，追随不仅可以避免调整可能带来的重大损耗，还可让市场领导者和市场挑战者承担新产品开发、信息收集和市场开发所需的大量经费，自己坐享其成，减少支出和风险。

市场追随者必须找到不会引起竞争报复的发展思路。必须了解如何掌握现有的顾客，并在新的顾客群中争取更多的顾客，设法为其目标市场带来现实的利益。由于市场追随者往往是市场挑战者的主要攻击目标，因此市场追随者还必须随时保持低成本以及高品质和服务，以免遭受打击。一旦有新的机会出现，市场追随者更应积极进入该市场。总而言之，市场追随者并非只是被动模仿市场领导者，而是必须决定一条不会引发报复的成长途径。

1. 紧密追随

指企业在各个细分市场和产品、价格、广告等方面模仿市场领导者，不进行任何创新。由于是利用市场领导者的投资和营销组合开拓市场，自己跟在后面分一杯羹，故它们往往被看作依赖市场领导者而生存的寄生者。有些紧密追随者甚至发展为"伪造者"，专门制造赝品。国内外许多著名企业都受到赝品的困扰，一直在寻找行之有效的打击办法。

2. 距离追随

在基本方面模仿领导者，但是在包装、广告和价格上保持一定的差距。如果模仿者不对市场领导者发起挑战，市场领导者往往不会介意。这种"自觉共处"状态在资本密集且产品同质的行业，如钢铁、化工等行业是很普遍的现象。这些行业产品差异很小，价格敏感度较高，随时可能发生价格竞争。因此，企业通过彼此自觉地不互相争夺客户，不以短期的利益为目标，效法市场领导者企业为市场提供的产品，市场份额保持着高度的稳定性。

3. 选择追随

指在某些方面紧跟市场领导者，在某些方面又自行其是。它们会有选择地改进市场领导者的产品、服务和营销战略，避免与市场领导者正面交锋，选择其他市场销售产品。这种市场追随者通过改进并在别的市场壮大实力以后，有可能成为挑战者。

虽然追随战略不冒风险，但也存在明显缺陷。研究表明，市场份额处于第二、第三和以后位次的企业与第一位的企业在投资报酬率方面有较大的差距。

四、市场利基者战略

（一）市场利基者与利基市场

市场利基者是指专门为规模较小或大企业不感兴趣的细分市场提供产品和服务的企业。市场利基者拾遗补缺、见缝插针，虽然在整体市场上仅占很少份额，但是比其他企业更了解和满足某一细分市场，同样能通过提供高附加值得到高利润和快速成长。

规模较小且大企业不感兴趣的细分市场，称为利基市场。一个理想的利基市场应当具备以下特征：

（1）有一定的规模和购买力，能盈利。

（2）有发展潜力。

（3）对主要竞争者不具吸引力，或强大的企业对这一市场不感兴趣。

（4）本企业具备向这一市场提供优质产品和服务的资源和能力。

（5）本企业在顾客中建立了良好的声誉，能有效抵御竞争者入侵。

（二）市场利基者的战略选择

市场利基者战略的关键是专业化。实现专业化的主要途径有：

（1）最终用户专业化。企业可以专门为某一类最终用户提供服务，如航空食品企业专为民航企业提供乘客用航空食品。

（2）垂直专业化。企业可专门为位于生产与分销循环中的某些环节、层次服务，如铸件厂专门生产铸件、铝制品厂专门生产铝锭和铝制部件。

（3）顾客规模专业化。企业可专为某一规模的顾客群体服务，如大企业不重视的小顾客群。

（4）特殊顾客专业化。企业专门向一个或者几个大客户销售。许多小企业只向一家大企业提供其全部产品。

（5）地理市场专业化。企业在某一地点、地区或范围内经营。

（6）产品或产品线专业化。企业只经营某一种产品或产品线。如一家制袜企业专门生产不同花色品种的尼龙丝袜，一家造纸厂专门生产水泥包装纸。

（7）产品特色专业化。专门经营某一种类型的产品或者产品特色，如某个书店专门经营"古旧"图书，某个企业专门出租儿童玩具。

（8）客户订单专业化。企业专门按客户订单生产特制产品。

（9）质量/价格专业化。只在市场底层或上层经营，如惠普公司专门在优质高价的袖珍计算器市场经营。

（10）服务专业化。向大众提供一种或数种其他企业所没有的服务，如某家庭服务企业专门提供上门疏通管道服务，某银行可接受客户电话申请贷款。

（11）销售渠道专业化。只为某类销售渠道提供服务，如某家软饮料企业决定只生产大容量包装的软饮料，并且只在加油站出售。

一般来说，市场利基者中弱小者居多，多为一个行业的中小企业。一旦面临强大竞争者的入侵或目标市场的消费习惯变化，容易陷入绝境。所以，市场利基者要善于创造利基市场，保护利基市场和扩大利基市场。

❖ 本章小结

竞争者的举动，会对企业的营销活动和效果产生重要影响。企业如果要在市场上取得营销成功，就必须要认真研究形势，善于从更广阔的层面识别竞争者，分析竞争者的战略和目标，评估竞争者的优势、劣势以及他们应对竞争者的反应模式，从而明确竞争对手；并根据企业自身的优势和劣势，扬长避短地制定竞争战略。

企业在市场上占据不同的地位，根据市场地位的差异，可选择的竞争战略也有所不同。市场领导者可以设法扩大整个市场，如积极开发新用户、寻找产品新用途、增加用户使用量等；也可事实阵地防御、侧翼防御、以攻为守、反击防御、机动防御或收缩防御来保卫自己的市场份额；还可以适当增加市场份额。市场挑战者可以通过正面进攻、侧翼进攻、包抄进攻、迂回进攻或游击进攻，对市场领导者或规模相当但经营不佳、资金不足的企业展开市场攻击，也可对规模较小、经营不善或资金缺乏的企业展开市场进攻，以期获得市场份额。市场追随者可以通过紧密追随、距离追随和选择追随等追随战略，盯紧市场领导者来维持市场份额。市场利基者往往因弱小而出于劣势地位，因而在市场竞争中可以选择各种专业化战略，拾遗补阙、见缝插针，在市场缝隙中谋求生存和发展。

案例分析

可乐争霸战

在饮料行业，可口可乐和百事可乐的争锋从未停止过。世界上第一瓶可口可乐于1886年诞生于美国，距今已有百余年历史。这种神奇的饮料以它不可抗拒的魅力征服了全世界数以亿计的消费者，成为"世界饮料之王"。作为市场的后起之秀，百事可乐有两种战略可供选择：向市场领导者发起攻击，以夺取更多的市场份额——挑战者战略，或是参与竞争，但不让市场份额发生重大改变——追随者战略。显然，百事可乐向可口可乐发动了强有力的挑战，并在与可口可乐的交锋中日益壮大，最终在饮料市场上与可口可乐分庭抗礼。

1902年，可口可乐公司投入12万美元广告费，使其成为最知名的品牌。次年，可口可乐改变配方，将古柯碱成分去除。由于受到广告刺激并受到美国禁酒运动的影响，可口可乐快速成长起来。

1915年，来自印第安纳州霍特市的一位设计师推出了6.5盎司的新瓶装，使得可口可乐与其他仿冒品相比显得不同，此后这种瓶装可口可乐生产超过60亿瓶。

百事可乐最早是以Me–too的形象进入市场的，即你是可乐，我也是可乐。Coca Cola的命名取自可乐倒进杯子时发出的声音，而Pepsl Cola的命名则取自打开瓶盖时可乐冒气的声音，两种可乐仅是首字不同。

1970年以后，可口可乐公司重点从"清凉顺畅、心旷神怡"的软性，转向"只有可口可乐，才是真正可乐"的防御战略。提醒消费者可口可乐才是真正的创始者，其他都是仿冒品。后来更进一步将Coca Cola浓缩为Coke一词，以摆脱百事可乐的同名干扰。这样店老板再也不会搞不清是拿可口可乐还是百事可乐。这是领导性品牌围、追、堵的很好战略。

百事可乐成长于30年代经济大恐慌时期。由于消费者对价格很敏感，因此1934年百事可乐推出了12盎司装的瓶子，但与可口可乐6.5盎司的价格一样，也是5美分。百事可乐利用电台广告大力宣传"同样的价格，双倍的享受"的利益诉求点。它成功击中了目标，尤其是年轻人的市场，因为他们重量不重质。

1954年，可口可乐销售量降低了3%，而百事可乐上升12%。1955年，可口可乐不得不发动反击，同时推出10盎司、12盎司及16盎司新包装。但为时已晚。可口可乐从50年代以5：1的悬殊销售比领先百事可乐，到60年代百事可乐已将比例缩小到一半。

百事可乐的另一成功之处，是抓住了"新一代"。从1961年开始，广告强调"现在，百事可乐献给自认为年轻的朋友"，1964年喊出"奋斗吧！你是百事的一代"，使得这一观念更明确风行，大大影响了年轻人的传统意识。

百事可乐广告的成功，在于充分掌握了年轻人的喜好，使电影和音乐的魅力再现于广告片中。百事可乐先后以"大白鲨"、"ET"、"回到未来"等主题拍摄饶富趣味的CF，特别是以流行音乐制作CM CONG，引起广大青年人的共鸣。他们还率先聘请当代知名的摇滚歌星如麦克·杰克森、莱诺·李奇、蒂拉·透娜等作物电视广告主角，又与《迈阿密风云》男主角唐强生签约演出新CF，声势更大。这一系列广告影片风靡全球新一代，使其品牌形象不断上升，甚至有凌驾于可口可乐之上的趋势。

讨论题

1. 可口可乐和百事可乐分别处于何种市场地位？
2. 可口可乐采用了什么样的战略来防止百事可乐等追随者的模仿行为？
3. 百事可乐向可口可乐发起挑战的契机是什么？
4. 总结百事可乐挑战可口可乐的成功经验。

复习思考题

1. 企业怎样识别自己的竞争对手？
2. 分析竞争对手时应从哪几个方面入手？
3. 作为市场领导者，可供选择的竞争战略有哪些？
4. 作为市场挑战者，可供选择的进攻战略有哪些？
5. 市场追随者在竞争中扮演什么样的角色，他们有哪些竞争战略可供选择？
6. 什么样的企业是市场利基者？他们有哪些竞争战略可供选择？
7. 如果你是联想手机的市场总监，你将如何规划和制定竞争战略？

第十章 新产品开发战略

【本章要点】
◆ 新产品的类型和新产品开发的意义
◆ 新产品开发策略
◆ 新产品开发的过程
◆ 新产品的市场扩散

【专业词汇】 新产品线 增补产品 技术引进 独立研究和开发 协作开发 现有产品改进 市场扩散 产品认知 创新采用者 早期采用者 早期大众 晚期大众 落后采用者

【案例引导】

打印机制造业是伴随着计算机的普及而迅速成长起来的一个产业。这个产业经历从应用碰撞原理的色带打印、针式打印到应用非碰撞原理的感热打印以及目前流行的激光打印和喷墨打印的技术与市场的巨变过程。Canon 自 1988 年到 90 年代中期，一直维持着该行业领头羊的优势地位。这一地位的取得，不仅取决于该公司从研发复印机中培养起来的电子照相技术在开发激光打印机得到了充分应用的结果，而且还取决于该公司未雨绸缪地开发和培育起喷墨技术这一新的替代核心技术得以市场化的结果。1986 年到 1994 年间，Canon 的喷墨打印机的累计市场占有率高达 68%。

激光打印机虽然具有打印速度快、清晰度高、噪音低等优势，但同时也因其构造复杂，存在着难以小型化、彩色化、低价格化等问题，而能解决这些问题的则是喷墨式打印技术。

1975 年，Canon 完成了将电子照相技术应用于激光打印机 LBP 的开发工作，并把它作为企业的一项核心事业。这项事业刚起步，Canon 中央研究所的研究人员就开始了探索替代该技术的新技术。他们把目光投向喷墨打印技术时，发现今后可能成为喷墨打印机技术主流的压电振动子原理的技术专利都已被人申请了。为此，他们只能寻找新的技术，于 1977 年发明了以热能为喷射源的喷墨技术原理，又称 BJ 原理。但靠激光技术起家的公司其他技术人员的反应则是十分冷淡的。他们认为，该技术作为原理虽很理想，但从实现它的方法上看，却是完全"没用的技术"。为了完善这一技术，BJ 开发组成员开始了长达 10 多年的技术开发与改良工作。为了消除其他技术人员的偏见，使自己开发出来的技术得以应用，他们说服了公司的各个事业部门。几经周折，最终以使用原有的打印机外壳，不增加产品开发成本为前提，换取了使用他们开发机芯的机会，实现喷墨打印技术的产品化和量产化。1990 年在公司首脑的主导下，他们推出了世界上最廉价的小型喷墨打印机 BJ－10V，迈出了该技术走向产业化的关键一步。1991 年以后喷墨打印机开发集团作为新的核心部门，其产量大大超过了激光打印机，1995 年的销售额超过了 Canon 总销售额的 20%。一般来说，企业要获得竞争的优势，就必须开发出其他企业所没有的狼子野心的核心技术与能力，而且还必须进行持续的投资以进一步改良和完善这一技术。但通过这一系列努力而达到的技术能力一旦确立，特别是当能为企业带来强大的竞争力时，就蕴含着可能出现阻碍开发和培育另一种新技术的危险性。这是因为在通常情况下，处于发明初期阶段的新技术在多数成果指标上，大都比现有技术拙劣得多，与发明无关的技术开发人员一般不会热心对待这些"不过关的技术"，而产品开发部门也因为它无法满足作为目前事业活动中心的顾客需求而不敢轻易采用这些新技术。就是说，产品的生命虽来源于它与顾客的密切度，但在技术与市场不断变化的环境中，这种密切完成得越彻底，阻碍在该企业组织内产生新的核心技术与能力的可能就越大。那些曾经一度辉煌的领袖企业之所以走向衰落和失败，其中的一个重要原因在于它们没能及时地开发和培育出适应技术与市场变化环境的新的核心替代技术。

　　Canon 可以说是一个能够比较好地处理和平衡企业现有核心技术与新的核心技术关系的典范企业。该公司在现有企业核心技术作为事业中心起步之时，就着手开发新的核心技术，并且锲而不舍地从人力和财力等多方面培育这一技术。该公司先是应用的电子照相技术开发出激光打印机，取得竞争优势；当激光打印机的技术逐渐被竞争企业所模仿和超越时，又不失时机地应用新的核心技术推出喷墨打印机。这样比较持久地维持它的竞争优势。

　　从上面案例中不难看出，任何一家公司仅靠现有的业务是不能实现长远发展的。在市场上表现良好的现有业务终有一天会被新的技术、新的产品所淘汰，如果一个企业想持久地维持竞争优势地位，必须不断地探索新的领域，研发出适合以后消费者需求的新产品。

第一节　新产品的含义

一、新产品的概念

（一）新产品的概念

　　科技发展迅猛，市场千变万化，产品生命周期缩短，新产品开发进程加快。开发符合市场规律，满足现实和潜在市场需求的新产品关系企业的生死存亡。国外很多久盛不衰的企业成功的主要经验就是不断推出新产品。如日本的索尼公司，其产品行销世界各地，家喻户晓。索尼公司成功的秘诀就是不断开发新产品，以新制胜，它的发展过程可以说是不惜投入、努力创新的过程。索尼公司平均每日推出 4 种新产品，每年推出 1000 种，其中 800 种是原来每日推出的 4 种新产品的改进型，其余完全是新创的。索尼公司的发展理念就是创造前人未涉足的，能够实现人们梦想的产品。又如美国明尼达采矿制造公司也非常重视经营领域的拓宽和新产品开发，并由生产砂纸的小企业发展到矿业、电力、航空、通讯、建筑、卫生和文化娱乐等产业。不断开发新产品、抓住机会拓展经营领域就是其成功的经验。

一般来说，新产品是与原有产品相对的概念。在现代市场营销学中，新产品的概念需要从产品整体概念的角度来理解。即产品整体概念中任何层次的更新和变革，所引起产品材料、质量、性能、品种、特色、结构、服务等某一方面或若干方面的变化，而与原有产品有一定的差异，并为顾客带来新的利益的产品都称为新产品。也就是说只要具备以下条件之一的产品都可以称为新产品：①新的原理、构思与设计；②新的原材料；③新的功能；④更高的质量与服务；⑤新的用途；⑥新的市场或带给顾客新的利益。

（二）新产品的类型

从现代市场营销学的角度来看，新产品主要有以下六种类型：

（1）全新产品，即利用新技术创造出的整体更新的产品。此类产品往往根据新的技术发明，采用新原理、新材料、新技术、新工艺创造的并率先在市场上问世的产品。

（2）新产品线。能够使一个公司首次进入新市场的产品。

（3）现有产品线的增补产品。在公司现有产品线上，增补的新产品，包括产品型号、款式、大小等方面的变化。

（4）现有产品的改进和更新。产品性能的改进或注入新的价值，能够替代现有产品。

（5）市场重新定位的产品。能够进入新的细分市场的现有产品或改变原有市场定位推出的新产品。

（6）成本减少的产品。以较低的成本推出同样性能的产品。

二、新产品开发的意义和原则

（一）新产品开发的意义

新产品开发不仅是提高企业核心竞争力促进企业持续发展的需要，也是市场需求及社会、经济、科技发展的要求。具体地说：

（1）新产品开发是提高企业核心竞争力，促进企业可持续发展的需要。随着全球一体化进程的加快，市场竞争日益激烈，尤其是我国加入 WTO 后，国内、国际两大市场趋于接轨。企业面临新的机会与挑战，企业要生存要发展，就必须重视新产品开发，并运用新技术、新材料、新工艺、新方法开发有国际竞争力的新产品，切实增加企业实力。

（2）新产品开发是适应消费需求变化的需要。随着经济的发展和人民生活水平的提高，消费需求趋于多元化，消费选择更加多样化。企业要满足不断变化的消费需求，就必须不断地开发新产品。

（3）新产品开发也是产品生命周期理论的要求。产品生命周期理论告诉我们，任何产品都有一定的生命周期。尤其随着知识经济时代的来临，以及知识资源的共享和技术创新的加快，产品生命周期逐渐缩短，产品更新换代速度加快。例如，我国家电市场从彩电、冰箱到 VCD 彩碟机等有代表性的产品从形成规模到全行业产品过剩的时间越来越短。因此，企业必须根据产品生命周期规律，不断推陈出新，适应市场和科学技术的变化。

（4）新产品开发是科学技术发展的结果。科学技术是第一生产力。科技只有与生产相结合才能转化为现实的生产力。科学技术的进步与发展推动着技术创新的进程，加快了产品更新换代的速度，企业必须通过技术创新促进新产品开发才能在市场上保持竞争优势，立于不败之地。

（二）新产品开发的基本原则

一个企业在开发新产品中，还必须重视以下几个基本原则：

（1）坚持以市场需求为导向。新产品能否适应市场的需要是新产品开发成功与否的关键。因此，企业必须做好市场的前期调研工作，充分挖掘当前消费者尚未得到满足的潜在需求，了解他们在这一方面上的具体要求，并以此为基础开展新产品的研制工作。

（2）合理利用本有资源。企业本有的资源是企业开发新产品的依托，企业应根据自身实际，结合可用的市场机会，开发适宜的新产品来满足市场需求。如果不考虑自身现实，而一味地求"高、精、尖"产品创新，最终只能是注定失败。

（3）连续性原则。产品生命周期规律要求新产品开发要有连续性。企业既要重视产品的多样化，又要重视新老产品开发的衔接，促进产品设计、试验、试制、投产、试销和大批量生产、投放市场等环节的连续，保持产品开发与技术创新的优势。

（4）时效原则。新产品的研究、设计、试验、试制、生产，不仅要重视质量，还要重视速度。新产品开发及投放市场都要注意时效性，不能步人后尘。

（5）有效的组织支持。新产品的开发不是一个部门的事情，它涉及企业的多个部门共同协作完成。因此设计科学合理的组织机构和跨部门的项目团队是新产品开发成功的重要保障，除此之外，来自组织高层的有力支持也是关键之一。

第二节　新产品开发策略

新产品开发是一项艰巨的任务，也是非常重要的工作。既要有一定的技术实力和创新能力，又要有足够的资金和科学的管理体制。另外，企业在新产品开发中必须承担各方面的风险，并经受失败的考验。新产品开发是一项有计划、有组织的工作，企业还必须重视新产品开发的策略。常见的新产品开发策略主要有：

一、技术引进策略

技术引进是通过购买国外专利或设备，或与国外企业进行技术合作，而迅速开发新产品的策略。这种策略可使企业较快地掌握新产品的制造技术，减少企业的研究与开发经费，有利于较快地发展新产品。这种策略的优点是：投资少、风险小、见效快；缺点是：盲目引进容易造成重复投资，限制独创精神。

二、独立研究与开发策略

这是指企业完全通过自身的实力，研究与开发技术含量高、有一定独创性产品的策略。此策略的显著优点是：充分发挥自身技术优势、提高创新实力、节约外汇、克服外商牵制等。如果研制成功，不仅可以大大提高企业的技术与产品开发能力，而且有利于树立企业形象。缺点是：风险大、耗资多、周期长等。

三、独立研制与技术引进相结合策略

这是指企业在新产品开发中，既重视发挥自身优势和技术力量，又重视引进国外的先进技术或设备，促进二者有机结合的策略。该策略具有时间快、投资少、风险小的优点，而且可使产品更适合本国的市场需求。另外，该策略既重视发挥自身优势，又能取长补短，有利于企业产品开发水平的提高。

四、协作开发策略

这是指企业与有关的科研机构、高等院校及其他有关单位协同进行产品开发的策略。该策略有利于科技与经济相结合，充分发挥各协同单位的优势，弥补企业自身研究与开发力量不足的缺陷。

五、改进现有产品的策略

该策略是通过对现有产品的性能、质量、款式、式样等进行改进投放市场的策略。该策略可以充分利用企业现有的研究与开发力量，达到开发速度快、开发成本低等优点。

第三节　管理新产品开发的过程

新产品开发是一项重要而又充满风险的工作，要提高新产品开发的成功率，需要重视新产品开发的各个环节。新产品开发过程一般由新产品构思、筛选、形成产品概念、制定营销战略、商业分析、新产品研制、市场试销、批量上市八个阶段。

新产品开发过程如图 10 - 1 所示。

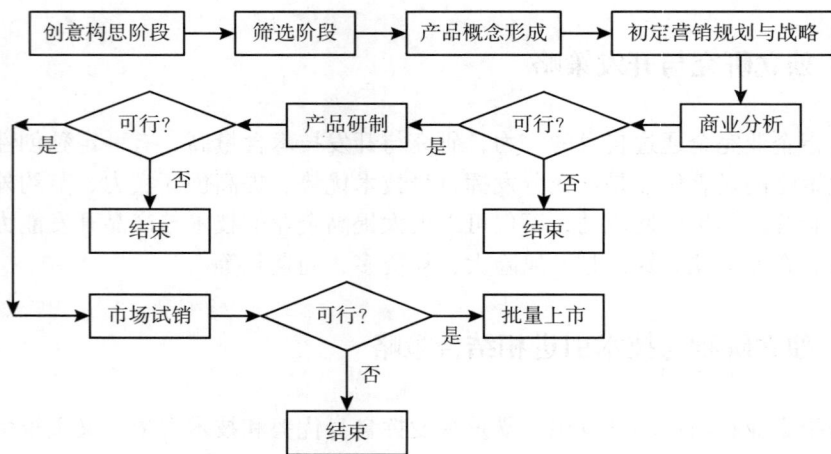

图 10 - 1　新产品开发过程

一、新产品构思

构思是为满足某种需求而进行产品开发的设想。要开发出满足市场需求的新产品，正确的构思是前提。一种新产品的构思可以来自企业的销售或生产人员、高层管理人员、经销商、竞争者以及对消费者的调查，还可以来源于科学家、学者、营销策划者、广告商及贸易公司等其他相关人员或机构。在新产品构思阶段，营销部门的主要任务是寻找创意、搜集构思，为决策者或高层主要管理人员提供构思决策的素材与依据。寻找和搜集新产品构思的主要方法有：①属性排列法。该方法主要是通过列举产品的主要属性，并对每一属性进行分析、修改，从而形成新的创意。②强制关联法。该方法先列举若干不同的产品，并分析某一产品与其他产品的关系，从而产生新的构思。③形态分析法。该方法从分析某一产品各个层面的关系着手，再形成新的创意。④问题分析法。该方法主要是从消费者及社会公众对产品提出的问题着手，分析问题的症结，并寻找新改进思路。⑤头脑风暴法。该方法通过召集若干（一般不超过 10 人）发明家或有独到见解的人士对产品开发的关键问题进行慎重思考、热烈讨论，在相互激发中寻找新的创意。

二、构思筛选

企业对收集到的新产品构思要进行筛选。筛选的过程实质是对搜集到的新产品创意或构思进行评估，研究其可行性，从中挑选出可行性较强的构思。筛选的目的就是淘汰不可行或可行性低的创新或构思，以便企业有限的资源集中于可行性强、成功机会大的构思上来。构思筛选一般分两个阶段进行。第一阶段是初步筛选，也即把不符合企业实际或无利可图的构思剔除；第二阶段是缜密筛选，是对初步筛选后的构思进行可行性评价，从中挑选可行性较强的构思。在新产品构思筛选中要考虑以下两个方面的因素：一是该构思是否符合企业实际与市场前景，并分析其利润目标、销售目标、成本目标、形象目标能否实现；二是分析企业有无足够的能力开发新产品，并从资金能力、技术能力、人力资源、销售能力等方面综合考虑。

三、形成产品概念

新产品构思经过筛选后，需要进一步发展更具体、明确的产品概念。产品概念是指已经基本定型的产品构思，是从消费者角度对此构思所做的详尽的描述，并能用文字、图像、模型等予以清晰地描绘。产品概念的形成一般需要经过产品设计与评估两个步骤来实现。产品设计是指用文字、图像、模型等清晰地描述产品概念；产品设计评估则是对各个设计方案进行评价，并选出最佳的或最满意的方案。企业确定最佳的产品概念，进行产品和品牌定位后，还要对其试验。产品概念的试验是指把产品概念用文字、图像、模型描述或用实物表示出来，并在某一群目标顾客面前展示，观察他们的反应，从而分析顾客对新产品的认识或好恶程度。

四、制定营销规划与战略

形成产品概念后，企业需要制定市场营销战略，并由有关人员拟定新产品投放市场的初步的市场营销战略计划书，该计划书需要在以后的发展中不断完善。它一般包括三部分内容：第一部分主要描述目标市场的规模、结构和行为，以及新产品在目标市场的定位，短期的市场销售量、市场份额和利润目标等；第二部分主要描述产品的计划价格、分销策略和第一年的营销预算；第三部分主要描述预期的长期销售量和利润目标，以及不同时期的市场营销组合策略等。

五、商业分析

企业确定产品概念及市场营销策略后，还必须对要开发的新产品进行商业分析。商业分析主要是从经济效益的角度分析新产品是否符合企业目标，能否满足市场需求。企业市场营销管理部门要审查对新产品将来的销售量、成本和利润的估计。随着市场的变化以及新的情报的收集，商业分析应作进一步的修订。

六、新产品研制

新产品概念经过商业分析后，进入研制阶段。研制阶段是指新产品研究与开发部门或技术工艺部门将产品概念转变成产品模型或样品，并设计其包装及品牌等。研制是新产品开发的重要阶段，只有通过试制，投入人、财、物，才能使用文字、图像及模型描绘的产品设计变为真实的物质产品。通过试制能进一步发现问题与不足，找出差距，改进设计，促进产品概念成为商业和技术上均可行的产品。

七、市场试销

如果企业对新产品的研制结构，包括样品、品牌、包装设计感到满意，就应把试制的小批量产品拿到市场上试销。试销的主要目的是了解消费者及经销商对于经营、使用和再购买此新产品实际状况及市场的大小等。新产品试销要重视：试销的市场区域与范围、试销的地点、试销的费用、试销需要收集的信息资料、试销的营销策略及进一步改进工作的对策等。

八、批量上市

新产品经过试销并取得成功后，企业就可以正式批量生产并投放市场。企业批量生产，并投放市场需要考虑以下主要问题：①全面投入生产的规模、厂房、设备、原料、资金、技术、人员；②批量上市的策略及营销费用，主要包括：批量上市的时机、上市的区域及地点、目标市场、营销组合及营销费用等。

第四节　新产品的市场扩散

新产品的市场扩散是指新产品上市后随着时间的推移不断地被越来越多的消费者

采用的过程。也就是说，新产品上市后逐渐扩散到其潜在市场的各个部分。采用与扩散既有联系又有区别，采用主要是从微观角度考察、分析消费者接受新产品并重复购买的问题；而扩散则是从宏观角度分析新产品在更大的市场空间传播、采用问题。新产品市场扩散是企业非常关注的问题，而新产品的能否实现市场扩散又与新产品的特点、消费者对新产品的认知、消费者的类型，以及新新产品扩散的管理都有一定的关系。

一、新产品的特点直接影响其市场扩散

新产品的开发与市场扩散是创新的结果。任何新的产品、服务或构思都是创新。新产品创新的特点不仅会影响其采用率，还会影响产品的扩散速度与程度。

（1）创新产品的相对优越性。它是指新产品优于现行产品的程度。新产品在与现行产品相比在性能、质量、可靠性、便利性、新颖性等方面能体现更大的优越性，其采用率会高，扩散速度会快。

（2）创新产品的适应性。它是指新产品与消费者的习惯、经验、价值等方面的吻合程度。符合消费观念、习惯与文化，则容易扩散，否则，难以扩散。

（3）创新产品的复杂性。它是指消费者了解和使用新产品的难易程度。容易了解，使用简便的新产品容易被采用，有利于市场扩散。

（4）创新产品的明确性。它是指新产品的性能、特点等被观察、描述、传播的难易程度。新产品的性质、特点容易描述，便于传播，可示范性强，效果明显，其扩散速度一般比较快。

二、新产品的认知与采用过程

从消费者对新产品的认知到对新产品的采用过程有一定的规律。美国市场营销学者罗吉斯将这一过程分为五个重要阶段，即认知→兴趣→评价→试用→采用。

（1）认知。它是指消费者对新产品有所察觉，但缺乏足够的了解，获得的信息还不够系统。

（2）兴趣。它是指消费者对新产品有了一定的了解，产生了兴趣，从而激发消费者寻找有关信息。

（3）评价。它是指消费者对新产品进行价值分析，权衡是否采用该新产品。

（4）试用。它是指消费者开始小规模地试用该新产品，以便改进对其价值的评价。

（5）采用。它是指消费者通过试用比较理想，决定全面和经常地使用该新产品。

企业新产品的市场扩散与消费者对产品的认知采用过程有关。企业要运用市场营销组合策略，促进消费者对该新产品的了解与认识，激发兴趣，鼓励试用，促进重复购买。

三、新产品的市场扩散要考虑消费者的类型

在新产品的市场扩散中，由于消费者个人性格、心理、价值观念、文化程度、家庭背景、社会地位等因素的影响，对新产品的反应和采用快慢程度也有较大的差异。罗吉斯将根据这种接受快慢的程度将采用者划分为五种类型，即创新采用者、早期采用者、早期大众、晚期大众和落后采用者。

（1）创新采用者。也称"消费先驱"，是个性强、勇于冒险、追求新颖、经济富有、有较高的社会地位、容易采用新产品的消费群体。

（2）早期采用者。是指富于探索、比较敏感、有一定的经济地位、能够较早接受新产品的消费群体。

（3）早期大众。是指有一定的经济收入，有良好的教育、虽然不会冒险消费，但有较强的模仿心理，在率先消费者的影响下，能够接受并采用新产品的消费群体。

（4）晚期大众。指经济水平一般、思想相对保守、购买行为慎重、但在大部分先期消费群体的影响下也会加入该新产品消费的人员。

（5）落后采用者。指思想保守，对新事物、新产品持怀疑态度，固守传统的消费方式，在产品成熟期的晚期或衰退期才接受该产品。

四、新产品市场扩散的过程管理及其措施

新产品市场扩散的过程管理是指企业通过采取措施，促使新产品按照既定的目标实现市场扩散的过程。按照新产品生命周期和新产品市场扩散的规律，企业可采取的策略主要有：引入期的销售额迅速起飞策略；成长期销售额快速增长策略；成熟期产品渗透最大化策略；衰退期的维持策略等。

（1）引入期的销售额迅速起飞策略。在新产品的引入期，企业的市场扩散策略要重视：加强营销队伍，重视人员推销；制定广告策略，加强广告宣传；开展各种促销活动，鼓励并引导消费。

（2）成长期销售额快速增长策略。在新产品的成长期，企业的市场扩散策略要重视：改善产品性能，提高产品质量；发展产品品种，创建产品品牌；加强公关，建立通畅的分销渠道；重视促销活动等。

（3）成熟期产品渗透最大化策略。在新产品的成熟期，企业的市场扩散策略要重视：更新产品的设计，改进产品设计，强化广告；降低价格，实现薄利多销；重视促销活动的有机组合等。

（4）衰退期的维持策略等。在新产品的衰退期，企业的市场扩散策略要重视：想方设法维持现有的销售水平；改进产品，加强分销，多多让利，留住老顾客，吸引新顾客等。

❖ 本章小结

新产品是与原有产品相对的概念，指具有下列六个特征之一的产品：新的原理、构思与设计；新的原材料；新的功能；更高的质量与服务；新的用途；新的市场或带给顾客新的利益。新产品可分为六种类型：全新产品；新产品线；现有产品线的增补产品；现有产品的改进和更新；市场重新定位的产品；成本减少的产品。新产品开发是提高企业核心竞争力，也是企业持续发展的需要，新产品开发在激烈的市场竞争中越来越重要。

新产品开发是一项重要而又充满风险的工作，要提高新产品开发的成功率，需要重视新产品开发的各个环节。要成功地开发新产品必须重视市场需求，制定新产品开发策略，遵循新产品开发程序，实现新产品的市场扩散。

常见的新产品开发策略有技术引进策略、独立研究与开发策略、独立研制与技术引进相结合策略、协作开发策略和改进现有产品策略五种。新产品开发过程一般由新产品构思、筛选、形成产品概念、制定营销战略、商业分析、新产品研制、市场试销、批量上市八个阶段构成。新产品能否实现市场扩散与新产品的特点、消费者对新产品的认知、消费者的类型，以及新新产品扩散的管理都有一定的关系。

案例分析

江河日下，Moto X 难挽颓势

摩托罗拉创立于 1928 年，从第一部寻呼机、第一部手机，到野心勃勃的铱星计划，摩托罗拉引领和见证了迄今为止的整个手机业界的发展历程，可以说摩托罗拉的历史就是手机的编年史。然而时至 2011 年，这个昔日通讯行业的王者已是江河日下，市场份额不断丧失。据有关统计显示，2011 年第一季度摩托罗拉的市场份额仅为 1%。

2011 年 8 月 15 日，谷歌和摩托罗拉公司联合宣布，谷歌将以每股 40 美元的现金收购摩托罗拉移动业务，收购总额达 125 亿美元。完成收购以后，谷歌对摩托罗拉移动进行了大刀阔斧的改革，在出售加工厂和机顶盒等业务的同时，还削减了新产品开发的数量，除之前研发的 3 款 Droid 产品之外不再开发别的新机型。摩托罗拉和谷歌将精力放在一款代号为 XPhone 的新产品上，希望在市场上与 iPhone 和三星 Galaxy 系列的高端手机一较高下。

Moto X 致力于引导并改变消费者使用智能手机的习惯。在硬件和软件方面都做了大量的研究和开发，历时近两年。硬件配置方面，出于对功耗和续航的考虑，Moto X 选择了高通骁龙 4S Pro 双核 1.7GHz 处理器、720p 级别显示屏以及 1000 万像素的后置摄像头；同时对处理器进行了集成研发，开发出由 1.7GHz 双核处理器、400MHz 四核 GPU、自然语言处理器核心和语境计算核心组成的 X8 处理器，为"无接触语音控制"功能提供硬件支持。外观方面，摩托罗拉通过数十万次的手模测试，最终选定了不规则的凸面背部设计，并为消费者提供多达 18 种颜色的机身背盖、黑白两种颜色的正面、七种金属色泽的音量键和摄像头边框自由搭配；消费者可根据自己的爱好，从 252 种风格中选择款式。软件方面，Moto X 搭载 Android4.2.2 果冻豆版本，并承诺尽快更新谷歌最新发布的 Android4.3 版。Moto X 最大的亮点，是让消费者更方便地使用智能手机。为了实现这一诉求点，摩托罗拉为 Moto X 赋予了无接触语音控制功能、快速拍照等多项功能。无接触语音

控制功能是与苹果的 Siri 功能相似但又有所超越的一项语音助理功能，结合谷歌软件服务和自主研发的 X8 处理器，Moto X 的语音控制模块会一直处于唤醒状态，通过口令"OK，Google Now"就可以对手机下达操作指令，完成天气查询、导航、浏览网页等多项功能。值得一提的是，配合语音识别系统，Moto X 可以识别机主的声音，实现只用机主才能语音控制手机的效果。照相功能上，Moto X 设计了摇动 2 次手机开启相机的功能，并对相机界面进行了简化设计，取消了虚拟拍照键，点击界面即可实现对焦和拍照。

2013 年 8 月 Moto X 面世，世界各地的测评机构对 Moto X 进行了测评，最多的反映是"虽不完美，但却是市面上最好的 Android 手机"。测评机构的一片叫好声没能为 Moto X 带来巨大的市场销量，其市场表现可以说是令人失望。Moto X 的硬件配置在当时已达不到旗舰级的水平，而其较高的价格让消费者难以接受。根据调查机构 Strategy Analytics 公布的数据显示，Moto X 2013 年第三季度的销量为 50 万部，仅为 Galaxy S4 首月销量的 1/20（Galaxy S4 首月销量为 1000 万部）。被寄予厚望的 Moto X 没能挽救摩托罗拉的颓势，昔日通讯行业的王者何去何从，依然困扰着摩托罗拉和谷歌的管理者。

讨论题

1. 试分析 Moto X 开发的营销环境。
2. 试分析 Moto X 市场反应不佳的原因。

复习思考题

1. 新产品的类型有哪些？
2. 常见的新产品开发策略有哪些？
3. 新产品开发经历哪些阶段？
4. 新产品在实现市场扩散时要考虑哪些因素？

第十一章 品牌战略

【本章要点】

◆ 品牌的概念、功能和作用

◆ 品牌资产和品牌定位

◆ 品牌价值

◆ 品牌策略、品牌保护与管理

【专业词汇】 品牌 品牌属性 品牌利益 品牌定位 品牌资产 品牌价值 品牌识别 品牌价值链 品牌策略 品牌管理

【案例引导】

李宁重塑形象

李宁公司成立之初，便有了相当大的知名度。在许多人眼里，"李宁"并不只是一个公司的商标，更是承载了一代人强国梦的"体操王子"，李宁获得了 106 枚金牌，曾经被评为 20 世纪最伟大的 25 位运动员之一，和乔丹、贝利并列。

进入 21 世纪，作为国内历史最悠久的运动用品企业之一，李宁公司最初的主要消费群体"60 后"、"70 后"正在慢慢变老，引领运动用品潮流的变成了"80 后"、"90 后"。

李宁公司感受到了消费市场主体的变化，很快做出改变。

2010 年 4 月，李宁公司宣布鞋类产品提价 11.1%，服装类产品提价 7.6%，2010 年 6 月，李宁公司再次宣布鞋类产品平均售价提高 7.8%，服装类产品涨价 17.9%。到了 2010 年 9 月，李宁公司又宣布鞋类和服装类产品各提价 7% 和 11% 以上。

在李宁公司不断提价的背后，是李宁希望自己的品牌定位向耐克和阿迪达斯等国际一线品牌看齐。李宁公司希望通过产品的提价，让消费者把李宁向阿迪达斯和耐克等高端体育用品靠近。

另外，李宁公司为了取悦年轻的消费者，将标志从"L"形换为"人"形。同时开始关闭或者整合效益不佳的门店。

"人"字形的李宁标志，主色调为红色造型生动的旋律，给人一种强烈的现代感，引人注意并难以忘怀，表明了 21 世纪个性、自我的理念。"人"字形的新标志以更具国际观感的设计，不仅传承了经典"LN"的视觉资产，还抽象融合了由李宁先生原创的体操动作"李宁交叉"，又以"人"字形来诠释运动价值观，鼓励每个人通过运动表达自我、实现自我。新标志的线条更利落，轮廓更硬朗，更富动感和力量感，表现了对经典标志更现代感的演绎和表达，同时努力继承了经典标志的重要元素。

提价和换标，意味着李宁公司以全新的面貌出现在众人面前。与此同时，李宁公司为其产品设计了新的广告语。

新的广告语"Make The Change"解读了李宁的品牌定位。在年轻、充满活力的人面前，外界的限制都形同乌有，一切都可以改变，同时暗示了一种价值承诺：拥有李宁品牌产品，不仅仅是拥有了一种生活用品，而是拥有了一种生活品质和人生境界。

"Make The Change"的新口号，体现了从敢想到敢为的进化，鼓励每个人敢于求变、勇于突破，是对新一代创造者发出的号召。

与以前推出的广告主题（"中国新一代的希望"，"把精彩留给自己"，"我运动我存在"，"运动之美，世界共享"，"出色源自本色"，"一切皆有可能！"—Anything is possible！）相比，"Make The Change"更加表现出李宁新理念，即拥有李宁产品，不仅仅是拥有了一种生活用品，而是拥有了一种生活品质和人生境界。

在世界杯期间，李宁公司播放了长达一分钟的广告：一个个普通的男孩女孩，出现在很平常的马路、天桥、空地、天台、胡同。没有专业的运动场地，没有观众，没有喝彩，他们正在跑步、踢足球、打篮球、打羽毛球……一切看似平常，他们都身着李宁服装，眼神里流露出对运动无尽的专注与陶醉，他们好像已经忘记了周围的一切。小院里晾着衣服，他们站在两边打网球；胡同中的铁门上划上一个白圈，就成了投篮板；屋子里，一个孩子以一个标准的投篮动作干脆利落地关了灯。最后，画外音响起：只要你想，一切皆有可能。

李宁新广告用静心营造的场景，一分钟的时间内让观众对其产生了身份归属感，体验到了一种使用李宁产品所体验到的体育无所不在的感受。其广告运用了情感诉求的方式，给予观众情感体验，使得观众产生了对广告的情感，同时又产生对该产品的情感。

第一节　品牌的基本含义

一、品牌概述

（一）品牌的概念

在洗发水消费市场上，不同企业的商品可谓琳琅满目，功能繁多。但是，有些洗发水产品却为消费者熟识和牢记，如海飞丝、飘柔、潘婷、霸王等。由此可见，在激烈的市场竞争中，能否突出自身产品的独特价值与形象是产品赢得市场的基本条件之一。而这种产品的识别的重要标志就是产品的品牌。美国营销学会对品牌的定义是

"品牌是一种名称、术语、标记、符号或设计，或是它们的组合运用，其目的是借以辨认某个销售者或某群销售者的产品或服务"。随着人们对品牌认识的深入，人们发现，品牌并不仅仅具有"辨认"的功能，还应涵盖"品牌资产"、"品牌价值"等广义内涵。本书采用国内学者钱旭潮的品牌定义即品牌是为卖方提供的一系列产品特点、利益和服务的许诺，是产品价值或服务价值的综合表现，通常以特定的形象符号来标记。品牌是一个集合概念，它包括品牌名称、品牌标志、商标。品牌名称是指品牌中可以用语言称谓的部分，也称"品名"，如可口可乐、奔驰、红塔山、格力等。品牌标志是指可以被认出，但不能用文字表述的部分，主要通过特定的符号、图案、颜色等构成，以显示与其他品牌的区别，如花花公子的兔女郎，米高梅的狮子等。商标是一个品牌或品牌的一部分，已获得专利权，受到法律保护。商标保护着销售者使用品牌名称和品牌标记的专用权。

（二）品牌的特征

品牌实质代表着销售者（卖者）对交付给买者的产品特征、利益和服务的一贯性的承诺。名牌或好的品牌往往是质量的保证。品牌是产品整体概念的重要组成部分，具有复杂的象征、深刻的内涵和丰富的市场信息。要把握品牌的深刻内涵，可以从以下六个层次加以理解：

1. 属性

品牌代表着特定的商品属性。例如，奔驰牌轿车不仅意味着工艺精湛、制造优良、马力强大、速度快、耐用性强、转卖价值高，还是昂贵、高贵、体面的象征。这些属性就是用来宣传或做广告的主要内容。多年来，奔驰的广告一直强调"全世界无可比拟工艺精良的汽车"。

2. 利益

品牌不仅代表着一系列的属性，还体现着某种利益。顾客购买某种商品的实质是购买某种利益。因此，属性需要转化成功能性或情感性的利益。如奔驰车"工艺精湛"的属性可以转化为"安全、舒适、有面子"等利益；"价格昂贵"可以转化为"身份高，令人尊重，受到羡慕"等利益；"速度快"可以转化为"办事效率高"等利益；而"耐用性强"可以转化成"多年内我不需要买新车"等。

3. 价值

品牌能够体现生产者的某些价值。例如，奔驰车体现了高绩效、安全、名望等方面的价值。品牌营销人员必须分辨出对这些价值真正感兴趣的消费者群体。

4. 文化

品牌还可能代表一种文化，反映文化的特质或蕴藏着的内涵。如奔驰牌轿车代表着德国文化：组织严密、高效率和高质量。

5. 个性

品牌也反映一定的个性。如果品牌是一个人、动物或物体的名字，会令人产生许多联想。如奔驰（梅塞德斯）就可能让人联想到：一位严谨高效的老板、一只勇敢的雄狮、一幢富贵庄严的宫殿等。

6. 用户

品牌还暗示着购买或使用产品的消费者类型。如果人们看到一个 20 来岁的毛头小伙子开着一辆奔驰车可能会大吃一惊，人们更愿意看到开车的是一位 50 来岁的绅士般的高级经理。

企业在品牌建设与经营中，需要从系统的角度，重视品牌的深刻内涵和深度层次。人们常犯的错误是只重视品牌属性而忽视其他，但购买者看重的是品牌利益而不是属性，而且竞争者容易模仿这些属性。如果仅仅强调品牌的某些利益也是有风险的，因为竞争者也可能在强调利益方面后来者居上。品牌最持久、最深层的内涵是其价值、文化和个性。它们构成了品牌的基础，揭示了品牌间差异的实质。而这些深层次的东西往往又是其他竞争者不易模仿的。品牌建设需要制定完整的品牌含义，挖掘品牌深层的内涵与底蕴。当购买者或消费者能够识别品牌的 6 个方面的含义时，我们称之为深度品牌。奔驰车的品牌就能反映上述 6 个方面的含义，是一个有深度的品牌，而奥迪车的品牌深度恐怕就相对差一些。

（三）品牌的功能

一个成功的品牌（如 IBM、惠普、空中客车、海尔等）往往具有很高的溢价能力，并可以引发极高的品牌忠诚。品牌在当今生活中，扮演着改进顾客生活质量、提高身份档次、提升企业金融价值等多重角色。

首先，品牌具有区别于竞争对手的特质。不论产品间是否存在差异，品牌本身就是竞争产品间的重要区别。

其次，品牌一定程度上代表了产品的质量和企业对消费者的服务承诺。特别是当消费者面临着时间和信息的压力时，品牌有助于消费者简化购买决策和降低购入风险。

再其次，品牌是强有力的转换障碍。当人们接受品牌并成为其忠诚用户时，品牌就成为企业维持竞争优势的一种强有力的方法，它可以有效地阻止外部竞争者对本地顾客的入侵。

最后，品牌具有一定的社会心理含义。品牌代表了一定的社会阶层、文化品位、经济收入等身份背景，具有象征价值。

二、品牌的作用

在现代市场营销中品牌具有重要的作用。从企业角度来看，品牌的作用主要有：①品牌有助于促进产品销售，树立良好的企业形象；②品牌有利于保护品牌所有者的合法权益，防止其他个人或企业的仿冒侵权；③品牌还能够约束企业的行为，促使企业重视长远利益、消费者利益和社会利益；④品牌有利于扩大产品组合，开发品牌系列产品；⑤品牌还是企业竞争的手段，有利于企业占领目标市场，提高市场占有率；⑥品牌是企业重要的无形资产和宝贵的财富，对企业的生存与发展具有重要的推动作用等。

品牌的作用不仅表现在企业方面，还表现在消费者方面，具体地说：①品牌便于消费者辨认、识别、选购所需的商品；②品牌有利于维护消费者的利益；③品牌有利于产品的改进，满足消费者新的期望和需求；④品牌有助于建立顾客的偏好，从而吸引更多的品牌忠诚者等。

小案例

路虎将理性特质转为感性的品牌个性

路虎公司认为品牌是产品的身份，让人觉得真实权威。不过，公司还认为产品的理性特征和品质不足以让消费者下决心购买。

路虎公司经过市场调查决定由理性品牌战略转向感情品牌战略，打造品牌个性，强调品牌不仅要让人们从理性上接受，不要让人们打心眼儿里就喜欢。

理性特质有：

4×4四轮驱动系统；

古朴；

稳健；

个性化的设计。

路虎公司觉得上述特质还不够吸引人，还应该在路虎品牌的产品中引入一些情感特征，品牌才更有价值。这样做是因为竞争对手很容易在发动机、质量、可靠性、型号、性能、款式等方面模仿自己。所以，在上述特色的基础上，公司又增加了品牌的情感价值。

个性——相对于其个性化的设计；

原创性——承袭了古朴、古典的内涵；

胆识和魄力——相对其稳健的特性；

至尊和优越感——相对于四轮驱动系统的性能。

同时，路虎公司还根据其目标消费群的特点增加了一些特性；

探险中的刺激；

对自由的执著；

这些个性使路虎品牌更加鲜明，显示出它与众不同的魅力。

资料来源：保罗·藤甫诺著，牛国朋译：《高级品牌管理》（第二版），清华大学出版社2010年版。

第二节 品牌资产与品牌资产模型

一、品牌资产及品牌定位

（一）品牌资产

品牌资产是一种超过商品或服务本身利益以外的价值。它通过为消费者和企业提供附加利益来体现其价值，并与某一特定的品牌联系在一起。品牌资产随其附加利益和名气、声望的增加而增加。品牌资产反映企业与顾客长期、动态的关系。品牌资产作为企业财产的重要组成部分，具有以下特征：

（1）无形性。品牌资产作为一种特殊资产具有无形性。它不像企业的厂房、设备等有形资产，能够凭观光感受其存在及价值大小。品牌资产的无形性不仅增加了人们把握、衡量它的难度，还反映所有权获得和转移方面与有形资产的差异。

（2）增值性。对有形资产而言随着时间的推移或投资的减少，其资产一般会减少。而品牌资产只要管理和运营得当，不但不会因使用而减少，反而会在使用中增加。

（3）难计量性。尽管人们能够体会到品牌的价值，但人们却很难准确计量品牌资产的多少。

（4）波动性。品牌资产的价值量会受到企业经营状况和市场因素等方面的影响而有升有降，形成波动。

（5）衡量营销绩效的价值尺度。品牌资产与营销者销售某一品牌的产品的数量、质量、服务和承诺有关。品牌资产还是衡量营销绩效的重要指标，品牌资产价值的升降反映营销绩效的高低。

（二）品牌定位

品牌定位是通过对产品及其形象的整体设计与传播，有效地建立该产品品牌与其他品牌的差异度，使其在目标市场中占据一个有利地位的过程或行动。品牌定位的关键在于创造品牌差异，传递给目标受众，并使之接受。其目标是使顾客形成对该品牌的偏好，这种偏好具有持续性，一经形成，将很难改变。例如农夫山泉的品牌定位过程中，传播品牌理念是"农夫山泉有点甜"，尽管众多顾客认为该品牌产品的味道未必甜，但它为消费者传递出来的是一种清凉、甘甜、温馨与亲切的感觉。不同的消费者对此拥有完全不同的感受，但消费者的这些感受彼此之间并不相互矛盾。

二、品牌资产模型

（一）品牌动态模型

市场研究机构 Millward Brown 提出的品牌动态模型（Brand Dynamics）采用层级的方法区分顾客和品牌之间关系的强度，该模型分五个层次：存在（Presence）、相关（Relevance）、性能（Performance）、优势（Advantage）和联结（Bonding），顾客对不同品牌的响应是不同的，任何一个顾客都可以归于五层级其中之一。通过比较品牌间图形模式，能够区别品牌的优势和劣势，并据此改善顾客与品牌之间忠诚关系需要聚集的方向（见图 11 - 1）。

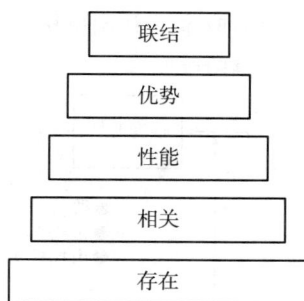

图 11-1 品牌动态模型

（二）资产引擎模型

国际市场研究集团（Research International）开发的资产引擎（Equity Engine）模型从品牌的情感性和无形性利益出发，将品牌的亲密关系转化为三个关键因素，即：权威性、认同感和承认感。权威性是指品牌的声誉，是作为长期领导者品牌或创新的先驱品牌可能获得的；认同感指顾客感觉与品牌的亲近程度，及品牌和自身需要相匹配的满足程度；承认感指品牌与社会阶层的适合性，及品牌代表的无形地位。

如图 11-2 所示，该模型结合亲密性测量及品牌功能性属性的测量，提供全面资产的评估。此外，还与价格结合，为消费者提供较为接近的市场状况，再结合消费者的品牌联想做出品牌决策。

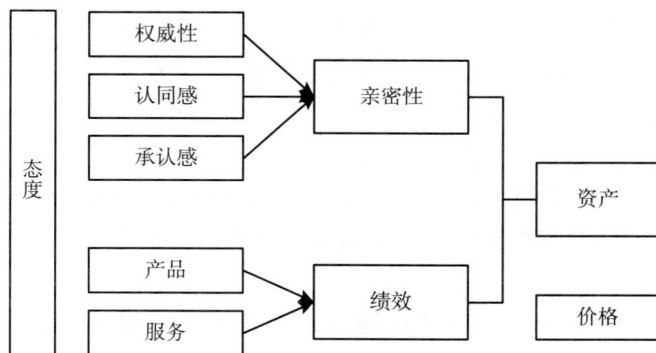

图 11-2 资产引擎模型

（三）品牌价值链

凯文的品牌价值链（Brand Value Chain）模型（见图 11-3）是一种评价哪些营销活动创造品牌价值，以及评价品牌资产的来源和结果的结构化方法。其基本前提是，品牌价值最终源于顾客。因此，品牌价值的创造始于企业投资于某一针对实际或潜在客户的营销方案。此方案会影响顾客对品牌的感知，而市场上顾客感知的总和形成品牌业绩，即顾客数量、购买时间、购买价格等。最后，品牌业绩吸引投资者注意，他们了解企业的市场业绩、置换成本、并购价格等，达成股东总体价值评估。

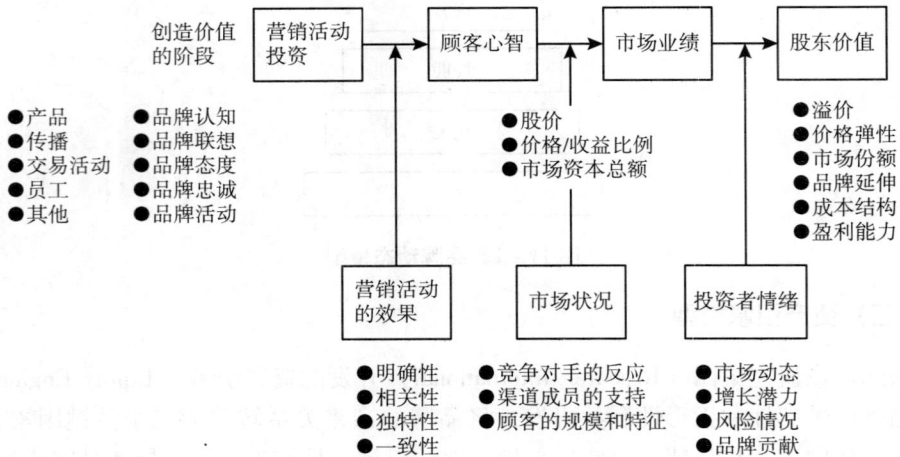

图 11 – 3　品牌价值链

此外，该模型还涉及了一些其他相关因素，每一阶段的相关因素能够影响该阶段所创造的价值转移到下一阶段的程度。模型中有三个增值阶段，分别为项目增值阶段、顾客增值阶段和市场增值阶段。

营销项目投资

许多营销项目都会促进品牌价值的发展，如产品研发、营销传播推广活动、员工的培训等。但是，如果操作不当，这些活动也可能是无效的。

营销活动效果的评估

以下几个方面可以判断营销活动的效果。

（1）明确性：品牌营销项目在多大程度上被消费者正确地理解、诠释和评估。

（2）相关性：对于消费者而言，营销项目具有多大的意义，该品牌是否被消费者认可。

（3）特殊性：营销项目是否是独特的，与其他品牌相比，是否有创造性和差异性。

（4）一致性：营销项目前后是否一致并相互融合，各方面能否相互结合并产生最大影响。

顾客心智

企业需要把握顾客心智并以此为基础制订营销方案。顾客心智的内容丰富，包括顾客心中的与品牌有关的所有事物，如思想、感情、经历、形象、感知、信念、态度等。企业可以用品牌认知、品牌联想、品牌态度、品牌依附和品牌活动五个维度测量顾客心智。但是，这五个维度并不处于同一层次，品牌认知驱动品牌联想，品牌联想决定了品牌态度，并引起品牌依附和品牌活动。

市场状况

市场状况决定的顾客心智对市场业绩的影响程度。当竞争对手的营销投资效果不明显，渠道成员的支持比较有力，品牌所吸引的顾客达到一定数量时，顾客心智创造的市场价值会形成良好的市场业绩。

市场业绩

当顾客对品牌形成良好的认知时，愿意为品牌额外支付一些费用，当产品的价格上升或下降时，也不大会受其影响，从而保持稳定的购买。这些都会使品牌在市场形成一定的占有率，并维持业绩水平。

良好的品牌可以使企业顺利地进行产品品类延伸或推出新产品，增加品牌收益。当顾客对品牌具有良好的认知时，同样的营销方案会更加有效，即达到相同的效果，仅需要更低的成本。

企业综合考虑以上因素时，就形成了品牌的盈利性。

投资者情绪

这是投资者进行品牌评估和投资决策时考虑的因素，包括市场动态、增长潜力、风险状况和品牌贡献。一个强势品牌会对企业收益做出更大的贡献，也能够轻易地在股东价值中体现。

股东价值

优秀的品牌能够为股东带来更大的价值及更小的风险。金融市场对品牌的评估通常采用三个重要的指标：股份、价格/收益比率及市场资本总额。

第三节　品牌策略选择

一、品牌设计

（一）品牌设计的概念与内容

随着市场竞争的激烈化和消费的多样化，产品的品牌越来越重要。一个醒目、易记、招人喜爱的品牌直接产品的销售量和利润额，关系企业的长期生存与持续发展。大部分企业已经意识到品牌设计的重要性。品牌设计是指根据企业发展和消费者需要，通过市场调研，并运用市场学、心理学、语言学、工艺美术学等方面的知识对某一产品的名称、标志及商标进行设计，以更好地满足消费者需求的过程。品牌设计的主要内容包括：品牌名称设计和品牌标志设计。

1. 品牌名称设计

品牌名称设计就是选择合适的语言文字来表达产品的名称。一个品牌能否叫得响，与品牌的设计有很大的关系。名称设计要综合运用语言文字学、消费心理学、市场营销学、广告学、美学等多方面的知识。名称设计要征求多方面的意见，如"娃哈哈"的名称设计就征求了上百名人士的意见。另外，名称设计要重视：上口、易记，还要有一定的文化内涵。如"可口可乐"不仅简洁、易记，而且有"质地好"、"口感好"、"令人快乐"等文化内涵，适应人们向往美好生活、追求幸福快乐的天性。品牌设计要重视调查研究，舍得花大本钱。如美国埃克森（EXXON）的名称设计就动员了很多专家及有关人士对市场及消费者进行几年的调查，耗资 1.2 亿美元才设计出来的。

2. 品牌标志设计

品牌标志设计就是设计并选择与名称相匹配的，能够激发消费者购买欲望的标记、符号、图案、颜色等，并使之有效组合起来。标志设计要综合运用符号学、心理学和工艺美术学等多方面的知识。品牌标志设计要与名称匹配，如"马应龙"痔疮药的主要标志就是一个小圆圈内上半部分有一匹奔驰、欢跃的马，一条盘舞、腾空的龙，下半部分是一只展翅翱翔的雄鹰，图案选择黑色。图案不大，但很醒目，"马"、"鹰"、"龙"三个吉祥动物的造型优美，搭配巧妙，而且与名称呼应、匹配。

总之，品牌设计要系统考虑，注意多方面的搭配。在名称和主要标志的设计中还需要考虑品牌的注册，考虑识别与防伪，还要与内外包装的搭配等。

（二）品牌设计的原则

品牌设计充满了艺术性与创造性。在品牌设计中应重视以下几个基本原则：

1. 简洁醒目，上口易记

越是简洁醒目的东西越容易引人注目，也容易让人记住。品牌设计要尽量简洁醒目。名称要朗朗上口，如宝洁公司的"玉兰油"不仅通俗易记，而且令中国人不由得联想到清纯、美丽、质朴、大方的姑娘。图案与颜色要醒目，能够吸引顾客的视线，并产生兴趣。"娃哈哈"的图案、海尔的图案都比较吸引人。

2. 构思新颖，造型优美

品牌作为产品的名称与标志，是一种无声的诉求和宣传。品牌设计要独具匠心，避免千篇一律。文字、符号、图案和颜色要造型优美，新颖大方，并能反映产品的特质。如奔驰车的标志就是一个圆形的方向盘。这个构思既朴实，又大方明了，还反映产品的功能。表面上看，非常普通，细思量，却很绝妙，简直是巧夺天工。

3. 内涵深刻，情色并重

品牌要有独特的内涵和相应的文化底蕴。独特的内涵是品牌的灵魂，而丰富深刻的文化底蕴是品牌的魅力。如江苏红豆集团的"红豆"牌就有一定的文化内涵。"红豆"，俗名"相思子"、"相思豆"，是表达爱情与亲情，反映美好情操的象征物。而千古咏诵的"红豆生南国，春来发几枝。愿君多采撷，此物最相思"的名诗又赋予"红豆"深刻、动情的文化底蕴。

4. 富有特色，避免雷同

品牌的名称与标志要反映企业、产品或企业文化等方面的特色，形成符合自己实际与发展要求的品牌，避免与别的品牌雷同或相似。如"孔府家酒"与"孔府宴酒"就像亲姊妹，人们往往把它们联想在一起，认为是同一企业的两个品牌，但实际上它们却是山东省不同地域、不同企业的产品。富有特色要求有一定的创造性，不能太俗气，要尽量回避重名。

二、品牌决策

品牌策略是企业品牌运营的谋略。它是企业面向市场的重要决策。品牌策略主要包括以下内容：

（一）品牌有无策略

在现代市场条件下，一般说来，绝大部分企业都需要有自己的品牌和商标。尽管实行品牌策略有利于企业目标市场的选择，促进销售，树立形象，维护消费者和企业的利益，但这并不意味着企业必须实行品牌策略。

企业是否实施品牌策略受到很多条件或因素的制约，具体地说：①企业产品的特点。长期以来，我国的农产品及未加工的原材料，如大豆、小麦、棉花、面粉、木材等产品大部分没有专有的品牌或商标。②企业的效益。实行品牌战略需要有一定的投资，而要创建名牌，成本更大，一些效益欠佳的企业或小企业或手工作坊生产的产品往往实行无品牌策略。③不规范的市场。长期以来，城乡集贸市场处于不规范管理状态，进行集市贸易的小商小贩所买卖的大部分产品没有品牌，但也能获得可观的利润。这也是很多无品牌产品存在的重要因素。

（二）品牌使用者策略

品牌使用者策略，也称为品牌归属策略。它是指企业使用的品牌是归属自己，还是归属他人。就此，企业有三种策略可供选择。具体地说：①企业品牌策略。也称为生产者品牌，它是指企业或生产者使用自己的品牌。②中间商品牌策略。也称为私人品牌，它是指企业生产出产品后直接卖给中间商，再以中间商的品牌将这些产品卖给消费者。③企业品牌和中间商品牌混合策略。它是指企业生产的一部分产品使用自己的品牌，另一部分产品根据中间商的要求使用中间商的品牌。

一般来说，企业或制造商都实行的是企业品牌策略，品牌的专有权归属企业所有。但随着市场供求的非均衡、竞争的加剧及物流管理的发展，不少有实力的中间商也开始重视品牌策略。这些中间商在现代市场竞争中，由于实力大、名气高、信誉好，对自己经营但是非自己生产的产品需要冠以自己的品牌；而一些中小企业，甚至部分大企业为了自身利益将产品品牌的选择权转让给中间商。企业是选择生产者品牌，还是选择中间商品牌，要全面考虑市场供求、竞争态势和实力、经济利益得失等多种因素。其关键是分析生产者和中间商在这一市场链上谁更有实力和优势，谁的信誉更好，谁的市场竞争能力更强等。我国的一些企业要面向国际市场，也可以考虑采取中间商品牌，以促进出口。但真正有实力的大企业或企业集团从面向国际市场的长期利益来看，还应该重视保护自己的品牌专有权。

（三）品牌统分策略

如果企业决定大部分或全部产品都使用自己的品牌，还要对以下问题进行决策：是统一使用一个品牌，还是分别使用几个品牌。这种策略称为品牌统分策略，它有四种策略可供选择。

1. 个别品牌

它是指企业各种不同的产品分别使用不同的品牌。采用此策略的企业有宝洁公司和吉尼科公司。如宝洁公司的产品品牌主要有：汰渍、佳洁士、玉兰油、快乐、必除、速溶伏尔高等数十个品牌。实行个别品牌策略的优点是：企业声誉不因个别品牌的失败而遭受重大影响；有利于开拓各细分市场；对同类产品比较容易区分产品的档次；能够满足消费需求的多元化、建立不同层次顾客偏好。其缺点是：成本高，风险大，分散企业的实力等。

2. 统一品牌

它是指企业所有的产品都统一使用一个品牌名称。例如，美国通用电器公司的所有产品都使用"GE"这个品牌名称。企业采取统一品牌的优点是：便于消费者的识别和购买；便于广告宣传，建立顾客偏好；成本低，不用为起名花费人力、物力、财力；有利于提高企业和产品形象等。缺点是：不利于生产的多元化、不利于开拓不同的细分市场。

3. 分类品牌

它是指企业按产品的类别分别命名，每一类产品使用一个品牌名称。如西尔斯公司就针对其经营的产品类别分别命名，它所经营的器具类产品冠以"肯摩尔"的品牌名称，经营的妇女服装类产品冠以"瑞溪"的品牌名称，经营的主要家用设备则冠以"家艺"的品牌名称。

4. 企业名称加个别品牌

它是指企业针对不同的产品在分别命名的基础上，在每一个产品品牌的名称前都冠以企业名称。例如，美国凯洛格公司就采取了企业名称加个别品牌的做法。其生产的米饼，称为"凯洛格米饼"，其生产的葡萄干则称为"凯洛格葡萄干"。这种策略既能使各种产品（包括以后开发出的产品）体现个性和特色，又能体现各种产品分享企业的名望、声誉和形象等。

（四）品牌扩展策略

品牌扩展策略是指企业利用其成功品牌名称的声誉和形象向市场推出改良产品或改进产品。例如，美国桂格麦片公司继成功地推出桂格超脆麦片后，又利用该品牌及其标志，推出雪糕、运动衫等新产品。又如中国海尔集团在成功地推出海尔（Haier）冰箱后，又利用该品牌及其标志推出了海尔洗衣机、海尔空调等。品牌扩展策略的好处有：①可以借助原先成功品牌的声誉与形象推出新产品，并在顾客中迅速建立熟悉感，提高新产品的知名度。②节约品牌设计费用和促销费用。③有利于产品赢得老顾客，顺利打入市场。当然，品牌扩展失败也会影响原先品牌的市场地位。

（五）多品牌策略

多品牌策略是指企业同时经营两种或两种以上相互竞争的不同品牌的同类产品。该策略由宝洁公司（P&G）首创，并获得了成功。宝洁公司冲破"单一品牌延伸理论"的束缚，提出了"多品牌延伸"观点。宝洁公司认为，单一品牌并非万全之策。某一品牌创立后，容易在顾客中形成固定的印象，不利于产品的延伸，不利于开拓不同的细分市场。在中国市场上，宝洁公司的洗发用品就有"飘柔"、"海飞丝"、"潘婷"三个成功的品牌，尽管三个品牌之间有一定的竞争，但三个品牌总的市场占有率是66.7%。宝洁公司的清洁剂等产品也实行了多品牌策略并取得了成功。多品牌策略的好处是推动自身不同品牌的竞争，并通过各自竞争优势的互补，提高总的市场占有率，满足多层次、多样化的市场需求。实行多品牌策略的企业品牌成本高，需要有较大的实力，花费更多的投资，另外还要承担更大的市场风险。

（六）品牌重新定位策略

品牌重新定位策略也称再定位策略。它是指对企业全部或部分产品的品牌市场定位进行调整或改变的策略。随着市场的变化及企业竞争的加剧，企业需要认真考虑品牌重新定位问题。竞争者推出新的品牌，并与本企业的品牌定位相近，直接影响企业的市场份额；顾客的购买行为或消费偏好发生转移。这些变化都可能促使企业品牌重新定位。七喜公司是品牌重新定位成功的范例。七喜牌饮料是众多饮料的一种，主要消费群是老年人。但在众多的饮料市场中，可乐类饮料是七喜饮料的主要对手。七喜公司通过调查，发现许多消费者并不喝可乐饮料，七喜公司就将自己的饮料重新定位为"非可乐"饮料，从而取得了非可乐饮料市场的领导地位。企业在对品牌进行重新定位时，要考虑两大方面的因素：一是企业的品牌从一个市场转移到另一个市场的定位成本，主要包括改变产品品质费用、包装费用、广告费用和销售促进费用等。二是考虑再定位的收入，即把品牌定在新位置上所增加的收入。通过成本收益分析，为品牌重新定位决策提供依据。

第四节 品牌价值评估

学术界主要以顾客或市场两个视角为基础，对品牌的价值进行评估。

一、以顾客的视角对品牌进行评估

（一）定性研究

定性研究的目的是挖掘消费者内心深处对品牌的真实想法。包括以下几种：

1. 自由联想法

研究者让消费者回答当他们想到某一品牌时头脑中出现什么形象。其目的是识别消费者心目中品牌联想的范围，大致反映出消费者品牌联想的强度、偏好及独特性。

（1）词语联想。词语联想是自由联想法经常使用的方法，其过程是，先列出品牌名称，让消费者说出首先想到的任何词语。这个方法要求消费者不能进行考虑，马上说出他联想的某个词语。研究者通过分析某些词语出现的频率和顺序能够大致判断品牌联想的强度。而消费者所列举出的词语的内涵则反映了品牌联想的偏好。比较不同品牌在词语联想方面的差异还可以分析出品牌的相对独特性。

（2）句子填空。词语联想进一步发展就是句子填空，研究者通过分析消费者对一些不完整句子进行填空所使用的词语，可以对品牌联想的强度、偏好及独特性进行大致地把握。

2. 投射技术

有些消费者对某些问题不愿或不便表达真实的想法，投射技术可以探究消费者的真实思维。投射技术的基本思路是：不对消费者直接提问，而是给消费者一个不完整的刺激物，让其补充完整；或者给一个含义模糊、不具意义的刺激物，让消费者描述其含义。消费者会不自觉地暴露自己真实的观念和感受。

3. 比拟法

消费者被要求将某品牌比作其他事物，如人物、动物、事物等，以表达他们对品牌的实际想法。通过消费者对品牌的比拟，可以了解消费者对品牌的联想。

（二）定量研究

定性研究只能对品牌进行大致的了解，如果要更精确地对品牌进行描述，需要使用定量研究的方法，即以量表的形式对消费者进行调查，形成对品牌的数值型描述，并在此基础上进行分析总结。定量研究的主要内容包括：品牌认知的深度与广度；品牌联想的强度、偏好、独特性；品牌反应的强度；品牌关系的性质与强度等。

二、从市场的视角对品牌进行评估

品牌的市场业绩也是评估品牌的重要指标。比较法和整体法是评估品牌市场表现的重要方法。

（一）品牌比较法

这个方法是比较消费者对不同品牌的相同营销行为的反应差异，来评估品牌的市场影响力。特征相同或相似的消费者被分成两组，一组消费者对目标品牌的营销活动做出反应，另一组消费者对竞争品牌的营销活动做出反应，通过比较两组消费者的反应差异可以了解目标品牌在市场的作用。

（二）剩余法

整体法的利用抽象的效用来估算品牌的整体价值。剩余法是其中一个重要的方法，即从消费者的品牌总偏好中减去由于产品物理属性产生的品牌偏好，计算品牌的价值。其基本原理是：品牌资产是消费者偏好和选择减去实物产品影响后的剩余值。这需要将尽可能多的品牌属性价值纳入考虑范围。

第五节　品牌保护与管理

一、品牌保护的内涵

品牌保护分为广义与狭义两种，狭义的品牌保护是指对包括品牌名称、标识、包装、广告语、URL、品牌形象等在内的品牌要素进行保护，使其免于被竞争者模仿或盗用，以防止品牌形象受损及品牌资产稀释。

广义的品牌保护是指防止品牌战略失误导致品牌资产损失，品牌战略失误包括品牌不当延伸、品牌组合失误、新产品品牌失误等。

二、品牌保护的意义

品牌管理中最基本的就是品牌资产与形象的保护。

首先，顾客对品牌的认知建立在对品牌要素的感知基础上，品牌本身是无形的，顾客依据对有形的实体要素形成品牌印象。保护品牌就是保护市场。

其次，品牌资产是企业的专有知识产权，品牌经过政府有关主管部门核准后独立享有其商标使用权。经过核准的商标受国家法律保护，其他企业未经许可不得使用。

再其次，品牌要素易被竞争对手模仿。品牌要素的各组成部分如品牌名称、标识、包装、形象等是由易于理解的图形、文字等组成，竞争对手模仿这些图形及文字很容易，因此需要保护。

最后，品牌要素是企业强化市场地位的有力手段。品牌是消费者区别不同企业产品的主要工具。当两种产品在质量、价格等方面相同或相似时，消费者倾向于选择自已熟悉的品牌，而形象模糊、没有独立性的品牌要素会对品牌产生负面影响。由此可见，保护品牌要素并使之性格鲜明十分必要。

三、品牌保护及管理

品牌是企业的无形资产，尤其知名品牌是企业区别于竞争者，维持竞争优势的重要力量。品牌有很强的增值能力，顾客往往对于其所偏好的品牌具有极高的忠诚度，并且不会轻易随着时间的流逝而改变。可口可乐在美国本土以及全球的饮料市场拥有超过48％的占有率，这使得它在100年来能屹立不倒，并且一直引导着碳酸饮料界的风云变幻。可口可乐公司敢于自豪地宣称："就算是全世界的可口可乐工厂在一夜之间烧毁，我们只要出让可口可乐这个品牌，可口可乐又会在一夜之间遍布全球。"因此，品牌的保护是品牌运营的重要保障。

（一）品牌与商标的区别

尽管品牌与商标都是用以识别不同企业不同产品的商业名称及其标志，但品牌与商标仍有一定的区别：一是两者的概念不同。品牌是市场概念，通常是指产品和服务的牌子，其实质代表品牌使用者对顾客在产品特征、服务和利益方面的承诺；而商标是法律概念，是获得专利权并受法律保护的品牌。二是两者的外延不同。品牌的外延大，包括产品的名称、属性、品质和标志等；而商标则是品牌的一部分，并经过注册。三是两者的价值不同。就品牌而言，必须使用并结合特定的产品和服务投放市场，才有价值，不使用的品牌往往没有价值；而商标只要注册，不管是否使用，都有一定的价值。

（二）商标专用权及其确认

商标专用权，也称商标独占使用权，是指品牌经过政府有关主管部门核准后独立享有其商标使用权。经过核准的商标受国家法律保护，其他企业未经许可不得使用。国际上对商标权的认定，有两个并行的原则：一是注册在先。它是指品牌或商标的专用权归属依法首先注册并获准的企业。中国、日本、法国、德国等国家的商标权认定坚持注册在先的原则。二是使用在先。它是指品牌或商标的专用权归属该品牌的首先使用者。美国、加拿大、英国和澳大利亚等国家的商标专用权坚持使用在先的原则。在具体的商标权认定实践中，还有对上述原则主次搭配、混合使用的"使用优先辅以注册优先"和"注册优先辅以使用优先"等原则。

在品牌的使用中，必须注意品牌的维护，防止商标侵权。商标侵权一般是指在同一商品或类似商品使用与某商标相同或相似的品牌，可能引起欺骗、混淆或讹误，损害原商标声誉的行为。商标侵权往往采取假冒、伪冒、盗用、抢注他人商标等方式，不管如何都是非法行为。

（三）驰名商标

驰名商标是国际上通用的为相关公众所熟知的享有较高声誉的商标。驰名商标起源于《保护工业产权巴黎公约》，现已为全球大多数国家认同。驰名商标没有一致的概念。我国在驰名商标认定和管理暂行规定中给驰名商标的定义是"驰名商标是指在市场上享有较高声誉并为相关公众所熟知的注册商标"。与一般商标相比，驰名商标具有独特的专属独占性。该特征主要表现在两个方面：一是驰名商标的专用权跨国界。驰名商标不同于一般法律意义上有严格地域性的商标专用权，其专用权可以超越本国范围，在巴黎公约成员国范围内得到法律保护。二是驰名商标注册权超越优先申请原则。一般来说，商标必须注册，才受法律保护，不注册的商标不受法律保护。但驰名商标即使未注册，也在巴黎公约成员国范围内得到法律保护。即使他人申请在先或已经注册，驰名商标仍有优先得到保护的权利。如他人以欺诈手段恶意取得或使用驰名商标，则驰名商标所有者有撤销请求权，请求予以撤销。

在全球大市场条件下争取获准驰名商标认定是企业参与国际竞争的重要手段，企业必须对此予以重视。凡在市场上有较高知名度和较高市场占有率的商标都可以申请认定驰名商标。国际上的驰名商标认定的一个最基本的原则是：驰名商标是一种个案认定，而不是批量评选。这种个案认定往往是某个商标在市场上遭到伪冒、仿造等侵权危害时，由商标所有者向有关部门提出法律请求后依法认定的。大多数国家由商标主管机构认定，也有一些国家由最高法院或其他法律部门来认定。在我国，驰名商标的认定由国家商标局负责。

（四）品牌保护

1. 商标注册

商标具有独占性，一旦申请人依照一定的申请、审查、注册等法定程序完成商标注册，也就意味着他相应获得了对该商标的使用、转让、许可等方面的专用或垄断权利。凡是未经其授权许可而被他人使用的，都将被视为商标侵权。改革开放后，我国企业很长一段时期由于不重视产品品牌的保护，导致我国许多优秀的品牌商标被国外恶意抢注，给企业的海外发展造成了巨大障碍。我国因商标被抢，每年出口商品商标价值损失至少 10 亿元以上。据不完全统计，中国已有 250 多个商标被澳大利亚厂商抢注，200 多个商标被日本厂商抢注，50 多个商标被印度厂商抢注，还有欧盟、拉美以及东南亚一些厂商也在抢注我国知名商标。可见当前注册商标的重要性及紧迫性。通过商标及其一系列相关防御性商标的注册，可以有效地保护企业的品牌资产，维持竞争优势。

但是，要注意的是，商标权的保护不是没有时间限制的，对此，各国的法律规定不尽相同。例如，英国商标权的保护期为 7 年；古巴、坦桑尼亚等国家的保护期限为 15 年；而美国、意大利、菲律宾等国的保护期限则长达 20 年。目前我国现行商标法中规定，我国注册商标的有效期为 10 年，自核准之日起计算。但商标有效期限即将到期时，就必须进行续展注册。我国商标法规定，应当在最迟不超过商标有效期满后的 6 个月内申请续展注册，每次续展注册的有效期为 10 年。

2. 申请驰名商标和互联网域名

驰名商标起源于《保护工业产权巴黎公约》，现已得到了世界上大多数国家的认同。驰名商标是指在市场上享有较高声誉并为相关公众所熟知的注册商标。驰名商标在国内国际市场上享受普通商标所不能享受的特殊法律保护。例如对于驰名商标而言，虽然他人申请在先，但是只要其申请注册的商标是对驰名商标的复制、仿造或翻译而且将之用于相同或相似的商品上，就不可给予注册；除此之外，驰名商标的优先权还体现在即使他人抢注成功了该商标，驰名商标的持有人仍有权利在 5 年内请求撤销该侵权商标。

在我国，驰名商标的认定工作是由国家商标局负责，凡是在市场上有较高的知名度和市场占有率的商标都可以申请认定驰名商标。根据我国《驰名商标认定和管理暂行规定》，企业在申请认定驰名商标时，应当提交"使用该商标的商品在中国的销售量及销售区域"、"使用该商标的商品近三年来的主要经济指标及其同行业的排名"、"使用该商标的商品在外国（地区）的销售量及销售区域"、"该商标的广告发布情况"、"该商标最早使用及连续使用的时间"等证明文件。

随着计算机网络的广泛普及，网上消费市场规模日益剧增，成为企业竞争的又一战场。域名作为互联网的单位名称和在互联网上使用的网页所有者的身份标识，不仅能够传达很多的重要信息，而且还兼具商标的属性。因此，域名的申请已经变得与商标的申请同等重要。域名的注册原则是谁先注册，谁就拥有了域名的使用权。注册域名的方法主要有两种：一是在国内注册二级域名；二是在国际上注册一级域名。随着世界经济全球化进程的加快，国际域名的注册受到了更多的关注。

（五）品牌管理

品牌管理的实质就是品牌资产的管理。一般而言，品牌管理的主要任务包括监控品牌的运营状况，设计或参与设计品牌，申请注册商标，管理品牌或商标档案，管理商标标签的印制、领用与销毁，处理品牌纠纷、维护商标权，协助打假，品牌全员管理教育等。从现阶段看，全球企业品牌管理的组织形式主要有两种：职能管理制和品牌经理制。前者主要由企业各职能部门分别承担，各职能部门在各自的权责范围内行使权利、承担义务；后者则由企业委任品牌经理负责某一品牌的运营全过程，具体负责该品牌下的产品开发、生产和销售，并协调相关部门共同工作。

小贴士

"娃哈哈"的防御性品牌注册

坐落在杭州西子湖畔的全国著名的娃哈哈集团，自 1987 年靠 3 个人、14 万贷款起家以来，由一个校办工厂已成为拥有 23 家合资或控股子公司、员工近万名、资产 28 亿元的大型综合性食品工业集团。杭州娃哈哈集团成功的原因固然有很多，但不管怎样，成功的"娃哈哈"品牌运营是其重要原因。1998 年，"娃哈哈"被国家商标局定为驰名商标，品牌资产达 22.48 亿元。

"娃哈哈"的国内防御性注册

"娃哈哈"源自一首新疆民歌，因三个字的元音"a"（啊）是小孩最早容易发的音，易于模仿，音韵和谐，朗朗上口，而且也易赢得父母的喜爱，加之"喝了娃哈哈，吃饭就是香"的绝妙广告语，使得"娃哈合"家喻户晓，老少皆知，其系列产品走进千家万户。"娃哈哈"的品牌运营实践中，不仅其品牌名称设计独特，而且，富有品牌保护意识。1988年9月娃哈哈集团公司向国家工商局商标局申请"娃哈哈"品牌注册，并于1989年9月10日核准注册，从而防止了其他企业或个人抢先注册。同时，为了防御其他企业注册相近商标，娃哈哈集团公司又注册了"娃娃哈"、"哈娃娃"、"哈哈娃"3个防御商标。

"娃哈哈"的国际注册

经济全球化发展的高涨，国内外市场的对接，"娃哈哈"品牌在国内市场运营的成功，使决策者开始将眼光瞄向国外市场。随着集团公司的快速发展，产品市场不断扩展。企业认识到仅在国内进行商标注册已远远不够，为了进一步扩展市场，有效开展对外贸易，开拓国际市场，争创世界名牌商标，维护自己在国际市场的合法权益，在国外进行商标注册已迫在眉睫。于是，娃哈哈集团公司于1992年4月通过国家工商局商标局向世界知识产权组织国际局提出"娃哈哈"商标的国际注册申请，并指定了法国、德国、意大利、波兰、俄罗斯联邦5国申请领土延伸。1992年5月29日，国际局正式对娃哈哈集团公司的5件商标注册申请进行受理，1993年8月获准"娃哈哈"商标在5国注册，保护期为20年。与此同时，"娃哈哈"公司还分别向中国香港地区、日本、韩国、美国等国家和地区进行了逐一注册申请。

"娃哈哈"商标的地域辐射为其产品进入国际市场打下了良好基础。

❖ 本章小结

品牌是为卖方提供的一系列产品特点、利益和服务的许诺，是产品价值或服务价值的综合表现，通常以特定的形象符号来标记。品牌是一个集合概念，它包括品牌名称、品牌标志和商标。品牌是企业重要的无形资产和宝贵的财富，创建自己的品牌，并成为名牌，是企业的重要战略。企业品牌战略既要重视品牌的设计，又要制定适宜的品牌策略。常用的品牌策略主要有：品牌有无策略、品牌使用者策略、品牌统分策略、品牌扩展策略、多品牌策略和品牌重新定位策略。除了重视品牌决策以外，决策者还应认真考虑品牌保护和管理工作。品牌是企业的无形资产，尤其知名品牌是企业区别于竞争者，维持竞争优势的重要力量。因此，品牌保护是品牌运营的重要保障，常见的品牌保护方法有商标注册、申请驰名商标和注册网络域名。品牌管理在当前也有着非常重要的意义，品牌管理的实质就是品牌资产的管理。

案例分析

宝洁品牌的五项法宝

多品牌占领市场

关于品牌，宝洁的原则是：如果某一个种类的市场还有空间，最好那些"其他品牌"也是宝洁公司的产品。因此宝洁的多品牌策略让它在各产业中拥有极高的市场占有率。举例来说，在美国市场上，宝洁有 8 种洗衣粉品牌、6 种肥皂品牌、4 种洗发精品牌和 3 种牙膏品牌，每种品牌的诉求都不一样。

宝洁推出"帮宝适"纸尿裤时，由于质量较高，定价比其他品牌都高。宝洁原本希望高质量可以让人愿意用较高价钱购买，但结果却不是如此。宝洁知道自己必须降价来迎合消费者，于是它采用一个不一样的策略来达到降价的目标：设法提高生产效率，同时改变配销策略。一般尿片都放在药房里，"帮宝适"却减少利润，降价进入超市。由于它的销量大，超市愿意卖；又因为销量大，降低了单位生产成本，从而产生良好的循环，使"帮宝适"成为一个成功的产品。

广告成功方程式

在广告方面，特别是电视广告，宝洁有一套成功的公式。首先，宝洁会先指出你所面临的一个问题来吸引你的注意。接着，广告会迅速告诉你，有个解决方案，就是宝洁的产品。这个产品通常会在整段广告中重复出现好几次。广告重点是在清楚地强调，宝洁可以为你带来什么好处。

品牌管理的严格培训

一般人只看到宝洁的行销和广告，事实上，背后支持宝洁产品维持较高市场占有率的，是不断开发的新产品。每年宝洁在研究开发上大约花 13 亿美元，共有 7000 多位科学家在全球各地的研究中心研发新产品，因此宝洁手中每年握有 2500 项专利。

宝洁的品牌管理主要体现在严谨的人才培训上。品牌经理竞争激烈、工作紧张、升迁很快，但极容易"不成功，便成仁"。从 1931 年以来，公司的最高主管都是品牌管理出身，90% 的管理阶层也都来自品牌管理，由此可见品牌管理是宝洁的核心领域。

品牌经理承担一切责任

对于自己所负责的品牌，品牌经理必须比公司里任何人都要了解，而且不断会有人挑战他们这方面的知识。例如美国一位负责洗发精的经理曾经被最高主管问起，究竟中国人的头皮屑成分是什么。

严谨的备忘录训练

宝洁公司绝不从外面找"空降部队"，而是采取百分之百的内升政策，因此内部的培养制度非常重要。他们非常重视训练员工解决问题、设定顺序、采取行动、追踪质量以及领导、合作的能力。公司随时都提供各种课程和研讨会，来帮助员工提高。

在宝洁的训练制度中，备忘录这项做法是出了名的。员工必须养成一种习惯，清楚、简单地把信息呈给上司。备忘录大致可以分成两种，"信息备忘录"和"建议备忘录"。"信息备忘录"内容包括研究分析、现状报告、业务情况、竞争分析和市场占有率摘要；"建议备忘录"则是一种说服性的文件，重点包括：建议目的、背景信息、建议方案以及背后的逻辑讨论和下一步的做法。备忘录大多不会超过 4 页。品牌管理人员如果想要升迁，最好先学会写备忘录。

在宝洁，备忘录的写作甚至被当作一种训练的工具。对资历较浅的人员来说，一个备忘录重写10 次是常见的事；成为品牌经理后，一个备忘录仍有可能被要求重写五六次。凭借不断地重写备忘录，宝洁希望能够训练员工更加周密地思考问题。

当许多公司希望能够抓住消费者口味，在市场成功出击的时候，宝洁重视扎实基础的行销训练应该是很重要的参考。

讨论题

（1）宝洁公司品牌管理成功的原因是什么？

（2）宝洁公司品牌管理还存在哪些问题，怎样改进？

复习思考题

1. 品牌的概念和特征是什么?
2. 品牌定位要考虑哪些因素?
3. 品牌价值与品牌资产的区别是什么?
4. 怎样测量品牌价值?
5. 怎样评估品牌资产?
6. 怎样实施品牌保护?

第四篇　市场营销策略

第十二章　产品策略

【本章要点】

◆ 产品的整体概念

◆ 产品组合策略及产品组合优化方法

◆ 产品生命周期及识别方法、各阶段的营销策略

◆ 包装的含义及策略

【专业词汇】 产品整体　消费品　便利品　特殊品　耐用品　产品组合　产品组合的宽度　产品组合的深度　产品线　产品线延伸　产品项目　产品生命周期　导入期　成长期　成熟期　衰退期　新产品　新产品市场扩散　包装策略

【案例引导】

1886 年，乔治·柯达伊斯曼研制出第一架照相机，并给它取名"柯达"，柯达公司从此诞生。1930 年，柯达占世界摄影器材市场 75% 的份额。1966 年，柯达海外销售额达 21.5 亿美元。1990 年、1996 年，在品牌顾问公司排名的十大品牌中，位居第 4 位。柯达的成功离不开它强有力的品牌"柯达"，柯达相机诞生之日，伊斯曼就选中了这个名字。他认为 "K" 是一个幸运字母，而且更重要的是，这个字母在世界任何国家发音相同。这为柯达的成名奠定了基础。值得注意的是，柯达公司非常重视顾客对品牌的忠诚度，并为此而努力。柯达建立品牌忠诚的努力之一是经常举办或赞助一些摄影大赛或文体活动。1897 年，柯达公司举办了一次业余摄影大赛，参加者达 25000 人之多。1904 年，柯达又发起了一次旅游柯达摄影展，展出了 41 幅摄影作品。1920 年，柯达在美国许多公路两旁的风景点竖起了标有"前面有风景"的路标，并提醒司机注意安全。柯达建立品牌忠诚的另一着眼点在于建立清晰而有力的品牌识别。柯达的品牌识别可以总结为两个词：简单（主要针对产品特征而言）、家庭（主

要通过营销沟通和视觉形象来传播）。20 世纪初，柯达推出了重要人物来代表产品，即男孩布朗尼（Bronie）和女孩（Kodak）。两个人物形象不仅代表着产品容易操作（因为连小孩都可以操作），而且与孩子和家庭联系起来。柯达的广告镜头都是在我们身边易于拍到而又有代表性、趣味性的镜头，给人的印象很深。另外，柯达公司不论是顺境，还是逆境，都把消费者利益放在首位。

80 年代后期，美国柯达公司开发了一种价格低、拍完照之后即扔的一次性照相机。这种相机表面上迎合消费者的使用方便，但却引起了环保主义者的不满，从而影响了柯达公司的公众形象。针对这种情况，柯达公司开始推行"生态设计"，即将拍完即扔的照相机改为可回收的相机，将回收的相机可重复使用的部件拆下，其他的压成小碎粒，并重新制成新的部件，从而使该产品成为柯达公司利润最高的产品，90年代中期该产品年销售量达到 3000 万架左右。可见产品的生态设计不仅能维护企业自身形象，而且能促进企业销售，获得高额利润，为企业的可持续发展创造物质条件。

产品策略在企业市场营销组合策略中占有十分重要的地位，直接影响和决定其他营销组合策略。产品决策的正确与否关系到企业经营的成败。

第一节 产品整体概念

一、产品整体概念

狭义上的产品是指具有某种特定物质外形和一定用途的物体，如汽车、个人电脑和冰箱等。在这种意义下，人们经常说的产品是指产品的实体性，即产品的具体形态和自然属性，其中包括它的物理性能和化学性能。但是，狭义上的产品概念是不完整的。随着市场营销理论和实践的深入发展，人们对产品概念的认识也在不断深入：即整体产品不仅包括其外在的有形部分即物质产品，还包括非物质形态的服务。在现代市场营销学中，产品概念具有极其宽广的外延和深刻而丰富的内涵，它指通过交换提供给市场以满足人们需要和欲望的任何东西，包括提供给市场，能够满足消费者或用户某一需求和欲望的任何有形物品和无形产品，如实体产品、服务、场所、组织、思想、创意等。因此，产品不仅包括其实体性，还包括其实质性，即指产品能够提供给用户的基本效用和利益程度的大小。例如，企业向用户提供的某一装备的实质性，就是这一装备的使用性能、可靠性、效率，以及使用后所能带来的利益。

适应现代市场营销的广义产品概念是产品整体概念。一般来说，产品整体概念包含核心产品、基础产品、期望产品、附加产品及潜在产品五个层次（见图 12 - 1）。

潜在产品

附加产品

期望产品

形式产品

核心
产品

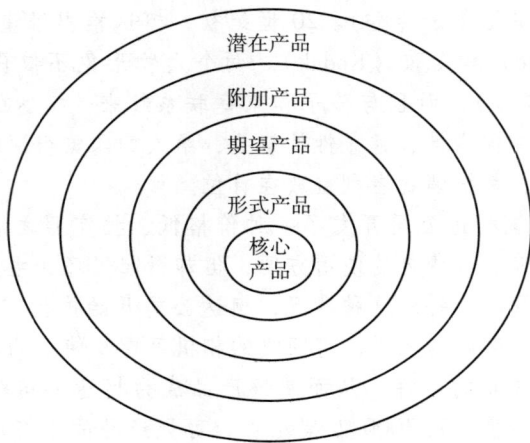

图 12 – 1　产品整体概念

1. 核心产品

　　核心产品是指向顾客提供的产品的基本效用或利益，它是产品最基本的层次。顾客购买某种产品的真正目的并不在于得到某种物品，而是从中得到某种效用或利益。譬如，人们购买冰箱并不是为了"冰箱"本身而购买冰箱，而是为了满足其对食品等的冷藏和冷冻需要；购买电视则是为了满足其信息和娱乐的需要。因此，核心产品在整体产品概念中是最基本、最主要的部分。企业在产品构思、设计及营销过程中，必须高度重视明确反映顾客核心需求的基本效用或利益。

2. 形式产品

　　形式产品是指核心产品借以实现的形式或目标市场对某一需求的特定满足形式，是产品的外在表现。有形产品是核心产品的载体，是向市场提供的实体和服务的形象。例如，对于洗衣机而言，其形式产品就是其产品质量、外观式样、品牌名称和包装；对于电影院，其形式产品则是一个包含有很多座椅及放映设施的建筑物。形式产品有五大特征，即：质量、特色、品牌、式样和包装。具体地说：

　　（1）质量。它是指顾客或用户对产品的性能、形状、尺寸、重量、可靠性、安全性等方面的要求和选择。

　　（2）特色。它是指本产品与其他同类产品相比有何不同或独特之处。产品的特色是吸引消费者的重要方面。如"家家冰箱都制冷，唯有华日最省电。""省电"就是华日冰箱的特色。

　　（3）品牌。它往往指产品的名称、商标与品质。品牌是区分产品的主要途径，知名品牌是企业重要的无形资产。

　　（4）式样。它是指产品的型号、款式等。

　　（5）包装。一般是指盛装产品的容器和包扎物。包装最基本的作用是保护产品。包装还是体现品质、形象，促进销售的重要手段。

3. 期望产品

期望产品是指顾客在购买产品过程中期望得到的与产品紧密相关的一整套属性和条件的总和。例如，人们在商场购物，期望宽敞明亮的购物环境和商场员工优质的服务。但是，多数情况下，由于人与人的不同，也导致了人们对于某一确定商品的期望的不同。例如对洗衣机的期望，有的人期望的是洗涤、甩干功能；有的人期望的是合理的价格和优良的质量；而有的人还追求更高层次的期望如洗衣机的消毒、烘干功能等。

4. 附加产品

附加产品也称为产品的附加利益。它是顾客购买有形产品时所获得的全部附加服务和利益的总和，主要包括提供信贷、免费送货、保证、安装、维修、技术指导、培训、售后服务等。附加产品直接影响顾客对产品的满意度和美誉度，从而影响产品的销售。附加产品还是企业差异化及其竞争的手段，从而把一家公司的产品与另一家的产品区别开来。正像美国学者西奥多·莱维特所说的那样："新的竞争不是发生在各个公司的工厂生产什么产品，而是发生在其产品能够提供何种附加利益（如包装、服务、广告、顾客咨询、融资、送货、仓储及具有其他价值的形式）。"比如，IBM公司之所以能够取得成功，重要原因之一就是重视了计算机的附加产品，如计算机咨询指导、软件、编程和快速维修等。

5. 潜在产品

潜在产品是指产品最终可能的所有增加及改变。是企业努力寻求满足顾客，并使自己与其他竞争者区别开来的新方法。它是产品整体概念当中的最高层次，要求企业有超强的预测能力与长远的战略眼光。潜在产品表明了现有产品可能的演进趋势和变化，是附加产品的进一步延伸。例如，餐馆可能会发展成为人们休闲、娱乐和交流的场所。

二、产品的分类

由于产品性质的差异，满足了不同用户的需求，为了更好地促进产品销售，建立产品与用户的联系。特介绍几种常见的产品分类方法。

（一）按需求对象进行分类

按需求对象的不同，可将产品划分为生产资料与消费品两大类。生产资料是用以生产其他产品的产品，例如钢材、原材料，机器设备、燃料、动力等。生产资料还可以按照行业进行细分，如可划分为建材、冶金、石油、化工、机械、机电和农产品等类；而根据其进入生产过程的方式和相对成本，又可划分为材料与部件、资本项目和供应品与业务服务。

消费品是用以满足最终消费者需要的产品，如食品、烟酒、糖果、服装、家用器具等。按照顾客需求及消费的性质，消费品可区分为便利品、选购品、特殊品和渴求物品四种类型。

（1）便利品。指顾客频繁购买或需要随时购买的产品。例如香烟、肥皂、食品和报纸等日常用品。便利品还可以进一步分成常用品、冲动品及急救品等。常用品是顾客经常购买的产品。例如某种品牌的牙膏、肥皂等。冲动品是顾客没有经过计划或搜寻而顺便购买的产品。救济品是当顾客的需求十分紧迫时购买的产品，如速效救心丸。

（2）选购品。指顾客在选购过程中，对适用性、质量、价格和式样等基本方面要作比较、认真权衡的产品。如家具、家电、服装等。选购品还可以分为同质品和异质品。对选购品，顾客在选购时通常会考虑其品牌、质量、价格及特色等因素。

（3）特殊品。指具备独有的特征或品牌标记的产品。如某种驰名品牌的服装、有著名歌星签字的书籍、独特地方风味的食品等。

（4）非渴求品。指消费者不了解或即便了解也不想购买的产品。如大型的百科全书、墓地等。

（二）按耐用性及有形性进行分类

按产品的耐用性及有形性，可将产品分为耐用品、非耐用品和服务三类。

（1）耐用品。耐用品一般是指使用年限较长、价值较高的有形产品，通常具有多种用途。例如彩电、冰箱、轿车和机器设备等。耐用品需要加强服务和较多的人员推销。

（2）非耐用品。非耐用品一般是有一种或多种用途的低值易耗品，如啤酒、香烟、肥皂、纸张等。非耐用品消耗快、购买人次多，需要通过广告宣传吸引顾客并形成偏好，另外销售网点要多，销售方式应灵活多样。

（3）服务。通常是指为出售而提供的活动、利益和满足感的总和，它具有无形性、可变性、易逝性和不可分割性。例如自行车维修、电话咨询和美容美发等。

（三）按社会分工对产品进行分类

按社会分工对产品进行分类，可分为农产品、工业产品等。

（1）农业产品是依托农业原料生产出的产品，其产品主要可分为：农、林、牧、副、渔等产品。农产品需要进行集中、分级、储存、运输和销售服务，部分农产品的易腐性和季节性等特点决定了其特殊的营销措施。

（2）工业产品是工业企业生产出来的产品，可分为重工业产品和轻工业产品。重工业产品是指为国民经济各个部门提供物质技术基础的工业产品，主要是指各类生产资料、机械设备等。轻工业产品主要是指消费资料，主要包括食品、纺织品、烟、酒、糖、茶等。

小案例

向市场提供整体产品

北海电线厂生产的天坛牌电线，由于产品的质量优良，在国内市场享有一定声誉，但在香港市场竞争中无立足之地，连最低廉的价格也卖不出去，北电专门组织了调查组，得出结论是：北电产品存在的问题是：

第一，电线表面过分光亮，与建筑物的色泽不协调。

第二，塑料护套太"结实"。

第三，绝缘层与保护层粘连。

第四，提供的服务差。

通过调查分析，北电厂认识到：要使天坛牌电线在香港市场上占有一席之地，必须改进现有产品，真正从顾客需要出发，推出"适当"产品。

案例思考：

1. 结合本案例谈一谈什么是整体产品？

2. 北海电线厂所生产和提供的产品从产品整体概念的角度出发，缺少什么？

3. 产品整体概念理论说明了什么问题？

4. 你认为北海电线厂为了使产品"适销对路"还应做哪些工作？

第二节　产品组合策略

一、产品系列与产品组合

在市场经济条件下，企业往往依据市场需求的变化和自身实际来安排企业自身的生产与经营项目，确定生产经营对象——哪些产品？以及产品间安排与筹划等，这些都将涉及企业的产品组合策略的主要内容。

（一）产品系列与组合

产品系列是指一组各种各样而又相关的项目，它们在功能上可以相互配合使用。产品组合是指一个企业提供给市场的全部产品线和产品项目的组合，即企业的生产经营范围。一个企业的产品组合往往包括若干产品线。产品线是指产品组合中的某一产品大类，是同一产品种类中密切相关的产品，其功能相同或相似，而型号规格不同。一个产品线内往往包括一个系列的产品项目。产品项目是指产品线中不同品种、规格、质量和价格的特定产品。如公司生产经营家电、轿车和房地产。其中家电、轿车、房地产等产品大类就是产品线，而家电中的冰箱、彩电等具体的品种与品牌则为产品项目。

（二）产品组合的宽度、长度、深度和相关性

产品组合包括四个影响因素，即宽度、长度、深度和相关性。如表 12－1 所示，就反映了宝洁公司产品组合的宽度、长度及关联性等。产品组合的宽度（也称广度）是指产品组合中所拥有的产品线的总数，即企业有多少产品大类，如表 12－1 中宝洁公司的产品组合宽度为 6。产品组合的长度是指一个企业的产品组合中所包含的产品项目的总数，如表 11－1 中宝洁公司的产品组合长度为 22。产品组合的深度是指产品线中的每一产品所包含的所有品种，例如汰渍洗衣粉有 2 种规格和 4 种配方，因此，其深度为 8。产品组合的相关性是指企业各条产品线在最终用途、生产条件、分销渠道等方面密切相关程度。分析产品组合的宽度、长度、深度和相关性在市场营销中具有重要的意义。企业增加产品的宽度，能够扩展企业的经营领域，实行多角化经营，分散经营风险，发挥企业潜力，使企业尤其是大企业的资源、技术等得到充分利用，提高经营效益。增加产品的长度和深度，如增加产品项目、品种和式样等，可以适应广大消费者不同的需求，有利于企业占领同类产品的更多市场，增加销售量，获得更多的利润。增加产品组合的关联性，可以提高企业在某一区域或行业的声誉，在特定的市场领域树立良好的形象。

表 12－1　　　　　　　宝洁公司的产品组合的宽度与产品线长度

	产品组合宽度					
	清洁剂	牙　膏	个人清洁	除臭剂	一次性尿布	咖　啡
产品线长度	象牙雪	Gleem	象牙	秘密	帮宝适	伏尔高
	Dreft	佳洁士	Camay	必除	滤污	速溶伏尔高
	汰渍		激爽			高点速溶
	奇尔		舒肤佳			伏尔高福兰克特
	Dash		玉兰油			
	Bold					
	Gain					

（三）产品组合的类型

产品线、产品项目，以及产品线宽度、长度、深度、关联性的不同，构成了不同产品的组合类型。常见的产品组合类型主要有：

（1）单一生产线，单一产品。这是指企业只生产某种特定的产品。该产品只有一个品种、规格或型号。如美国可口可乐公司成立的数十年中，只生产可口可乐一种饮料，其配方只有一种。这种类型适合于用户需求大致相同的产品，其市场面窄，风险较大。

（2）单一产品线、多产品项目。例如生产不同规格、型号的电视机，但不生产其他产品。这种组合类型和上一种类型相比，市场范围大，可以满足不同顾客的特殊

需求，而且生产技术相同，容易大批量生产。

（3）多产品线，多产品项目。这是指企业根据用户订货，从事单件或小批量生产。特点是其产品线的种类和数目不稳定，常因定货而变更。

（4）专业性多产品线。这是指企业产品线多，但多属某一专业。如汽车制造公司具有轿车、卡车、客车、工程车等产品线，但属于一个专业。因此，产品线之间的关联性强，生产经营比较方便。

（5）相关性多产品线。这是指产品线超出了专业乃至行业范围，但这些产品线，或是基于原材料的综合利用，或是基于配套服务而建立的，都有一定的关联性。如电视机厂生产电视录像设备和音响设备等。

（6）非关联性多产品线。这是产品线之间完全不具备关联性。如烟草企业兼营食品生产等。

二、产品组合策略

企业在调整和优化产品组合时，可根据企业实际和市场状况，选择以下策略：

（一）扩大产品组合策略

该策略主要包括开拓产品组合的宽度和加强产品组合的深度。开拓产品组合的宽度是指增加产品线，扩大产品经营范围；加强产品组合的深度是指在原有的产品线内增加新的产品项目。当企业预测现有产品线的销售额和利润率在未来时期可能下降时，就应考虑在现有的产品组合中增加新的产品线或加强其中有发展潜力的产品线。当企业打算增加产品特色，或占领更细的市场时，应选择有实力、前景好的生产线增加新的产品项目。总之，扩大产品组合，可以使企业充分地利用人、财、物等资源，促使企业抓住有利机会，分散风险，增强企业的竞争能力。

（二）缩减产品组合策略

当市场繁荣时，较长或较宽的产品组合策略为许多企业带来更多的获利机会；但当市场不景气时，则许多企业会缩减产品线，即采取缩减产品组合的策略。缩减产品组合主要是淘汰或缩减利润小或市场前景不好或原材料涨价的产品线或产品项目。通过对产品组合的缩减，有利于企业保持实力，集中力量从事优势产品的生产经营，减少资源的浪费，提高竞争力，促进企业生产经营的专业化等。

（三）产品线延伸策略

任何企业的产品都有特定的市场定位，根据企业的实力和市场的变化调整企业产品的市场定位是非常必要的。产品线延伸策略就是全部或部分改变原有产品线市场定位的策略。产品线延伸策略一般有三种方式：即向上延伸、向下延伸和双向延伸。

1. 向上延伸

这是指原来定位于中低档产品市场的企业，在原有的产品线内增加高档产品项目，使企业进入高档市场。企业实行该策略的目的与原因有：高档产品畅销，具有较高的销售增长率和利润率，企业可从中获得更好的经济效益；企业的技术设备、营销能力和管理水平已经具备进入高档市场的条件，有实力进入高档产品市场；企业根据需要对产品线进行重新定位，认为有必要进入高档产品市场；高档品市场中的竞争者实力不太强。实行这一策略有利于提高企业的竞争能力，促进企业进入高档品市场，从而提高企业经济效益。值得强调的是实行这一策略要有承担更大风险的心理准备，如果该策略引起生产高档品企业的反攻，就会阻碍企业向上延伸策略的顺利实施。另外，企业的市场地位与形象并不是特别容易改变的，该策略运用不当，还可能影响企业原有的市场地位。也可能新的市场没能占领，原有的市场又受到竞争者的挤压。一旦落入这种得不偿失的尴尬地位也是不好受的。

2. 向下延伸

这是指企业原定位于高档市场的产品线，通过增加中、低档产品项目实现向下延伸。实行这一策略的目的是为了充分利用高档名牌的声誉，占领中、低产品市场，以迅速扩大市场占有率、市场覆盖率，提高销售增长率，填补产品线的某些空白。企业采取此策略的主要原因包括：原高档品的市场销售增长率缓慢，需要企业产品线向下延伸；高档品市场竞争激烈，企业需要另辟蹊径；防御生产中低档产品的企业向上进攻；为了提供市场覆盖率，填补市场空白等。企业采取向下延伸策略时，也会遇到一些风险：一是影响其高档名牌的形象和企业的声誉；二是引起众多生产中低档产品企业的群攻，导致市场竞争的激烈化和两败俱伤；三是在市场占有率和覆盖率提高的同时，利润率提高缓慢，导致得不偿失。因此，企业采取向下延伸必须审时度势、有的放矢，以新的品牌占领中低档品市场，做到进退有余。

3. 双向延伸

这是原定于中档产品市场的企业在占据较大的市场优势后，决定向产品线的上下两个方向延伸。一方面增加高档产品项目，提高企业声誉，创建高档名牌；另一方面增加低档产品项目，提高市场占有率，扩大市场阵地。双向延伸策略是改变企业处于市场双重积压状态的一种策略，风险很大，既可能受到高档品竞争者的反攻，又可能受到低档品企业的群起而攻之，形成两面受敌的不利局面。因此，实行双向延伸策略也要因势利导，有所侧重，根据需要采取"瞒天过海"、"声东击西"、"暗度陈仓"等计策。

三、产品组合的优化分析

产品组合状况直接关系到企业的销售额和利润水平，从而影响企业的长期生存与发展。因此，企业必须对现有的产品组合进行系统地分析与评价，做出加强或减弱的决策。优化产品组合的过程，通常是分析、评价和调整现行产品组合的过程。随着社会经济技术的发展，企业需要优化产品组合。优化产品组合可以采取扩展的策略，也可以采取削减的策略。不论采取哪种策略，都要分析其目标市场、市场地位、产品销售额和利润等。常见的分析方法有以下几种：

（一）市场分析法

市场分析法主要是考虑各种产品现在和未来在市场上可能的占有率和销售增长率这两个因素，通过综合分析，选择有利产品进行组合。如表 12 - 2 所示。

按照各种预选产品项目的估算情况放入矩阵图中适当位置。凡是落入Ⅰ区的产品项目即为选中的产品组合体，落入Ⅳ区的产品必须淘汰，而落入Ⅱ区和Ⅲ区的产品则需要作更细致具体的分析，再做出取舍的决策。

表 12 - 2   产品市场矩阵

销售增长率＼市场占有率	高	低
快	Ⅰ	Ⅱ
慢	Ⅲ	Ⅳ

（二）三维分析法

三维分析法，是指用三维空间坐标上的 X、Y、Z 三个坐标轴，分别表示为市场占有率、销售增长率、利润等。每个坐标轴又分为高低两端，这样能获八种可能位置，然后将产品按其不同情况，置于不同的位置，以分析各产品的优劣势，选择有利产品加以组合，使企业产品组合得到优化。如图 12 - 2 所示。

由图可知，若企业的产品大多数处于 1 号位置上为最佳的产品组合，处于 8 号位置上的产品是应该淘汰的，其他位置上的产品应作具体分析再做出取舍的决策。

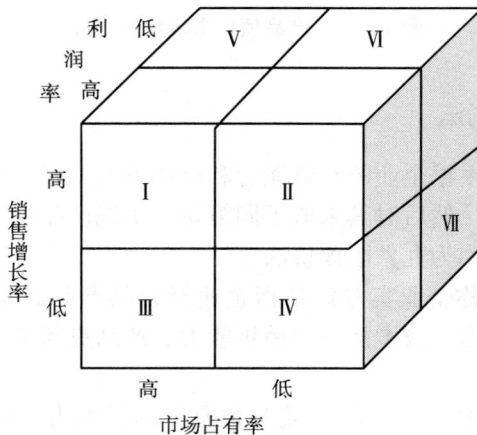

图 12 - 2　产品组合三维分析

（三）产品项目市场地位分析法

产品项目市场地位分析是本企业中的产品线各项目与竞争者的同类产品项目进行对比分析，从而来全面地衡量本企业各产品项目的市场地位。

例如，A 公司主营沙发业务，顾客对沙发的关注点集中在产品的功能和价格上。价格分为高、中、低三档；功能分为单功能（仅坐）、双功能（坐和睡）、三功能（坐、睡、可储物）等。A 公司在市场上现有 B 和 C 两位竞争者，B 公司经营双功能和三功能的低档沙发，而 C 公司经营单功能的中高档沙发。A 公司根据市场竞争和需求状况，并结合企业实际，决定生产三种沙发即双功能的中高档沙发和三功能的中档沙发。因为目前这三个领域尚未有竞争者出现。在图 12 - 3 中，有两个空白点，各家公司都未涉及，原因可能在于该领域的产品开发费用过高或者是市场需求不足，抑或是经济上不可行而致等。

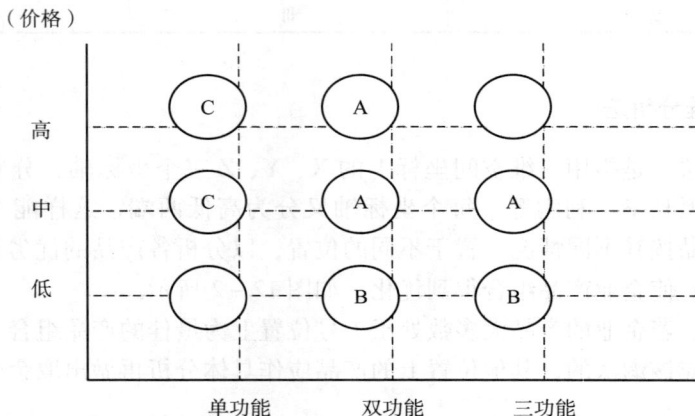

图 12 - 3　产品项目市场地位分析

（四）产品系列平衡法

产品系列平衡法是根据企业的经营能力和市场引力的好、中、差，将企业需要经营的产品分为九种情况，然后对其采取不同策略，实现产品的不同组合，使之接近于企业的总目标。此法也称为九象限评价法。

企业经营能力（又称企业实力）是指企业经营的产品满足社会需要的程度。它主要包括企业的生产能力、技术能力、销售能力、产品更新能力、应变能力、管理能力和企业信誉等。

市场引力是指市场对某一产品（或对企业）的吸引力。它主要由市场容量、需求增长速度、产品生命周期等因素构成。

根据以上两个方面的要素，构成了产品系列评价矩阵图，也称九象限图，如表 12 - 3 所示。

表 12 – 3　　　　　　　　　　　　**产品系列评价矩阵**

市场引力＼企业实力	大	中	小
大	I	IV	VII
中	II	V	VIII
小	III	VI	IX

在制定产品系列评价矩阵图之前，首先要对每一个产品的企业实力和市场引力采取打分的方法分别评定其企业实力和市场引力大、中、小。然后根据各产品的企业实力和市场引力的大小，将其位于产品系列评价矩阵图中的适当位置，从而选择不同的产品组合。

从产品系列评价矩阵图中，我们可得知以下信息，以支持产品决策：

在矩阵 I 中的产品，企业实力大、市场引力大，可作为企业产品组合的重点。如果在 I 内有数个产品，而且超出了企业组合产品的需要量时，那就要选择适量的最有利的产品，投入主要力量，作为支柱产品加以组合。

在矩阵 II 中的产品，企业实力大、市场引力中等，选择它们有一定的风险。企业在选择时，应考虑是否加以改进，增大它们的市场引力。

在矩阵 III 中的产品，企业实力大、市场引力小，发展前途小，是可能被市场淘汰的产品。

在矩阵 IV 中的产品，企业实力中、市场引力大，尽管有一定的风险，但企业只要增加实力、苦练内功，还是很有发展前途的。

在矩阵 V 中的产品，企业实力和市场引力都是中等，企业若对此产品已经组织生产，可维持现状，在适当的时机加以淘汰，再选择其他有前途的产品投产。

在矩阵 VI 中的产品，企业实力中等、市场引力小，应逐步淘汰，不应再作为产品组合的组成部分。

在矩阵 VII 中的产品，企业实力小、市场引力大，若企业有条件，也可以通过增加实力，进行生产；否则，不应选入产品组合中。

在矩阵 VIII、IX 中的产品，一般说来，应逐渐淘汰，不应再选入产品组合中。

九象限评价法是企业产品合理组合的一种重要方法，企业可以利用此法调整、优化产品组合，保证企业取得重大的经营成果。

第三节　产品生命周期策略

一、产品生命周期及其阶段划分

产品生命周期是企业研究和制定产品策略的重要组成部分，它可以帮助企业了解其产品的现状与未来发展趋势，适时更新、改造产品，以适应市场的变化和用户新的需求，从而提高企业竞争力和经济效益。

所谓产品生命周期是指某种产品从进入市场到被市场淘汰退出市场所经历的全部过程。产品经过研究开发、试销，然后进入市场，产品进入市场标志着产品生命周期的开始；产品退出市场，标志着其生命周期的结束。

典型的产品生命周期一般分为四个阶段，即：产品引入阶段、市场成长阶段、市场成熟阶段和市场衰退阶段。产品引入阶段（也称介绍期）是指市场上推出新产品，顾客对产品还不太了解，产品销售呈缓慢增长状态的阶段。成长阶段是指该产品在市场上迅速为消费者所接受，成本开始大幅度下降，销售额迅速上升，利润较大幅度地增长的阶段。成熟阶段是指大多数购买者已经接受该产品市场销售额缓慢增长或下降的阶段。衰退期是销售额下降趋势明显增强，而利润趋于零的阶段。如图 12 - 4 所示。

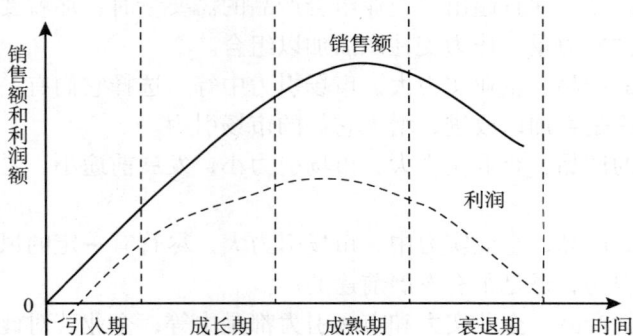

图 12 - 4　典型的产品生命周期

产品生命周期告诉我们：任何产品的生命都是有一定限度的；产品进入市场后，经历着几个不同的阶段，每个阶段都对企业的营销提出新的要求；产品利润的高低在产品生命周期的不同阶段也有较大的差异；重视产品生命周期，防治"营销近视症"，及时地调整产品策略是非常必要的。

为了正确理解产品生命周期的概念，我们还应注意以下几点：

（1）产品生命周期只是说明产品生命的一般趋势，典型的产品生命周期有四个阶段，但并不是每个产品都必须经历这四个阶段。有的产品可能超越介绍期而直接进入成长阶段；也有的产品一进入市场，没成长起来，就进入了衰退阶段。

（2）产品生命周期的持续时间，因产品的不同而有所区别。如生产资料产品的生命周期一般要长些，而日常消费品的生命周期一般要短些。越是驰名的产品，生命周期会长些，而名气不大的产品可能会比较快地被市场淘汰。

（3）产品生命周期不同于产品使用寿命。产品使用寿命是指产品的具体物质状态在使用过程中的变化，它是表示某一种产品实体从使用开始到报废的过程。而产品生命周期要受到市场、技术、经济、文化和政治等方面因素的影响，它是指一种产品从投入市场到被市场淘汰的过程。

（4）产品生命周期，一般是指一个企业的产品而言的。但从整个市场来看，生产和经营此类产品的企业可能很多，这些不同品牌的同类产品，在市场上又有一个总的生命周期，称为市场产品生命周期。值得注意的是一个企业的产品生命周期与市场产品生命周期是不一致的。

（5）产品生命周期与产品种类、形式和品牌有关。一般而言，产品种类、产品形式和产品品牌的生命周期是不一样的。产品种类具有最长的生命周期。很多产品品种的产品生命周期很长，甚至能无限期地持续下去，食盐、汽车、香烟等。产品形式比产品种类更能体现标准的产品生命周期。而具体品牌的产品生命周期相对而言只具有较短的生命历程。

（6）产品生命周期的循环。产品生命周期与企业的经营活动、广告宣传、促销手段等有关，通过促销会出现生命周期的延续与循环。可分为再循环形态、多循环形态和非连续循环形态等。再循环形态是指产品销售进入衰退期后，由于种种因素的作用，如市场需求的变化或企业促销手段的变革等，而促使产品再次进入新的成长阶段。多循环形态，也称波浪形循环形态，是指产品在进入成熟期后，企业或商家通过新的营销组合策略，而使产品销量不断出现新的成长期。非连续循环状态是指企业的产品上市后，经过热销，很快在市场上销声匿迹，经过一定时间后，又重新上市，赢得热销的状态。

二、产品生命周期的作用

研究和正确应用产品生命周期，不仅可以帮助企业制定合理的产品策略，促进产品的更新换代，而且促进企业营销策略和手段的更新，提高企业管理水平，促进企业的可持续发展。具体地说，包括以下几个方面。

（1）它是企业生产经营决策的基础，是企业制定营销策略的重要依据。例如企业的产品组合、新产品的开发、老产品的改造、营销策略的制定、管理重心的推移等都要根据产品所处生命周期的不同阶段，而做出相应的决策。

（2）科学预测的依据。产品生命周期可以预示产品在各个阶段的发展趋势，可以推断产品的未来前途，从而调整企业战略，促进企业的可持续发展。一般来说，销售增长率在0.1%以下的，属于引入阶段；销售增长率在10%以上的，属于成长阶段；销售增长率在0.1%～10%之间的，属于成熟阶段；销售增长率低于0时，属于衰退阶段。

（3）进行产品评价的依据。根据产品生命周期，可以判断其所处的阶段，并进行客观评价，以做出相应决策。

（4）制定营销策略的依据。正确分析产品生命周期，能够帮助企业掌握成本价格和利润发展趋势，以便制定合理的价格策略、分销策略和促销策略，促进营销组合策略的合理化。

三、产品生命周期的识别方法

前文谈了许多关于产品生命周期的定性描述，但是，在实践中如何进行具体的识别呢？下面简要谈三种可选的方法。

（1）普及率法。当产品在市场上的普及率小于5%时为引入期，普及率为5%～50%时为成长期，普及率在50%～90%时为成熟期，普及率在90%以上时则开始进入衰退期。

（2）类比法。即根据类似产品的发展情况，进行类比分析和判断，如可以根据台式电脑发展过程来预见笔记本的发展前景。

（3）销售增长率法。一般而言，引入期的销售增长率小于10%，成长期的销售增长率大于10%，而成熟期的增长率大约在0.1%～10%，衰退期的增长率则小于0。

四、产品生命周期各阶段的特点与营销策略

（一）引入期的市场特点与营销策略

1. 引入期的市场特点

引入期开始于新产品首次在市场上普遍销售之时。新产品进入引入期以前，需要经历开发、研制、试销等过程。引入期的市场特点是：①大部分顾客对该产品缺乏了解，顾客原先的消费偏好不易改变，产品销售量较小，单位产品成本高；②产品技术不完善，产品性能、质量不稳定，生产批量较小；③销售增长率缓慢，利润较少，甚至出现亏损，企业风险大；④成本高，广告宣传费用及营销管理费用较大；⑤理想的销售渠道和分配模式尚未建立健全，产品成本与价格的关系未理顺；⑥生产该产品的企业较少，甚至独家生产，竞争不激烈等。

2. 引入期的市场营销策略

根据引入期的市场特点，其营销策略主要有以下四种可供选择，如表12－4所示。

表12－4　　　　　　　　　　　　　价格—促销矩阵

价格水平 ＼ 促销水平	高	低
高	快速—掠取策略	缓慢—掠取策略
低	快速—渗透策略	缓慢—渗透策略

（1）快速掠取策略。也称快速撇脂策略，即选择高价格和高水平促销方式迅速

推出新产品，迅速抢占市场，取得较高的市场占有率。采取该策略需要以下市场环境与条件：市场有较大潜力，顾客有求新、求异心理，急于求购，并愿意付出高价；企业面临竞争威胁，需要创建高价名牌的形象，并迅速形成消费者对该产品的偏好。

（2）缓慢掠取策略。也称缓慢撇脂策略，即以高价格和低促销费用的方式推出新产品面向市场，以求取较高的利润。采取该策略需要以下市场环境与条件：市场规模较小，消费者已熟悉该产品，并愿意出高价购买，竞争者较少，竞争威胁不大。

（3）快速渗透策略。实行低价格、高促销费用的方式推出新产品的策略，以迅速占领市场，以低价赢得顾客，较大地提高市场占有率。采取该策略需要以下市场环境与条件：市场容量很大，顾客对产品缺乏了解，但对价格比较敏感；竞争者多，竞争比较激烈，产品单位成本可随生产规模及销售量迅速下降。

（4）缓慢渗透策略。实行低价格和高促销费用的方式推出新产品，以低价扩大市场份额，以低的促销成本获取相对较高的净利。采取该策略需要以下市场环境与条件：市场容量较大，市场需求价格弹性较大，促销弹性较小，顾客对价格比较敏感；存在较多潜在竞争者的威胁。

（二）成长期的市场特点与营销策略

1. 成长期的市场特点

新产品经过引入期后，开始进入成长期，其主要特点为：①顾客对该产品比较熟悉，销售习惯基本形成，销售量迅速增长；②产品基本定型，步入大批量生产阶段，大量的竞争者也开始生产此类产品，竞争比较激烈；③产品成本降低，市场价格趋于下降；④顾客开始重视产品性能、质量、特色与品牌；⑤单位产品促销费用随销售额的迅速增长而相对降低，利润开始较大地提高。

2. 成长期的市场营销策略

根据成长期的市场特点，企业一般可采取以下营销策略：

（1）改善产品品质、增加产品性能，提高产品质量，如增加新的性能、发展新的款式、新的型号，增加产品新的用途等。

（2）加强促销，创建名牌，树立良好的形象。促销策略的重心逐步从建立产品知名度转移到建立产品美誉度上来，创建名牌，争取顾客偏好，树立良好的企业形象。

（3）加强市场细分，拓展市场。通过市场细分，发现市场空缺，根据需要组织生产，占领、开拓新的市场。

（4）重视产品价格、渠道、促销方式的巧妙组合，如在适当的时机大幅度降价，以新的促销方式吸引顾客，增加或拓宽销售渠道，开拓新的市场等。

（三）成熟期的市场特点与营销策略

1. 成熟期的市场特点

新产品经过引入期和成长期后，开始进入成熟期，一般说来，成熟期可分为三个时期，其不同时期特点也不尽相同。（1）成长成熟期。其特点主要有：①销售渠道处于基本饱和的状态；②销售增长率缓慢上升；③购买者人数增加缓慢。（2）稳定成熟期。其特点主要有：①市场趋于饱和状态；②消费平稳，产品销售量比较稳定；③价格稳定；④顾客偏好稳定，顾客人数稳定，新的购买者较少。（3）衰退成熟期。其特点主要有：①销售量有较大地减少，利润开始降低；②出现大量的替代产品或其他新产品，顾客的购买注意力开始转移；③全行业的同类产品出现过剩，价格有较大的下降；④各企业的市场份额变化较小，新加入的竞争者较少，竞争格局比较稳定。

2. 成熟期的市场营销策略

根据成熟期不同阶段的市场特点，企业一般可采取以下营销策略：

（1）市场改进策略。该策略主要是通过发现产品新的用途或改变促销方式，发现新用户，开拓新市场，进一步提高产品销售量。

（2）产品改进策略。该策略主要是通过进一步改进产品的性能、质量和服务，实现产品的再次推出，吸引新老顾客。

（3）营销组合改进策略。该策略是通过对产品、价格、渠道和促销等因素加以改进，如降低价格，改良款式，变更广告，拓展渠道，延期付款，加强服务等刺激顾客消费，争取稳定的销售量，从而延长成熟期。

（四）衰退期的市场特点与营销策略

1. 衰退期的市场特点

在衰退期，产品的销售量和利润额都大幅度下降，其主要特点为：①产品销售量急剧下降，性能和质量更好的新产品吸引了消费者的注意力；②价格降到最低水平，利润迅速下降，已无利可图，甚至出现亏损现象；③大量的竞争者退出市场；④消费趋势发生新的变化，消费习惯与偏好已经转移；⑤留在市场上的企业也开始减少服务，削减营销费用，处于维持经营的状态。

2. 衰退期的市场营销策略

面对处于衰退期的产品，企业要认真分析，对症下药，可采取的策略主要有：

（1）维持策略。即保持原有的细分市场，继续使用原来的分销渠道、定价和促销等营销组合策略，维持较低水平的销售，直到该产品退出市场。

（2）集中策略。把企业的有限资源集中到最有利的细分市场和销售渠道上来，销售最易销售还有利可图的品种。通过缩短战线，集中力量，获取较大的利润后再退出市场。

（3）收缩策略。大幅度降低销售费用，减少人员推销，保持低水平的销售，通过降低营销成本以获得微薄的利润。

（4）放弃策略。放弃落后产品的生产与经营，退出市场，保持实力，及早推出新产品，占领市场。

（5）重新定位策略。寻找产品的新用途或新的营销市场，使得进入衰退期产品得以延续，重新焕发青春，甚至通过重新定位，使之成为一个新的产品。

第四节　包装策略

包装是商品生产的延续，商品只有经过包装才能进入到流通渠道中，从而实现其使用价值和价值。商品包装不仅可以保护商品免遭在流通过程中受到破坏外，还能有助于提高商品附加价值和促进消费。

一、包装的概念及其作用

包装是指对某一品牌的商品设计并制作容器或包扎物的一系列活动。包装有两个方面的含义，其一是包装的动作过程即为商品设计、制作包扎物的活动过程；其二是包装即是指包扎物。包装是产品整体概念的重要组成部分。一般来说，商品包装主要包括商标或品牌、形状、颜色、图案和材料等要素。在包装设计与制作中，首先要高度重视包装设计，并在明显位置突出产品品牌或商标，使品牌、图案、颜色、形状、材料、标签与产品相统一。其次，要重视产品包装的制作，并根据产品的特定属性，选用适当的材料设计制作成容器或包扎物以保护产品性能，便于产品的搬运、储藏、销售和使用，以保证产品质量，满足消费者的特定需求，从而促进销售，增加销售额。

在现代市场营销中，包装具有重要作用。具体地说：

（1）保护商品。这是包装最基本的作用。良好的包装可以产品从生产企业在搬运、运输、仓储及销售过程中不受到损害、变质、散落，以确保产品的使用价值，从而保证企业和顾客双方的利益。据统计，我国商品因包装不善的损失每年都上百亿元。

（2）便利顾客。根据消费者的习惯、要求进行适当的包装既能满足消费者的特定心理与习惯，又能方便消费者的使用。

（3）促进销售。在消费者购买过程中，包装是产生购买兴趣的重要因素。通过合理的包装，不仅区别不同的产品，便于顾客识别，而且构思巧妙、新颖、奇特的包装还能吸引顾客注意力，诱发购买兴趣，促进产品销售。

（4）形象宣传。包装是产品广告宣传的重要方式，是活广告。合理的包装能起到非人员的作用。法国香水业的名言"设计精美的香水瓶是香水的最佳推销员"就道出了包装的广告作用。包装还是企业理念与文化的表现，是树立企业良好形象的重要手段。

（5）增加价值。随着社会平均收入水平及生活水平的不断提高，消费者愿意多付出一定费用购买包装新颖、美观、可靠的产品。良好的包装不仅为企业增加利润，也为消费者增加便利和心理等方面的价值感。例如：苏州生产的檀香扇，原先采用粗制的包装，出口到国外，一把扇子仅买50元；后来将原包装改为精致的锦盒包装，包装费增加了 10 元，却以 160 元的价格赢得了国外消费者的青睐。

二、包装的分类

包装可以按照产品的不同、运输要求等进行分类。如：按形态，包装可分为外包装、内包装和小包装；按流通过程可以分为运输包装和销售包装；按特定要求可分为防水包装、防潮湿包装、防火包装、防锈包装、防变质包装、防光包装、防虫包装、防压包装等；按运输工具，可分卡车装载包装、火车转载包装、飞机装载包装、船舶装载包装等；按包装材料可分为为木箱、纸箱、金属箱、塑料袋、瓦罐、玻璃容器等；按包装对象可分为食品包装、药品包装、电器包装、机器包装、液体包装、粉状包装等。在此，主要对运输包装和销售包装进行介绍：

1. 运输包装

运输包装又称为外包装或大包装，主要用于保护产品品质在运输过程中的安全和数量完整。运输包装又可分为单件运输包装和集合运输包装。单件运输包装是指商品在运输过程中以箱、袋、包、筐、笼、篓、桶、罐、坛等单位容器对商品进行包装。集合包装是指将一定数量的单件包装组合在一个大包装中的做法。运输包装要根据不同的运输工具和产品属性选择不同的包装材料和包装形式。

2. 销售包装

销售包装又称内包装或小包装，它随同产品进入零售环节，直接与消费者见面。因为消费者在购买产品前最先接触的是产品的销售包装，因此销售包装的功能不仅是保护产品，而更重要的是宣传产品、美化产品，起到吸引顾客、方便消费、促进销售的作用。销售包装要根据消费者的心理和产品的属性层次设计包装，重视包装的美观、大方、新颖、奇特和感情色彩。

三、包装标签与包装标志

包装标签是指附着或系挂在商品销售包装上的文字、图形、雕刻以及印制的说明和提示。标签可以是简易的签条，也可以是精心设计的并作为包装的一部分的图案。标签上含有品名等信息，主要用来识别和检验内装商品，同时也起到了促销的作用。

通常，商品标签主要包括：制造者或销售者的名称和地址、商品名称、商标、成分、品质特点、包装内商品数量、使用方法及用量、编号、储藏应注意的事项、质检号、生产日期和有效期等内容。也有部分商家为促销之用，印制了彩色图案或实物照片的标签。

包装标志是在运输包装的外部印制的图形、文字和数字以及它们的组合。包装标志主要有运输标志、指示性标志，如"此端向上"、"易碎"、"小心轻放"、"由此吊起"等以及警告标志，如"有毒品"、"爆炸品"、"易燃品"等。

四、包装设计的原则

企业要取得较好的包装效果，促进产品销售，必须重视包装设计。包装设计要遵循以下几个基本原则：

（1）安全。包装的基本作用是保护产品的安全，因此包装设计必须确保产品在运输、销售及使用中的安全，并针对不同的产品选择相应的包装材料和包装形状等。

（2）突出品牌与标志。包装设计要在引人注目的位置突出产品的品牌或商标，并在适当的位置简单地描述功能和使用方法。

（3）便于销售与使用。产品包装要美观、大方，并突出特色，吸引消费者，便于产品的销售和消费者的使用。

（4）包装要与产品属性、价值、档次相匹配。产品的属性不同对包装要求也不同，如固体物、液体物、气体物等产品由于属性不同对包装的要求也不同，另外产品的物理、化学性质对产品包装也有特定要求。包装还要与产品的价值、质量、档次相匹配，价值、质量和档次都高的产品需要高级的包装，而价值、质量、档次低的产品对包装要求就低。

（5）包装要符合生态环境的要求。在商品日益丰富，追求包装上档次、一次性使用的现实情况下，大量的废弃包装物是成为生态环境恶化的重要因素之一。因此企业在设计包装中，必须以可持续消费为出发点，切实保护生态环境，不触犯生态环境法规。

（6）满足消费者的习惯，符合宗教、文化及法律的要求。不同国家和地区的消费者风俗习惯有较大的差异，其文化背景、法律环境和社会状况也有较大的区别。产品包装设计要综合考虑这些方面的要求。

五、包装决策

包装策略是产品策略的重要组成部分之一。良好的产品需要良好的包装设计和相适应的包装策略。可供企业选择的包装策略主要有以下几种：

1. 类似包装策略

它是指企业生产经营的所有产品，在包装外形上都采用相同或近似的图案、色彩和共同的标志或特征。该策略便于产品的识别，节约包装设计费用，有利于树立统一的企业形象，有利于促进不同产品开拓细分市场，促进产品销售。如舒肤佳香皂，在其生产的四种不同香型的香皂包装设计上采取了名称、标志、图案一致，而用白、绿、黄、粉红四种不同颜色区分产品的差异，不仅增加了产品的知名度，也促进了产品的销售。

2. 差异包装策略

它是指企业的各种产品都有自己独特的包装，在设计上采取不同的风格、不同的色调、不同的材料进行包装的策略。这一策略的优点是对企业避免因某一产品的失败而殃及其他产品的市场声誉；其缺点是产品包装设计、制作费和促销费相应增加。

3. 组合包装策略

它是指企业按人们的消费习惯，将多种相关产品组合包装在同一包装物中。如把茶壶、茶杯、茶碟等组合装载同一包装物中。这种包装不仅便于顾客配套购买，还方便顾客携带、使用等。

4. 等级包装策略

它是指企业根据企业同类产品的质量等级和消费者消费档次设计和使用不同的包装，以反映产品的等级或档次。其做法是高档品采用精致包装，低档品采取粗略包装。这种包装策略不仅有利于产品市场定位，便于消费者对产品的识别，而且利于满足不同消费水平的顾客的特定需求，从而扩大市场面，提高销售量。

5. 再使用包装策略

它是指设计的包装物具有双重用途，即在产品使用后其包装物还可以另作他用。如有些饮料的包装瓶在饮料喝完后，还是很漂亮的茶杯，方便人们使用。再包装策略增加了包装物的用途，迎合消费者一物多用的需求，有利于产品的销售。

6. 附赠品包装策略

即在包装物中附有一定的小赠品，如打火机、书签、小儿玩具、奖券等，以诱发消费者的购买欲望。这种策略适应于儿童、青少年及有特定嗜好或偏好的消费者。例如，黑土地酒中千奇百态的打火机不仅受到吸烟者的欢迎，还受到有集打火机嗜好者的喜好，其销售量与各类打火机赠品有很大的关系。

7. 更新包装策略

它是指企业处于改变企业形象或对产品进行市场定位的需要，而对产品的包装进行改进或更新的策略。更新包装策略包括更新包装设计、包装材料及包装制作工艺等。该策略能够让顾客产生新鲜感，有利于企业产品以新的气象出现，从而促进销售。

第五节　服务策略

服务是一种无形的产品，可以依附于有形产品，也可以独立存在。由于服务本身所特有的属性，服务营销具有不同的营销组合策略。

一、服务的含义与特征

（一）服务的含义

国外对服务管理的研究大体始于 20 世纪 60 年代。各国学者从不同的角度对服务进行界定，有代表性的有以下几种：

1960 年，AMA（美国市场营销协会）："用于出售或者是同产品连在一起进行出售的活动、利益或满足感。"

1963 年，雷根的定义："直接提供满足或者与有形商品或其他服务一起提供满足的不可感知活动。"

1990 年，北欧学者格鲁诺斯的定义："服务一般是以无形的方式，在顾客与服务员工、有形资源、商品或系统之间发生的，可以解决顾客问题的一种或一系列行为。"

菲利普·科特勒认为："服务是一方能够向另一方提供的基本上是无形的任何行为或利益，并且不导致任何所有权的产生。它的生产可能与某种物质产品相联系，也可能毫无联系。"佩恩认为："服务是一种设计某些无形因素的活动，它包括与顾客或他们拥有财产的相互活动，它不会造成所有权的变更。条件可能发生变化，服务产出可能或不可能与物质产品紧密相联。"

综合上述定义，我们认为服务是具有无形性特征却可以给人带来某种利益或满足感的可供转让的一种或一系列活动。

（二）服务的特征

绝大多数服务都具有以下四个特征，它们影响到企业营销方案的制订。

（1）无形性。服务与有形产品不同，在被购买之前，是看不见、尝不到、摸不着、听不到和嗅不出的，这使得顾客的购买风险增加。为了减少购买的不确定性，顾客会寻求服务质量标志或证据。他们会根据到达的场所、人员、设备、资料、象征和价格等有形线索，对服务质量做出判断。因此，使无形的服务有形化，是服务营销人员面临的挑战之一。

（2）不可分离性。有形的产业用品或消费品在从生产、流通到最终消费的过程中，往往要经过一系列的中间环节，生产与消费的过程具有一定的时间间隔。而服务则与之不同，服务的生产过程与消费过程同时进行，也就是说，服务人员提供服务于顾客时，也正是顾客消费服务的时刻，二者在时间上不可分离。服务的不可分离性使得顾客在不同程度上会参与到服务的生产过程中，他们的行为会对其感知的服务质量产生影响。

（3）异质性。异质性是指服务的构成成分及其质量经常变化，很难统一界定。区别于那些实行机械化和自动化生产的第一产业和第二产业，服务行业是以"人"为中心的产业。由于人类个性的存在，使得对服务的质量检验很难采用统一的标准。一方面，由于服务人员自身因素（如心理状态）的影响，即使由同一服务人员所提供的服务也可能会有不同的水平；另一方面，出于顾客直接参与服务的生产和消费过程，顾客本身的因素（如知识水平、兴趣和爱好等）也直接影响服务的质量和效果。服务的异质性使服务质量控制成为服务管理的一个中心环节。

（4）易消失性。也称不可储存性。由于服务的无形性，生产和消费同时进行，服务产品无法像工业产品那样可以被储存保管，以备将来出售。而且消费者在大多数情况下，也不能将服务携带回家。当然，提供服务的各种设备可能会提前准备好，但生产出来的服务如不当时消费掉，就会造成损失（如车船的空位等）。不过，这种损失不像有形产品损失那样明显，它仅表现为机会的丧失和折旧的发生。易消失性的特征要求服务企业必须解决由缺乏库存所引致的产品供求不平衡问题。

二、服务的分类

实际上，纯无形的服务和纯有形的实体产品在现实生活中都不多见。绝大部分的产品都包含某些服务，绝大部分的服务也都以一定的实体产品为载体，从纯无形服务到纯有形的实体产品间存在着一个连续的谱系。

（1）纯有形的实体产品。产品本身没有伴随服务，如牙膏、香皂、食盐等。

（2）附带服务的有形产品。此类供应包括由伴随着吸引顾客的一种或多种服务的有形物品。如汽车，汽车制造商在销售汽车本身时，由于汽车技术的复杂性，制造商必须同时提供相应的技术指导、配送、维修保养等服务。同类的产品还有计算机、化妆品、住房等。

（3）附带有形产品的服务。此类供应由一项主要服务和附加服务及辅助物品所组成。例如，航空乘客购买的是运输的服务，他们到达目的地时并没有得到提供这种服务的有形产品，然而，服务里包含了某些有形物品，像食物、饮料、一张票根和一本航空杂志。这种运输服务的实现需要有飞机这种资本密集型的产品。

（4）纯服务状态。服务提供者直接为顾客提供相应的服务，如教育、心理咨询等。

由于产品与服务的组合千差万别，使得各种服务在内容上和形式上相差甚远，因此，为了更好地理解服务，为了对服务进行有效的管理，有必要对服务做进一步的区分。依据不同的标准，可以对服务进行不同的分类。

（1）根据提供服务的工具不同，可分为以机器设备为基础的服务（如旅游、剧院、自动售货机等）和以人为基础的服务（如咨询、会计、教育等）。以机器设备为基础的服务的质量关键取决于机器设备的质量，而人并不是关键因素；而以人为基础的服务质量完全取决于提供服务的人的水平。另外，以人为基础的服务又可分为非技术性、技术性和专业性服务等。

（2）依据顾客参与程度，可以将服务划分为高接触性服务（如教育、公共交通等）、中接触性服务（如银行、律师、房地产经纪人等）、低接触性服务（如邮电通讯业、批发商业等）。高接触性服务要求顾客必须参与服务的全部或绝大部分提供过程；中接触性服务要求顾客部分或在局部时间内接触服务的提供；低接触性服务的提供多为后台实施，顾客与服务人员很少发生面对面接触。

（3）根据顾客在服务现场出现有无必要性进行划分：有些服务就要求顾客必须亲临现场，如外科手术、理发、体检等；而有的服务则不需要顾客在场，如干洗衣服、汽车修理等。相比较而言，前一种服务对提供者的要求更多，其不仅要考虑顾客对服务量的要求，如手术是否成功，有无疼痛；发型是否美观；体检是否全面、准确，是否迅速等，还要考虑顾客在享受服务过程中的其他需要，如对现场环境的要求等，这就使经营者必须在店堂的装饰和创造优雅的店堂气氛上多下工夫。

（4）依据劳动密集程度与交互性和个性化程度的结合，可以将服务划分为四种类型：服务工厂、服务作坊、大众化服务、专业化服务。服务工厂是提供标准化的资本密集型的服务，如航空公司、公共交通。服务作坊提供定制化服务，更倾向于满足于个性化的需求，要在高资本条件下开展业务，如医院、修理厂。大众化服务是在劳动力密集服务状态下得到无差别服务，如学校、零售业等。专业化服务是由经过特殊训练的专家向顾客提供个性化的服务，如会计、律师事务所提供的服务。

三、服务市场营销与产品市场营销的差异

前面已经指出，服务具有无形性、不可分离性、异质性和易消失性四个基本特征。这些特征决定了服务市场营销同产品市场营销有着本质的不同。具体表现为以下几个方面：

（1）产品特点不同。如果说有形产品是一个物体或一样东西的话，服务则表现为一种行为、绩效或努力。

（2）顾客对生产过程的参与。由于顾客直接参与生产过程，如何管理顾客就成为服务营销管理的一个重要内容。

（3）人是产品的一部分。服务的过程是顾客同服务提供者广泛接触的过程，服务绩效的好坏不仅取决于服务提供者的素质，也与顾客的行为密切相关。

（4）质量控制问题。由于人是服务的一部分，服务的质量很难像有形产品那样用统一的质量标准来衡量，因而其缺点和不足也就不易发现和改进。

（5）产品无法储存。由于服务的无形性以及生产与消费的同时进行，使得服务具有不可储存的特性。

（6）时间因素的重要性。在服务市场上，既然服务生产和消费过程是由顾客同服务提供者面对面进行的，服务的供应就必须及时、快捷，以缩短顾客等候服务的时间。

（7）分销渠道不同。服务企业不像生产企业那样通过物流渠道把产品从工厂运送到顾客手里，而是借助电子渠道，如广播，或是把生产、零售和消费的地点连在一起来提供产品。

四、服务营销三角形

服务营销三角形（见图 12-5）表明了共同开发、促进和提供服务的三个相互

关联的组合。三角形的三个顶点上是服务的三个关键参与者。公司（或战略经营单位或部门或管理层）供应商是指实际向顾客提供服务的人。三角形三个顶点的任意两点之间，有三种类型的营销，它们是使一项服务营销成功而必须要进行的活动。

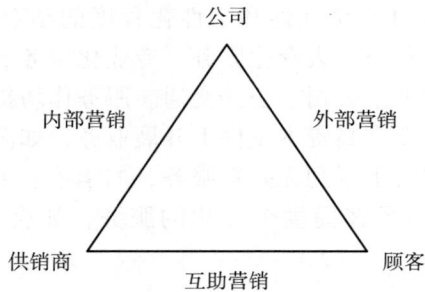

公司

内部营销   外部营销

供销商   互助营销   顾客

图 12 - 5 服务营销三角

（1）外部营销。外部营销是根据顾客的期望以及提供方式，公司向顾客做出的承诺。公司通过传统营销组合工具及服务人员、服务设施的设计和布置等要素向顾客传递有关服务的信息，形成顾客期望。公司通过这些外部沟通工具建立的承诺必须相互一致。

（2）内部营销。要使服务提供者和服务系统按照公司做出的承诺提供服务，服务提供者必须具备提供服务的技艺、能力、工具和动力。他们必须理解公司的意图，并有意愿、有能力去实现意图。这些营销活动被称为内部营销。内部营销是外部营销成功的先决条件。

（3）互动营销。互动营销是服务营销特有的营销活动，从顾客的角度看，也是最关键的一项活动。服务提供者与顾客在服务提供过程中发生直接接触，这些接触点被称为"真实瞬间"。顾客对服务质量的感知就是在一次次的真实瞬间形成的。

一个完整的三角形必须由三条边来组成。对于服务来说，三条边所代表的三项营销活动，都是服务营销成功的关键。缺少任何一边，三角形或整个营销活动都不能获得有效的支撑。每一条边都代表着巨大的挑战。

五、服务质量管理

一家公司取胜的方法在于一贯地提供比竞争对手更高的服务质量和超过目标顾客对服务质量的期望。服务质量是顾客评价服务的主要因素。服务生产和消费的不可分离性及异质性使服务质量控制成为服务营销管理的核心内容。

（一）顾客感知质量模型

1. 顾客期望服务质量

顾客对服务质量的期望是评估服务质量水平的标准和参考点。服务企业在传递高质量服务时，了解顾客的期望是首要的也是最关键的一步。在服务质量评估中，顾客期望服务质量是顾客对服务提供者应当提供的服务的预期。

顾客在对服务产品进行信息搜集的过程中，逐渐形成对服务质量的期望。顾客期望主要受到下列因素的影响，即明确的服务承诺、含蓄的服务承诺、口头交流、过去的经历以及顾客的需要和价值。

（1）明确的服务承诺。明确的服务承诺是服务提供者传递给顾客的关于服务的人员和非人员说明。当服务承诺由销售人员、服务人员传递时，该说明是个人性质的；当该说明由广告、手册以及其他出版物进行传递时，它是非个人性质的。明确的服务承诺是服务提供者能够控制的计划内的沟通信息。

企业应当准确承诺最终能够实现的服务内容，通过管理顾客期望，保证实际提供的服务与外部承诺相符。但在服务承诺过程中往往存在过度承诺的情况。所有明确的服务承诺对服务期望的形成都有直接影响，不真实的服务承诺会影响期望服务质量，最终导致顾客对服务的不满意。

（2）含蓄的服务承诺。含蓄的服务承诺不是明确的服务承诺，而是与服务有关的暗示（价格、服务场景的布置装潢、服务员工的素质）。服务提供者应当明确含蓄的服务承诺可以使顾客推断出服务应该或将是什么。含蓄服务承诺的明确与服务的价格和有形性控制有关。一般来说，价格越高，有形性印象越深，顾客的服务期望也就越高。例如，与一家设施简陋的饭店相比，一位在豪华饭店用餐的顾客可能希望更高的服务质量水平。

（3）口头交流。口头交流即口碑。由于口头交流被认为是无偏见的，实施口头交流的人不是服务提供者所发表的人员或非人员说明，属于服务提供者不能控制的非计划沟通信息。一般而言，与计划信息相比，顾客认为非计划信息的可信度更高，因此往往成为顾客搜集服务产品的评价性信息的重要来源。对服务提供者而言，创造良好的口碑并确保计划信息和非计划信息的一致，有利于帮助顾客形成合理的期望服务质量。

（4）过去的经历。过去的经历即顾客信息的个人来源。预测相关的服务产品质量可以由顾客根据以前的服务接触决定。这种服务可以是该服务提供者的服务，也可以是其他服务提供者的相似服务。例如，顾客可以把在一家特定旅店的一次住宿与在这家旅店以前的住宿情况相对比，也可以与在其他旅店的住宿情况相对比。顾客也可能进行跨行业的服务比较，例如病人把医院住院与旅店住宿的服务标准进行比较。总之，顾客过去的经历能够对顾客期望服务质量的形成产生影响。

（5）顾客自身的需求和价值。顾客的个人需求和价值会由于他们的生理、心理、社会地位、消费能力不同，因而导致他们对服务品质的期望也必然会有所差异。

2. 顾客感知服务质量

顾客感知服务质量包括两部分：技术质量和功能质量，即"接受什么样的服务（What）"和"怎样接受服务（How）"。

（1）技术质量。技术质量又称为结果质量，指服务过程的产出质量，即顾客从服务过程中所获取的实际产出，企业为顾客提供的服务结果的质量。例如，旅馆为旅客提供的房间和床，饭店为就餐者提供的饭菜，银行客户获得的一笔贷款，机器获得维修人员的维修和保养等。由于技术质量涉及的常常是技术方面的有形内容，顾客对于技术质量的衡量是比较客观的。顾客和服务提供者之间存在着一系列的互动接触，因此技术质量只是顾客感知质量的一部分。

（2）功能质量。功能质量又称为过程质量，指服务过程的质量，即在服务过程中顾客所体验到的感受。在服务消费过程中，顾客获得服务结果外，服务结果传递给顾客的方式对顾客感知服务质量也起到很重要的作用。例如，网站是否易于进入，自动取款机是否易于使用，以及服务人员的行为、外貌、言谈举止等都会给顾客的服务印象产生影响。另外，对于一个特定顾客而言，其他顾客接受类似服务做出的评价也会影响该顾客对功能质量的评价。显然，顾客接受服务的方式及其在服务生产和服务消费过程中的体验，都会对顾客自身感知服务价值产生影响。与技术质量不同，顾客很难对功能质量进行客观的评价，它更多地取决于顾客对服务过程的主观感受。

服务的特殊性决定了顾客与服务提供者、服务提供者的资源以及服务提供者的运营方式产生联系。服务提供者的形象不可避免地影响到顾客对服务质量的感知和评价。在顾客感知服务质量的形成过程中，企业形象起到了过滤器的作用，如图12-6所示。

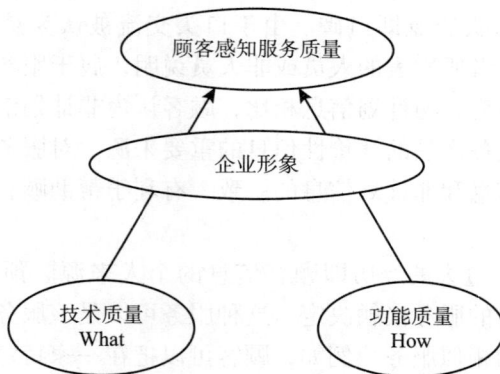

图12-6　顾客感知服务质量的构成

如果服务提供者在顾客心目中享有较好的企业形象，顾客可能会原谅服务提供者在服务过程中的个别失误。但如果频频发生，企业形象将遭到损害。如果企业的形象不佳，则服务提供者的任何微小的失误都会给顾客造成很坏的影响，严重影响顾客对服务质量的评价。

3. 顾客对服务质量判断

顾客对服务质量的判断取决于顾客期望质量与顾客感知服务质量之比。当顾客期望服务质量低于顾客感知服务质量时，顾客对服务质量的评价就高；反之就低。顾客期望服务质量会影响顾客对服务质量的判断，如果服务提供者过度承诺，顾客的期望服务质量就会提高，所进行的服务质量评价就会降低。尽管从客观的角度来看，也许顾客的感知服务质量提高了，但由于他们的顾客期望服务质量更高，两者的差距扩大，因此降低了顾客对服务质量的评价。同时，脱离实际的承诺无疑会导致两者差距的扩大，从而导致顾客对服务质量的评价下降，如图 12 - 7 所示。

从营销实践来看，服务提供者如果将顾客期望服务质量控制在一个相对较低的水平，其进行服务营销的余地就大一些，从而有利于提高顾客对服务质量的评价。顾客对符合他们期望水平的服务质量一般不会表示异议。同时，控制好顾客的期望服务质量，企业可以根据具体情况来超越顾客期望，使顾客在购买服务的过程中产生愉悦感，这对于提高顾客忠诚度也是很重要的。

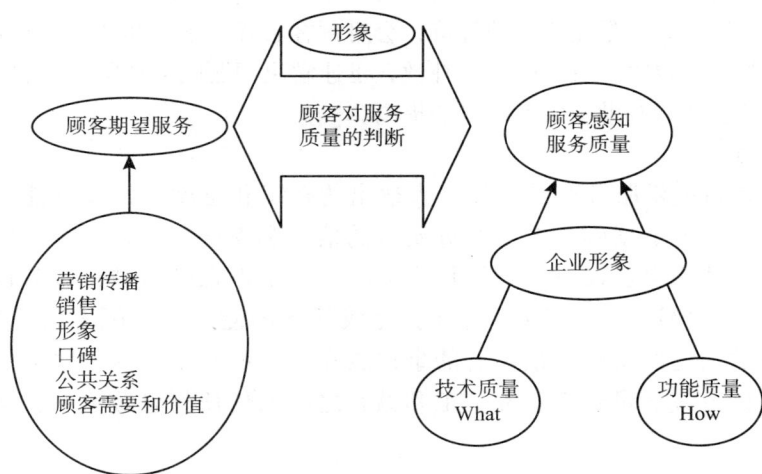

图 12 - 7　顾客对服务质量的判断

（二）服务质量维度

当顾客评价服务产品时，服务质量的高低是实施购买行为或再购买行为的主要因素。研究表明，顾客对服务质量的评价是多个要素感知的综合。20 世纪 80 年代以来，帕拉舒拉曼、泽丝曼尔和贝瑞开始对服务质量决定因素和顾客如何对服务质量进行感知等问题进行研究，并且建立了 SERVQUAL 模型来评估企业的服务质量。在研究过程中，他们确定了顾客用来判断服务质量的五大要素，按照相对重要性由高到低分别为可靠性、响应性、保证性、移情性和有形性。

1. 可靠性

可靠性是指服务提供者能够准确可靠地执行向顾客所做出的外部承诺，提供所承诺的服务。可靠地服务行为是顾客所希望的，是顾客对服务质量进行评价的核心要素。它意味着服务提供者的服务能够按照其承诺，以相同的形式无差错地准时完成。服务差错给服务提供者带来的不仅是直接意义上的经济损失，而且可能意味着现实顾客和潜在顾客的流失。许多以优质服务著称的服务提供者都是通过可靠的服务建立企业声誉的。例如，美国联邦快递是一家在可靠性方面进行了有效宣称并执行较好的公司。联邦快递的可靠性信息——在某时绝对、必须达到某地，反映了公司的服务定位。

2. 响应性

响应性是指服务提供者帮助顾客以及提供便利服务的自发性，强调服务提供者在处理顾客要求、询问、投诉和问题时的专注和快捷。在服务提供者提供的服务中，响应性表现为顾客在获得帮助、得到咨询的答案以及对问题处理前的等待时间长短，也包括为顾客提供所需要服务的柔性和能力方面。服务要满足响应性的要求，服务提供者必须从顾客角度而不是从自身角度出发对服务传递以及处理顾客要求的过程进行设计。让顾客等待，尤其是无原因的等待，会对顾客服务质量感知产生不必要的消极影响。当出现服务失败时，及时的服务补救，迅速解决问题则会消除或减弱服务失败的不利影响，甚至可以有助于服务质量的提高。

3. 保证性

保证性是指提供服务产品时员工表达出的知识和态度，以及其能使顾客产生信任的程度，它能够增强顾客对服务质量的信心和安全感。在顾客感知服务包含高风险或顾客认为自己没有能力评价服务时，保证性在顾客进行服务选择时是重要的评价要素。保证性包括以下特征：完成任务的能力，对顾客的礼貌和尊敬，与顾客有效的沟通，将顾客最关心的事情放在心上的态度。由于服务的不可分离性，服务提供者应尽量建立服务员工和顾客之间的信任与忠诚关系，从而提高服务的保证性。

4. 移情性

移情性是指企业给予顾客的关心和个性化的服务。移情性的本质是通过个性化的或者顾客化的服务使每个顾客感到自己是唯一的、特殊的和愉悦的。通过移情性，顾客可以感到向其提供服务的企业对他们的理解和重视。移情性包括以下特征：接近顾客的能力、敏感性和努力地理解顾客需求。例如，许多小型服务公司通过把企业定位于某特殊市场的专家从而成功地与大公司进行竞争。即使大公司有较丰富的资源，小公司通过了解顾客的问题和需要并通过提供顾客化的服务业可以获得竞争优势。

5. 有形性

有形性是指服务产品的有形部分，即有形的工具、设备和服务人员的外表等。有形环境是服务人员对顾客更细致的照顾和关心的有形表现。服务的有形性从两个方面影响顾客对服务质量的认识：一方面，服务的有形性提供了有关服务质量本身的有形线索；另一方面，服务的有形性直接影响到顾客对服务质量的感知。顾客，特别是新顾客会通过服务的有形性对服务质量进行评估。有形性经常被服务提供者用来提高形象、保持服务一致性以及向顾客表明服务质量，但在实际运用中企业往往将有形性和其他的评价要素结合在一起进行使用。例如，同时运用有形性和响应性，如同时提供快速有效的服务和舒适清洁的等待区域。

　　在评价过程中，顾客从这五大要素出发对期望服务质量和感知服务质量进行比较，最终形成了自身对服务质量的判断。

（三）服务质量差距模型

　　服务质量差距模型是评价服务质量的基础方法之一。1988 年，美国服务问题专家贝瑞和他的同事共同推出了服务质量差距模型。目的是分析服务质量问题产生的原因并帮助管理者了解应当如何改进服务质量。该模型如图 12 - 8 所示。

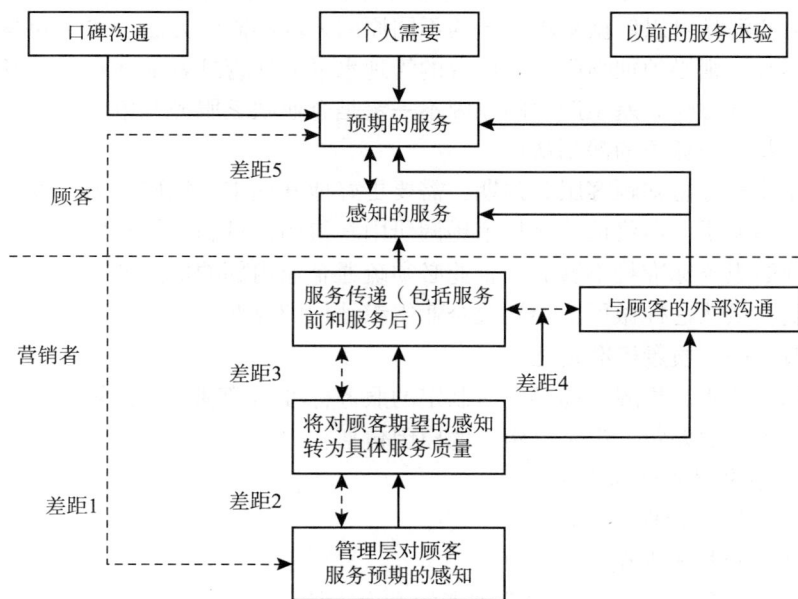

图 12 - 8　服务质量差距分析模型

　　服务质量差距模型说明了服务质量是如何产生的。模型的上半部分与顾客有关，下半部分与服务提供者有关。顾客所期望的服务是顾客的实际服务体验，个人需求和口碑沟通的函数。同时，所期望的服务还受到服务提供者营销沟通活动的影响。

　　顾客实际经历的服务在模型中称为感知服务，它是一系列内部决策和活动的结果。管理层对顾客服务预期的感知决定了组织在提供服务的过程中将要执行的服务标准，员工根据组织制定的服务标准向顾客提供服务，顾客则根据自身的服务体验来感知服务的生产和传递过程。顾客所经历的服务传递和生产过程被称为与过程相关的质量因素，包括技术因素。

服务质量差距模型说明了服务质量计划和服务质量分析的基本程序和步骤。根据这些步骤，管理者可以发现产生服务质量问题的原因。服务质量差距模型存在五种服务质量差距，其中，顾客所期望的服务质量与顾客实际体验到的服务质量之间的差距（差距5）是最主要的差距，它要受到其他差距的影响。

1. 差距1——管理者认识差距

管理者认识差距，指管理者不能准确地感知顾客服务期望。产生差距1的原因包括：

（1）对市场调研和需求分析信息不准确。

（2）对顾客期望的解释信息理解不准确。

（3）没有进行顾客需求分析。

（4）从与顾客接触的员工传递到管理者的顾客信息是不准确的或是被扭曲的。

（5）管理层次过多以至于阻塞了信息的传递或改变了信息的真实性。

差距1的消除可以依据差距产生的不同原因采取不同的方法。如果问题产生的原因是管理不善，则必须加强服务提供者的管理水平或使管理者加强对服务竞争本质和需求的理解，这意味着差距产生的原因不一定是企业缺乏服务竞争力，而是管理者缺乏对服务以及服务竞争的深刻认识。

企业需要充分感知顾客服务预期，需要更好地开展市场调研活动，以更好地了解顾客的需求和期望。但仅仅依靠从市场调研中获得的信息和直接接触顾客得到的信息以制定准确的服务标准是不够的。企业必须疏通企业内部的信息渠道，提高内部信息的管理质量，虽然这样做可能会导致企业组织结构的改变。

2. 差距2——质量标准差距

质量标准差距，指服务提供者所制定的服务标准与管理者所认知的顾客的服务预期不一致而出现的差距。产生差距2的原因包括：

（1）计划失误或计划程序有误。

（2）企业计划管理水平低下。

（3）组织目标不明确。

（4）服务质量计划缺乏高层管理者的有力支持。

差距2的大小取决于差距1的大小。但在服务提供者对顾客服务预期所获取的信息是在精确的和充分的前提下，即差距1不存在的前提下，差距2仍有可能产生，质量标准的实施也会失败。出现这种情况的原因是企业的高层管理者没有将质量问题列为企业首要的问题，没有保证服务质量的实现。解决问题的策略是对企业应当优先发展的问题进行重新排列，把企业对服务质量的承诺放在前列。

差距2也有可能发生在计划进程本身，依据计划提供服务的部门和个人必须遵守契约既定的质量标准，具体的服务提供人员应当参与质量标准的制定。管理层在制订计划时要把直接与顾客发生接触的员工包括进来以完善质量标准。最理想的情况是，计划的制订者、管理者和与顾客发生接触的员工相互协商，共同制定有关的服务标准，才能确保计划被企业的各级人员所理解，进而严格依据标准提供服务。

企业在制定服务标准的同时要注意到服务标准的柔性，使员工在执行标准时具备一定的灵活性。过于刚性的服务标准在执行过程中也会对服务质量产生负面影响。

总之，服务提供者和管理者对服务质量达成共识，协调工作，缩小质量标准差距，比制定僵硬的目标和计划过程有效得多。

3. 差距3——服务传递差距

服务传递差距，指服务在生产或传递过程中没有达到企业制定的服务质量标准。产生差距3的原因包括：

（1）服务质量标准制定得过于复杂或僵硬。

（2）员工不赞同服务质量标准。

（3）服务质量标准与现有的企业文化发生冲突。

（4）服务运营管理不善。

（5）内部营销缺乏或不完善。

（6）现有的服务技术和服务系统无法满足服务质量标准。

差距3的产生原因纷繁复杂，而且往往是多种原因产生了同一个问题——服务传递差距。总的来说，可以把导致差距3的原因分为三个大类：即管理与监督不力、员工对顾客的需要或期望的理解有误、缺乏技术和运营方面的支持。

与管理和监督有关的原因又有很多种。例如，管理者或监督者不支持和鼓励员工改进服务质量的行为，或者管理控制系统与服务标准相互抵触。在企业中，监督和奖励制度往往与服务质量计划和服务标准的制定相脱节，这也是发生差距3的内在因素。监督制度、奖励制度与计划制订的脱节，将导致企业内存在的不必要的活动也许和必要的活动一样被管理得井井有条，与服务标准不一致的现象也受到奖励制度的鼓励，员工将无法严格依据服务标准进行服务提供。这样的监督和奖励制度同时影响了企业文化，导致员工对其服务提供者的角色不明确。针对这种原因，企业要消除影响服务质量的所有的不必要因素，可以改变管理者和监督者对待员工的方式，修正企业的监督和奖励制度，使其与质量计划和服务质量相协调。同时，企业在制定监督和控制制度以及服务计划和服务标准时，要与企业文化相协调。

员工对顾客的需要或期望的理解有误是导致差距3的第二类原因。这可能是企业人员配置的失误，也可能是员工不适应企业的质量标准从而无法依据标准进行工作。针对这类原因，解决问题的方法是企业向员工宣讲顾客的需要和期望，同时教授员工观察和了解顾客需要和期望的方法，就可以很好的消除差距。在管理方面，企业要完善人员配置的管理，改进新雇员的补充方法，避免错误决策。

产生差距3的第三类原因是缺乏技术和运营方面的支持。此类问题的产生是多方面的，例如员工正确执行了不完善或不正确的技术和运营系统；或者技术和运营系统是完善的，但没有被员工正确的理解和使用。针对这类原因，解决问题的方法是改进技术和运营系统以使质量标准得以执行，或者提高企业的内部营销和员工培训水平，使其能够适应技术和运营系统的特性。

在第三类原因中，员工的工作负荷也会影响到服务质量，例如，运营系统中过多的文书或其他管理工作可能会影响员工高效率地执行服务质量标准。企业可以对运营系统进行修正，同时明确员工的分工，各司其职。避免繁杂的管理工作影响服务质量。

4. 差距4——市场沟通差距

市场沟通差距，指企业在市场沟通行为中做出的承诺与实际提供的服务不一致。产生差距4的原因包括：

（1）市场沟通计划与服务运营活动未能融合。

（2）传统的市场营销与服务生产之间不协调。

（3）企业没有执行市场沟通中提出的质量标准。

（4）市场沟通中存在过度承诺。

导致差距4的原因可以分为两大类：一类是市场沟通计划和内部执行不协调；另一类是市场沟通中的过度承诺。

对于市场沟通计划和内部执行不协调问题，企业可以通过建立服务运营执行和外部市场沟通计划的协调机制来解决。协调机制的建立可以达到两个目标：第一，市场沟通中的承诺可以更加符合实际，更加准确；第二，市场沟通中提出的承诺可以顺利实现。

针对市场沟通中的过度承诺，服务提供者需要提高市场营销传播计划的管理水平，改善市场沟通的质量，同时也可以通过管理监督系统的合理运用来改善市场沟通质量。

5. 差距5——感知服务质量差距

感知服务质量差距，指顾客感知或经历的服务与期望的服务不同。差距5的产生会导致如下后果：

（1）顾客对企业的服务质量进行消极评价。

（2）企业口碑较差。

（3）企业形象较差。

（4）服务失败。

理论上认为，差距5是差距1～差距4的影响结果。当差距5产生时，企业管理者要识别差距，填补差距，通过市场营销活动挽回受损的影响。

服务差距模型能够引导企业管理者发现引发质量问题的根源，以采取适当的措施修正目标差距。可以说，服务差距模型是发现顾客和服务提供者对服务质量的感知差距的一种直观有效的工具。服务差距模型的运用构成了使预期和实际相一致的战略战术的逻辑基础，可以提高顾客的满意度以及顾客对服务进行正面质量评价的合理性。

❖　本章小结

　　产品整体概念包含核心产品、基础产品、期望产品、附加产品及潜在产品共五个层次。产品整体概念是产品组合、产品开发、产品品牌与包装策略的基础，也是影响产品生命周期的内在因素。

　　产品组合考虑的是一个企业提供给市场的全部产品线和产品项目的组合和结构。企业产品组合策略的制定要综合考虑产品组合的宽度、长度、深度和相关性。产品组合优化是分析、评价和调整现行产品组合的过程，产品组合优化方法有市场分析法、三维分析法、产品项目市场地位分析和产品系列平衡法。随着社会经济技术的发展，企业需要优化产品组合。优化产品组合可以采取扩展的策略、削减的策略和延伸的策略。不同的企业要根据自身实际和市场态势选择产品组合策略。

　　产品生命周期是企业研究和制定产品策略的重要组成部分，它是指产品从进入市场到被市场淘汰退出市场所经历的全部过程。典型的产品生命周期一般分为产品引入、成长、成熟、衰退四个阶段，不同的阶段有不同的特点，并需要相应的市场营销策略。

　　包装是指对某一品牌的产品按照产品属性、运输及消费者的需求设计并制作容器或包扎物的一系列活动。包装不仅能够保护产品，促进销售，而且有利于企业树立良好的形象。包装要考虑产品的属性和消费者的需求，并重视包装的设计、材料的选择及制作工艺，还要选择适合企业的包装策略。

　　服务是具有无形性特征却可以给人带来某种利益或满足感的可供转让的一种或一系列活动。服务是无形的、不可分离的、异质和易消失的。服务的这些属性为服务营销带来了挑战。服务质量控制是服务营销与管理的核心。顾客对服务质量的评价是基于期望质量与实际质量的比较。顾客从五个维度评价接受的服务质量：可靠性、响应性、保证性、移情性、有形性。贝利等人的质量差距模型为我们分析服务质量问题产生的原因及应采取的措施提供了一个分析框架。服务的特有属性，使得传统的营销组合不能满足服务营销的需求。

案例分析

　　1993 年香港月饼市场已不如从前那么具有吸引力，由于业内生产企业越来越多，而生产成本由于某种原因还在上升，同时产品的差异性越来越小，故整个市场竞争非常激烈。众多厂商纷纷以品牌或价格作为竞争的主要手段，有的甚至兼打两张牌进行促销。但大班（公司名）决定采取不同的策略，推出全新的冰皮月饼，以差异化对抗同质化。

　　开发新产品是有风险的，但大班制作冰皮月饼是有其依据的：市场调查结果告诉他们，人们已经厌倦了月饼甜、腻的传统口味，转而渴望清爽、清淡的口感。大班冰皮月饼采用进口原料制作，不经烘制，故而毫不油腻，它的颜色也一反传统的金黄而呈清冷的白色。细看一个月饼冰清玉洁、晶莹剔透，微微显出里边绿豆沙的馅——连这馅也是与众不同的！大班的冰皮月饼从里到外都与众不同，如新月般悄然出场。

　　对冰皮月饼这一概念的测试表明，人们愿意接受这一新产品，对月饼的独特颜色也不排斥，白色令人们联想更多的是“纯洁”而不是“不吉利”，无疑是对大班产品创新的巨大肯定。在 1991 年和 1992 年两届香港食品博览会上，大班连续对其冰皮月饼进行市场测试，结果显示，该产品对 25 岁至 40 岁年龄阶段的人们更具吸引力，而他们正是中秋月饼的购买主力，这就大大鼓舞了大班。于是，大规模的市场推广活动在 1993 年全面展开。

　　此次活动主要针对"潮流领先者"这一细分市场，鼓励他们尝试购买。产品生命周期理论告诉我们，这类人正是新产品引入期的主要消费群体，他们乐于接受新产品、新概念，愿意成为某种潮流的首创者，继而充当这方面的舆论领袖。只要这部分人接受、认可了冰皮月饼，他们的舆论领袖影响将会带来更多人的购买，礼品市场也会迅速跟进，从而实现打开市场的目的。

　　最终，大班以全新的冰皮月饼上市，精心策划的推广活动得以准确施行而大获成功。清爽味淡的冰皮月饼在市场上大受欢迎，简直供不应求，在中秋节前几天就销售一空，销售收入超过预期50%，业内戏称大班冰皮月饼的成功为"新月传奇"。

讨论题

1. 分析大班冰皮月饼所处的行业生命周期阶段及其特点。
2. 全面评价大班冰皮月饼从产品导入期迅速进入成长期的成功之处。
3. 进入成长期的大班冰皮月饼的营销策略应做哪些调整？
4. 大班是如何建立品牌定位的？在之后的工作中，需要进行品牌管理吗？为什么？

复习思考题

1. 认识产品整体概念对于贯彻落实市场营销观念的现实意义是什么？
2. 产品组合的宽度、长度、深度和相关性对产品组合策略及市场营销有什么影响？
3. 常见的企业优化产品组合方法有哪些？
4. 产品生命周期包括几个阶段？如何识别它们？
5. 包装有何作用？可供企业选择的包装策略都有哪些？
6. 服务有哪些特点？服务营销的"7P"是什么？
7. 唐·舒尔茨在《整合行销的传播》一书中提出，4P 理论已经成为明日黄花，人们不再考虑产品，而是转向了顾客需要，我们对这句话该如何理解？
8. 大多数公司宁可发展多样化的产品以避免对单一产品的过分依赖，但生产并销售一种产品对一家公司也有一定的优势，这些优势是什么？

第十三章 价格策略

【本章要点】

◆ 价格确定的客观依据

◆ 定价目标

◆ 定价的各种方法及其适用范围

◆ 定价策略

◆ 价格调整策略

【专业词汇】价格策略 定价目标 总成本 固定成本 变动成本 边际成本 成本导向定价 目标利润定价 盈亏平衡定价 需求导向定价 理解价值定价 竞争导向定价 需求差异定价 撇脂定价 渗透定价 产品组合定价 心理定价 折扣定价 价格调整 提价策略 降价策略

【案例引导】

到1986年，奔驰汽车公司成立100周年，100多年来，奔驰汽车一直以"创造第一流的产品"为经营宗旨，对产品质量作精益求精的探索。为保证产品质量，真正做到不合格的零部件坚持不用，不合格的成品坚决不出厂，奔驰公司从上到下形成了一个质量控制监督系统。

对汽车的要求主要表现在行驶安全、坚固耐用、乘坐舒适、操作方便、外形美观等方面。在这一目标下，50年代奔驰公司研制出第一安全车身。20世纪60年代研制出了ABC刹车系统，紧急刹车时不致因路面复杂而翻车。70年代末又研制出转弯灵活，既快又稳，而且在高速急转和较大倾斜角度时不会翻车的"190"型小轿车，深受用户欢迎。

确实，奔驰汽车的质量是用户所公认的，但唯独价格比别国的汽车贵得多。

曾经有位记者在访问奔驰汽车时，问公司的销售经理："奔驰汽车售价高会不会对竞争带来不利?"这位经理胸有成竹地回答："奔驰的售价确实比别的汽车要贵些；但在市场竞争中，我们有最后价格做保证！这是我们的优势。"记者对他的最后价格感到费解，这位经理便继续解释说："所谓最后价格，是对最初价格而言。说奔驰汽车的售价贵，这是指它的最初价格。从最初价格看，别的汽车的价格确实要比奔驰低廉，但最初价格不是用户选买汽车时唯一考虑的标准。一般想买汽车的顾客都会想：新买的汽车在使用一段时间后再转卖出去，那时还能卖多少钱？这就是我们所说最后价格的含义。"

接着，这位经理列举了各种数据，把各种牌子的汽车和奔驰汽车的使用寿命对比。他的结论是："一般汽车的使用寿命以行驶 10 万公里为限期，而奔驰汽车跑满了 30 万公里以后，它的内部件还是基本完好的。这时，如果车主想让给别人，一般还可回收原价的 60%。"最后，这位经理信心十足地宣称："我们奔驰公司就凭这个最后价格的王牌来与同业竞争的，至少到目前为止，我们还未遇到挑战……"

在商品经济环境下，无论何种产品或服务都必须拟定相应的价格才能使得供需双方完成交易。对于企业而言，为了有效地开展市场营销活动，促进销售和提高利润率，企业不仅要制定自身产品的价格，还需要根据市场的变化进行修改。因此，价格是市场交易中最活跃的因素之一，价格策略的制定对于企业产品销售有着非常重要而现实的意义。一般情况下，企业营销活动的成功与否，与其定价的合理性有着密切的联系。因为价格因素直接关系到市场需求量的多少和企业利润的高低。企业的经营目标最终是靠产品的销售来实现的，而销售收入和利润水平直接受产品价格的影响。虽然企业总体效益取决于计划、生产、技术、财务、营销等各方面工作，但如果其他方面都很有成效，唯独定价决策失误，就很难使企业取得好的经济效益。因此，企业的定价决策决定着企业的生存与发展。

第一节　价格确定的客观依据

从市场营销学的角度来讲，价格必须依据消费者能否接受为出发点。定价对整个市场的变化做出灵活的反应，这和经济学着重研究产品的理论价格是不同的。可见从企业角度，结合不断变化的市场情况，研究产品定价的影响因素，是发挥市场价格的杠杆作用的前提。

一、定价的意义

产品价格是市场营销中的一个重要参数，价格决策是受市场供求和市场环境因素的影响的，是一切经营者必须面临的一个重要问题。从经济学的角度来看，价格是商品价值的货币表现形式，等于总成本和利润之和。而从市场营销学的角度来看，价格是决定企业盈利的重要因素，企业定价是为了促进销售，获取利润，因而要求企业定价时，既要考虑成本的补偿，又要考虑消费者对价格的接受能力，从而使定价具有买卖双方决策的特征。正因为如此，定价不仅是一门科学，而且是一门艺术，企业必须灵活适时地运用价格策略，制定或调整商品价格，实现自己的营销目标。

尽管市场营销定价要求产品定价采取灵活的方法，但价格的决定也必须遵循客观经济规律的要求。即使是完全的市场经济条件下的产品定价，也只能在客观经济规律允许的有限范围内自由定价，即必须按照经济学的原理和原则，遵循客观的经济规律来进行定价决策和调节。

二、影响定价的因素

一个企业的产品价格，主要受两个方面因素的影响。第一，企业本身的因素，包括营销目标、产品成本等因素；第二，企业的外部环境因素，包括市场、竞争者和政府的影响。

（一）企业的营销目标

企业的营销目标是影响企业定价的一个首要因素。企业的营销目标主要有八种：维持企业生存目标、投资收益率目标、市场占有率目标、产品质量领先目标、销售增长率目标、市场利润最大化目标、渠道关系目标、塑造形象目标等。

1. 维持企业生存

当公司受到生产能力过剩、激烈竞争和顾客需求变化困扰时，往往会把求生存作为主要的追求目标。此时生存比利润更重要，只要价格能补偿变动成本和部分固定成本，他们就可以继续生产经营，以等待情况改变或其他问题得到克服再求发展。

2. 投资收益率目标

在一般情况下，每个企业都要追求一定的利润目标。从投资收益的角度来讲，一般有三种：①最大当期利润目标，一般是根据已知的需求和成本情况，制定一个在当季或当年可获得最大利润的价格。②长期利润目标。此时公司制定正常的行业价格，但却生产优质的产品，以求将来可渗透到竞争者的市场中去。③固定的利润目标。此时公司往往制定一个具体的利润目标，如20%的税前投资收益率，这样可保证公司获得一定固定的投资收益。

3. 市场占有率目标

市场占有率是企业经营状况和产品竞争力状况的综合反映。以此为目的的公司为获得占统治地位的市场占有率，往往把价格尽可能定得最低，以便把竞争者的顾客吸引到自己这边来，使自己产品在市场上的占有率达到最高。只有这样，才能形成企业长期控制市场和价格的垄断能力，为提高企业盈利率提供了可靠保证。因此，提高市场占有率通常是企业普遍采用的定价目的。

4. 产品质量领先地位

产品质量最优的企业形象是企业无形的资源与财富。为此企业往往在生产成本、产品开发研究以及促销方面作了较大的投入，作为补偿，他们往往都给自己的产品或服务制定一个较高的价格。反过来这种较高的价格又进一步提高了产品的优质形象，增加了对追求高档产品的那部分高消费者的吸引力。

5. 实现销售增长率

在其他条件不变的情况下，销售增长率的提高与市场份额的扩大是一致的。因此，追求一定的销售增长率也是企业的重要目标之一，特别是在新产品进入市场以后的一段时期内。但由于竞争激烈的市场经常变化，市场份额的高低更多地取决于本企业与竞争对手的销售额对比状况，而且，销售增长率的提高也不会必然带来利润的增加。因此，企业应结合市场竞争状况，有选择地实现有利可图的销售增长率。

企业还可以通过降低某种商品价格的做法来实现总销售额增长的目标。这是零售商店经常采用的做法。

6. 市场利润最大化目标

企业总希望在不同的消费者细分市场都能取得最大利润。企业惯用的方法就是，在产品进入市场初期，采用高价策略，而当销售量开始下降时，便采用低价策略，来吸引对价格敏感的消费群。从而在不同时期都能获得最大利润。如航空公司的机票，随着登机时间的临近以及座位位置的不同就会有不同的优惠措施，以争取不同购买力的顾客。

7. 渠道关系目标

定价中的销售渠道，主要涉及由一个或几个中间商组成的营销渠道结构问题。对这些中间商的经营活动必须给予适当的补偿。因此公司定价时，不仅要考虑最终消费者愿意支付什么价格，还要考虑再销售商的利润。

8. 塑造形象目标

企业形象是企业成功运用市场营销组合取得的消费者信赖，是长期累积的结果。有些行业的市场供求变化频繁，但行业中的大企业为维护企业信誉，往往采取稳定价格的做法，不随波逐流，给消费者以实力雄厚、靠得住的印象。

（二）产品成本

产品成本是企业产品价格的下限，是产品定价的基础，是企业经济核算盈亏临界点。定产品定价必须考虑补偿成本，这是保证企业生存和发展的最基本条件。对企业产品的定价产生影响的包括总成本、固定成本、变动成本、平均成本和边际成本等几种类型。

1. 总成本

它是公司在产品的制造和营销过程中所支付的总费用。总成本是固定成本和变动成本之和。当产量为零时，总成本等于未开工时的固定成本。

2. 固定成本

它是指一定时期内产品固定投入的总和，如每月必须支付的厂房租金、管理人员薪金、保险费等。固定成本是与公司的产量无关的费用，即如果生产不超过一定的规模，企业的固定成本是保持不变的。

3. 可变成本

它是指企业在一定时期内可变投入的总和。它与固定成本不同，是随生产规模的变化而直接发生变化的。如产量增加一倍，其所需的劳力、原材料成本及销售佣金也增加一倍。

4. 平均成本

它随着企业的不同生产水平的不断变化而变化，包括短期平均成本和长期平均成本。企业生产规模在一定范围之内时，企业的短期平均生产成本随着产量的增大而降低；如果超过一定规模时，企业的短期平均生产成本随着产量的增大而增大。如果扩大企业的规模，企业的生产能力增强了，企业的长期平均生产成本随着产量的增大而降低，并且比一定规模时更低。事实上，随着企业的不断壮大，企业的生产规模会不断增大，从而导致它的长期平均成本不断降低。由此可见，企业的长期平均成本取决于企业的规模，从而产生规模效益。

5. 边际成本

它是指总成本每增加一个单位的生产和营销而发生的变化。一般来说，边际成本的变化取决于产量的大小。在产量增加初期，由于固定的生产要素使用率逐渐提高，使产量自然增加呈现收益递增现象，从而边际成本递减。而在产量达到一定程度后，由于增加的可变生产要素无法在短期内获得足够的固定生产要素的配合，使得产量逐渐出现递减现象，收益递减甚至出现负值的收益率，边际成本将巨额递增。

6. 机会成本

它是指企业为从事某一经营项目而放弃另外一经营项目的机会，或者是利用一定的资源获得某种收入时所放弃的另一种收入。另外一经营项目应取得的收益或者另一种收入即为正在从事的经营项目的机会成本。分析机会成本的目的在于使企业能在经营中选择正确合适的经营项目，其依据是实际收益必须大于机会成本，从而使资源得到最优的配置。

同时，随着企业生产同类产品的经验的积累，公司的生产效率提高，组织管理到位，职工技术熟练等，使企业的生产成本趋于下降。这时，企业就可以以低价高质的产品进入市场，使企业获得良好的收益。但同时也应该注意消费者的心理状态，如"一分价钱，一份货"的心理使消费者对产品的低价产生不利行为；同时要避免"价格战"的发生，最终达到理想的营销效果。

（三）市场需求

成本是价格的下限，而市场或消费者需求则是价格制定的下限。经济学原理告诉我们，如果其他因素保持不变，消费者对某一商品需求量的变化与这一商品价格变化的方向相反。同时，消费者的收入状况则决定了它的购买力。可见，价格和收入是影响市场需求两大因素。因价格与收入等因素而引起的需求的相应的变动率，就叫需求弹性。需求弹性分为需求的收入弹性和价格弹性。

1. 需求的收入弹性

需求的收入弹性是指因收入变动而引起的需求的相应的变动率。一般来说，不同的产品的需求收入弹性也不一样。如高档食品、耐用消费品、娱乐支出等需求收入弹性大，即消费者货币收入的增加导致该产品的需求量有更大幅度的增加；生活必需品的需求收入弹性较小，即消费者货币收入的增加导致该产品的需求量的增加幅度较小；而某些低档食品、低档服装的需求收入弹性是负值，即消费者货币收入的增加将导致该产品的需求量下降。

2. 需求的价格弹性

需求价格弹性，是指因价格变动而引起的需求的相应变动率，它反映需求变动对价格变动的敏感程度。需求的价格弹性可用公式表示：

$$需求的价格弹性 = \frac{需求量变动的百分比}{价格变动的百分比}$$

由以上公式可以看出，价格与需求成反比方向变化，价格上升，需求减少，价格下降，需求增加。这是供求规律的客观反映。在实际工作中，不同产品具有不同的需求价格弹性，且其弹性的强弱程度决定企业的价格决策。为此，我们要分析产品的需求价格弹性。

这里需求的价格弹性可用 E 来表示，需求量用 Q 来表示，价格用 P 来表示，则公式如下：

$$E = \frac{(Q_2 - Q_1)/Q_1}{(P_2 - P_1)/P_1}$$

计算结果有三种情况：

（1）当 $E > 1$，即价格变动率小于需求量变动率时，此产品富于需求弹性，或称为弹性大。这类产品价格的上升（下降）、会引起需求量较大幅度的减少（增加）。对其定价时，应通过降低价格、薄利多销达到增加盈利的目的；提价则务求谨慎，以防需求量发生锐减，影响企业收入。

（2）当 $E = 1$ 时，即价格变动率同需求量的变动率一致，此产品具有一般需求弹性。这类产品价格的上升（或下降）会引起需求量等比例的减少（或增加），因此，价格变化对销售收入影响不大。对其定价时，可选择实现预期盈利率为定价目标或选择通行的市场价格，同时将其他市场营销措施作为提高盈利的重要手段。

（3）当 $E < 1$ 时，即价格的变动率大于需求量的变动率时，此产品缺乏需求弹性或者非弹性需求。这类产品价格的升降仅会引起需求量较小程度的减增。对其定价时，较高水平的价格往往会增加盈利，低价对需求量刺激效果不强，薄利并不能多销，反而会降低收入水平。

3. 影响需求弹性的因素

影响需求弹性大小的主要有三个因素：商品的需求程度、商品的替代性以及商品的供求状况。

（1）商品的需求。按照消费者的需求，商品可以分为日常用品、一般商品和奢侈品。如图 13-1 所示，各类商品的需求程度不一，需求价格弹性与商品需求程度成反比，生活必需品的需求程度高于一般商品，价格变化对其需求量的影响小；一般商品需求程度较低，需求量与价格的相关程度则较大；奢侈品的需求则具有特殊性，如图 13-1C 所示，如当古玩的价格从 P_1 到 P_2 时，需求量反而增多，但价格一旦超过 P_2 时，需求量就会降低。

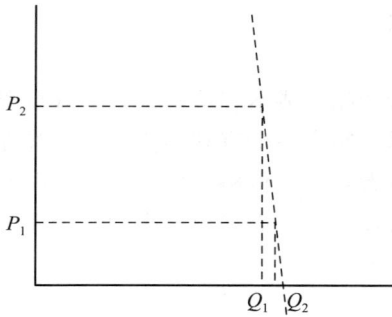

图 13 - 1A 日常用品需求量

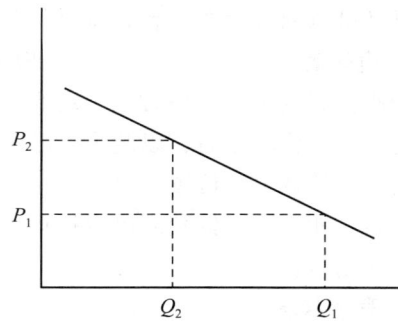

图 13 - 1B 一般商品需求量

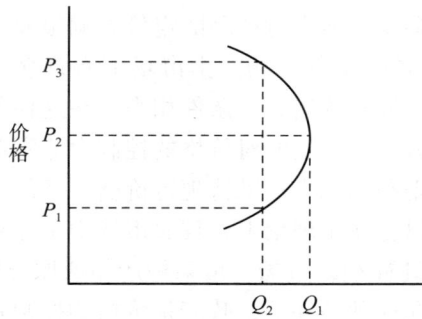

图 13 - 1C 奢侈品需求量

图 13 - 1 各商品需求量

（2）商品的替代性和互补性。同时，商品的替代性和互补性也影响需求弹性的大小。替代性需求关系是指需求价格弹性与商品替代性成正比。某种商品替代性强，其需求价格弹性就大，价格增高会引起消费需求向其他可替代商品转移；反之亦然。这种需求转移加强了价格变动对该种商品需求量的影响。某种商品难以替代，消费者只能提高对价格变动的承受能力，致使需求量对价格的敏感程度下降。互补性需求关系是指需求价格弹性与商品互补性成反比。某种商品互补性强，其需求价格弹性就小，价格增高会减弱对互补性产品的消费需求，反之亦然。

（3）商品的供求状况。商品的供求状况可以分为两个方面：供求失衡和供求平衡。供求平衡时，需求弹性较小。供求失衡包括供不应求和供过于求。当商品供不应求时，需求弹性随价格的持续上升呈现由弱到强的变化，即价格在一定限度内上升时，需求弹性小；但当价格上升到一定限度后，需求明显下降，需求弹性就大。在这种情况下，价格降低可吸引较低消费层次的需求，从而大幅度增加销售量，弹性较强。当商品供过于求时，如果源于产品老化或技术落后，从而影响某些功能的实现，则必须大幅度降价才能带动需求量的增加，但就降价所产生的影响程度而言，需求弹性较弱。

（四）市场竞争状况

在市场上竞争是无处不在的，产品的价格随市场竞争状况的变化而变动。市场竞争状况又可以划分为竞争者和竞争状况两个方面。

1. 竞争者

企业在制定价格策略时，一定要了解竞争者产品的成本和价格，并检查自身的成本。进行权衡比较之后，以此为自己定价的依据，制定一个有利的价格。最终在竞争中占据有利的竞争性位置。另外，还要考虑竞争者对企业价格策略的反映，以便做出应对措施。如低价、低利润可以把竞争者挡在市场之外，而高价、高利润则有可能吸引更多的竞争者。

2. 竞争状况

在不同竞争条件下企业自身的定价自由度不同，在现代经济中分为四种情况：现实的和潜在的竞争对手的多少和强度对产品的定价影响很大。

（1）市场控制价格的完全竞争市场。指市场上有许多企业从事商品的买与卖，各企业买卖的商品、数量、拥有的信息、条件相当。在这种条件下，企业是价格接受者，而市场是价格的控制者。各个企业对价格的控制力非常弱，高于现行价格，则顾客流失；低于现行价格，则利润减少；维持现行价格，任何一个企业也不会有足够的需求。这种完全竞争条件只存在于理论上，现实市场中不存在。

（2）政府控制价格的纯粹垄断市场。指某种产品或服务完全被一个企业所独占，如公共事业、出租车等。在这种条件下，政府是价格的控制者，企业进行价格竞争的可能性很小，企业可以在法律允许的范围内随意定价。纯粹垄断市场包括政府垄断和私人垄断，前者由政府控制价格，企业几乎没有控制力；后者还可以分为管制性垄断和非管制性垄断，管制性垄断是指政府对定价进行调控，非管制性垄断是指企业可以随意定价，但也不是无限制的抬高价格。

（3）企业控制价格的垄断性竞争市场。这类市场准入壁垒高，垄断后竞争，各个企业对价格的控制力较强，市场处在一个适度竞争的环境中，产品和服务都有较大的差异化。在这种条件下，企业可以通过差异化来赢取顾客，定价的选择直接取决于企业本身的策略和目标市场。

（4）共同控制价格的寡头垄断竞争市场。寡头垄断竞争是指一个行业中几家少数的企业生产和销售的产品占此市场销售量的绝大部分，价格实际由他们共同控制。寡头垄断竞争包括完全寡头垄断竞争和不完全寡头垄断竞争，前者的产品同质性强，市场价格比较稳定，竞争的焦点在促销、广告等方面；后者的产品有一些差异，市场价格依据企业在市场中的位置和产品的差异化而定，如名牌产品的定价。

（五）政府的干预程度

在现代经济生活中，世界各国政府对价格的干预和控制是普遍存在的，政府可以通过行政的、法律的、经济的手段对企业定价及社会整体物价水平进行调节和控制。只是干预与控制的程度不同而已。因而，企业定价时也必须考虑政府的影响。

1. 行政干预

行政手段包括限价措施和政府补贴两个方面。限价措施是指主要在某些特殊时期、对某些特殊产品采用限价措施和政府补贴。限价措施在一定时期内对于保护消费者和生产者利益具有积极作用。但长期看，不利于供求规律调节作用的发挥，随着时间的推移，商品的短缺和过剩会变得更为严重。因而，限价措施不适于长期采用。与最低限价相比，政府补贴具有更大的灵活性，因而为许多国家所广泛采用。

2. 立法干预

立法干预价格的主要目的是为了保护竞争、限制垄断。《中华人民共和国价格法》第十四条规定，经营者不得"相互串通，操纵市场价格，损害其他经营者或消费者的合法权益"，以此来禁止经营者的价格垄断行为。除此之外，还包括禁止价格欺诈、禁止价格歧视和禁止低价倾销的立法条款。

3. 经济手段

经济手段是政府反通货膨胀的重要措施。对企业定价的影响主要表现为：为抑制需求、减少投资而采取的提高利率或增加营业税措施，会影响企业的成本，减少企业利润（在紧缩的情况下，成本的增加更多地反映为利润减少而不是价格上升）；而为了限制工资的增长速度，以征税为基础的收入政策，对于制止成本推动的价格上升有一定的效果。

总之，政府干预可以从以上三个方面进行分析。需要指出的是，从长远来看立法手段应当成为政府管理价格的主要手段。

三、定价程序

所谓定价程序，就是根据企业的营销目标，综合考虑供求关系和市场环境等各种定价因素，确定适当的定价目标，选择适当的定价方法，具体确定企业产品价格的过程。一般企业的定价程序可以分为六个步骤，即确定企业定价目标、测定市场需求、估算商品成本、分析竞争状况、选择定价方法、确定最后价格。

（一）选择定价目标

企业的定价目标首先要从企业的营销目标出发，对市场商品供求状况、市场竞争状况以及定价策略和市场营销的其他因素综合考虑加以确定。

企业营销目标不同，定价目标也就不同。不同的企业可以有不同的定价目标，同一企业在不同时期、不同条件下也有不同的定价目标。因此，企业在选择定价目标时，应权衡各种定价目标的因素和利弊，慎重地加以选择和确定。

（二）测定需求

企业价格的确定，以成本费用为基础，以消费需求为前提。可见，营销价格与商品供求关系密切。企业商品的价格会影响需求，需求的变化影响企业的产品销售以致企业营销目标的实现，进而影响产品的价格。因此，测定市场需求状况是制定价格的重要基础。

（三）估算成本

企业产品的成本费用，是制定产品价格的基础。所以，企业在制定商品价格时，必须要进行成本估算。企业商品价格的最高限度取决于市场需求及有关限制因素，而最低价格不能低于商品的经营成本费用，这是企业价格的下限。

企业的成本包括两种：一种是固定成本，另一种是变动成本，或称可变成本、直接成本。固定成本与变动成本之和即为某产品的总成本。固定成本也包括固定成本总额和单位固定成本，包括固定资产折旧费、管理费和单位产品所包含的固定成本的平均分摊额等，它随销量的增加而减少。变动成本是指在一定范围内随产品销量变化而成正比例变化的成本，变动成本一般包括变动成本总额和单位变动成本。如产品进价、进货费用、储存费用、销售费用等。

在成本估算中，离不开对"产量—成本—利润"关系的分析，而其中一个重要的概念是分析"边际成本"。所谓边际成本是指企业生产最后一单位产品所花费的成本，或每增加（减少）一个单位生产量所引起的总成本变动的数值。因为边际成本影响到企业的边际收益，所以企业必须对其表示极大的关注。

（四）分析竞争状况

市场中的竞争状况对企业的产品定价有着重大的影响。一般情况下，企业某种产品的价格上限取决于这种产品的市场需求量，价格下限取决于这种产品的单位成本费用。在上、下限之间，企业的产品的价格水平又取决于竞争者的同种产品价格水平的高低。企业的市场营销人员应通过对市场竞争状况进行广泛细致的调查分析，从分析企业竞争地位、竞争企业的定价方向以及估计竞争企业的反应三个方面入手，最终为本企业营销的产品确定一个适当的市场地位。

（五）选择定价方法和定价策略

在分析测定以上各种因素之后，就应选择适当的定价方法和策略以实现企业的定价目标。企业营销的产品价格主要受成本费用、市场需求和竞争状况的影响。企业制定产品价格时，要考虑这三方面的因素，结合本企业产品的实际情况，选择适当的定价方法和策略。

（六）选定最后价格

最后营销价格是面向顾客的价格。在最后确定价格时，必须考虑是否遵循这样四项原则：①商品价格的制定与企业预期的定价目标的一致性，有利于企业总的战略目标的实现；②商品价格的制定符合国家政策法令的有关规定；③商品价格的制定符合消费者整体及长远利益；④商品价格的制定与企业市场营销组合中的非价格因素是否协调一致、互相配合，为达到企业营销目标服务。

在确定了产品的基本价格后，还须考虑消费者的心理，并考虑企业内部有关人员、经销商、供应商等对所定价格的意见，以及竞争对手对所定价格的反应等，使用一些定价策略和技巧来使产品的价格更有竞争力。

第二节　定价目标

价格策略是企业市场营销策略中的一个重要组成部分，企业的定价行为直接影响着企业销售状况、利润率、市场占有率以及企业的竞争力等战略目标的实现。因此，定价目标应与企业的总体使命和目标相一致。在市场经济环境下，不同的企业追求的经营目标是不尽相同的，因此导致了企业间定价目标的差异性。一般而言，企业的定价目标可分为利润导向型目标（如追求目标利润率、利润最大化等）、销售导向型目标（追求市场份额、销售收入、销售数量等）以及竞争导向型目标（对付竞争、非价格竞争等）。

一、利润导向型目标

（一）目标利润目标

目标利润目标是指将某一特定的利润值作为企业追求的目标。这一特定的利润值可能是企业经营者或股东都感到比较满意的利润目标，是当前企业经过努力所能够达到的水平。该方法常以百分比的形式如投资百分比或销售百分比出现，例如，一家电子产品生产商将13%的投资利润率作为自身未来一段时期发展的主要目标；而一家大型超市可能将当前的销售利润率设定为5%。

（二）利润最大化目标

利润最大化目标是指企业将尽可能的追求最大利润的实现，这一目标是所有企业都想得到和实现的。利润最大化目标往往通过两种途径来实现：

（1）通过短期的高价策略实现。通过在短期内采取撇脂定价，尽可能地最大获取产品收益。实施该方法的企业多为行业的佼佼者，有着不可动摇的行业垄断和领导地位或者该企业在某一项上具有行业的领导优势（例如拥有某项核心技术或专利权等）。这种策略注定只能在短时期内有效，随着后续企业的跟进和成熟，这一高额利润会逐渐趋于行业平均利润。

（2）通过长期的市场拓展来实现。先期采用低价策略拓展企业市场范围，当企业的市场份额达到一定程度时，便可获得大量的销售和利润。这种长期最大利润的实现往往要求企业处理好长短期利益的矛盾问题，多数情况下，长期最大化利润的实现是以牺牲企业的短期利益为代价的。

二、销售导向型目标

销售导向型目标更多地关注产品销售量、销售额以及产品的市场占有率等指标。销售导向型目标的实施往往是在企业保证一定的利润水平的前提下的，有些企业片面认为销售增长总会导致更多的利润、但是当企业成本增长超过其销售增长时，它的营销缺陷就会暴露出来。保持并扩大企业的市场占有率对于企业而言总是很有意义的，它为企业扩大知名度、维持自身的市场竞争地位和实现长期最大化利润创造了便利的条件。但是，企业也不可盲目地追求过高的市场占有率，原因在于当前为保护中小企业竞争者和广大消费者的利益，不少国家都拟定或正在拟定相关的反垄断法，以防止市场上"一家独大"行为的发生。例如最近我国商务部以收购会影响或限制竞争，不利于中国果汁行业的健康发展为由，否决了美国可口可乐公司对我国知名企业汇源果汁的收购。

三、竞争导向型目标

该目标是以竞争者的价格体系为参照基准，相应采取适宜的价格策略的方法。为了避免和应对竞争者的挑战，企业可采用低于、等于或高于竞争者产品价格的定价策略。当应对行业的领导者时，企业可采取适当的低价来主动防御现有或潜在可能的竞争者；对于行业的领导者，其往往采用高于行业平均价格水平的定价策略，以维持自身竞争优势地位；而在大多数情况下，企业往往与竞争者价格看齐："你不动，我也不动。"

第三节　定价方法

前一节阐述了定价影响的因素，可以看出成本和需求是价格制定的上下限，而市场中的竞争者的价格和代用品的价格是定价依据。因此，企业选择的定价方法主要是从这三个角度出发，分为成本导向定价法、竞争导向定价法和需求导向定价法三种类型。

一、成本导向定价法

成本导向定价法是指以成本作为定价的基础，根据成本确定商品的营销价格。它是传统的、运用得较普遍的定价方式。具体做法是按照产品成本加一定的利润定价。在实际应用过程中，主要有两种方法，即成本加成定价法和目标利润定价法。

（一）成本加成定价法

所谓成本加成定价法就是按照单位成本加上一定百分比的加成来制定产品销售价格。成本加成定价法可以分为完全成本定价法和可变成本定价法两类。

完全成本定价法就是按照平均分摊的固定成本与单位变动成本之和，再加上一定百分比的利润来制定产品销售价格。如下面公式：

$$P = \frac{C(1+r)}{Q} \tag{13.1}$$

上式也可以写成：

$$P = \frac{C}{Q(1-r)} \tag{13.2}$$

P 为单位产品价格；Q 为预计销售量；r 为成本加成率；C 为总成本。（13.1）式为顺加法，（13.2）式为倒扣法，商业企业一般采用倒扣法。

可变成本定价法，又称目标贡献定价法，就是以变动成本为基础，再加上产品的贡献来制定产品销售价格。如下面公式：

$$P = \frac{C_V + M}{Q} \qquad 其中 M = R - C_V$$

P 为单位产品价格；Q 为预计销售量；M 为边际贡献；C_V 为总变动成本，R 为预计销售收入。当边际贡献等于固定成本时，即可实现保本；当边际贡献大于固定成本时，即可实现盈利；当边际贡献小于固定成本时，就会出现亏损。

成本导向定价法的优点是：①计算方法简便易行。"将本求利"的把握较大，尤其在企业生产多种产品时，成本加成法可以迅速地解决价格的计算和确定的问题。②可避免或减少同行业之间的竞争。如果同行业也都采用成本加成法，在成本和加成比例接近的情况下，价格也大致相同，这样可以避免或减少同行业之间的价格竞争。③成本加成法对消费者和购买者都比较公平。

成本加成法也存在明显的缺点，如忽视了市场需求、价格缺乏竞争力、不利于根据市场的变化来变更价格等，因此合适的加成率应随着经济因素的变化和经营决策的需要而变动。

（二）目标利润定价法

目标利润定价法也叫投资收益定价法，即根据企业的总成本和计划的总销售量，加上按投资收益率确定的目标利润额作为定价基础的一种方法，其基本公式如下：

$$P = \frac{C(1+r)}{Q}$$

P 为单位产品价格；Q 为预计销售量；r 为目标利润率；C 为总成本。投资收益率多少，由企业或投资者裁定，一般应不低于银行利率。

这种方法的缺点是：利用企业的销售量求出应制定的价格，但却忽略了一个事实：价格又会影响销售量。所以，这种方法要求较高，企业必须有较强的计划能力，必须测算好销售价格与期望销售量之间的关系，避免出现确定了价格而销售量达不到预期目标的被动情况。

这种方法的优点是：有利于加强企业管理的计划性，可较好地实现投资回收计划。

（三）盈亏平衡定价法

盈亏平衡定价法也称为损益平衡分析法。所谓盈亏平衡定价法是指企业根据生产某种产品的总成本和销售收入来制定价格的一种方法。如图 13 - 2 所示，是在维持总收入和总成本平衡的原则下的一种保本定价方法。这种方法比较适用于市场不景气的情况下，保本经营毕竟比停业损失得要少，而且企业可以获得回旋的余地，为以后的决策提供基础。

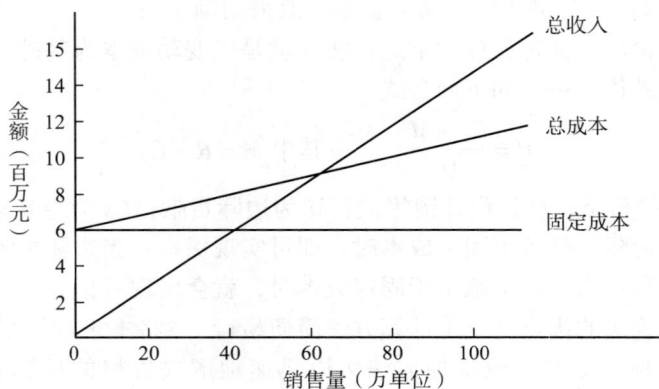

图 13 - 2　损益平衡

损益平衡定价法的基本公式如下：

$$P = \frac{C}{Q}$$

P 为单位产品价格；Q 为预计销售量；C 为总成本。

二、需求导向定价法

需求导向定价法是依据卖方对产品价值的感受和对商品的需求程度来定价，而不是直接以成本为基础。需求导向定价法主要包括理解价值定价法和需求差别定价法。

（一）理解价值定价法

购买者理解价值法又称为认知价值法，即根据购买者对产品价值的认识和理解来确定价格。商品的价格并不决定于卖方的成本，而是决定于购买者对产品价值的理解和认识。所谓"理解价值"或"认知价值"是指卖方在观念上的价值。因此，卖方可以运用各种营销策略和手段，影响买方的感受，使之形成对卖方有利的价值观念，然后再根据产品在买方心目中的价值来定价。

顾客对产品价值的理解和感受，主要由产品成本来决定。例如，在市场上，一种干红葡萄酒，市场零售价格才40元左右，而在三星级以上的高级饭店，价格为80多元甚至上百元。这就是由于环境气氛、服务等因素提高了产品的附加值，使顾客愿意支付那么高的价格，这就是购买者理解价值定价法。

理解价值定价法的关键是准确地估计购买者对本企业产品的理解价值，然后据以确定产品的价格。为准确把握市场认知价值，必须进行有效的市场营销分析和研究。

（二）需求差别定价法

需求差别定价是根据购买者对产品需求强弱的不同，定出不同的价格。需求较强，价格可定得高些；需求较弱，则价格定得低一些。需求差别定价可以分为以顾客为基础、以产品为基础、以地域为基础和以时间为基础四种类型。

三、竞争导向定价法

竞争导向定价法是以竞争为中心的、以竞争对手的定价为依据，以成本和需求为辅助因素。其特点是，只要竞争者价格不变，即使成本或需求发生变动，价格也不动；反之亦然。竞争导向定价法主要随行就市定价法、密封定价法等。

（一）随行就市定价法

公司运用此法定价时，主要是根据竞争者的价格为定价基础的，很少考虑自己的成本或社会需求。公司可以制定与其主要竞争者相同、稍高或稍低的价格。在钢铁、纸张、化肥等寡头垄断行业中，企业通常都制定相同的价格。小公司则追随市场领导者：如果市场领导者的定价变动了，他们也随之改变自己的价格，而不是根据自己的成本或需求发生变化来制定价格。有些公司可能会将其价格定得比市场领导者略高或略低一些，但是他们总是使其保持一定程度的差异而不变。

随行就市定价法在现实经济工作中相当普遍，当需求弹性不易测量时，公司认为现行价格定价法反映了本行业的集体智慧，这种定价会产生合理的报酬，同时可阻止恶性的价格战。

（二）密封投标定价法

当企业对工程进行投标时也采用以竞争为导向的定价方法。公司采用密封投标定价法定价时，是以设想竞争者将定什么价为基础，而不是以自己的成本或需求为基础。公司的目的既然是为了中标，为此其要价必须低于其他公司。

但是公司的定价不能低于一定水平，如果它把价格定得低于成本就会使自己的经济利益受到损害。但公司所定价格越高于其成本，它中标的机会就越小。

第四节 定价策略

经过分析企业定价的影响因素，针对不同的消费心理、销售条件、销售数量及销售方式，灵活地运用适当的定价方法，确定产品的最终价格，保证企业价格策略取得成功的重要过程。常见的定价策略有以下几种。

一、新产品定价策略

（一）撇脂定价策略

企业研制出的新产品，开始推出时以尽可能高的价格投入市场，以求得最大收入，尽快收回投资。这是对市场的一种榨取，就像从牛奶中撇取奶油一样，所以称为"撇脂"定价法。

撇脂定价法的优点是：新产品初上市，奇货可居，可抓紧时机迅速赚回投资，再用以开发其他新产品；价格开始定高些，有较大回旋余地，可使企业在价格上掌握主动权，根据市场竞争的需要随时调整；企业可根据自己的生产供应能力，提高产品身价，树立高档产品的形象。

实行这种策略必须具有以下条件：第一，新产品比市场上现有产品有显著的优点，能使消费者"一见倾心"；第二，在产品初上市场阶段，商品的需求价格弹性较小或者早期购买者对价格反应不敏感；第三，短时期内由于仿制等方面的困难，类似仿制产品出现的可能性小，竞争对手少。

此策略的优点是：第一，达到短期最大利润目标；第二，有利于企业的竞争地位的确定；第三，树立企业高档产品的形象；第四，用高价格调节需求量，避免新产品断档脱销，供不应求。但缺点也明显：第一，由于定价过高，有时渠道成员不支持或得不到消费者认可；第二，高价格产生高利润，会吸引众多的生产者和经营者转向此产品的生产和经营，加速市场竞争的白热化。

（二）渗透定价策略

与撇脂定价法相反，市场渗透定价法是新产品介绍期定较低价格，以吸取大量顾客，提高市场占有率，迅速占领市场，取得较大的市场占有率。得克萨斯仪器制造企业采用的主要就是这种策略。

采用此策略的条件是：第一，商品的市场规模较大，存在着强大的竞争潜力；第二，商品的需求价格弹性较大，稍微降低价格，需求量会大大增加；第三，通过大批量生产能降低生产成本。

这种策略的优点是可以占有比较大的市场份额，通过提高销售量来获得企业利润，也较容易得到销售渠道成员的支持；同时，低价低利对阻止竞争对手的介入有很大的屏障作用。其不利之处在于定价过低，一旦市场占有率扩展缓慢，收回成本的速度也慢。有时低价还容易造成消费者的误解。因此，如果需求的价格弹性不大，扩大生产和降低成本的可能性很小，则不可采取这种策略。

（三）"满意"定价策略

按照本行业的平均定价水平或者按当时的市场行情来制定价格。企业制定的产品价格被消费者认可，企业可以在不承担较大风险的情况下，获得比较稳定的市场局面；同时，价格不高不低，销售渠道成员觉得稳妥因此保持经营的积极性；从企业自身看，可有计划地在不太长的时间收回企业的研制成本。企业因有一定的利润而乐于经营，消费者、中间渠道及企业自身都满意，故又称"满意法"。但企业比较保守，很难适应复杂多变的市场环境。

（四）自我定价法

即企业通过互联网和自身的营销渠道来邀请顾客自己定价并与他们建立联系。

二、产品组合定价策略

产品组合定价策略是指在最终用途和消费购买行为等方面具有某种相互关联性的商品进行联合定价的策略。主要有互补商品价格策略、替代商品价格策略和系列产品定价两种类型。

（一）互补商品价格策略

互补商品指两种（或以上）功能互相依赖、需要配套使用的商品。互补商品价格策略是企业利用价格对消费连带品需求的调节功能全面扩展销售量所采取的定价方式和技巧。具体做法是，把价值高而购买频率低的主机价格定得低些，而对与之配套使用的价值低而购买频率高的易耗品价格适当定高些。

（二）替代商品价格策略

替代商品是指功能和用途基本相同，消费过程中可以互相替代的产品。替代产品价格策略是企业为达到既定的营销目标，有意识安排本企业替代产品之间的关系而采取的定价措施。

（三）系列商品定价策略

针对消费比较价格的心理，将同类产品的价格有意识地分档拉开，形成价格系列。使消费者在比较价格中能迅速找到各自习惯的档次，得到"选购"的满足。

三、心理定价策略

心理定价策略是指企业依据消费者心理制定价格。常用的有以下五种定价策略：

（一）整数定价策略

整数定价策略，也叫声望定价或整数原则。即在消费者购买比较注重心理需要的满足的商品时，把商品的价格定为整数。这种定价方法迎合了"价高质优"的购物心理。适合采用此种策略的通常是一些不易鉴别的商品。特别是消费者识别名优产品时，这种心理意识更为强烈。因此，高价与质量优良、独具特色的知名产品配合，体现出与众不同的效果，最终实现企业的目标。当然，也不易过高，使买主难以置信。

（二）尾数定价策略

尾数定价策略也称"缺额原则"。针对消费者对一般商品的求便宜、怕上当的心理，当商品价格为整数或略高于整数时，宁可减下一些，使其价格的尾数为零头。如9.9元，而不是10元，使价格保留在一个较低的档次。这种策略使消费者产生物美价廉的感觉，同时由于小数的精确而产生信赖和安全的感觉。特别是一些需求弹性比较大的商品非常适合这种定价策略，为企业带来大幅度上升的需求。

（三）期望与习惯定价策略

根据消费者的愿望与购买习惯、接受水平制定商品价格。日常消费品的价格，通常在消费者心目中已形成一种习惯性标准，符合其标准和期望的价格被顺利接受，偏离其标准和期望的价格则易引起疑虑。因此，这类商品价格要力求稳定，避免价格波动带来不必要的损失。在必须变价时，应同时采取改换包装或品牌等措施，避开习惯价格对新价格的抵触心理，引导消费者逐步形成新的习惯价格。而对于有些产品，它们在消费者心目中的声望和社会地位较高，代表着部分消费者的身份和地位，诸如此类的产品就不宜采用低价营销。

（四）安全定价策略

安全定价策略也有叫"一揽子定价"策略。针对消费者在购买大件耐用消费品时担心维修不便等心理，把商品本身的价格与确保消费者安全使用的费用加来计算，降低消费者的消费风险和增强安全感。

（五）招徕定价策略

企业将商品的价格定得低于市价，并广泛宣传，引起消费者的兴趣。当顾客被吸引来时，在购买这些低价商品的同时，也选购了其他正常价格的商品，此策略常在经营多品类的超级市场、百货商店使用。

四、地理定价策略

地理定价是指企业对于在国内或世界不同地区的市场进行有差异定价还是无差异定价。也就是说，企业要决定是否有地区差价。与此相关，大约有五种主要的地理定价法。

（一）FOB 起运点定价法

FOB 起运点定价法，就是生产企业对不同地区的客户收取同一的价格，在产地将货物交到运输工具上，交货后，从产地到目的地的一切风险和责任都由顾客承担。这种方法的优点是不同地区的顾客分担了自己应付的运费，比较公平合理；缺点是距离本企业遥远地区的市场，顾客容易转向当地企业，因为具有成本上的优势。

（二）统一交货定价法

统一交货定价法与 FOB 起运点定价法正好相反。统一交货定价法是不论客户的地理位置如何，供货者都向他们收取相同的价格和相同的运费。这种定价法可能会失去附近客户的生意，但却可获得远方顾客的欢迎。这种定价法还便于管理，也便于做全国统一价格的广告。

（三）分区定价法

分区定价介于 FOB 起运点定价和统一交货定价法两者之间。即公司先将自己的产品销售地区划分为两个或几个区域，在同一区域的顾客，采取同一价格，区域距离越远价格越高。这种定价法有时会引起同一区域内靠近产地的顾客抱怨，认为自己给远地顾客补助了运费，但如果是价高运费少的商品此问题不大。这种定价的好处同样是便于管理和做全地区统一价格的广告。

（四）基本计价中心定价法

基本计价中心定价法就是销售者先决定以某个城市为基本计价中心，然后以该城市为计费的起点，不管商品是否实际上由该地运出，对不同地方的顾客都在价格上加上从该中心城市到顾客所在地的运费。

（五）运费免收定价法

运费免收定价法就是企业为了急于与某一特定的顾客或地区做生意时，就承担全部费用或部分实际费用。企业认为，如果可以获得更多的生意，平均成本便会降低，从而可以补偿额外的费用支出，这样这些费用便可在内部消化掉。

五、折扣价格策略

折扣价格策略是企业为调动各方面积极性或鼓励顾客做出有利于企业的购买行为的常用策略。常用于生产厂家与批发企业之间，批发与批发之间以及批发与零售或批发、零售企业与消费者之间。常见的有以下五种：

（一）数量折扣

数量折扣也称批量折扣。即根据购买者购买数量或规模的大小给予不同的折扣。可分为非累计数量折扣与累计数量折扣两种形式。前者是对一次购买超过规定数量或金额给予的价格优惠，目的在于鼓励买方增大每份定单购买量，便于卖方企业组织大批量产销。后者是对一定时期内累计购买超过规定数量或金额给予的价格优惠，目的在于鼓励客户建立长期固定的关系，减少卖方企业的经营风险。折扣的数量不能超过大批量销售所节约的成本，并且数量折扣也应该按照顾客分折扣档次。

（二）季节折扣

也称季节差价。一般在有明显的淡、旺季商品或服务的行业中实行。目的在于鼓励顾客淡季购进产品，保持淡旺季的平衡，减少仓储费用。如旅游景点等企业提供的季节折扣，就是为了在淡季时吸引游客，使产品生产均衡。

（三）现金折扣

也称付款期折扣。购买者如以现金付款或提前付款，可以在原商品价格的基础上享受一定的价格优惠折扣。其目的在于鼓励购买者尽早付款加速企业资金周转，减少企业的利率风险，加速资金周转。折扣的大小取决于一般根据付款期间的利息和风险成本等因素。

（四）业务折扣

也称同业折扣或功能折扣。是生产厂家按照批发企业和零售企业在营销中的作用不同而给予的不同折扣。目的在于调动中间商的积极性，促进协调合作，使整个销售链条更为有效。

（五）折让

折让是另一种形式的目录价格的降低。例如以旧换新折让是购买新货时交回旧货的给予降价。以旧换新折让在国外洗车行业、国内家用耐用消费品行业非常流行，并不限于自己一种品牌，可以用竞争对手的品牌来换取自己的品牌。目的在于鼓励顾客参与自己的营销活动，争取扩大市场占有率和知名度等。但由于回收旧货的价钱过低，甚至比废品收购站的价钱高不了多少，所以推行的效果不够理想。还有种形式是促销折扣，是企业对那些参与广告和支持销售计划的经销商提供的报酬或减价。

第五节　价格调整策略

企业处在一个动态变化的环境中，产品定价不可能一劳永逸。当企业的内部环境或外部环境发生变化时，企业对价格也必须进行调整。

一、价格调整

在竞争的市场上，企业和竞争者都会面对不断变化的环境而调整产品价格，企业的价格调整有两种情况：一是根据市场条件的变化主动进行调价；二是当竞争对手价格变动以后进行的应变调价。

（一）降价

基于以下几种情况，企业会考虑降价。

（1）企业的生产能力过剩，需要扩大销售，而企业运用加强促销、产品改进等手段后还不能达到扩大销售的目的时，应该考虑降价。

（2）在强大的竞争压力之下，企业的市场份额下降。为了增强竞争能力，维持和提高市场占有率，企业必须降价。

（3）企业的成本费用低于竞争者，但在市场上并未处于支配地位时，降价可以扩大销售，提高市场占有率。

（4）企业为应付竞争者降价压力，采取"反价格"战，即制定比竞争者的价格更有竞争力的价格，企业必须降价。

（5）在宏观经济不景气或行业需求不旺时，降低价格是企业借以渡过难关的重要手段。

在这种战略下会面临很多危险：造成"低价低质"的风险；市场份额不稳定，引起"价格战"，市场竞争激烈，最终顾客流失，市场份额降低的风险。

（二）提价

在有些情况下，企业必须考虑提价。提价一般会引起顾客、中间商甚至企业推销人员的不满，但成功的提价决策会增加企业的利润。而在以下情况下企业可能会提价。

（1）由于通货膨胀，企业的成本费用提高，因而不得不提高产品价格。

（2）企业的产品供不应求，不能满足所有顾客的需要。通过提价可将产品卖给需求强度更大的顾客，不但平衡了需求，而且也增加了收益。

企业提价的方式不一定都是提高基本价格，还可以通过减少价格折扣、减少某些货物或服务（或由免费改为收费）、在大类产品中增加高价项目或减少低价项目等方式来实现。企业决定提高产品价格时，还必须考虑到底是一次性大幅度提价还是多次小幅度提价。顾客对后一种方式比较容易接受。

（三）提价方法

（1）采取推迟报价措施。企业直到产品制成或交货时才提出最后价格，生产周期较长的行业，如工业建筑和重型设备制造业一般采用这种策略。

（2）在合同中使用价格自动调整条款。规定在合同期内根据选定的某个价格指数来计算调整价格。

（3）将原来提供的附加产品从产品整体中分解出来，另行定价，保持产品价格不变。

（4）减少价格折扣。企业不再提供正常的现金折扣和数量折扣。

（5）当成本或需求上升时，企业保持价格不变，而采用更便宜的材料或配件作为替代品，或采用廉价的包装材料，或减少产品的功能、服务和分量等。

二、顾客对企业价格变动的反应

调价之后，顾客的反应如何是衡量调价成功与否的重要标志。为此，企业必须重视顾客对企业调价的反应，并根据反应制定相应的策略。

对于不同的产品，顾客的反应也是不一样的。一般对价值较高、购买频率也较高的商品价格变动反应较敏感，而对价值低、不经常购买的小商品价格变动反应不太敏感。顾客对企业价格变动做出的反应可以从有利和不利两个方面进行阐述。

（一）有利的反应

（1）降价时，顾客认为企业让利于顾客，物超所值，会积极购买产品，企业会达到预期目的。

（2）提价时，顾客会认为企业产品的质量提高，价格自然应该提高，或认为这种产品畅销，供不应求，因此提高了售价，而且价格还可能继续上升，不及时购买就可能买不到等。

（二）不利的反应

（1）降价时，对产品质量产生怀疑，很多顾客认为这是过时的产品，很快会被新产品所替代；这种产品存在某些缺陷；产品的价格还将继续下跌；对企业的经营能力产生怀疑，企业资金周转出现困难，可能难以继续经营下去等不利反应。

（2）提价时，不利的反应是认为企业想通过提价获取更多的利润。

同时，顾客还可能做出对企业无害的反应，如认为提价是受到通货膨胀、自然灾害等因素的影响。

（三）企业测定价格变动的影响

需求弹性大的商品降价有可能带来销售额的大幅度上升，也有可能因消费者的等待心理及对产品的怀疑而使销售额增加难以达到预期目标。所以，企业利用弹性理论来分析需求的价格弹性。从弹性的大小就能测定价格变动的影响。如富有弹性的产品降价5%时，销售量的增长才有3%，说明企业的价格变动对消费者的刺激没有达到效果，企业就应该采取一定的补救措施，如继续降价等。

正是因为顾客对企业调价有不同的反应，因此，企业在进行调价前，必须慎重研究可能出现的顾客对调价行为的反应和对影响的测定，以便及时调整策略，加强与顾客的沟通，附之以必要的说明、解释，争取顾客的理解与支持。

三、竞争者对企业价格变动的反应

在竞争的市场上，企业调整价格的效果还取决于竞争者的反应。竞争者的反应要比顾客的反应更为复杂。尤其是产品在趋于同质而竞争者又少的情况下，每个竞争者会有完整的应对措施和不同的对策，最终可能迫使企业改变价格策略，从而达不到预期效果。通常竞争者会有以下几个方面的反应。

（1）维持原有的营销组合。竞争者认为，企业的市场份额不会下降太多，并且以后能够恢复。而企业可以通过降价扩大市场份额，提高市场占有率。

（2）保持价格不变，修改其他营销策略。企业认为运用非价格手段竞争比价格变动更有效。

（3）同幅度或不同幅度的价格跟进，争取与竞争对手保持原有的竞争格局。如企业降价时竞争对手采取"反价格战"，降价幅度更大，不仅会抵消企业降价效果，甚至会恶化企业销售环境。

鉴于此，企业在实施价格调整行为前，必须分析竞争者的数量和其可能采取的措施及其反应的剧烈程度。

四、企业对竞争者价格变动的反应

当竞争者进行价格变动的时候，企业也要分析竞争者价格上升和降低的原因，并做出相应的反应。通常有如下几个方面。

（一）进行价格调整

（1）提价。第一，如果因为成本普遍上升或产业需求过剩而引起价格上升，尤其是相对顾客来说对价格不太敏感，那么企业竞争价格也可能上升。第二，当品牌形象与高价位一致时，企业就会随着竞争者提价，这样做才能与品牌的定位策略一致。

第三，企业在实现收获或维持的目标时，也会随之提价。

（2）降价。第一，成本普遍下降或供应过剩导致价格下降，尤其是顾客相对来说对价格比较敏感，在这种情况下，企业也会随之降价。第二，企业的形象也会影响到对降价的反应。有些企业把自己定位成低价位产品的生产者或零售商，企业就不太可能对竞争对手的降价漠然置之。第三，当企业以创立或维持产品为目标时，就会降价。在这种情况下，就随着竞争对手采取积极的价格措施，以此来防止销售额或市场占有率降低。

（二）维持原有价格

企业对竞争价格变动不作价格反映的情况基本有以下几种：

第一，在没有成本压力迫使价格普遍上升的情况下，特别是顾客对价格非常敏感的产品，企业价格可能保持不变。

第二，保持一定价位的企业认为由竞争对手提价而引起的价格上升，或企业随着竞争对手降价，与它们的品牌形象不一致。

第三，以创立为目标的企业会允许对手把价格提高到无以匹敌的程度，这样企业就可以获得较大的销售额和市场占有率。

第四，成本上升，需求过剩，顾客对价格不敏感的产品，企业都可能对降价置之不理。

❖ 本章小结

价格策略是市场营销组合中最活跃的因素，是影响产品销售的关键因素。定价的重要意义在于使价格成为促进销售最有效的手段。如何把企业产品的价格定得既为消费者乐于接受，又能为企业带来较多的利润，充分发挥价格的杠杆作用，取得竞争优势是价格策略的本质所在。

科学合理地确定营销价格，要从实现企业营销目标出发。在选择恰当的定价目标，运用科学的方法、灵活的策略的同时，综合分析营销产品成本、市场需求、市场竞争状况、政府的干预程度等因素，其中成本和需求是营销定价的上、下限。

企业定价程序一般分为选择定价目标、测定需求、估算成本、分析竞争状况、选择定价方法和定价策略、选定最后营销价格七个相互联系的步骤。

在确定了产品的基本价格后，还须考虑消费者的心理，并考虑企业内部有关人员、经销商、供应商等对所定价格的意见，以及竞争对手对所定价格的反应等，使用一些定价策略和技巧来使产品的价格更有竞争力。

在定价目标上不同的企业追求的经营目标是不尽相同的，因此导致了企业间定价目标的差异性。总体来看，企业的定价目标可分为利润导向型目标、销售导向型目标以及竞争导向型目标。无论是何种定价目标，企业都应努力使定价目标与企业的使命和总体目标相一致。

有了定价目标，就要选择适宜的定价方法。这些方法包括成本导向定价法、需求导向定价法、竞争导向定价法等。

营销定价既是一门科学，也是一门艺术。定价的艺术技巧表现在定价和调价策略上，包括新产品定价策略、产品组合定价策略、心理定价策略、地理定价策略、折扣价格策略等。

价格调整包括降价、提价以及重视顾客、竞争者对调价的反应，以便采取适当对策。企业无论怎样定价和调价，最终都不能违背补偿成本费用和获取目标盈利的一般规律，实践中灵活采用不同导向的定价方法及技巧，则显示了寓科学于艺术之中的企业价格决策特点。

案例分析

A企业在进入乳品行业初期，由于产品单一，无品牌影响力。对主推纯牛奶项目上市之初，采取的是243ml/袋，百利色包装形式，产品规格20袋/箱，产品供货价19元/件，终端零售价20元/件，产品销售量每日不足12吨，企业处于无利甚至亏损状态。为此新上任的总经理急于改变这种状况，因而对产品品种进行了调整，每袋容量改为200ml/袋，规格24袋/箱，然而在制定产品供货价时却遇到了难题，各方面争执不下，例如有的主张仍采取原先价格每箱19元就可以了，有些主张产品价格定在24元，有些则主张定在20~21元/件即可，有的则主张定位在22元/件，为此新上任的总经理陷于矛盾之中：采取原先的19元价位产品上市的利润率极低，但销量或有保证；而采取定价在20~24元之间，利润率虽然提高了，但是无法保证销量。况且当时企业面临着严酷的生存问题，因而总经理一直犹豫不决，笔者在得知这个消息后，开始了对这次产品定价的分析和确定工作。

（一）定价过程的分析阶段

1. 对产品进行定性分析

乳制行业中纯牛奶产品一直是市场上走货量较大的产品，同时该产品肩负着企业品牌和形象传播的任务，是一个走量的形象产品。

2. 目标消费人群分析

纯牛奶产品作为乳品行业中的一个普通品种，其消费人群涵盖上至老人下至小孩的所有人群，属于家庭消费占主导的普通消费品。

3. 消费状况的分析

牛奶产品的消费面对广大家庭，A企业产品的销售渠道主要是街边超市和社区周围的杂食店，是食品行业的传统销售渠道。

4. 产品策略的分析

该纯牛奶品项目是企业的长线产品，承担着企业的战略任务，产品价格一旦定下来，将是长期和稳定的。

5. 产品特性的分析

该产品采用百利色包装，包装形式与市面产品大同小异，其功能、概念无特殊和独到之处，产品是普通产品。

6. 产品的价格需求弹性分析

纯牛奶产品是一个价格需求弹性大的产品，产品价格对产品销售量起到很大作用，特别是该地区消费者尚无品牌消费概念，消费者对牛奶知识认识较少，对品牌尚无建立的A企业而言价格与需求的弹性表现更为明显。

（二）定价过程的市场调研阶段

1. 行业发展情况调查

乳制品行业作为一个朝阳行业，液态奶产品处于一个高速发展阶段，市场容量较大，行业兴盛。同时从网上查看了全国各地区牛奶产品的价位，作为百利色产品的销售单袋价格均在1元，而整个箱由于包装规格不同，产品价格有所不同，但折合每袋价格仍在0.9~1元之间。

2. 市场环境的调查

（1）对整个市场竞争产品进行分析，发现产品规格、包装趋于一致，产品价格同一规格的售价一致，供货价也一致，但因促销买赠下来差别较大，低的折算下来只 18 元/件，而高的在 22 元/件，是市场上的主流。

（2）通过对消费者调查得出：A 企业产品，品味非常好，比该市场的第一品牌口味都要好，很受消费者欢迎，但终端铺货量较少，价格对消费者影响不大。

（3）通过对销售渠道调查得出：A 企业原先规格产品供货价 19 元，零售与整箱购买对渠道而言利润一致，虽然整箱利润与竞品一致，但零售与竞品相比价差 1 元，终端有微异，从而也影响终端零售店主的零售推荐力。

3. 企业自身环境的调查

（1）企业对奶业发展充满信心，企业的目标是让全国人民喝上一杯放心奶，因而在后期会对于乳业在推广、品牌、宣传上进行大的投入，因而产品定价需要留出此部分空间利润。

（2）企业母公司规模较大，财务状况良好，并拥有几个千头牛场，奶源质量高，产品质量好，但对产品价格定位是白金品质，白银价格，是追求市场份额的企业。

（3）企业的乳业处于市场发展初期，尚无品牌优势，而且纯奶产品的市场地位属于跟随者地位。

（4）从企业所处的市场环境来看，牛奶产品正处于销售势头的上升期，销售量会大幅提升。

讨论题

请你帮助该经理制定出具体并适合的价格策略。

复习思考题

1. 定价的影响因素有哪些？哪些是主观因素？哪些是客观因素？哪一类因素对企业的影响更大，试说明你的理由？
2. 简述定价的程序。
3. 企业的定价目标有哪些，它们的使用条件是什么？
4. 价格折让和一般价格折扣有何不同？
5. 市场需求如何影响定价？
6. 简述企业定价方法。
7. 新产品的定价策略有哪些？产品定价应考虑哪些心理定价策略？
8. 顾客和竞争者往往会对企业的价格变动产生哪些反应？
9. 产品生命周期的不同阶段应采用何种定价策略？

第十四章　分销渠道策略

【本章要点】
◆ 分销渠道的含义、功能和类型
◆ 分销渠道策略
◆ 中间商的类型和职能
◆ 渠道管理

【专业词汇】
分销渠道　一级渠道　二级渠道　三级渠道　密集分销　选择分销
独家分销　分销渠道策略　渠道长度　渠道宽度　渠道管理　直销　经销　合资
加盟　中间商　批发　代理　零售

【案例引导】

奥妮借新品牌整合经销商

奥妮是重庆的一家生产洗发用品的企业，曾名噪一时。它的几则广告曾经给人留下深刻印象，如"长城永不倒，国货当自强"。奥妮首乌洗发露的"梦中情人篇"，请周润发拍摄的"百年润发"和具异域风情的西亚斯"印度歌舞篇"更是广受欢迎。

然而，这些年，奥妮遇到了很大的困难。导致奥妮销售始终低迷的主要原因，是它的渠道策略。多年来，奥妮几乎不用经销商，都是通过零售商销售产品。这种策略在奥妮刚起步时还可以，但随着产品品牌的增加，尤其是市场竞争的加剧，这种策略的弊端就显示出来了。

公司调查发现：在家乐福等大型超市，百年润发总是摆在洗发水货架最不起眼的位置，甚至还落满灰尘；西亚斯等奥妮品牌更是难觅其踪。即使是在中小超市里，奥妮也争不到主动，反倒被近几年崛起的一些中小品牌抢了先机。堆头费、进场费、导购费等支出，阻碍了奥妮在大中城市通过卖场进行渗透。在二三级市场，奥妮的销售也不是很好。

公司曾经对从泰国引进的国内独一无二的产品印度按摩浴露"西亚斯"寄予厚望，在广告中也刻意没有说这个产品是奥妮生产的，希望通过这个产品拉动奥妮的整体销售。但由于其渠道策略没有摆脱奥妮的老路，难以被市场认可。

"以前我们没法与奥妮合作，他们总是把经销商撇在一旁自己做市场。日化这个行业虽然市场份额大，走货也非常快，但变化同样快，一不留神就会被对手远远抛下。奥妮以前自己做终端，不依靠经销商，全国市场这么大，怎么顾及得过来，所以它的产品就卖不好了。"一家经销商的经理这样说。

销售业绩不尽如人意迫使企业开始酝酿重组。奥妮被取消了国有企业的身份，由香港海润国际投资控股有限公司、香港新成丰国际控股有限公司、中国重庆化妆品厂几家股东控股。

新奥妮很快就推出了新的黄连除菌产品。除了大做广告以外，还提出了一个新的"共胜营销"的理念。其目的是让经销商参与企业的市场活动。不是一般的参与，而是包括市场管理、终端网络建设、地方媒体投放等，都有经销商参与合作。以前企业的销售经理很多工作是卖场工作，但是他们现在最主要的工作是帮助经销商赚钱。

至此，奥妮的渠道策略已经很明确。黄连除菌不只是奥妮的新品牌、新产品，更是其吸引经销商，改变渠道策略的一个工具。

在现代市场经济条件下，生产者与消费者之间在时间、地点、数量、品种、信息、产品估价和所有权等多方面存在着差异和矛盾。企业生产出来的产品，只有通过一定的营销渠道，才能在适当的时间、地点，以适当的价格供应给广大消费者或用户，从而克服生产者与消费者之间的差异和矛盾，满足市场需要，实现企业的营销目标。

产品的提供、传播还不足以实现顾客的需求。如果产品不能交付给顾客，就谈不上需求的满足，需求的创造也就没有了任何意义。产品的有效交付依赖于生产商对营销渠道的决策与协调。通畅高效的渠道不仅可以保障顾客需求的实现，还可以满足顾客对便捷性和及时性的价值需求，提高产品的附加价值，实现价值增值。

第一节　分销渠道的功能和类型

一、分销渠道的含义与功能

（一）分销渠道的含义

在市场营销理论中，有两个与渠道有关的术语经常不加区分地交替使用，这就是分销渠道和营销渠道。

菲利普·科特勒认为"营销渠道是指生产商和最终用户之间的一系列执行不同功能的中间机构"。渠道学之父路易斯·W·斯特恩则将营销渠道定义为"促进产品或服务顺利被使用或消费的一整套相互依存的组织"。美国市场营销学会（AMA）将营销渠道看成是企业内部和外部的代理商和经销商的组织机构，通过这些组织，产品才能得以上市营销。

由此可见，营销渠道是促进产品顺利地从生产商传递到最终顾客手中的一种组织网络。该组织网络由各具功能的中间机构构成。批发商和零售商买进产品，取得商品所有权，然后再出售，他们被称为经销商。经纪人、制造商代理人和采购代理人寻找顾客或卖主，他们只是代表委托者进行销售或采购活动，收取佣金，不拥有产品所有权，统称为代理商。还有一些如物流公司（包括运输公司、独立仓库）、银行等机构，尽管不参与买卖谈判，也不取得产品所有权，但支持了产品的交付活动，被称为辅助商。经销商、代理商、辅助商构成了营销渠道，简称渠道。

（二）分销渠道的功能

从经济理论的观点来看，分销渠道的基本功能在于把自然界提供的不同原料根据人类的需要转换成有意义的产品组合。分销渠道对产品从生产者转移到消费者所必须完成的工作加以组织，其目的在于消除产品（或服务）与使用者之间的分离。分销渠道的主要功能有如下几种：

（1）调研。即收集制订计划和进行交换所必需的信息。

（2）促销。即进行关于所供产品的说服性沟通。

（3）接洽。即寻找潜在购买者并与其进行有效的沟通。

（4）配合。即使所供产品符合购买者需要，包括制造、分等、装配、包装等活动。

（5）谈判。即为了转移所供货物的所有权，而就其价格及有关条件达成最后协议。

（6）物流。即从事产品的运输、储存、配送。

（7）融资。即为补偿分销成本而取得并支付相关资金。

（8）风险承担。即承担与渠道工作有关的全部风险。

承担一定的功能是一个组织形式赖以生存的基础，承担的功能越多，被替代的可能性就越小，抗风险的能力越强。随着管理技术和沟通技术的发展，渠道的功能也会不断推陈出新，越来越丰富，渠道成员之间的合作也会不断向深度和广度发展。

二、分销渠道的类型

传递的产品不同，对渠道及成员的功能和速度要求也不同，由此形成多种多样的渠道形式，有些渠道环节多，有些渠道环节少，有些渠道成员间关系紧密，有些渠道成员间关系松散。按照不同的划分标准，渠道可分为不同的类型。

（一）环节层级类型

根据产品在流通过程中所经历的中间环节层级（即渠道层次）的多少，渠道分为直接渠道与间接渠道。图 14-1 展现了消费者与组织市场常见的几种营销渠道。

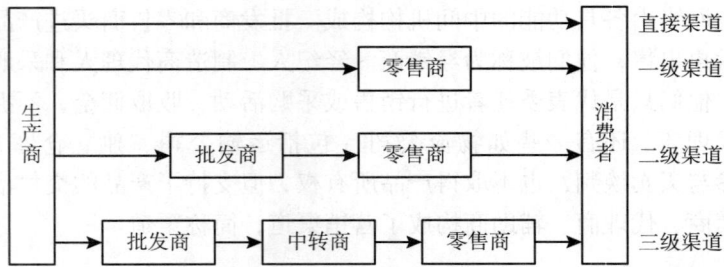

（a）消费者市场营销渠道

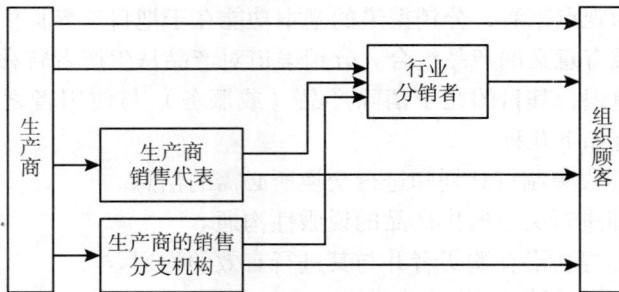

（b）组织市场营销渠道

图 14 – 1　渠道的层次类型

1. 直接渠道

直接渠道是指生产商将产品直接销售给最终用户，也称零级渠道。常见的形式有网络直销、上门推销、邮购、电视直销和制造商直营（门市部）等。直接渠道大多用于产业市场上大型专用设备或大批量原材料的销售。因为这些产品技术密集，需要按照用户的特殊需要来设计制造，并需要派遣专家指导用户安装、调试和维护；而且产业用户数目较少，产品单价高，用户批量大，直接渠道效率高、成本低。

2. 间接渠道

间接渠道是指生产商借助中间机构实现产品的传递。根据中间环节层次的数量，间接渠道又可分为一级渠道、二级渠道和多级渠道。一级渠道只包括一个中间机构，在消费者市场中，这个中间机构通常是零售商；而在组织市场上，通常是销售代理商或者经纪商。二级渠道包括两个中间环节。在消费者市场中，通常是批发商和零售商的组合，组织市场则可能是代理商和经销商的组合。多级渠道是指有三个或三个以上的中间环节。一般而言，渠道环节越多，控制和向最终用户传递信息也就越困难。

（二）成员密度类型

根据特定区域内每个渠道层次上使用的中间商数量，即区域成员密度，渠道可分为密集分销、选择分销与独家分销三种。

（1）密集分销是指生产商通过发展尽量多的中间商来分销产品。

（2）选择分销强调在所有愿意经销产品的中间商中挑选其中的几个来经营产品。

（3）独家分销是指生产商在一定区域内仅指定一个中间商销售其产品。

（三）成员关系类型

按照渠道系统内各成员之间的关系，渠道可分为直营、代理、合资、加盟等多种类型，并且随着社会发展与营销技术的进步，更多的成员关系类型还将不断出现。

1. 直营

直营是生产商自己设立销售直营点（店），构建直营网络来分销产品的一种渠道模式，直营店直接面向零售商与最终顾客。在直营的过程中，生产商拥有直营店的所有权和经营权，对直营店实行标准化经营，统一管理，统一核算。这类渠道模式避免了渠道的波动，对直营店的直接控制与集中管理有利于生产商统一制定和实施经营战略，而分散各地的直营店也通过统一的店面布置、规范的人员管理来加强生产商品牌形象的建设。但直营模式需要较高的管理成本予以支撑，对物流及财务管理要求较高，同时直营店的创新性与主动性也受到一定的限制。

2. 代理

代理是指生产商在特定区域内通过代理商来销售产品。在代理过程中，代理商不取得产品所有权，以生产商的名义开展活动、签订合同，一般按照销售额的百分比取得佣金。

3. 经销

经销关系是最常见的渠道类型，这是指生产商通过经销商来销售产品。在经销过程中，经销商取得产品所有权，以自己的名义销售产品，独立承担合同义务。

4. 合资

合资是指生产商通过与中间商共同投资、共同经营销售网点，并按比例分享利润、分担风险及亏损的一种合作方式。

5. 加盟

加盟也就是特许经营，是指特许人授予受许人权利，并附加义务，以便根据特许人的概念、方法或模式进行经营，是一种合法利用别人品牌优势的方式。加盟者就加盟费用、保证金、责任与权利等与生产商达成协议后，生产商提供技术与培训，授予其品牌使用的权利，但会在店面布置、服务提供、经营模式等方面要求加盟者按规范操作，并予以监控。

实际上，大多数生产商的营销渠道都不是单纯的哪种关系类型，而往往是多种类型并存。在一个区域内，直营店、代理商、经销商并存，加盟之中有合资，合资设立的销售机构既可以是代理商也可以是经销商。

（四）活动空间类型

按照活动空间的不同，渠道可分为实体渠道和互联网渠道两类。

1. 实体渠道

实体渠道是指原有的在物理空间活动的、由传统实体中间商构成的营销渠道。

2. 互联网渠道

随着互联网技术的发展，互联网已经成为增长最快的营销活动空间，当当、阿里巴巴、易趣、亚马逊等是一种基于互联网空间活动的、全新的中间商，它们构成了一种全新的营销渠道。相对于传统的实体渠道，互联网渠道信息传播的速度更快、销售区域更广，可陈列无穷的产品。互联网渠道又可细分为 B2B、B2C、C2C 等。

第二节　分销渠道策略

渠道设计是指为实现销售目标，对各种备选渠道方案进行评估和选择，从而开发新型渠道和改进现有营销渠道的过程。渠道设计过程既是一个选择的过程，也是一个放弃的过程。

有效的渠道设计，应以确定企业所要达到的市场为起点。从原则上讲，目标市场的选择并不是渠道设计的问题。然而事实上市场选择与渠道是相互依存的。有利的市场加上有利的渠道，才可能使企业获得利润。

渠道系统设计是渠道决策的主要内容，包括四个基本步骤：分析顾客的服务需求、明确渠道设计的制约因素、选择渠道方案与评估渠道方案。渠道设计的过程与内容如图 14－2 所示。

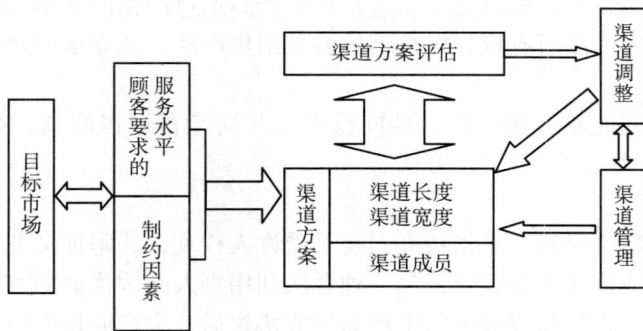

图 14－2　渠道设计过程与内容

一、分析服务需求

产品被有效地交付到顾客手中至少需要借助渠道系统中的三个子渠道：销售渠道、送货渠道和服务渠道。如在电视购物节目中，生产商运用电视、电话和互联网作为销售渠道，以邮递作为送货渠道，以当地维修服务商作为服务渠道。而一些家电企业则主要借助苏宁、国美这样的零售巨头进行销售、送货、服务支持。

渠道设立的目的就是为了更好的服务市场，保障产品高效地交付到顾客手中并保证顾客安全、可靠、高效地利用。因此，渠道模式的千差万别都是基于顾客的服务需求而产生的，包括希望在哪里购买、怎样购买、需要怎样的服务支持及其水准等。概括起来，顾客服务需求主要包括：

（1）批量。批量是指顾客一次购买的产品数量。面对集团客户的大批量购买和普通消费者的少量购买，就应该采用不同渠道。

（2）等待时间。等待时间是指顾客等待收到货物的平均时间。顾客通常喜欢快速交货的营销渠道，但不排除在可能的情况下，综合平衡交货速度、库存和费用。

（3）空间便利。空间便利是渠道为顾客购买产品所提供的方便程度。如顾客对日用品存在很高的便利性要求，生产商就必须使用尽可能多的零售终端。

（4）产品品种。产品品种代表渠道可提供的产品组合宽度，这样，顾客就可以在一个地方较为容易地找到自己需要的多种产品，实现一站式购物。

（5）服务支持。服务支持是指渠道所能提供的各种附加服务，如产品展示、介绍、分期付款、安装、维护、使用培训等。对复杂产品，顾客希望渠道能提供更多的、真实的介绍及售后服务，在这种情况下，专业经销商通常会更受欢迎。对日用品等顾客熟悉的产品，顾客通常不喜欢业务员在边上唠唠叨叨，应该给顾客创造一个轻松的、不受干扰的购物环境。

生产商在关注顾客服务需要的同时，还必须清醒地认识到：服务内容的增多及其产出水平的提高必然意味着渠道成本的增加和产品售价的提升。但很多顾客可能更愿意接受因较低水平的服务而带来的低价格，如折扣店等。

二、明确制约因素

渠道设计问题的中心环节，是确定到达目标市场的最佳途径。而影响渠道设计的主要因素有：

（一）顾客特性

渠道设计深受顾客人数、地理分布、购买频率、平均购买数量以及对不同营销方式的敏感性等因素的影响。当顾客人数多时，生产者倾向于利用每一层次都有许多中间商的长渠道。但购买人数的重要性又受地理分布程度的修正。例如，生产者直接销售给集中于同一地区的500个顾客所花的费用，远比销售给分散在500个地区的500个顾客少。购买者购买方式又会对购买人数及其地理分布产生影响。如果顾客经常小批量购买，则需采用较长的营销渠道为其供货。因此，少量而频繁的订货，常使得五金器具、烟草、药品等产品的制造商依赖批发商为其供货。同时，这些相同的制造商也可能越过批发商而直接向那些订货量大且订货次数少的大顾客供货。此外，购买者对不同营销方式的敏感性也会影响渠道选择。例如，越来越多的家具零售商喜欢在商品展销会上选购，从而使得这种渠道迅速发展。

（二）产品特性

产品特性也影响渠道的选择。易腐坏的产品为了避免拖延及重复处理增加腐坏的风险，通常需要直接营销。那些与其价值相比体积较大的产品（如建筑材料、软性材料等），需要通过生产者到最终用户搬运距离最短、搬运次数最少的渠道来销售。非标准化产品（如顾客定制的机器和专业化商业表格），通常由企业推销员直接销售，这主要是由于不易找到具有相关知识的中间商。需要安装、维修的产品经常由企业自己或授权独家专售特许商来负责销售和保养。单位价值高的商品则应由企业推销人员销售而不通过中间商。

（三）中间商特性

设计渠道时，还必须考虑执行不同任务的营销中间机构的优缺点。例如，由制造商代表与顾客接触，花在每一顾客身上的成本比较低，因为总成本由若干个顾客共同分摊。但制造商代表对顾客所付出的销售努力则不如中间商的推销员。一般来讲，中间商在物流配送、宣传促销、信用条件、退货特权、人员训练和送货频率方面，都有不同的特点和要求。

（四）竞争特性

生产者的渠道设计还受到竞争者所使用的渠道的影响，因为某些行业的生产者希望在与竞争者相同或相近的经销处与竞争者的产品抗衡。例如，食品生产者就希望其品牌和竞争品牌摆在一起销售。有时，竞争者所使用的营销渠道反倒成为生产者所避免使用的渠道。

（五）企业特性

企业特性在渠道选择中扮演着重要角色，主要体现在：

（1）总体规模。企业的总体规模决定了其市场范围、较大顾客的规模以及强制中间商合作的能力。

（2）财务能力。企业的财务能力决定了哪些营销职能可由自己执行，哪些应交给中间商执行。财务薄弱的企业，一般都采用"佣金制"的分销方式，并且尽力利用愿意并且能够承担部分物流配送、顾客融资等成本费用的中间商。

（3）产品组合。企业的产品组合也会影响其渠道类型。企业产品组合的广度越大，则与顾客直接交易的能力也越强；产品组合的深度越大，则使用独家专售或选择性代理商就越有利；产品组合的关联性越强，则越应使用性质相同或相似的营销渠道。

（4）渠道经验。企业过去的渠道经验和现行的营销政策也会影响渠道的设计。以前曾通过某种特定类型的中间商销售产品的企业，会逐渐形成渠道偏好。

（5）营销政策。现行的市场营销政策也会影响渠道的设计。例如，对最后购买者提供快速交货服务的政策，会影响到生产者对中间商所执行的职能、最终经销商的数目与存货水平以及所采用的运输系统的要求。

（六）环境特性

渠道设计还要受到环境因素的影响。例如，当经济萧条时，生产者都希望采用能使最后顾客以廉价购买的方式将其产品送到市场。这也意味着使用较短（扁平）的渠道，并免除那些会提高产品最终售价却并无必要的服务。

三、选择渠道方案

所谓渠道结构是指中间商的市场的空间分布，包括渠道的长度和宽度两个方面，如图 14-3 所示。

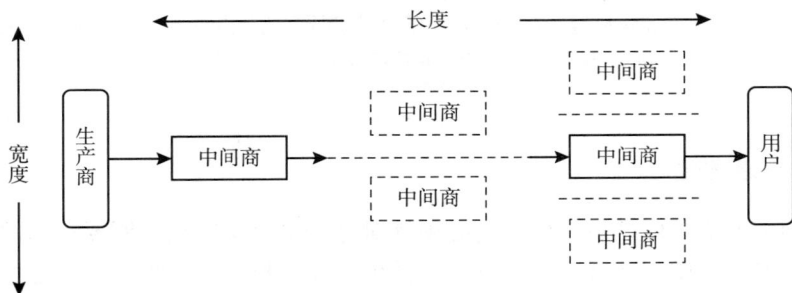

图 14-3　渠道结构

（一）渠道长度

渠道长度是指产品在流通过程中所经历的中间环节的多少（即渠道层次），分为零级渠道、一级渠道、二级渠道、三级渠道等。

渠道有长短之分。长渠道可以使生产商充分利用中间商的资源和其高度专业化优势，减少资金和人员等方面的投入，获得广泛的市场覆盖面；但生产商对产品和渠道的控制减弱，获取市场信息困难。短渠道要求生产商在资金和资源等方面实力雄厚，具有大规模存货和配送等能力，或能有效利用第三方物流，生产商对产品和渠道有较强的控制力，但市场覆盖面较小。

渠道长度主要取决于用户规模、用户集中度和产品通用性、技术复杂性。当用户规模大、相对集中和产品专业性强、技术复杂时，一般选择短渠道或零级渠道。用户规模大、相当集中使生产商在直接销售的情况下也能以较低的分销成本向用户提供满意的服务。而专业性强、技术复杂的产品所要求的差评服务是大多数经销商无力提供的，只能由生产商自己来提供。

反之，生产商则选择长渠道，更多地依赖中间商，实施分级管理使产品渗透到更广泛的目标市场，使目标市场用户了解产品、购买方便。

大多数情况下，生产商应当沿用行业采用的传统渠道模式，因为用户也已经习惯于通过这种渠道购买所需要的产品。当企业进入一个新的目标市场时，打进主流渠道就意味着成功了一半。但当进入传统渠道的成本太高或障碍太大时，或为新产品、新的目标市场进行渠道设计时，企业可对现有渠道进行创新、改革，以新的渠道方案来赢得市场。

小案例

夏普的渠道扁平化

根据有关数据显示，2008 年"五一"期间，夏普以 12.4% 的市场销量挺进中国液晶电视品牌前三甲，而在去年，夏普连前十名都未进入，渠道扁平化是其成功的主要原因。

为了追求渠道扁平化，夏普主要采用"不经过代理商的自主销售"模式。例如，在签订"厂家直供订单"之后，夏普从南京液晶电视工厂直接出货运送到家电连锁大卖场的仓库中，或者经过各地的分店和营业所从夏普在中国建设的 9 个物流基地调配货源给相应的渠道商。

资料来源：钱旭潮，王龙，韩翔编著，市场营销管理（第二版）[M]．北京：机械工业出版社，2009 年版．

（二）渠道宽度

在明确了渠道长度之后，生产商必须针对每个渠道层次确定所要利用的中间商数目，也称为渠道宽度。通常有三种方案可供生产商选择，这三种方案也是按照成员密度对渠道分类后，所形成的三种渠道类型。

1. 独家分销

独家分销是指生产商在一个区域市场内仅选择一家最适合的中间商销售其产品。这一方案只适用于大型专用成套设备，或具有技术诀窍、专门用户的特殊产品。独家分销能够充分控制市场，降低渠道管理难度和费用，产品支持服务通常也由生产商直接提供，经销商只是起沟通作用。例如，当 Gucci 发现它的形象被专卖店和折扣店过度损害时，决定与第三方供应商的合作关系，开始控制中间商数量，并且自己开设专卖店来挽回 Gucci 的形象。

2. 密集分销

密集分销也称广泛分销，是指生产商通过发展尽量多的中间商促进产品销售。这一方案的主要目标是建立尽可能大的市场覆盖面，使顾客可以随时随地的购买到产品，强调购买的便利性。当顾客对购买的空间便利性极为重视时，生产商必须采用密集分销。密集分销主要适用于日用的消耗品，如香烟、香皂、口香糖等，工业用品中的通用产品，如标准件、五金工具、一般劳保用品和小型通用设备等也可采用。

3. 选择分销

选择分销介于独家分销与密集分销之间，强调生产商在所有愿意经销产品的中间商中挑选其中的几个来经销其产品。选择分销是生产商既有足够的市场覆盖范围，又比密集分销成本更低，控制性更好。这一方案主要用于有一定复杂性和技术含量、需要较高销售技术和售后服务水平的大件耐用产品。由于产品价值较高，顾客也一定会货比三家，在经过严格的挑选比较、技术经济分析和谈判后才会确定购买，而不会仅贪图方便就近采购。在采取选择分销时，生产商通常还要向经销商提供技术培训，以提高经销商的服务水平。选择分销汲取了独家分销与密集分销的优点，又避免了两者的弱点。

渠道的宽度是根据顾客对服务水平的要求决定的，并非越宽越好，不适当的渠道宽度往往是渠道冲突的主要根源，甚至导致渠道管理的失控。

（三）渠道成员及责权利

各类中间商是构成渠道的主体。在明确了渠道的长度与宽度之后，生产商需要为每个渠道环节选择和确定中间商，明确其权利和责任，并通过激励、控制等管理手段使各成员分工有序、协同一致，保证渠道运行的高效。

1. 中间商的选择

生产商拥有技术资源、产品资源、品牌资源等，中间商拥有当地的社会关系资源、资金资源、人力资源、品牌资源等。生产商选择中间商是为了资源的最大利用率和最优匹配，实现厂商共赢。但由于中间商自身的经营机制、营销能力、声誉等对营销效果有着直接的影响，因此，生产商在选择中间商时应格外慎重，遵循以下原则：

（1）战略匹配：营销是谋定而后动的行为，生产商在选择中间商时，不仅要考虑到当前的市场利益，更要考虑到市场的发展变化与自身长期的战略目标，应当选择那些在经营理念、战略目标、企业文化方面与自己相协调的中间商。否则，今天合格的中间商就会变成明天发展的障碍。

（2）市场匹配：生产商在选择中间商时，首先要明确中间商在多大的区域上进行销售，销售目标是多少。然后，要根据目标市场的规模、目标渠道的特殊要求，如网络、资金、运输能力等考虑中间商的实力。中间商应该在经营方向和专业能力方面符合渠道功能的要求，尤其在建立短渠道时，需要对中间商的经营特点及其能够承担的分销功能进行严格控制。需要注意的是，中间商也并非越大越好，大的中间商代理的品牌也很多，很难对一个品牌专注投入。

（3）资源匹配：生产商需要对中间商进行全面的考察，包括经营实力（如经营年数、成长情况、人员素质、发展潜力、盈利能力、偿付能力等）、营销意识、市场能力（市场覆盖范围、品牌运作、销售服务水平、物流水平等）、管理能力、口碑声誉、合作意愿等。

中间商的选择是一个多目标决策的过程。当中间商是销售代理商时，生产商还需要评估它经销的其他产品的数量和性质。当中间商是独立零售商时，生产商需要评估该商店的位置和经常光顾的顾客类型等。

2. 渠道成员的责权利

生产商必须真诚对待每位渠道成员，确定其权利和责任，实现合作共赢。其中最重要的因素就是价格策略、销售条件、地区权利划分以及各方承担的具体服务功能。

价格政策要求生产商制定中间商认为是公平合理的价格目录和折扣表。

销售条件是指付款条件和生产商的承诺保证。大多数生产商都对提前付款的经销商给予现金折扣，同时也向经销商承诺次品处理的特殊保证，这可以使经销商解除后顾之忧，促使其大量采购。

地区权利的划分是各地区的经营权在经销商中的分配。除非是独家分销，中间商的经营区域总是有一定重叠。对消费者市场，这种重叠一般不会带来太大的问题。但对于组织市场就有可能造成用户无所适从，他们不知道到底该从哪里购买更为合适，甚至用户还可能会利用两个中间商之间的竞争从中获利。因此，如何在中间商之间分配所管辖区域内的销售利益，就成为生产者必须决定的重大问题。

最后，一定要明确的是各方在交易功能方面的分工，如由谁来提供售后服务，双方如何分摊市场沟通活动及费用，以及产品如何展示等。

四、评估渠道方案

每一渠道方案都是企业产品送达最后顾客的可能路线。生产者所要解决的问题，就是从那些看起来似乎很合理但又相互排斥的方案中选择最能满足企业长期目标的一种。因此对于初步形成的渠道方案，企业必须进行评估以确定最终的方案。评估标准有三个：经济性、控制性和适应性。

1. 经济性标准

每一个渠道方案都有其特定的成本和销售额，生产商必须决定分销成本和销售额的最佳组合，以确定最大利润的方案。在这三项标准中，经济标准最为重要。因为企业是追求利润而不是追求渠道的控制性和适应性。假设某企业希望其产品在某一地区取得大批零售商的支持。现在有两个方案可供选择：一是向该地区的营业处派出 10 名销售人员，除了付给他们基本工资外，还采取根据推销成绩付给佣金的鼓励措施；二是利用该地区制造商的销售代理商，该代理商已和零售店建立起密切的联系，并可派出 30 名推销员，推销员的报酬按佣金制支付。这两种方案可导致不同的销售收入和成本。判别一个方案好坏的标准，不应是其能否导致较高的销售额和较低的成本费用，而是能否取得最大利润。

这种经济分析，应从估计每个方案的销售开始，因为有些成本会随着销售水平的变化而变化。究竟使用企业推销员取得的销售额大，还是使用制造商的销售代理商取得的销售额大？大多数营销人员都认为使用企业推销员所收到成效较高。因为他们只专心于推销本企业产品，在销售本企业产品方面受过较专门的训练，比较积极肯干，他们的前途与企业发展紧密相连，也由于顾客比较喜欢与企业直接打交道，故使用本企业推销人员更容易取得交易成功。

其实，这种认识是片面的。事实上，制造商的代理商也可以达到与使用本企业推销员相同的销售水平。这主要是由于：（1）生产者应考虑派出 10 名推销员和利用

30 名代理商的推销员，单是人数上的差异就很有可能使代理商取得较高的销售额。（2）代理商的推销员也可能与企业推销员一样积极卖力，这要取决于本企业产品的推销和推销其他企业的产品在报酬上的差异。（3）顾客较喜欢与企业的推销员打交道而不愿意与代理商的推销员打交道确是事实，但这并不是绝对的、无条件的普遍现象。当产品及交易条件标准化时，顾客会觉得与谁打交道都无所谓，他们甚至更喜欢和经销多种产品的代理商打交道，而不愿与只卖一家企业产品的推销员打交道。（4）多年建立起来的八面玲珑的、广泛的交际关系，是代理商的一项重要资本，也正是优于企业推销员的地方，因为企业推销员需要从头开始逐步建立这种关系。从上述几个方面来看，代理商通常也能为制造商创造较高的销售，至少在开始的几年是这样。因此，要估计企业推销力量与代理商二者的销售潜量，还必须对具体情况做具体分析，并注意征求该行业中经验丰富的管理人员及专家的意见。

经济分析第二步是估计各种方案实现某一销售额所需花费的成本。利用代理商所花费的固定成本，比企业经营一个营业处所需的固定成本低。但是，另一方面，利用代理商实现某一销售水平所需增加的成本比率要比利用企业推销员高，其原因是代理商的佣金率比企业推销员高。

一般来讲，小企业以及在较小地区从事经营活动的大企业，最好利用代理商推销产品。如果不能假设两种渠道方案会达到相同的销售水平，只能大致表明某一渠道在经济上是否优于另一渠道。这种评估范围必须加以扩大，同时考虑到各渠道方案的激励性、控制性与冲突性。

2. 控制性标准

如果生产商采用直接渠道，则可以完全控制销售网络，销售人员也必须按照企业要求去进行销售。但若采用间接渠道，中间商根据自身利益诉求把注意力放到客户感兴趣的其他品牌上，这对他们来说很正常，为了成交，贬低一家、抬高另一家的事也时有发生。强大的中间商，在可以提供强有力的分销支持和目标市场控制的同时，也给生产商的渠道控制和管理带来困难。并且一个不容忽视的事实是，代理商是一个独立的企业，它所关心的是自己如何取得最大利润。它可能不愿意与相邻地区同一委托人的代理商合作。它可能只注重访问那些与其推销产品有关的顾客，而忽略对委托人很重要的顾客。代理商的推销员可能无心去了解与委托人产品相关的技术细节，也很难认真对待委托人的促销数据和相关资料。

3. 适应性标准

在评估各渠道选择方案时，还有一项需要考虑的标准，那就是企业是否具有适应环境变化的能力，即应变力如何。每个渠道方案都会因某些固定期间的承诺而失去弹性。当某一制造商决定利用销售代理商推销产品时，可能要签订 5 年的合同。这段时间内，即使采用其他销售方式会更有效，制造商也不得任意取消销售代理商。所以，一个涉及长期承诺的渠道方案，只有在经济性和控制性方面都很适宜的条件下才可予以考虑。市场环境的变化通常要求渠道做出相应的调整，过于刚性的渠道结构显然是不利的。在变化迅速、不确定性大的市场上，渠道方案的适应性更为重要。

第三节　管理分销渠道

渠道建立后，生产商必须随时掌握渠道的运行情况，对渠道成员进行选择并实施激励和控制，了解成员的不同需要，化解冲突，并要随着时间的变化，对渠道进行定期评估和必要的调整以保证其稳定运行与良好发展。这些任务也构成了渠道管理的主要内容。

一、选择渠道成员

选择渠道成员，即在渠道设计完成后，具体选择哪些中间商做自己的渠道伙伴。

选择渠道成员，对不同的生产商来说，难易程度相去甚远，这取决于该生产商本身的声誉及其产品的畅销程度。于是，有些生产商物色合格的中间商毫无困难，另一些生产商却可能要费尽心机。不过，不管是难还是易，任何一家生产商在选择渠道成员之前，都应明确它的选择条件或标准，这些条件包括：中间商开业年限的长短、声誉的好坏、过去经营其他产品成效的记录、偿付能力、人员素质、协作精神和发展潜力等。如果中间商是独立的零售商，则还要考虑其门店地点、顾客类型等。

二、激励渠道成员

渠道成员激励是指生产商为促进渠道成员努力完成分销目标而采取的各种激励或促进政策的总称。

生产者不仅要选择中间商，还要经常激励中间商使之恪尽职守。促进中间商进入渠道的因素和条件已构成部分激励因素，但仍需生产者不断地监督、指导与鼓励。

生产者必须尽量避免激励过分与激励不足两种情况。当生产者给予中间商的优惠条件超过它取得合作所需要的基本条件时，就会出现激励过分的情况，其结果是销售量提高，而利润下降。当生产者给予中间商的条件过于苛刻，以致不能激励中间商努力时，则会出现激励不足的情况，其结果是销售量降低，利润减少。所以，生产者必须确定应花费多少力量以及花费何种力量，来鼓励中间商。

一般来讲，对中间商的基本激励水平，应以交易关系组合为基础。如果对中间商仍激励不足，则生产者可采取两条措施：（1）提高中间商可得的毛利率，放宽信用条件，或改变交易关系组合使之更有利于中间商。（2）采取人为的方法来刺激中间商，使之付出更大的努力。例如，可以挑剔它们，迫使它们创造有效的销售机制，举办中间商销售竞赛，加强对最后顾客与中间商的广告活动等。不论上述方法是否与真正交易关系组合有直接或间接的关系，生产者都必须小心观察中间商如何从自身利益出发来看待、理解这些措施，因为在渠道关系中存在着许多潜伏的矛盾点，拥有控制权的生产者很容易无意识地伤害到中间商的利益。

三、控制渠道成员

生产商应与渠道成员一起致力于对最终用户需求的满足。但渠道成员对各自的定位、角色、领域、职能、利益、目标的理解存在差异。生产商控制渠道成员的目的是使渠道成员能认真贯彻价格政策和销售政策，保持品牌行为在时间和空间上的一致性、连续性及协调性，并且尽量降低渠道运行的成本。

渠道控制的首要原则是使所有渠道成员都致力于提高顾客满意度，以需求顾客满意为主要目标，而不是把渠道成员的利益需求置于最终用户的功能需求之上。最终用户的满意才是生产商和渠道成员生存和获得长远发展的根本。其次，控制渠道成员并不是要使各渠道成员听命于生产商，而是保证渠道政策得到良好实施，达到渠道全体成员的共赢和伙伴关系。

渠道是企业最重要的资产之一，也是变数最大的资产。为控制渠道成员，掌握渠道，生产商需要认真对待以下事项：

1. 考察渠道成员资格

这是一种事前控制方式，生产商除了要对其能力进行考核以外，还需要对渠道成员的动机进行分析，即从渠道成员以往交易表现来看其是否愿意建立长期合作关系，以及是否有共同的经营理念和价值观，以避免日后产生的可能无法调和的冲突。

2. 进行绩效考核管理

对渠道成员进行有效的绩效考核管理是有针对性采取控制措施的基本前提。不同的渠道成员与生产商存在不同性质、不同程度的关系，也承担着不同渠道职能和贡献。生产商必须通过合理的指标设置和严谨的考核过程对各渠道成员进行分层次的绩效考核。

3. 形成关系规范

灵活、团结、互利和信息交换是渠道中比较常见的四种规范，分别表明了渠道成员希望以最小的代价适应不断变化的市场和交易关系；希望成功来自于合作而不是彼此的竞争；希望成功是共同的责任，而不是建立在牺牲其他成员利益基础之上的；希望彼此能自由积极地为对方提供有用信息。因此，生产商必须在合作中形成上述关系规范，以促进交易的持续性。

4. 实施有效控制手段

生产商首先要与渠道成员建立共同认可的长期战略与发展远景，并形成规范的契约关系。其次，生产商要有效运用品牌、服务、客户信息等手段与激励措施来掌控渠道。

5. 加强沟通交流

加强彼此之间的沟通与交流对渠道控制尤为重要。如 Timken 公司要求其销售代表对分销商要进行对层次的访问，杜邦公司会定期召集分销商参加会议，听取彼此意见，进行角色转换。

四、评估渠道成员

生产者除了选择、激励和控制渠道成员之外，还必须定期评估他们的绩效。如果某一渠道成员的绩效过分低于既定标准，则需要找出主要原因，同时还应考虑可能的补救方法。当放弃或更换中间商将会导致更坏的结果时，生产者应要求工作成绩欠佳的中间商在一定时期内有所改进，否则，就要中止合作。

1. 契约约束与销售配额

如果一开始生产者与中间商就签订了有关绩效标准与奖罚条件的契约，就可避免种种不愉快。在契约中应明确经销商的责任，如销售强度、绩效与覆盖率；平均存货水平；送货时间；次品与遗失品的处理方法；对企业促销与训练方案的合作程度；中间商对顾客需提供的服务等。

除了针对中间商绩效责任签订契约外，生产者还需定期发布销售配额，以确定目前的预期绩效。生产者可以在一定时期内列出各中间商的销售额，并依销售额大小排出先后名次。

需要注意的是，在排列名次时，不仅要看各中间商销售水平的绝对值，还需考虑到它们各自面临的各种不可控程度的变化环境，考虑到生产者的产品大类在各中间商的全部产品组合中的相对重要性。

2. 测量中间商绩效的主要方法

测量中间商的绩效，主要有两种方法可供使用。

第一种测量方法是将每一中间商的销售绩效与上期的绩效进行比较，并以整个群体的升降百分比作为评价标准。对低于该群体平均水平以下的中间商，必须加强评估和激励措施。如果对后进中间商的环境因素加以调查，可能会发现一些可原谅因素，如当地经济衰退；某些顾客不可避免地失去；主力推销员的丧失或退休等。其中某些因素可在下一期补救过来。这样，制造商就不应因这些因素而对经销商采取任何惩罚措施。

第二种测量方法是将各中间商的绩效与该地区的销售潜量分析所设立的配额相比较。即在销售期过后，根据中间商的实际销售额与其在销售额的比率，将各中间商按先后名次进行排列。这样，企业的调查与激励措施可以集中于那些未达既定比率的中间商。

五、调整渠道成员

当市场环境发生变化，现有的渠道模式已经不能适应市场发展的需要时，生产商要对渠道进行调整。渠道调整主要存在三种方式：

1. 增加或减少中间商的数目

生产商进行渠道调整时，既要考虑由于增加某个渠道成员对企业盈利方面的直接影响，也要考虑由此引发的间接影响，特别是其他成员的反应。比如增加某地区的中间商时，可能会引起地区内原有其他中间商的反对和抵制。因此，生产商在某一地域范围内增减渠道成员时，必须要做到统筹兼顾，在做好直接的增（减）量分析同时，还应该考虑到渠道调整的间接影响。

2. 拓展或消减某些渠道形式

在很多情况下，仅仅依赖增减渠道成员是不够的，市场环境的变化或者现代科技的进展要求生产商要变动渠道结构，拓展或消减渠道形式，采取混合渠道模式。如生产商原来是通过代理模式进行分销，现在开始通过开设自营店来拓展市场。又比如随着网络技术的发展，许多借助传统渠道分销产品的生产商也开始借助网络平台直接进行销售了。

3. 渠道的总体调整

当生产商自身条件或外部条件发生激烈变化，原有的渠道结构与模式已经制约企业发展时，生产商必须做出根本的、实质性的渠道调整。这种调整涉及面广、影响大、执行困难。如安利公司在刚进入中国市场时采用的是多层次传销模式，在遇到法律障碍后，将其渠道模式调整成店铺零售与直销结合的渠道模式。

第四节 批发与零售

中间商是专门从事商品流通经营活动的企业和个人，他们能以较低的成本为生产企业完成市场营销职能，并在生产和消费之间起到沟通信息和调节矛盾的作用。

明确承担渠道职能的中间商是生产商进行渠道成员决策的基本前提。中间商种类繁多，承担不同的渠道职能。只有了解了不同中间商的特性及发展趋势，生产商才能准确地进行选择。

一、批发商

批发商是指一切将物品或服务销售给为了转卖或者其他商业用途而进行购买的个人或组织的活动。从事批发活动的企业被称为批发商，或称分销商。与零售活动相比，批发商的交易对象是组织用户，而非最终消费者，且批发交易规模较大。但现实中，很多批发商也兼营零售业务。

（一）批发商的职能

批发商可以有效地执行如下职能：

（1）销售与促销职能。批发商通过其销售人员的业务活动，可以使制造商有效地接触众多的小客户，从而促进销售。

（2）采购与搭配货色职能。批发商代替顾客选购产品，并根据顾客需要，将各种货色进行搭配，从而节省顾客时间。

（3）整买零卖职能。批发商可以整批地买进商品，再根据零售商的需要批发出去，从而降低零售商的进货成本。

（4）仓储服务职能。批发商可将商品存储到出售为止，从而降低供应商和顾客的存货成本和风险。

（5）运输职能。由于批发商一般距零售商比较近，可以很快地将商品送到顾客手中。

（6）融资功能。批发商可以向顾客提供信用条件，提供融资服务；另一方面，如果批发商能够提前订货或准时付款，也等于为供应商提供了融资服务。

（7）风险承担功能。批发商在分销过程中，由于拥有商品所有权，故可承担失窃、瑕疵、损坏或过时等各种风险。

（8）提供信息职能。批发商可向其供应商提供有关买主的市场信息，诸如竞争者的活动、新产品的出现、价格剧烈变动等。

（9）管理咨询服务职能。批发商可经常帮助零售商培训推销人员、布置商店以及建立会计系统和存货控制系统，从而提高零售商的经营效益。

（二）批发商的类型

批发商主要有三种类型：商人批发商、经纪人和代理商、制造商及零售商的分店和销售办事处。

1. 商人批发商

商人批发商是指自己进货，取得产品所有权后再批发出售的商业企业，也就是人们通常所说的独立批发商。商人批发商是批发商的最主要类型。

商人批发商按职能和提供的服务是否完全来分类，可分为两种类型：

（1）完全服务批发商。这类批发商执行批发商的全部职能，他们提供的服务主要有：保持存货、雇用固定的销售人员、提供信贷、送货和协助管理等。他们分为批发商人和工业分销商两种。批发商人主要是向零售商销售，并提供广泛的服务；工业分销商向制造商而不是零售商销售产品。

（2）有限服务批发商。这类批发商为了减少成本费用，降低批发价格，只执行一部分服务。它们又可分为六种类型：①现购自运批发商。他们不赊销，也不送货，顾客要自备货车去批发商的仓库选购商品，当时付清货款，自己把商品运回来。②承销批发商。他们拿到顾客（包括其他批发商、零售商、用户等）的订货单就向制造商、厂商等生产者进货，并通知生产者将物品直运给顾客。所以，承销批发商不需要有仓库和产品库存，只要有一间办公室或营业室就行了，因而这种批发商又叫作"写字台批发商"。③卡车批发商。他们从生产者那里把商品装上卡车后，立即运送给各零售商店、饭馆、旅馆等顾客，所以这种批发商不需要有仓库和产品库存。卡车批发商经营的商品是易腐和半易腐商品，他们一接到顾客的要货通知就立即送货上门，每天送货几十次。卡车批发商主要执行推销员和送货员的职能。④托售批发商。

他们在超级市场和其他食品杂货商店设置自己的货架，展销其经营的产品。产品销售出后，零售商才付给货款。⑤邮购批发商。指那些借助邮购方式开展批发业务的批发商。⑥农场主合作社。指为农场主共同所有，负责将农产品组织到当地市场上销售的批发商。合作社的利润在年终时分配给农场主。

2. 经纪人和代理商

经纪人和代理商是从事购买或销售或二者兼备的洽商工作，但不取得产品所有权的商业单位。与商人批发商不同的是，他们对其经营的产品没有所有权，所提供的服务比有限服务批发商还少，其主要职能在于促成产品的交易，借此赚取佣金作为报酬。与商人批发商相似的是，他们通常专注于某些产品种类或某些顾客群。

经纪人和代理商主要分为以下几种：

（1）产品经纪人。经纪人的主要作用是为买卖双方牵线搭桥，协助他们进行谈判，买卖成交后向雇用方收取费用。他们并不持有存货，也不参与融资和承担风险。

（2）制造商代表。他们代表两个或若干个互补的产品线的制造商，分别和每个制造商签订有关定价政策、销售区域、订单处理程序、送货服务和各种保证以及佣金比例等方面的正式书面合同。他们了解每个制造商的产品线，并利用其广泛关系来销售制造商的产品。大多数制造商代表都是小型企业，雇用的销售人员虽少，但都极为干练。

（3）销售代理商。销售代理商是在签订合同的基础上，为委托人销售某些特定的产品或全部产品的代理商，对价格条款及其他交易条件可全权处理。

销售代理商和制造商代表一样，也和许多制造商签订长期代理合同，替这些制造商代销产品，但他们之间也有显著的不同：①一般来讲，每一个制造商只能使用一个销售代理商，而且制造商将其全部销售工作委托给某一个销售代理商以后，不得再委托其他代理商代销产品，也不得再雇用推销员去推销产品；而每一个制造商可以同时使用几个制造商代表，此外，制造商还可以设置自己的推销机构。②销售代理商通常替委托人（制造商）代销全部产品，而且不限定只能在一定地区内代销，同时在规定销售价格和其他销售条件方面有较大的权利；而制造商代表要按照委托人规定的销售价格或价格幅度及其他销售条件，在一定地区内替委托人代销一部分或全部产品。总而言之，制造商如果使用销售代理商，实际上是将其全部销售工作委托给销售代理商全权处理，用某些美国市场营销学家的话来说，就是"把委托人的全部要上市销售的鸡蛋都放在一个篮子里"。销售代理商实际上就是委托人的独家全权销售代理商。某些制造商，特别是那些没有力量自己推销产品的小制造商，通常使用销售代理商。

（4）采购代理商。采购代理商一般与顾客有长期关系，代他们进行采购，往往负责为其收货、验货、储运，并将商品运交买主。其中一种是主要服饰市场的常驻采购员，他们为小的零售商采购适销的服饰产品。

（5）佣金商。佣金商又称佣金行，是指对产品实体具有控制力并参与产品销售协商的代理商。大多数佣金商从事农产品的代销业务。农场主将其生产的农产品委托佣金商代销，付给一定佣金。委托人和佣金商的业务一般只包括一个收获和销售季节。佣金行通常备有仓库，替委托人储存、保管物品。此外，佣金商还执行替委托人发现潜在买主、获得最好价格、分等、再打包、送货、给委托人和购买者以商业信用（即预付货款和赊销）、提供市场信息等职能。佣金商对农场主委托代销的产品通常有较大的经营权：它收到农场主运来的产品以后，有权不经过委托人同意，以自己的名义，按照当时可能获得的最好价格出售。因为这种佣金商经营的是蔬菜、水果等易腐产品，必须因时制宜，尽早脱手。佣金商卖出商品后，扣除佣金和其他费用，即将余款汇给委托人。

3. 制造商及零售商的分店和销售办事处

批发的第三种形式是由买方或卖方自行经营批发业务，而不通过独立的批发商进行。这种批发业务可分为两种类型。

（1）销售分店和销售办事处。生产者往往设立自己的销售分店和销售办事处，以改进其存货控制、销售和促销业务。有的销售分店持有自己的存货，大多数经营木材和自动设备零件等。有的销售办事处不持有存货，在纺织品和针线杂货业最为突出。

（2）采购办事处。许多零售商在大城市设立采购办事处。这些办事处的作用与经纪人和代理商相似，却是买方组织的一个组成部分。

我们的批发商业，自改革以来，一直在改革、重组过程中，最终会形成怎样一个结构，还有待于在实践中探索。不过有一点是明显的：在计划经济体制下，我们几乎只有清一色的完全职能的商业批发企业，现在，不仅生产企业自营的批发机构大量涌现，而且长期被否定的经纪人和代理商也被正了名，开始走上了经济的舞台。

未来批发商业的发展，一方面将更紧密地与生产企业或者零售企业结合；另一方面，随着业务在地理范围上的扩大，其职能范围却可能缩小——专业经营，有限服务，而由专业仓储或运输企业承担商品实体转移的职能。

二、零售商

零售是指将货物和服务直接出售给最终消费者的所有活动，这些最终消费者是为了个人消费而不是为了商业用途。任何从事这种销售活动的机构，不论是制造商、批发商还是零售商，也不论这些产品和服务是如何销售（经由个人、邮寄、电话或自动售货机）或者是在何处（在商店、在街上或在消费者家中）销售的，都属于此范畴。而零售商是指那些销售量主要来自零售的商业企业。

零售商的两种基本形式是店铺零售和无店铺零售。

（一）店铺零售的类型

店铺零售是指在固定的产品展示场所销售产品的零售活动。从事店铺零售的组织主要包括专业商店、专卖店、超级市场、便利店、百货公司等。

1. 专业商店

专业商店拥有较窄的产品线，如电器商场、家具城、书店、花店、户外用品店等。专业商店以提供专业服务为特征，经营多种产品项目。适合专业商店经销的产品一般都要求较高水平的服务（如家电、家具等）或具有特殊性，消费者一般不和其他产品同时购买，如书籍、鲜花、户外用品等。

2. 专卖店

与专业商店不同，专卖店是只经销一种品牌的零售商店，如海尔厨卫专卖店、李宁专卖点、海澜之家、LV 旗舰店等。专卖店通过提供和专卖品牌形象相称的购物氛围来表现品牌的特定形象。

3. 超级市场

超级市场是一种相对规模大、低成本、高销售量的，为满足消费者日常所需的一种自助服务式的零售组织，如家乐福、沃尔玛、麦德龙等。超级市场主要经营日常生活用品，拥有较宽的产品线，销售的产品大多都是定量定价的，不需要计量，也不需要讨价还价，不提供或只提供很少的服务。

4. 购物中心

购物中心又称超级商场、Shopping Mall 或联合商店，是一种各种业态商店的大规模联合体。购物中心经营的花色品种包括日常用品、家具、大型和小型家用器具、服装、药品等，不仅满足顾客的全部购物需要，还同时提供休闲、娱乐、餐饮等服务。超级市场的出现迎合了消费者购物和休闲相结合的趋向，并通过各种商店的联合促销来吸引顾客。

5. 百货商店

百货商店从 20 世纪初诞生以来，一直是零售业态的主力，经营规模较大，产品线较宽，涉及消费者生活的多个方面，一般每条产品线都由一个独立的部门来管理。20 世纪中期以后，随着各种零售组织的兴起和发展，在许多国家和地区，百货商店已处在衰退期，产品线收缩，目前主要经营服装、鞋、化妆品、家用电器等。

6. 便利店

便利店是设在居民区附近的小型商店，营业时间长，主要经营周转率高的便利品，品种范围有限。消费者主要利用它们做"填充"式的购买，因此其销售价格要高一些。

7. 仓储俱乐部

仓储俱乐部又称批发俱乐部或大卖场，主要销售食品、器具、洗涤用品、服装和其他日用品。仓储俱乐部主要面向小企业、政府机关的团体成员、非营利性组织，或交付年度会费的会员销售。由于经营规模大、员工少、管理费用低、设施简陋，因此其成本较低。仓储俱乐部本质上是面向小型零售商的批发商。

（二）无店铺零售的类型

虽然大多数产品主要由商店销售，但是近年来，无店铺零售比店铺零售的发展快得多。无店铺零售基本上没有产品实体展示的场所，主要包括以下形式：

1. 直接销售

直接销售是生产商直接将产品销售给消费者。率先实行直接销售的消费品零售商有维尔福公司（出售真空吸尘器）、世界书局（出售百科全书）等。直接销售的方式很多，如上门推销、邮购、生产商自设商店和电视、电话直销等。由于消费者的分散性和零星购买，直接销售成本高昂（销售人员的佣金为20% ~ 50%），而且还需要支付雇用、训练、管理和激励销售人员的费用。目前，很多直接销售的企业开始采用混合渠道战略。

2. 自动售货

自动售货被用在多种产品，特别是强调购买方便性的产品上，如软饮料、香烟、糖果和报纸等。自动售货机可以遍及机场、学校、社区、加油站等众多地方，可提供24小时销售服务。但自动售货是一种相当昂贵的渠道，成本高居不下的原因主要是售货机分散，补充货物困难和机器经常受到破坏。因此，自动售货机销售的产品价格往往要比一般情况高15% ~ 20%。随着经济的发展，利用自动售货机提供的娱乐活动也越来越丰富，如弹子机、吃角子老虎、投币式自动电唱机和电脑游戏机等。

3. 购物服务

购物服务是一种为特定委托人服务的无店铺零售方式。这些委托人通常是学校、医院、工会和政府机关等大型组织。提供购物服务的机构可以向这些组织成员提供一定的购物折扣。

另外，伴随着经济发展与顾客需求的个性化，零售业呈现出蓬勃发展的趋势，涌现出众多崭新的零售形式，例如，一些超市开始拥有银行分支机构、书店中设有咖啡屋等。

目前，巨型零售增多，中型零售商店正在走下坡路。零售市场正日益形成"沙漏"态势，零售增长主要集中于最顶尖（奢侈品）和最低端（折扣品）的市场。巨型零售商利用先进的信息、物流系统和强大的购买力，可以向大众以低价提供良好的服务和各种产品，而一些中型零售商，特别是百货公司正面临困境。

中间商是专门从事商品流通经营活动的企业和个人，他们能以较低的成本为生产企业完成市场营销职能，并在生产和消费之间起到沟通信息和调节矛盾的作用。

明确承担渠道职能的中间商是生产商进行渠道成员决策的基本前提。中间商种类繁多，承担不同的渠道职能。只有了解了不同中间商的特性及发展趋势，生产商才能准确地进行选择。

❖ 本章小结

营销渠道是促进产品顺利地从生产商传递到最终顾客手中的一种组织网络。该组织网络由各具功能的中间机构构成。批发商和零售商买进产品，取得商品所有权，然后再出售，他们被称为经销商。经纪人、制造商代理人和采购代理人寻找顾客或卖主，他们只是代表委托者进行销售或采购活动，收取佣金，不拥有产品所有权，统称为代理商。还有一些如物流公司（包括运输公司、独立仓库）、银行等机构，尽管不参与买卖谈判，也不取得产品所有权，但支持了产品的交付活动，被称为辅助商。经销商、代理商、辅助商构成了营销渠道，简称渠道。

渠道设计是指为实现销售目标，对各种备选渠道方案进行评估和选择，从而开发新型渠道和改进现有营销渠道的过程。渠道设计过程既是一个选择的过程，也是一个放弃的过程。渠道系统设计是渠道决策的主要内容，包括四个基本步骤：分析顾客的服务需求、明确渠道设计的制约因素、选择渠道方案与评估渠道方案。

渠道建立后，生产商必须随时掌握渠道的运行情况，对渠道成员进行选择并实施激励和控制，了解成员的不同需要，化解冲突，并要随着时间的变化，对渠道进行定期评估和必要的调整以保证其稳定运行与良好发展。这些任务也构成了渠道管理的主要内容。

案例分析

TCL 集团：构建深广兼容的分销渠道

TCL 集团于 1981 年靠一个小仓库和 5000 元贷款起家，1999 年发展成为拥有 100 多亿元总资产，销售收入、出口创汇分别达到 150 亿元、2.4 亿美元，在中国电子行业雄居三强的企业集团。该集团前 10 年集中生产经营通讯产品，占据了电话机市场龙头地位；后 10 年进军家电、电工市场，在激烈的竞争中，年均销售增长率持续超过 50%。进入新世纪，集团正在策划新的目标：再用 10 年时间，使公司从传统的电子企业向以 "3C" 整合为核心、信息产业为主导的互联网接入设备主流供应商转移，销售规模达到 1500 亿元，进入世界 500 强企业行列。

集团决策者觉得需要全面审视公司的经营观念和分销战略与策略管理问题。为此，回顾、总结过去的经验是必要的。多年来，集团一直将市场视为企业的生命，提出并奉行 "为顾客创造价值" 的核心观念，赢得了宽广的市场空间。公司不断推出适合市场需的新产品，严格把好每一个产品和部件的质量关，并十分重视建立覆盖全国的分销服务网络，为顾客提供了优质高效的购买和保障服务。显然，经营产品的扩展，必须与营销渠道建设结合起来。这是一条重要经验。

TCL 在连续不断的市场大战中主动认识和培育市场，逐渐形成了 "有计划的市场推广"、"服务营销" 和 "区域市场发展策略" 等市场拓展新理念，建立了覆盖全国的营销网络，发展自己的核心竞争力。到 1998 年年底，TCL 已在全国建立了 28 家分公司，130 个经营部（不包括县级经营机构），还有几十个通讯产品、电工产品的专卖店，销售人员 3000 多人。这个网络既销售王牌彩电，也销售集团内的多种产品，1998 年的销售额达到 50 多亿元。为了进一步开拓国际市场，除利用在中国香港、美国原有子公司外，近年来集团又成立了 "国际事业本部"，积极策划在东欧、东南亚设立自己的销售网点。

建立营销网络加快了 TCL 集团的发展步伐。TCL 坚持经营变革与管理创新，不断推进企业产权制度改革。集团通过授权经营，落实了企业经营风险责任机制和利益激励机制。尤其是进入 90 年代，TCL 抓住机遇，通过灵活机动的资本运营机制，先后兼并了香港陆氏彩电、河南美乐电视机、内蒙古彩虹电视机、金科集团和翰林汇软件公司，并与美国 Lotus Pacific 合作，进入了信息网络终端产品和信息服务领域。TCL 投资创办了爱思科微电子集成电路公司，介入了通讯系统设备制造、移动电话和锂离子电池等高科技领域。TCL 已开始的产业结构调整，目标是使公司由传统家电产品制造商向互联网设备的主流厂商转变。集团领导层对这个转变充满信心，其中一个理由是营销网络为这个转变的实现提供了有力的保证。

经过多年苦心经营，TCL 的营销网络已建立了能及时发现市场、开拓市场、保障服务质量、有效进行品牌推广，并灵活适应市场变化的机制。90 年代初 TCL 王牌彩电成功进入无隙渠道融合市场。在 1996 年彩电市场降价竞争中，企业迅速做出统一行动，调整价格，加强促销，不仅稳定公司的销售，而且争取到市场第一给人留下深刻印象。集团在主导产品战略转移的同时，同步营造营销渠道网络，使之成为公司扩大经营、提高竞争优势的重要战略组成部分。第一，集团强制推行"项目计划市场推广战略"。要求所有项目必须制定详尽的市场推广战略，自觉、主动地认识市场、培育市场和占有市场。第二，导入"区域市场推广战略"。将国内市场划分为 7 大区域，按"大区销售中心—分公司—经营部—基层办事处"模式构建区域分销网络，禁止跨区违规操作，规范市场开发管理。第三，实施"深耕细作"策略。按各区域网络做细经营管理，开展"千店工程"，将销售网遍布广大城乡。第四，实施营销网、服务网"双网络"拓展，产品品牌、服务品牌"双品牌"经营计划。将原售后服务部改组成"用户服务中心"并相对独立运作；建立客户档案，主动回访；在一些城市装配维修生产线，配合公司配件供应中心，提高服务效率；严格履行"三月包换、三年免费维修、中心城市上门服务"的承诺。第五，提高网络的兼容性。以家电营销服务网络为基础，整合家电网、电工网和通讯产品网，方便顾客，降低成本。

TCL 强大的营销网络吸引了国内外一些公司上门要求合作。健伍、NEC 分别找上门来要求 TCL 代理其音响、手机。TCL 营销网络不仅是 TCL 产品的"市场高速公路"，而且成了 TCL 最重要的一块无形资产。

思考题

1. TCL 的快速成长与其分销网络的构建有何联系？
2. 为实现新的目标，TCL 分销系统还有哪些可以改进之处？

复习思考题

1. 企业在设计自己的分销渠道时，应该考虑哪些因素？
2. 生产者与中间商之间的矛盾与误解主要有哪些？
3. 生产者与经销商之间的关系类型有哪些？
4. 怎样测量中间商的绩效？
5. 批发商与零售商的区别是什么？

第十五章　促销策略

【本章要点】

◆ 促销决策

◆ 促销组合及其影响因素

◆ 促销组合策略

◆ 整合营销传播与促销策略的区别

◆ 直复营销的特点与方式

【专业词汇】 促销　促销组合　整合营销传播　人员推销　营业推广　公共关系
直复营销　广告促销

【案例引导】

白酒"屌丝"江小白：借互联网逆袭

江小白是一家年轻企业，于 2012 年 8 月份注册的。然而江小白在 2013 年下半年实现盈利，2013 年全年综合收支平衡，销售额为 5000 万元。从成立公司到在业内打响"我是江小白"这个品牌仅用了一年时间。

曾经有一项针对 25～30 岁年轻人调查，调查他们对白酒的态度，结果发现有95% 左右的年轻人第一选择不会是白酒。他们普遍认为，白酒口味太冲，不适合自己；场合有限，觉得太过正式；度数高，容易醉酒；给人感觉不够时尚。正是看重年轻人呼唤时尚白酒的心声，江小白之父陶石泉开始了自己的新事业。

陶石泉，江小白的创始人。在微博上他叫"江小白的爹"，这个生于 1980 年、爱当代艺术、爱摇滚的"文艺男青年"，曾在传统白酒企业金六福工作近十年，离职前，他是金六福的公关总监。

江小白的主创团队大多是年轻人。50 多岁的酒厂负责人已经是团队中年龄最大的；负责江小白主要宣传窗口（微博、微信）运营的舒波是 90 后技术男；85 后的媒介总监李雪琴曾任职于重庆一家知名创业公司；总管销售的童学伟名片上的头衔写着：蓝色军团总司令，他分管的是约 100 人的销售团队。这样一家多半由 80 后与 90后组成的企业，走出了一条白酒这个古老行业少有的创新小径。

江小白的特点符合互联网运营特点：放弃豪华包装，采用玻璃磨砂瓶，裸瓶销售；只有一款小曲清香型的产品，分为三种规格；以销售量为衡量标准。

与一般的白酒公司不同，江小白有自己具体的形象：黑色头发略长，发型比较韩范儿，戴着黑框眼镜，标准漫画的大众脸型。打扮是白 T 恤搭配灰色的围巾，外套是英伦风的黑色长款风衣，下身配的是深灰色牛仔裤和棕色休闲鞋。

陶石泉称，江小白是一个近乎完全依赖社交媒体造势出来的品牌。2011 年 12 月 27 日，江小白发布了自己在新浪上的第一条微博：我是江小白，生活很简单！到目前，江小白发布微博近 8000 条，粉丝数超过 10 万。

江小白几乎从不在主流媒体做广告。除去地铁广告，江小白基本没有传统的传播方式，利用得最多的是免费的社交媒体。对于利用互动性很强的社交媒体，江小白的微博营销显示出几个鲜明的特点。首先，长于文案植入，将有意思的话题与江小白的产品联系在一起。其次，对应自己的品牌形象，将微博的运营完全拟人化。在所有的热点事件时发声，表明自己的态度。最后，利用微博互动作为线上工具，组织线下活动，并与线上形成互动，以增强粉丝黏性。

除了微博，微信也成为江小白的营销渠道之一。江小白公关总监舒波表示，除了微信公共账号，江小白还运营着"小白哥"的私人账号，该账号由专人负责维护，并不属于江小白的任何一个员工。"因为有些粉丝会给小白哥说一些自己的隐私，所以这个账号除了负责运营的人，内容是不公开的，包括我也不知道。"

业内很多人都知道它，但也都觉得它还没有成气候。一家酒类电商的宣传负责人告诉我们，它所处的市场对大的白酒企业来说，也就是一款产品的市场。

江小白将来会怎样？让我们拭目以待。

（案例来源：综合网络资料）

思考题：在互联网思维促使传统促销方式的今天，传统企业应该怎样变革促销方式？

现代市场营销不仅要求企业发展适销对路的产品，制定吸引人的价格，使目标顾客易于获得他们所需要的产品，而且要求企业控制其在市场上的形象，设计并传播有关的外观、特色、购买条件以及产品给目标顾客带来的利益等方面的信息。一种优良的产品能否有好的销路，关键是顾客对该种产品所持的态度及其消费观念。因此，企业必须高度重视与中间商、客户等公众进行沟通，通过多种媒介进行有效的信息沟通，创造消费和使用该种产品的社会氛围和市场条件，进而在短期促销销售，长期提升品牌价值。

第一节　促销与促销组合

一、促销

（一）促销的含义

促销即促进销售或销售推广，是指企业通过各种方式向消费者传递企业的产品或服务信息，引起消费者购买欲望和兴趣，从而促进销售，达到企业的营销目的的活动。

促销活动的实质是信息沟通。开发产品、制定价格、选择销售渠道以及确定目标市场等营销活动仅仅是生产者的前期工作。在生产者与消费者之间客观上存在信息不对称的情况下，企业必须将生产和经营的商品性能、特点以及相关服务的存在等信息，通过声音、文字、图像或实物等媒介快速、有效地传递给顾客，增进顾客对其商品及服务的了解，引起顾客的注意和兴趣，帮助顾客认识商品或服务所能带给他们的利益，激发他们的购买欲望，为顾客最终的购买决策提供依据。

（二）促销的作用

促销增强了顾客对企业的产品或服务的了解，减少了信息不对称带来的矛盾，从而改变了顾客购买行为，形成有利于自己的购买结果。其作用主要表现在以下几个方面：

1. 沟通信息

信息流是物流和业务活动流的前导。一种商品进入市场之前，必须要把相关的产品或服务信息传递给目标市场中的顾客、用户和中间商，引起他们的注意，实现沟通的第一步，即从卖方到买方的沟通。同时，在产品或服务销售出去以后，必须进行市场调查或通过其他方法获得反馈信息，实现沟通的第二步，即从买方到卖方的沟通。最终完成信息的双向沟通，实现供求双方的有效对接。可见，沟通信息是争取顾客，强化分销渠道中各个环节之间相互协作的重要途径。

影响沟通效果的两个主要因素：一是沟通力度大小，即信息投放量的概念；二是市场宣传定位的准确性，即沟通的命中率。

2. 激发需求，扩大市场

信息沟通的目的在于刺激需求，诱导消费，开拓市场。同时，有效的沟通还可以创造需求，从而使市场需求向有利于企业产品销售的方向发展。当某种商品处于低需求时，促销可以招徕更多的消费者，可以开拓需求；当需求处于潜伏状态时，可以促进需求；当需求处于波动状态时，可以平衡和引导需求；而当需求处于衰退状态时，可以保持需求。总之，促销可以激发、引导并创造有利于企业的需求。

3. 突出特点，树立形象

在竞争日益激烈的市场中，企业营销活动的有效性很大程度上取决于企业产品或服务的差异性。这种差异性很可能难以让顾客察觉和辨别得细微差距。在这种情况下，企业就可以通过促销活动，突出宣传产品的特色之处，给消费者能够带来更多的特殊利益，帮助顾客了解产品，影响其购买行为，在市场中建立起良好的企业或产品形象。

4. 稳定和扩大销售

在一定时期内，上下波动较大的市场需求将会影响企业稳定的市场定位。为此，企业可以通过有效的促销活动，树立起良好的企业形象，提高商品在消费者心目中的地位和影响，扩大产品的知名度和美誉度，稳定并扩大企业的市场销售，巩固其市场地位。

需要注意的是，虽然在各种传播工具中，促销在短期内刺激顾客购买的效果最好，但如果没有系统化的组合，可能对企业形象造成损害。反之毫无规则的、频繁的促销活动有可能降低产品的品牌地位，有可能提高买主对于价格的敏感程度，出现所谓"持币待购"，缺乏创意的促销活动也会导致消费者对活动的麻木。

（三）促销决策

开发一项促销活动首先需要明确决策目标，考虑和其他传播工具之间的协调，然后对活动诱因等做出正确的决策。在此基础上，选择合适的促销工具，形成完整有效的促销方案。促销的短期性、利益刺激性决定稍有不慎，决策可能功亏一篑。促销决策包括以下几个方面的内容：

（1）促销范围。首先要确定产品范围，明确是针对整个产品系列还是某一产品的促销，是针对目前市场上正在销售的产品进行促销还是推出特别包装的产品；然后在企业人、财、物允许的范围内，参考各销售区域的现有销售情况，确定促销的区域范围。

（2）诱因强度。诱因是指该项促销活动对促销对象的绝对让利。一般而言，让利越大，诱因强度越大。最低限度的诱因是促销成功的必要条件，较强的诱因会产生较大的销售反应，但其增加率是递减的，因而也并非诱因强度越大越好。

（3）参与条件。这是指决定哪些人能参与促销活动或有资格获得诱因。设定参与条件的目的是保证让利或者说诱因只施加于促销对象，尤其是一些不以购买产品为前提的让利。如在新产品发布会上向每一个与会者发放会议礼品，可设定与会者入场的条件。而鼓励再次购买的赠品只向拥有包装盒、瓶盖或其他购买证明的顾客发放。

（4）传播媒体。这是指通过何种媒体将促销信息传递给促销对象。如一张优惠券，可以通过报纸、杂志、广告传单、直邮传单、产品包装、零售店发放等多种途径送达促销对象。但每种媒体都有不同的影响范围和成本，要妥善选择，如在产品包装中内置优惠券，送达成本低，但只能送达购买者，刊登在报纸或杂志的优惠券成本较高，却可以送达非购买者，而且既包括潜在购买者，也包括非促销对象。

（5）持续时间长。如果促销活动持续的时间太短，许多潜在顾客就可能未及时接收信息和享受优惠，持续时间太长则会导致刺激性下降，失去利诱的作用。理想的持续时间是该种产品的平均购买周期，这将使所有目标顾客都接触到促销信息并得到让利。

（6）促销时机和频率。对一些季节消费产品，应注意把握促销活动开展的时机。很显然，远离消费季节的促销活动很难产生有意义的效果，反季节促销更多的是为了清理存货而不是增加销售利润。对非季节性消费的大件产品，则可以选择在重大节日或有重大社会活动时开展促销；对有较多购买时机选择的产品，则应当选择在临近消费者购买发生之时，如对大件耐用消费品，许多家庭都会选择在节假日、周末等时间宽裕时购买。所以，周五或节假日前一天发布促销信息是合理的。对于不存在上述季节性、时机选择的经常性购买的产品，促销活动则应当保持连续性，不能时有时无，这很容易造成消费者的观望。另外，时机的选择不应是临时的，应当有年度规划。在年度规划期内，还应从促销目标、竞争者的促销表现、消费者的购买习惯和促销反应、活动持续期的长短和效果、促销计划等多个因素决定促销活动的频率。

（7）可持续性。最重要的是不要开发不可持续的或让自己陷入泥潭的促销活动。如节假日、周末大促销虽然增加了这期间的销售量，却减少了平时的销售量，加剧了零售的波动性，却未必能带来全年销量的上升。

二、促销组合

（一）促销组合的含义

促销组合是指企业促销方式的有效组合，即将广告、人员推销、营业推广、公共关系有机结合起来，发挥整体效应的活动。按照"认知、兴趣、评价、试用、采用"的连续的消费分析过程，促销组合的各个方式的影响是不一样的。同时，在不同的产品市场，也需要采用不同的促销组合。

按照沟通方式不同，以上四种促销方式可分为双向沟通的促销方式和单向沟通的促销方式。人员推销是最典型的双向沟通方式，主要表现在促销活动中企业的销售人员与消费者或客户同时都是信息的发出者和接受者。广告、公共关系和营业推广为单向沟通方式，尤其是广告是最典型的单向沟通方式，因为做广告者一方发出信息，将信息传达给目标接受者，不可能同时相互沟通和交换信息。可见，这种促销方式都有自己的特点，在刺激需求时又表现出自己的优势和不足，所以只有协调使用，才能避害趋利，达到整体营销的效果。

（二）促销组合的影响因素

确定促销组合实质上也就是企业在各促销工具之间合理分配促销预算的问题。一般来讲，企业在将促销预算分配到各种促销工具时或在确定促销组合时，需考虑如下因素。

1. 产品类型

产品类型主要是指产品是消费品还是产业用品。从现代市场营销发展史看，消费品与产业用品的促销组合是有区别的。广告一直是消费品的主要促销工具，而推销主要是产业用品的主要促销工具。销售促进在两类市场上同等重要。但是，广告、推销对于工业品和消费品也同样各自的作用。

（1）广告在产业用品促销中的作用。广告在产业用品促销中也执行着诸如建立知晓、建立理解、有效提醒、提供线索、证明有效、再度保证等十分重要的职能。主要表现为：①企业广告在能够树立企业声誉的前提下，将有助于推销员的工作。②著名企业的推销员只要销售展示达到预期标准，便在销售方面具有优势；较不著名企业的推销员如果销售展示工作做得卓有成效，也可以克服其弱点；较小企业愿意将其有限的资金用来挑选、训练优秀的推销员，而不愿意用来做广告。③企业声誉在产品复杂、风险大以及购买者所受专业训练较少的情况下，一般具有较强的影响力。

（2）推销员在消费品促销中的作用。一个训练有素的推销员还应为消费品促销做出如下重要贡献：①增加货位。那些具有较强说服力的推销员，可以说服代理商储存更多的企业产品，或为企业产品提供更多的货位空间。②培养热情。具有较强说服力的推销员能够将有计划的广告以及对代理商的销售促进戏剧化，从而培养起代理商对本企业产品的满腔热血。③劝导推销。训练有素的推销员能够不辞辛苦、循循善诱地劝导更多的代理商努力经营本企业产品。

2. 推式与拉式策略

企业是选择推式策略还是选择拉式策略来创造销售，对促销组合也具有重要影响。推式策略是指利用推销人员与中间商促销将产品推入渠道，是指生产者将产品积极推到批发商手中，批发商又积极地将产品推给零售商，零售商再将产品推向消费者。拉式策略是指企业针对最后的消费者，花费大量的资金从事广告及消费者促销活动，以增进产品的需求。如果做得有效，消费者就会向零售商要求购买该产品，于是拉动了整个营销渠道系统，零售商会向批发商要求购买该产品，而批发商又会向生产者要求购买该产品。企业对推式策略和拉式策略的选择显然会影响各种促销工具的资金分配。

3. 促销目标

确定最佳促销组合，尚需考虑促销目标。相同的促销工具用于不同的促销目标，其成本效益会有所不同。例如，尽管经营产业用品的企业花在推销上的费用远远高于广告费用支出，但是所有促销目标都靠推销一种促销工具去实现也是不切实际的。广告、销售促进和宣传在建立购买者知晓方面，比推销的效益要好得多。在促进购买者对企业及其产品的了解方面，广告的成本效益最好，推销次之。

4. 产品生命周期阶段

在产品生命周期的不同阶段，促销支出的效果也有所不同。在产品生命周期的导入期至成熟期，促销是一个十分重要的市场营销组合因素。这是由于新产品初上市时消费者对其不认识、不了解，必须通过促销活动来吸引广大消费者的注意力。

（1）在导入期，广告与销售促进的配合使用能促进消费者认识了解企业产品。

（2）在成长期，社交渠道沟通方式开始产生明显效果，口头传播越来越重要。如果企业想继续提高市场占有率，就必须加强原来的促销工作。如果企业想取得更多利润，则宜用推销来取代广告和销售促进的主导地位，以降低成本费用。

（3）在成熟期，竞争对手日益增多，为了与竞争对手相抗衡，保持住已有的市场占有率，企业必须增加促销费用。这一阶段可能发现了现有产品的新用途，或推出了改良产品，在这种情况下，加强促销能促使顾客了解产品，诱发购买兴趣。运用赠品等促销工具比单纯的广告活动更为有效，因为这时顾客只需提醒式的广告即可。

（4）在衰退期，企业应把促销规模降到最低限度，以保证足够的利润收入。在这一阶段，只用少数广告活动来保持顾客的记忆即可，宣传活动可以全面停止，推销也可减至最小规模。

5. 经济前景

企业应随着经济前景的变化，及时改变促销组合。例如，在通货膨胀时期，购买者对价格反应十分敏感。在这种情况下，企业至少可采取如下对策：

（1）提供销售促进相对于广告的分量。

（2）在促销中特别强调产品价值与价格。

（3）提供信息咨询，帮助顾客明智地购买。

第二节　人员推销

人员推销是一种传统的促销方式，国内外许多企业在人员推销方面的费用支出要远远大于在其他促销组合因素方面的费用支出。科特勒认为，人员推销在购买过程的最后阶段，特别在建立购买者偏好、信任和行动时是最有效的工具。在现代企业市场营销和社会经济发展中，人员推销起着十分重要的作用。

一、人员推销的概念及特点

（一）人员推销的概念

人员推销就是指企业派推销员与顾客直接接触，传递企业及企业产品信息，引起顾客的购买欲望和购买兴趣，促进销售的总称。这是一种旨在通知和说服消费者购买公司产品的人员沟通。通过人员销售来与一个顾客沟通远比通过广告沟通昂贵得多，但这种方式可即时得到反馈并往往比广告更有说服力。推销人员接触顾客的方式有下列五种选择：

（1）磋商式推销。推销人员在公司的高级主管陪同下，与买主就双方的问题及交易的机会进行会谈。

（2）推销人员对单一购买者。指一个推销人员面对面或电话中与一个潜在的顾客进行交涉。

（3）推销人员对一群购买者。指一个推销人员独自向采购群介绍或说明某种产品的特点。

（4）销售小组对一群购买者。指一个销售小组（由公司主管、推销人员及销售工程师组成）向采购群体进行推销。

（5）研讨式推销。由公司的销售小组为客户公司的技术人员举办有关最新科技发展趋势的学术研讨会。

人员推销的策略必须根据其对顾客购买过程的了解而制定。推销人员常扮演

"客户经理"的角色，安排买卖者之间的接触。推销时需要公司内部其他人的协助。

（二）人员推销的特点

推销具有广告和宣传等其他促销形式所无法比拟的优势和特点，主要包括：

（1）推销注重人际关系，有利于顾客同销售人员之间建立友谊。销售人员既代表着企业利益，同时也代表着顾客利益。他们一般都知道，满足顾客需要是保证销售达成的关键，因此，销售人员总愿意在许多方面为顾客提供服务，帮助他们解决问题。同时，在面对面的交谈的过程中，销售人员与顾客既可谈论商品买卖问题，也可以谈及家庭、社交等其他问题，久而久之，双方极有可能建立起友谊。

（2）推销具有较大的灵活性。销售人员在访问推销过程中可以亲眼观察到顾客对推销陈述和推销方法的反应，并揣摩其购买心理变化过程，因而能立即根据顾客情绪及心理的变化酌情改进推销陈述和推销方法，以适应各个顾客的行为和需要，促进最终交易的达成。

（3）推销与广告相比，其针对性强，无效劳动较少。广告所面对的受众十分广泛，其中有些根本不可能成为企业的顾客，所以，企业做广告所花的钱，有一部分是白花的。而销售人员访问顾客总是带有一定的倾向性，目标较为明确，往往可以直达其顾客，因而耗费无效劳动较少。

（4）推销在大多数情况下能实现潜在交换，达成实际销售。访问推销可以占"见面三分情"的情面便利，顾客感到有必要倾听，注意销售人员的宣传并做出反应。一般地，如果顾客确实存在对所推销商品的需要，那么，销售人员运用推销艺术肯定能使交易达成。

（5）推销有利于企业了解市场，提高决策水平。销售人员承担工厂"信息员"和"顾问"的双重角色。由于人员推销是一个双向沟通的过程。所以，销售人员在向顾客提供服务和信息的同时，也为企业收集到可靠的市场信息。另外，销售人员处于第一线，经常直接和顾客打交道，他们最了解市场状况和顾客的反应，因而也最有资格为企业的营销决策提供建议和意见。

（6）推销经常用于竞争激烈的情况，也适用于推销那些价格昂贵和性能复杂的商品。对于专业性很强也很复杂的商品，仅仅靠一般的广告宣传是无法促成潜在顾客购买的，企业只有派出训练有素的推销员为顾客展示、操作商品，并解答其疑难问题，才能达成销售。

当然，推销也有一些缺点，主要是成本费用较高。因此，企业决定使用人员推销时必须权衡利弊，慎重从事。此外，人员推销还有一个局限性，即企业往往难以物色到有才干的销售人员。

二、推销人员的素质

人员推销是与顾客进行双向沟通的促销方式。促销效果如何很大程度上取决于推销人员的素质。对推销人员的素质要求，有以下几个方面。

1. 职业道德

推销人员的职业道德是指推销人员在处理自己与企业、顾客、竞争对手之间相互关系的行为准则和规范。这要求推销人员应该具有强烈的事业心和责任感；具有集体利益高于个人利益的思想境界；具有公道、正派的思想作风和合作共事的精神。有艰苦奋斗的创业精神，遵守国家法律、法规和有关政策。

2. 知识修养

推销人员经常与各种各样的顾客打交道，需要具备较高的知识水平和合理的知识结构。知识修养的高低，在一定程度上制约着推销人员的推销能力。所以，推销人员应该有旺盛的求知欲，善于学习并掌握多方面的知识，这样运用起来才会游刃有余。一般来讲，一个优秀的推销人员应该懂得专业知识和社会基础知识，前者包含企业知识、产品知识、市场营销学和推销业务知识等方面；后者包括政治法律知识、经济学、社会学、心理学等多种知识。最终做到仪表端庄，举止大方，态度和蔼，具自信心，能正视各种挑战。

3. 工作能力

工作能力包括判断能力和运用能力。前者包括观察力、注意力、记忆力、想象力和思维力；后者包括判断力、预见力、说服力、创造力等。所以，推销人员应该具有业务推销能力、处理人际关系的能力、为顾客服务的能力以及较强的应变能力，善与人沟通，有完成销售任务的强烈欲望。

4. 个性素质

推销工作的特殊性决定了对推销人员的特殊性格要求。合格的推销人员应该具有感情外露、热情奔放、活动能力强、当机立断的外向型性格特征，沉默寡言、具有内向性格的人不宜做销售工作。

推销人员的素质和形象其实就是企业形象的代表，有些企业不注重人员素质的提高，推销人员素质差，不但推销难以成功，还会损害公司形象。

三、人员推销策略

对许多顾客来说，销售人员是企业的象征；反过来，销售人员又从顾客那里给企业带回许多有关的信息和资料。因而，企业制定推销策略时，就要制定销售队伍的目标、战略、结构、规模和报酬方式等。另外，销售人员既是企业的资源和财富，又是一项重要的企业投资。这项投资不仅受各种环境因素的制约，而且一旦拍板决策又很难进行变动。例如，企业培训一位优秀的销售人员要花费很多时间和金钱，如果这位销售人员因故离开该企业，将会给企业造成巨大损失。所以，企业还必须加强对销售人员的管理，如招聘、挑选、训练、指导、激励和评价等。

（一）推销策略的内容

推销策略是指企业根据外部环境变化和内部资源条件设计和管理销售队伍的过

程。具体包括以下几个方面：

（1）确定推销在企业市场营销组合中的地位，为销售人员制定出适当的销售活动组合。

（2）根据企业资源条件和销售预算等确定销售队伍的规模。

（3）根据顾客、产品和销售区域分配资源和时间。

（4）对销售活动（任务）进行激励和控制。

（二）推销策略的分类

推销策略的内容尽管很多，但大体上可分为以下两种：

（1）策略决策，包括销售队伍的大小、区域设计和访问计划等。

（2）管理决策，包括销售人员的招募、挑选、培训、委派、报酬、激励和控制等。

四、人员推销策略决策

（一）推销队伍规模

销售人员是企业最有生产价值、花费最多的资产之一，销售队伍的规模直接影响着销售量和销售成本的变动。因此，销售队伍规模是推销策略中一个重要问题。它既受市场营销组合中其他因素的制约，又会影响企业的整个市场营销战略。企业设计销售队伍规模通常有三种方法：

（1）销售百分比法。企业根据历史资料计算出销售队伍的各种耗费占销售额的百分比以及销售人员的平均成本，然后对未来销售额进行预测，从而确定销售人员的数量。

（2）分解法。这种方法是把每一位销售人员的产出水平进行分解，再同销售预测值相对比，就可判断销售队伍的规模。

（3）工作量法。上述两种方法比较简单，但它们都忽略了销售人员的数量与销售量之间的内在联系，因而实际意义不大。下面重点介绍第三种方法，即工作量法。工作量法分为五个步骤：

①按年销售量的大小将顾客分类。

②确定每类顾客所需的访问次数（即对每位顾客每年的推销访问次数），它反映了与竞争对手相比要达到的访问密度。

③每类顾客的数量乘以各自所需的访问次数就是整个地区的访问工作量。

④确定一个销售代表每年可进行的平均访问次数。

⑤将总的年访问次数除以每个销售代表的平均年访问次数，即得到所需销售代表数。

显然，工作量法相对而言较为实用。不过，它没有说明访问次数是如何确定的，也没有把销售队伍的规模当成能为企业带来利润的一种投资。事实上，企业利润销售队伍的规模、预算、报酬方式等紧密地联系在一起。

（二）推销工作安排

推销工作安排是指对销售力量进行分配，即在销售队伍规模既定的条件下，销售人员如何在产品、顾客和地理区域方面分配时间和资源。

（1）时间安排（顾客方面）。大多数市场的顾客都是互不相同的，因而每位销售人员在作销售时间安排时总涉及这样三个问题：

①在潜在顾客身上要花多少时间？

②在现有顾客身上要花多少时间？

③如何在现有顾客和潜在顾客之间合理地分配时间？

对企业而言，时间安排通常表现为销售目标，对此有比较明确的规定。某家企业指示其销售人员，要将80%的时间花在现有顾客身上，将20%的时间花在潜在顾客身上。如果企业不这样规定比例，销售人员很可能会把绝大部分时间用在向现有顾客推销产品，从而忽视潜在顾客方面的工作。所以，企业实施人员推销策略时，必须重视销售时间的安排。

（2）资源分配（产品方面）。一支销售队伍通常要推销一系列产品，所以，销售人员必须寻求一种最为经济的方式在各个产品间配置推销资源（时间）。新产品的推销有时要花上好几年的时间才能使销售额达到最高水平。因此，企业在决策时不能仅看到近期的销售额和利润率，而必须着眼于长远的利益，从战略角度来分配资源和时间，设计市场营销组合。

（三）销售区域设计

企业委派销售代表常驻一些地区负责产品销售，这些地区通常被称为销售区域。区域设计是人员推销策略的重要内容之一。无论是设计新的区域系统，还是调整现有的区域构成，企业都要考虑下述条件：

（1）区域要易于管理。

（2）各区域的销售潜量容易估计。

（3）能够严格控制推销旅途的时间花费。

（4）对推销员来说，每个区域的工作量和销售潜量都是相等的，而且足够大。

企业要想满足这些条件，可以通过对区域单位大小和形状的确定而达到。设计区域大小主要有两种方法，即同等销售潜量法和同等工作量法，这两者各有千秋。企业按同等销售潜量法划分区域能给每个销售代表提供相同的收入机会，并有利于企业衡量销售代表的工作绩效。由于各区域间长期存在的销售额差异反映出各销售代表能力与努力程度的不同，这就促使他们相互竞争，尽最大努力工作。

五、人员推销管理决策

企业要制定有效的措施和程序，加强对销售人员的挑选、招聘、训练、激励和评价。只有通过一系列管理和控制活动，才能把销售人员融入整个经营管理过程，使之为实现企业目标而努力。

（一）销售人员的挑选、招聘与训练

1. 销售人员的挑选

企业的销售工作要想获得成功，就必须认真挑选销售人员。这不仅是因为普通销售人员和高效率销售人员在业务水平上有很大差异，而且用错人将给企业造成巨大的浪费。

2. 销售人员的招聘

企业在确定了挑选标准之后，就可着手进行招聘。招聘的途径和范围应尽可能广泛，以吸引更多的应聘者。企业人事部门可通过由现有销售人员引荐、利用职业介绍所、刊登广告等方式进行招聘。此后，企业要对应聘者进行评价和筛选。筛选的程序因企业而异。一般可分为初步面谈、填写申请表、测验、第二次面谈、学历与经历调查、身体检查、决定录用与否、安排工作等程序。

3. 销售人员的培训

事实表明，训练有素的销售人员所增加的销售业绩要比培训成本更大，而且，那些未经培训的销售人员的业绩并不理想。尤其是在顾客自主意识日益增强和自由选择度日益加大的今天，如果销售人员不经过系统的培训，他们将很难获得与顾客的沟通。所以，企业必须对销售人员进行培训。

4. 销售人员的竞争意识

如何应对竞争对手，是销售人员培训中的重要课题。在推销商品时，销售人员面临双重挑战：来自顾客的和来自竞争对手的。因此，如何对付竞争对手，就成为销售人员必须掌握的一种技术。在如何应付竞争对手的问题上，有几种不同的认识。

（1）赞扬对手和尽量回避。一些销售人员的座右铭是"各卖各的货，井水不犯河水"。他们认为，销售人员除了赞扬对手之外不应当提到他们。万一顾客主动谈到竞争商品，就赞扬几句，然后转移话题。完全回避竞争对手就不会导致顾客去考虑其他商品。然而，按这种观点办事往往并不是最佳策略。不少竞争品牌可能早已在顾客心目中留下印象，用回避的办法难以将它们驱除。顾客对竞争产品的印象会使他迟迟不能做出购买决定。因此，销售人员要战胜竞争对手，就必须设法让顾客把心中向往的另一种商品选出来，并谈谈看法。精明的销售人员可以从顾客的谈话中得到有用的信息，然后进行有针对性的说服。绝大多数汽车推销人员都害怕跟头一次买汽车的人打交道，因为，不管你给这些顾客提供多少优越的条件，他们还会认为有必要先转一圈看看再说。聪明的销售人员都喜欢顾客看完其他牌子的商品后再接待他们，这样，

就有成交的希望了。

（2）迎头痛击。一些人认为，竞争对手是无法安然回避的，只能给予承认和回击。如果销售人员能在顾客的头脑中为竞争产品播下一颗怀疑的种子，那么这颗种子就会长大，大到足以阻止顾客去购买竞争对手的产品。销售人员巧妙地将不利于对方的事情讲给顾客听，或是直截了当地表达出自己的意见就能做到这一点。但是，销售人员对竞争产品的这种非议必须有一定的事实根据，这是销售人员应具备的最基本的道德素养。

（3）承认对手但不要轻易进攻。一些人的认识介于上述二者之间。毫无疑问，避免与竞争对手发生猛烈"冲撞"是明智的，但是，要想绝对回避它们又是不可能的。销售人员主动攻击竞争对手，将会产生相反的效果：顾客会因好奇心去了解竞争产品。

（4）一比高下。有些机械产品的生产厂家培训自己的销售人员，要求他们学会把自己的产品和顾客心目中的最好的产品进行一些比较。推销员把每一点的比较情况分两行记录下来，哪边占上风，就在哪边做个记号，然后，推销员在介绍产品时，要强调自己占优势的特点，从而给顾客留下深刻印象。

（二）销售人员的激励和评估

1. 销售人员的激励

对销售人员进行激励，需要根据销售考核业绩，建立合理的推销报酬制度，是吸引、激励推销员奋发工作的一个重要因素。在研究推销员报酬时，一般应以推销业绩为主，同时参考社会上，特别是企业其他部门的报酬水平。在西方企业中，推销员的报酬一般有以下几种方式：

（1）薪金制，即给予正常较稳定的收入，不受推销环境影响，使其有正常的基本收入保障生活。

（2）佣金制，按照推销人员的工作效率来支付报酬。对推销员的超额推销给予奖励。

（3）复合制，把佣金制和薪金制结合起来，目的在于鼓励推销员的工作热情。除此之外，通常还会有一些补贴。

2. 销售人员的评估

（1）要阅读和分析有关情报资料，包括推销员根据考核指标所撰写的定期报告。

（2）要建立有效的评估标准。为了实现最佳评估，在评估标准方面应注意以下问题：一是销售区域的潜力以及区域分布的差异、地理分布状况、交通条件等对推销效果的影响；二是一些非数量性的标准很难求得一平均值。例如，工作热情、判断力、责任感、合作性等。

（3）正式评估采用的方法。第一种方法是横向比较——推销员之间的比较，即比较不同推销员一定时期的销售量。当然，这种比较必须建立在各区域市场的销售潜力、工作量、竞争环境、企业促销组合大致相同的基础上。应当注意的是，销售量并非反映推销员全部工作成就和最佳指标，营销管理部门应对检查推销员工作效益的其他指标进行全面衡量。第二种方法是纵向比较——同一推销员现在和过去工作实绩的比较，包括销售额、毛利、销售费用、新增顾客数、丧失顾客数、每个顾客平均销售额、每个顾客平均毛利等数量指标的分析、比较。这种评估方式有利于衡量推销员工作的改善状况。

（4）素质评估。除了对推销员的工作成绩进行评估外，在有条件的情况下，也应对销售员的素质进行评估。素质评估包括对推销员的知识、人格、对工作的热忱、思想品质、奋发向上的性格的评价。

第三节　广告促销

一、广告促销的概念与类型

（一）广告促销的概念

广告促销是指通过大众媒体与有选择的受众进行付费的、非人员的信息沟通，引起顾客的购买兴趣与购买欲望，促进销售的总称。这个定义中的关键词是"非人员"和"付费"，前者是指不包括通过推销队伍所执行的人员销售，后者是指不包括宣传推广，因为它也通过大众媒体进行沟通，不需付费。广告非常灵活，它可与极大的目标群体沟通，也可与极小的目标群体沟通，并可仔细地选择目标受众。在一般市场营销学中所研究的，主要指的是商业广告。

（二）广告促销类型

广告可根据多种不同的标准进行分类，可以有以下几种。

1. 按广告目标划分

按照广告目标划分，可将广告分为信息性广告、说服性广告和提醒性广告三大类型。这种分类在现实应用中也是最有意义的。

（1）通知性广告，也称为信息性广告。主要用于大类产品的市场开拓阶段，此时的目标是重点建立该类产品的原始需求或基本需求，而不在于建立该类产品某一特定品牌的需求。即告知消费者现在新出现了某类新产品，以便促进这类商品的销售，把"蛋糕做大"，自己也可以增加销售量。

（2）选择性广告，也叫说服性广告。主要用于进入竞争阶段的产品，此时公司的目标是为特定的品牌培植选择性需求。比较性广告通过两个或多个特定品牌的特性比较来突出自己的优越性。一般来说，比较性广告与非比较性广告相比，比较性广告的效果更好。但比较性广告在许多国家是非法的，或至少是不可接受的，如我国的

《广告法》中有"广告不得贬低其他生产经营者的商品或服务"的相关规定。现在，比较性广告在洗洁剂、牙膏、电池、家电、汽车等制造业中比较常用。

（3）提醒性广告。主要用于进入成熟期的产品，此时公司的目标不是通知或说服消费者购买某一人所共知的产品，而是提醒消费者不要忘了购买这一特定品牌的产品。为了使这种提醒的作用更广，通常还辅以另一种相关形式的机构广告，其目的在于增强公司的形象和声誉，而不是直接刺激销售。因为一个积极正面的公众形象，不仅有助于吸引消费者，而且有助于吸引员工和投资者。

小贴士

不同目标的广告

通知：关在门外的先生依然可以悠然自得地接听电话，步步高无绳电话在告诉我们有了一种可以不再受连接线限制的、在一定范围内任何一处使用的电话。

说服：奥妙洗衣粉的对比试验以及佳洁士防蛀牙膏的鸡蛋壳试验，是以一种非常直观的和易于理解的方式说服消费者改用其所推荐的产品。

提醒：似乎所有的电视新闻节目主播前都有一台背向观众打开的笔记本电脑，面上的品牌标志默默地却醒目地不停地提示观众：这可是主持人使用的电脑哎！

资料来源：钱旭潮、王龙、韩翔编著：《市场营销管理》（第二版），机械工业出版社2009年版。

---

2. 按广告的不同对象划分

按广告的不同对象划分，可把广告分为消费者广告、工业用户广告、商业批发广告。

3. 按广告诉求方式划分

按广告诉求方式划分，可把广告划分为理性诉求广告与感性诉求广告。理性诉求广告是指采用理性的说服方法，有理有据地直接论证产品的优点与长处，让顾客判断，进而购买使用。感性诉求广告是指采用感性的说服方式，向消费者诉之以情，使他们对产品产生好感，进而购买使用。

二、广告促销的目标

要想使广告促销更为有效，就必须制定明确的广告目标。广告目标是企业借助广告活动期望达到的目的。可以供企业选择的广告目标概述起来有下述几种。

1. 以提高产品知名度为目标

以提高产品知名度为目标的广告，也称为通知性广告。这种目标主要用于一种产品的开拓阶段，主要是指向目标市场传播企业产品的信息，唤起顾客的原始需求。

2. 以建立需求偏好为目标

以建立需求偏好为目标的广告成为选择性广告。目前此类目标大多通过与一种或几种同类产品的其他品牌的比较来建立自己品牌的优越性，说服顾客购买自己的产品，从而造成竞争对手顾客的流失。当然，由于企业或产品在消费者心目中的形象并非单纯由广告来完成。因此，以此为目的的广告应当把企业的整体营销组合战略有效传递给潜在消费者。如果企业或产品缺乏良好的声誉，广告在这方面所承担的任务就更为重要了。

3. 以提示、提醒为目标

以提示、提醒为目标的广告称为提示性广告。在产品生命周期的成熟期运用十分重要，它是指通过保持消费者、用户和社会公众对产品的记忆，使产品现有的用户相信他们所做出的选择是正确的。

广告目标是企业目标的一部分，企业在确定广告目标时，要与企业目标相一致。有鉴于此，在制定广告促销时，一定要从整体营销观点出发，寻求与企业营销组合战略、促销组合策略有效组合的企业广告促销策略。

三、广告媒体及其选择

企业媒体计划人员还必须评估各种主要媒体到达特定目标沟通对象的能力，以便决定采用何种媒体。主要媒体有国际互联网、电视、报纸、杂志、直接邮寄、广播、户外广告等。这些主要媒体在送达率、频率和影响价值方面互有差异。例如，电视的送达率比杂志高，户外广告的送达率比杂志高，而杂志的影响力比报纸大。

（一）媒体的特性

媒体计划人员在选择媒体种类时，需了解各媒体的特性。

（1）报纸的优点是弹性大、及时，对当地市场的覆盖率高，易被接受和信任；其缺点是时效短，转阅读者少。

（2）杂志的优点是可选择适当的地区和对象，可靠且有名气，时效长，转阅读者多；其缺点是广告购买前置时间长，有些发行量是无效的。

（3）广播的优点是大量使用，可选择适当的地区和对象，成本低；其缺点是仅有音响效果，不如电视吸引人，展露瞬间即逝。

（4）电视的优点是视、听、动作紧密结合且引人注意，送达率高；其缺点是绝对成本高，展露瞬间即逝，对观众无选择性。

（5）直接邮寄的优点是共同对象已经过选择，而且媒体形式灵活；其缺点是成本比较高，容易造成滥寄的现象。

（6）户外广告的优点是比较灵活，展露重复性强，成本低、竞争少；其缺点是不能选择对象，穿凿力受到局限等。

（二）媒体的选择

企业媒体计划人员在选择媒体种类的时候，需考虑如下因素：

（1）目标沟通对象的媒体习惯。例如，生产或销售玩具的企业，再把学龄前儿童作为目标沟通对象的情况下，绝对不会在杂志上做广告，而只能在电视或电台上作广告。

（2）产品特性。不同的媒体在展示、解释、可信度与颜色等各个方面分别有不同的说服能力。例如，照相机之类的产品，最好通过电视媒体或互联网做活生生的实地广告说明。

（3）信息类型。不同类型的信息对媒体选择的要求也不同。例如，宣布明日的销售活动，必须在电视或者报纸上做广告；而如果广告信息中含有大量的技术资料，则须在专业杂志上做广告。

（4）成本。不同媒体所需成本也是一个重要的决策因素。电视是最昂贵的媒体，而报纸则较便宜。不过，最重要的不是绝对成本数字的差异，而是目标沟通对象的人数构成与成本之间的相对关系。如果用每千人成本来计算，可能会表明在电视上做广告比在报纸上做广告更便宜。

在市场营销实践中，媒体工具的选择，应充分考虑到特定市场的媒体消费习惯。

四、广告设计与效果

广告设计是一种专门的艺术和学问，需要多方面的知识和技能。本部分是从产品生命周期的角度论述在产品生命周期各个阶段的广告设计技巧。在论述广告效果测定的一般方法之后，重点分析我国报纸广告的效果测定。

（一）产品生命周期与广告设计技巧

1. 导入期的广告设计技巧

一种新产品刚刚投放市场，其品质、功效、造型、结构等尚未被消费者所认识，那么采用何种广告才能吸引消费者的注意，使产品在较短的时间内迅速进入和占领市场呢？

一般来讲，导入期的广告属开拓性广告，广告对象是少数创新者，即收入高、有冒险精神、乐于接受新事物的顾客群。因此，广告设计应努力塑造产品的形象，充分全面地展示产品性能、特点、用途、价格以及使用方法。这种开拓性广告的要点是着重于产品新观念的介绍、新习惯的培养和新用途的发展，其目的是引导产品打入市场，唤起市场潜在需求，在消费者或者用户中建立一种新观念，让人们了解其特殊的个性。

具体来讲，导入期的广告在设计原理上宜采用诉求认知的原理。诉求认知原理也称为"AIDAS"五字经，即引起注意（Attention）→长生兴趣（Interesting）→刺激需求（Desire）→激起购买欲望和行动（Action）→使消费者买到称心的产品而感到满意（Satisfaction）。引起注意应该说是该阶段广告设计的主要目标，为此，必须增强广告吸引力。这个时期广告媒体的选择应该结合该阶段营销策略中的"短"字，尽量选用能够直接面向目标市场的媒体，或选择大众化、消费者喜爱的媒体。

2. 成长期的广告设计技巧

成长期的广告属竞争性广告或说服性广告。广告对象是早期购买者，即紧跟创新者的易于接受新观念和收入较高的顾客群。由于该时期是建立商业信誉、树立企业和产品形象的最佳时期，故广告设计要把重点放在诱发消费者对产品的爱好和兴趣上来，不仅要取势，更重要的还在于攻心。因此，此阶段在广告设计原理上宜采用诉求认知原理与信任原理相结合，并采用均衡时间策略，有计划地反复对目标市场进行广告宣传，并着重宣传其生产经营的一贯宗旨和信誉，或它的悠久历史和成就，来持续地加深消费者对产品或企业的形象，从而提高产品的知名度和占有率，树立企业形象，建立企业信誉，通过让消费者确认、购买和使用这种品牌的产品来达到挖掘市场潜力、扩大销售的目的。在此期间，广告创意宜采用情景式创意，即将场景、人物、产品三者组成一个生活模型，让消费者在广告情景引导下产生作用，以激起认同或模仿。至于广告的表现手法和媒体的选择，基本上与导入期相同。

3. 成熟期的广告设计技巧

产品进入成熟期后，变成了普及产品，广告客体的性质发生了变化，广告对象也由早期使用者转化为社会大众，因而广告的目标也应随之变化，刺激需求、促进销售成为成熟期广告设计的目标。因此，这一时期的广告设计明显的与上述两个阶段不同。因为该时期人们对产品和品牌均已熟悉，普遍喜欢名牌、依赖名牌、追随名牌，享用名牌产品已成为人们的一种消费时尚，所以广告应以动人的情感诉求认知方式为主，辅之以联想的方式来提醒消费者注意企业的产品，加强他的记忆，以此来刺激需求、促进销售。该阶段的广告属提示性广告或称维持性广告。

成熟期的广告在设计原理上宜采用诉求认知原理与联想原理相结合，突出宣传产品优越性和市场特殊性（如质量、品牌优势、优质服务和维修、方便群众等内容）以及与其他品牌同类产品的差异性，来刺激需求，引导消费者认牌选购，巩固习惯性购买。在广告创意上宜采用情景式创意，给人以一种温馨、回味的感觉；也可采用公益式广告创意，给人以关心、爱心感。成熟期广告媒体要以电视媒体为主，这也是该时期广告成本较高的原因之一，在广告时间策略方面宜采用均衡策略等，从而不仅使成熟期的广告起到加深印象、刺激需求的作用，也使消费者在欣赏广告的同时获得心理上满足和艺术上的享受。

值得注意的是，人们把该时期的后半段也称为饱和期，这一阶段是原有产品逐步变成老产品，企业对产品进行整顿、改进，新产品逐步进入市场的时期。因此这一阶段的广告应注意将两者结合起来，不仅刚投放市场的新产品要做广告，而且老产品也要做广告。为使广告起到扩大市场和促进销售、延长寿命周期的作用，两种广告在设计时必须采用"一体化"的策略（商标、标准字体、标准色、象征图案、宣传标语及口号等统一、一致），以此来达到借助老产品的广告和声誉来消除顾客对新产品的不信任感，迅速占领市场；同时，借助于新产品广告来达到加深印象、刺激需求，从而维护市场的目的。

4. 衰退期的广告设计技巧

衰退期的广告属加强性广告，广告对象是少数落伍者，因而该时期广告诉求宜采用理性诉求，力图提醒用户可能在最近的将来需要这种产品；在广告创意上宜采用反诉求式创意，即最好从消费者最在意、最担心的问题切入。

通过上述分析可以看出，广告设计和宣传在产品生命周期中的重点应放在导入期和成熟期上。广告设计就像产品生命周期规律一样呈周期性变化，各阶段均有不同的特点和表现手法，但对某一具体产品而言，各阶段的广告设计必须体现一体化策略，使广告达到事半功倍的效果。

（二）广告效果评价

广告的传播效果是指广告活动对广告受众在意识、知识和偏好方面的影响。广告经过媒体选择、消费者行为分析、设计等一系列的过程，评价广告效果，成为完整的广告活动过程中不可或缺的重要一环。

广告效果实质就是广告的沟通效果，如果达到了预期的沟通效果，那么广告活动无疑是成功的；反之，则广告是失败的。广告效果的评价可以分为事前评价和事后评价。

1. 事前评价

在广告还没有正式制作完成或正式播出之前，对之进行各种检测，或邀请专家学者、消费者进行现场观察，或利用专门仪器来测定人们的心理活动反应，从而对广告可能获得的成效进行评价。根据测定中产生的问题，对广告进行修改，争取广告的最佳效果。事前评价包括消费者评定法、综合测试和实验室测试等方法。

2. 事后评价

广告正式播出之后，产生的实际效果如何，需要对广告的销售效果和广告的认知效果两个方面进行评价。

（1）广告的销售效果。广告的销售效果可以用销售额衡量法和小组比较法等两种方法进行评价。

①销售额衡量法。销售额衡量法就是实际调查广告活动前后的销售情况，以事前和事后的销售额之差作为衡量广告效果的标准。在实际运用过程中通常采用广告费比率和广告效果比率等方法进行计算。计算公式如下：

$$广告费比率 = \frac{广告费}{销售额} \times 100\%$$

$$广告费比率 = \frac{销售额增加率}{广告费增加率} \times 100\%$$

$$AEI = \frac{a - (a + c) \times b/(b + a)}{n} \times 100\%$$

式中：a——看过广告又购买产品的人数；

b——看过广告但没有购买产品的人数；

c——未看过广告但购买产品的人数；

n——被检测的总人数；

AEI——广告效果指数。

②小组比较法。小组比较法就是将相同性质的被检测者分为三组，其中两组各看

两种不同的广告，一组未看广告，然后比较两组的效果之差，并和未看过广告的一组进行比较。最终通过比较得出，两个广告的优劣。通常用广告效果指数来计算。

（2）广告的认知效果。广告的认知效果着重于分析广告活动后，消费者对广告信息的接触情况、阅读情况、记忆情况等方面。

①接触测量。接触测量用接触来表示。即在广告媒体的受众中，有多少比例的人接触到该广告。

②阅读测量。阅读测量用阅读率来表示。通过报纸、杂志来阅读广告的人数与发行量的比例。

③记忆测量。在广告发布后的一段时间内，消费者对广告的记忆程度。

④态度测量。从消费者的言谈来分析其态度。最常用的就是有多个答案供消费者选择。

⑤综合测量。使用以上多个变量对不同的区域的各种媒体广告效果进行测量，然后汇总出综合评分，从而为媒体的选择和区域的差异提供决策依据。

五、广告预算

企业的广告目标主要有提供信息、诱导购买、提醒使用等。广告目标决定后，企业即可指定广告预算，即确定在广告活动上应花费多少资金。一般来讲，企业确定广告预算的方法主要有四种。

（一）量力而行法

尽管这种方法在市场营销学上还没有正式定义，但不少企业一直在采用。采用此法的企业确定广告预算的依据是它所能拿得出的资金数额。也就是说，在其他营销活动的经费被优先分配之后，尚有剩余者再供广告之用。企业根据其财力情况来决定广告开支多少并没有错，但应看到，广告是企业的一种重要促销手段，企业做广告的根本目的在于促进销售。因此，企业做广告预算时要充分考虑企业需要花费多少广告费才能完成销售指标。所以，严格来说，量力而行法在某种程度上存在着片面性。

（二）销售百分比法

即企业按照销售额或单位产品售价的一定百分比来计算和决定广告开支。这就是说，企业按照没完成100元销售（或每卖1单位产品）需要多少广告费来计算和决定广告预算。例如，某企业在2006年12月1日将前11个月的累积销售收入与12月预计的收入相加，以总额的2%作为2007年的广告预算。

使用销售百分比法确定广告预算的主要优点是：

（1）暗示广告费用将随着企业所能提供的资金量的大小而变化，这可以促使那些注重财务的高级管理人员认识到，企业所有类型的费用支出都与总收入的变化有密切关系。

（2）可促使企业管理人员根据单位广告成本、产品售价和销售利润之间的关系去考虑企业的经营管理问题。

（3）有利于保持竞争的相对稳定，因为只要各竞争企业都在让其广告预算随着销售额的某一百分比而变动这一点上达成默契，就可以避免广告战。

使用销售百分比法确定广告预算的主要缺点是：

（1）把销售收入当成了广告支出的"因"而不是"果"，造成了因果倒置。

（2）用此法确定广告预算，实际上是基于可用资金的多少，而不是基于机会的发现与利用，因而会失去有利的市场营销机会。

（3）用此法确定广告预算，将导致广告预算随每年的销售波动而增减，从而与广告长期方案相抵触。

（4）此法未能提供选择之一固定比率的依据，比率选择随意性较大。

（5）不是根据不同的产品或不同的地区确定不同的广告预算，而是所有的广告都按同一比率预算，造成了不合理的平均主义。

（三）竞争对等法

指企业比照竞争者的广告开支来决定本企业广告开支的多少，以保持竞争上的优势。在市场营销管理实践中，不少企业都喜欢根据竞争者的广告预算来确定自己的广告预算，造成与竞争者旗鼓相当、势均力敌的局势，如果竞争者的广告预算确定为100万元，那么本企业为了它拉平，也将广告预算确定为100万元甚至更高。美国奈尔逊调查公司的派克汉（J. O. Peckham）通过40多年的统计资料进行分析，得出的结论：要确保新上市产品的销售额达到行业平均水平，其广告预算必须相当于行业水平的1.5~2倍。这一法则通常被称为派克汉法则。

采用竞争对等法的前提条件是：

（1）企业必须能获悉竞争者确定广告预算的可靠信息，只有这样才随着竞争者广告预算的升降而调高或调低。

（2）竞争者的广告预算能代表企业所在行业的集体智慧。

（3）维持竞争均势能避免各企业之间的广告战。

（4）企业与竞争者生产、销售规模相仿，同属于一个层次。

但事实上，上述前提条件很难具备。这是由于：

（1）企业没有理由相信竞争者所采用的广告预算确定方法比本企业的方法更为科学。

（2）各企业的广告信誉、资源、机会与目标并不一定相同，可能会相差甚多，因此某一企业的广告预算不一定值得其他企业效仿。

（3）即使本企业的广告预算与竞争者势均力敌，也不一定能够稳定全行业的广告支出。

（四）目标任务法

前面介绍的几种方法都是先确定一个总的广告预算，然后，再将广告预算总额分配给不同的产品或地区。比较科学的程序步骤应是：

（1）明确地确定广告目标。

（2）决定为达到这种目标而必须执行的工作任务。

（3）估算执行这种工作任务所需的各种费用，这些费用的总和就是计划广告预算。

上述确定广告预算的方法就是目标任务法。企业在编制总的广告预算时，先要求每个经理按照下述步骤准备一份广告预算申请书：

（1）尽可能详细地限定广告目标，该目标最好能用数字表示。

（2）列出为实现该目标所必须完成的工作任务。

（3）估计完成这些任务所需要的全部成本。

这些成本之和就是各自的经费申请额，所有经理的经费申请额即构成企业所必需的总的广告预算。

目标任务法的缺点是没有从成本的观点出发来考虑某一广告目标是否值得追求这个问题。例如，企业的广告目标是下年度将某品牌的知名度提高 20%，这时所需要的广告费用也许会比实现该目标后利润的贡献额超出许多。因此，如果企业能够先按照成本来估计个目标的贡献额（即进行成本效益分析），然后在选择最有利的目标付诸实现，则效果更佳。实际上，这种方法也就被修正为根据边际成本与边际收益的估计来确定广告预算。

第四节　销售促进

小案例

推新品：对比品尝加赠送

2006 年 3 月 6 日，伊利隆重推出优酸乳双果奇缘。推新品，大家比较常用的是免费尝试，以在口感上形成第一印象。伊利在优酸乳（双果奇缘）最初上市时，也采用了试饮的方法。但是免费试饮的结果往往是大庭广众之下消费者不好意思过来尝，或者尝过之后没什么特殊感觉，难以促成购买。于是他们给试饮增加了内容：在商超门口不影响过路的显著地方摆上两张长桌，贴上双果奇缘的 POP 和试饮信息，活动方式是促销小姐在桌后倒上两杯不同的牛奶，一杯是纯奶，一杯是优酸乳，让消费者品尝，猜出哪杯是优酸乳的人即可得到两份双果奇缘的奖励。由于活动具备趣味性，而且猜对了是以奖励的形式给予赠品，没有索要的感觉，吸引了不少青少年和中青年消费者的兴趣。通过品尝，优酸乳的味道一下子在品尝者的心目中定格，他们把奖品带回去之后，还可以拿给家里人或朋友喝，扩大了试饮群。当时河北地区一个超市的日派送量就达到了几百箱。该活动在新品推广上获得成功，使优酸乳后来拥有了一大批的青少年铁杆消费者。

资料来源：www. goldsword. com. cn／page／news. asp？ID

一、销售促进的含义、分类及其特点

（一）销售促进的含义

销售促进又称营业推广，是指企业在某一段时期以激发消费者的购买和促进经销商的经营效率为目的，采用特殊的手段以促进企业销售迅速增长的一种促销方式。它是一种非常规、非经常性的，不同于人员推销、公关、广告等促销方式。所以不能作为一种经常的促销手段加以使用，但在某一特定时期内，对于小销售的迅速增长则是十分有效的。

销售促进与其他促销方式的显著不同在于：它以强大的宣传优势和特殊的优惠条件为特征，给消费者以不同寻常的刺激，从而激起他们的购买欲望。但攻势过强，容易适得其反。

（二）销售促进的分类

销售促进这种有效的促销工具有许多分类方式，包括如下方面：

（1）针对消费者的促销工具，如样品、折价券、以旧换新、减价、赠奖、竞赛、商品示范等。

（2）针对产业用品的促销工具，如折扣、赠品、特殊服务等。

（3）针对中间商的促销工具，如购买折让、免费赠品、商品推广津贴、合作广告、推销金、经销商销售竞赛等。

（4）针对推销人员的促销工具，如红利、竞赛等。

（三）销售促进的特点

销售促进为多数企业采用，有自己的特点：

（1）形式多样性。销售促进具有可以根据其推广目标（如消费者或用户、中间商、推销人员）的特点、心理，采用各种具有针对性的形式。

（2）效果较显著。销售促进的宣传面广，可以采用多种多样的形式，并且有"机不可失，时不再来"的吸引力，对消费者或用户的需求刺激较强，常使消费者或用户立即做出购买决策。当企业的新产品进入市场时，常常运用营业推广的策略，这样做有利于企业缩短产品的引入期，迅速占领市场。

（3）非经常性和非正规性。销售促进不同于广告和人员推广，不具有经常性和周期性，是为了解决一些具体问题而采取的促销策略，没有规律可循。一般很少单独使用，常常与广告推销、人员推销配合使用，只能是其他促销方式的补充。它对销售只有暂时的影响和特殊的促进作用。

二、销售促进策略

一般来讲，企业的销售促进策略包括确定目标、选择工具、制订方案、预试方案、实施和控制方案，以及评价结果等内容。

（一）确定销售促进目标

销售促进目标是由基本的营销沟通目标推演出来的，而后者又是由产品的更基本的营销目标推演出来的。从这个角度讲，销售促进的目标将依目标市场的不同而有所差异。就消费者而言，目标包括鼓励消费者更多地使用产品和促使其大量购买，争取未使用者试用，吸引竞争者品牌使用者等。就零售商而言，目标包括吸引零售商经营新的产品项目和维持较高水平的存货，鼓励它们购买落令商品，储存相关产品，抵消各种竞争性的促销影响，建立零售商的品牌忠诚度，获得新的零售商的合作与支持等。就推销人员而言，目标包括鼓励其支持一种新产品或新款式、新型号的产品，激励其寻找更多的潜在客户，刺激其推销商品等。

（二）选择销售促进的工具

有许多不同的销售促进工具可以用来实现不同的目标，而且各种不同的新工具仍不断地被开发出来。选择销售促进工具，必须充分考虑市场类型、销售促进目标、竞争情况以及每一种销售促进工具的成本效益等耕种因素。下面我们仅从市场类型和营业推广的目标的角度进行分析。

（1）企业用于消费者市场的销售促进工具。如果销售促进目标是抵制竞争者的促销，则可设计一组降价的产品组合，以取得快速的防御性反应。如果企业产品有明显的竞争优势，目标在于吸引消费者率先采用，则产品样品可作为有效的销售促进工具。企业可以向消费者赠送免费样品或试用品，尤其在企业推出新产品时。这些样品可以挨户赠送，通过邮寄赠送，在商店里散发，在其他商品中附送，也可以公开广告赠送。

常见的销售促进工具有：折价券、特价包、赠奖、购销点陈列和商品示范表演、竞赛、兑奖、游戏等形式。

（2）企业用于中间商的销售促进工具。企业为取得批发商和零售商的合作，可以运用购买折让、广告折让、陈列折让、推销金等营业推广工具。购买折让是指购货者在规定的期限内购买某种商品时，每买一次就可以享受一定的小额购货折让，以鼓励购货者大量购买商品，尤其是那些通常不愿进货的新品种。中间商可以利用这种购买折让得到立即实现的利润、广告或价格上的补偿。

企业为酬谢中间商为其做商品广告，往往要给中间商一定的广告折让。中间商为生产企业商品举办特别陈列，企业要给与陈列折让。当中间商购买的商品达到一定的数量的时候，企业要为其提供免费产品。当中间商推销企业产品有成绩时，企业要给中间商推销金，或免费赠送富有企业名字的特别广告赠品，如钢笔、日历、笔记本、烟灰缸、领带等。

（3）企业用于推销人员的销售促进工具。推销人员经常要将许多不同品牌的商品推荐给消费者使用，因此，企业常运用销售竞赛、销售红利、奖品等销售促进工具直接刺激推销人员。上面所讲的企业用于中间商的销售促进工具也可用于推销人员，包括中间商的推销人员和企业自有的推销人员。

（三）制订销售促进方案

企业市场营销人员不仅要选择适当的销售促进工具，而且还要做出一些附加的决策以制订和阐明一个完整的促销方案。主要决策包括诱因的大小、参与者的条件、促销媒体的选择、促销时间的长短、促销时机的选择、促销的总预算等。

（1）诱因的大小。市场营销人员必须确定使企业成本/效益最佳的诱因规模。想要取得促销的成功，一定规模的最低限度的诱因是必须的。我们假设销售反应会随着诱因的大小而增减，则一张减价 15 元的折价券比减价 5 元的折价券能带来更多的消费试用者，但不能因此而确定前者的反应为后者的 3 倍。也就是说，诱因规模很小时，销售反应也很小；诱因规模增大时，销售的反应也增大。但当超出一定点时，较大的诱因以递减率的形式增加销售反应。通过考察销售和成本增加的相对比率，营销人员可以确定最佳的诱因规模。

（2）参与者条件。销售促进策略的另一个重要内容就是决定参与者的条件。例如，特价包是提供给每一个人，还是奖给与那些购买量最大的人。抽奖可能限定在某一范围内，而不允许企业职员的家属或某一年龄以下的人参与。通过确定参与者的条件，卖主可以有选择的排除那些不可能成为商品固定使用者的人。当然，应该看到，如果条件过于严格，往往导致只有大部分品牌忠诚者或希望得到优待的消费者才会参与。

（3）促销媒体的选择。营销人员还必须决定如何将促销方案向目标市场贯彻。假设促销是一张减价 15 元的折价券时，则至少有四种途径可使顾客获得折价券：一是放在包装内；二是在商店里分发；三是邮寄；四是附在广告媒体上。每一种途径的送达率和成本都不相同。例如，第一种途径主要用于送达经常使用者，而第三种途径虽然成本费用较高，却可送达非本品牌使用者。

（4）促销时间的长短。营销人员还要决定销售促进时间的长短。如果时间太短，则一些顾客可能无法重购，或由于太忙而无法利用促销的好处。如果促销时间太长，则消费者可能认为这是长时间降价，而使优惠失去效力，甚至会使消费者对商品质量产生怀疑。阿瑟·斯特恩（Arthur Stern）根据自己的调查研究，发现最佳的频率为每季度有三周的优惠活动，最佳时间长度为平均购买周期。当然，这种情况会随着促销目标、消费者购买习惯、竞争者策略及其他因素的不同而有所差异。

（5）促销时机的选择。在现代企业，品牌经理通常要根据销售部门的要求来安排销售促进的时机和日程。而日程安排又必须由地区市场营销管理人员根据整个地区的市场营销战略来研究和评估。此外，促销时机和日程的安排还要注意使生产、分销、推销的时机和日程协调一致。

（6）促销的总预算。销售促进总预算可以通过两种方式确定：

①自上而下的方式，即市场营销人员根据全年销售促进活动的内容、所运用的销售促进工具及相关的成本费用来确定销售促进总预算，实际上，销售促进总成本 Pc 是由管理成本 Ac（如印刷费、邮寄费和促销活动费）加诱因成本 Ic（如赠奖、折扣等成本）乘以在这种交易活动中售出的预期单位数量 Qe 组成的，即 $Pc = (Ac + Ic) Qe$。

就一项赠送折价券的交易来说，计算成本时要考虑到只有一部分消费者使用所赠的折价券来购买。就一张附在包装中的赠奖来说，交易成本必须包括奖品采购和奖品包装，再扣减因包装引起的价格溢价。

②按习惯比例来确定各项促销预算占总促销预算的比率。例如，牙膏的促销预算占总促销预算的30%，而香波的促销预算可能要占到总促销预算的50%。在不同的市场上，不同品牌的商品的促销预算的比率是不同的，它们要受到产品生命周期的各个阶段和竞争者促销预算的影响。经营多品牌的企业应将其销售促进预算在各品牌之间进行协调，以取得尽可能大的收益。虽然不是所有的营业推广活动都能事先计划，但是协调却可以节省费用，如一次邮寄多种赠券给消费者，就可以节省邮寄及其他相关费用。

企业在制定销售促进总预算时，尤其要注意避免因缺乏对成本效益的考虑而导致的决策过程过分简化。如：①沿用上年的促销费用数字，按预期销售的一个百分比计算；②维持对广告支出的一个固定比例，或将确定的广告费减去，剩余的就是促销费用；③广告预算和销售促进预算分开制定等。

（四）预试销售促进方案

虽然销售促进方案是在经验基础上制订的，但仍应经过预试来确认所选工具是否适当，诱因规模是否最佳，实施的途径效率如何。面向消费者市场的销售促进能够轻易的进行预试，可邀请消费者对几种可能的优惠方法做出评价，给出评分，也可以在有限的地区范围内进行实验性测试。

（五）实施和控制销售促进方案

对每一项销售促进工作都应该确定实施和控制计划。实施计划必须包括前置时间和销售延续时间。前置时间是指开始实施这种方案所必需的准备时间，包括最初的计划工作、设计工作、材料的邮寄和分送、与之配合的广告准备工作、销售现场的陈列、现场推销人员的通知、个别分销商地区配额的分配、购买和印刷特别赠品或包装材料、预期存货的生产、存放到分销中心准备在特定的日期发放，以及给零售商的分销工作。销售延续时间是指从开始实施优待办法起到大约95%的采取这种优待办法的商品已经在消费者手里为止的时间。这段时间可能是几个星期或几个月，这取决于实施这一办法持续时间的长短。

（六）评价销售促进结果

企业可用多种方法对销售促进结果进行评价。评价程序随着市场类型的不同而有所差异。例如，企业在测定对零售商促销的有效性时，可根据零售商销售量、商店货档空间的分布和零售商对合作广告的投入等进行评估。企业可通过比较销售绩效来测定消费者促销的有效性。在其他条件不变的条件下，销售的增加可归因于营业推广的影响。

第五节 公共关系

一、公共关系的概念及其特点

（一）公共关系的概念

公共关系也称企业公关，是企业运用有效的传播手段与公众建立良好的关系，帮助组织目标实现的特殊的营销方式。以此可见，企业、传播、公众是组成公共关系活动的三个要素。公共关系的主要目的在于树立企业形象，这是公共关系与其他营销方式的根本区别所在。通过企业良好形象的树立来改善企业的经营环境，进而扩大企业的社会影响，促进产品的销售。

现代公共关系是企业经营管理活动当中不可缺少的有机组成部分；是以传播信息、沟通关系为目的的活动；在活动过程中，它不仅对企业而且对社会都有很大影响。可见，公共关系是经营管理、信息传播、具有社会影响的综合性活动。

（二）公共关系的特点

公共关系具有与其他的促销方式完全不同的特点。从公众、企业和信息的传播三个方面进行阐述。

1. 公关对象的广泛性

公共关系的对象不仅包括目标市场的现实和潜在的用户，而且还包括供应厂商、社区、媒介、政府以及企业内部的员工。所以企业应该顺应公众的意见，并努力引导公众的想法，从而达到公共关系的目的。

2. 信息传播的全面性和间接性

企业开展公共关系的目的是树立良好的企业形象，所以企业必须把有关的信息有计划地传递给公众，塑造良好的企业形象，取得公众的支持与信赖。因此，企业必须与公众沟通技术、设备、财务、职工福利、企业责任、企业人员素质等全方位的信息，最终把一个完整的企业形象呈现在公众的面前。此外，公共关系是通过全面信息的传播来达到促销的目的的，而不是直接推销产品和服务。

3. 企业活动的长期性和成效的多面性

企业的公共关系必须长期、有计划地开展，而不能一时一地、一朝一夕地突击。同时，企业由此而建立良好的企业形象之后，公众就会形成对企业的好感或偏好。这样，企业不仅可以促进产品的销售，而且还会达到吸引投资、吸引优秀人才等多方面的效果。

二、公共关系的职能

一般来说，企业公共关系的目标是促使公众了解企业形象，通过企业与公众的双向沟通，改善或转变公众态度。公共关系作为一门经营管理的艺术，其职能主要表现在信息监测、舆论宣传、沟通协调、危机处理四个方面。

（一）信息监测

公共关系所需监测的信息范围很广，归纳起来主要有两大类，即产品形象信息与企业形象信息。产品形象信息包括公众特别是用户对于产品价格、质量、性能、用途等方面的反应，对于该产品的优点、缺点的评价以及如何改进等方面的建议。企业形象信息则包括公众对本企业组织机构的评价，如机构是否健全、办事效率如何等；公众对企业管理水平的评价，如对经营决策和营销管理的评价等；公众对企业人员素质的评价，如对决策者的战略眼光、决策能力、创新精神及员工的专业化水准及敬业精神等方面的评价；公众对企业服务质量的评价。如对服务态度、服务质量即责任感等方面的评价。根据上述动态信息的检测结果，企业公共关系人员应及时就相关问题进行评估和分析，并将信息反馈到决策层，以便进行相应的协调和控制，从而改进产品质量或管理水平。

（二）舆论宣传

企业应重视通过广播、电视、报纸杂志等大众传媒的宣传，或通过策划相关的公共关系活动，来增进公众对企业或产品的正面了解，形成正面的评价。公关宣传相对广告而言，更加真实可信，更为公众所接受，能给公众留下难忘的印象，但费用却微乎其微。

（三）沟通协调

对内而言，借助情感沟通和心理认同增强企业的凝聚力；对外而言，要积极争取公众对企业的理解和信任。一旦出现矛盾和纠纷，应设法及时进行有效的沟通，防止矛盾扩大，消除不良后果。

（四）危机处理

企业环境监测是公共关系部门的重要职能之一。信息监测工作的一个重要任务，就是通过合理的工作机制进行危机预警管理。当企业遇到风险或危机事件并且足以使企业形象受到损害时，公关人员应该及时应变，妥善处理危机。在查清事情原因的前提下，区别对待。这里有两种可能的情形：一是公众的误解或他人的蓄意陷害。对此要利用大众传媒进行必要的、充分的解释。公关人员不应该采取与公众对立的粗暴态度，而应以事实说话，帮助公众认清事实，必要时可借助行政或法律手段来保护企业形象和利益。二是确因企业自身过失危害了公众利益。对此公关人员应实事求是，主动承担责任，并应尽早处理，并将结果和改进措施公之于众，以显示企业的诚意，获得公众的谅解，使恶劣影响减小到最低限度，帮助企业重振声誉。

三、公共关系活动

公共关系的目标和职能是通过有计划、具体的公关关系活动来实现的。然而与其他沟通与促销手段相比，公共关系一般难以起到立竿见影的效果，它往往立足于企业的长远目标，通过长期的努力来影响或引导公众的认知和态度。通常，企业所采用的公共关系活动主要有以下几种：

（一）调研活动

企业通过民意调查，传媒监测等多种方式来收集企业内部与外部环境的变化信息，以了解公众对企业及其产品的态度、意见和建议，了解竞争者的动向及其给本企业可能造成的影响。公关调研有助于企业及时掌握公众的态度和要求，通过相应的努力保持企业与公众之间良好的沟通关系。

（二）专题活动

企业可通过举办或参加一些专题活动来加强与有关公众的信息沟通和情感联络。如遇有重大事件或纪念日，公关人员应策划、组织相关的新闻发布会、庆典纪念会等，并以此为契机传播企业的形象及相关动态信息。此外，企业还可通过组织与参加产品展销会、博览会等活动，更加详细地介绍、推荐本企业的产品。

（三）媒体传播

公关人员的一个主要任务就是发掘或创造对企业或其产品有利的新闻。新闻的编写要善于构想出故事的概念，以争取传媒采用。公关人员必须尽可能多的结识新闻编辑人员和记者，以获得较多较好的有关本企业的新闻报道。

（四）事件策划

企业公关人员应利用或策划一些可能有助于提高企业知名度与美誉度的事件，经过富有创意的设计和渲染来吸引公众的关注，特别是要吸引并方便传播的报道。如举办研讨会、运动会、公益赞助、征文等等。

（五）外联协调

企业应设法与政府、银行、传媒、行会等有关各界人士建立并保持稳定的联系和良好的沟通，经常并主动地向这些公众介绍本企业的动态信息，听取其意见或建议，争取其的理解与支持，这将有助于企业营造有利于自身发展的良好的外部环境。

（六）其他日常活动

公关人员的日常工作还包括企业宣传材料的编写、制作，礼宾接待，企业内部的沟通，为企业发展献计献策，以及一些临时性活动的组织与安排等。

四、公共关系评估

公共关系活动很难精确测量。概括地说，公关评价的指标包括以下几个方面：
（1）信息传播频率。衡量公共关系效果的最简单的方法是计算企业出现在媒体上的信息传播次数。发送信息的数量是公关效果评价的基础性信息，这通常可以从公关活动实施记录中精确地得到，如提供有关纸质媒体的报道版面和读者构成，电波媒体的传播时段，以及受众群体的分析报告等。
（2）受众反响。重点是通过调研，分析由公共关系活动而引起的公众对企业或产品的知名度、理解和态度方面的前后变化水平。
（3）假定在其他促销策略（广告、营业推广等）基本不变的情况下，尽可能估算公关对公众行为产生的影响，包括对销售额和利润产生的积极促进作用。

第六节　整合营销传播

随着市场环境的变化，20世纪90年代以来，促销组合策略出现了新的变化或发展趋势，这就是整合营销传播理论的兴起。作为一种实战性极强的操作理论，整合营销传播理论兴起于市场经济最发达的美国，近几年来，在我国也得到了广泛的传播，并一度出现"整合营销热"。

一、整合营销传播的内涵

整合营销传播理论的先驱唐·舒尔茨教授认为，整合营销传播是指针对顾客及其他受众而制订、实施、评估品牌传播计划的商业过程。
整合营销传播是一个对现有顾客和潜在顾客制订、实施各种形式的说服性沟通计划的长期过程，所有与顾客的接触点都必须具有引人注目的沟通影响力，而且由顾客决定沟通方式，是对多种传播手段的战略作用进行比较分析的战略过程。

准确把握整合营销传播的科学含义，应注意两点：一是企业使用了多种多样的传播手段；二是对这些手段进行整合。只有同时满足这两个条件，才能形成整合营销传播。

二、整合营销传播的阶段性和层次性

整合营销传播是一个概念，也是一个过程，整合意味着完整，实现传播活动的完整性便可以产生协同效应。每个企业在进行整合营销传播时所遇到的机遇与挑战不尽相同，这主要取决于它们的业务、所依赖的渠道、客户数据的可获得性、市场细分的能力等。但最重要的决定因素是企业的管理模式和战略方针。尽管各企业情况各异，但在进行整合时还是有一些共同之处，各个企业在进行营销传播时也要历经相似的阶段或层次。唐·舒尔茨概括了企业进行整合营销传播必经的四个阶段，如图 15 - 1 所示。

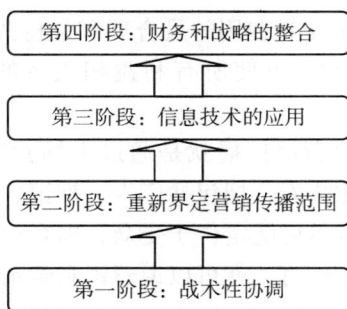

```
┌─────────────────────────────┐
│ 第四阶段：财务和战略的整合 │
└─────────────────────────────┘
              ↑
┌─────────────────────────────┐
│ 第三阶段：信息技术的应用     │
└─────────────────────────────┘
              ↑
┌─────────────────────────────┐
│ 第二阶段：重新界定营销传播范围│
└─────────────────────────────┘
              ↑
┌─────────────────────────────┐
│ 第一阶段：战术性协调         │
└─────────────────────────────┘
```

图 15 - 1　整合营销的四个阶段

（1）战术性协调。企业的整合营销传播活动起始于协调。通常，需要制订品牌管理计划，确定拟发布的与品牌有关的信息，并在各方面整合广告信息，力求在多媒介、对维度的传播过程中形成协同效应。

（2）重新界定营销传播范围。在这一阶段，企业致力于更加广泛的传播活动，而不仅限于传统的促销活动，如广告宣传、销售促进、直复营销等。这些传播活动范围更广，既包括针对企业内部雇员、销售人员的对内营销，也包括针对营销中介、业务伙伴、最终顾客的对外营销。

（3）信息技术的应用。在这一阶段，企业开始利用信息技术来整合过去使用过的各种营销传播形式。例如，借助数据库技术等研究顾客态度和行为数据上的差异，也就是说，从大量营销方法转换到通过辨别顾客的独特需要和欲望来确认顾客，进而实施定制化传播。在此期间，企业开始关注顾客群体的现实需求和潜在需求，而不是简单地关注市场份额。

（4）财务和战略的整合。在这一阶段，企业基于对顾客及其市场价值、财务价值及潜在价值的评估，实施财务和战略的整合，而不是简单地基于公司所想要达到的目标。以可评估的投资回报率为基础，进行营销传播投资。

三、企业实施整合营销传播的效果

国内外企业的营销实践证明，实施整合营销传播可收到如下效果：

（1）整合传播工具。整合传播可以是企业的广告、促销、推销、公共关系等所有的营销活动及其传播程序都具有整合感。这种独特的价值体现，可以使包括消费者、企业雇员、投资者、竞争对手、社区、大众媒体、政府机构、各种社会团体等在内的利益相关者更容易理解企业信息，更便于企业与利益相关者沟通。

（2）优化传播效果。整合营销传播是一种经济合理地运用营销手段或营销传播费用的有效方法。适当地减少或整合若干种传播工具，企业的组织效率、业务能力和竞争实力都会得到明显改善，从而以较少的营销传播费用取得更好地传播效果。

（3）减少交易费用。减少交易费用的最合理和最持久的方法应该是过程的整合。借助完善的整合营销传播活动，可使所有利益相关者的交易费用得到切实有效的降低。

（4）聚焦目标受众。整合营销传播就是通过市场营销活动，使企业与利益相关者的沟通更有效率，这也就意味着，把包括广告、推销、宣传、公共关系等在内的所有营销活动和传播活动的焦点尽可能定位于受众，即企业的利益相关者。当营销者和消费者能够互相理解、密切合作时，就可以说营销和营销传播完全整合了。

四、整合营销传播与传统促销策略的区别

市场环境的变化、消费者的日渐成熟和信息技术的发展，使得企业必须也有可能对促销提出更高的要求，即沟通和促销在更深、更广的层面上进行整合。相对于传统的促销策略而言，整合营销传播更强调买卖互动、传播分众和效果可控。

（1）买卖互动。传统的促销是单方面的：卖方拥有信息的优势，为使消费者了解对卖方有利的信息，卖方需要进行沟通。但现在，市场从以前的生产者主权市场变为消费者主权市场。相对而言，消费者掌握了更多的对企业有价值的信息，这就要求企业不仅要向消费者传递有关自己产品和企业的信息，还要尽可能地获得消费者的有关信息。这一转变落实在企业的促销行为上，就要求企业不仅将促销看作一个单方面的信息传递，更希望通过了解消费者的反映来获得对市场的更充分的认识。而消费者在促销中也就不再是被动的信息接受者，他也可以根据自己的偏好来选择企业传递的信息，从而使当前的促销更强调卖方和买方之间的互动。

（2）传播分众。大多数传统促销的信息沟通是通过大众传媒进行的，由于媒体传播的广泛性，使得促销不可避免地会出现与企业目标市场相比过于分散以至于浪费的倾向。整合营销传播更强调分众。分众是与大众相对的一个概念，指的是在大众消费者中按一定的细分标准进行的人群划分。企业所选择的分众是与其目标市场相符的。在分众的要求下，企业促销会选择一些能够实现有效与"分众"沟通的媒体或形式，如有线电视、直邮广告、电话促销、网络广告等，有些分众促销甚至达到了"定制促销"即一对一的地步。

（3）效果可控。传统促销的一个主要问题是促销的效果较难把握，尤其是广告，因为企业往往无法确切知道有多少人接收到了你所发布的广告信息和反馈情况。现在，技术的发展为促销克服这一问题提供了条件，也使得整合营销传播越来越强调效果的可测量性。例如，发布网络广告，就要及时统计每条广告被多少用户点击过，以及这些用户浏览这些广告的时间分布、地理分布和反映情况等。广告主可以实时评估广告效果，进而审定他们的广告策略合理性并进行相应调整，以及根据广告的有效访问量进行评估，并按效果付费。

五、整合营销传播要点

归纳起来，整合营销传播有以下基本要点：

（1）在整合营销传播中，居于核心的是消费者的心理和认知。因此，必须对消费者的动机、认知、记忆、联想和态度有更充分的认识，并确保沟通活动的针对性和一致性。

（2）整合营销传播强调真正意义上的整合，即战略和战术的整合、沟通要素的整合、媒体的整合、企业及相关利益者的整合等。

（3）整合传播的目的不是一次性交易，而是希望与消费者维系长期的关系，即实现关系营销。这就要求企业在沟通中，有计划地与消费者进行适时适地的双向交流沟通，同时要建立全面的顾客数据库，实现数据库营销。

第七节 直 复 营 销

直复营销是一种崭新的、与传统广告截然不同的推广理念。在大多数情况下，企业依靠广告、营业推广、销售促进以及公共关系来推销自己的产品或服务。但必须先利用广告来吸引目标顾客对自己的产品的兴趣和了解，然后通过各种销售促进手段刺激顾客的购买欲望，最后通过人员推销把产品买给顾客。而直复营销则把三个过程压缩成一个过程，直接把产品销售给顾客，缩短了销售渠道，降低成本，实现互动成为直复营销的亮点，也是它与传统促销的本质区别所在。

一、直复营销的意义及特点

（一）直复营销的意义

科特勒认为，直复营销是应用大量而广泛的渠道来与预期或现行的顾客建立联系，是一种为了在任何地方可度量的反应或达成交易而使用的一种或多种广告载体的交互作用的市场营销体系。

直复营销，也有人称作"直通营销"或"直销"。最初始于 20 世纪 70 年代中期美国的直接信函及广告协会，并于 80 年代在美国、日本、西欧等国家和地区迅速发展。进入 90 年代以来，其平均增长速度仍保持在 6% ~ 10% 的水平，直销的发展速度是整个零售业发展速度的两倍。直销的形式是以最短的市场销售渠道，来使产品生产商直接面对消费者。如安利的推销就是如此。此外，还有邮购、电话销售、直递、目录销售、电视直销以及目前正逐步兴起的"网络营销"。总之，直复营销是一种有效的、新型的市场营销观念。

（二）直复营销的特点

1. 非公众性

直复营销与通过大众媒体传递信息的促销方式不同的是，销售人员通过客户资料的分析，初步确定了目标客户之后，销售人员会把信息通过特定的渠道发给单个客户，如电话销售、直邮等。

2. 个性化

直复营销具有很强的市场指向性。即企业产品的信息是根据顾客的特征，为顾客定制的。而顾客的回应也是个性化的，形成一对一的互动，有利于发展良好的客户关系。

3. 最短的渠道

直接推销奉行"最短的渠道"的精神，没有中间环节，都是由销售人员与顾客直接进行沟通。

4. 交互性

在直接推销的过程中，销售人员与顾客的双向沟通，可以实现双向的交互式的信息传递。顾客的反馈信息可以及时获得，销售人员的信息可以直接传递。

5. 无店铺性

直复营销不需要潜在的或现实的顾客到某个固定场所。直销员主动了解顾客的需要，为他们介绍合适的产品及其特点，示范产品的使用方法并将产品送到顾客家中，提供亲切、方便的服务。这样，减低了产品在流通中的费用，增加了与顾客直接沟通的机会，有利于形成良好的客户关系。

由此可见，直复营销是一种以单个顾客为对象，以广告促销为媒介，以送货上门为手段的销售方式。它具有节省顾客的购物时间，节约销售费用，降低了售价，增大产品的吸引力，有利于市场竞争的优点，但同时由于占用人员多，成品储备增加，销售范围受人力物力的限制，企业必须直接承担风险等方面的缺点。

二、直复营销的方式

直复营销的方式有很多种，每一个都有自己的特点。

1. 直接邮购

直接邮购先邮寄印刷广告，顾客回复后再寄货物。印刷广告包括单独的产品或服务信息，也包括含有多个商品的目录。目录营销已经发展成相对独立性的业务，一般是先邮寄产品目录，或由顾客索取目录。它的优点主要是成本低，有利于满足顾客对综合产品的要求，据有关资料显示，成功率在35%以上。

2. 电话营销

电话是许多种消费品和企业类产品直复营销不可或缺的工具。随着信息技术的发展，电话已超越了其传统的功能。数据库技术、呼叫中心和自动拨号等新兴通信技术的不断发展，电话营销也发展成为对电信和信息处理技术的综合运用，在优化企业营销组合中扮演着重要角色。企业电话营销具有很强的针对性，通常都是企业精心选择的目标市场成员，包括现实顾客或潜在顾客。公司运用电话营销的优点主要表现在，销售人员不需要与顾客见面，就可以实现与顾客的个性化互动，而且，还能够更好地满足顾客的需要，提高企业经济效益。实践中，电话营销通常是与其他媒介配合使用的。

3. 电视营销

电视营销就是通过在电视媒体上发布信息，达到销售产品的目的。一般来说，有两种方式：第一，在电视上直接反应广告，即作电视广告短片，告诉顾客电话，顾客打电话订购。第二，设家庭购物频道，在闭路电视上用电话。第三，软推销广告。通过这三种方式，可以有效地寻找目标顾客或销售线索。

4. 网络营销

随着网络技术、计算机技术的不断发展，网络销售迅速发展起来，成为一种新的销售方式。网络销售具有超越时空，服务功能多，非强迫性、循序渐进的理性促销，提供全程渠道服务，成本低等优点，具备渠道功能、促销功能、交易功能、服务功能和信息功能等功能。在网络上利用电子布告栏（BBS）或电子邮件（E-mail）上提供产品或售后服务产品；为顾客提供产品设计服务；鼓励线上消费，节约成本，降低价格；网上取货（限电脑软件，电子图书）等都可以提供信息的沟通，从而使目标顾客产生购买行为。网络销售最突出的一个特点就是快捷、方便。但现在基础设施的建设有待完善、网络立法以及网上交易的实现，致使我国网络销售发展滞后。

5. 其他方式

直接印刷媒体销售、广播营销通过杂志、门到门直销等，呈现出多样性的趋势，限于篇幅，本节不再一一赘述。

❖ 本章小结

（1）促销即促进销售或销售推广，是指企业通过各种方式向消费者传递企业产品或服务信息，引起消费者的购买欲望和兴趣，促进销售，达到企业的营销目的的活动。

（2）促销组合是指企业促销方式的有效组合，即将广告、人员推销、营业推广、公共关系有机结合起来，发挥整体效应的活动。

（3）人员推销就是指企业派推销员与顾客直接接触，传递企业及企业产品信息，引起顾客购买欲望和购买兴趣，促进销售的总称。这是一种旨在通知和说服消费者购买公司产品的人员沟通，这种方式可即时得到反馈并往往比广告更有说服力。

（4）广告促销是指通过大众媒体与有选择的受众进行付费的、非人员的信息沟通，引起顾客购买兴趣与购买欲望，促进销售的总称。

（5）营业推广又称销售促进，是指企业在某一段时期以激发消费者的购买和促进经销商经营效率为目的，采用特殊的手段来促进企业销售迅速增长的一种促销方式。

（6）公共关系也称企业公关，是企业运用有效的传播手段与公众建立良好的关系，帮助组织实现目标的营销方式。企业、传播、公众是组成公共关系活动的三个要素。公共关系的主要目的在于树立企业形象，通过树立企业良好形象来改善企业的经营环境，进而扩大企业的社会影响，促进产品的销售。

（7）直复营销是一种崭新的，与传统广告截然不同的推广理念。缩短销售渠道，实现互动是直复营销的亮点，也是它与传统促销的本质区别所在。直复营销它具有非公众性、个性化、最短的渠道、交互性、无店铺性等特点。直复营销的方式主要有直接邮购、电话营销、电视营销、网络营销等。

案例分析

"老"郎酒卓越品牌基因的觉醒

美酒河畔，天宝洞藏，神采飞扬，中国郎。自1898年诞生至今，经历了百年风雨历程的郎酒，如今以傲视群雄之态，当仁不让地成为了引领中国白酒的卓越代表。

2001年，郎酒亏损上亿元，负债十几亿元，沦为川酒六朵金花中的"丑小鸭"。到了2009年，郎酒用六年的时间销售增长了560%，品牌价值增长了115%。2010年1~6月，郎酒销售收入再创历史新高，同比增长了81%，全年收入可望达到55亿元以上。

几年间，郎酒一跃成为中国白酒行业品牌前三甲，如此迅猛的超常规发展，被业界称为"郎酒现象"，从"四川郎"变成了家喻户晓的"中国郎"。

一、沉睡：好酒也怕巷子深

（一）曾经的贡酒风流

天地悠悠，黔山蜀水，有民谣流传古今，"上流是茅台，下游望泸州，船过二郎滩，又该喝郎酒"。作为中国名酒，郎酒堪称举世佳酿，"酱香浓郁，空杯久留香"及"不上头，不口干，不烧心"的卓越品质和贵族品位与生俱来。

公元前 135 年，汉武帝把二郎滩一代盛产的"枸酱酒"钦定为贡酒，北宋年间二郎滩出产的特质大曲"凤曲法酒"也被载入史册。1898 年，絮志酒厂开始酿造"回沙郎酒"，1933 年，"惠州糟坊"把"回沙郎酒"更名为"郎酒"。

二郎滩，其水系发源于云贵高原的赤水河，绵延千余公里，号称"美酒河"。千百年来，在郎酒生产基地一带形成了独特的微生物生态链，科学工作者发现，在郎酒成品中的微生物多达 400 多种，它们中的某些种类通过一系列复杂的组合，替郎酒催生 110 多种芳香成分。酿造郎酒的原料高粱，颗粒小，皮薄果坚，单宁含量低，被二郎滩人称为"米红粱"，其淀粉含量平均高达 62.8%，几乎全部为支链结构，这种结构适合糊化发酵，被所有名酒企业奉为极品。加上天宝洞、地宝洞、人和洞的天然洞藏，自然形成了郎酒的独特香味。

郎酒的高品质，还得益于它近乎"繁复"和"奢侈"的酿造工艺。郎酒的整个酿制工艺概括起来大致有以下几个环节："高温制曲"、"两次投粮"、"晾堂堆积"、"回沙发酵"、"九次蒸酿"、"八次发酵"、"七次取酒"、"历年洞藏"和"盘勾勾兑"。其中，郎酒生产"回沙方式"是其他香型白酒厂家无法效仿的，也是所有白酒生产酿造周期最长的。郎酒出一次基酒需要一年时间，而其他普通白酒仅需一个月，品质高下可见一斑。

红军四渡赤水，曾经登陆二郎滩，郎酒拥军，见证了新中国的诞生。1956 年在成都金牛坝会议上，周恩来总理说："四川还有一个郎酒嘛，解放前就很有名，要加快扩大生产！"1963 年郎酒获首届四川省名酒评比金奖，1979 年郎酒获国家质量优质奖。1984 年"郎"牌郎酒被评为国家名酒，获国家产品质量金质奖章，荣获"中国名酒"称号，"郎泉"牌兼香型郎泉酒被评为中商部优质酒。1985 年郎酒获中华人民共和国商业部"金爵奖"。1989 年 53°郎酒蝉联"中国名酒"称号；39°郎酒被确认为"中国名酒"并获国家金质奖。郎酒在同行业中首批通过国家方圆质量标志认证。此时，郎酒同茅台一起以特供酒的身份存在于世。

到了 1994 年，郎酒在全国名酒行业中率先通过国际质量认证。1996 年郎酒在全国名酒厂中首家获得绿色食品标志使用权。1997 年"郎"牌商标被国家工商局认定为"中国驰名商标"，享受世界范围的特别保护。1999 年国家质量监督局、标准样品委员会将 39°酱香型郎酒作为中华人民共和国国家酱香型低度白酒标准样品。郎酒被中国食品工业协会评为"跨世纪中国著名白酒品牌"。2000 年"郎"牌 12 年特醇郎酒被列为中国名酒极品。

尽管满载荣誉辉煌，但时代也在巨变。当行业大踏步向前发展的时候，郎酒却在沉睡。一觉醒来，不觉已危机重重。

（二）"老"郎酒遇到新问题

从 2000 年起，中国的白酒行业发生了空前的变化，企业机制和产品结构的调整业已开始。在经历了起步阶段、快速发展阶段、调整发展阶段后，整个白酒行业已步入高速发展的新阶段。这期间，充满了机遇，也充满了挑战。

伴随着宏观调控措施、有关法律法规以及国家标准的实施，国家对食品安全的高度重视和严格管理，节能减排、信用体系建设等政策的进一步深入执行，我国酒业更加规范，骨干企业品牌竞争力稳步提升，不规范的企业加速被淘汰出局。原辅材料价格的上涨，成本压力提高，对劳动密集型的酒类企业来说是一次巨大的挑战。

同时，随着进口关税的降低，洋酒大举进入和开拓国内市场。原本在夜场渠道销售的洋酒堂而皇之地走进了传统渠道，并逐渐走上了寻常百姓家的餐桌。随着进口洋酒品牌推广力度的加强，部分消费者对白酒的偏好开始扭转，这在一定程度上抢夺了中国高端白酒的市场份额。酒类品牌竞争开始加剧。

另外，国内外强势资本以收购、兼并和重组的方式，对具备市场区位优势、品牌影响力优势的酒企业进行整合。酒类生产企业、上游原料等供应企业、下游销售和物流、咨询等服务类企业进一步融合，形成产业集群效应，完善产业链模式。一些在体制、经营等方面落后的低端酒企将被整合，实现真正的优胜劣汰。

随着酒类产品品牌消费时代的到来，传统名优老品牌市场占有率和影响力稳步扩大，强势区域品牌除了精细地做好区域市场，还加速进军全国市场的步伐，挤占全国性品牌的市场份额。这其中以川酒最有代表性。

川酒闻名于世，以五粮液、郎酒、剑南春、泸州老窖、水井坊和沱牌这"六朵金花"为主。白酒产业作为四川省的支柱产业，一直保持着较高的盈利能力。随着白酒产业集中度不断提高，名优龙头企业的行业地位也得到了进一步巩固，川酒在国内市场竞争中占据了龙头的地位，在酒业的竞争中掌握先机。

然而，虽出身名门望族，郎酒却在酒类竞争的大潮中被远远抛下。时代的车轮挟着全新的市场机制和经营理念滚滚前行，郎酒不幸掉队。

自1984年荣登"中国名酒"宝座后，郎酒就驶入了"跌宕起伏"的发展轨道。1989～1998年间，由于体制、观念等因素的制约，郎酒失去了诸多发展机遇，"郎酒"这块金字招牌的光环已然褪去。1999～2001年间，郎酒又遇到了空前的竞争挑战，"酒香不怕巷子深"的时代正在成为过去，名酒企业传统营销模式已经无法适应新的市场需求。

2001年1～5月，郎酒销售额同比下降65%，1～9月销售收入2.1亿元，当年亏损1.5亿元，累计负债逾10亿元，沦为川酒六朵金花中的"丑小鸭"。

此时的郎酒，犹如一个羸弱多病的患儿，昔日的"门庭若市"变成了如今的"门可罗雀"，一个老品牌似乎走到了被人遗忘的边缘。

在产品方面，郎酒在市场上的品种多而杂乱，产品线不明晰，同主要竞争对手产品的价格差距越来越大，在消费者心目中的档次开始下降。

在产品宣传方面，过分强调生产工艺和酿造环境，很难让消费者把郎酒同自己的真实需要联系起来。同时，由于竞争对手都使用同样的诉求点，消费者很难把郎酒同其他品牌区分出来。品牌形象不清晰，品牌定位不明确，广告投入也远少于主要竞争对手，这使郎酒品牌在消费者的心目中越来越淡，品牌价值严重下降。

在销售渠道方面，郎酒将品牌的命运交给了经销商，由经销商决定终端供货价，给经销商很高的市场投入费用。但由于对费用和市场缺乏有效管理，经销商相互杀价，甚至出现价格倒挂的现象（零售价低于出厂价），导致产品已无利可图。经销商在不愿放弃郎酒这个名牌的同时，又不花力气去做市场，结果销量下降。为了弥补销量下降带来的缺口，郎酒又向市场推出新产品，并且新产品的价位越来越低，形成恶性循环，结果市场上相近价格产品很多，加上价格多变，消费者无意于对郎酒的品牌识别和价值识别，进而失去了购买兴趣。

另外，更多新的竞争对手也进入了市场，各区域的强势品牌也逐渐突显，进一步弱化了消费者对郎酒的偏好度，使郎酒市场份额不断下滑。此时，在郎酒畅销的品种中，有30%是微利和赔钱的，有50%因低毛利或低价格而倒挂，经销商已无利可图，其他一些产品的包装、价位和利润空间都还不错，但因销售难度大，市场效果不明显。

2001年，闫爱杰以玛氏中国公司大区销售总经理身份空降到郎酒集团，曾被业界广泛关注。他到任第二天就对销售公司策划、销售、人事行政、财务、国际业务等部门全面重组，随后引入玛氏全套终端营销管理模式，梳理整合了郎酒的各个品牌，改变经销方式，招聘组建专业营销团队，制订千店促销计划，除大店和餐饮渠道外，还提出有计划地开发大城市的中小商店和县级市场，也一度使郎酒的面貌焕然一新。但这种外企式的管理和大刀阔斧的改革，遭遇了重重阻碍，企业内部的不和谐元素悄然累积。一个内部不稳定的企业，是无法实现长期稳健的发展。闫爱杰只执掌郎酒营销三个月，就被迫离开了。

至此，"老"郎酒真的掉队了。

二、崛起：中国郎谱写新传奇

（一）重塑品牌形象，丰富品牌内涵

"老"郎酒掉队后，从治理结构到内部管理等环节都进行了艰难的探索，最终以改制完美收官。改制后，郎酒步入正轨，企业各处散发着新鲜的活力，新任董事长汪俊林不断思考：郎酒到底是一个什么样的产品？这个产品到底有什么样的优势？这些优势究竟如何提炼成为一个品牌？未来能发展到什么程度？他回忆说："那时候什么三十亿、五十亿根本不敢讲，能做五个亿就不得了了，那时候短期目标就是三年左右，三年做到十个亿。"

通过大量的调研和思考，最终将郎酒的定位确定为"中国郎"。围绕"中国郎"的品牌理念，郎酒加大科研投入，对产品线进行了优化，从最初的 100 多个品种，压缩到 10 多个，运用自己横跨四川、贵州交界的地理优势，提出"一树三花"（一厂三香），即"酱香、浓香、兼香"三种产品齐头并进。并以"环境独特、资源稀缺、工艺复杂、产量有限、高端定位、绿色健康"的酱香型白酒，"酱香典范·红花郎"和兼香型新郎酒作为战略性"头狼"产品。

随着人们生活水平的提高，"酱香热"风生水起。在这种时代大背景和消费趋势下，郎酒高端、拳头产品"红花郎"精准快速出击，实施体验营销，赢得了市场。另外，新研发的兼香型"新郎酒"以其柔和丰润的口感和精准的定位，也取得了出色的销售业绩。

（二）携手强势媒体，打造强势品牌

在泛媒体时代，消费者的注意力被分散到各类新媒体，但传播环境越复杂，强势媒体也就越稀缺，中央电视台这个权威传播平台的地位也就越发突显。携手中央电视台，塑造强势品牌，是郎酒发展的重要动力。

郎酒从 2004 年起，借助中央电视台，从点、线、面分阶段投放广告，紧跟时代步伐，把握时代脉搏，让"中国郎"红遍了大江南北。郎酒的品牌知名度和美誉度在短短几年内迅速得到提升，为地面营销赢得了良好口碑，使得品牌价值迅速增长，短时间内实现了从"四川郎"到"中国郎"的华丽转身。

1. "点"式投放，唤醒品牌知名度

郎酒的新形象诞生了，郎酒要做全国性的大品牌，如何让"神采飞扬·中国郎"家喻户晓呢？首先，在选择媒体上，一定是公信度高的媒体，所以要坚持长期与中央电视台合作不动摇；其次，在选择栏目和项目上要和酒的消费有结合点，并且与"神采飞扬·中国郎"的整体形象吻合，如体育栏目，重大赛事，国家庆典，国人喜事；再其次，一定要有新闻传播价值，注重是否会产生二次传播。

汪俊林瞄准了中央电视台，他自己称之为"傍大树，踩在巨人的肩膀上走出来"，既然要做大品牌，就不能定位成低端的，那么中国最高端的，最理想的媒介平台就是中央电视台。他说："中央电视台是中国十几亿人唯一大家共同相信的频道，是最具代表性的一个舞台。所以一开始我们就决定以中央电视台为主，当时没钱，就做 5 秒，因为郎酒本身就是个名酒，我们就坚持 5 秒多时段投放，每天多几次 5 秒，让大家就知道：哦，郎酒又回来了。"

2004 年，郎酒首次在中央电视台投放广告，紧紧抓住雅典奥运会契机，投入 2000 多万元，在奥运会开幕式和闭幕式上滚动发布 3 个内容的 5 秒广告，"神采飞扬·中国郎"这一响亮的口号深深地印在每个中国观众的脑海中。同时，在中央电视台的晚间奥运会专题报道中播放 15 秒广告，同时还制作了"与姚明有关"的特色贴片广告，短时间内拉近郎酒与消费者的距离：在奥运男篮赛场上，"神采飞扬·中国郎"为中国队加油的场景一次又一次出现在电视屏幕上，将民族感情与品牌感情通过大众媒介紧紧融合，从此，郎酒红遍了中国。

紧紧抓住消费者的收视热点，并通过最权威的大众媒介进行短时间内的大量密集传播，使品牌形象短时间内多频次出现在消费者的视线中，夯实品牌基础，是典型的"四两拨千斤"。

2. 组合投放，全面包装核心品牌

"把有限的资金投入到中央电视台的大事件、大制作、大项目中，把品牌与重大事件结合，让品牌在与新闻事件的结合中不断传播，让品牌在高谈阔论中成长，让品牌在中央电视台这个营养丰富的广告土地上不断茁壮成长。"在汪俊林的带领下，郎酒与中央电视台的合作日益加深。

2005 年，郎酒继雅典奥运之后，又重磅出击，获得"CCTV 体坛风云人物"颁奖典礼的冠名权。当晚，刘翔等百余位体育明星出席盛典，"神采飞扬·中国郎"再度成为人们关注的焦点。通过体育营销，提升品牌形象。郎酒在品牌价值最大化的道路上又前进了一步。

2006 年，来自郎酒集团的年仅 26 岁的品酒师沈毅，在中央电视台举办的全国品酒师大赛中技压群雄，勇夺冠军。沈毅的成功，既是其个人多年苦心钻研、不断探索的成果，更是郎酒集团重视员工技能、大力培养人才的具体展现，郎酒的企业品牌形象，通过沈毅的个人品牌形象又一次得到传播。

围绕 2007 年提出的"351 工程"这一宏伟目标，郎酒集团在品牌形象宣传、产品结构、人力资源、销售策略等方面都进行了精心部署，郎酒与中央电视台的合作进一步得到加强。香港回归十周年之际，郎酒迅速捕捉到了这个万众瞩目的宣传良机，广告语"香港明天更美好，神采飞扬中国郎"鼓舞人心，郎酒还在"党的十七大"、"嫦娥一号"、"抗击暴风雪"等项目投放广告，广告语"同心同德·中国郎"、"顶天立地·中国郎"等，激发了国人奋力拼搏的热情和强国强民的感情，丰富了"郎酒"的品牌内涵。此时的郎酒，不但取得了令人满意的销售成绩，品牌价值也实现了快速的增长。

3. 立体投放，东方不亮西方亮

2008 年年初，郎酒除了延续 2007 年的广告投放外，在广告策略上也进行了调整。根据观众的收视特点，郎酒在中央电视台财经频道《经济半小时直击华尔街风暴》特别节目，投放其高端品牌——红花郎酒产品广告。"酱香典范·红花郎"在中央电视台财经频道的投放，迅速地打开了通向中国社会主流精英群体的一扇大门。

与此同时，郎酒还在中央电视台综合频道黄金时段热播的《闯关东》、《士兵突击》、《李小龙传奇》这些蕴涵"中国郎"精神的大制作电视剧上投放贴片广告，沿用"神采飞扬·中国郎"的企业形象广告，传递了郎酒的品牌内涵和产品信息，建立了和广大电视观众的情感联系。

另外，也是在 2008 年，郎酒投资 7000 万元，拿到赞助春晚的项目，一时间舆论纷纷，大家都拭目以待。春晚结束后，很多业内人士说"这是有史以来，投资春晚项目最成功的一次"。汪俊林说："那是全国人民最喜庆的时刻，合家团圆，其乐融融，我们的产品红花郎符合这个特定的节日氛围，能很好的融入。"

这一年春晚，喜庆元素丰富，重大事件充足，如新中国成立 60 周年和奥运会，都和郎酒的"国字号"定位和品牌精神相契合，春晚的投资价值得到了充分体现。

2009 年，面对复杂的全球经济环境及国内白酒市场，郎酒倾注全力逆势而行，投入上亿元获得了《2009 年"我最喜爱的春节联欢晚会节目评选"活动》和《2009 年 CCTV 中国经济年度人物评选》独家冠名，开启了铸造品牌的新篇章，突显了企业的实力和坚强的市场信心。通过广告赞助中央电视台大型活动，郎酒巧妙地将产品诉求和品牌理念传播给广大观众，和谐地融入特定的消费氛围，实现了与消费者的深入沟通。

除此之外，郎酒还与 CCTV-7 军事频道深入合作，弘扬了郎酒多年来一直坚持的拥军爱军的企业传统，除了打出"强我国防·中国郎"的广告语，还量身打造精品栏目《和平年代·神采飞扬中国郎》。这使得郎酒的拥军历史得以弘扬，也打开了军队团购这一渠道的大门。

汪俊林称大项目的投资为"冲击式"投放，结合日常的广告投放，可以让品牌的势头一波高过一波，这也是对品牌的战略性投入。

4. 整合传播，彰显品牌个性

2009 年年末，郎酒继续坚定地实施体育营销、事件营销，以 3333 万元中得 2010 年世界杯《射手榜》独家冠名权。随后，郎酒集团又以 1.1099 亿元总额获得"2010 年春节联欢晚会我最喜爱节目评选"独家冠名权。在争夺最为激烈的 2010 年 19 点整点报时项目中，郎酒又以 1.37 亿元的价格获得 5～10 月的三个标段。由此，在中央电视台 2010 年广告招标项目上，郎酒累计中标 2.8 亿元，技压四座、傲视群雄。

2010 年，郎酒继续绽放夺目光彩，打造"郎酒时刻""郎酒红花郎为您报时"。"中央电视台 19 点报时"这个项目，是商家必争之地，尤其是白酒客户，郎酒不但拿下了这个项目，并且首次在整点报时中使用了与企业形象相关的红花绽放的动态画面，凸显了红花国色、酱香典范的雍容大气，让人耳目一新。

同年，在"情系玉树，大爱无疆"中央电视台抗震救灾大型募捐活动特别节目上，郎酒毅然捐出 2000 万元，"同心同德·中国郎"感动中国，体现了"中国郎"强烈的社会责任感。此外，世界杯期间推出"郎酒为激情喝彩"，在这场盛宴上，郎酒与广大球迷同喜、同怒、同哀、同乐、同醉，分享各国足球的风采……通过中央电视台这个能将品牌价值最大化的权威媒体平台，郎酒与广大消费者实现了情感沟通，巩固了品牌形象，提升了观众的认同感：你我都是中国郎，神采飞扬的中国郎！

郎酒借势影响力活动和事件：

赛事	内容
雅典奥运会	奥运会开幕式和闭幕式上滚动发布 3 个内容的 5 秒广告，一共播放 60 多次；奥运会期间，在中央电视台每晚黄金时间段的晚间奥运专题报道中播放 15 秒广告。同时采用"与姚明有关"的特色贴片广告：在男篮奋勇拼搏的过程中，"神采飞扬中国郎"为中国队鼓劲加油的情景多次出现在屏幕上
中国调酒师大赛	
郎酒之夜 CCTV 体坛风云人物	独家冠名颁奖盛典
香港回归祖国十周年	"香港明天更美好，神采飞扬中国郎"
2009 年"中国经济年度人物评选"独家冠名	
"强我国防·神采飞扬"CCTV-7 军事频道量身定做《和平年代·神采飞扬中国郎》	为纪念改革开放 30 周年，郎酒厂 50 名劳模代表于 2008 年 12 月 21 日飞赴北京，参加由中央电视台军事节目中心和郎酒集团共同主办的"强我国防·神采飞扬"2009 年中央电视台军事节目中心元旦联欢会的节目录制，与海、陆、空、武警部队的战友们共庆元旦佳节
中央电视台 2009 年"我最喜爱的春节晚会节目评选"独家冠名	
八一"人民军队扬国威，神采飞扬中国郎"活动	
2010 年世界杯《射手榜》独家冠名权	

续表

赛事	内容
2010年春节联欢晚会我最喜爱的节目评选独家冠名权	
冠名"华语榜中榜"	为品牌增添时尚元素色彩
青海玉树大地震捐款2000万元	彰显郎酒大集团大企业所拥有的公信力和社会责任感

除了中央电视台，在电视媒介方面，郎酒近年也在凤凰卫视、四川卫视、湖南卫视做了补充投放。

（三）布局未来，打造中国白酒金三角

郎酒认为，无论是中国名酒还是世界名酒，不能仅仅讲历史，还需要真正为酒文化的发展做实事。

赤水河流域，长江上游流域，集中了茅台、郎酒、泸州老窖、五粮液等闻名遐迩的中国名酒。2007年，在沿海与中西部县市区联席会议上，郎酒首度提出构建"中国白酒金三角"产业区设想。2008年6月，四川省委书记刘奇葆考察郎酒，对郎酒发展和打造世界级白酒名镇给予了充分肯定，勉励郎酒："做有远见的企业，有理想的企业；也来一个'四渡赤水'发展战略，分段实施，做大做好郎酒。"

于是，郎酒集团在2009年提出了宏伟蓝图，"郎酒二郎镇名酒·名镇建设"。邀请众多国外著名设计师，参与规划，总投资50多亿元，把生产郎酒的二郎小镇打造成一个具有国际标准的、中国最好的白酒小镇，作为郎酒体验营销的拓展和战略性发展的一部分。同时，为当地经济文化建设和中国酒文化做出贡献。规划已于2010年初完成，目前，郎酒已注资20亿元，预计用5~7年时间竣工。

郎酒带头启动了白酒金三角的建设，充分体现了企业的责任感和使命感，让"神采飞扬·中国郎"的气魄和情怀彰显天下。

讨论题

1. "老"郎酒在市场上掉队的原因是什么？
2. 在郎酒重新崛起的路上，为什么将其核心价值定位为"中国郎"？
3. 在郎酒重新崛起过程中，采取了哪些整合营销传播方式？这些方式是怎样围绕"中国郎"环环相扣而又实现其整合价值的？
4. 在互联网不断颠覆传统营销传播模式的今天，你认为郎酒会不会受到冲击？郎酒该不该适应互联网思维做变革？怎样变革营销传播模式？
5. 结合本案例，谈谈你对"酒香不怕巷子深"的判断与理解。

复习思考题

1. 怎样理解促销组合？
2. 简述人员推销的技巧，并举例说明。

3. 营业推广的方式有哪些?

4. 公共关系的促销途径有哪些?

5. 什么是整合营销传播? 简述整合营销传播与传统促销策略的区别。

6. 不同的促销方式各有什么特点?

7. 电脑采用哪种促销方式好? 为什么?

第五篇　市场营销管理

第十六章　营销组织

【本章要点】
◆ 市场营销组织的演变
◆ 市场营销组织的主要类型与特点
◆ 市场营销部门与其他部门的关系

【专业词汇】营销组织　职能型组织　地区性组织　产品或品牌管理组织　市场管理组织　产品/市场管理组织　事业部组织

【案例引导】

四川长虹的营销组织变革

四川长虹电器股份有限公司（A股简称"四川长虹"，600839），中国著名的家电品牌企业。公司1994年在上交所上市，1997年经营到达巅峰时期，实现主业收入156.73亿元，净利润26.1亿元。自1998年，长虹开始出现持续的业绩滑坡。2000年，针对长虹的痼疾，提出了在内部实施组织机构和经营机制改革的方案，即实施"新政"。各种原因，"新政"失败。时至2004年，长虹的经营状况不仅没有改变，还陷入了巨大的国际债务纠纷中。

2004年长虹又一次拉开了组织变革的序幕。随后，曾经在2000年协助赵勇新政的罗兰贝格进驻长虹。9月20日，长虹全体领导和中层干部参加了公司经营机制改革启动会，改革方案正式进入运作实施阶段。

本次改革方案在组织架构方面，长虹将所有的机构分为三类：总部职能机构、各产业公司群和服务平台。总部职能机构包括战略发展体系（规划发展部、资本运作部）、综合管理体系（经营管理部、公司办公室、人力资源部、审计法务部、财务部）、职能服务平台（企业策划部、物资部、质量部）和销售管理体系（海外营销部、对外经营部和营销管理部），这些职能机构将和公司领导层一起成为公司总部。公司总部将退出具体的产品经营，由过程管理转向目标管理，各职能部门也将以规划、监控、服务为重点。各产业公司又分为前端公司和终端公司，在以前的基础上独立自主的发展各自领域的产业。服务平台（包括技术中心、物流公司、设备动力部、基础管理公司和保卫部）和销售平台（总共分为 19 个区域销售公司）则将主要为集团内的产业公司服务。

这个"新"的方案，实际上和 2000 年的方案如出一辙。然而 4 年已过，物是人非，昔日的竞争对手 TCL、KONKA、HAIER、HISENSE 等国内大型家电企业在经营规模上、在产品的多元化与升级换代上、在国际化的运作上都到达了新的高度，而当时被国产品牌的价格战打得节节败退的国外家电厂商，现在又卷土重来。长虹非但失去了 20 世纪 90 年代末以振兴民族产业为己任，舍我其谁的豪气和霸气，而且还在过去不良的体制和管理机制带来的一系列恶果中苦苦挣扎。

针对这样的变革大势，长虹的营销组织变革该怎样进行呢？

市场营销组织是指企业内部涉及市场营销活动的各个职位及其结构。多年来，市场营销组织从一个简单的销售部门演变为一个复杂的群体的组合。在这一部分，我们将分析营销部门是怎样演变、怎样组织以及是如何与其他部门相互配合工作的。

第一节 营销部门的演变

企业的市场营销部门是执行市场营销计划、服务市场购买者的职能部门，市场营销部门的组织形式，主要受宏观市场营销环境、企业市场营销管理哲学，以及企业自身所处的发展阶段、经营范围、业务特点等因素的影响。营销部门的演变过程可以分为六个阶段。

一、简单销售部门

20 世纪 30 年代以前，西方企业以生产观念作为指导思想，大部分都采用这种形式。公司习惯上设一名主管销售的副经理，该副经理既负责管理销售队伍，自己也直接从事某些推销工作。销售部门的职能主要是推销生产部门生产出来的产品，生产什么，销售什么。如图 16 – 1a 所示。

二、销售部门兼有营销职能

20 世纪 30 年代大萧条以后，市场竞争日趋激烈，大多数企业以推销观念作为指导思想，需要经常进行市场营销研究、广告宣传以及其他促销活动，这些工作逐渐变成专门的职能。因此，主管营销的副总经理就需要雇佣营销调研经理和广告经理来执行这些职能。同时，会设立一名市场营销主任，负责对这些职能的规划与管理。如图 16 – 1b 所示。

三、独立的市场营销部门

随着企业规模和业务范围的进一步扩大，市场营销研究、新产品开发、广告促销、顾客服务等市场营销职能的重要性日益增强。于是，市场营销部门成为一个相对独立的职能部门，作为市场营销部门负责人的市场营销副总经理同销售副总经理一样直接受总经理的领导，销售和市场营销成为平行的职能部门，如图 16 – 1c 所示。

这种安排使总经理有可能对公司的发展机会和存在的问题有比较正确的看法。例如，销售失败后，销售经理可能建议：增加销售人员，提高销售报酬，开发销售竞赛，进行销售培训或降价等。市场营销经理则可能常常从消费者的角度而不仅从当前产品的价格和销售人员的角度分析解决办法。如企业的市场定位是否正确？和竞争者相比，企业产品在特色、风格、包装、服务、配送及促销手段等方面是不是有变化？这些变化是否合理？显然从这一角度分析比仅从促销的角度分析对解决问题更为有效。

四、现代市场营销部门

尽管销售副总经理和市场营销副总经理需要配合默契和互相协调，但是他们之间实际形成的关系往往带有相互竞争和互不信任的色彩。销售副总经理趋向于短期行为，侧重于取得眼前的销售量；而市场营销副总经理则多着眼于长期效果，侧重于制定适当的产品计划和市场营销战略，以满足市场的长期需要。销售部门和市场营销部门之间矛盾冲突的解决过程，形成了现代市场营销部门的基础，即由市场营销副总经理全面负责，下辖所有市场营销职能部门和销售部门。如图 16 – 1d 所示。

五、现代营销公司

一个公司仅仅有了上述现代市场营销部门，还不等于是现代市场营销公司。现代市场营销公司取决于公司的其他部门对顾客的态度和他们的营销责任。当其他部门认为营销只是营销部门的职能时，该公司不可能有效地执行营销职能。只有全体员工都认识到公司一切部门的工作都是"为顾客服务"，"市场营销"不仅是一个部门的名称而且是一个企业的经营哲学时，这个公司才能算是一个"以顾客为中心"的现代市场营销公司。

六、以过程和结果为基础的公司

许多公司现在将它们的组织结构重新集中于关键过程而非部门管理。为了获得过程结果，公司可任命过程负责人，由它管理跨职能的训练小组工作。营销人员和销售人员作为过程小组成员参与活动。营销人员对这个小组可以有一个实践联系责任，而营销部门与它是虚线联系责任。每个小组定期发出对营销部门营销人员的成绩评价。营销部门还有责任作计划以训练它的营销员工，安排他们参加新的小组并评价他们的总成绩。如图 16 – 1e 所示。

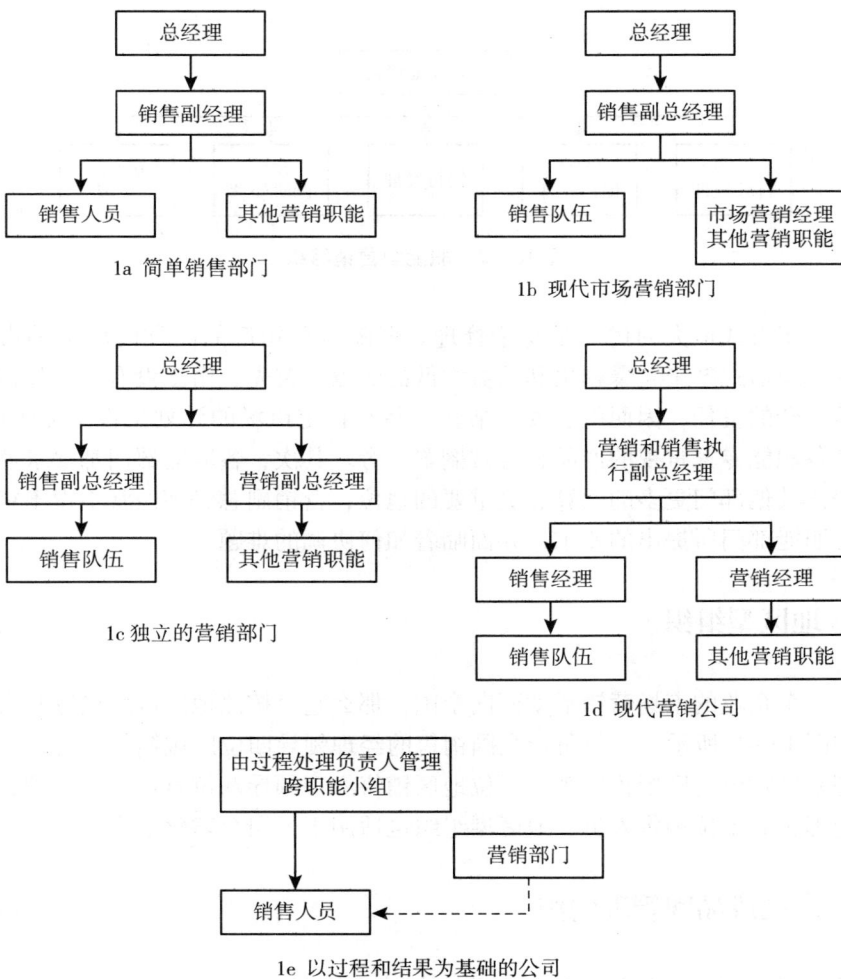

1a 简单销售部门

1b 现代市场营销部门

1c 独立的营销部门

1d 现代营销公司

1e 以过程和结果为基础的公司

图 16 – 1　营销部门演进的各个阶段

第二节　营销组织的主要类型

现代营销部门的主要组织形式有：职能型、地区型、产品型和顾客市场型。

一、职能型组织

最常见的营销组织形式由各种营销职能专家组成，他们分别对营销副总经理负责，营销副总经理负责协调他们的活动，如图 16 - 2 所示。

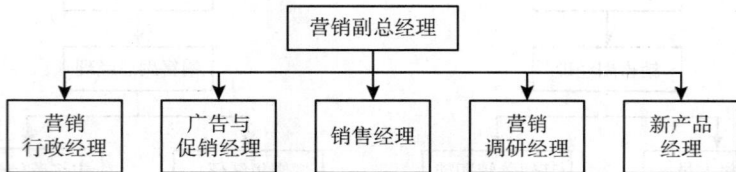

营销副总经理

| 营销行政经理 | 广告与促销经理 | 销售经理 | 营销调研经理 | 新产品经理 |

图 16 - 2　职能型营销组织

这种组织形式最大的优点是易于管理。但随着公司产品品种的增多和市场的扩大，这种组织形式越来越暴露出其效益太低的弱点。首先，由于没有人对任何产品或市场担负完全的责任，因而就会发生某些产品和特定市场的计划工作不完善的情况，没有受到各职能专家重视的产品就会被搁置一旁。其次，各职能部门都要求使自己的部门获得比其他部门更多的预算和更重要的地位，营销副总经理经常不得不审核相互竞争的各职能部门所提出的要求，并面临着如何协调的难题。

二、地区型组织

如果一个企业的市场营销活动面向全国，那么它会按照地理区域设置其市场营销机构，如图 16 - 3 所示。一位负责全国销售的经理领导四位区域销售经理，一位区域销售经理领导六位地区销售经理，一位地区销售经理领导八位直接销售经理，一位直接销售经理领导十位销售人员。地区型组织也适用于公司全球化运作。

三、产品或品牌管理组织

产品（或品牌）型组织是指在企业内部建立产品经理组织制度，以协调职能型组织中的部门冲突。在企业所生产的各产品差异很大、产品品种太多，以致按职能设置的市场营销组织无法处理的情况下，建立产品经理组织制度是适宜的。基本做法

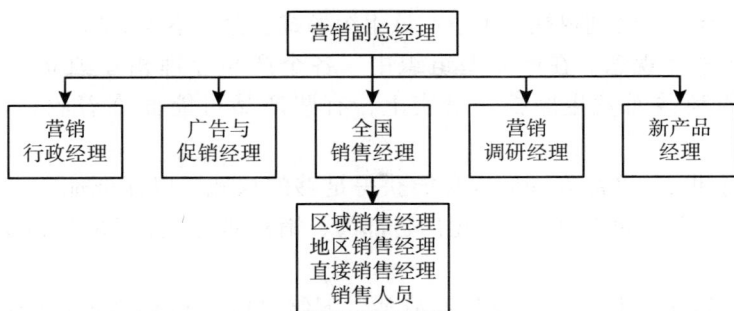

图 16 - 3　地区型组织

是，由一名产品市场营销经理负责，下设几个产品大类经理，产品大类经理之下再设几个具体产品经理负责各具体的产品，如图 16 - 4 所示。

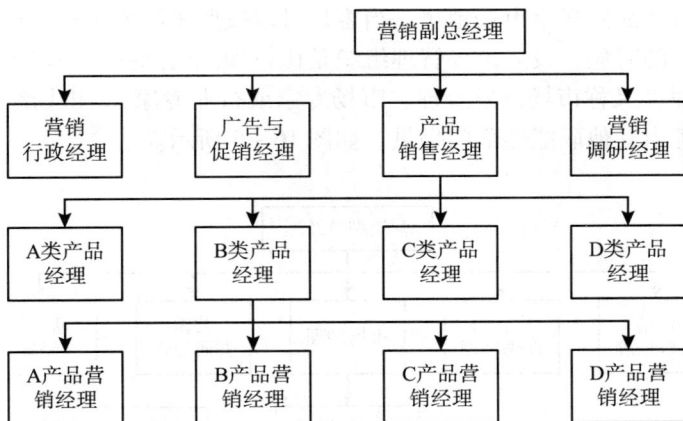

图 16 - 4　产品或品牌管理组织

产品或品牌经理的职责是制订产品开发计划，并付诸实施，监测其结果相采取改进措施。具体地可分为六个方面：

（1）发展产品的长期经营和竞争战略。

（2）编制年度市场营销计划和进行销售预测。

（3）与广告代理商和经销代理商一起研究广告的文稿设计和宣传活动。

（4）激励推销人员和经销商经营该产品的兴趣和对该产品的支持。

（5）搜集有关该产品的性能、顾客及经销商对产品的看法、产品遇到的问题及新销售机会的情报。

（6）组织产品改进，以适应不断变化的市场需求。

产品（或品牌）管理组织的优点在于产品（或品牌）经理能够有效地协调各种市场营销职能，并对市场变化做出积极反应；同时，由于有专门的产品经理，那些较小品牌产品可能不会受到忽视。不过，该组织形式也存在不少缺陷。

（1）缺乏整体观念。在产品型组织中，各个产品经理相互独立，他们会为保持各自产品的利益而发生摩擦，事实上，有些产品可能面临着收缩和被淘汰的威胁。

（2）部门冲突。产品经理们未必能获得足够的权威，以保证他们有效地履行职责。这就要求他们靠劝说的方法取得广告部门、销售部门、生产部门和其他部门的配合与支持。

（3）多头领导。由于权责划分不清楚，下级可能会得到多方面的指令。例如，产品广告经理在制定广告战略时接受产品市场营销经理的指导，而在预算和媒体选择上则受制于广告协调部门。

四、市场管理组织

多数公司将产品向多个市场销售。当客户可以按照不同购买行为或产品偏好分为不同的用户类别的时候，设立市场管理组织是比较理想的选择。一名市场主管经理管理几名市场经理（又称市场开发经理、市场专家或行业专家），市场经理开展工作所需的职能性服务由其他职能性部门提供，如图16－5所示。

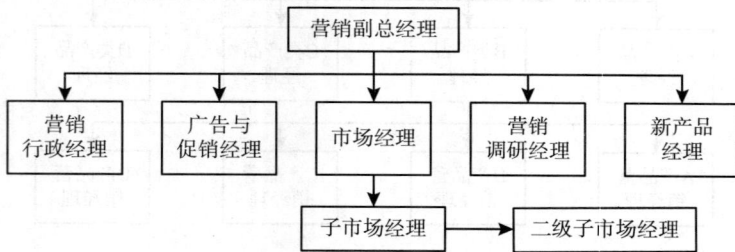

图16－5　市场管理组织

市场经理的职责是负责制订所辖市场的长期计划和年度计划，分析市场动向及企业应该为市场提供什么新产品等。他们的工作成绩常用市场占有率的增加来判断，而不是看其市场现有盈利状况。这种组织的最大特点是，它所组织的营销活动是为了满足不同顾客的需要，而不是集中在营销职能、地域或产品本身。

五、产品/市场管理组织

随着企业规模的扩大，多角化经营的实行、公司生产越来越多的产品品种，销往多个市场，进一步将营销组织模式发展为产品/市场式组织。同时任命产品和市场两位经理：杜邦公司就是采用这种模式的公司，如图16－6所示。产品经理负责产品销售及利润计划，寻找发现产品的更多用途。市场经理负责市场的培育和开发，注重迎合市场的需要，而不只是推销某种具体产品。这种模式比较适合于大而全的公司，但问题是费用高，而且容易产生矛盾，还有责权不明等问题，比如销售人员是按产品还是按市场来划分，产品价格由谁来确定，提价或降价怎么办等。

产品经理	市场经理：男装	女装	家具	工业市场
人造纤维				
醋酸纤维				
尼龙				
奥纶				
涤纶				

图 16－6　产品/市场管理组织

六、事业部组织

随着公司经营规模进一步扩大，公司通常将较大的产品部门改组为独立的事业部。每个事业部下再设置自己的职能部门，包括营销组织。这样就产生了一个问题，那就是公司总部应保留那些营销职能。公司可以根据自己的情况进行选择。公司总部可设置也可不再设置营销组织。如果设置，规模可大可小，取决于公司发展战略对下属事业部服务项目和调控能力的要求。如果公司要求参与事业部的营销规划并控制其营销活动，则仍然要设置较强大的营销组织；反之，如果只要求为事业部提供某些服务，则可设置较小规模的营销组织。

第三节　营销部门与其他部门的关系

企业各部门之间应该积极配合，相互协作，才能实现企业的整体目标。但事实上各部门经常处于矛盾与争论之中。这些矛盾与争论主要是由于各部门站在自己的角度对公司的一些重大问题，如最大利益看法不一致引起的，也有由于局部利益的争夺而引起的。

现代营销观念认为，公司应以顾客为中心，不断满足顾客的需要。营销部门期望所有部门都理解这一观点，并为之服务。但营销部门又没有足够的权力和影响力来达到这一目的，其他部门可能不愿专心致力于满足顾客的需要，如同营销部门强调顾客观点一样，其他部门都强调各自任务的重要。各部门都按照自己的看法，解释公司的目标与问题，这样就势必发生矛盾和冲突。

一、研究与开发部门

公司对开发新产品的期望，常常因研究开发部门与营销部门之间的糟糕关系而受到挫折。研究与开发部门主要由科学家与技术人员组成。他们喜欢研究挑战性的技术问题，不关心研究成本和销售利益。营销部门由具有市场营销观念的人员组成，他们喜欢能满足顾客需要的适合推销的新产品，并关注成本和利益。偏重研究开发的公司，在产品开发上力求技术完美，但费用高，成功率较低；在偏重营销的公司，研究人员奉命为市场的需要设计新产品，但多数是对产品的改进和对现有技术的应用，产品生命周期较短。二者并重的公司，研究人员不仅负责开发新产品，也注重成本和需求；营销人员不只注意市场需求的特点，也协助研究人员开发顾客满意的新产品，这应是现代公司的选择。研究开发部门与营销部门应密切配合，经常联合主办研讨会，每上新项目都要同时互派人员，交流看法，通力合作，把开发的新产品成功地推向市场。

二、工程部门

工程部门负责设计产品工艺流程，注重产品的技术质量，简化工艺过程，实行产品标准化管理，提高经济效益。营销人员则要求产品品种、规格多样化。为此常出现矛盾。这就要求营销人员更多地具有工程技术基础知识，工程技术人员具有更多的营销知识，以便相互了解，避免矛盾的发生。

三、采购部门

采购人员负责以最低的成本购进质量、数量相当的原材料和零部件。营销部门则期望采购量小而种类繁多的存货，以便生产出多种规格型号的产品。为此，采购部门常埋怨营销部门要求过高，迫使他们在不利的价格条件下定货，有时甚至还造成某种存货过多的现象。

四、生产部门

生产部门负责生产车间的正常运转，实行标准化生产，在适当的时间内，以适当的成本生产出适当数量的产品。营销部门希望生产车间经常变换产品的花色品种，为顾客提供更完美的服务。这就给生产部门出了一些难题，并且使成本增加。所以，营销人员还必须较好地了解生产策略，争取建立良好的生产—营销部门的工作关系。

五、财务部门

财务人员负责评估不同业务活动的盈利水平，对营销人员用于促销的开支，能否产生巨大的销售额表示怀疑，认为他们没有仔细考虑经费与销售额的关系；营销人员则认为，财务人员控制资金太紧，把所有的营销经费看作是一种浪费，而不是长期投资，过于保守，为此失去了很多机会。解决这一问题的办法是，对财务人员提供更多的营销训练和对营销人员提供更多的财务训练。

六、会计部门

会计人员不喜欢销售人员与顾客达成特殊交易，因为这些交易需要特殊的会计手续，认为营销人员不能及时做出销售报告。营销人员则认为：分摊到产品上的间接费用太多，并希望会计人员分渠道、分地域、分订货规模进行销售和利润核算。

七、信贷部门

信贷部门要求审查客户的商业信誉，严格借贷手续，尽量降低风险。营销人员认为，信用条件太苛刻，信贷手续应灵活一些，以免失去部分顾客。

企业各部门之间的争论和埋怨只会浪费许多宝贵的时间。贻误许多发展的机会，削弱企业的竞争能力，损害营销战略的实现。所以必须从根本上解决这一问题，其关键是：企业从上到下都要树立市场营销导向这一观念，建立一种市场营销文化。

❖ 本章小结

现代营销组织经历了六个演进阶段：简单的销售部门，销售部门兼有营销职能，独立的营销部门，现代营销部门，现代营销公司和以过程和结果为基础的公司。

公司市场营销组织的类型有职能型、地区型、产品或品牌管理型、市场管理型、产品管理/市场管理型和事业部型。

有效的现代营销组织需要建立以顾客为中心的组织文化，协调营销与其他部门的关系。这些部门包括：研究与开发、工程、采购、制造、营运、财务、会计和信贷。

案例分析

X 制药企业营销组织结构变革

李伟是 X 制药企业的老总，这些天来他一直被公司的销售发展问题困扰。刚才他主持召开了一个会议，营销部的经理们各抒己见，提了很多建议和想法。看来他们都是经过深思熟虑的，李伟长长地出了一口气。

他对自己的部下感到满意，李伟在医药行业摸爬滚打几十年，从普通的销售做起，到现在担任这家中型制药企业的老总，他的能力和魄力在业界是有目共睹的，因此也赢得了不少忠实的追随者。自从他开始组建这家企业，不到 6 年时间，公司的销售总额就已突破 4 个亿，实现利润 5000多万元，发展的速度是超常规的。

可是，繁荣的背后潜伏着危机。李伟点燃一支烟，今后的路该怎样走呢？这些年来，X 公司的发展也并非一帆风顺。1998 年公司的产品刚投放市场时，采取快速渗透战略，强调以学术推广、终端促销、创建品牌效应来带动产品销售，这也是当时国外大药厂普遍采取的方式。为此，公司组建了地区型的销售组织，全国分为 8 个区共 34 个办事处，颇有"忽如一夜春风来，千树万树梨花开"的味道，在业界引起一番轰动。但是，公司股东们对 X 公司的业绩却极为不满。他们认为公司市场开发速度太慢，销售费用太高，财务亏损严重。迫于公司股东的压力，以及结合国内药品销售的特色，公司在经过多方论证后从 2000 年开始转变营销体制，采用底价承包制。取消了区域经理，各办事处经理直接与公司发生关系，以底价从公司拿货，全权负责当地的销售。

这种销售体制打破了以往吃大锅饭的局面，体现了能者多得，优胜劣汰，最终实现公司和销售人员的双赢。公司各种产品的销量迅速增长，以往令人头痛的回款问题大大减轻。

从 2000 年到去年底，公司的销售额连续翻番。截至去年年底，公司销售总额达 4 个亿，利润 5000 万元。但是公司目标绝不只是这 4 个亿。今年年初的股东大会上提出的下一个 5 年计划是销售额突破 10 个亿，成为国内销售额排名前 30 位的制药企业。

难哪！李伟掐灭烟头，拿起桌上的销售分析报告。刚才会议上销售总经理王强把上季度的销售报表做了详细分析，最近大部分地区的销量增长均呈下降趋势，有几个品种的销售与上年同期持平，公司寄予厚望的新产品 A 的销售也极为不理想，只有 4 个办事处有少量出货。

"我认为我们的价格缺乏竞争优势。"王强首先发言："现在各地都在招标，争取中标已成为药品在各地医院存续的关键，也成为开发新医院的主要方式。而我公司的产品与国内同类产品相比，在报价上过高，所以中标率低，我认为我们应该重新考虑一下各产品的投标指导价。"

"还有"销售副总赵宏鸣补充道，"低价的产品在招商中也占有巨大优势。现在广州、武汉、北京等几个办事处经理反映 Y 公司的产品招商价格比我们低 5 个百分点。"

市场部总监张宁的发言也值得深思。随着底价承包制的实施，市场部费用骤减，市场部职能日益缩小，基本退缩成医学部的功能，有着国外大企业从业背景的张宁一直以来都觉得气闷。

"我认为要想成为国内一流企业，创品牌、树立企业形象是十分重要的，这几年我们实行底价承包制，在公司原始积累阶段这种体制无疑是有效的。但是从长远来看，不利于公司创建和维护品牌形象。

"我同意张总监的说法。"营销管理部陈经理说："底价承包制导致销售人员相对分散，各自为政，只注重自身利益，给企业落实营销政策和各项规章制度带来极大的困难和阻力，不利于企业整体营销运作。"陈经理还列举了一些例子。

"我认为，我们的销售网络主要集中在医院，零售市场开发不够，如果加强在这方面的重视，销量增长的潜力巨大。"

市场部产品经理张丽最后发言："另外，我们目前在全国主要城市共设有 34 个办事处，售人员共 160 人，如此人力远不足以覆盖整个大陆。因此，有待开发的市场空白点很多，这也是销量增长的来源……"

李伟仔细考虑着这些经理们的意见，每个人说得似乎都有道理，看来最为关键的问题要首先解决，即：从整个公司角度来看，底价承包制是否是一个很好的体制？

底价承包制的一些弊端他早就清楚，而且无论怎样加强管理，仍然无法克服底价承包制所有的弊端。那么，今后公司是继续沿用这一方式还是重新回到学术推广的老路上？

事实上，在中国目前这样一个医药环境中，单一体制已无法适应公司发展的需求。对，应该是"多种体制并存，相互补充，扬长避短"。

李伟的思路明晰起来。那么首先要做的就是构建新的营销组织结构。他的基本想法如下：把原销售总公司分为几个公司，即药品公司和新药公司。药品公司经营公司现有品种以及陆续上市的一些普药，仍以底价承包方式给办事处。同时，对于办事处无法覆盖的区域，由药品公司总部派人去设联络处或招商，弥补公司经营空白点。新药公司经营公司将来上市的新药，以学术推广方式为主，招商为辅，在各主要城市设办事处，高薪招聘优秀销售人员，承担树立企业形象和创建产品品牌的任务。待产品较为成熟后，转给药品公司，利用其网络迅速向全国范围渗透。

李伟兴奋地拿起电话，看来今天晚上又要开通宵会议了。

（案例来源：综合网络资料）

讨论题

1. X公司营销出了什么问题？与营销组织存在的问题有什么关系？为什么会存在这些问题？
2. 结合本案例讨论企业营销组织结构是否是一成不变的？如果变，应该怎么变？
3. 如果你是X公司的老总，你将如何解决该公司的问题？

复习思考题

1. 什么是营销组织？
2. 营销组织的类型有哪些，都有什么特点？
3. 营销组织与企业其他部门的关系？

第十七章　营销计划执行与控制

【本章要点】
◆ 营销计划的性质
◆ 营销计划的主要内容
◆ 营销计划的执行过程
【专业词汇】 市场营销计划　营销计划控制

第一节　营销计划概述

从某种意义上来讲，现代企业市场营销活动过程即是企业如何有计划地组织整体营销活动的过程。市场营销管理的中心内容，就是企业对营销活动进行全面的有效的规划与控制。一个企业如果只对它所遭遇的新环境作简单的反应，就不可能在市场上生存和发展。缺乏预先安排的营销工作将会导致行动和经费开支上的混乱，容易受到有计划、有远见的竞争者的攻击。因此，每个企业必须用有计划地组织营销的方法来对待市场，即通过编制计划、执行计划，实现营销战略，达到企业的既定目标。由此可见，营销计划是企业战略管理的最终体现。

一、西方企业计划工作的演进

考察西方企业计划工作的演进过程，我们可以发现，一般经历以下几个阶段。今天，我们可以说，每个企业都处在下面这些阶段的某一过程之中。

1. 无计划阶段

企业建立之初，经理们忙于张罗资金、顾客、设备和材料，很少有时间考虑编制计划。管理者全神贯注于日常的经营业务以维持生计。

2. 预算制度工作阶段

企业为了改进它对现金流量的控制，建立起一套预算制度。管理者估算下一年度的总销售额以及与此有关的成本和现金流量。各部门负责人为本部门拟订预算。这些预算都是财务上的，并不要求像制订真正的计划那样的思考水平。因此，在这一阶段，还称不上计划。

3. 年度计划工作阶段

管理者终于意识到制订年度计划的优点。这时，企业采用的计划工作可能三种：第一种方法是自上而下，由最高管理层制订。这种方法的理论根据是企业管理理论中的 X 学派。这种理论认为，职工一般对工作缺乏主动精神，不愿承担责任，因此必须受领导者的支配才能努力工作。第二种方法是自下而上，由企业所属各单位根据自己力所能及的最大限度，制订本单位的目标和计划，然后逐级上报汇总。这种方法的理论基础是 Y 理论，即认为员工们热爱自己的工作，勇于承担责任，如果他们参与了企业的计划工作，就会增强他们的创造性和责任感。第三种方法是由最高管理层先下达目标，各部门据此编制计划，并送交最高管理层审批，批准后便成为正式的年度计划。西方大多数企业采用这种方法。

4. 长期计划工作阶段

管理者进一步认识到，在制订年度计划以前应该先有一个长期计划。年度计划应该是长期计划中每一年度的详细计划。例如，美国医院器材供应公司的经理年初为各产品编制一个五年计划，随后再制订年度计划。由于环境在变化和长期计划的假设需要复审，这个五年计划每年都要修订一次（称为滚动计划）。

5. 战略计划工作阶段

当事实上企业必须复核哪几项业务应该增长、维持、收缩和终止，以及哪几项新的业务应该引进时，管理层最终会认识到，计划工作的绝大部分是处理现行业务和如何使它们进行下去。外界环境充满着各种"机会"和"威胁"，企业需要研制能够抓住机会、抵抗威胁的业务组合。战略计划工作就是研究处理在不断变化的环境面前，怎样努力使得整个企业能最恰当地抓住它遇到的最好机会。

从上述西方企业计划工作的演进过程可以看出，西方企业的计划管理，最先是有财务计划，也就是企业预算制度；然后有了生产计划，由生产部门和财务部门分别编制，营销部门几乎没有发言权。在企业以生产观念和推销观念作为经营指导思想的情况下，营销计划只是安排产品的运出和推销而已。一旦企业以市场观念作为经营管理的指导思想，营销计划便被提到重要的地位。这时，营销管理就是通过营销规划把市场观念的三个要素——以消费者需求为中心、整体营销活动和争取利润有机地结合起来，在整个企业管理中贯彻落实。所以，现代企业日益重视制订正式书面的营销计划。

二、市场营销计划的性质

有时候，营销计划意味着企业计划，有时候，它仅仅是企业计划的一部分。事实上，企业需要大量的计划，它们中间的每个计划都包括着分量很重的营销内容。这里至少有以下八种涉及营销内容的不同计划，即公司计划、事业部计划、产品线计划、产品计划、品牌计划、市场计划、产品——市场计划和职能部门计划。

（1）公司计划。公司计划是指整个企业的经营计划，其中包括营销计划。它可以是年度的，或是中长期计划。它规定公司在一定时期内的任务、目标、增长策略和经营产品类别，它不包括各个业务单位的活动细节。

（2）事业部计划。事业部计划和公司计划类似，包括事业部的销售、生产、财务、人事等计划，主要规定事业部的增长目标和战略。

（3）产品线计划。产品线计划说明一条特定产品线的销售目标、战略和战术，一般由产品线经理编制。

（4）产品项目计划。产品项目计划说明某一产品的销售目标、战略和战术，由产品经理编制。

（5）品牌计划。品牌计划规定某种产品的销售目标、战略和战术，由品牌经理制订。

（6）市场计划。市场计划是向某一细分市场发展和经营的计划，说明在某一市场需要达到的目标和运用的战略与策略，它一般由市场经理编制。

（7）产品—市场计划。产品—市场计划是向某一地区市场销售某一种或某一类产品的计划，它规定这种或这类产品在那个特定市场的销售目标以及达到这个目标的战略与策略。

（8）职能部门计划。职能部门计划是指企业内部各个职能部门如销售、生产、财务、人事等，根据销售目标编制的部门计划。每一个职能部门的下属职能单位也要编制本单位的计划。如销售部不仅要有一个计划，而且它所属的广告、营业推广、营销调研等单位也必须制订自己的计划。

上述这些计划都涉及营销内容。事实上，营销计划不仅是十分必要的，而且在公司计划的制订过程中经常处于优先的位置。公司的计划工作常常从"我们希望有多大的销售量才能获得利润"这个问题开始，而这个问题只有通过营销分析和制订营销计划才能解决。当营销计划被批准后，非营销经理们才能开始制订他们的制造、财务和人事计划，以支持营销计划的顺利展开。因此，营销计划是企业其他行动计划工作的起点。

第二节　营销计划的内容

营销计划的内容，随着企业高层管理者想从他的经理处得到的内容的详细程度而不同。多数的营销计划包括的内容，如表 17 - 1 所示。

表 17 - 1　　　　　　　　　　　　　营销计划内容

1. 执行概要和目录表	提供所建议计划的简略概要
2. 当前的营销状况	提供与市场、产品、竞争、分配和宏观环境有关的背景数据
3. 机会和问题分析	概述主要的机会和威胁、优势和劣势，以及在计划中必须处理的产品所面临的问题

续表

4. 确定目标	确定计划中想要达到的关于销售量、市场份额和利润目标
5. 营销战略	描述为实现计划目标而采用的主要营销方法
6. 行动方案	回答应该做什么？由谁来做？什么时候做？它需要多少成本
7. 预计损益表	概述计划所预期的财务收益状况
8. 营销计划控制	说明如何监控计划

一、执行概要和目录表

营销计划书的开头部分应有一个对该计划的主要目标和建议事项的简短摘要。如某企业的年度营销计划概要可能是这样表述：本年度要使某产品系列的销售额和利润额比上年有较大幅度的增长。前者要达到 8000 万元，比上年同期增加 20%，后者要达到 700 万元，比上年增长 15%；这个增幅可通过增加广告预算 20%，投入 50 万元开拓新的市场来达到……计划概要的目的在于让高层主管迅速了解计划的核心内容、概要之后应是内容的目录表。

二、分析营销现状

这个部分主要是提供与市场、竞争对手、产品、分销及宏观环境因素有关的背景材料。如市场情况应说明潜在的市场规模，顾客需求的特点与变化发展趋势；产品情况，应说明近年来各主要产品品种的销量、价格、获利水平等；竞争形势，应说明谁是主要的竞争对手，每个竞争对手在产品品质、特色、定价、分销、促销等方面部采取了哪些策略，他们各自的市场占有率及变化趋势；分销情况，应说明主要经销商近年在销售额、经营能力和地位方面的变化。

三、机会与威胁分析

在总结公司目前所处的营销现状后，需要对公司的某个品牌、某个产品、某条产品线，所面临的主要机会与威胁、优势与劣势进行分析。

四、明确目标

营销目标是营销计划的核心部分，是指企业在营销活动中预期完成的营销任务和预期取得的营销成果。营销目标的确定为企业营销活动指明了方向，规定了任务，确定了标准，从而增加了营销工作的目的性。在确定营销目标的过程中，必须遵循以下原则：第一，营销目标要形成一个有机的目标体系。在总目标之下应建立相应的中层目标，并将其分解转分成具体目标。同时应注意各项具体目标之间的协调与平衡，使之相互配合。第二，营销目标应具有先进性和可行性。第三，营销目标应重点突出，所涉及的应是关系到营销成败的重要问题。第四，确定的营销目标应有一定的弹性，以适应各种可能出现的情况。

五、制定营销战略

营销计划中要概述为达到营销目标应采用的营销战略。包括目标市场策略、产品定位、新产品开发和市场营销组合策略等。在战略制定过程中应与生产采购部门、销售部门、财务部门等进行沟通。

六、确定战术——行动方案

营销战略必须转化为具体的行动方案，如什么时候开始做，怎么做，由谁做，费用是多少等。这些内容都要按时间顺序列成一个详细且可供实施的行动方案。

七、损益预测

在行动计划中，产品经理应说明支持该方案的预算。在收入的一方，它指出预估的销售数量和平均实现价格。在开支的一方，它表明生产成本、实体分销成本和营销费用，以及再细分下去的细节项目。收入和开支之差就是预计利润。当预算一旦批准之后，它就是制订计划和对材料采购、生产调度、人力补充、营销活动安排的基础。

八、营销计划控制

营销计划的最后一个部分是概述控制，用以监督计划的执行过程。通常，目标和预算按月或季来制定，上一级的管理层每星期都要审查这些结果。有些计划的控制部分还包括应变计划，概述管理层在遇到特殊的不利情况时应采取的步骤。

第三节　营销计划的执行

营销计划执行是将市场营销计划转化为行动方案的过程，并保证这种任务的完成，以实现计划的既定目标。分析市场营销环境、制订市场营销战略和市场营销计划是解决企业市场营销活动应该"做什么"和"为什么要这样做"的问题；而营销计划执行则是要解决"由谁去做"、"在什么时候做"和"怎样做"的问题。

市场营销执行是一个艰巨而复杂的过程。美国的一项研究表明，被调查的计划人员中的90%认为，他们制定的战略和战术之所以没有成功，是因为没有得到有效的执行。管理人员常常难以诊断市场营销计划执行中的问题。市场营销失败的原因可能是由于战略战术本身有问题，也可能是由于正确的战略战术没有得到有效的执行。因此，市场营销者需要了解市场营销执行的过程和技能。

一、营销计划执行的过程

营销计划执行过程包括以下主要步骤：

1. 制订行动方案

为了有效地实施市场营销战略，必须制订详细的行动方案。这个方案应该明确市场营销战略实施的关键性决策和任务，并将执行这些决策和任务的责任落实到个人或小组。另外，还应包括具体的时间表，定出行动的确切时间。

2. 建立组织结构

企业的正式组织在市场营销执行过程中起着决定性的作用，组织将战略实施的任务分配给具体的部门和人员，规定明确的职权界限和信息沟通渠道，协调企业内部的各项决策和行动。企业的战略不同，相应建立的组织结构也应有所不同。也就是说，组织结构必须同企业战略相一致，必须同企业本身的特点和环境相适应。组织结构具有两大职能，首先是提供明确的分工，将全部工作分解成管理的几个部分，再将它们分配给各有关部门和人员；其次是发挥协调作用，通过正式的组织联系沟通网络，协调各部门和人员间的行动。

3. 设计决策和报酬制度

为实施市场营销战略，还必须设计相应的决策和报酬制度。这些制度直接关系到战略实施的成败。就企业对管理人员工作的评估和报酬制度而言，如果以短期的经营利润为标准，则管理人员的行为必定趋于短期化，他们就不会有为实现长期战略目标而努力的积极性。

4. 开发人力资源

市场营销战略最终是由企业内部的工作人员来执行的，所有人力资源的开发都至关重要。这涉及人员的考核、选拔、安置、培训和激励等问题。在考核、选拔管理人员时，要注意将适当的工作分配给适当的人，做到人尽其才；为了激励员工的积极性，必须建立完善的工资、福利和奖惩制度。此外，企业还必须决定行政管理人员、业务管理人员和一线工人之间的比例。

应当指出的是，不同的战略要求具有不同性格和能力的管理者。"拓展型"战略要求具有创业和冒险精神的、有魄力的人员去完成；"维持型"战略要求管理人员具备组织和管理方面的才能；而"紧缩型"战略则需要寻找精打细算的管理者来执行。

5. 建设企业文化

企业文化是指一个企业内部全体人员共同持有和遵循的价值标准、基本信念和行为准则。企业文化对企业经营思想和领导风格，对职工的工作态度和作风均起着决定性的作用。企业文化包括企业环境、价值观念、模范任务、仪式、文化网五个要素。

企业环境是形成企业文化的外界条件，它包括一个国家、民族的传统文化，也包括政府的经济政策以及资源、运输、竞争等环境因素。价值观念是指企业职工共同的行为准则和基本信念，是企业文化的核心和灵魂。模范人物是共同价值观的人格化，是职工行为的楷模。仪式是指为树立和强化共同价值观，有计划进行的各种例行活动，如各种纪念、庆祝活动等。文化网则是传播共同价值观的宣传介绍模范人物形象的各种非正式渠道。总之，企业文化主要是指企业在其所处的一定环境中，逐渐形成的共同价值标准和基本信念，这些标准和信念是通过模范人物塑造和体现，通过正式和非正式组织加以树立、强化和传播的。由于企业文化体现了集体责任感和集体荣誉感，它甚至关系到职工人生观和他们所追求的最高目标，它能够起到把全体员工团结在一起的"黏合剂"作用。因此，塑造和强化企业文化是执行企业战略的不容忽视的一环。

6. 确定管理风格

与企业文化相关联的，是企业的管理风格。有些管理者的管理风格属于"专权型"，他们发号施令、独揽大权、严格控制，坚持采用正式的信息沟通，不容忍非正式的组织和活动。另一些管理者的管理风格属于"参与型"，他们主张授权给下属，协调各部门的工作，鼓励下属的主动精神和非正式的交流和沟通。这两种对立的管理风格各有利弊。不同的战略要求不同的管理风格，这主要取决于企业的战略任务、组织结构、人员和环境。

企业文化和管理风格一旦形成，就具有相对稳定性和连续性，不易改变。因此，企业战略通常是适应企业文化和管理风格的要求来制定的，企业原有的文化和风格不宜轻易改变。

为了有效地实施市场营销战略，企业的行动方案、组织结构、决策和报酬制度、人力资源、企业文化和管理风格这六大要素必须协调一致，相互配合。

二、营销计划执行的技能

营销计划的执行问题常常出现于企业营销活动的三个层次。

（1）市场营销职能，即基本的市场营销职能能否顺利实施，如企业怎样才能从某广告公司处获得更有创意的广告。

（2）市场营销方案，即把所有的市场营销职能协调的组合在一起，构成整体行动，这一层次出现的问题常常发生在一项新产品引入另一个新市场时。

（3）市场营销政策，例如，企业需要所有雇员对待所有的顾客都用最好的态度和最好的服务。

为了有效地执行营销计划方案，企业营销活动的每一层次（即职能、方案、政策等）都必须善于运用四种技能：

（1）配置技能。是指市场营销经理在职能、政策和方案三个层次上配置时间、资金和人员的能力。例如，确定究竟花多少钱用于展销会等。

（2）调控技能。包括建立和管理一个对市场营销活动效果进行追踪的控制系统，控制有四种类型：年度计划控制、盈利能力控制、效率控制和战略控制。

（3）组织技能。常用于发展有效工作的组织中，理解正式和非正式的市场营销组织对于开展有效的市场营销执行活动是非常重要的。

（4）互动技能。指经理影响他人把事情办好的能力。市场营销人员不仅必须有能力推动本企业的人员有效地执行理想的战略，还必须推动企业外的人或企业（如市场调查公司、广告公司、经销商、批发商、代理商等）来实施理想的战略，即使他们的目标与本企业的目标有所不同。

第四节 市场营销控制

由于市场营销计划的执行中会出现许多意外情况，市场营销的成功也离不开对营销计划执行情况的监测、检查，即有效的市场营销控制。所谓市场营销控制，是指管理者经常检查市场营销计划的执行情况，看看计划与实际是否一致；如果不一致或没有完成计划，就要找出原因所在，并采取适当措施和正确行动，以保证市场营销计划的完成。市场营销控制按其内容的不同可分为四类，即年度计划控制、盈利能力控制、效率控制和战略控制。如表 17-2 所示。

表 17-2 营销控制类型

控制类型	主要负责人	控制目的	方法
1. 年度计划控制	高层管理层 中层管理层	检查计划目标是否实现	销售分析，市场份额分析，费用—销售额比率，财务分析，顾客态度追踪
2. 盈利能力控制	营销审计人员	检查公司在哪些地方赚钱，哪些地方亏损	各产品、地区、细分市场、销售渠道的盈利能力分析
3. 效率控制	部门经理，营销审计人员	评价和提高经费开支效率以及经费开支的效果	销售队伍、广告、促销和分销的效率
4. 战略控制	高层管理者 营销审计人员	检查公司是否在市场、产品和渠道等方面，正在寻求最佳机会	营销效果评价，营销审计

一、年度计划控制

年度计划控制是一种短期的即时控制，是对当前的营销努力和结果的监控。其控制的目的是为了确保企业达到年度计划规定的销售额、利润及其他指标。年度计划控制的中心是目标管理。包括四个步骤（见图 17-1）：第一，管理者必须把年度计划分解为月或季度的目标，作为水准基点；第二，管理者要随时监测市场上的执行情况；第三，管理层必须对任何严重的偏离行为的原因做出判断；第四，管理层必须采取改正行动，以便弥合目标与执行实绩之间的缺口。

目标建立	营销状况检查	偏差分析	纠正措施
我们要达到什么	→ 正在发生什么	→ 为什么会发生	→ 我们对此该做些什么

图 17 - 1　年度计划控制的步骤

这一控制模式适用于组织的每一个层次。企业最高管理层建立一年的销售目标和利润目标。这些目标被分解成为每个较低层次的管理层的具体目标。

年度计划控制主要采用五种工具：销售分析，市场份额分析，营销费用——销售额分析，财务分析和顾客满意度追踪。

（一）销售分析

销售分析是指将实际销售额与计划销售额进行对比，具体可以从两个方面分析：

（1）销售差异分析。销售差异分析用于衡量在销售目标执行中形成缺口的不同要素所起的相应作用。假设某公司年度计划要求第一季度销售 4000 个小工具，1 美元 1 个，即 4000 美元。但到季度末，只销售了 3000 个，每个 80 美分，即 2400 美元。销售绩效差异为 1600 美元。通过销售差异分析可以确定未完成额中有多少是由于销售量下降所造成的，有多少是由于价格降低所造成的。通过计算可以知道，由于销售量下降所造成的差额为 1000 美元，由于价格降低所造成的差额为 600 美元。公司需要进一步分析预定销售量目标没有实现的原因。

（2）微观销售分析。微观销售分析分别从产品、销售地区以及其他方面分析未能完成预定销售额的原因。假设公司在三个地区销售，预期的销售量分别为 1500 个单位、500 个单位和 2000 个单位。实际销售量分别是 1400 个单位、525 个单位和 1075 个单位。这样，地区 1 完成了预定额的 93%，地区 2 完成了预定额的 105%，地区 3 只完成了 54%。地区 3 是造成没有完成预定目标的主要原因。销售经理应对该地区进行检查，弄清造成这种差距的原因，是推销员不称职，还是有强大竞争对手的介入，或是计划制订不合理？

（二）市场份额分析

销售分析不能反映出企业在市场竞争中的地位。一个公司销售额的增加，可能是由于公司业绩较竞争者有所提高，但也可能是由于整体经济环境的改善使所有的公司都受益，而公司自身并不一定比竞争对手做得更好。为此，营销管理部门应该跟踪它的市场份额。

市场份额有绝对市场份额和相对市场份额之分。绝对市场份额是指公司销售在行业总销售中所占的比例；相对市场份额是指公司销售额与本行业最大竞争对手的销售额之比。相对市场份额超过 100% 的公司就是市场领先者；相对市场份额为 100%，表示该公司与其最大竞争对手不相上下；相对市场份额上升，表明该公司与其最大竞争对手相比提高得更快。

（三）营销费用——销售额分析

年度计划控制要求保证公司在实现其销售目标时，必须控制其营销费用支出。一般包括五项费用与销售之比、销售队伍对销售额之比、广告对销售额之比、促销对销售额之比、营销调研对销售额之比及销售管理费用对销售额之比。管理层应监控这些营销费用开支，当一项费用对销售额比率失去控制时，必须认真查找原因。

（四）财务分析

费用——销售额分析应放在一个总体财务构架中进行分析，以决定公司如何以及在何处展开活动。营销者越来越倾向于利用财务分析来寻找提高利润的战略，而不仅限于扩大销售的战略。管理层利用财务分析来判别影响公司净资产报酬率的各种因素。

（五）顾客态度追踪

上述几种分析方法基本上属于定量分析。定量分析虽然重要但并不充分，因为它们没有对市场营销的发展变化进行定性分析和描述。为此，企业需要建立一套系统来追踪其顾客、经销商以及其他市场营销系统参与者的态度。如果发现顾客对本企业和产品的态度发生了变化，企业管理者就能较早地采取行动，争取主动。企业一般主要利用以下系统来追踪顾客的态度。

（1）抱怨和建议系统。公司应鼓励顾客不满意时向公司投诉，公司对顾客书面的或口头的抱怨应该进行记录、分析，并做出适当的反应，以提高顾客的满意度，建立良好的口碑传播。同时，顾客对产品的投诉，为公司改进和开发产品与服务提供了必要的信息。

（2）固定顾客样本。有些企业建立了由具有代表性的顾客组成的固定顾客样本，定期地由企业通过电话访问或邮寄问卷了解其态度。这种做法有时比抱怨和建议系统更能代表顾客态度的变化及其分布范围。

（3）顾客调查。通常情况下顾客并不会主动向公司投诉或提出建议，因此，公司应进行顾客调查，了解顾客对公司及竞争产品的态度。

二、盈利能力控制

企业除年度计划控制外，还需要衡量其不同的产品在不同的地区、不同的市场针对不同的顾客群、通过不同的分析渠道出售的实际盈利能力。盈利能力控制所获取的信息，有助于管理人员决定各种产品或市场营销活动是扩展、减少还是取消。

盈利能力控制包括三个必要步骤：第一，确定各个职能的费用；第二，将费用分配给各个营销实体；第三，为不同的渠道编制损益表；而后，决定最佳改进方案。其中，应当引起注意的是，利用分析工具中的成本分析时，应该明确不同的成本概念的内涵。

（一）盈利水平

盈利水平分析，是指通过对财务报表和数据的一系列处理，把所获利润分摊到诸如不同产品、不同地区、不同渠道或不同市场上，从而衡量每一种产品、地区、渠道或市场的盈亏情况。

分析步骤是：首先将各项费用归纳或分摊到各项营销职能如推销、广告、包装、送货等方面；然后依据一定的标准将营销职能性费用按不同的产品、或不同地区、或不同渠道、或不同市场进行分配；最后编制出产品损益表、地区损益表、渠道损益表、市场损益表等，表17－3为美国一家割草机公司的渠道损益表。

表 17 – 3　　　　　　　　　　　　　　渠道损益表　　　　　　　　　　　单位：美元

项目　　渠道	五金商店	园艺商店	百货商店	公司总额
销售收入	30000	10000	20000	60000
销售成本	19500	6500	13000	39000
毛利	10500	3500	7000	21000
费用　推销	4000	1300	200	5500
费用　广告	1550	620	930	3100
费用　包装送货	3000	1260	540	4800
费用　提货结账	1500	630	270	2400
费用合计	10050	3810	1940	15800
净利	450	–310	5060	5200

由表17－3可以看出，尽管五金商店的销售收入大大高于百货商店，但其净利润却远远不如百货商店；而园艺商店则亏损310美元。通过上述分析，可以看出不同渠道的盈利水平。

（二）确定最佳改进措施

企业在做出改进决策之前，应全面考虑，努力做出最佳选择。如根据上例的分析，决定把园艺商店和五金商店从销售渠道中剔除，而集中于一条百货商店渠道，就未免过于简单化。营销人员应进一步研究，依据具体情做出决定。可供选择的措施很多：对小额订单收取特种费，用以鼓励大额订单；减少对园艺商店和五金商店的广告和访问次数；任其发展，以观后效；只放弃每条渠道中最差的销售单等。

三、效率控制

如果通过盈利水平分析，发现公司在某些市场、产品、地区等方面盈利不佳，那么公司就要采取更有效的方法来管理这些营销实体的推销人员、广告、销售促进和配销的活动。

(一) 销售队伍效率

考察销售队伍效率的关键指标主要包括：

（1）每个销售人员平均每天进行销售访问的次数。

（2）每次销售人员访问平均所需的时间。

（3）每次销售人员访问的平均收入。

（4）每次销售人员访问的平均成本。

（5）每100次销售人员销售访问的订货单百分比。

（6）每一期新的顾客数目。

（7）每一期丧失的顾客数目。

（8）销售队伍成本占总成本的百分比。

(二) 广告效率控制

广告效率分析的主要指标包括：

（1）每一种媒体类型、每一个媒体工具触及每千人的广告成本。

（2）顾客对每一媒体工具注意、联想和阅读的百分比。

（3）顾客对广告内容和效果的意见。

（4）广告前后对产品态度的衡量。

（5）受广告刺激而引起的询问次数。

企业高层管理者可以采用若干步骤来改进广告效率，包括进行更加有效的产品定位、确定广告目标、利用计算机来指导广告媒体的选择、寻找较佳的媒体，以及进行广告后效果测定等。

(三) 促销效率控制

为了改善销售促进的效率，企业还需要进行促销效率控制。为此，管理层应该对每项促销的成本和销售的影响做记录，注意做好如下统计：

（1）由于优惠而销售的百分比。

（2）每一销售额的陈列成本。

（3）赠券收回的百分比。

（4）因示范而引起询问的次数。

企业还应观察不同销售促进手段的效果，并使用最有效的促销手段。

(四) 分销效率控制

分销效率控制，主要可对存货、仓库位置、运输路线和方式等进行分析，以降低送货成本，节约分销费用。例如，美国面包协会为了使面包装卸及内部输送程序更有效率，十分详细地分析了面包从装车、运送到搬上货架的送货作业工序，最后提出了一些改革措施，即选择科学的运输路线，将车门从卡车尾部移到司机座位旁，并设计可以安装货物的装卸架。由此，大大节约了面包送货的时间和费用。

四、战略控制

公司所处的市场营销环境复杂多变，公司的战略和计划可能与环境不再适应。这就要求公司必须对整体营销效果进行全面审查，以确保企业目标、政策、战略和计划与市场营销环境相匹配。公司通常可以采用两种工具：营销效果等级评定和营销审计。

（一）营销效果等级评定

营销效果等级评定可以从顾客宗旨、整体营销组织、充足的营销信息、营销战略导向和营销效率五个方面进行衡量。根据上述五种属性的内容编制营销效果等级评定表，由各营销经理及其他经理进行填写，最后综合评定。这样便于通过比较发现问题，各营销部门可据此制订一个校正计划，纠正与市场相悖的战略和行为。

（二）营销审计

营销审计是指对企业的营销环境、目标、战略、组织和活动诸多方面进行的全面的、独立的、系统的和定期的审查，其目的在于决定问题的范围和机会，提出行动计划，以提供公司的营销业绩。

营销审计通常由公司高级职员和专门的营销审计机构共同进行。要拟订一个包括审计目标、范围、资料来源、报告形式及期限等方面的详细计划，以便既经济又快速地做好审计工作。在审计过程中不能单方面依赖公司主管人员提供的资料和意见，还必须对顾客、经销商及其他有关外部团体进行访问。

营销审计的内容主要包括：

（1）营销环境审计。主要分析宏观环境因素和微观环境因素中的关键部分，如市场、顾客、竞争对手、分销商、供应商、营销服务性企业和社会公众等。

（2）营销战略审计。主要评价企业使命、营销目标、营销战略与现行的、预期的营销环境相适应的程度。

（3）营销组织审计。审查营销组织在预期营销环境中实施营销战略所具备的能力。

（4）营销系统审计。检查企业分析、规划、控制系统的质量。

（5）营销效益审计。考察不同营销实体的盈利水平和不同营销活动的成本效益。

（6）营销职能审计。评估营销组合的因素，如产品、价格、分销、促销等。

营销审计不仅是审查几个出了问题的地方，而是覆盖整个营销活动的所有方面。营销审计不仅能为那些陷入困境的企业带来光明，也能为那些卓有成效的企业增添效益。

❖　本章小结

市场营销计划是公司战略规划的具体化。它集中于一个产品或市场，并包括在目标市场是实现相应的目标而采取的详细的营销战略和方案。营销计划的基本内容有：执行概要和目录表、当前的营销状况分析、机会与问题分析、明确目标、制定营销战略、确定战术、损益预测、营销计划控制。

市场营销执行是将市场营销计划转化为行动方案的过程，并保证计划的完成，以实现计划的既定目标。很多时候，公司的市场营销战略之所以不成功并不是因为战略本身有问题，而是市场营销执行过程当中发生了偏差。因此，市场营销者需要了解市场营销执行的过程。市场营销执行的过程包括6个主要步骤：制订行动方案、建立组织结构、设计决策和报酬制度、开发人力资源、建设企业文化、确定管理风格。

营销计划在实施过程中会发生许多意外情况，为了保证营销目标的实现，必须进行有效的控制。市场营销控制，是指管理者经常检查市场营销计划的执行情况，看看计划与实际是否一致；如果不一致或没有完成计划，就要找出原因所在，并采取适当措施和正确行动，以保证市场营销计划的完成。

市场营销审计包括营销环境审计、营销战略审计、营销组织审计、营销系统审计、营销效益审计和营销职能审计。

市场营销控制有四种主要类型，即年度计划控制、盈利能力控制、效率控制和战略控制。

复习思考题

1. 什么是营销计划？
2. 营销计划有哪些内容？
3. 营销计划执行过程有哪些？
4. 什么是营销控制？营销控制包括哪些内容？
5. 年度计划控制的分析工具是什么？
6. 公司应如何进行营销盈利性分析？
7. 公司应怎样进行效率分析？
8. 营销审计包括哪些内容？
9. 收集一种你所熟悉的产品品牌的市场资料，为其制订市场营销计划。

第六篇 市场营销理论与实践新发展

第十八章 市场营销新发展

【本章要点】

◆ 网络营销的特点与功能

◆ 数据库营销的特点

◆ 客户关系管理系统的功能

◆ 体验营销及其营销策略

◆ 文化营销的类型

◆ 形象与品牌营销战略

◆ 事件营销的作用与策略

◆ 营销道德理论

【专业词汇】 网络营销 体验营销 数据库营销 客户关系管理 文化营销 形象营销 品牌营销 事件营销 营销道德

　　20 世纪 90 年代以来，飞速发展的国际互联网促使网络技术应用急剧增长，全球范围内的企业纷纷上网提供信息服务和拓展业务范围，积极改组企业内部结构和发展新的管理营销方法。网络营销就是伴随信息技术的发展而发展的，目前互联网已发展成为辐射面更广、交互性更强的新型媒体。随着上网用户的迅猛增长，互联网市场已成为一个急速扩展，潜力巨大的市场，蕴涵着无限商机。如何在这巨大的网络市场上开展网络营销、占领市场，对企业来说既是机遇又是挑战。

第一节　网络营销与数据库营销

一、网络营销概述

（一）网络营销的概念

概括来说，网络营销是以互联网为媒体，以新的营销理念、方式、手段等实施营销活动，更有效地促成个人和组织交易活动的实现。就企业而言，尤其是大企业、大公司，与外界不仅交换"物质"、"资本"，而且交换"知识"、"技术"与"信息"等。网络营销为企业高效地传播其价值观、产品知识、企业形象等提供了有效的途径。

（二）网络营销的特点

（1）成本低。网络营销与传统营销手段相比，节约了大量的流通与促销费用，使产品营销成本下降，价格也由此而可能降低，从而使买卖双方从中受益。

（2）速度快。由于信息通过互联网传递速度快，交易双方的信息沟通环节少，从而方便了交易和购物活动。

（3）互动性。生产者与消费者可以通过互联网互相交流信息与想法，在人机对话与交流中达成购买协议或实现购买行为。

（4）国际性。互联网无国界的限制，为不同国家或地区购买信息的传递提供了便利，为企业进行国际市场营销创造了条件。

（5）时空无限性。不论是在网上寻找购物信息，还是进行网上交易，都不受时间、地点的限制。

（6）便利性。网络营销作为一种新的营销手段，不仅以新诱发消费者的兴趣，而且网上信息交流、成交，及电子结算等都非常方便，具有很大的优越性。

（三）网络营销的功能

网络营销不仅可以通过网络提供产品的性能、特点、价格、品牌及各种服务等信息，还可以针对个别需求做一对一的营销服务。具体地说，其功能主要包括：

（1）充分利用电子布告栏或电子邮件提供网上信息沟通、交易和售后服务等，促进生产者与消费者的双向沟通。

（2）提供消费者之间以及消费者与企业之间的网上共同讨论区，促成双方的交流、讨论、沟通，增强双方的互相了解，为企业把握市场需求与发展趋势提供便利。

（3）提供线上自动服务系统，按照消费者的特定需求，自动在适当时机经由线上提供产品与服务信息等。

（4）利用网络进行线上研究与开发的讨论，促进产品的构思与设计更加符合消费者的要求。

（5）通过互联网对消费者及市场需求进行调查，收集消费者对产品性能、质量、价格、样式、包装及服务等方面的信息，为进一步改进产品提供依据。

（6）通过网络不仅可以提供产品知识，还可以发布企业经营理念、战略方针、长期规划及经营现状等方面的基本情况，不仅能够增进消费者全面了解企业，而且有利于树立良好的企业形象。

（7）开发电子书刊、电子资料库、电子游戏等信息产品，为全球广大客户提供新的服务。

（8）充分利用网络征求消费者对产品设计的设想与建议，为更好地提供个性化的产品和服务提供支持。

（四）网络营销组合

市场决定着市场营销战略，在互联网络的巨大影响下的市场必然要求市场营销战略的更新。企业必须以市场为生命，从市场营销因素最基本的组合 4P 来调整、更新自己的营销战略。

1. 产品/服务

目前，适合在互联网络上销售的产品通常是：①具有高科技感或与计算机相关的商品；②目标市场为网络用户的商品；③市场需求地理范围广的商品；④设店销售有困难的特殊商品；⑤消费者根据网络信息就可做出购买决定的商品。

互联网所提供的产品主要在于信息的提供，除可充分显示产品的性能、特点、质量以及售后服务等内容外，更重要的是能够对个别需求进行一对一的营销服务。企业要根据用户对产品提出的具体或特殊要求进行产品的生产供应，最大限度地满足消费者的需求。在网络上可开展以下工作：

（1）提供消费者之间、消费者与企业之间的互动讨论区，借以了解消费者需求、市场趋势等，以作为企业改进产品开发的参考。

（2）在网络上建立消费者意见调查区，了解消费者对产品特性、质量、包装及样式等的意见，以协助企业产品的开发与改进。

（3）建立网上消费者自助设计区，提供顾客化的产品与服务，如顾客可以自行设计服装的款式和花色，购车者可以自行决定所需颜色和配件等。

2. 价格

企业制定产品价格应在核算产品成本的基础上，适当增加无形成本的含量，精确计算产品中的无形价值量，科学合理地制定产品网上交易价格。由于网络交易能够充分互动沟通，并完全掌握消费者的购买信息，因此应该以理性的方式制定价格战略。网络定价可以采取下列方法：

（1）消费者可通过网络价格查询功能，查询市场相关产品的价格，进而理性地购买价格合理的产品，即可以货比三家。因此，企业一定要在对上网企业相关产品价格和竞争情况进行认真调研的基础上，合理估计本企业产品在消费者心目中的形象，进而确定产品的价格。

（2）可以开通网络会员制，依据会员过去的交易记录与偏好、购买数量的多少，给予顾客折扣，鼓励消费者上网消费。

（3）建立网络议价系统，与消费者直接在网上协商价格。

（4）建立自动调价系统，可以依季节变动、市场供求形势、竞争产品价格变动、促销活动等，自动进行调价。

3. 分销

互联网直通消费者个人，使得销售针对性强，商品直接展示在顾客面前，并直接接受顾客订单，任何一个单个用户对企业都具有重要意义。

（1）设立虚拟商店橱窗，使消费者如同进入实际的商店一般；同时商店的橱窗可以因季节、促销活动、经营战略的需要迅速地改变设计。虚拟橱窗不占空间，可24小时开张，服务全球顾客，并由服务售货员回答任何专业性的问题，这样的优势绝非一般商店可以比拟的。

（2）可以结合相关企业的相关产品，共同在网络上组织商品展销，消费者一次上网，可以饱览各种商品，增强上网意愿与消费动机。

（3）采取灵活的付款方式。目前金融机构已率先进入信息网络，企业通过金融机构采取更加灵活的购买付款方式已成为可能。在互联网的推动下，企业可以依赖金融机构的专业信息优势，针对不同的用户采取灵活的付款方式，达到刺激和方便消费者购买的目的。

（4）可以在网络上以首页方式设立虚拟经销商或虚拟公司，提供各种商品目录及售后服务。除部分产品可以自网上取货（如计算机软件、电子图书等）外，大部分产品采用送货上门或邮寄等方式。

4. 促销

网络促销具有一对一服务与消费者需求导向的特点，除了可以作为企业广告外，也是发掘潜在顾客的最佳渠道。但网上促销基本是被动的，因此如何吸引消费者上网，并提供具有价值诱因的商品信息，对于企业来讲，是一个巨大的挑战。常用的促销方法有：

（1）利用网上聊天的功能，举行消费者联谊活动或网络记者招待会。这种方式可以跨越时空进行沟通，同时也是一种低成本的促销活动。

（2）网络促销可以利用诱因工具，如进行网上竞赛游戏、提供折扣券与赠品券、样品赠送、发放彩券和进行抽奖等，提高消费者上网搜寻及购买产品的意愿。

（3）网络广告目前已成为最普遍的商业宣传方式，可以宣传企业与产品信息，阐释企业理念和企业文化，说明售后服务与质量保证措施等，进而提高企业在消费者中的知名度和美誉度。

（4）外文版页面和网络广告也是企业产品国际化不可或缺的促销活动。

（五）网络营销与传统营销整合

网络营销作为新的营销理念和策略，凭借互联网特性对传统经营方式产生了巨大的冲击，但这不应该成为片面夸大网络营销作用的理由，更不能说网络营销将完全取代传统营销。网络营销与传统营销的整合是一个务实、创造的过程。

（1）互联网作为新兴的虚拟市场，它覆盖的群体只是整个市场中某一部分群体，许多群体由于各种原因还不能或者不愿意使用互联网，如老人和落后国家地区，因此仍需要传统的营销策略和手段覆盖这部分群体。

（2）互联网作为一种有效的渠道有着自己的特点和优势。但对于消费者来说，由于个人生活方式不同，有些人不愿意接受或者使用新的沟通方式和营销渠道，如许多消费者不愿意在网上购物，而习惯在商场一边购物一边休闲。

（3）互联网作为一种有效沟通方式，可以方便企业与用户之间直接双向沟通。但消费者有着自己的个人偏好和习惯，愿意选择传统方式进行沟通，如报纸有网上电子版本后，并没有冲击原来的纸介出版业务，相反起到相互促进的作用。

（4）互联网只是一种工具，营销所面对的是有情感的人，因此一些以人为本的传统营销策略所具有的独特的亲和力是网络营销所没有办法替代的。随着技术的发展，互联网将逐步克服上述的不足，在很长一段时间内网络营销与传统营销是相互影响和相互促进的，最后实现融洽的内在统一。可以预见将来再也没有必要谈论网络营销了，因为营销的基础之一就是网络。

总之，网络营销与传统营销是相互促进和补充的，企业在进行营销时应根据企业的经营目标和细分市场，整合网络营销和传统营销策略，以最低成本达到最佳的营销目标。网络营销与传统营销的整合，就是利用整合营销策略实现以消费者为中心的传播统一、双向沟通，实现企业的营销目标。

二、数据库营销

20世纪90年代以来，信息技术的迅速发展与应用使得数据库营销的方式逐步为企业界所接受和信赖。现今，数据库营销在欧美已经得到了广泛的应用，在中国大陆地区，也已经开始呈现"星星之火，快速燎原"之势头。包括 DM（Direct Mail，定向直邮），EDM（Email DM，电子邮件营销），E－Fax（网络传真营销）和 SMS（Short Message Server，短消息服务）等在内的多种形式的数据库营销手段，得到了越来越多的中国企业的青睐。在当今激烈的市场竞争中，企业合理运用数据库营销，将有利于其更好地为顾客服务，同时获得更多的利润。

（一）数据库营销的内涵与特点

数据库营销是一个全新的营销概念，所谓数据库营销（Database Marketing）是指企业通过搜集和积累消费者的大量信息，经过处理后来预测消费者有多大可能性去购买某种产品，并借助这些信息给产品以精确定位，有针对性地制定和传播营销信息，最终以达到说服消费者去购买产品的目的。

开展数据库营销需要对搜集到的顾客信息进行系统的统计分析，结合企业实际条件，在所服务的细分市场领域实施个性化与创造性的营销策略。因为搜集到的数据是市场顾客消费行为的真实描述，因而有利于企业更有针对性地开展自身富有特色的营销策略。通过数据库营销，企业可以及时了解顾客需求动态，进而能先于竞争对手发现和创造性的市场或长久保持原有市场的营销优势；通过数据库营销，企业还可以与顾客进行高效、可测量的、双向沟通，真正实现了消费者对营销的指导作用。数据库营销是现代信息技术与文化的交融，是过程和目标的结合也是消费者与企业的联姻，数据库营销在商业生活中是一个被高度整合的营销模式。

数据库营销有以下五个特点：

（1）为顾客提供可控的个性化服务。数据库营销通过建立和分析顾客消费行为的数据库，有助于企业及时跟踪顾客的消费动态变化趋势，准确地锁定企业目标顾客群体，从而使企业的营销策略的制定和实施更加具有针对性，提高了企业的营销效率。

（2）企业营销成本的大幅降低，营销效果也实现了最大化。通过数据库营销，使得企业的营销策略更具针对性，因而避免了许多不必要的营销耗费，从而使企业的营销成本得到明显降低，同时，企业的营销效果也被增加了。

（3）企业与顾客的沟通更加多样化，感情纽带将两者紧密联合在一起。通过数据库营销，企业可以与顾客经常性的保持沟通和联系，维持和增强了企业与顾客的感情纽带。利用数据库营销手段，企业可以精确的预测顾客的未来需求变化，因此可以及时去满足顾客，使顾客成为企业长期的、忠诚的用户，在企业的及时满足顾客的过程中，也使得顾客的自身价值最大化，实现双方的共赢。

（4）企业间的竞争更加隐秘化。传统营销中，运用大众传媒（报纸、杂志、网络、电视等）大规模地宣传新品上市，或实施新的促销方案，容易引起竞争对手的注意，使他们紧跟其后推出对抗方案，势必影响预期的效果。而数据库营销的应用可以使企业与消费者建立紧密的合作关系，顾客对企业的忠诚性提高，因而避免或极大减少了顾客转向竞争者的概率。因此，数据库营销愈来愈成为企业竞争制胜的法宝。

（5）数据库营销效果的可评估性。管理人员可以在数据库营销过程中及时得到来自顾客的反馈信息，这样就使得每次数据库营销的效果变得更加容易评估和测量。每次评估的结果又可作为下次数据库营销的参考依据，这使得数据库营销成为一种更加科学有效的双向互动的营销方式。

（二）数据库营销的运作过程

数据库营销的具体实践在不同的企业或许有所差异，但是一般来讲，数据库营销包括数据采集、数据存储、数据处理、寻找理想消费者、使用数据、完善数据六个基本过程。

1. 数据采集过程

数据采集是指通过各种有效媒体、企顾互动等方式和手段收集和记录与企业相关的顾客信息、产品信息、竞争者信息等等的过程。其中，顾客信息的收集应该是最主要的。与企业相关的顾客的信息包括顾客的基本状况、消费偏好、消费心理、企业营销的顾客历史数据等。这些数据一方面可以直接利用市场调查的顾客消费记录以及企业促销活动的记录，另一方面可以利用公共记录的数据，如人口统计数据、医院婴儿出生记录、患者记录卡、银行担保卡、信用卡记录等都可以作为备用选择。

2. 数据处理过程

收集到的数据往往是庞大和无序的，对于企业而言，需要在这庞大和繁复的数据中建立数据的关联，找出其中最有价值的信息。这就需要运用计算机软件将收集到的数据处理成条理清晰的数据库形式，并通过在企业内部的资源共享，为企业各部门所用，最终目的是通过对有效信息的利用创造出企业价值。

小贴士

古老的邮寄目录是如何进化成信息化的数据库营销的呢？

邮寄目录的一般流程是：

邮寄地址的收集获取→直接邮递广告服务→等待客户订单→货物的配送→退货处理

信息化的数据库营销流程也就是：

邮寄地址的收集获取→邮寄地址整理入数据库→直接邮递广告服务→等待客户订单→更新客户消费行为→货物的配送→更新客户消费行为→退货处理→更新客户消费行为→精准的直接邮递广告服务→等待客户订单→更新客户消费行为……（如此循环）

---

3. 寻找理想的消费者过程

通过计算机对前期收集到的顾客数据的处理和分析，找出最多数顾客所具有的消费共性，用计算机建立这些共性消费者的顾客模型。这些共性顾客往往体现在兴趣、收入、偏好等方面，可以依据这一特点锁定理想的消费者。

4. 使用数据

数据库数据的应用领域包括开发何种新产品；根据顾客特点，选择何种有效的广告形式；决定消费优惠券送给何类目标顾客；判定顾客的消费档次和忠诚度等，如特殊身材的消费者数据库不仅对服装厂有用，而且对于医院、减肥药生产厂、食品厂等都很有用。

5. 完善数据过程

完善数据库，随着以产品开发为中心的消费者俱乐部，优惠券反馈，抽奖销售活动记录及其他促销活动而收集来的信息不断增加和完善，使数据不断得到更新，从而及时反映消费者的变化趋势，使数据库适应企业经营需要。

可见，客户数据库的建立是开始数据库营销的第一件要事，之后的更新客户消费行为则是数据库营销的重点。细致地完成这两项工作后，就达到数据库营销的目的是提升企业的销售力，减少冗余的广告投入，进而产生更丰厚的利润。

（三）数据库营销计划

数据库营销计划是指运用数据这一新的营销工具，去识别、分析、选择和发掘市场营销机会，进而高效率而又富有成果地开展企业营销活动，实现企业使命与目标的管理过程；也就是说通过数据库营销使企业找到与之最适宜的市场机会的过程。

数据库营销的基本流程包括前期的准备（如人员数据库营销意识的培训、工作安排、有关数据库本身的一些先期决策等）、营销数据的收集与数据库的建立及维护、数据库的统计分析与建模等步骤。

三、电话营销

（一）现代电话营销产生的背景

电话营销出现于 20 世纪 80 年代的美国。随着消费者为主导的市场的形成，以及电话、传真等通信手段的普及，很多企业开始尝试这种新型的市场手法。

随着信息化的发展，在电视、电话、传真、互联网普及的同时，消费者也渐渐学会了如何从大量信息中巧妙地取得自己所需要的信息。现在城市的家庭条件已经大大提升，商场中的商品更是琳琅满目。越来越多的消费者开始重视商品的附加价值，而并不仅关注商品的基本功能。比如该商品能否做到"服务好"、"安心、安全"、"节约时间"、"节约费用"等，消费者要选择哪些对自己有意义、有价值的商品。这样，消费者不必特意跑到很远的地方，只需在自己家中通过电话、传真、互联网便可以得到所需要的商品及信息。

现代企业，如果像过去那样只是单纯地利用自身的经营资源开发产品，然后卖给那些没有什么选择余地的客户，是难以继续生存下去的。在用心了解市场需求的同时，还必须考虑向什么样的客户层增加什么样的附加价值，通过什么样的通道及媒体进行销售。也就是说，利用一切可能的机会收集市场信息，并对其进行分析吸收，然后进行扩大再生产，这个过程已经成为企业成功不可缺少的要素。同时这一过程必须高效率地完成。另外，进行最适当的顾客相关投资并与特定顾客保持持续发展的关系对现代企业也是非常重要的。

（二）电话营销的含义

电话营销是一种直销模式，一般是销售人员通过电话向潜在的客户推销商品和服务。

电话营销绝不等于随机的打出大量电话，靠碰运气去推销出几样产品。这种电话往往会引起消费者的反感，结果适得其反。因此，电话营销就是通过使用电话、传真等通信技术，来实现有计划、有组织并且高效率地扩大顾客群，提高顾客满意度，维护顾客等市场行为的手段。成功的电话营销应该使通话双方都能体会到电话营销的价值。

与电话营销相关的词汇很多，直复营销（Direct Marketing）、数据库营销（Database Marketing）、一对一营销（One to one Marketing）、呼叫中心（Call Center）、客户服务中心（Custom Service Center）等都是其涵盖的内容。这些技术侧重的方面各有不同，但目的都是一样的，即充分利用当今先进的通信计算机技术，为企业创造商机，增加收益。

（三）电话营销的优缺点

1. 电话营销的优点

（1）及时把握客户的需求。现在是多媒体的时代，多媒体的一个关键字是交互式（Intractive），即双方能够相互进行沟通。仔细想一想，其他的媒体如电视、收音机、报纸等，都只是将新闻及数据单方面地传给对方，现在唯一能够与对方进行沟通的一般性通信工具是电话。电话能够在短时间内直接听到客户的意见，是非常重要的商务工具。通过双向沟通，企业在通讯时了解消费者的需求、意见，从而提供针对性的服务，并为今后的业务提供参考。

（2）增加收益。电话营销可以扩大企业营业额。比如像宾馆、饭店的预约中心，不必只单纯地等待客户打电话来预约（Inbound），如果去积极主动给客户打电话（Outbound），就有可能取得更多的预约，从而增加收益。又因为电话营销是一种交互式的沟通，在接客户电话时，不仅局限于满足客户的预约要求，同时也可以考虑进行些交叉销售（推销要求以外的相关产品）和增值销售（推销更高价位的产品）。这样可以扩大营业额，增加企业效益。

（3）保护与客户的关系。通过电话营销可以建立并维持客户关系营销体系（Relationship Marketing）。但在建立与客户的关系时，不能急于立刻见效，应有长期的构想。制订严谨的计划，不断追求客户服务水平的提高。如在回访客户时，应细心注意客户对已购产品、已获服务的意见，对电话中心业务员的反应，以及对购买商店服务员的反应。记下这些数据，会为将来的电话营销提供各种各样的帮助。

通过电话的定期联系，在人力、成本方面是上门访问所无法比拟的。另外，这样的联系可以密切企业和消费者的关系，增强客户对企业的忠诚度，让客户更加喜爱企业的产品。

2. 电话营销的缺点

不能够与客户进行面对面的沟通，情感上交流不够。同时在不了解客户的状态下进行电话拜访可能会招来不满或反感，影响客户对产品的好感。

案例

一个经典电话销售案例

成功的电话销售有三个阶段，每个阶段需要对应的技能：

第一个阶段就是引发兴趣。引发电话线另一端潜在客户的足够兴趣，在没有兴趣的情况下是没有任何机会，也是没有任何意义介绍要销售的产品的。这个阶段需要的技能是对话题的掌握和运用。

第二个阶段就是获得信任。在最短时间内获得一个陌生人的信任是需要高超的技能，以及比较成熟的个性的，只有在这个信任的基础上开始销售，才有可能达到销售的最后目的一签约。这个阶段需要的技能就是获得信任的具体方法和有效起到顾问作用争取待业权威的位置来有效地赢得潜在客户的信任。

第三个阶段就是有利润的合约。只有在有效地获得潜在客户对自己问题的清醒的认识前提下的销售才是有利润的销售，也才是企业真正要追求的目标。这个阶段需要的技能则是异议防范和预测、有效谈判技巧、预见潜在问题的能力等。

电话销售中的 4C 也是必须要了解的，4C 本身不是技巧，4C 是实施技巧的一个标准流程，经验不足的电话销售人员可以在初期的时候按照这个销售流程执行，熟练以后一般就忘记了这个流程，但是销售实力却不知不觉地明显提高了。4C 的流程是这样的，迷茫客户（CONFUSE）、唤醒客户（CLEAR）、安抚客户（COMFORT）、签约客户（CONTRACT）。第一个 C 是应用在第一阶段的，第二、第三个 C 是应用在第二阶段的，第四个 C 是应用在第三阶段的。

销售员："您好，请问，李峰先生在吗？"

李峰："我就是，您是哪位？"

销售员："我是××公司打印机客户服务部章程，就是公司章程的章程，我这里有您的资料记录，你们公司去年购买的××公司打印机，对吗？"

李峰："哦，是，对呀！"

章程："保修期已经过去了 7 个月，不知道现在打印机使用的情况如何？"

李峰："好像你们来维修过一次，后来就没有问题了。"

章程："太好了。我给您打电话的目的是，这个型号的机器已经不再生产了，以后的配件也比较昂贵，提醒您在使用时要尽量按照操作规程。您在使用时阅读过使用手册吗？"

李峰："没有呀，不会这样复杂吧？还要阅读使用手册？"

章程："其实，还是有必要的，实在不阅读也是可以的，但寿命就会降低。"

李峰："我们也没有指望用一辈子。不过，最近业务还是比较多，如果坏了怎么办呢？"

章程："没有关系，我们还是会上门维修的，虽然收取一定的费用，但比购买一台全新的还是便宜的。"

李峰："对了，现在再买一台全新的打印机什么价格？"

章程："要看好要什么型号的，现在使用的是××公司 3330，后续的升级的产品是 4100，不过完全要看一个月大约打印多少正常的 A4 纸张。"

李峰："最近的量开始大起来了，有的时候超过 10000 张了。"

章程："要是这样，我还真要建议您考虑 4100 了，4100 的建议使用量是 15000 张一个月的 A4 正常纸张，而 3330 的建议月纸张是 10000 张，如果超过了会严重影响打印机的寿命。"

李峰："你能否给我留一个电话号码，年底我可能考虑再买一台，也许就是后续产品。"

章程："我的电话号码是 888×××转 999。我查看一下，对了，您是老客户，年底还有一些特殊的照顾，不知道您何时可以确定要购买，也许我可以将一些好的政策给您保留一下。"

李峰："什么照顾？"

章程："4100 型号的，渠道销售价格是 12150，如果作为 3330 的使用者，购买的话，可以按照 8 折来处理或者赠送一些您需要的外设，主要看具体需要。这样吧，您考虑一下，然后再联系我。"

李峰："等一下，这样我要计算一下，我在另外一个地方的办公室添加一台打印机会方便营销部的人，这样吧，基本上就确定了，是你送货还是我们来取？"

章程："都可以，如果您不方便，还是我们过来吧，以前也来过，容易找的。看送到哪里，什么时间好？"

后面的对话就是具体的落实交货的地点时间等事宜了，这个销售人员用了大约 30 分钟完成了一个 CN 公司 4100 打印机的销售，对于章程表现出来的电话销售的 4C 的把控来说，他的业绩应该非常正常。

在这段对话中，请读者运用 4C 的销售次序和原理来解释一下。

第二节　客户关系管理

一、客户关系管理产生的背景

最早发展客户关系管理（Customer Relationship Management，CRM）的国家是美国，在 1980 年年初便有所谓的"接触管理"（Contact Management）专门收集客户与公司联系的所有信息。到 1990 年则演变成包括电话服务中心支持资料分析的客户关怀（Customer care）。

客户关系管理理论基础是市场营销理论，特别是信息技术广泛应用在商务领域后，市场营销的科学管理理念集成在软件上面，并在全球大规模的普及和应用，这为市场营销理论和方法的应用与发展提供了更为广阔的空间。

传统的工业经济时代是以企业为主导的卖方市场，商品处于短缺状态，企业形成以产品为中心的商业模式。企业是通过提高生产效率和扩大规模效益来降低单位成本，同时制定质量管理体系以控制产品质量来取得市场竞争优势。在这一时期的财务制度中，企业只将厂房、设备、现金、股票、债券、技术、人才等视为资产，在这种闭环式的划分资产的理念中，客户价值往往被忽视。

随着生产力的不断发展，商品极大丰富，消费者挑选产品的空间越来越广阔，企业则出现产能过剩的现象，市场逐步形成以客户为主导的买方市场形态。这时，企业不得不从单纯的关注生产供给转向关注消费者的消费需求，众多的企业开始将客户视为其重要的资产，为消费者提供个性化更强的商品，以提高"客户满意度"；企业间的竞争也从生产效率的竞争转变为争夺"客户资源"的竞争，从而形成以客户为中心的商业模式。为了争取更多的客户资源，企业必须掌握详细的客户信息，分析客户需求，衡量客户可能带来的盈利能力，重新制定全新的营销策略，并设置专门人员负责的管理客户，不断地采取多种方式对客户实施关怀。正是在这一背景下，客户关系管理的理论和方法不断得到发展。

二、客户关系管理产生的原因

1. 企业自身需求

目前很多企业已经建立了信息系统，特别是引入了企业资源计划（Enterprise Re-source Planning，ERP）管理系统之后，企业管理水平和管理效率大幅度提高。但是企业的信息化程度还是不能适应业务发展的需要。因为企业资源计划的建设和管理虽然实现了制造、库存、财务、销售、采购等环节流程的优化和自动化，有效地整合了企业内部资源，但对企业外部资源的整合方面显得十分薄弱，使得他们在面对风云变幻的市场环境中很难有效地与业务合作伙伴进行沟通，也难以有效地捕捉客户资源，造成企业内部管理与外部运作不合拍。这时，引进客户关系管理系统成为必然。它能与企业外部各实体进行有效联系，整合企业资源，突破对企业内部的管理的局限，实现对客户信息的方便获取和有效共享，提高企业同合作伙伴及客户的灵活协作能力。

2. 信息技术推动

数据库技术、Internet 和多媒体等多种先进的技术发展为企业从海量客户信息中筛选并分析所需信息、与客户进行全方位交流成为可能。

现代数据库技术可以为企业提供决策体系化解决方案，主要包括数据仓库（Data Warehouse，DW）、联机分析处理（On-line Analytical Processing，OLAP）和数据挖掘（Data Mining，DM）三个方面的内容。数据仓库用于数据的存储和组织，联机分析处理侧重于数据的分析，数据挖掘则致力于知识的自动发现。客户关系管理系统就是建立在大型数据仓库的基础上，依托联机分析处理和数据挖掘对海量的客户信息进行筛选和综合分析，做出多变量的客户市场细分，挖掘有效的客户群体，确定目标市场，从而针对不同客户群体定制一对一的营销策略。

Internet 技术快速发展，出现了多种网络交流工具，使企业和客户之间实现了同步且低成本的交流，这些工具包括电子邮件（E-mail）、常见问题解答（Frequently Asked Questions，FAQ）、呼叫中心（Call Center）、即时通信（Instant Messaging，IM）、虚拟社区（Virtual Community）和论坛（Bulletin Board System，BBS）等。特别是呼叫中心和即时通信为企业与客户之间进行实时同步的网络在线服务提供了技术支持。

呼叫中心是一种新型的基于计算机电话集成（Computer Telephony Integration，CTI）技术的服务方式，其通过有效利用现有的各种通信手段，为企业客户提供高质量的服务。呼叫中心最初只是一个简单的电话系统（如800免费电话），客户通过电话获得资讯信息；随着计算机网络技术的发展，呼叫中心的功能大大扩展，自动路由分配（Auto-routing Distribution，ACD）、智能语音应答（Intelligent Voice Response，IVR）、历史数据库的应用，使得其运营效率、服务效果大大提高，信息能以各种用户选择的方式进行传送，同时鼓励客户自我服务并提高客户经验。

即时通信（Instant Messaging，IM）是一个终端服务，允许两人或多人使用网络即时地传递文字信息、档案、语音与视频交流。具体工具包括 QQ、移动飞信、MSN、网易 POPO、新浪 UC 等。该技术可帮助企业对客户需求做出及时响应、交互式沟通和"一对一"个性化服务。

此外，商业决策分析智能（Business intelligence，BI）、业务流程重组（Business Process Reengineering，BPR）、企业资源计划（Enterprise Resource Planning，ERP）、供应链管理（Supply Chain Management，SCM）、产品数据管理（Product Data Management，PDM）等信息管理技术的发展也有效促进了客户关系管理系统的发展。客户关系管理系统与这些信息系统的结合促进了企业对内部和对外部资源的有效整合，增强了企业反应能力。

3. 企业管理和营销理念的革新

由于生产力发展阶段和市场竞争环境的不同，企业管理理念经历过五个发展阶段（如图 18 - 1 所示）。在第一阶段，企业所处的市场环境为卖方市场，产品销售基本上不存在竞争，只要生产出产品就能卖得出去，故企业管理的目标是如何更快、更好地生产出产品；在第二阶段，随着生产能力的不断加大，市场出现了竞争，企业生产出的产品如果卖不出去，就无法实现资本循环，为了实现从商品向货币的转换，企业一方面提高产品的质量，另一方面强化促销，所追求的目标是产品的销售额；第三阶段，市场竞争激烈，企业在追求高销售额时，发现越来越高的生产成本和销售额抵消了利润的增长，企业转而通过降低企业生产和管理各环节的成本来实现利润最大化；第四阶段，企业无法通过削减成本来提高利润的时候，将注意力转移到客户，试图通过削减客户的需求价值来维护其利润。为此，企业开始对外争取客户；第五阶段，需求构成了市场，也构成了企业获利潜力，而在市场上需求运动的最佳状态是满意，客户的满意就是企业效益的源泉，就是企业管理的中心和基本观念，这也正是客户关系管理产生并发展的主要原因。

图 18 - 1　企业管理观念的发展

企业营销模式也会随市场环境的变化和信息技术的发展而更新，它从消费者的需求出发，将传统 4P 营销组合，即产品（Product）、价格（Price）、渠道（Place）和促销（Promotion）逐渐转向以 4C 为基础的市场营销策略组合，即消费者的需求和欲望（Consumer's and needs）、成本（Cost）、便利（Convenience）和沟通（Communication）。网络的互动性使得客户能够真正参与整个营销过程，加强其参与和选择的主动性。这就决定了在互联网营销之初，需整合客户资源，并从客户的需求出发开始真正的营销过程。这种新的营销理念为企业开展客户关系管理提供了全新的营销理论基础，并与信息技术相结合，使企业在开展客户关系管理过程中创造了丰富多彩的营销管理方式。

三、客户关系管理的概念

客户关系管理（Customer Relationship Management，CRM），指通过客户细分以及应用先进的技术系统，有针对性地配置企业资源来满足客户需求，实现企业利润、客户满意度和忠诚度的最大化。主要应用于企业市场营销、销售、服务和技术支持等企业外部资源整合领域。

该概念包括以下几个层次的内涵：

第一，客户关系管理是一种管理理念。它是对客户价值的管理，通过"一对一"营销原则，满足不同价值客户的个性化需求，提高客户忠诚度和保有率，实现客户价值持续贡献，从而全面提升企业盈利能力。

第二，客户关系管理是一项管理机制。它是一种旨在改善企业与客户关系的新型管理机制，需要用以客户为中心的营销哲学和文化来支持有效的市场推广、营销和服务商业过程，透过选择和管理客户达至最大的长期价值。

第三，客户关系管理是一种应用系统。它通过对企业业务流程的重组来整合用户信息资源，以更有效的方法来管理客户关系，在企业内部实现信息和资源的共享，从而降低企业运营成本，为客户提供更为经济、快捷、周到的产品和服务，保持和吸引更多的客户，以求达到企业利润最大化的目的。

四、客户关系管理在企业市场营销中的作用

1. 重塑企业销售流程

目前，企业所处的市场环境具有市场范围大、产品服务个性化、生命周期短、信息含量大等特点。在这种环境下，企业可以通过实施客户关系管理对原有的销售流程进行重塑，改善销售流程，为销售活动的成功提供保障；可以缩短销售周期，加强潜在客户的机会管理，杜绝以往由于潜在客户管理不当而造成的损失；可以使信息更加集中，有效分析客户交易信息，大幅提高未来交易的成功率。

2. 提高企业销售业绩

根据"巴莱多定律"（也称为"二八定律"），企业80%的销售收入和利润，通常由20%的客户创造，识别出"最具价值的客户"对企业的生存和发展至关重要。

客户关系管理应用于企业前端组织（如销售组织、服务组织、市场营销组织），主要用于企业资金的"开源"。一方面，客户关系管理注意收集各种客户信息并进行有效分析，记录并管理客户的价值和需求差别化以及应对方法差别化，即采用最合适的方法对最具价值的客户和最具成长性的客户不断创收，开发一般客户和潜在客户，对低于边际成本的客户找到问题所在；另一方面，客户关系管理可以有效的分析营销活动和整合各类营销资源，帮助企业识别提高营收的有效渠道，有机结合公司的各种设施、技术、应用、市场等资源，挖掘客户购买潜力，提高企业盈利。同时，客户关

系管理的实施成果也经得起销售额、用户满意度、用户忠诚度、市场份额等指标的检测。

3. 共享客户信息

客户关系管理通过网络技术和数据仓库技术对客户信息资源进行整合，实现企业内部的资源共享，便捷有效地向员工提供客户相关信息，及时判别出客户未来的需求，为客户提供快速周到的有针对性的所需服务。

4. 提高企业和员工对客户的服务能力

客户关系管理可以有效地改善企业的服务质量，提高对客户服务能力。例如，客户关系管理可以有效避免销售组织和服务组织之间的壁垒：销售代表与客户接触后，可以及时把客户的服务请求和感受传达给客服代表，而客服代表在与客户接触后，也可迅速地把新的生意机会传达给销售代表或直接受理。同时，客户关系管理有助于企业为客户提供个性化关怀，并在客户产生购买欲望或服务请求最迫切的第一时间，迅速有效地找到最合适的员工来处理业务，从而增进客户满意度，加强自己的竞争优势。此外，客户关系管理在现场服务、服务自动化、协同工作、客户关怀等方面，可以有效提高员工的生产力，并有可能让一位知识和经验尚未达到完美状态的员工也能高效准确地为客户提供解决方案。

5. 提供业务评估与企业决策支持

客户关系管理提供了多种数据挖掘、统计、分析、预测工具和方法，例如，分析出销售收入主要来自哪些优质客户，用管道图来统计不同周期阶段的销售进度，预测公司、团队、个人的未来销售趋势，分析客户服务请求频度和问题严重程度，测评客户满意度，制定企业的营销策略。

五、客户关系管理系统的特点

客户关系管理是一套先进的管理模式，其实施要取得成功，必须有强大的技术和工具支持，而客户关系管理系统是实施客户关系管理所必不可少的一套技术和工具集成支持平台。企业管理者借助基于网络、通讯、计算机等信息技术的客户关系管理系统，实现企业前台、后台不同职能部门的无缝连接，协助管理者更好地完成客户关系管理的两项基本任务，即识别和保持有价值客户。

1. 综合性

首先，综合了大多数企业的销售、营销和客户服务经营活动的目标，并对其进行优化组合和自动化改造，其标准的营销管理和客户服务功能由支持多媒体和多渠道的联络中心处理来实现，同时支持通过现场服务和数据仓库提供服务；其次，在销售过程中，该系统基于统一的信息库为现场销售和远程销售提供客户和产品信息、管理存货和定价、接受客户报价和订单，以此展开各销售部门之间有效的交流管理和执行支持，使得交易处理和流程管理成为综合的业务操作方式。

2. 集成性

在电子商务背景下，客户关系管理系统应努力实现与企业资源计划、供应链管理、集成制造和财务管理等信息系统的最终集成，发挥客户关系管理系统强大的工作流引擎，确保各部门各系统的任务都能够动态协调和无缝完成。

3. 智能性

客户关系管理系统与商业智能（Business Intelligence，BI）相结合，使它具备了商业智能决策和分析能力，可为企业管理者提供有效的分析工具，对市场和客户需求展开智能分析，协助管理者做出决策。

4. 高技术性

客户关系管理系统涉及种类繁多的信息技术，主要包括数据仓库、联机分析处理、数据挖掘、网络、语音、多媒体等多种先进技术，同时为实现与客户的全方位交流，在系统的解决方案布置中要求呼叫中心、销售平台、远端销售、移动设备以及基于 Internet 的电子商务网站有机结合，这些不同的技术和不同规则的功能模块和方案要纳入统一的客户关系管理环境。

六、客户关系管理系统的功能

客户关系管理系统主要由客户信息管理、销售自动化、营销自动化、客户服务与支持管理、客户分析系统五大主要功能模块组成。

1. 客户信息管理（Customer Information Management，CIM）模块

客户信息管理模块主要是为系统收集和记录大量客户基础数据，为其他功能的分析与处理提供数据原材料。其管理对象是客户、潜在客户和相关联系人。其主要功能有：客户基本信息收集、客户相关活动的历史信息收集、订单的输入和跟踪、建议书和销售合同的生成、业务线索的记录和分配、潜在客户的跟踪、联系人概况的记录和存储、联系人的选择。

2. 销售自动化（Sale Force Automation，SFA）模块

销售自动化模块主要是用以提高销售人员活动的自动化程度，其功能一般包括组织和浏览销售信息、日历和日程安排、账户管理、佣金管理、商业机会和传递渠道管理、销售预测、销售战术和策略支持、费用报告等。客户可以利用该模块根据自己的需要选择报价方案和自定义产品包，有助于在销售成品、销售维修部件时自动获得产品清单和当前最合适的价格。对于编写报价单、合同、服务合约 Word 文件这类问题，可以让系统依据模板去自动生成，从而员工能够赢得时间去处理其他更重要的工作。

3. 营销自动化（Marketing Automation，MA）模块

营销自动化模块主要用以提升营销人员的能力，为营销及其相关活动的设计、执行和评估提供详细的框架，它是销售自动化的有效补充。其功能一般包括营销活动计划的编制和执行、计划结果的分析、销售清单的管理、营销预算和预测、建立"营销百科全书"（关于产品、定价、竞争信息等的知识库）、营销资料的管理以及对需求客户的跟踪和分销管理等。在该模块的协助下，企业策划、实施、管理与分析大型营销活动即变得简单易行。

4. 客户服务与支持（Customer Service & Support，CS&S）模块

客户服务与支持模块旨在企业为客户提供优质化的服务，满足客户多方面需求，提高企业服务的速度、准确性和效率。其功能包括客户关怀、服务项目设置、订单跟踪、现场服务、维修安排、生成事件报告、服务请求管理、服务协议和合同、问题及其解决方法的数据库等。

该模块借助呼叫中心和互联网，有效准确地满足客户的个性化要求；同时，它还可以提供完整的工作流、问题跟踪、案例管理及服务状态的信息，帮助客户创建一个可靠的知识库，从而保证高效一致的客户服务。该知识库通过诸如电话、电子邮件或网络自助服务等传统渠道建立起来，可以让客户自行登录、解决与跟踪他们的服务请求。

5. 客户分析（Customer Analysis，CA）模块

客户分析模块主要是对相关客户的各类信息进行分析，为企业的营销策划和决策提供依据，其功能包括客户概况分析、客户促销分析、客户持续性分析、客户性能分析、客户利润分析、客户前景分析、客户产品分析等。在该模块中使用客户数据仓库、联机分析处理、数据挖掘等技术实现商业智能和决策分析。

第三节 体验营销

一、随着体验经济时代的到来，体验营销应运而生

纵观人类经济发展的历史，从数千年前到今天，它事实上经历了三个鲜明的时代，即产品经济时代、服务经济时代、体验经济时代。每种经济形态时代的产生和发展都有其历史的必然，因而体验经济和体验营销的到来，具有划时代的意义。

体验经济学家约瑟夫·派恩认为，我们正迈向体验经济时代，体验经济将取代服务经济。那么什么是体验经济？《体验经济》一书的作者派恩这样定义：企业以服务为重心，以商品为素材，为消费者创造出值得回忆的感受，从生活和情境出发，塑造感官体验和思维认同，以此来抓住消费者的注意力，确定其消费行为，并为产品找到新的生存价值与空间。它与传统经济注重产品功能、价格和外形有着本质的区别。换句话说，当体验显示出其独特价值，并能让消费者为这种记忆付费时，体验经济也就自然到来。

可见，体验经济是一种建立在人们的物质生活水平提高，有足够的消费能力，并且愿意在闲暇时间为他们的放松付出高昂的金钱来填补精神的饥渴和追求心灵的文化。同时，体验经济时代也充分体现了生产力不断发展，物质和财富的极大丰富，可持续消费水平和质量的不断提高，个性化消费需求旺盛从而使得人们的消费行为层次

更高而已。

什么是体验？体验就是需求。而需求是隐藏在所有消费者心里的，当他们表现为市场行为后就是一种现实的需求了。于是便达成了市场中的购买行为的发生。营销的任务在于正确确定目标市场的需要和欲望，并且比竞争者更有效地传送目标市场所期望的产品和服务，进而比竞争者更有效地满足目标市场的需要和欲望。作为营销一部分的体验营销也因为需求的存在而产生，但是此时，它的道具不是简单的产品或者是服务，而是两者的有机结合，是消费者"鱼和熊掌"兼而得之的最高境界的追求。如美国迪士尼率先提出主题公园概念，旨在让人们进入公园进行休闲娱乐的同时通过切身参与享受身心愉悦和值得记忆的体验。事实上迪士尼主题公园在世界各地的运营都取得了成功。2001 年，世界著名 IT 企业惠普公司宣布以 450 亿美元并购了另一全球知名 IT 企业康柏公司，并随之提出了 21 世纪的新型营销战略——"全面客户体验"。因此，体验营销一旦实施，它就必须更清楚地掌握消费者的所有消费行为，更加关注消费者在购物前、中、后的全部体验，让消费者感觉到消费是多么的鲜活、多样化。而且是可以看得到和伸手可及，超越他们的预先设想的。这样的体验才是真正的体验营销。

体验营销作为体验经济的一部分，它是一种充满活力的营销模式，这种营销模式既可以和体验生产捆绑在一起也可以单独作为一种营销模式来推进和运用。当它和体验生产进行结合时，我们认为它将是一种功能奇特无比的全方位体验经济发展战略；当它被单独分拆开来运用时，它就是一种专门针对产品销售的策略体系。我们阐述的内容重在后一种，即单独运用的营销策略。

二、体验营销的基本营销法则

体验营销是指经营者站在消费者的角度去体验消费者的购买理念、购买程序、购买心理和购买的原动力。即从消费者的感官、情感、思考、行动和关联五个方面，重新设计和定义营销的思考方式。这种思考方式打破传统的"理性消费者"的假设，认为消费者消费时是理性和感性兼具的，认为消费者在消费前、消费时和消费后的体验，才是研究消费者行为和企业品牌经营的关键。为此，体验营销强调消费者的参与性和接触性，强调引起消费者的"情感共振"，因此设计与实施体验营销战略，才能适应体验经济对营销方式的新要求。

在体验营销这种新型营销模式里，我们强调全面客户体验，事实上指出的是这种营销模式的核心内容。这种核心内容我们把它从一个有机的整体中剥离出来就会发现它所包含的诸多现代营销法则：

第一，满足顾客的需求。在体验营销这种新型营销模式中，客户的全面体验当然首先是体验客户的需求，因为这是开展所有营销活动的需求，在这种需求中，它可以被分为不同方面、不同形式和不同层次。有产品的、服务的、企业品牌的，各个方面结合在一起便是一种需求组合；体验营销所要体验的则是这种需求组合。

第二，建设顾客和销售组织的良性互动。

第三，和顾客进行一对一交流和服务，这已被摆到体验营销的核心位置。

除此之外，在体验营销模式中，它还包括了很多其他现代营销的基本法则：如顾客至上，服务至上，让顾客主动购买产品，等等。

三、如何设计体验营销

如何设计体验营销呢？一切都围绕消费者这个中心来进行设计，你在设计时，只要充分把握好人的优点缺点，把人的敏感区域激发出来，引领他们在设定的"程序"里去完成体验并且达到共鸣，目标不外乎五个支撑点：感官、情感、思考、联想、行为。站在消费者立场，将这五点作为一种设计思考的方式，根据不同的地区特征及终端销售环境展现不同的体验诉求，把消费者见物所思、见景生情完全把握在手中。

四、体验营销策略实施步骤

（一）细分目标市场

"为谁的需要服务"是企业的一种经营抉择。这种抉择就是在市场细分的基础上选择目标市场。体验营销作为体验经济的一部分，是一种充满活力的新的营销模式。在运用它时也要遵循市场细分理论的有关规定，即要按照消费者的地理位置来细分市场；按照人口变量细分市场；按照消费者的购买行为细分市场；按照消费者的心理细分市场等。

在进行上述四个方面市场细分的基础上，在进行体验营销战略设计时尤其应注重对消费者心理因素的分析。因为心理因素主要包括生活格调、个性、购买动机、价值取向以及对商品供求局势和销售方式的感应程度等变量。这些心理因素正好是体验营销从消费者的感官、情感出发首先要考虑的问题。正因为如此，联想和惠普提出"全面客户体验"，来迎接体验经济时代的到来，并实施体验营销战略。

（二）选择目标市场

目标市场选择的方法主要有两种：一种是先进行市场细分，如前所述，并结合对市场营销环境分析和企业内部条件，选择一个或几个细分市场作为自己的目标市场；另一种是不搞市场细分，是通过对企业产品的分析，把产品的整体市场作为目标市场。显然，企业开展体验营销必须在市场细分的基础上，并考虑企业资源条件、产品性质、竞争者的策略等因素来满足消费者的差异化需求。也就是说，由于我国各地的经济发展水平不平衡，人们的富裕程度和消费观念也是参差不齐的，因此，体验营销目标市场的选择只能是那些首先接受体验消费的观念的人群。

（三）建立体验主题和体验品牌

英特尔公司的总裁葛洛夫指出："我们的产业不仅是制造和销售个人电脑，更重要的是传送信息和形象生动的交互式体验。"在欧洲"黑卡咖啡"一直占据市场优势，是因为许多消费者认为"黑卡咖啡"的广告也是一种精神享受。"黑卡咖啡"的老板说："我们是在卖产品，也是在卖梦幻、感性和精美。"迪士尼公司在全球各地建立的主题公园，就是消费者体验迪士尼产品的最好的去处。

可见，一个重要的将商品体验的办法就是将产品感知化。上述几家公司从不同的角度提出了产品的体验主题，并且也打出了商品品牌，可谓一举两得。

（四）设定体验式商品和服务

在体验经济时代，体验营销的模式也不能套用于所有的行业或是企业。体验营销策略主要适用于第三产业如新闻及娱乐业；金融服务业；宾馆、饭店等服务性很强的行业；零售业；与网络有很强关联的行业，如 WEB 站点；医疗服务业；高科技产业；运输业以及顾问咨询相关行业等。就某一企业而言，如旅游公司的服务项目表中，安排游客在某一景区游玩的同时，可能还要组织游客开展水上活动项目如漂流游或地下活动项目，如溶洞猎奇或历史文化遗迹考察等活动，使游客在游玩的过程中切身体验了某一场景的新、奇、特，感受到了刺激、快感、兴奋、紧张等的心理变化历程，游客在亲身参与的同时获得了知识、获得了身心满足和令人难忘的体验。由此可见，体验营销战略的一个重要步骤就是设定体验式商品和服务。

（五）设定体验式定价

体验营销如何定价？如星巴克咖啡屋内有一张清晰的价格表：25 元/杯的咖啡 = 咖啡 5 元 + 体验轻松氛围 20 元。人们为什么要对体验付费？回答是：我心情愉悦，值得消费。过去人们很少用金钱为体验付费，因为传统意义上人们是把体验"打包"到服务和商品之中的。体验经济时代的消费者在消费一种商品或服务的同时也享受了一种身心体验和"情感共振"，因此对体验单独付费就成了体验营销战略实施的一个重要步骤，也是消费者进行消费的一个特别标准。

那么，如何为体验定价？首先，要充分考虑企业所提供的商品和服务类型，要优选出那些可以作为人们进行体验并能够提升消费质量和品位的商品与服务形式，把它们作为人们体验的物质载体；其次，要营造优雅、温馨、浪漫、有一定历史文化内涵、值得回味和再试的氛围；最后，还要充分考虑影响体验定价的其他各种因素：包括产品与服务的成本水平、企业的营销目标、市场需求状况、竞争者的成本、价格和产品以及经济发展水平、政府的有关政策法令等因素。

（六）进行体验式的促销活动

按照体验营销的定义可知，体验营销方式是不参与广告战的。体验式促销活动主要通过展示产品、营造体验氛围直接让顾客参与的活动来进行，这样就大大地节约了广告费用，增强了体验营销活动的技巧性和艺术性，以及完全摆脱了付费广告的不经济弊端。据统计，中国企业进行电视媒体促销的费用高达总促销费用的80％，而美国企业的电视促销费用仅在50％以下。可见，体验式促销活动的经济意义的优越性。

（七）建立体验式营销队伍

作为一种新的营销方式，如何更有效地开展体验营销活动，需要营销人员的开拓创新、思想意识的超前性、自身素质的综合性，以及特殊才干，如懂得美术设计、艺术审美、对产品与服务历史与文化背景的了解，对新经济的认识和理解能力等。同时，在信息爆炸的知识经济时代如何增强人们对产品与服务的注意力？作为体验营销的实践者——体验营销人员就更应该关注注意力对体验营销的影响作用，从而实施增强消费者注意力的体验营销活动；更应关注人们对有限的时间的认识，即工作时间的紧张与休闲时间的放松哪一方面对人来说更重要？如果说闲暇时间对现代人来说意味着身心放松、调剂工作的紧张情绪的话，那么进一步来讲，提高休闲时间消费的质量和水平就显得相当重要了。体验营销正是针对引起人们的注意力和人们对休闲消费的重视而提出来的新的营销方式。体验营销人员的实践工作的侧重点就在于此。

第四节　文化营销

检视营销理论的发展历史，一个显著的特征就是文化涉及的价值观念，社会、思想、社会关系等因素在营销中的作用越来越大，分量越来越重。19世纪末20世纪初，市场营销着重推销；20世纪50年代着重如何识别顾客需求，出现了4P理论、市场细分理论、顾客服务营销、定位理论；80年代以来进入社会营销阶段，营销学者们认为，顾客需求的满足不纯粹是企业与顾客需求的单一关系，它还受到政治、舆论、环保、制度等社会因素的制约影响，解决顾客需求必然同处理解决相关的社会问题有关。因此，针对保护消费者权益主义等活动，营销学家提出了"客观营销"，注重营销活动对社会造成的客观效果。针对环保问题则提出了绿色营销，针对消费者、竞争者、供应者、政府等各类个人和组织对企业的制约，提出了"关系营销"；针对打破习惯、文化、法律等因素进入被保护市场提出了"大营销"理念、政治营销理念。从上述可以看出，在生产观念—顾客需求—社会营销理论发展过程中文化的内涵越来越厚重、清晰。

一、文化营销的内涵

文化营销是指企业经营者运用文化资源通过文化理念的设计创造来提升产品及服

务的附加值，在满足和创造消费者对真善美的文化需求中，实现市场交换的一种营销方式。下面我们对这一定义作进一步的阐述：

（1）文化资源：就是从事文化营销活动中所利用或可资利用的各种资源。按性质分为物质文化资源和精神文化资源；按形态可分为传统文化资源、现代文化资源、外国文化资源；按内容则分为自然文化资源、人文社会文化资源。文化资源是文化营销中的原始素材，没有文化资源，那么营销就不可能进行。文化营销的首要任务就是要识别、选择更适合企业产品和服务特点的文化资源，来开展营销活动。

（2）文化理念：就是企业在产品设计、市场定位、包装广告、公关形象、促销服务等营销活动中，结合时代精神，消费态势与消费者沟通而构建的一种思想价值观念。文化营销能否有效，主要取决于文化理念的构造能否成功，它是产品服务超越物质效用，获得文化精神附加值的关键。这些文化理念体现的价值沟通，贯穿于整个营销活动的各个环节中，成为开展营销的指导思想，是文化营销区别于其他营销活动的本质性特征。文化表现为创造文化理念的本身。

（3）真善美的文化价值取向：文化活动作为人类高级的生命活动，其价值追求的终极意义，就是对真善美的追求。文化营销的实质是价值活动的构造，体现出人类价值活动的一般特性。

"真"的追求，即求真和求知。求真，要求企业提供给消费者真实的产品和服务及相关的真实信息。即生产货真价实的产品而不是假冒伪劣的产品；传播真实可靠的信息而不是虚假夸大的信息，以实事求是的态度真诚地服务消费者。求知，要求企业为消费者提供相关的文化知识信息，能够扩大他们的视野，满足他们的求知欲望。

"善"的追求，文化营销的文化理念要始终坚持有益于自然和社会的健康发展，有益于提高消费者的精神境界的原则。自然的和谐，美好的心灵，高尚的道德，良好的信誉，文明的养成都是文化营销活动中要坚持的文化价值文化精神。否则的话，就无法体现出文化营销的文化意义。

"美"的追求，即增加产品服务的美学含量，适应并提高消费者的审美水平和审美趣味。消费者对产品和服务的美观、快感、独特性提出越来越高的要求，美学力量也正日益成为市场竞争力。1974 年，美国对 200 家大企业调查时发现有 86% 的企业把成功原因归为产品质量，特别是审美价值的提高上。这在产品设计上尤有代表性。

真善美的追求使文化营销表现出不同于其他营销方式的高品位素质，有助于抵制和清除营销活动中出现的种种低俗、庸俗、甚至色情的东西，有助于消除消费文化中表现出的奢侈挥霍和享乐倾向。真善美的追求要求我们坚持科学的精神，倡导崇高的思想，文明的行为，展示现代人的理想和追求，把营销中的"文化"融入建设社会主义精神文明轨道中，使营销不仅成为追求经济效益的经济行为，而且成为追求社会效益的文化行为。

（4）文化营销与营销文化：文化营销与营销文化是两个易于引起混淆的不同概念。两者都与文化有关，但是文化营销侧重于文化资源、文化理念在营销中的运用，更强调文化的功能意义。营销文化是营销活动中长期积累和形成的具有稳定性的观念、制度等的结晶和产物，它往往是文化营销的长期结果。与文化营销的文化功能性相比营销文化更具有长期性、稳定性，它一旦形成，对文化营销以及整个营销活动都具有指导价值。如果说文化营销是在营销活动中对文化的运用，那么营销文化则更侧重的是营销活动中文化的生成，两者不应混淆。

二、文化营销的基本特征

（一）时代性

文化营销作为一种价值性活动总是反映和渗透着自己的时代精神，体现出时代的新思想新观念。例如，"科技是第一生产力"、"信誉是企业生命"、"销售就是服务"、"顾客满意就是金牌"、"市场是企业的第一车间"、"既要讲竞争又要讲合作"等。每一个时代都有自己各时代的精神文化特征。文化营销只有不断适应追随时代的变化、汲取时代精神的精华，才能把握住社会需求市场机会，才能赢得消费者，否则就会被时代所淘汰。

（二）区域性

文化营销的区域性指在不同的地区国度因文化差异造成的营销对象营销方式等的差别。它与民族、宗教、习俗、语言文字等因素有着深刻的关系。例如，东方人把红色作为喜庆色，结婚生子都要穿红衣服，用红被子，吃红鸡蛋，送红礼包，而在德国、瑞典则被视为不祥之物。营销活动的这种区域性表明在营销活动中一定要考虑到区域文化特点作好不同文化之间的沟通交流，消除障碍，才能实现文化的营销，否则就寸步难行。

（三）开放性

文化营销由于侧重于一种理念的构建，它具有极大的开放性。一方面对其他营销方式能产生强大的文化辐射力，从理念价值的角度提升其他营销方式的品位。比如关系营销中亲缘关系、地缘关系、文化习俗关系、业缘关系等的建立都跟"文化"有着深刻的联系，文化营销中的文化理念、文化资源等对处理上述多种营销关系都有实际指导的意义，有助于在文化这个深层次上建立起更稳固的关系；另一方面它又不断吸收其他营销活动的思想精华保持其创新的活力。如文化营销可以吸收绿色营销观念开展绿色文化营销；吸收政治营销观念开展政治文化营销；吸收道德营销观念开展道德文化营销等。这种开放性有助于文化营销向纵深拓展，丰富自己的内涵。

（四）导向性

文化营销的导向表现为两个方面，一是用文化理念规范引导营销活动过程。从深层次上同社会以及消费者进行价值沟通。日本本田公司在市场推广中，以"传递安全为口号"进行安全文化的推广传播，在世界 35 个国家和地区积极开展结合当地情况的安全驾驶普及活动，开设摩托车驾驶员培训讲习班等，帮助本田用户提高安全驾驶意识和技能。二是对某种消费观念消费行为的引导，从而影响消费者消费观念、改变其态度行为以及生活方式或生活习惯。典型的像一次尿布、速溶咖啡的推广过程。

（五）个性化

文化营销的个性化指在开展文化营销活动中产品服务所形成的有助于品牌识别的文化个性。同是香烟，万宝路表现出的是西部牛仔的豪放、粗悍，而沙龙烟透出的则是大自然中青山绿水的轻松闲适，主角也变成一帮年轻漂亮的男男女女，三五牌烟则是与汽车拉力赛运动相联系，刻画的则是体育运动的形象。

三、文化营销的功能

（一）增值功能

现代产品观念已经突破了传统的产品观念，把产品看成是由核心产品、有形产品和附加产品组成的一个系统组织，而不仅仅是一种有使用价值的有形的物质的东西。现代产品是由有形与无形，物质和精神，虚幻和现实等多方面因素的对立统一，是一个有机的整体。现代产品不仅要满足消费者物质的生理的需求，更要给予他们心理上、精神上的满足。文化营销作为一种追求真善美的价值活动，正好满足适应了这种产品概念和消费趋势，使得产品有可能超越其物质意义而成为某种精神的象征，心理甚至感觉的符号，从精神方面充实和丰富了产品的价值。正如耐克鞋总裁所言：将运动精神植入人心，耐克代表的不单是运动鞋，更代表了体育运动，代表了运动精神，运动文化。

（二）提升功能

文化营销的提升功能就是用文化来提高和升华企业的社会形象，使消费者感受到企业良好的形象之后，对其产品服务产生信赖和依恋。世界上著名的品牌几乎都是经"文化"而得以提升社会形象，长久地赢得消费者之心。全美第六大零售商 7 - 11 连锁店就不断地在全球开展各项社会公益活动，提升企业形象。它们在美国针对许多13 ~ 18 岁的青少年的酗酒习惯导致的溺水、自杀、暴力等开展"反青少年酿酒活动"，在台湾开展"把爱找回来"每年赞助不同的对象，像反雏妓，捐助非洲饥饿儿童等，为企业塑造了良好的形象。

（三）调适功能

跨文化营销活动中，因种族、宗教、语言、风俗等因素的不同差异，常常造成异质文化间沟通的"梗阻"，造成经营的失败，而文化营销的调适功能则有助于消除或减少这类文化障碍。它主要表现为企业针对目标市场的文化环境的特点，来制定自己的营销思维、手段和策略，用自觉的文化理念来协调和沟通与目标市场之间的文化屏障，被目标市场的文化观念所认同接受。1993 在法国巴黎东部建成的欧洲迪士尼开业以来每周亏损 400 万英镑，面临倒闭危机。究其原因则是代表美国神话、文化的迪士尼在法国"水土不服"，不能融入法国文化。法国有深厚的文化，对来自美国的文化抱有一种蔑视态度，就连法国孩子也有一种文化的优越感。一位在迪士尼乐园演出的美国女演员说："法国的小孩真吓死人，什么都要问，而整天想会不会损害法国人的自尊。"美国式的管理也与法国人天性的独立不驯无法适应，1.2 万员工中有一半多辞职。相反，日本在我国推销汽车时创做出"有朋自远方来，喜乘三菱车"，"车到山前必有路，有路必有丰田车"，"古有千里马，今有日产车"等广告语。像可口可乐、雪碧等译名的翻译，也正因为契合了中国人的心理而取得了极大的成功。

（四）差别化功能

随着现代技术的日新月异，市场信息的迅速流动，产品的均质化同质化现象越来越突出，消费者对它们进行性能上的区分意义越来越小，产品的物质性差异也越来越小。而产品的市场竞争最重要的一个前提是产品的差别性。因此当物质要素的差别愈益趋小时，一种非物质的因素就引入了市场竞争，而文化恰恰适应了这种需求，能够为这种差别化战略提供更为广阔的思维空间。文化的各种内容如知识、情感、习俗、道德甚至感觉，体验都能为产品服务创造出惊人的差异，以凸显个性，再现魅力。同样是酒，唐山曹雪芹家酒奉献的则是红楼文化味，而孔府家酒一句"喝孔府家酒，写天下文章"透出的则是儒家文化的精髓，今世缘酒则传达的又是乡缘、亲缘、情缘，呼唤的是新型亲密的人际关系。

（五）育人功能

文化的本质是以文化人，从价值上对人进行教育、培育和塑造，文化营销也延续着文化的育人功能，表现为通过文化理念的构建，对真善美的价值追求，对消费者进行思想、观念、情感和道德等的引导教育。当然，这种育人作用并不直接作用于消费者，而是通过产品文化、广告宣传、公关活动等来传递文化信息，间接地潜移默化的影响人塑造人。

（六）凝聚功能

文化营销的凝聚功能就是从文化的价值上和情感上与消费者进行深层次上的沟通认同，使企业与消费者之间形成强大的情感共鸣和内聚力，增强消费者对企业产品服务的忠诚度。名牌是每个企业所希望的，也是文化营销所要追求的最高境界。名牌之所以能给消费者强大的感召力吸引力，主要就是名牌所体现出的文化价值和文化精神。名牌往往是身份、地位、心理、情感等的象征、寓言和图腾。文化营销实际上就是要从心灵上打动消费者吸引消费者，与消费者在精神情感层次上进行联通认同。

上面我们讨论了文化营销的六大主要功能，但是我们并不认为文化营销十全十美能包打天下。它有自身的局限，不能无限地夸大其作用。首先，文化本身不能代替质量，质量是企业最基本的东西是企业之生命，没有质量再好的文化营销也没用；其次，文化本身也不能代替技术进步，文化是附着于技术的。没有技术的进步就无法获得核心竞争力；再其次，文化营销也不能代替市场营销的一般理论要素，如市场通道的设立、网络的建设、价格的制定、市场机会、产业容量等。

四、文化营销的主要类型

文化营销的"文化"涵天盖地，丰富多彩，似乎让人有无法措手之感，觉得杂乱无章，但是也并非无迹可寻，我们从文化结构的要素知、意、情、乐等角度可以将文化营销分成七种主要类型：

（一）知识文化营销

随着科学技术的不断发展，现代产品中的科技含量也在不断增加，消费者要真正享受到产品服务价值就必须更多地了解掌握它所含的知识信息。文化营销把传播现代产品知识，以及相关的现代科学技术培养提高公众的科学素质作为自己营销的切入点从而引导消费，形成了独具特色的知识文化营销。例如，广东格兰仕花费数百万元在全国新闻媒体开设微波炉使用知识专栏来开拓市场树立品牌形象。知识文化在这些营销活动中已超越自身作为经营手段的层次而成为企业根据社会需求和自身特点参与文化事业担负起文化建设的重任。在国外，知识文化营销往往是一些跨国大公司用来开疆拓土开展营销活动的大手笔。微软公司斥资2亿美元，为全球一些低收入地区图书馆配备电脑，捐赠软件让人们接受电脑知识，喜欢电脑，进而购买电脑。

（二）精神文化营销

即通过向社会消费者倡导和传播有关的思想意识和价值观念所开展的营销活动，尤其是其中所表现的思想道德观念更是精神文化营销的核心和灵魂。台湾裕隆公司为"新尖兵"车推出"回家是最好的游戏"传导出公司对家庭价值观的重视。台湾伯郎咖啡推出系列保护野鸟广告，唤醒消费者对野生动物的保护。

（三）公益文化营销

企业直接参与教育、医疗、环保、慈善等社会公益事业活动来贡献社会服务社会，从而达到开拓市场建立品牌的目的。在美国企业用公众事业费用从1984年的2亿美元激增到1994年的20亿美元，足足增加了10倍。例如，麦克唐纳公司60年代就在宾夕法尼亚洲发展住宅规划，为那些居住在农村的家庭带病孩子到城里来就医时提供住宅，目前已在全美有154幢住宅。宝洁公司、摩托罗拉公司等美国企业在我国北京大学、清华大学等高等院校纷纷设立各种奖学金基金会，以争夺人才资源，提高企业形象。松下公司在云南大学、南开大学、天津大学、中山大学、复旦大学等 9 个大学设立育英基金松下奖学金等 100 万美元，奖励这 9 所学校前 10 名理科生赴日留学。

（四）时尚文化营销

这是指以适应和创造流行的时尚文化来开展市场营销活动。时尚文化营销紧扣一定社会时期内的热门题材，社会心态以及美学趣味来适应或创造出流行的消费观念和消费行为。时尚文化营销是感性的、情绪的、美学的也是符号的，因而也是瞬息的、短暂的、易变的。因此，求新、求奇、求变永远是时尚文化的主题，它要求企业随时追踪时代的脉搏趋势不断创造新的时尚新的流行来保持产品服务的永续魅力。在这方面，斯沃琪手表用流行时尚推动可算是经典之作。斯沃琪超越手表计时的概念，赋予手表以一种全新的意蕴，使之成为一种象征、一种身份、一种梦想、一种情绪、一种品位和一种敏感，代表着时髦、有趣、刺激和欢乐等情感。这里我们以斯沃琪在中国台湾的系列活动为例来看看时尚文化营销的魅力。1995 年春夏，斯沃琪推出 "Swatch Test 试验"，针对社会上流行的不信任感，帮助消费者进行自我测试，测试爱情、事业、家庭等，帮助拥有者静下心来测试自忆的一切，重新拥有信任。1995～1996 年秋冬则推出 "Themes of the time 时间主题"。这一主题的表现，联系古往今来的故事，希望能借此追溯历史，探索从前。1996～1997 年推出明亮 "City、Sign、Communication（城市·符号·沟通）"，设计师们将大都市及电脑的特色融入表中。1997 年春夏："Light（明亮）"斯沃琪追随时装明亮的主题，推出明亮手表主题。斯沃琪还通过赞助流行音乐、流行艺术、流行体育运动等流行文化支持表现自己时尚的品牌个性。

（五）情感文化营销

"感人心者，莫先乎情"。感情是人类最具有文化意味的东西，最能起到沟通人心灵世界的作用，更是维系人与人之间关系的纽带。情感文化营销就是把爱、怀旧、骄傲，甚至恐惧、仇恨等这些人类感情熔铸到市场营销活动中，以情感人，用情沟通，来打动人、感染人，从而引发消费行为。正如可口可乐公司的 J. W. 乔戈斯所言："你不会发现一个成功的全球品牌，它不表达或不包括一种基本的人类情感。"台湾中华公司在广告中则用"真情上路"为主题，采用"山中父子情"、"妈妈的皱纹"为题材，感人至深地传示了中华车"温馨家用车"的感性形象。江苏红豆集团创立"红豆相思节"祝天下有情人终身相守，白头到老。

（六）审美文化营销

即运用戏剧、绘画、书法、故事、诗歌、传说、文学、艺术等为审美素材，赋予营销活动以美的意义，使营销成为一种审美创造活动，让消费者在美的熏陶、艺术的氛围中欣赏体验，最终接受产品服务。审美创造可以贯穿在营销活动的整个过程，从产品设计、销售环境、广告传播等都可以见到美的倩影，嗅到美的芬芳。扬州迎宾馆根据《红楼梦》中荣宁两府四季菜馔，以淮扬菜为主，兼容宫廷风味创制成别具一格的"红楼宴"。绍兴人则把鲁迅作品中的人和物变成了一个个商标，有孔乙己茴香豆、乌篷船毡帽、咸亨豆腐、祥林嫂店等。而聪明的无锡人更是把与自己八竿子打不到边的三国水浒故事搬到了太湖边上，创造了三国城、水浒城这些驰名中外的影视旅游景观。至于举办各类摄影、征文、绘画等大赛就更是一种普遍的文化营销方式。

（七）体育文化营销

体育是人对自己身体体质的优化，是现代文明的一项十分重要的文化活动。体育文化营销就是企业在参与和开展体育活动中进行营销活动，让消费者在体育活动的参与欣赏过程中，接受产品服务的熏陶和教育的一种营销方式。体育文化营销一直是企业开拓市场、树立品牌的利器。根据美国事件行销报告，1990 年全美企业赞助体育活动的花费高达 18.8 亿美元，1991 年上升至 20 亿美元。从棒球、足球、高尔夫球、游泳、网球、热气球、自行车、赛车到汽车、摩托车、帆船和快艇等都有企业赞助参与。人们熟知的可口可乐、阿迪达斯、耐克运动鞋、三五牌烟、柯达胶卷、富士胶卷等大公司都是国际体育赛事的重要赞助商。可口可乐从 1928 年与奥运会的赞助计划延长至 2008 年。耐克鞋则更是深谙体育文化的奥秘，祭起体育明星的法宝，相继与一些大名鼎鼎、受人喜爱的明星签约，如乔丹、巴克利、阿加西等让他们成为耐克广告之中光彩照人的主角，去煽动吸引消费者。

上述几种文化营销形式，在实际营销活动中不是截然无关的，而是相互渗透、相互交融的，有时在同一个营销活动中也会同时运用多种文化手段。文化营销的分类除了有助于我们更深刻、更直观地理解文化营销的"文化"意义，还可以有助于我们打开"文化"思路，多角度多层次地策划开展文化营销活动，把文化营销落实为一种营销实践活动。

第五节　形象与品牌营销

形象营销是指基于公众评价的市场营销活动，就是企业在市场竞争中，为实现自身的目标，通过与现实和潜在的有利益关系的公众群体进行传播和沟通，使其对企业营销形成较高的认知和认同，从而建立企业营销良好的形象基础，形成企业营销良好的社会环境的管理活动过程。

企业塑造和提升营销形象就是期望企业营销在利益关系公众中树立稳固的心理地位，使其对企业有较好的评价，产生认同感和归属感，从而便于企业进行产品推广、市场扩张和培养忠诚顾客，为企业市场目标的实现和长远发展营造良好的社会环境。

一、形象营销概述

（一）形象营销发展的两个阶段

形象营销的理论和实践可以分为两个阶段：

1. 企业导向时期的形象营销

企业以自我为中心，开展形象营销是站在企业自身的立场或从企业的认识角度来进行的。此时期的形象营销可分为三个阶段：第一，以产品外在形象为中心阶段。企业只注重产品外在形象的设计和包装成本，期望采用美丽的产品吸引顾客；第二，以产品概念形象为中心阶段。企业大量运用推销技巧、卖点设计、概念创意等手法，以吸引顾客关注，推销自己的产品；第三，以企业识别形象为中心阶段。企业导入企业形象识别战略（CI 战略），设计和传播理念、行为、视觉三种系统的识别，达到在公众心目中树立独特企业形象的目的，增强公众的识别程度和认同程度。在企业导向时期的形象营销主要取决于企业自身，企业为达到产品销售的目的，诱导顾客产生购买欲望，对顾客的心理评价关注较少，因此在这一时期，企业形象还属于从属地位和外在刺激，形象营销忽视对公众心理关注。

2. 公众导向时期的形象营销

企业以公众为中心，开展形象营销是站在公众的立场或从公众的认识和评价角度来进行的。此时期的形象营销也可分为三个阶段：第一，以服务为中心阶段。企业认识到只有高质量的有形产品还不够，需要增加产品的附加价值和利益，就需要通过服务提升产品形象，通过制定服务标准、严格履行标准来吸引和留住顾客；第二，以顾客满意为中心阶段。在以顾客满意为中心的阶段，企业注重按照顾客让渡价值理论导入和实施顾客满意战略（CS 战略），提升顾客价值，降低顾客成本，提高顾客对企业产品的满意程度，建立和维系顾客对企业产品的忠诚程度；第三，以整体形象为中心阶段。企业面对的内外环境复杂多变，需要面对和处理复杂的公共关系，企业营销能否顺利开展，很大程度上取决于企业在公众心目中的形象，即在以顾客为核心的公众心理上的评价和认可程度。企业通过与现实已经发生和潜在可能发生利益关系的公众群体进行传播和沟通，使其对企业营销形成较高的认知和认同，从而建立企业营销良好的形象基础，形成企业营销宽松的社会公关环境。

（二）形象营销的功能

1. 提高知名度

形象营销的功能不仅在于识别，还在于沟通。好的形象可以降低通路阻力、减少营销成本、增加营销利润，同时好的形象设计本身就是售点广告，好的包装在商场里被消费者浏览时，传播功能不亚于 5 秒电视广告。海尔的 CEO 张瑞敏在当年砸掉不合格冰箱的举动，就在公众中树立了海尔以质量为企业生存保证的负责任企业的形象，极大地提高了企业的知名度。当年史玉柱的巨人大厦虽然倒了，但是他一手策划的脑白金销售的成功，不仅使他还清了债务、重新站在了工商界纵横驰骋，而且为年轻人树立了不惧失败、一往无前的创业先锋的典范，建立了他和他的企业更加优异的形象，不仅应验了中国那句老话"失败是成功之母"，而且使得如今的巨人网络集团的知名度得到了有力的提升。

2. 增加美誉度——光环效应

在买方市场条件下，由于消费者的消费观念发生了变化，消费者所购买的或者说企业所销售的不仅仅是商品，也包括质量、商标、品牌、包装、服务及企业的形象，实际上是以产品为核心的一个系统。形象营销正是为了适应这一市场变化的趋势。以麦当劳为例，它不是单纯意义上的"快餐店"，而是一个罩着一层"美丽光环"的靓女，这便是麦当劳的形象，它是企业理念、文化背景、企业行为、店铺氛围、视觉形象所构成的企业形象与产品形象、品牌形象的综合体。消费者在餐厅里所消费的不仅是炸薯条、汉堡包，而是消费一种文化，一种理念，一种美感。麦当劳的企业理念，可概括为"Q、S、C、V"，即优质（Quality）、服务（Service）、清洁（Clean）、价值（value）。

麦当劳对顾客的承诺是"永远让顾客享受品质最新鲜、味道最纯正的食品"。

快捷是首要的服务标准，规定要在 50 秒钟以内制做出一块牛肉饼、一盒炸薯条和一杯饮料。在顾客点完单后，要在 1 分钟内将食品送到顾客手中。顾客排队等候时间不得超过 2 分钟。微笑是麦当劳的特色，所有侍应生都谦恭有礼，面露微笑，活泼开朗地和顾客交谈、做事，让顾客感觉满意，得到友善、周到的服务。

制服必须保持清洁；头发必须光洁；男士头发不可长过衣领及耳部，每天必须剃须；女士不可浓妆艳抹，上班要带发网；每天须洗澡，防止体臭；保持口腔、双手及指甲清洁；不得在工作时吸烟。餐馆内器具都是不锈钢的；顾客一走便要清理桌面和地面。玻璃要每天擦，停车场要每天冲水；垃圾桶每天刷洗；全店所有不锈钢器具必须每隔天擦洗一遍；天花板每星期必须打扫一次。

麦当劳宣扬"提供更有价值的高品质物品给顾客"的理念。麦当劳强调要附加新价值。麦当劳的食品讲究味道、颜色、营养，价格与所提供的服务一致，让顾客感到真正是物有所值。麦当劳尽力为顾客提供一个宜人的环境，让顾客进餐的同时得到精神文化的享受。麦当劳的魅力在于：你花的每一分钱都是值得的。麦当劳标榜，他们卖的不是汉堡包，而是一种生活方式，一种价值观，一种麦当劳文化。

麦当劳员工的行为已经诠释了它的理念，即窗明几净、餐桌椅的人性化设计、优秀的产品品质、快捷微笑的服务，顾客想坐多久就坐多久（哪怕是只点一份饮料），并给人营造了一种适于私人交谈的氛围。对于情侣们来说，麦当劳更是一诉衷肠的好场所。此外，黄色的 M 标牌，举行儿童生日的好场所，笑容可掬的麦当劳叔叔的形象，从外表上给顾客一种平易近人的印象。改变了公众那种"廉价餐厅不清洁"的偏见。这种"形象资产"不是贴在墙上的标语口号，不是广告词中的漂亮字眼，而是实实在在的行动。塑造良好形象的精髓在于，构建先进的企业文化，处处让自己的行动说话，"不以利大而贪之，不以善小而不为"，良好的企业形象许多工夫应下在产品之外。

光环效应不是静态的，而是可以叠加和放大的。营销过程应该是美誉度和光环效应累积的过程。

3. 培养忠诚度

所谓忠诚，就是消费者长期持续购买某种产品的习惯和行为。忠诚度就是消费者对某种品牌产品的忠诚程度。依忠诚度的高低，一般可分为五层：品牌不忠诚者、习惯购买者、满意购买者、情感购买者、承诺购买者。由此可见，消费者对某种产品的忠诚不是一次性的、简单的购买行为表现，而是需要长期培育和培养的。提供满意的产品和服务，提供附加利益，提供信息通道是赢得顾客忠诚和顾客满意的有效方法。

（三）形象营销战略

1. 基于产品质量的形象营销战略

美国质量管理协会主席哈林顿曾说过："现在全世界正在进行着一场第三次世界大战，这场战争不是用枪炮的流血战争，而是商业战、贸易战，它的关键武器是质量。"质量是企业的生命之本，活力之源，是企业形象的支柱。企业只有不断提高产品质量，并保持产品品质的稳定性和持久性，才能立足市场，受到消费群体的喜爱。

我国的一些企业之所以在市场上风光几年就消失了，就在于对产品质量的管理不完善、不到位，并且具有重大管理失误造成的。如三鹿奶粉事件使三鹿公司在经营了十几年的基础上轰然倒塌，就是企业不重视质量、管理不善、责任意识不强的结果。反观那些国际化的企业，如索尼、强生、雀巢、肯德基等，也发生过产品质量事故。但是，面对危机，这些公司对问题的处理都比较及时、合理、公道，所以并没有对公司发展造成不良的后果。这也是由于它们长期的高品质形象在消费者心中留下的美好印象使其在危机事件出现后还依然稳定发展的原因。

"质量是企业的生命"这句话仍然是每一个公司立身之本、立市之本，也是公司树立企业形象的根本保证。

2. 基于企业价值观和企业文化的形象营销战略

产品质量、服务质量、环境质量是不同行业企业所重视的根本所在，也反映在企业所奉行的价值观和理念之中。

我国民营汽车企业吉利汽车集团就曾经奉行"做中国老百姓买得起的车，让中国汽车走遍全世界"的经营理念，从而使得吉利汽车在人们心中产生了价廉物美的印象。

"诺基亚，科技以人为本"的经营理念体现了这个手机品牌的高科技内涵，展现了企业的发展宗旨和行业领导地位的形象。

作为一个企业，要全方位地评价其形象，就要看这个企业是否具有充满生机与活力的企业文化。利用良好的企业文化塑造出的企业形象具有高度的可靠性和稳定性，容易在消费群体中形成持久而稳定的形象，成为企业一笔丰厚的无形资产。世界著名的法国米其林公司的企业文化和价值观即是专注于"一个使命"和"五个尊重"。米其林公司的使命是通过改进旅行的自由度、安全性、效率和乐趣，为人和货物的移动性进步做出贡献。"五个尊重"即尊重客户、尊重员工、尊重股东、尊重环境和尊重事实。由此，该公司在轮胎产品的技术创新方面为世界做出了贡献，赢得了世人的尊重。

3. 基于提高竞争力的形象营销战略

作为平等的市场主体，竞争的兴衰成败很大程度上取决于企业形象的好与坏。因此，提升企业形象就成为提高企业竞争力的关键环节。因此，在经营过程中，就要时刻思考企业的独特竞争地位，并在营销过程中加以体现和强化。海尔的质量立企、服务优质、不断创新的精神，在其各类家电产品中都有所体现，树立了其老百姓信得过的、行业领先的优秀品牌形象。

在我国提起啤酒，人们首先想到的是青啤，就是因为青啤的企业形象，代表了一种独特的酿造工艺、稳定的技术实力和先进的管理水平，青岛啤酒在中国消费者心目中有着特殊的亲近感、自豪感和信任感。格力空调的高质量和渠道建设能力，使其独树一帜，口碑甚佳，并给人不断进取、目标明确的积极向上的良好印象。

吉利汽车现在的经营理念则是"做最安全、最环保的好车，让吉利汽车走遍全世界"，充分体现其经营理念的升华和希望在汽车领域占有"安全、环保、国际化"的消费者认知的决心与信心。

4. 基于社会责任意识的形象营销战略

企业的使命不仅仅是获利，还包括为社会的健康与和谐发展做贡献。在我国市场上，仍然存在着许多不健康、不和谐的因素，如近年来，"苏丹红"、毒大米、地沟油、"多宝鱼"等事件层出不穷。这些事件折射出的企业伦理道德问题令人颇为担忧。这些企业只追求利益而不顾社会责任，视消费者的健康甚至生命于不顾，这些现象不能不说是企业道德沦丧的体现。有的企业无视法律的偷漏税行为，无视环境的偷排污水、废气等现象。强调社会责任意识就在于让企业正确认识自己的使命和责任，做一个有良知的企业公民。

现在，我们也看到，很多企业都在积极行动，用良好的形象展示其风采，并赢得了社会公众的赞誉。如青岛啤酒的现任董事长金志国先生在一次接受媒体采访时说："青岛啤酒为社会带来了什么，那就是荣誉、责任和财富。那么我们怎么样去彰显？青啤的理解是，作为一个企业，依法经营，诚信经营就是最大的社会责任。你创造的财富都是阳光的财富，不是靠你偷税漏税得来的，不是靠你偷工减料换来的，不是靠你的虚假广告获取的，这是最起码的一个社会责任，也是一个底线。"

二、品牌营销概述

品牌是企业走向市场的通行证，是消费者选购产品的着眼点，更是企业参与市场竞争的锐器。一个企业没有自己的品牌，就难以在市场上生存。品牌经营的成功与否，直接影响到企业的成败。市场上形形色色的企业竞争形式，无论是价格战、促销战还是服务战，归根结底都是品牌之间的较量，它们是为品牌竞争服务的。

拥有品牌就拥有市场，就拥有现在和未来，就可以获得最大的市场价值，这是品牌时代的游戏规则。因此，如何打造和维护一个有价值的品牌就成为所有市场营销活动的关键。

（一）品牌在市场竞争中的作用

品牌是指由品牌名称、标识、商标、口号、产品广告中的主体句、特征及品牌的外形以及给人的感觉，它们共同构造了品牌的个性及品牌的创造性形象。

在构成产品竞争力的诸多因素中，品牌既是一个决定性的直接因素，又是一个综合因素。品牌是产品质量和企业信誉的保证书，已经成为某种产品区别于其他同类产品的重要标志。具体来说：

1. 品牌是企业竞争力的综合表现

产品的竞争力是企业竞争力的重要内容，而产品竞争力表现为品牌的竞争力。这种竞争力不是产品的某一单项指标，而是一个品牌所代表的产品的质量、性能和信誉的综合表现。品牌竞争力同时也是企业综合实力的表现，可口可乐、海尔、IBM 等品牌，既是世界名牌产品，也是这些大型跨国公司实力的象征。名牌在市场竞争中还具有相当大的关联效应，即凡是消费者认可的牌子，除了其主导产品之外，同一品牌的相关产品，同样可以赢得消费者的信赖。

2. 品牌影响消费者的偏好

品牌之所以成为品牌，一定具有极其鲜明的"个性"，这种独特的"个性"，牢牢地把消费者吸引，使人过目不忘、印象深刻。从而使消费者通过自己长期反复的购买逐渐建立起自己的品牌偏好，最终形成个性消费的品牌忠诚。例如，抽烟的人只抽万宝路或红塔山，吃快餐的只吃肯德基或麦当劳，买化妆品就买雅芳。品牌忠诚的建立不是一件轻而易举的事情，它是建立在高度的市场信誉和道德规范基础之上的。品牌忠诚既是品牌竞争力的独立表现，也是品牌竞争力的最高表现。

3. 品牌能促进市场规模并具有很强的获利能力

品牌竞争力有相当明显的规模效应。现代市场经济中的名牌都是建立在一定的规模之上的，也就是说，必须以一定的市场份额作基础，才能称得上是有竞争力的品牌。只有规模较大的企业，才可能有较大的实力进行技术开发、广告宣传，并建立起完善的销售和服务网络。

品牌以质量取胜，并附有文化与情感内涵，所以品牌给产品增加了附加值。同时，品牌有一定的信任度、追随度，企业可以为品牌制定相对较高的价格，获得较高的利润。

4. 品牌的文化内涵是企业竞争的制高点

品牌的竞争是一种内涵上的竞争，也就是我们所说的文化上的竞争。更具体的表述应该是：品牌就是把消费者的反复不断的消费行为变成习惯，习惯久而久之形成文化。

有良好文化底蕴的品牌，能给人带来一种心灵的慰藉和精神上的享受。消费者选择一个品牌，不仅是选择其质量、功能和售后服务，也选择了产品中蕴含的文化品位。市场营销和品牌竞争的实践证明，品牌知名度高并不代表品牌的价值高，品牌的文化内涵才是品牌价值的核心。文化内涵是提升品牌附加值和产品竞争力的源动力。具有文化内涵的产品才能成为经典。崛起于第二次世界大战后的麦当劳，成为美国文化的象征。麦当劳标榜，他们卖的不是汉堡包，而是一种生活方式，一种价值观，一种麦当劳文化。

5. 品牌的国际化能够增强企业的竞争力

世界 500 强企业几乎都是国际化企业。世界上的知名品牌都是在主要国际市场上收入丰厚，并具有品牌的成长性和良好的发展势头。尤其是在我国市场上的国际品牌，几乎是家喻户晓、人人皆知。如快餐业的肯德基、麦当劳、欧贵客，饮料业的可口可乐、百事可乐、雀巢咖啡，日用品行业的海飞丝、潘婷、飘柔、高露洁、佳洁士、玉兰油、护舒宝、雅芳等，汽车行业的卡迪拉克、宝马、奔驰，家电行业的索尼、松下、西门子、LG，手机业的诺基亚、摩托罗拉、三星，电子的 IBM，电器的 GE（通用电器），电脑的康柏、微软、苹果，航空的波音，化工的杜邦、柯达，还有利维牛仔服、耐克运动鞋等。这些品牌在我国市场上都是竞争力相当强的品牌，在行业中具有示范效应。

品牌是国家经济的主要创造者，是国家经济实力的象征。哪个国家的强势品牌的国际化知名度最高，哪个国家的经济实力就最强，这已经是不争的事实。从科技发展和创新的角度讲，强势品牌是一个国家科技发展和创新的主要载体和执行者。

（二）品牌的价值

品牌价值就是对品牌的量化分析，作为品牌的影子价格，直接体现为一种超越商品有形实体以外的企业无形资产，是在市场竞争中的价值实现，是顾客让渡价值的组成部分。品牌价值是商品或服务品牌的无形资产，是企业综合实力的集中反映。

1. 品牌价值的构成

根据大卫·艾克的品牌价值五星模型，品牌价值由五个要素构成，即品牌认知度、品牌忠诚度、品牌知名度、品牌联想、其他品牌资产。

（1）品质认知度是指消费者对某一品牌在品质上的整体印象。它是品牌资产中的重要部分，其价值表现在以下几点：①提供购买的理由；②有利于产品定位；③高价位的基础；④通路的最爱；⑤提高品牌延伸力。

（2）品牌忠诚是指消费者由于对品牌的偏好而在长时间内产生的重复购买倾向。顾客的品牌忠诚一旦形成就很难受到竞争产品的影响。

　　品牌忠诚度的价值可以从下列几点来说明：①降低营销成本；②易于铺货；③易于吸引新的消费者；④面对竞争有较大的弹性。

　　（3）品牌知名度的价值至少有下列几项：①品牌联想的代名词；②熟悉度引发好感；③知名度是种承诺；④成为被选购的对象。

　　（4）品牌联想是指透过品牌而产生的所有联想。品牌联想的价值体现在：①帮助处理信息；②产生差异化；③提供购买的理由；④创造正面的态度及情感；⑤品牌延伸的依据。

　　（5）其他品牌资产是指除上述四种资产以外，还有一些归类不明确的资产共同构成品牌价值。如专利权、商标权、著作权等。

2. 品牌价值的表现

　　（1）品牌的经济价值体现。

　　①为顾客提供价值。第一，品牌为顾客提供了一种信息。品牌是一种识别系统，是特定产品和服务的识别标志，品牌的最终目标就是建立起此品牌与彼品牌的差异性。这种差异性便于消费者区别不同的品牌，根据品牌挑选自己满意的产品。

　　第二，增强顾客购买决策时的信心。品牌不仅是产品的代名词，它还涵盖了企业声誉、产品质量、企业形象等多方面的内容。

　　第三，提高顾客的满意度。顾客满意既是企业的一种目标，也是企业的一种营销手段。

　　②为企业创造价值。

　　第一，创造品牌忠诚度。品牌忠诚是指消费者由于对品牌的偏好而在长时间内产生的重复购买倾向。顾客的品牌忠诚一旦形成就很难受到竞争产品的影响。

　　第二，提高售价及边际效益。品牌具有产品的附加值，消费者认可的品牌，其价格就高。

　　第三，品牌价值高，有利于企业进行品牌延伸，节约营销成本，更好的取得销售成功。

　　第四，创造交易优势。企业在营销渠道建设过程中，依靠品牌资源优势就可以获得交易掌控权，占据主动。

　　第五，创造竞争优势。品牌生命没有必然的衰退过程，品牌增加了企业经营的稳定性，拥有品牌的企业常能成为领导者，通过品牌所有权优势来抵御市场竞争。如贴牌生产就是充分利用品牌资源，获取赢利的一种重要形式；品牌授权是充分利用品牌资源的另一种形式；特许经营制度也是品牌授权的一种形式。

　　（2）品牌的非经济价值体现。

　　①文化价值。文化是品牌的灵魂，缺乏内涵和张力的品牌形象将显得单薄或苍白无力。品牌文化，就是体现出品牌人格化的一种文化现象。

　　品牌文化，就是指消费者认可的品牌所蕴藏的文化内涵、所代表的产品文化形象和所引导的消费文化等，它反映了企业文化的特色。

　　它主要包括：商品所蕴含的文化，如本土文化、民族文化、传统文化或现代文化；产品所代表的文化形象；产品所引导的消费文化；企业的服务文化，包括服务理念与服务艺术。

②国家价值。品牌是国家经济的载体，是国家经济实力的象征。从科技发展和创新的角度讲，强势品牌是一个国家科技发展和创新的主要载体和执行者。美国作为世界头号经济强国，几乎在各个行业都有世界名牌。汽车的卡迪拉克、福特，电子的IBM，电器的 GE（通用电器），电脑的康柏、微软、苹果，航空的波音，化工的杜邦、柯达，饮料的可口可乐、百事可乐，食品的麦当劳，还有利维牛仔服、耐克运动鞋等几乎各个领域都有自己的国际名牌。

③教育价值。品牌最先向人们传递了社会潮流和时尚流变的信息。品牌广告永无休止地告诉人们什么才是最时尚、最有品位、最能张扬个性、最能突显高贵，并挑起了大众潜在的永无止境的欲望，而这恰恰就是社会化的品牌意识。

品牌对人们日常消费行为产生了无法抗拒的"教唆"和"引诱"作用，以及使人们产生关于未来美好生活的想象。

④品牌意识与认牌消费。对于一般消费者来说，不可能知道千万种商品的详细功能，也不可能具有专业人士的鉴赏能力，他们最安全、最快捷的选择方式就是认购获得大家认同的、品质优良的品牌产品。这便是"认牌消费"。

⑤品牌的心理价值。品牌最终是要带来利益的，而且是大利益。无论消费者消费什么产品，最后都是为了情感的依附，这可以说是品牌的最后制高点。

品牌与消费者的情感紧密联系，并产生共鸣。这些情感共鸣表现为：身份和地位、亲和力与个性、体验、怀念（幻想空间）、渴望（购物空间）、信仰等。品牌价值就蕴含在这些情感共鸣之中，并引起消费者的购买行动。

⑥品牌的时尚魅力。"时尚"这个词的英文为 Fashion，是特定时段内由少数人率先实验，并预判为将来社会大众所崇尚、效仿的生活方式。简单地说，时尚就是"时间"与"崇尚"的相加。在这个极简化的意义上，时尚就是短时间里一些人所崇尚的生活。这种时尚涉及生活的各个方面，如衣着打扮、饮食、行为、居住、消费，甚至情感表达与思考方式等。时尚可以引领流行，但不等同于流行。时尚永远在大众开始接受的瞬间去制造下一时间段内可能被崇尚的流行。

追求时尚是一门"艺术"。模仿、从众只是"初级阶段"，而它的至臻境界应该是从一拨一拨的时尚潮流中抽丝剥茧，萃取出它的本质和真义，来丰富自己的审美与品位，来打造专属自己的美丽"模板"。追求时尚不在于被动地追随而在于理智而熟练地驾驭时尚。

一般来说，时尚带给人的是一种愉悦的心情和优雅、纯粹、品位与不凡感受，赋予人们不同的气质和神韵，能体现不凡的生活品位，精致、展露个性。同时我们也意识到，人类对时尚的追求，促进了人类生活更加美好，无论是精神的或是物质的。

小案例

"腕上时装"斯沃琪

1995 年春夏开始，斯沃琪在中国台湾推出了系列活动，斯沃琪推出"Swatch Test 试验"，针对社会上流行的不信任感，帮助消费者进行自我测试，测试爱情、事业、家庭等，帮助拥有者静下心来测试自忆的一切，重新拥有信任。1995～1996 年秋冬则推出"Themes of the time 时间主题"。这一主题的表现，联系古往今来的故事，希望能借此追溯历史，探索从前。1996～1997 年推出明亮"City、Sign、Communication 城市·符号·沟通"，设计师们将大都市及电脑的特色融入表中。1997 年春夏："Light 明亮"斯沃琪追随时装明亮的主题，推出明亮手表主题。斯沃琪还通过赞助流行音乐、流行艺术、流行体育运动等流行文化支持表现自己时尚的品牌个性。例如，赞助自由式滑冰比赛、世界霹雳舞锦标赛，赞助街道绘画比赛，赞助"印象之旅"等前卫艺术。斯沃琪由于不断地追踪或创造日新月异的流行时尚，被誉为"腕上时装"。

时尚又是循环更替的。每个人追逐"细节点缀"的时尚依然风行，流行趋势不断更替，琳琅满目的时尚饰品也总让人耳目一新。

法国时尚学院（IFM）和巴黎 HEC 商学院认为：懂得穿着的内涵是时尚最重要的，时装是一种态度，和谐的组合、色彩的搭配、产品的多样性反映了内在的品位与修养。除了法国时装之外，音乐、戏剧、电影都是巴黎文化的代表，浓厚的文化氛围是巴黎最突出的特点。法国文化独特的多元性造就了法国设计师的开放性，时尚也更加开放。法国品牌最看重的是高品质，色彩的设计、精致的面料与做工。在法国市场，质、价比是消费者最看重的，裁减合身也是十分重要的。服装生产与加工工业在巴黎已经不存在了，在浓厚的文化背景下，创意与创造更新的产品是法国设计师追求的重点。

太多在几百年前就问世了的法国高级品牌强化了这种感觉。卡地亚、香奈儿、路易·威登和无数街头咖啡馆们把法国塑造成全世界最懂得生活艺术的国家。当时尚真正成为一种生活态度和生活方式，融进最平常的生活里，这才是时尚的最高境界。[①]

小贴士

时尚名牌的产地与故事
Louis Vuitton（1854 年，法国）

LV 堪称名牌奢华的领导者，一举一动都左右时尚风潮，传奇的故事得从一个来自法国东部乡下的捆工学徒说起，他专门替贵族捆扎运送长途旅行的行李，甚至成为专为法国王室整理行李御用的捆工和皮革师，他发明了一种长方、防水的皮箱，方便叠放，耐用的程度经历泰坦尼克沉船意外，捞起居然滴水未进。

LV 的经典从 1896 年诞生的 Monogram 花纹、Epi 水波纹、Damier 棋盘格纹，到近年引领风潮的樱花包、樱桃包等，都说明 LV 的时尚地位。

---

① 资料来源：百度百科。

Gucci（1921 年，意大利）

近年的 Gucci 把品牌经典的元素灵活挥洒到极致，在一片 logo 风中十足抢眼，喜好消费 logo 的台湾更有 7 成销售商品都有 logo 加身，这个最早以贩售旅行袋、马具为主的皮革制品品牌，1947 年有竹节提把的竹节包问世，同时期从创办人 Guccio Gucci 的名字而有 GG logo，1952 年有马衔环的 Moccasins 鞋，1966 年又为摩洛哥王妃葛丽丝凯莉设计花卉图案丝巾，无一不是经典，至今散见于 Gucci 新品的细节中，1990 年设计师 Tom Ford 的加入则为 Gucci 女装注入全新的精神。

资料来源：百度百科。

（三）品牌营销

所谓品牌营销，就是指企业从品牌的形成建立、使用、传播、管理及其保护等一系列活动过程中都要贯彻市场营销思想，并具有鲜明特征与个性的具体营销模式。

1. 品牌营销的特征

品牌营销是结合品牌特征与个性而进行的目标市场营销，是品牌特征与个性在市场上的充分体现。

品牌营销是以品牌整体战略为基础的市场行为，它拥有统一的视觉识别、行为规范、广告支持、营销通道，同传统经营行为相比较，品牌营销是全面市场战略辅助下的营销。

品牌营销同传统营销相比较，它提高了营销行为的可控性、精确性。

品牌营销为品牌进入市场提供了坚实的基础，提高目标市场营销的市场针对性、精确性，从而将传统营销下的市场不可控因素降至最低点。

2. 品牌营销的原则

品牌特征与营销的统一性原则；

品牌个性与营销方式的统一原则；

品牌形象与营销行为互为表里的原则；

品牌定位、品牌营销、目标市场三点一线的原则。

（四）实施品牌营销战略应考虑的主要问题

1. 品牌识别

品牌识别（Brand Identity，简称 BI），是指企业通过某种媒体向消费者传播品牌名称、视觉信号、产品特征等以树立品牌形象，并期望品牌本身能够被消费者准确的认知（见图 18 - 2）。

企业期望消费者了解品牌的哪些方面呢？通过品牌营销传播，主要体现六个方面的特征。

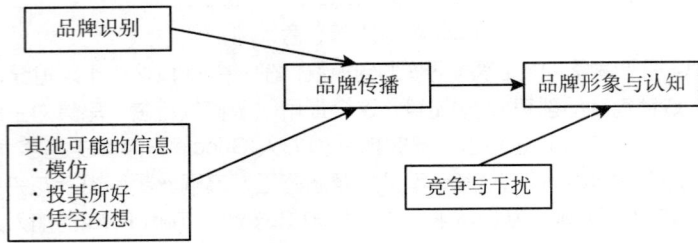

图 18 - 2　品牌与形象

（1）属性。即显著的或主要的独立特性的外在表现。它是品牌的基础，是构筑品牌的第一阶段。

（2）个性。即品牌的性格。品牌个性可以拟人化，也是品牌风格传播的源泉。那些大量使用发言人、明星或动物赋予品牌个性的方法正是对品牌个性的诠释。如由孔令辉作为代言人的产品以"我选择，我喜欢"这句广告语就突出体现了安踏这一品牌属于运动鞋类产品，使消费者识别出运动鞋产品中的黑马——安踏，富有青春和朝气，积极向上，勇于拼搏的精神风貌。

（3）文化。产品是物质的体现和文化的指向。文化包含了价值观系统、灵感的来源和品牌力量。文化将品牌和公司联系起来，和所在国联系在一起。

（4）关系。品牌体现一种关系。它经常为人们之间的无形沟通提供机会，这在服务业中尤甚。

（5）形象。消费者心目中的对品牌形象的反映。

（6）内在影像。是目标消费者自己的内在反映。通过我们对某种品牌的态度，我们建立起了我们自己的某种形式的内在关联。

美国的 D. 艾肯教授在 1996 年提出，一个品牌识别实际上包括由 12 个元素组成的四个方面：即品牌作为产品—产品识别（产品领域，产品性质，品质价值，用途，来源国），品牌作为组织—组织品牌（组织性质，本地化或全球化），品牌作为个人—个性品牌（品牌个性，品牌与顾客之间的关系）和品牌作为象征符号—象征品牌（视觉意象/暗喻和品牌传统）。

2. 品牌传播

在完成品牌识别后，应转向以消费者为导向的传播过程。能否站在消费者的立场上"说"，是品牌成败的关键。为此，品牌传播必须从传统的"由内而外"改为"由外而内"；从"消费者请注意"变成"请消费者注意"。

品牌传播的手段包括五个方面：

广告：由特定出资者付费所进行的构思、商品与服务的非人员的展示和促进活动。

直效营销（DM）：利用邮寄、电话和其他人员的接触手段与现有或潜在的消费者进行沟通活动或收集其反应。

销售促进（SP）：鼓励对产品与服务进行尝试或促进销售的短期激励。

公关与宣传：为提高或保护公司的形象或产品而设计的各种方案。

人员推销：为了达成交易而与一个或多个潜在的买主进行面对面的交流。

不同的促销工具有着不同的沟通能力，可以实现不同的营销目标。

20世纪90年代以来，越来越多的公司采用整合营销传播（Integrated Marketing Communication，简称IMC）这个概念。美国广告协会为IMC做出的定义如下："整合营销传播"是一种市场营销沟通企划观念，即在企划中对不同的传播形式，如一般性广告，直接反应广告、销售促进、公共关系等的战略地位做出估计，并通过对分散的信息加以整合，将以上形式结合起来，从而达到明确的、一致的及最大程度的沟通。

品牌的整合传播的观念和方法对于提高传播效果是非常重要和有效的。它强调在分散进行的各种传播过程中，必须保持协调、统一和连贯性，避免随意、多变、分散和各行其是的传播。

品牌整合传播强调要区分、控制和保持品牌的核心要素在长期传播中维系不变，以达到不断积累和提升品牌资产价值之目的。同时，顺应市场、消费者和竞争等变化的环境，逐渐调整和修正品牌传播中的非核心要素，使品牌有更广泛的适应性。

3. 品牌包装

目前包装已成为强有力的营销手段。设计良好的包装能为消费者创造方便价值，为生产者创造促销价值。包装是品牌的附加资产，含有品牌理念，好的包装能提升品牌价值。包装物的色彩、外形与结构、触摸的感觉等对品牌的有效传播都起到重要的影响作用。包装作为一种品牌营销手段具有以下作用：

（1）自我服务。越来越多的产品在超级市场上和折扣商店里以自我服务的形式出售。

（2）消费者富裕。日益增长的消费者富裕是指消费者愿意为良好包装带来的方便、外观、可靠性和声望多付些钱。

（3）公司和品牌形象。公司已经意识到设计良好的包装的巨大作用，它有助于消费者迅速辨认出产品属于哪一家公司或哪一品牌。

（4）创新的机会。包装的创新能给消费者带来巨大的好处，也给生产者带来了利润。

4. 品牌战略

（1）地区品牌。作为地区性品牌，行为结构一般较为单纯，主要体现在共同地域这一基础上的诸如语言、风俗、习惯等方面的适应性、共通性。地区性品牌在推广产品、沟通社会消费大众以及进行公共关系管理时，要充分考虑所在地区的风俗、传统和习惯，以及人们的接受能力和心理消费习惯，才能做到引导市场、领导市场并为市场所接受、喜爱。

（2）国内品牌。指把目标市场设定在全国范围内，并以国内市场为销售目标的品牌战略。

（3）国际品牌。是指企业的市场销售范围，以多国或全球为目标，实行跨国化经营的品牌战略。如微软、海尔、麦当劳等品牌的营销战略。

实施品牌战略应遵循品牌传播、品牌推广、品牌管理三位一体的原则。三者的协调、统一不仅可以强化品牌的特征，提高品牌市场认知能力，同时可以提高工作绩效和增强组织凝聚力、向心力。

第六节 事件营销

一、事件营销的概念

事件营销，是指企业通过策划、组织和利用具有名人效应、新闻价值以及社会影响的人物或事件，吸引媒体、社会团体和消费者的兴趣与关注，以求提高企业或产品的知名度、可信度、美誉度，培养消费者的忠诚度，树立良好的品牌形象，并最终促成产品或服务销售目的的手段和方式。

二、事件营销的特征

（一）整合性

在新的市场背景和信息环境中，信息流量大量增加，信息渠道越来越多样化，消费者已经不可能去费心判别各类信息，为了有效进行信息传播，就必然要求整合所有的营销传播方式，清楚、简明地传递一致的产品信息。事件营销传播就是以一个事件为契机，将企业或产品的信息与该事件联系起来，达到传播信息的目的。在这个过程中，围绕这一事件，要求找到企业或产品与事件的联结点，整合广告、公共关系、促销等各种营销传播方式，共同传达出一致的信息。事件营销传播所具有的整合特性是其功能效用的内在品质支撑和核心要素，能否在运作事件营销传播时有效整合多种营销传播方法和传播渠道，直接关系到事件营销传播效果的优劣。

（二）依附性

无论是借助已发生的事件，还是企业自行策划事件，事件营销自始至终都要围绕着同一个事件主题运作，这就是事件营销的依附性。运作具有营销传播价值的事件，应该从消费者利益和社会公益的角度出发，敏锐地发现和挖掘到事件、产品、企业和目标消费者之间存在的关联点，以及吸引消费者参与的紧密程度。然后根据这些数据来设计对应的营销传播策略、信息和传播渠道，将适宜的营销传播手段整合起来，共同作战，从多个角度和渠道与消费者实现接触，从而实现企业的营销目的。

（三）时效性

事件营销传播在时间速度上的争夺，就是一场抢夺消费者心智资源的战斗。任何一个事件营销传播所依附的事件本身就是一个新闻，由于新闻具有极强的时效性，因而事件营销具有很强的第一时间性。现代电子通信技术的先进在大众媒介的日常信息收集、传递操作中得到了同步应用，媒介之间传递最新信息的速度竞争已经到了以秒来计算的时代，企业应具备敏锐的眼光，时刻关注各类重大事件或消费者关心的事件，一旦发现与本企业相关联的事件，要快速反应。

（四）风险性

事件营销一般突发性强，造成的市场机会大，但由于时间紧迫，信息庞大，不易分辨，也容易产生失误。它的风险主要来自于媒体的不可控制性和新闻接受者对新闻的理解程度的不同。如果媒体在企业事件营销过程中接收到了某些不利于企业的传闻或信息，而媒体又具有追逐轰动性的本质，可能会传播出不利于企业的舆论，并且由于目标传播群体的文化水平、消费习惯等的不同，导致其信息接收和理解程度存在差异，一旦媒体传递了有歧义的新闻信息，公众中就会产生不同的观念，可能是对企业有利的，也可能是不利的，因此，事件营销具有风险性。

三、事件营销的策略

事件营销根据企业自身是否为事件主体主要分为借势策略与造势策略。

（一）借势策略

借势是指企业利用广受关注的社会新闻、事件及人物的明星效应等，结合企业品牌或产品在销售传播中欲达到的目的而展开的一系列活动。

1. 新闻借势策略

新闻借势策略是指企业通过利用社会上有价值、影响面广的新闻，或者与相关媒体合作，不失时机地把自己的品牌和新闻事件或消费者身边的热点问题联系在一起，发表大量介绍和宣传企业产品或服务的软性文章进行报道，以理性的手段传播自己，从而吸引公众的视线。新闻借势策略的重要一环是企业进行事件营销时必须做好与媒体的沟通工作，制造有利于企业发展的新闻舆论。

2. 体育赛事借势策略

体育赛事是品牌最好的广告载体，具有沟通数量大，传播面广和针对性强等特点。体育背后蕴藏着无限商机，已被很多企业意识到并投入其中。企业通过冠名或赞助广受人们关注的重大体育活动和体育比赛来推广自己的品牌，以吸引消费者的眼球，达到传播自己的目的。

3. 名人借势策略

名人往往拥有很高的曝光率和号召力，借助名人的影响来提升品牌和推广产品，已成为一种有效的营销手段。企业利用消费者爱屋及乌的心理，借助名人的知名度来加速品牌传播，增加产品的附加值，借此培养消费者对该产品的感情、联想来赢得品牌忠诚度。广告界流行的产品"形象代言人"，实际上就是一种向名人"借势"的方法。

（二）造势策略

造势是指企业整合本身的资源，通过策划，组织和制造具有新闻价值的事件，吸引媒体、社会团体和消费者的兴趣与关注。

1. 公益活动造势策略

公益活动具有非商业性质，往往以艺术、文化、环保及社会责任的名义举办，由于具有社会奉献的性质，所以对企业及品牌形象的提升和美誉度的增加很有帮助，而且非商业本质和社会化的特征，又容易受到大众传媒的关注而使之成为有新闻价值的话题，如果运用巧妙，在增强消费者信心和亲和力的同时也增加了商品的销售。公益活动形式多种多样，可以结合企业的情况，举办各种有文化含义的专题活动。此外，各类的赞助活动深受欢迎，如赞助教育事业、赞助社会慈善和福利事业等。

小案例

支持公益活动的事件营销已被很多企业所运用。2008 年四川省汶川发生特大地震，在支援灾区的公益活动中，一些企业捐赠了大量的资金、物资和救援的技术支持，如中国联通、中国移动，为灾区提供的信息设备支持，海尔等大型企业的捐款，都显示出了这些企业对灾区人民的关注，同时提升了企业在大众心中的形象。

---

2. 宣传活动造势策略

宣传活动策略是指企业为推广自己的产品而组织策划的一系列宣传而非广告的活动，以吸引消费者和媒体的眼球达到传播企业理念和产品的目的。利用企业宣传活动进行事件营销是向公众传播企业理念和产品信息的重要而有效的方式，如举办各种招待会、座谈会、联谊会、接待和专访等社交活动或提供各种优惠服务，如开展售后服务、咨询服务、维修技术培训等，以行动证实对公众的诚意。

小案例

从 1970 年开始创立维珍直到今天，关于其品牌传播的轰动性事件一直不断。为了宣传维珍的品牌形象，理查德·布朗逊亲自驾驶坦克进入纽约的"时代广场"，或碾过可口可乐的瓶子宣布进攻可乐市场或宣布维珍大型唱片零售点将征服美国市场。当维珍婚纱开业时，理查德·布朗逊亲自穿上结婚礼服出现在开业典礼上，当位于纽约时代广场的维珍商场开业时，理查德·布朗逊驾驶着热气球从 10 英尺的高空降落。为充分表现维珍品牌创新、自由和反传统的个性，理查德·布朗逊扮演成哥萨克族人向消费者推荐维珍伏特加酒，"事件营销"在维珍的身上早已提升为一种长期的战略，而这个战略也为其带来了非常丰厚的回报。

---

3. 概念造势策略

概念造势是指企业为自己的产品或服务创造一种新的理念，引领消费者新的消费倾向和潮流。在概念炒作时，策划者将市场看作理论市场与产品市场两个不同的侧面。通过先启动理论市场而不是产品市场来传输一种观念，进而做好产品市场。

小案例

2000 年农夫山泉宣布停止生产纯净水，只出品天然水，强调天然水的产品概念以区别于纯净水，大玩"水营养"概念。此外农夫山泉还常常在全国的报纸媒体上发布软性的科普教育文章，介绍天然水的优点，暗暗地抵制纯净水。从而引发的一场天然水与纯净水在全国范围之内的"口水战"，招至同行们的同仇敌忾，但农夫山泉正是借此树立了自己倡导健康的专业品牌形象。

四、影响事件营销效果的因素

（一）企业或商品自身因素

事件营销的效果要受到企业的传播内容、企业定位战略以及企业选择事件的强度等的影响。企业在进行事件营销前应综合考虑自己所处的市场环境、自身综合实力、市场竞争者状况、竞争形势和政策的变化等因素进行准确定位，根据不同内容制订不同的营销计划，有针对性地进行营销推广，确保营销效果最大化，此外事件营销必须要以事件为基础，因此，事件的选择是进行事件营销的核心问题。如何选择热点事件和有诉求点的事件，以及事件的热点和诉求点的定位也是企业事件营销前期就应当明确的问题。

（二）传播媒介的因素

随着社会文明的发展、科技的进步，事件营销的传播媒介形式有了新的发展，如报纸、杂志、广播、电视、广告、户外、网络媒体等。选择何种传播媒介以及依据何种标准选择媒介是企业进行营销传播需考虑的问题。企业需要综合权衡媒体价格、传播效果、社会参与度等几种因素来选择传播媒介。不同的传播媒介具有不同的价格水平，企业应根据自身实力和营销需要来制定传播费用预算，真正发挥事件营销"四两拨千斤"的力量。

（三）消费者的因素

不同的营销目标面对不同的消费群体，而不同的消费群体在接受信息的方式上存在着巨大的差异。因此，准确定位消费群体，并尽可能使消费群体面宽度最大化，是企业进行事件营销的重要环节。目标受众面越宽，则企业产品的适应性越强，产品的影响力越大，最终推动产品的销售。

在现代市场经济条件下，每个消费者都是社会的一员，他的行为不可避免地要受到社会各方面因素的影响和制约，消费者的购买行为受到社会阶层、文化和亚文化、相关群体、家庭等多方面社会因素的影响。因此，提出合乎社会道德规范和文化需求的事件营销理念可以抓住更多的消费群体，扩大事件营销效果。

五、事件营销的作用

（一）能提高产品、企业的知名度

事件营销能够切合人们的兴趣点、争论的焦点，将具有吸引力的活动和事件进行精心策划，使其成为大众关心的话题；同时可配合完美的公关宣传技巧，调动媒体的积极性，使事件和宣传同步进行，并且在关键时刻可实现与消费者心灵层面的深度沟通，大众的内心情绪也会随着事件的发展变化而变化；最终影响消费者的心智，从而使大众关注到企业的产品。并且，我们知道一个事件一旦成为热点，成为人们津津乐道的话题，那么它的传播途径就不仅局限于这条新闻的读者或观众，还可激发多级传播，扩大事件的影响面，成为品牌提升的一把利器。

（二）有利于开拓新市场

市场竞争越来越激烈，加上传媒的多样化，消费者对膨胀的信息已经无动于衷，企业要想跃居为市场领袖的位置更是难上加难，但事件营销所具有的轰动效应则赋予了企业很好的契机。它超越了固定的思维模式，特别是思维定式，不落俗套，树立一种别具一格的市场形象，并恰到好处地运用公关策略创造良好的社会效应，企业可以趁机提出新的消费理念来引导用户、形成新的细分市场，引导出一种新的消费趋向，从而在这个新的市场领域占据有利地位，以迅雷不及掩耳之势使其他竞争对手望而却步。

（三）可节约企业营销成本

事件营销是企业有意识的制造新闻，不属于企业的广告活动，它借助的是全社会所关注的重大事件或热点事件进行营销，新闻媒体往往不请自来，为企业节约了大量的广告和宣传等市场开拓费用，而且新闻的制作过程是没有利益倾向的，同时又避开了地方媒体高居不下的收费。并且，事件营销与广告相比，投资回报率高，企业同等投入所获得的宣传收益往往会达到数十倍、数百倍，甚至更高。

第七节　营销道德

市场营销道德的产生是随着商品交换而产生，伴随市场经济的发展而发展的。20世纪60年代以来，一系列的社会问题要求企业及社会不得不去考虑道德与伦理问题，

如环境污染加剧、资源短缺与掠夺问题、市场垄断与欺诈交易问题、不公平竞争问题、企业短期行为与"唯利是图"问题以及诚信缺失与道德沦丧问题等，解决这些问题不仅需要完善市场经济下的法制建设，也更需要重新塑造企业的价值观与道德体系。

一、企业伦理与道德

"伦"是指人、群体、社会、自然之间的利益关系，包括人与人、人与组织、人与社会、人与自然以及个体与群体、群体与群体、群体与社会、社会与自然等多方面相互之间的利益关系。"理"是对事物内在性的反映，包括道理、规则和原则。概括地说，"伦理"就是处理人、群体、社会、自然之间利益关系的行为标准或规范。企业是社会经济的"细胞"，是市场竞争的主体，企业伦理（也称商业伦理）是指蕴含在企业生产、经营、营销、管理及生活中的伦理关系、伦理意识、伦理准则与伦理活动的总称。

"道德"一词源于拉丁语 mores，意为风俗和习惯，英文中的"道德"一词 morality 是由拉丁语演变而来，也包括风俗与习惯的含义，无论是东方社会还是西方国家，道德都包含社会的道德规范与个人道德品质两个层面的内容。所谓营销道德是指指导企业及其成员在营销活动过程中行为善恶的规范、或是调整企业与其所有利益相关者行为规范的总和。对企业营销道德问题的研究始于 20 世纪 60 年代的美国学者，从 20 世纪 80 年代起，逐步受到各国营销学界的重视。市场营销道德属于商业伦理的范畴。

一般情况下，"道德"与"伦理"没有本质上的区别，人们常常将其等同使用，但是在某些情况下却需要进行区分。按照施泰因曼教授的观点看，伦理更倾向于一种理论，它是对道德的科学性思考，它是高于道德的哲学，而道德是伦理在实际中的规范。例如，我们通常说"他是一个有道德的人"，而不会说"他是一个有伦理的人"。同样，我们说"伦理学"而不说"道德学"。

二、市场营销道德理论

西方学者关于"利润先于伦理"与"伦理先于利润"两个相悖命题的争辩，为市场营销道德的形成奠定了基础。"功利论"与"道义论"两大理论实质是两派在争辩中形成的道德评价理论。功利论强调行为结果，即从行为结果的利弊来评判行为本身是否道德；道义论强调行为动机，即运用已有的价值观、道德观及经验来判断行为本身是否符合道德规范，并对人们的行为从道德责任或义务的角度制定标准加以规范。西方道义论的道德观主要有以下理论观点：

1. 显要义务理论

英国学者罗斯在 1930 年出版的《"对"与"善"》一书中系统地提出了"显要义

务"的观点与理论。显要义务，是在一定时间一定环境中人们自认为合适的行为。也就是说，人们可以用自己已有的价值观、直觉或经验推断自己在特定的场合应该做什么，不应该做什么，并以此作为一种道德义务。罗斯的道德义务主要包括：诚实、报恩、公正、行善、自我完善、不作恶等六项内容。这些道德义务与市场营销行为相结合，则表现为：①诚实。它是企业市场营销的首要道德义务，它要求企业在营销活动中，以诚为本、坦诚相待、重信守诺、表里如一，不弄虚作假，搞欺骗活动；②感恩。它是指客户是企业的"衣食父母"，企业要知恩图报，正确处理企业与客户的关系；③公正。它是指企业在市场营销活动中要重事实，讲客观，公平待人；④行善。它是指以义求利，当企业与公众利益发生利害冲突时，宁愿牺牲自身利益而不损害公众利益；⑤自我完善。它要求企业在道德及行为中不断提高自身素质更好地为大众服务；⑥不作恶。它是指企业在市场营销活动中克服恶的动机与行为，不坑害别人。

2. 相称理论

相称理论由加特勒于 1966 年提出。他认为：应从目的、手段和后果三个方面综合分析、判断一项行为或决定是否道德。在评判因素中，目的是行为的动机或意图；手段是实现目的的过程及采取的方法、方式；后果是指特定目的与手段所导致的行为结果。不论是动机邪恶，还是手段恶劣，不管行为如何，都是不道德的；即便是动机是善意的，手段也符合道德，但行为结果却是损人害己的，这也是不道德的。因此，任何行为都要有考虑并谋求目的、手段与后果的相称。相称理论要求企业在市场营销活动中，目的与动机应该是善意的，要从客户的利益出发考虑企业经营的动机，只有给客户带来利益，企业才能得到回报；企业的市场营销手段必须符合社会道德规范，遵纪守法；企业要对自己的行为后果负责，能给客户与企业带来双赢，一旦损害客户或大众的利益要有道歉的勇气和弥补过失的行为。

3. 社会公正理论

社会公正理论由哈佛大学伦理哲学家罗尔斯于 1971 年提出。他试图从一种被称作"起始位置"的状态出发来构建一个理想的社会公正系统，"起始位置"是指通过确定社会中的人在社会的层次，并由此出发对其权利与义务做出合理的安排。该理论遵循两条基本的原则：一是自由原则。它是指在不影响他人行使权利的前提下，让社会每个成员尽可能多地享受自由。也就是说在保持社会和谐、稳定的条件下，让人们最大限度地决定自己的命运，并享有社会保障权、舆论自由权、财产权、选举权、人身权等基本权利。二是差异原则。它是指任何社会制度的安排既应普遍适合社会每个成员，又要使社会底层的人们获得最大利益，克服或减少剥削，避免弱者境况的恶化。社会公正原则对企业市场营销道德提出以下要求：①企业要公正地对待各个阶层的客户与公众，不论是"富人"，还是"穷人"，其权利是平等的；②企业在生产及市场营销中，要考虑低收入人群的经济状况与切身利益，为他们着想，实行薄利多销，满足其消费需求；③企业不能坑害消费者，不能加重剥削，尤其对弱者更不能侵害其正当的消费权利等。

三、我国企业营销道德的现状

随着我国市场经济的发展和深入，有些企业抛弃原有的企业责任，一切向"钱"看，一切以利益为先，导致我国市场经济发展中出现了一系列不和谐的"音符"：

（一）假冒伪劣商品充斥市场，虚假广告盛行

一些厂家利欲熏心，生产假冒伪劣商品销售，完全不考虑消费者的安全，虽然中国有"质量万里行"等活动，不断曝光假冒商品，但仍无法从根底上消除它的存在。安徽阜阳"大头孩子"事件，让多少人为之震惊。那些厂家生产婴儿假冒奶粉，致使孩子发育不正常，如果这件事情没有被媒体披露出来，不知又有多少孩子和家庭要深受其害。目前，市场上仍然充斥着许多假冒伪劣商品，从生活用品到生产用品，它们都严重危害着百姓的健康和社会的和谐。

厂家为了吸引消费者的眼球，刺激他们的购买欲望，肆意夸大产品功效，做虚假广告；一些明星和电视台为了追求经济效益，置广告本身的真实性于不顾而肆意为之代言、广播，致使相当一些顾客因为购买这种商品而上当受骗并深受其害，如锅王"胡师傅"炒锅及其代言人傅艺伟被广电局通告，并明令禁止播放其广告。但是事实上，很多情况下是上有政策，下有对策，虚假广告仍无法完全杜绝。

（二）盗版横行，商标被滥用

在中国，专利意识薄弱，一些专利性产品一经生产，盗版马上随即上市，致使正版产品销售困难。市场上，盗版产品名目繁多，只有顾客想不到的，没有盗版厂商做不到的。例如，音像制品、软件、书籍、化妆品等，这些盗版产品的存在严重侵害了正规厂家的利益，但是因为市场有着巨大的需求，致使盗版活动屡禁不止。

国内大部分企业商标维权意识不强，对商标保护力度不够。一些产品出名后，与之名字相仿、外观相似的产品也随之上市了，这些产品想借助别人的名气，混淆消费者的判断，从而销售自己的产品。此外，中国一些著名商标在国内外遭到恶意抢注，从而出现了专有厂家使用自己的东西却要向别人缴纳商标使用费的怪现象。

（三）股市黑幕，庄家操纵及虚假财务报表侵犯中小投资者利益

由于中国股市发展尚不完善，一些大股东利用法律、法规的漏洞采取非法交易手段，制造假象，诱使中小股东做出错误的判断，从而获取非法利益；上市公司为了粉饰经营业绩，篡改财务报表信息，提供虚假报表；一些注册会计师事务所为了谋取非法利润，也参与不法勾当，帮助公司出具证明。美国"安然"的倒闭，"毕马威"在中国受到起诉，都受到了应有的惩罚。

（四）企业间的不正当竞争

企业在营销过程中采用不正当竞争手段如请客送礼、商业贿赂、恶意诽谤竞争对手、

盗取商业情报等严重扰乱了市场经济发展的秩序，而最终使消费者的利益受到损害。

（五）环境污染

部分企业环保意识淡薄，工业废物污染加剧，昔日绿树成荫、蓝天白云、小河清水流淌的美丽环境随着企业的开发和污染已经一去而不存。同时企业绿色产品意识欠缺，也加剧了传统非环保型产品的污染和浪费。

四、营销道德的建设

营销道德问题涉及面很广，并非只有前面提到的五点，它的解决也不是一朝一夕之事，营销道德的建设应从以下几个方面考虑：

1. 树立社会责任营销观念

企业不仅要关心短期利益，更要树立维护消费者及社会长期福利的意识，有证据表明，企业承担社会责任不会影响其长期利益。企业应在营销活动中形成一套履行道德与社会责任的行为准则，自觉维护消费者等利益相关者们的利益与社会福利。

2. 加强社会主义法制建设，建立健全维护消费者利益的机构

进一步健全和完善法律、法规，严格依法治市，有效约束企业的不正当、不合理的生产、经营和营销行为。建立有权威的消费者权益保护机构，加强对市场的监督、检查，定期公布对市场检查的结果，大范围曝光和严惩一些不良企业及人员的非道德市场行为。

3. 努力解决市场交易中存在的信息不对称问题

在市场交易时，往往卖方掌握着更多的信息资源，占据着信息垄断优势地位，而消费者由于获知信息较少，处于劣势地位，因此在交易时，交易天平多数倾斜在占有优势地位的卖方身上，消费者的利益由此而受到了损害。解决信息交易的不对称问题，应通过报刊等各种媒体为消费者提供更多关于商品的信息，加强对消费者的宣传教育，增强其自我保护意识，培养理性的消费人群。

4. 继承优秀的传统文化，建立"义利统一"的价值体系

2008年6月28日，从兰州市的解放军第一医院泌尿科收到第一例婴儿患有"双肾多发性结石"和"输尿管结石"的病例开始，至9月8日，该院两个多月来共收治14名患有同样疾病的婴儿。此种病例在湖北、湖南、山东、安徽、江西、江苏、陕西、宁夏、河南等省份均有发生，经相关部门调查，患儿多有食用"三鹿"牌婴幼儿配方奶粉的历史。从而"三鹿"事件浮出水面。

随着事态发展，9月11日晚，石家庄三鹿集团股份有限公司发布产品召回声明，称公司经自检发现2008年8月6日前出厂的部分批次"三鹿"婴幼儿奶粉受到三聚氰胺污染，市场上大约有700吨。三鹿集团公司决定立即全部召回2008年8月6日以前生产的"三鹿"婴幼儿奶粉。

> 2005 年以来，乳品市场竞争加剧，市场由乳企买方市场转向奶源的卖方市场，三鹿集团随即放松对奶源的质量控制，甚至纵容奶站添加三聚氰胺。这次"三鹿"奶粉事件，大家注意到，受污染的都是最便宜的 10 多元钱一袋的婴幼儿奶粉。显然，"三鹿"为了占领农村市场还采取了低价战略。以至于像安徽阜阳劣质奶粉导致"大头娃娃"事件所揭示的一样，农村消费市场成为食品安全的重灾区。
>
> 试问：三鹿集团公司违背了市场营销道德的哪些原则？对其他企业有何启示？

市场营销行为的本质应是利人利己的行为，并通过利人实现利己。中国传统儒家文化造就了一代又一代儒商，至今亚洲不少国家与地区，如日本、新加坡、韩国，以及我国的香港、台湾等比较奉行儒家文化。儒商是具有中国传统文化价值观的资本经营者，他们以德经商，以智创业，并以"诚、信"取利。他们具有高度的社会责任感，高尚的道德情操，乐善好施，关爱他人。儒商是"以文亦商"者，在经营上有良好的业绩。日本资本主义之父涩泽荣一先生在其著作《论语与算盘》中说："我的算盘打得精，是因为有《论语》；《论语》又因为借着算盘，替我攒了不少财富。《论语》跟算盘看起来是八竿子打不到一块的两件事，实际上可以以《论语》为体、算盘为用、相辅相成。"儒家的"仁、义、礼、智、信"在现代市场营销中仍具有积极的意义："仁"可以作为企业经营与营销的核心理念，以"爱心"和"仁慈"去经营事业；"义"成为经营及营销的行为准则；"礼"成为构建营销秩序的手段；"智"是企业市场营销的谋略；"信"是市场营销的结果，通过市场活动，树立信誉，提高声誉，实现美誉。在市场营销活动中"义"与"利"不一定完全相悖，只要遵循"先义后利"、"以义求利"、"君子爱财，取之有道"等价值准则，就能实现义与利的统一。由于政治与文化等多方面的原因，在中国历史上占主导地位的儒家文化曾多次遭到批判和抛弃，"重义轻利"、"舍生取义"的价值取向似乎成为古老的童话。因此，继承、宣传，并大力弘扬以儒家文化为主的传统优秀文化，建立"义利统一"的市场营销价值体系，是一项艰巨、长期的任务，需要国人的共同努力。

❖　本章小结

网络营销是以互联网为媒体，以新的营销理念、方式、手段等实施营销活动，更有效地促成个人和组织交易活动的实现。就企业而言，尤其是大企业、大公司，与外界不仅交换"物质"、"资本"，而且交换"知识"、"技术"与"信息"等。网络营销为企业高效地传播其价值观、产品知识、企业形象等提供了有效的途径。全球信息化和互联网为企业充分利用网络营销工具创造了条件，网络营销是对传统营销的挑战，对有网络知识及上网的消费者提供了便利，企业要实施网络营销，必须明确顾客目标，确定网上营销的产品和服务，设计引人注目的网站和网页，并制定合理的营销组合策略。

电话营销与网络营销、数据库营销相辅相成、相得益彰。它们之间取长补短，有效地解决了公司与顾客在沟通过程中的空间距离、时间限制等问题，为公司与顾客之间的良性互动创造了便利和商机。

电话营销就是通过使用电话、传真等通信技术，来实现有计划、有组织、并且高效率地扩大顾客群，提高顾客满意度，维护顾客等市场行为的手段。成功的电话营销应该使通话双方都能体会到电话营销的价值。

客户关系管理是通过网络技术和数据仓库技术对客户信息资源进行整合，实现企业内部的资源共享，便捷有效地向员工提供客户相关信息，及时判别出客户未来的需求，为客户提供快速周到的有针对性的所需服务。客户关系管理与关系营销相得益彰，它丰富了关系营销中对于与客户关系的深层次研究，强调对顾客价值的管理，强调对顾客管理的系统性，并形成良好的管理运行机制。

人们购买任何产品在使用过程中都有体验感，而把体验的感受放大升级用于企业的营销活动中，则是现代企业营销方式的一种创新。体验营销首先在旅游业、服务业兴起，在航空、高科技产业、娱乐业得到有效的运用和普及。现在，在零售业、制造业企业甚至高等学校都或多或少的在运用体验营销方式提升企业的知名度、美誉度和影响力。

体验营销是指经营者站在消费者的角度去体验消费者的购买理念、购买程序、购买心理和购买的原动力。体验营销的支撑点就是消费者的感官、情感、思考、行动和关联五个方面。体验营销策略包括确定目标市场，选择目标市场，建立体验主题和体验品牌，设定体验式商品和服务，设定体验式定价，进行体验式的促销活动和建立体验式营销队伍。

企业塑造和提升营销形象就是期望企业营销在利益关系公众中树立稳固的心理地位，使其对企业有较好的评价，产生认同感和归属感，从而便于企业进行产品推广、市场扩张和培养忠诚顾客，为企业市场目标的实现和长远发展营造良好的社会环境。形象营销可以为企业带来知名度、美誉度和忠诚度，有利于企业取得竞争优势。

形象营销与品牌营销、文化营销相辅相成、相得益彰。三者之间具有紧密的联系，即在进行形象营销的过程中，就能够树立品牌声誉、宣传企业文化和经营理念，而品牌和企业文化的消费者认知又反过来促进企业形象的提升。

品牌营销重在营造品牌，文化营销重在体现文化意味，他们都是对传统营销方式的创新。形象营销、品牌营销和文化营销都具有国家象征意义。

营销道德建设是以社会责任营销观念为主导的理念下对于经营者的经营行为的一种"良心约束"，是对企业家为公司谋利益、为社会造福利的大商风范的检验，也是为一切经营者在经营过程中的"良知"的拷问。虽然市场经济讲究唯利是图，但是，"君子爱财、取之有道"这句名言就说明了道德的重要性；市场经济也是法治经济，求利不能违法、不能没有良知。市场营销行为的本质应是利人利己的行为，讲究营销道德，就是要建立"义利统一"的价值体系，并通过利人实现利己。

事件营销在我国企业营销活动中正处于高速发展阶段，面临着世界经济形势的瞬息万变，新闻事件层出不穷，事件营销具有很大的发展潜力和很强的生命力。企业营销的核心就是要形成产品和品牌的美誉度和忠诚度，因此，越来越多的企业企图借事件营销的力量提升知名度，同时对产品形象进行提升维护，这意味着事件营销即将步入新的发展阶段。

复习思考题

1. 网络营销的特点是什么？网络营销与传统营销是什么关系？
2. 什么是数据库营销？数据库营销的特点有哪些？
3. 数据库营销与网络营销、关系营销有何联系？
4. 简述数据库营销的运作过程？

5. 客户关系管理系统有哪些功能？

6. 客户关系管理在企业市场营销中的作用是什么？

7. 什么是体验营销？体验营销如何设计？

8. 文化营销有哪些类型？

9. 品牌竞争力如何体现？品牌营销如何展开？

10. 什么是事件营销？

11. 道德与伦理的区别？什么是营销道德？

12. 营销道德建设应从哪些方面着手？

参 考 文 献

1. ［美］菲利普·科特勒，凯文·莱恩·凯勒. 营销管理［M］. 王永贵等译，14版，北京：中国人民大学出版社，2012.

2. 李先国. 营销管理［M］. 大连：东北财经大学出版社，2004.

3. ［美］菲利普·科特勒，费尔南多·德·巴斯. 水平营销［M］. 陈燕茹译，北京：中信出版社，2005.

4. 张雁白，苗泽华. 市场营销学概论（第二版）［M］. 北京：经济科学出版社，中国铁道出版社，2010.

5. 杨洪涛. 现代市场营销学——超越竞争，为顾客创造价值［M］. 北京：机械工业出版社，2009.

6. 陈守则，王竞梅，戴秀英主编. 市场营销学［M］. 北京：机械工业出版社，2006.

7. 郭国庆主编. 市场营销学通论（第四版）［M］. 北京：中国人民大学出版社，2011.

8. 李景泰，白长虹. 市场学［M］. 天津：南开大学出版社，1996.

9. 陈守则，王竞梅，戴秀英主编. 市场营销学［M］. 北京：机械工业出版社，2006.

10. 白自立主编. 市场营销学教程——理论与案例［M］. 北京：海洋出版社，2001.

11. ［美］吉姆·柯林斯，杰里·波勒斯著，真如译. 基业长青［M］. 北京：中信出版社，2007.

12. 侯丽敏主编：中国市场营销经理助理——资格证书考试教材［M］. 北京：电子工业出版社，2005.

13. 朱成钢主编. 市场营销学［M］. 教育部推荐教材，立信会计出版社，2002.

14. 张伟，张雁白，王利主编，《市场营销学》［M］. 北京：学苑出版社，2001.

15. 郭朝阳等编著. 中国著名企业营销案例评析［M］. 广州：广东经济出版社.

16. 高云龙，朱李明主编. 市场营销学教程［M］. 北京：社会科学文献出版社，2001.

17. ［美］科特勒（Kotler，P.）等著，何志毅等译. 市场营销原理［M］. 北京：机械工业出版社，2006.

18. ［美］科特勒（Kotler，P.），［美］阿姆斯特朗（Armstrong，G.）著，郭国庆等译. 市场营销原理［M］. 清华大学出版社，2007.

19. ［美］迈克尔·波特. 陈小悦译. 竞争战略［M］. 北京：华夏出版社，2013.

20. 王骏豪. 市场结构与有效竞争［M］. 北京：人民出版社，1995.

21. 钱旭潮，王龙，韩翔编著. 市场营销管理（第二版）［M］. 北京：机械工业出版社，2009.

22. 兰苓主编. 市场营销学［M］. 北京：机械工业出版社，2008.

23. ［新］保罗·藤甫诺著，牛国朋译. 高级品牌管理［M］. 北京：清华大学出版社，2010.

24. ［美］Kevin Lane Keller著，卢泰宏，吴水龙译. 战略品牌管理（第三版）［M］. 北京：中国人民大学出版社，2009.

25. 万后芬，周建设主编．品牌管理［M］．北京：清华大学出版社，2006.

26. 王海忠主编．品牌管理［M］．北京：清华大学出版社，2014.

27. 王海忠主编．高级品牌管理［M］．北京：清华大学出版社，2014.

28. ［美］菲利普·科特勒著，洪瑞云，梁绍明，陈振忠译．市场营销管理［M］．北京：中国人民大学出版社，1998.

29. 吴健安主编，郭国庆，钟育赣副主编．市场营销学［M］．北京：高等教育出版社，2000.

30. 江林，张险峰，任锡源，现代市场营销管理［M］．北京：电子工业出版社，2002.

31. 郭国庆、成栋主编．市场营销新论［M］．北京：中国经济出版社，1997.

32. 梅清豪，林新法，陈洁光编著．市场营销学原理［M］．北京：电子工业出版社，2002.

33. 郭国庆，刘凤军，王晓东．市场营销理论［M］．北京：中国人民大学出版社，1999.

34. 孙班军主编，张雁白，苗泽华，郝英奇副主编．现代市场营销学［M］．北京：地质出版社，1996.

35. 吴涛主编，王建军副主编．市场营销管理［M］．北京：中国发展出版社，2005.

36. 吴健安主编．营销管理［M］．北京：高等教育出版社，2004.

37. 兰苓主编．市场营销学［M］．北京：机械工业出版社，2008.

38. ［美］菲利普·科特勒，迪派克·詹恩，苏维·麦森西著，高登伟译．科特勒营销新论［M］．北京：中信出版社，2002.

39. 吕一林主编，岳俊芳副主编．市场营销学［M］．北京：科学出版社，2006.

40. 纪宝成主编．市场营销学教程［M］．北京：中国人民大学出版社，2002.

41. 甘碧群主编．市场营销学［M］．武汉：武汉大学出版社，1997.

42. 白自立主编，于强，苗泽华副主编．市场营销学［M］．石家庄：河北人民出版社，2003.

43. 曹小春主编．市场营销学［M］．北京：北京大学出版社，2001.

44. 何永祺，张传忠，蔡新春．市场营销学［M］．大连：东北财经大学出版社，2001.

45. ［美］纳雷希·K·马尔霍特拉著，涂平等译．市场营销研究——应用导向［M］．北京：电子工业出版社，2002.

46. 李强主编．市场营销学教程［M］．大连：东北财经大学出版社，2000.

47. 傅渐铭，刘莉．营销八段——企业营销战略［M］．广州：广州经济出版社，1999.

48. 白自立主编，王辉，赵莉琴，杨绍珍副主编．市场营销学教程——理论与案例［M］．北京：海洋出版社，2001.

49. 白自立，王辉，史森林．管理案例分析与模式研究［M］．北京：海洋出版社，2002.

50. ［美］Bert Rosenbloom 著，李乃和，奚俊芳等译．营销渠道管理（第六版）［M］．北京：机械工业出版社，2002.

51. ［美］小威廉·D·佩罗特，尤金尼.E. 麦卡锡著，梅清豪译．基础营销学［M］．上海：上海人民出版社，2001.

52. 苗泽华等编著．商业企业营销道德与文化研究［M］．北京：新华出版社，2005.

53. 祁明．电子商务实用教程［M］．北京：高等教育出版社，2003.

54. 刘喜敏，马朝阳．网络营销（第三版）［M］．大连：大连理工大学出版社，2009.

55. 丁建石．客户关系管理［M］．北京：北京大学出版社，2006.

56. 杨坚争．电子商务概论［M］．北京：中国人民大学出版社，2007.

57. 刘莎尔．CRM：客户管理新理念［J］．甘肃广播电视大学学报，2002.

58. 周力军．CRM 客户关系管理系统在企业经营管理中的重要作用 [J]．商品储运与养护，2005.

59. 潘石．CRM 系统在企业网络营销中的重要作用 [J]．中国流通经济，2001.

60. 关晓波，孟庆利，崔勇梅．CRM 系统在企业网络营销中的重要作用 [J]．经济师，2002.

61. 薛俊．CRM 在营销管理中的作用 [J]．企业改革与管理，2007.

62. 谷再秋，于福．客户关系管理系统功能分析 [J]．中国管理信息化，2009.

63. 晓娜．客户关系管理系统功能概述及发展趋势 [J]．科技广场，2008.

64. 雷莉．浅析客户关系管理系统的层次和功能设计 [J]．科技情报开发与经济，2006.

65. 张雁白．新时代的营销方式——体验营销 [J]．企业活力，2003，（10）.

66. 姜奇平．体验式营销的技战术分析，互联网周刊．

67. 周岩，远江．体验营销 [M]．北京：当代世界出版社，2003.

68. 张雁白．论品牌文化的表现形式 [J]．地质技术经济管理，2003.（5）.

69. 毛勤勇．论文化营销的功能和类型，中国网络营销网．

70. 朱道平，文化营销：开拓市场的新手段，通信产业报．

71. 谢勤．迎接文化时代的来临．经济论坛，2000.（6）.

72. 常晓燕．我国企业事件营销模式研究 [D]．2006.

73. 丁巍．事件营销传播——品牌传播的视角 [D]．2007.

74. 杨琦．事件营销策略模式探析 [J]．辽宁经济，2007，（6）.

75. 罗云华．事件营销在企业运营过程中的作用 [J]．西安邮电学院学报，2008，13（2）.

76. 黄君婕．浅议事件营销"借势"策略 [J]．合作经济与科技，2007.（17）.

77. 张其友．情感营销以人为本 [M]．2004.（9）.

78. 武齐，彭程．亚马逊营销：挑战传统网络营销典范 [J]．2005.

79. 张雁白，梁馨月．从"欧典事件"谈企业品牌诚信机制的构建 [J]．中国市场，2006.（20）.

80. 张志安．媒介营销案例分析 [M]．北京：华夏出版社，2004.

81. 符国群．消费者行为学 [M]．北京：高等教育出版社，2001.

82. 麻省理工学院网站：http://www.mit.edu/[OL].

83. 百森学院网站：www.babson.edu [OL].

84. 南开大学创业网站：http://www.ebg.org.cn/[OL].

85. Timmons J., New Venture Creation [M].4th ed. Chicago：Irwin, 1994：46－57.

86. Kirzner IM., Entrepreneurial Discovery and the Competitive Market Process：An Austrian Approach [J]. Journal of Economic Literature, 1997：60－85.

87. Kirzner I. M., Market Theory and the Price System [M]. Princeton, NJ：Van Nostrand. 1963：45－65.

88. Csikszentmihaly I. M., Creativity [M]. New York：Harper Collins. 1996：79－84.

89. Dimo Dimov, Beyond the Single－Person, Single－Insight Attribution in Understanding Entrepreneurial Opportunities [J]. Entrepreneurship Theory and Practice 2007：71－73.